民事上訴審の手続と書記官事務の研究
〔補訂版〕

まえがき

　本書は，平成11年度書記官実務研究報告書「民事上訴審の手続と書記官事務の研究」として裁判所職員総合研修所から刊行されたものに，補訂を施したものである。
　平成11年度書記官実務研究の後，家事事件手続法等の制定，破産法等の改正等がなされ，こうした法改正等及びその後の判例を同研究報告書の記載に反映させる必要性も高まっていたところである。そのため，今回，必要な範囲でその内容について見直しを行う補訂を行った。
　基本的な補訂方針は次のとおりである。
1　全体を通して，現行の法，規則，規程，通達，通知等に沿った記載に改めた。
2　実務の取扱いに関する記述については，原則として原研究当時のものであるが，現在の取扱いと異なっていると思われるもの，あるいは特に留意すべき点については，必要な範囲で修正を加えた。
3　文章表現は原文をなるべく生かしたが，より簡明な表現にできる箇所については，内容に影響を与えない限度で変更した。
4　第7章は割愛した。
　上記の補訂を施すことにより，本書が現在においても有用な資料となれば，幸いである。

　平成30年9月

　　　　　　　　　　　　　　　　　　　　　　　　　　　裁判所職員総合研修所

は し が き

　平成8年の新民事訴訟法の制定により，民事上訴審の各手続並びに再審手続について新しい手続や制度が加わり，最高裁判所及びすべての下級裁判所の裁判所書記官が民事上訴審の各手続に関与する可能性が生じることになりました。
　しかし，民事上訴審並びに再審は，比較的参考文献や資料の少ない分野であり，加えて，各庁の実務上の取扱いにつき記載されたものもあまり見当たらないところから，平成11年度の書記官実務研究は，「民事上訴審の手続と書記官事務」という研究課題による報告書を作成することになりました。
　本研究は，民事上訴審のうち，上訴，控訴，上告及び抗告の各手続（ただし，最高裁判所における取扱いを除く。）並びに再審手続とこれら上訴に伴う強制執行停止の手続についての概要と書記官事務を対象としています。
　本研究報告書においては，全般にわたり，新民事訴訟法における改正点を踏まえ，基本的事項を本文で述べ，判例や学説等を脚注に組み入れることで，報告書を手にする裁判所書記官のニーズに応じて利用しやすい構成とし，各種事務処理手続については，根拠とする通達等を掲げ，書式例のほか必要に応じて表やフローチャートを取り入れることで見やすい報告書を目指しました。
　また，各上訴手続については，実務で必要とされる理論の概略を述べ，具体例をイメージしやすいよう判例を数多く掲載することにより，事務処理手続だけでなく理論をも把握できるよう心がけたほか，事務処理手続を原裁判所と上訴裁判所に分けて記載することにより，それぞれの審級で事務処理を行う裁判所書記官の読みやすさに重点をおきました。アンケートや資料収集，実情調査により集約した結果については各庁の実情を該当箇所で述べ，さらに第7章において工夫例等を紹介しましたので，今後の執務に役立てていただきたいと考えています。
　本研究は，その対象となる分野が広範囲であること，また，研究員の知識及び経験が不足していることにより，必ずしも十分なものでないことは自認するところですが，この報告書が民事上訴審及び再審の実務を処理する上での一助となれば幸いです。
　なお，本文中で多くの法律書及び実務書を参考にさせていただきましたが，文献引用は最小限にとどめたことをお断りしておきます。報告書の構成内容は主要目次のとおりですが，第1章，第2章，第5章及び第7章を山田が，第3章，第4章及び第6章を池田が，それぞれ主として担当しました。
　最後に，本研究にあたり，1年間懇切な御指導と御助言をくださいました裁判所書記官研修所の久保内卓亞所長（現静岡地方裁判所長），松本光一郎上席教官，遠藤真澄教官（現仙台地方裁判所判事），佐藤裕義教官，及川節子教官をはじめとする教職員の皆様，最高裁判所事務総局総務局及び民事局並びに裁判部の皆様，御多忙の中でアンケート・資料収集・実情調査等に快く御協力くださった各裁判所の皆様，研究期間中温かい御支援をいただきました東京，大阪の各高等裁判所及び地方裁判所の皆様に心から感謝し，厚く御礼を申し上げます。

　　平成12年9月

　　　　　　　　　　　　　　　　　　　　　　　　　　　　山　田　浩　子
　　　　　　　　　　　　　　　　　　　　　　　　　　　　池　田　　　友

―――― 略　語　例 ――――

1　法　令

　　法令名の略語は，次のとおりである。

　　なお，括弧内に記載する場合には，項をⅠⅡ…と，号を①②…と表記した。

　　　　法……………民事訴訟法（平成8年法律第109号）

　　　　　　　　　　（破産法や民事執行法等との対比のために「民訴」と記載した箇所もある。）

　　　　規則…………民事訴訟規則（平成8年最高裁判所規則第5号）

　　　　　　　　　　（括弧内に略称する場合には，「規」と記載した。また，破産規則や民事執行規則等との対比のために「民訴規」と記載した箇所もある。）

　　　　旧法…………旧民事訴訟法（明治23年法律第29号）

　　　　旧規則………旧民事訴訟規則（昭和31年最高裁判所規則第2号）

　　上記以外の法令名は，本文中は原則として正式名を用いたが，括弧内については，特別なものを除いて，おおむね有斐閣版「六法全書」巻末の「法令名略語」に基づいて記載した。

2　判　例

　　判例の引用及び出典は，次のような略語を用いた。

　　　　民集…………最高裁判所民事判例集

　　　　民録…………大審院民事判決録

　　　　裁集民………最高裁判所裁判集民事

　　　　高民…………高等裁判所民事判例集

　　　　下民…………下級裁判所民事裁判例集

　　　　東高時………東京高等裁判所民事判決時報

　　　　法学…………法学（東北大学）

　　　　評論…………法律学説・判例評論全集

　　　　新聞…………法律新聞

　　　　判時…………判例時報

　　　　判タ…………判例タイムズ

　　表記例は次のとおりである。

　　　〔例〕　昭和42年7月21日最高裁判所判決，最高裁判所民事判例集第21巻第6号1663ページ
　　　　　　→最判昭42.7.21民集21-6-1663

3　文　献

　　参考文献及びそれらを引用する際の略語例は，次のとおりである。

　　なお，原則として，括弧内においては，ページ数のみ記載し，「ページ」の記載は省略した。

　　　〔例〕　（条解民事訴訟規則400ページ参照）　→　（条解400参照）

　⑴　著　書

略語例

注釈(1)……………………新堂幸司ほか編著「注釈民事訴訟法(1)」（有斐閣）
注釈(4)……………………鈴木正裕ほか編著「注釈民事訴訟法(4)」（有斐閣）
注釈(8)……………………鈴木正裕ほか編著「注釈民事訴訟法(8)」（有斐閣）
注釈(9)……………………石川明ほか編著「注釈民事訴訟法(9)」（有斐閣）
注解(9)……………………斉藤秀夫ほか編著「注解民事訴訟法〔第2版〕(9)」（第一法規）
注解(10)……………………斉藤秀夫ほか編著「注解民事訴訟法〔第2版〕(10)」（第一法規）
注解(11)……………………斉藤秀夫ほか編著「注解民事訴訟法〔第2版〕(11)」（第一法規）
菊井・村松Ⅰ……………菊井維大・村松俊夫著「全訂民事訴訟法Ⅰ〔補訂版〕」（日本評論社）
菊井・村松Ⅲ……………菊井維大・村松俊夫著「全訂民事訴訟法Ⅲ」（日本評論社）
条解民訴法………………兼子一ほか編著「条解民事訴訟法」（弘文堂）
条解民訴法（第2版）…松浦馨・新堂幸司・竹下守夫・高橋宏志・加藤新太郎・上原敏夫・
　　　　　　　　　　　　高田裕成著「条解民事訴訟法第2版」（弘文堂）
兼子体系…………………兼子一著「新修民事訴訟法体系〈増訂版〉」（酒井書店）
細野長良・民事訴訟法要義4……細野長良著「民事訴訟法要義第四巻」（厳松堂）
菊井維大・民事訴訟法下…………菊井維大著「補正版民事訴訟法　下」（弘文堂）
理論と実務（下）………塚原朋一ほか編著「新民事訴訟法の理論と実務　下」（ぎょうせい）
一問一答…………………法務省民事局参事官室編「一問一答新民事訴訟法」（商事法務研究会）
講座民訴(7)………………鈴木正裕・鈴木重勝編集責任「講座民事訴訟⑦」（弘文堂）
実務民訴2………………鈴木忠一・三ケ月章監修「実務民事訴訟講座2」（日本評論社）
実務民訴7………………鈴木忠一・三ケ月章監修「実務民事訴訟講座7」（日本評論社）
新実務民訴3……………鈴木忠一・三ケ月章監修「新・実務民事訴訟講座3」（日本評論社）
新実務民訴8……………鈴木忠一・三ケ月章監修「新・実務民事訴訟講座8」（日本評論社）
注解人訴…………………吉村徳重ほか編著「注解人事訴訟手続法（改訂）」（青林書院）
注解非訟事件手続法……伊東乾・三井哲夫ほか編著「注解非訟事件手続法」（青林書院）
注解家事審判法…………斉藤秀夫ほか編著「注解家事審判法（改訂）」（青林書院）
注解家事審判規則………斉藤秀夫ほか編著「注解家事審判規則（改訂）」（青林書院）
新民事保全法の解説……山崎潮著「新民事保全法の解説　増補改訂版」（ぎょうせい）
民事保全法の理論と実務（下）……三宅弘人ほか編著「民事保全法の理論と実務（下）」
　　　　　　　　　　　　（ぎょうせい）
注釈民事執行法2………香川保一監修「注釈民事執行法(2)」（金融財政事情研究会）
注解民事執行法(1)………鈴木忠一・三ケ月章編著「注解民事執行法(1)」（第一法規）
注解強制執行法(1)………岩野徹ほか編著「注解強制執行法(1)」（第一法規）
基本法コンメ民事執行法…浦野雄幸編著「基本法コンメンタール民事執行法〔第四版〕」
　　　　　　　　　　　　（日本評論社）
民事・刑事訴訟費用等に関する法律の解説……内田恒久ほか編著「民事・刑事訴訟費用等に
　　　　　　　　　　　　関する法律の解説」（法曹会）

コンメ民訴Ⅵ	秋山幹男・伊藤眞・加藤新太郎・高田裕成・福田剛久・山本和彦著「コンメンタール民事訴訟法Ⅵ」（日本評論社）
コンメ民訴Ⅶ	秋山幹男・伊藤眞・加藤新太郎・高田裕成・福田剛久・山本和彦著「コンメンタール民事訴訟法Ⅶ」（日本評論社）
注釈民訴(5)	高田裕成・三木浩一・山本克己・山本和彦編集「注釈民事訴訟法第5巻」（有斐閣）
条解破産	伊藤眞=岡正晶=田原睦夫=林道晴=松下淳一=森宏司「条解破産法第2版」（弘文堂）
逐条非訟	金子修編著「逐条解説非訟事件手続法」（商事法務）
一問一答非訟	金子修編著「一問一答非訟事件手続法」（商事法務）
逐条家事	金子修編著「逐条解説家事事件手続法」（商事法務）
一問一答家事	金子修編著「一問一答家事事件手続法」（商事法務）
重点講義民訴・下	高橋宏志著「重点講義民事訴訟法・下〔第2版補訂版〕」（有斐閣）

(2) 最高裁判所事務総局関係

受付分配事務の解説	訟廷執務資料第46号「事件の受付および分配に関する事務の取扱要領の解説－改訂－」
記録編成通達の解説	訟廷執務資料第53号「事件記録の編成に関する通達の解説」
保存規程の解説	訟廷執務資料第64号「事件記録等保存規程の解説（改訂版）」
新通達等の概要（上）	訟廷執務資料第69号「書記官事務に関する新通達等の概要（上）」
新通達等の概要（中）	訟廷執務資料第70号「書記官事務に関する新通達等の概要（中）」
新通達等の概要（下）	訟廷執務資料第71号「書記官事務に関する新通達等の概要（下）」
民事保全手続書式集	民事裁判資料第191号「民事保全手続書式集」
条解	民事裁判資料第213号「条解民事訴訟規則」
改正関係資料(3)	民事裁判資料第221号「民事訴訟手続の改正関係資料(3)」
条解民事保全規則	民事裁判資料第226号「条解民事保全規則（改訂版）」
条解民事執行規則（増補）	民事裁判資料第227号「条解民事執行規則（増補版）」
条解民事執行規則（第三版）	民事裁判資料第246号「条解民事執行規則（第三版）」
条解民事再生規則	民事裁判資料第228号「条解民事再生規則」
条解家事規則	家庭裁判資料196号「条解家事事件手続規則」
家事執務資料集下巻の二	家庭裁判資料第112号「家事執務資料集下巻の二」
改正民法及び家事審判法規に関する執務資料	家庭裁判資料第121号「改正民法及び家事審判法規に関する執務資料」
家事書記官事務の手引	家庭裁判資料第147号・訟廷執務資料第60号「家事書記官事務の手引」
裁判所法逐条解説（中）	最高裁判所事務総局「裁判所法逐条解説（中巻）」

略 語 例

　　　受付分配通達の概要………最高裁判所事務総局総務局監修「受付分配通達等の概要について」
　　　　　　　　　　　　　　　　（法曹会）
　　　民事執行雑誌8……………民事執行雑誌第8号
　(3)　司法研修所関係
　　　準備手続の諸問題…………司法研修所編「準備手続の実務上の諸問題」
　　　第二審判決書………………司法研修所編「民事第二審判決書について」
　(4)　裁判所書記官研修所関係
　　　訴訟上の救助に関する研究………昭和48年度書記官実務研究報告書「訴訟上の救助に関する研究」
　　　訴訟費用の研究……………昭和48年度書記官実務研究報告書「民事訴訟における訴訟費用等の研究」
　　　執行文研究（上）…………平成2年度書記官実務研究報告書「執行文に関する書記官事務の研究（上巻）」
　　　訴額算定の研究……………平成3年度書記官実務研究報告書「訴額算定に関する書記官事務の研究」
　　　民事実務の研究……………裁判所書記官研修所編「新訂民事実務の研究」
　　　別表一の研究………………書記官実務研究報告書第13号「家事事件手続法下における書記官事務の運用に関する実証的研究―別表第一事件を中心に―」
　(5)　雑　誌
　　　書研所報……………………「書研所報」（裁判所書記官研修所）
　　　書協会報……………………「会報」（全国裁判所書記官協議会）
　　　司法研究……………………「司法研究」（司法省調査課）
　　　法曹時報……………………「法曹時報」（法曹会）
　　　判タ…………………………「判例タイムズ」（判例タイムズ社）
　　　ジュリ………………………「ジュリスト」（有斐閣）
4　規程・通達等
　　民事事件記録符号規程……民事事件記録符号規程（平成13年最高裁判所規程第1号）
　　家庭事件記録符号規程……家庭事件記録符号規程（昭和26年最高裁判所規程第8号）
　　行政事件記録符号規程……行政事件記録符号規程（昭和38年最高裁判所規程第3号）
　　保存規程……………………事件記録等保存規程（昭和39年最高裁判所規程第8号）
　　保存通達……………………「事件記録等保存規程の運用について」（平成4年2月7日付け最高裁総三第8号事務総長通達）
　　受付分配通達………………「事件の受付及び分配に関する事務の取扱いについて」（平成4年8月21日付け最高裁総三第26号事務総長通達）
　　帳簿諸票備付通達…………「事件関係の帳簿諸票の備付け等について」（平成4年8月21日付け最高裁総三第27号事務総長通達）

略語例

帳簿諸票取扱通達…………「帳簿諸票の備付け等に関する事務の取扱いについて」(平成4年8月21日付け最高裁総三第28号総務局長通達)

保管送付通達………………「事件記録の保管及び送付に関する事務の取扱いについて」(平成7年3月24日付け最高裁総三第14号総務局長通達)

予納郵券取扱通達…………「予納郵便切手の取扱いに関する規程の運用について」(平成7年3月24日付け最高裁総三第18号事務総長通達)

調書通達……………………「民事事件の口頭弁論調書等の様式及び記載方法について」(平成16年1月23日付け最高裁総三第2号総務局長,民事局長,家庭局長通達)

記録編成通達………………「民事訴訟記録の編成について」(平成9年7月16日付け最高裁総三第77号事務総長通達)

予納印紙取扱通達…………「予納収入印紙及び予納登記印紙の取扱いについて」(平成23年3月28日付け最高裁家一第001376号事務総長通達)

訴額通知……………………「訴訟物の価額の算定基準について」(昭和31年12月12日付け最高裁民事甲第412号民事局長通知)

民裁支援システム通達……「民事裁判事務支援システムを利用した事務処理の運用について」(平成20年2月5日付け最高裁総三第000023号総務局長通達)

主 要 目 次

第1章 上　訴

第1　上訴の意義 …………………………………………………………………… 1
第2　上訴の種類 …………………………………………………………………… 1
第3　現行民事訴訟法（平成8年法律第109号）における主な改正点 ………… 1

第2章 控　訴

第1　総　説 ………………………………………………………………………… 5
第2　控訴提起事件の事務処理手続－第一審裁判所における手続－ ………… 52
第3　控訴事件の事務処理手続－控訴裁判所における手続－ ………………… 99

第3章 上　告

第1　総　説 ……………………………………………………………………… 176
第2　上告提起事件の事務処理手続－控訴裁判所又は第一審裁判所における手続－ ………… 221
第3　上告受理申立て事件の事務処理手続－控訴裁判所又は第一審裁判所における手続－ …… 255
第4　高等裁判所にする上告事件の事務処理手続
　　　－上告裁判所（高等裁判所）における手続－ ………………………… 270
第5　特別上告提起事件の事務処理手続
　　　－上告裁判所（高等裁判所）又は簡易裁判所における手続－ ……… 282

第4章 抗　告

第1　総　説 ……………………………………………………………………… 289
第2　抗告提起事件の事務処理手続－原裁判所における手続－ ……………… 310
第3　抗告事件の事務処理手続－抗告裁判所における手続－ ………………… 328
第4　民事訴訟法上の抗告事件 ………………………………………………… 341
第5　民事執行手続上の抗告事件 ………………………………………………… 349
第6　民事保全手続上の抗告事件 ………………………………………………… 355
第7　倒産関係手続上の抗告事件 ………………………………………………… 360
第8　家事事件手続上の抗告事件 ………………………………………………… 365
第9　特別抗告提起事件の事務処理手続－原裁判所又は抗告裁判所における手続－ ………… 394
第10　許可抗告申立て事件の事務処理手続－高等裁判所における手続－ ……… 403

第5章 再　審

第1　確定判決と再審 …………………………………………………… 413
第2　決定又は命令に対する再審（準再審） ………………………… 427
第3　再審の訴えの提起に伴う執行停止等の裁判 …………………… 431
第4　家事事件手続における再審 ……………………………………… 433

第6章　上訴に伴う強制執行停止

第1　概　要 ……………………………………………………………… 435
第2　控訴の提起に伴う執行停止 ……………………………………… 436
第3　上告の提起または上告受理の申立てに伴う執行停止 ………… 459
第4　特別上告に伴う執行停止 ………………………………………… 462
第5　保全抗告に伴う執行停止 ………………………………………… 463
第6　執行抗告に伴う執行停止 ………………………………………… 468
第7　家事事件手続における抗告の提起に伴う執行停止 …………… 470
第8　抗告の提起と執行停止 …………………………………………… 473

目　　次

第1章　上　　訴

- 第1　上訴の意義 …………………………………………………………………… 1
- 第2　上訴の種類 …………………………………………………………………… 1
- 第3　現行民事訴訟法（平成8年法律第109号）における主な改正点 ………… 1
  - 1　控　訴 ………………………………………………………………………… 1
  - 2　上　告 ………………………………………………………………………… 2
  - 3　抗　告 ………………………………………………………………………… 3
  - 4　上訴に伴う強制執行停止 …………………………………………………… 3

第2章　控　　訴

- 第1　総　説 ………………………………………………………………………… 5
  - 1　控訴の意義 …………………………………………………………………… 5
  - 2　控訴裁判所の判断を受ける裁判 …………………………………………… 5
    - (1)　控訴の対象となる裁判 ………………………………………………… 5
    - (2)　控訴審の判断を受ける中間的裁判 …………………………………… 6
    - (3)　控訴審が判断できない中間的裁判 …………………………………… 7
      - ア　明文の規定により不服申立てのできない裁判
      - イ　抗告により不服を申し立てることができる裁判
      - ウ　独立に控訴提起ができる判決
  - 3　控訴の当事者 ………………………………………………………………… 7
    - (1)　控訴人 …………………………………………………………………… 7
      - ア　第一審の口頭弁論終結後に当事者に一般承継が生じた場合
      - イ　独立当事者参加，共同訴訟参加により当事者として訴訟参加できる者の場合
      - ウ　補助参加人の場合
      - エ　通常共同訴訟の場合
      - オ　必要的共同訴訟の場合
      - カ　同時審判の申出がある共同訴訟の場合
    - (2)　被控訴人 ………………………………………………………………… 9
      - ア　第一審の口頭弁論終結後に当事者に一般承継が生じた場合
      - イ　独立当事者参加訴訟の場合
      - ウ　補助参加人の場合
      - エ　通常共同訴訟の場合

目　次

　　　　オ　必要的共同訴訟の場合
　　　　カ　同時審判の申出がある共同訴訟の場合
　　4　控訴の要件 ……………………………………………………………………………… 9
　　　(1)　原裁判が控訴を許すものであること …………………………………………… 10
　　　　ア　控訴裁判所の判断を受ける裁判
　　　　イ　訴訟費用の負担の裁判に対する控訴
　　　(2)　控訴提起が適式で，かつ，有効であること …………………………………… 11
　　　(3)　控訴期間を徒過しないこと又は控訴の追完の要件を備えること …………… 11
　　　(4)　控訴人が控訴の利益を有すること ……………………………………………… 11
　　　(5)　控訴人が控訴権を放棄せず，当事者に不控訴の合意がないこと …………… 11
　　　　ア　控訴権の放棄
　　　　イ　不控訴の合意
　　5　控訴の利益 ……………………………………………………………………………… 12
　　6　控訴の効力 ……………………………………………………………………………… 13
　　　(1)　確定遮断の効力 …………………………………………………………………… 13
　　　(2)　移審の効力 ………………………………………………………………………… 13
　　　(3)　控訴不可分の原則 ………………………………………………………………… 13
　　7　控訴提起の方式 ………………………………………………………………………… 15
　　　(1)　控訴状の提出 ……………………………………………………………………… 15
　　　(2)　控訴状の方式 ……………………………………………………………………… 15
　　　(3)　控訴状を受理した第一審裁判所の取扱い ……………………………………… 15
　　　(4)　控訴裁判所での控訴状の取扱い ………………………………………………… 15
　　8　控訴の取下げ …………………………………………………………………………… 16
　　　(1)　意　義 ……………………………………………………………………………… 16
　　　(2)　控訴の取下げをすることができる者 …………………………………………… 16
　　　(3)　要　件 ……………………………………………………………………………… 16
　　　　ア　控訴の全部について取下げをなすこと
　　　　イ　控訴の提起後，控訴審の終局判決があるまでに取下げをすること
　　　　ウ　訴訟記録のある裁判所に対して意思表示をすること
　　　(4)　方　式 ……………………………………………………………………………… 17
　　　(5)　効　果 ……………………………………………………………………………… 17
　　　(6)　控訴の取下げ擬制 ………………………………………………………………… 18
　　9　附帯控訴 ………………………………………………………………………………… 18
　　　(1)　附帯控訴の意義 …………………………………………………………………… 18
　　　(2)　附帯控訴の要件 …………………………………………………………………… 19
　　　　ア　相手方の提起した控訴の適法な係属があること

            イ　控訴審の口頭弁論終結前であること
            ウ　被控訴人から控訴人に対してするものであること
            エ　附帯控訴権の放棄がないこと
    (3)　附帯控訴の性質 …………………………………………………………… 19
    (4)　附帯控訴の従属性 ………………………………………………………… 20
    (5)　独立附帯控訴 ……………………………………………………………… 20
    (6)　附帯控訴の方式 …………………………………………………………… 20
10　控訴審の審理 ……………………………………………………………………… 21
    (1)　控訴審の構造 ……………………………………………………………… 21
    (2)　審理手続 …………………………………………………………………… 21
            ア　第一審手続の準用
            イ　反訴の提起
            ウ　選定者にかかる請求の追加
    (3)　審理の対象 ………………………………………………………………… 23
            ア　不服の範囲
            イ　不服申立てのない範囲
            ウ　口頭弁論が行われる範囲
                (ｱ)　第一審における請求が単一であって，その一部のみにつき控訴が申し立てられた場合
                (ｲ)　第一審で複数の請求が単純併合され，すべての請求の判断を含む全部判決がされた場合
                (ｳ)　第一審で本訴と反訴が同時に判決された場合
                (ｴ)　第一審が選択的に併合された請求の一つについて判決をした場合
                (ｵ)　第一審で予備的請求があった場合
                (ｶ)　通常共同訴訟の場合
                (ｷ)　必要的共同訴訟の場合
                (ｸ)　同時審判の申出がある共同訴訟の場合
                (ｹ)　第一審で独立当事者参加がなされた場合
                (ｺ)　非訟事件としての性格を有する場合
    (4)　控訴審の弁論－続審制と集中審理 ……………………………………… 27
11　控訴審の裁判 ……………………………………………………………………… 27
    (1)　控訴却下判決 ……………………………………………………………… 28
            【主文例1】
    (2)　控訴棄却判決 ……………………………………………………………… 29
            ア　控訴の棄却
                【主文例2】
            イ　控訴権の濫用に対する制裁
                【主文例3】

目次

(3) 控訴認容判決 ……………………………………………………………… 30
  ア　第一審判決の取消し
    (ｱ)　第一審判決が不当である場合
    (ｲ)　第一審判決の手続が法律に違反した場合
  イ　利益・不利益変更禁止の原則
  ウ　自判
    (ｱ)　控訴の全部に理由がある場合
      【主文例4】
      【主文例5】
      【主文例6】
      【主文例7】
    (ｲ)　控訴の一部に理由がある場合
      【主文例8】
    (ｳ)　第一審判決の複数の原告又は被告のうちの一部から控訴が提起された場合
      【主文例9】
    (ｴ)　第一審が一つの判決で本訴と反訴を判断している場合
      【主文例10】
    (ｵ)　第一審の当事者双方から控訴が提起された場合
      【主文例11】
      【主文例12】
    (ｶ)　控訴並びに附帯控訴が提起された場合
      【主文例13】
      【主文例14】
  エ　差戻判決
    (ｱ)　必要的差戻し
    (ｲ)　任意的差戻し
      【主文例15】
  オ　専属管轄違背に基づく移送
    (ｱ)　第一審の任意管轄違い
    (ｲ)　専属管轄違背に基づく移送
      【主文例16】
(4) 控訴審における審理範囲の変動と判決 ……………………………… 42
  ア　請求の減縮があった場合
      【主文例17】
  イ　請求の拡張（訴えの追加的変更）があった場合
      【主文例18】

　　　　　　【主文例19】
　　　　　　【主文例20】
　　　　　　【主文例21】
　　　ウ　訴えの交換的変更があった場合
　　　エ　予備的，選択的併合請求につき，併合態様が変更されたため認容の請求に変更を生じた場合
　(5)　複雑な訴訟形態の場合と判決 …………………………………………………… 45
　　　ア　訴訟の承継があった場合
　　　　　　【主文例22】
　　　イ　選定当事者を選んだ場合
　　　ウ　独立当事者参加の場合
　(6)　その他の判決 …………………………………………………………………… 46
　　　ア　手形（小切手）判決異議後の終局判決に対する控訴判決
　　　　　　【主文例23】
　　　イ　境界確定訴訟及び共有物分割訴訟の控訴判決
　(7)　控訴審判決における仮執行宣言 ……………………………………………… 47
　(8)　仮執行宣言の執行及び原状回復等 …………………………………………… 47
12　上告審からの差戻し又は移送 ……………………………………………………… 48
　(1)　趣　旨 …………………………………………………………………………… 48
　(2)　全部破棄と一部破棄 …………………………………………………………… 48
　(3)　差戻し又は移送を受けた裁判所の手続 ……………………………………… 49
　　　ア　口頭弁論の続行
　　　イ　訴訟代理権
　(4)　破棄差戻し又は移送判決の拘束力 …………………………………………… 50
　　　ア　拘束力を受ける裁判所
　　　イ　拘束力
　(5)　裁判官の関与禁止 ……………………………………………………………… 51

第2　控訴提起事件の事務処理手続－第一審裁判所における手続－ …………………… 52
1　控訴状を提出すべき裁判所 ………………………………………………………… 52
2　控訴期間 ……………………………………………………………………………… 52
3　控訴状の受付手続 …………………………………………………………………… 54
　(1)　事件の種類 ……………………………………………………………………… 54
　　ア　基本事件
　　　(ア)　民事控訴提起事件（ハレ）
　　　(イ)　民事控訴提起事件（ワネ）
　　　(ウ)　行政控訴提起事件

-5-

　　　　(エ) 民事控訴提起事件（家ト）

　　　　(オ) 附帯控訴提起事件

　　　　(カ) その他の事件

　　イ　雑事件

　(2) 当事者の呼称 …………………………………………………………………… 56

　(3) 管轄の確認 ……………………………………………………………………… 56

　(4) 控訴提起の方式 ………………………………………………………………… 56

　(5) 控訴状の記載事項 ……………………………………………………………… 57

　　ア　必要的記載事項

　　　　(ア) 当事者及び法定代理人

　　　　(イ) 第一審判決の表示

　　　　(ウ) 第一審判決に対して控訴をする旨

　　イ　その他の記載事項

　　　　(ア) 控訴の趣旨

　　　　(イ) 控訴の理由

　(6) 訴額及び手数料と収入印紙の確認 …………………………………………… 65

　(7) 送達に必要な費用の予納と郵便切手の確認 ………………………………… 65

　(8) 添付書類 ………………………………………………………………………… 65

　(9) 立件手続 ………………………………………………………………………… 65

4　附帯控訴状の受付手続 ……………………………………………………………… 67

　(1) 提出すべき裁判所 ……………………………………………………………… 67

　(2) 受付事務 ………………………………………………………………………… 67

5　第一審裁判所による控訴の適法性の審査 ……………………………………… 68

　(1) 審査の範囲 ……………………………………………………………………… 68

　　ア　控訴が不適法でその不備を補正することができないこと

　　　　(ア) 第一審判決で全部勝訴した当事者が提起した控訴

　　　　(イ) 控訴期間の経過後に提起された控訴

　　　　(ウ) 控訴権を放棄した者が提起した控訴

　　イ　「控訴が不適法でその不備を補正することができないこと」が明らかであること

　　ウ　控訴却下決定

　(2) 不服申立て ……………………………………………………………………… 70

6　訴訟記録の整理 ……………………………………………………………………… 70

　(1) 記録編成の確認 ………………………………………………………………… 70

　　ア　第1分類（弁論関係書類）

　　　　(ア) 調書群

　　　　(イ) 判決書群

目　次

　　　　　(ｳ)　訴状群
　　　イ　第2分類（証拠関係書類）
　　　　　(ｱ)　目録群
　　　　　(ｲ)　証拠説明書群
　　　　　(ｳ)　書証群
　　　　　(ｴ)　証拠調べ調書群
　　　　　(ｵ)　嘱託回答書群
　　　　　(ｶ)　証拠申出書群
　　　ウ　第3分類（その他の書類）
　　　　　(ｱ)　移送決定の確定，上訴の提起，差戻し判決等の確定，回付及び督促異議等に伴い送付を受けた訴訟記録送付書
　　　　　(ｲ)　代理及び資格証明関係書類
　　　　　(ｳ)　督促事件記録
　　　　　(ｴ)　強制執行停止事件記録
　　　　　(ｵ)　その他
　　　エ　目録及び丁数等
　　　　　(ｱ)　目録
　　　　　(ｲ)　丁数
　　　オ　上訴関係書類
　　　カ　併合事件記録の取扱い
　　　キ　冒頭の編成
　(2)　原審記録の点検 ……………………………………………………………… 85
　　　ア　冒頭部分
　　　イ　期日指定・呼出手続
　　　ウ　第1分類
　　　　　(ｱ)　調書群
　　　　　(ｲ)　判決書群
　　　　　(ｳ)　訴状群
　　　エ　第2分類
　　　　　(ｱ)　目録群等
　　　　　(ｲ)　書証群
　　　　　(ｳ)　証拠調べ調書群等
　　　オ　第3分類
　　　カ　その他
　(3)　録音テープ等 ………………………………………………………………… 87
　　　ア　規則68条1項の録音テープ等

目次

　　　　イ　規則170条2項の録音テープ等
　　(4) 留意事項 …………………………………………………………………… 87
　7　付随事件等 …………………………………………………………………… 88
　8　記録の送付 …………………………………………………………………… 89
　　(1) 記録送付書の作成 ………………………………………………………… 89
　　(2) 記録送付通知書の送付 …………………………………………………… 89
　　(3) 予納郵便切手の引継ぎ …………………………………………………… 89
　9　控訴の取下げ ………………………………………………………………… 91
　10　執行文の付与 ………………………………………………………………… 94
　　(1) 付与機関 …………………………………………………………………… 94
　　(2) 債務名義 …………………………………………………………………… 94
　　　ア　第一審判決に仮執行宣言が付されていない場合
　　　イ　第一審判決に仮執行宣言が付されている場合
　11　証　明 ………………………………………………………………………… 95
　　(1) 一般証明 …………………………………………………………………… 95
　　(2) 裁判の確定証明 …………………………………………………………… 95
　　　ア　請求先
　　　イ　調査事項
　　　ウ　確定及び確定時期についての確認
　　　　(ｱ) 控訴権放棄の場合
　　　　(ｲ) 不控訴の合意がある場合
　　　　(ｳ) 控訴取下げの場合
　　　　(ｴ) 控訴却下決定の場合
　　　　(ｵ) 全部勝訴判決の場合
　　　　(ｶ) 一部勝訴判決の場合
　　　　(ｷ) 通常共同訴訟の場合
　　　　(ｸ) 必要的共同訴訟の場合
　12　訴訟記録の閲覧・謄写及び複製に関する事務 …………………………… 98
第3　控訴事件の事務処理手続－控訴裁判所における手続－ ………………… 99
　1　控訴裁判所 …………………………………………………………………… 99
　2　控訴事件の受付手続 ………………………………………………………… 99
　　(1) 事件の種類 ………………………………………………………………… 99
　　　ア　基本事件
　　　　(ｱ) 民事控訴事件（レ）
　　　　(ｲ) 民事控訴事件（ネ）
　　　　(ｳ) 行政控訴事件

―8―

　　　　(エ)　附帯控訴事件
　　　　(オ)　その他の事件
　　　イ　雑事件
　　(2)　当事者の呼称 …………………………………………………………………… 101
　　(3)　訴訟記録の受領 ………………………………………………………………… 102
　　　ア　送付期間
　　　イ　訴訟記録の確認
　　(4)　控訴状の点検 …………………………………………………………………… 102
　　(5)　立件手続 ………………………………………………………………………… 102
　3　控訴の訴額及び手数料 ……………………………………………………………… 103
　　(1)　控訴の訴額 ……………………………………………………………………… 104
　　　ア　単純請求
　　　　(ア)　引換給付判決
　　　　(イ)　境界確定訴訟
　　　　(ウ)　住民訴訟
　　　イ　併合請求
　　　　(ア)　主観的併合
　　　　(イ)　客観的併合
　　　　(ウ)　附帯請求
　　　　(エ)　本訴・反訴
　　(2)　控訴提起手数料 ………………………………………………………………… 106
　　　ア　通常控訴
　　　　(ア)　第一審判決が請求について判断している場合
　　　　(イ)　第一審判決が請求について判断していない場合
　　　イ　人事訴訟法32条1項の裁判
　　　ウ　再審についての判決に対する控訴
　4　控訴審の審理及び進行と裁判所書記官 …………………………………………… 107
　5　担当部による事務処理手続 ………………………………………………………… 108
　　(1)　受付事務 ………………………………………………………………………… 108
　　(2)　記録の点検 ……………………………………………………………………… 108
　　　ア　控訴状
　　　イ　原審記録
　6　裁判長による控訴状の審査 ………………………………………………………… 109
　　(1)　審査の範囲 ……………………………………………………………………… 109
　　　ア　控訴状の必要的記載事項
　　　イ　申立手数料

目　次

　　　　ウ　控訴状を送達することができない場合
　　　　エ　補正命令
　　　　オ　控訴状却下命令
　　(2)　不服申立て ………………………………………………………………… 111
　7　控訴裁判所による控訴の適法性の審査 ……………………………………… 111
　　(1)　審査の範囲 ………………………………………………………………… 111
　　　　ア　控訴が不適法でその不備を補正することができない場合
　　　　イ　控訴却下判決
　　(2)　不服申立て ………………………………………………………………… 112
　8　第1回口頭弁論期日前の準備 ………………………………………………… 112
　　(1)　参考事項の聴取 …………………………………………………………… 112
　　(2)　控訴理由書 ………………………………………………………………… 116
　　　　ア　控訴理由書の提出期間
　　　　イ　提出すべき裁判所
　　(3)　反論書 ……………………………………………………………………… 117
　9　第1回口頭弁論期日の指定と実施 …………………………………………… 118
　　(1)　期日の指定と呼出し ……………………………………………………… 118
　　　　ア　控訴状副本による送達
　　　　イ　第1回口頭弁論期日の指定
　　　　ウ　第1回口頭弁論期日の呼出し
　　(2)　期日呼出費用の予納がない場合 ………………………………………… 123
　　　　ア　審査の範囲
　　　　　(ｱ)　期日呼出費用
　　　　　(ｲ)　予納命令
　　　　　(ｳ)　控訴却下決定
　　　　イ　不服申立て
　　(3)　期日の変更 ………………………………………………………………… 125
　　(4)　第一審の訴訟行為の効力 ………………………………………………… 125
　　(5)　第一審の口頭弁論の結果陳述 …………………………………………… 126
　　　　ア　結果陳述
　　　　イ　記載例
　　　　　(ｱ)　第一審判決書が新様式の場合
　　　　　(ｲ)　第一審判決書が旧様式の場合
　　　　　(ｳ)　当事者の一方の欠席
　　　　　(ｴ)　上告審からの差戻し
　10　調書と記録の編成 …………………………………………………………… 129

目　次

　　　⑴　調　書 ………………………………………………………………… 129
　　　　ア　第1号様式（口頭弁論調書・準備的口頭弁論調書）
　　　　　㈠　第1回口頭弁論期日
　　　　　㈡　和解勧告と受命裁判官による和解期日の指定
　　　　　㈢　準備的口頭弁論
　　　　　㈣　弁論準備手続の結果陳述
　　　　　㈤　書面による準備手続に付する決定
　　　　　㈥　判決言渡し
　　　　　㈦　その他の記載事項
　　　　イ　第2号様式（弁論準備手続調書）
　　　　ウ　第3号様式（書証目録）
　　　　エ　第4号様式（証人等目録）
　　　　オ　第5号様式（証人等調書）
　　　　カ　第6号様式
　　　⑵　記録の編成 …………………………………………………………… 140
　　　　ア　第1分類
　　　　　㈠　調書群
　　　　　㈡　判決書群
　　　　　㈢　訴状群
　　　　イ　第2分類
　　　　ウ　第3分類
11　攻撃防御方法の提出等の期間 …………………………………………… 142
　　　⑴　攻撃防御方法の提出等 ……………………………………………… 142
　　　⑵　提出期間の裁定 ……………………………………………………… 142
12　争点及び証拠の整理手続 ………………………………………………… 143
　　　⑴　準備的口頭弁論 ……………………………………………………… 143
　　　⑵　弁論準備手続 ………………………………………………………… 143
　　　　ア　期日の活用
　　　　イ　電話会議の方法による手続の実施
　　　　ウ　テレビ会議の方法による手続の実施
　　　⑶　書面による準備手続 ………………………………………………… 144
　　　　ア　受命裁判官
　　　　イ　期日の活用
13　進行協議期日における手続 ……………………………………………… 145
14　期日間の準備 ……………………………………………………………… 146
15　専門的知見を必要とする手続 …………………………………………… 147

(1) 自庁調停に付した場合 ……………………………………………………… 147
　　ア　民事調停委員
　　イ　職務代行の手続
　　ウ　旅費等
　　　(ｱ)　当該高等裁判所所在地にある地方裁判所の民事調停委員に職務を代行させる場合
　　　(ｲ)　(ｱ)以外の地方裁判所の民事調停委員に職務代行をさせる場合
　　　(ｳ)　支給についての手続
　(2) 専門委員の活用 ……………………………………………………………… 148
　　ア　専門委員
　　イ　職務内容等
　(3) 知的財産権訴訟における裁判所調査官の活用 …………………………… 149
　　ア　裁判所調査官
　　イ　職務内容等
16　第一審裁判所における録音テープ等の利用 …………………………………… 149
　(1) 規則68条1項の手続 ………………………………………………………… 149
　(2) 規則170条1項の手続 ……………………………………………………… 150
17　事件の終局 ………………………………………………………………………… 150
　(1) 終局判決 ……………………………………………………………………… 150
　　ア　言渡期日の通知
　　イ　判決原稿との照合
　　ウ　判決言渡し
　　エ　判決正本の作成
　　オ　判決言渡調書の作成
　　カ　判決正本又は法254条2項の調書（調書判決）正本の送達
　　キ　正本送達後の事務処理
　(2) 訴訟上の和解 ………………………………………………………………… 151
　　ア　和解条項案の書面による受諾（受諾和解）
　　イ　裁判所等が定める和解条項（裁定和解）
　　ウ　和解勧試の嘱託
　　　(ｱ)　第一審裁判所への嘱託
　　　(ｲ)　上告裁判所からの嘱託
　　エ　和解の成立
　(3) 控訴の取下げ ………………………………………………………………… 158
　(4) 訴えの取下げ ………………………………………………………………… 159
　(5) 請求の放棄・認諾 …………………………………………………………… 159
　(6) 控訴審判決の更正 …………………………………………………………… 159

18 留意事項 …………………………………………………………………………… 160
　(1) 委　任 ………………………………………………………………………… 160
　(2) 反　訴 ………………………………………………………………………… 161
　(3) 手数料 ………………………………………………………………………… 161
　(4) 付随事件 ……………………………………………………………………… 161
　(5) 第一審判決の更正 …………………………………………………………… 162
19 事件終局後の事務 ……………………………………………………………… 162
　(1) 記録の整理 …………………………………………………………………… 163
　　ア　送達及び確定等の確認
　　イ　予納郵便切手の返還の確認
　　ウ　記録の編成の確認
　　エ　目録
　　オ　丁数
　　カ　訴訟記録送付書の作成
　(2) 第一審裁判所等への訴訟記録の送付 ……………………………………… 166
　(3) 裁判書の保存 ………………………………………………………………… 166
20 執行文の付与 …………………………………………………………………… 167
　(1) 付与機関 ……………………………………………………………………… 167
　(2) 控訴審判決前の執行文付与 ………………………………………………… 167
　　ア　第一審判決に仮執行宣言が付されていない場合
　　イ　第一審判決に仮執行宣言が付されている場合
　(3) 控訴審判決後の執行文付与 ………………………………………………… 167
　　ア　控訴棄却判決の場合
　　　(ｱ)　原告全部敗訴の第一審判決に対して原告が控訴し，控訴審で控訴の全部が棄却された場合
　　　(ｲ)　原告全部勝訴の第一審判決に対して被告が控訴し，控訴審で控訴の全部が棄却された場合
　　　(ｳ)　原告一部勝訴の第一審判決に対して原告又は被告が控訴し，控訴審で控訴の全部が棄却された場合
　　イ　控訴認容判決の場合
　　　(ｱ)　原告全部敗訴の第一審判決に対し原告が控訴し，控訴審で原告の請求の全部又は一部を認容する場合
　　　(ｲ)　原告全部勝訴の第一審判決に対して被告が控訴し，控訴審で控訴の全部が認容された場合
　　　(ｳ)　原告一部勝訴の第一審判決に対して原告が控訴し，控訴審で原告の請求が全部認容された場合

目　次

　　　　(エ) 原告一部勝訴の第一審判決に対して被告が控訴し，控訴審で控訴の全部が認容された場合
　　ウ　控訴の一部に理由がある場合
　　エ　控訴審判決主文に第一審判決を引用した場合
　　オ　控訴審で第一審判決を更正した場合
　　カ　控訴審判決に仮執行宣言が付された場合
　　キ　控訴審判決が破棄差戻しされた場合
　　　　(ア) 仮執行宣言の付された原告勝訴の第一審判決を取り消した控訴審判決が，上告審で破棄され，控訴審に差し戻された場合
　　　　(イ) 仮執行宣言の付された原告勝訴の第一審判決を維持した控訴審判決が，上告審で破棄され，控訴審に差し戻された場合
　(4) 原本付記 ………………………………………………………………………… 171
21　証　明 …………………………………………………………………………… 172
　(1) 一般証明 ………………………………………………………………………… 172
　(2) 裁判の確定証明 ………………………………………………………………… 172
　　ア　請求先
　　イ　調査事項
　　ウ　控訴審判決の確定及び確定時期の確認
　　　　(ア) 控訴権放棄の場合
　　　　(イ) 不控訴の合意がある場合
　　　　(ウ) 控訴取下げの場合
　　　　(エ) 控訴状却下命令の場合
　　　　(オ) 控訴審における控訴却下決定の場合
　　　　(カ) 控訴却下判決の場合
　　　　(キ) 控訴の全部認容判決の場合
　　　　(ク) 控訴の一部認容判決の場合
22　記録等の閲覧・謄写及び複製 ………………………………………………… 174

第3章　上　　告

第1　総　説 …………………………………………………………………………… 176
1　上告の意義 ……………………………………………………………………… 176
　(1) 上告裁判所 ……………………………………………………………………… 176
　(2) 飛躍上告 ………………………………………………………………………… 177
　　ア　対象となる裁判
　　イ　上告権留保の不控訴合意

ウ　上告理由
　2　上告の要件 …………………………………………………………………… 177
　　(1)　原裁判が上告を許すものであること ………………………………… 177
　　(2)　上告提起が適式でかつ有効であること ……………………………… 178
　　(3)　上告期間を徒過しないこと又は上告の追完の要件を備えること … 178
　　(4)　上告理由が法定の方式を備え，かつ定められた期間内に原裁判所に提出されること … 178
　　(5)　上告人が上告の利益を有すること …………………………………… 178
　　(6)　上告人が上告権を放棄せず，当事者間に上告しない旨の合意がないこと ………… 178
　3　上告の効力 …………………………………………………………………… 178
　　(1)　確定遮断の効力 ………………………………………………………… 178
　　(2)　移審の効力 ……………………………………………………………… 179
　　(3)　上告不可分の原則 ……………………………………………………… 179
　4　上告の対象となる裁判 ……………………………………………………… 180
　　(1)　高等裁判所が第二審としてした終局判決 …………………………… 180
　　　ア　高等裁判所が第二審となる場合
　　　イ　控訴審における訴えの変更により提起された新請求についてなされた判決
　　　ウ　控訴審の差戻判決
　　　エ　認諾のあった請求についてなされた判決
　　　オ　高等裁判所が控訴審としてした判決に対する再審事件について，同裁判所が言い渡す判決
　　　カ　控訴審判決後の受継決定
　　(2)　高等裁判所が第一審としてした終局判決 …………………………… 181
　　　ア　特別法で定めた場合
　　　イ　人身保護請求事件
　　(3)　地方裁判所が第二審としてした終局判決 …………………………… 181
　　　ア　地方裁判所が第二審となる場合
　　　イ　地方裁判所が控訴審としてした判決に対する再審事件について，同裁判所が言い渡す判決
　　(4)　飛躍上告の合意がある場合 …………………………………………… 181
　　(5)　地方裁判所が第一審としてした終局判決 …………………………… 182
　　　ア　公職選挙法の定め
　　　イ　地方自治法の定め
　　　ウ　人身保護請求事件
　　(6)　その他の上告の適否 …………………………………………………… 182
　　　ア　終局判決以前の中間判決
　　　イ　付随的裁判

目　次

　　　　ウ　違式の裁判
　　　　エ　他の救済方法が認められている場合
　5　上告理由 ………………………………………………………………………… 183
　　(1)　適法要件としての上告理由 ……………………………………………… 183
　　　ア　最高裁判所への上告
　　　　(ｱ)　憲法解釈の誤り又はその他憲法違反があること
　　　　(ｲ)　重大な手続違反（絶対的上告理由）があること
　　　イ　高等裁判所への上告
　　　　(ｱ)　憲法解釈の誤り又はその他憲法違反があること
　　　　(ｲ)　重大な手続違反があること
　　　　(ｳ)　判決に影響を及ぼすことが明らかな法令違反があること
　　(2)　原判決の憲法違反 ………………………………………………………… 184
　　　ア　判断の違憲
　　　イ　適用法規についての違憲の主張
　　(3)　絶対的上告理由 …………………………………………………………… 184
　　　ア　意義
　　　　(ｱ)　裁判所の構成の違反
　　　　(ｲ)　判決に関与できない裁判官の裁判関与
　　　　(ｳ)　日本の裁判所の管轄権の専属に関する規定違反
　　　　(ｴ)　専属管轄違反
　　　　(ｵ)　代理権欠缺
　　　　(ｶ)　口頭弁論公開の原則の違反
　　　　(ｷ)　判決の理由不備又は理由の食違い
　　　イ　再審事由と上告理由
　　(4)　法令違反 …………………………………………………………………… 185
　　(5)　上告理由書の提出期間 …………………………………………………… 185
　　(6)　上告理由の記載方式 ……………………………………………………… 186
　　　ア　憲法違反を理由とする場合
　　　イ　絶対的上告理由を理由とする場合
　　　ウ　法令違反を理由とする場合
　　　エ　判例違反を主張する場合
　6　上告の提起 ……………………………………………………………………… 189
　　(1)　上告提起手続と上告受理手続 …………………………………………… 189
　　(2)　上告提起（権利上告）手続 ……………………………………………… 189
　　　ア　上告提起の方式
　　　イ　原裁判所における手続

―16―

　　　　(ｱ)　上告状の審査
　　　　(ｲ)　上告の適法性の審査
　　　　(ｳ)　上告提起通知書の送達
　　　　(ｴ)　上告理由書の提出
　　　　(ｵ)　上告裁判所への事件送付
　　(3)　上告受理申立て（裁量上告）手続 ………………………………………… 191
　　　ア　意義
　　　イ　要件
　　　ウ　上告受理申立ての理由
　　　　(ｱ)　判例違反
　　　　(ｲ)　法令解釈に関する重要事項
　　　エ　原裁判所における手続
　　　オ　最高裁判所における手続
　　　　(ｱ)　上告不受理決定
　　　　(ｲ)　上告受理決定
　　　　(ｳ)　受理決定後の審理及び裁判
　7　上告審の審理 ……………………………………………………………………… 194
　　(1)　上告審の構造（事後審・法律審） ……………………………………… 194
　　　ア　上告審における新たな請求
　　　イ　理由書の提出強制
　　(2)　上告審の手続 ………………………………………………………………… 195
　　　ア　控訴審手続の準用
　　　イ　審理の対象
　　　　(ｱ)　不服申立ての範囲
　　　　(ｲ)　不服申立てのない範囲
　　　　(ｳ)　上告審における訴訟資料
　　　　(ｴ)　調査の範囲
　　　ウ　決定による上告却下
　　　エ　決定による上告棄却
　　　オ　審理
　　　　(ｱ)　書面審理
　　　　(ｲ)　口頭弁論
　　　　(ｳ)　高等裁判所に対する上告事件
　8　上告審の裁判 ……………………………………………………………………… 204
　　(1)　上告却下 ……………………………………………………………………… 204
　　(2)　上告棄却 ……………………………………………………………………… 204

　　　　ア　上告裁判所が最高裁判所である場合
　　　　イ　上告裁判所が高等裁判所である場合
　　(3)　原判決破棄 ………………………………………………………… 205
　　　　ア　通常破棄（必要的破棄）
　　　　イ　特別破棄（裁量的破棄）
　　　　ウ　全部破棄と一部破棄
　　　　エ　破棄理由が複数存在する場合
　　　　オ　破棄と訴訟費用の負担の裁判
　　　　カ　原審級への差戻し又は移送
　　　　キ　破棄判決の拘束力
　　　　ク　自判
　　　　　(ｱ)　控訴却下
　　　　　(ｲ)　控訴棄却
　　　　　(ｳ)　訴訟終了宣言
　　　　　(ｴ)　第一審判決取消し，訴え却下
　　　　　(ｵ)　第一審判決取消し，請求棄却
　　　　　(ｶ)　第一審判決取消し，請求認容
　　　　　(ｷ)　第一審判決取消し，第一審差戻し
　　　　　(ｸ)　第一審判決取消し，専属管轄裁判所へ移送
　　(4)　最高裁判所への移送 ………………………………………………… 208
　9　上告における裁判の確定 ………………………………………………… 208
　　(1)　不上告の合意がある場合 …………………………………………… 208
　　(2)　上告取下げの場合 …………………………………………………… 208
　　(3)　上告権放棄の場合 …………………………………………………… 209
　　(4)　上告状却下命令の場合 ……………………………………………… 209
　　(5)　上告却下決定の場合 ………………………………………………… 209
　　(6)　上告棄却決定の場合 ………………………………………………… 209
　　(7)　上告棄却判決，破棄自判の場合 …………………………………… 209
　　(8)　一部破棄差戻し（移送）判決の場合 ……………………………… 209
　　(9)　上告不受理決定の場合 ……………………………………………… 209
　10　特別上告 ………………………………………………………………… 210
　　(1)　意　義 ………………………………………………………………… 210
　　(2)　対象となる裁判 ……………………………………………………… 210
　　　　ア　高等裁判所が上告審としてした終局判決
　　　　イ　少額訴訟における異議判決
　　　　ウ　高等裁判所が上告審としてした判決に対する再審事件について，同裁判所が言い渡す

　　　　　判決
　(3)　特別上告の理由 ………………………………………………………… 210
　(4)　審理手続 ……………………………………………………………… 211
　(5)　裁　判 ………………………………………………………………… 211
　　ア　特別上告却下
　　イ　特別上告棄却
　　ウ　特別上告認容・破棄差戻し又は移送
　　エ　特別上告認容・破棄自判
11　事件の種類 …………………………………………………………………… 211
　(1)　上告提起事件 …………………………………………………………… 212
　　ア　高等裁判所に対する上告提起事件
　　イ　最高裁判所に対する上告提起事件
　　　(ア)　民事上告提起事件
　　　(イ)　行政上告提起事件
　　ウ　飛躍上告提起事件
　　　(ア)　高等裁判所に対する飛躍上告提起事件
　　　(イ)　最高裁判所に対する飛躍上告提起事件
　(2)　上告受理申立て事件 …………………………………………………… 213
　　ア　上告受理申立て事件
　　　(ア)　民事上告受理申立て事件
　　　(イ)　行政上告受理申立て事件
　　イ　飛躍上告受理申立て事件
　　　(ア)　民事飛躍上告受理申立て事件（ワ受）
　　　(イ)　行政飛躍上告受理申立て事件
　　　(ウ)　民事飛躍上告受理申立て事件（家ト）
　(3)　上告事件 ………………………………………………………………… 213
　　ア　高等裁判所に対する上告事件
　　イ　最高裁判所に対する上告事件
　　　(ア)　民事上告事件
　　　(イ)　行政上告事件
　(4)　上告受理事件 …………………………………………………………… 214
　　ア　民事上告受理事件
　　イ　行政上告受理事件
　(5)　特別上告提起事件 ……………………………………………………… 214
　　ア　民事特別上告提起事件
　　イ　行政特別上告提起事件

　　　　ウ　少額異議判決に対する特別上告提起事件
　　(6)　特別上告事件 ··· 214
　　　　ア　民事特別上告事件
　　　　イ　行政特別上告事件
第2　上告提起事件の事務処理手続－控訴裁判所又は第一審裁判所における手続－ ········· 221
　1　上告状を提出すべき裁判所 ··· 221
　2　上告期間 ··· 221
　3　上告状の受付手続 ··· 222
　　(1)　管轄の確認 ··· 223
　　(2)　上告提起の方式 ··· 223
　　(3)　上告状の記載事項 ·· 223
　　　　ア　必要的記載事項
　　　　　(ｱ)　当事者及び法定代理人
　　　　　(ｲ)　原判決の表示
　　　　　(ｳ)　当該判決に対して上告を提起する旨
　　　　イ　その他の記載事項
　　　　　(ｱ)　上告の趣旨
　　　　　(ｲ)　上告の理由
　　　　　(ｳ)　その他
　　(4)　訴額及び手数料と収入印紙の確認 ·· 226
　　(5)　送達に必要な費用等の予納と郵便切手の確認 ··························· 226
　　(6)　附属書類等の添付 ·· 227
　　　　ア　上告状副本
　　　　イ　訴訟委任状
　　　　ウ　資格証明書
　　　　エ　飛躍上告提起の場合
　　(7)　上告受理の申立ても併せて1通の書面でする場合 ······················· 227
　　(8)　立件手続 ··· 228
　4　裁判長による上告状の審査 ·· 231
　　(1)　審査の範囲 ·· 231
　　　　ア　上告状の必要的記載事項
　　　　イ　訴額及び手数料
　　　　　(ｱ)　訴訟物の価額
　　　　　(ｲ)　上告提起手数料
　　　　ウ　上告状の送達をすることができない場合
　　　　エ　補正命令

　　　　オ　上告状却下命令
　　⑵　上告状却下命令に対する不服申立て ……………………………… 235
　5　原裁判所による上告の適法性の審査 …………………………………… 235
　　⑴　審査の範囲 ………………………………………………………… 235
　　　　ア　上告が不適法でその不備を補正することができない場合
　　　　イ　上告理由書の不提出
　　　　ウ　上告理由の記載方法の違反
　　　　エ　補正命令
　　　　オ　上告却下決定
　　⑵　上告却下決定に対する不服申立て ……………………………… 240
　6　上告提起通知書 …………………………………………………………… 241
　　⑴　送達の時期 ………………………………………………………… 241
　　⑵　上告状の送達 ……………………………………………………… 242
　　⑶　原判決送達前に上告が提起された場合の取扱い ………………… 242
　7　上告理由書 ………………………………………………………………… 244
　　⑴　上告理由書の提出期間 …………………………………………… 244
　　⑵　記載方式 …………………………………………………………… 245
　　⑶　副本の添付 ………………………………………………………… 247
　8　原裁判所で処理すべき付随事件等 …………………………………… 247
　9　事件の終局 ………………………………………………………………… 248
　　⑴　上告状却下命令 …………………………………………………… 248
　　⑵　上告却下決定 ……………………………………………………… 248
　　　　ア　上告が不適法で不備が補正できない場合
　　　　イ　上告理由書の不提出
　　　　ウ　上告理由の記載方式違反
　　⑶　上告の取下げ ……………………………………………………… 248
　　⑷　訴えの取下げ ……………………………………………………… 248
　　⑸　上告裁判所への事件送付 ………………………………………… 248
　　　　ア　送付時期
　　　　イ　訴訟手続に関する事実の有無についての意見の添付
　　　　ウ　送付の手続
　　　　　　㈲　記録整理の確認
　　　　　　㈶　訴訟記録送付書の作成
　　　　　　㈷　記録の送付
　　⑹　訴訟記録の返還，保存 …………………………………………… 254
　　　　ア　原審へ記録返還する場合

　　　　　イ　原裁判所で保存する場合
第3　上告受理申立て事件の事務処理手続－控訴裁判所又は第一審裁判所における手続－ …… 255
　1　上告受理申立書を提出すべき裁判所 …………………………………………………… 255
　2　申立期間 ………………………………………………………………………………………… 255
　3　上告受理申立書の受付手続 …………………………………………………………………… 256
　　(1)　管轄の確認 ………………………………………………………………………………… 256
　　(2)　上告受理申立ての方式 …………………………………………………………………… 256
　　(3)　上告受理申立書の記載事項 ……………………………………………………………… 256
　　　ア　必要的記載事項
　　　　(ｱ)　当事者及び法定代理人
　　　　(ｲ)　原判決の表示
　　　　(ｳ)　当該判決に対して上告受理の申立てをする旨
　　　イ　その他の記載事項
　　(4)　訴額及び手数料と収入印紙の確認 ……………………………………………………… 257
　　(5)　送達に必要な費用等の予納と郵便切手の確認 ………………………………………… 258
　　(6)　附属書類等の添付 ………………………………………………………………………… 258
　　(7)　上告提起も併せて1通の書面でする場合 ……………………………………………… 258
　　(8)　立件手続 …………………………………………………………………………………… 258
　4　裁判長による上告受理申立書の審査 ………………………………………………………… 259
　　(1)　審査の範囲 ………………………………………………………………………………… 259
　　　ア　上告受理申立書の必要的記載事項
　　　イ　訴額及び手数料
　　　ウ　上告受理申立書の送達をすることができない場合
　　　エ　補正命令
　　(2)　上告受理申立書却下命令 ………………………………………………………………… 260
　5　原裁判所による上告受理申立ての適法性の審査 …………………………………………… 260
　　(1)　審査の範囲 ………………………………………………………………………………… 260
　　　ア　上告受理申立てが不適法でその欠缺が補正できない場合
　　　イ　上告受理申立て理由書の不提出
　　　ウ　上告受理申立ての理由の記載方法の違反
　　　エ　補正命令
　　(2)　上告受理申立て却下決定 ………………………………………………………………… 262
　6　上告受理申立て通知書 ………………………………………………………………………… 262
　　(1)　送達の時期 ………………………………………………………………………………… 262
　　(2)　上告受理申立書の送達 …………………………………………………………………… 262
　　(3)　原判決送達前に上告受理申立てがあった場合の取扱い ……………………………… 264

7	上告受理申立て理由書	265
(1)	上告受理申立て理由書の提出期間	265
(2)	記載方式	265
(3)	副本の添付	265
8	原裁判所で処理すべき付随事件等	266
9	事件の終局	267
(1)	上告受理申立書却下命令	267
(2)	上告受理申立て却下決定	267

  ア 不適法で不備を補正することができないことが明らかな場合
  イ 理由書の不提出
  ウ 理由の記載方式違反

(3)	上告受理申立ての取下げ	267
(4)	訴えの取下げ	267
(5)	上告裁判所への事件送付	267

  ア 送付時期
  イ 訴訟手続に関する事実の有無についての意見の添付
  ウ 送付の手続
   (ア) 記録整理の確認
   (イ) 訴訟記録送付書の作成
   (ウ) 記録の送付

(6)	訴訟記録の返還，保存	268

  ア 原審へ記録返還する場合
  イ 原裁判所で保存する場合

第4　高等裁判所にする上告事件の事務処理手続
　　　　－上告裁判所（高等裁判所）における手続－ ……… 270

1	上告裁判所（高等裁判所）	270
2	上告事件の受付手続	271
(1)	訴訟記録の確認	271
(2)	立件手続	271

  ア 基本事件
  イ 雑事件

3	担当部における書記官事務	273
(1)	記録調査事務	273

  ア 記録表紙記載事項の点検
   (ア) 一，二審庁名，事件番号及び記録冊数
   (イ) 事件名の表示

目　次

　　　　　　(ウ)　当事者，訴訟代理人等の表示
　　　　イ　上告状の記載事項等
　　　　　　(ア)　形式的記載事項と上告期間
　　　　　　(イ)　訴額の算定及び手数料，送達に必要な費用等の予納と郵便切手
　　　　ウ　上告理由書の提出期間
　　　　エ　原審等における訴訟手続の点検
　　(2)　上告記録到着通知 …………………………………………………………… 274
　　(3)　上告の適法性の審査 ………………………………………………………… 275
　　　　ア　審査の範囲
　　　　イ　上告却下決定
　　(4)　最高裁判所への移送 ………………………………………………………… 276
　　(5)　口頭弁論を経ない上告棄却判決 …………………………………………… 276
　　(6)　第1回口頭弁論期日の指定と呼出し ……………………………………… 276
　　　　ア　期日の指定・呼出し
　　　　イ　上告理由書の送達
　　(7)　判決言渡しまでの事務 ……………………………………………………… 277
　　　　ア　口頭弁論期日の実施
　　　　イ　和解手続
　　　　　　(ア)　受命裁判官による和解の勧試
　　　　　　(イ)　原審又は第一審裁判所への嘱託
　　　　ウ　判決言渡しの準備
　　　　　　(ア)　判決原稿との照合
　　　　　　(イ)　判決正本の作成
　4　事件の終局 ……………………………………………………………………… 279
　　(1)　上告却下決定 ………………………………………………………………… 279
　　　　ア　上告が不適法で不備が補正できない場合
　　　　イ　上告理由書の不提出
　　　　ウ　上告理由の記載方式違反
　　(2)　最高裁判所への移送決定 …………………………………………………… 279
　　(3)　判　決 ………………………………………………………………………… 279
　　　　ア　口頭弁論を経ない上告棄却
　　　　イ　上告棄却
　　　　ウ　破棄差戻し・移送
　　　　エ　破棄自判
　　(4)　訴訟上の和解 ………………………………………………………………… 279
　　(5)　上告の取下げ ………………………………………………………………… 279

⑹ 訴えの取下げ	279
5 事件終局後の事務	280
⑴ 確定記録の整理	280

　　ア　既済の確認・点検
　　イ　残郵便切手の返還
　　ウ　目録，丁数
　　エ　訴訟記録送付書の作成

⑵ 訴訟記録の送付	280

　　ア　差戻し・移送の場合
　　イ　第一審裁判所への返還

⑶ 裁判書の保存	280

第5　特別上告提起事件の事務処理手続
　　　－上告裁判所（高等裁判所）又は簡易裁判所における手続－ ……… 282

1 特別上告状を提出すべき裁判所	282
⑴ 高等裁判所	282
⑵ 簡易裁判所	282
2 上告期間	282
3 特別上告状の受付手続	282
⑴ 管轄の確認	282
⑵ 特別上告提起の方式	282
⑶ 特別上告状の記載事項	284

　　ア　必要的記載事項
　　　㈦　当事者及び法定代理人
　　　㈣　原判決の表示
　　　㈡　当該判決に対して特別上告を提起する旨
　　イ　その他の記載事項

⑷ 訴額及び手数料と収入印紙の確認	284
⑸ 送達に必要な費用等の予納と郵便切手の確認	284
⑹ 附属書類等の添付	284
⑺ 立件手続	284
4 裁判長による特別上告状の審査	285
⑴ 審査の範囲	285

　　ア　特別上告状の必要的記載事項
　　イ　訴額及び手数料
　　ウ　特別上告状の送達をすることができない場合
　　エ　補正命令

(2) 特別上告状却下命令 ………………………………………………………… 285
　5 原裁判所による特別上告の適法性の審査 ……………………………………… 285
　　(1) 審査の範囲 …………………………………………………………………… 286
　　　ア　特別上告が不適法でその欠缺が補正できない場合
　　　イ　特別上告理由書の不提出
　　　ウ　特別上告理由の記載方法の違反
　　　エ　補正命令
　　(2) 特別上告却下決定 …………………………………………………………… 286
　6 特別上告提起通知書 ……………………………………………………………… 286
　　(1) 送達の時期 …………………………………………………………………… 286
　　(2) 特別上告状の送達 …………………………………………………………… 287
　7 特別上告理由書 …………………………………………………………………… 287
　　(1) 理由書の提出期間 …………………………………………………………… 287
　　(2) 記載方式 ……………………………………………………………………… 287
　　(3) 副本の添付 …………………………………………………………………… 287
　8 原裁判所で処理すべき付随事件等 ……………………………………………… 287
　9 事件の終局 ………………………………………………………………………… 288
　　(1) 特別上告状却下命令 ………………………………………………………… 288
　　(2) 特別上告却下決定 …………………………………………………………… 288
　　　ア　不適法で不備が補正できないことが明らかな場合
　　　イ　理由書の不提出
　　　ウ　理由の記載方式違反
　　(3) 特別上告の取下げ …………………………………………………………… 288
　　(4) 最高裁判所への事件送付 …………………………………………………… 288
　　　ア　送付時期
　　　イ　送付の手続
　　(5) 訴訟記録の返還，保存 ……………………………………………………… 288
　　　ア　原審へ記録返還する場合
　　　イ　原裁判所で保存する場合

第4章　抗　　告

第1　総　説 ……………………………………………………………………………… 289
　1 抗告の意義 ………………………………………………………………………… 289
　2 抗告の種類 ………………………………………………………………………… 289
　　(1) 通常抗告と即時抗告 ………………………………………………………… 289

(2) 最初の抗告と再抗告 …………………………………………………… 290
  (3) 特別抗告と許可抗告 …………………………………………………… 290
  (4) 準抗告，再審抗告 ……………………………………………………… 290
  (5) 他の法律に規定する抗告，司法行政処分に対する抗告 …………… 291
 3 抗告の適用範囲 ……………………………………………………………… 291
  (1) 抗告をすることができる裁判 ………………………………………… 291
   ア 口頭弁論を経ないで訴訟手続に関する申立てを却下した決定又は命令
    (ｱ) 訴訟手続に関する申立てであること
    (ｲ) 口頭弁論を経ないこと
    (ｳ) 申立てを却下する決定又は命令であること
    (ｴ) 不服申立てが禁止されていないこと
    (ｵ) 決定又は命令であること
   イ 個別的に又は特別の定めがある場合に限って抗告が許されている決定又は命令
   ウ 決定又は命令で裁判すべき根拠がないのにされた違式の決定又は命令
   エ 受命裁判官又は受託裁判官の裁判に対する異議の申立てについての裁判
  (2) 抗告をすることができない決定又は命令 …………………………… 293
   ア 個別的に不服申立てを禁止されている場合
   イ 抗告以外の不服申立ての方法が認められている場合
   ウ 高等裁判所の決定又は命令
   エ 最高裁判所の決定又は命令
 4 抗告の提起（最初の抗告） ………………………………………………… 294
  (1) 抗告裁判所 ……………………………………………………………… 294
  (2) 当事者 …………………………………………………………………… 294
   ア 抗告人
   イ 相手方（被抗告人）
  (3) 抗告提起の方式 ………………………………………………………… 295
  (4) 抗告の時期・抗告期間 ………………………………………………… 295
  (5) 原裁判所における手続 ………………………………………………… 296
 5 抗告審の審理 ………………………………………………………………… 297
  (1) 審理手続 ………………………………………………………………… 297
  (2) 審理の範囲 ……………………………………………………………… 297
  (3) 審理の方式 ……………………………………………………………… 298
   ア 審尋
   イ 審問と陳述の聴取
   ウ 任意的口頭弁論
  (4) 抗告審の裁判 …………………………………………………………… 298

　　　　ア　抗告状却下命令
　　　　イ　抗告却下
　　　　ウ　抗告棄却
　　　　エ　抗告理由ありとする場合
　　　　　(ｱ)　原裁判の取消決定
　　　　　(ｲ)　原裁判の取消しと差戻し，自判
　　　(5)　抗告の提起と執行停止の効力 …………………………………………………… 299
　　　(6)　抗告の取下げ，抗告権の放棄，不抗告の合意 ………………………………… 300
　　　　ア　抗告の取下げ
　　　　イ　抗告権の放棄
　　　　ウ　不抗告の合意
　　　(7)　附帯抗告 …………………………………………………………………………… 300
　　6　再抗告 ………………………………………………………………………………… 301
　　　(1)　意　義 ……………………………………………………………………………… 301
　　　(2)　再抗告が許される場合 …………………………………………………………… 301
　　　　ア　簡易裁判所の決定又は命令に対する再度の抗告
　　　　イ　抗告審の裁判の内容が，最初の抗告であるとすれば抗告の提起が許される裁判であること
　　　　ウ　抗告裁判所の差戻決定
　　　　エ　再抗告の種類
　　　(3)　再抗告の理由 ……………………………………………………………………… 302
　　　(4)　審理手続 …………………………………………………………………………… 302
　　7　特別抗告 ……………………………………………………………………………… 303
　　　(1)　意　義 ……………………………………………………………………………… 303
　　　(2)　対象となる裁判 …………………………………………………………………… 303
　　　　ア　不服を申し立てることができない決定又は命令
　　　　イ　高等裁判所の決定又は命令
　　　(3)　特別抗告の理由 …………………………………………………………………… 303
　　　(4)　審理手続 …………………………………………………………………………… 303
　　　(5)　裁　判 ……………………………………………………………………………… 304
　　　　ア　特別抗告却下
　　　　イ　特別抗告棄却
　　　　ウ　特別抗告認容・破棄差戻し
　　　　エ　特別抗告認容・破棄自判
　　8　許可抗告 ……………………………………………………………………………… 306
　　　(1)　意　義 ……………………………………………………………………………… 306

(2) 対象となる裁判 …………………………………………………………………… 306
　　ア　再抗告についての裁判
　　イ　抗告の許可を求める申立てに対する裁判
　　ウ　高等裁判所の決定又は命令が，地方裁判所の裁判であるとした場合に抗告の対象とな
　　　らない裁判
　(3) 抗告許可申立ての理由 …………………………………………………………… 306
　(4) 許可抗告の手続 …………………………………………………………………… 307
　(5) 裁　判 ……………………………………………………………………………… 307
　　ア　抗告却下
　　イ　抗告棄却
　　ウ　抗告認容・破棄差戻し
　　エ　抗告認容・破棄自判
9　事件の種類 …………………………………………………………………………… 307
　(1) 抗告提起事件 ……………………………………………………………………… 307
　　ア　地方裁判所に対する抗告提起事件
　　イ　高等裁判所に対する抗告提起事件
　　　(ｱ)　民事抗告提起事件
　　　(ｲ)　行政抗告提起事件
　　　(ｳ)　家事抗告提起事件
　　ウ　最高裁判所に対する抗告提起事件（特別抗告）
　　　(ｱ)　簡易裁判所
　　　(ｲ)　地方裁判所
　　　(ｳ)　家庭裁判所
　(2) 抗告事件 …………………………………………………………………………… 308
　　ア　地方裁判所
　　イ　高等裁判所
　　　(ｱ)　民事抗告事件
　　　(ｲ)　行政抗告事件
　(3) 特別抗告提起事件 ………………………………………………………………… 308
　　ア　民事特別抗告提起事件
　　イ　行政特別抗告提起事件
　(4) 許可抗告申立て事件 ……………………………………………………………… 308
　　ア　民事許可抗告申立て事件
　　イ　行政許可抗告申立て事件
　(5) 特別抗告事件 ……………………………………………………………………… 308
　　ア　民事特別抗告事件

　　　　イ　行政特別抗告事件
　　(6)　許可抗告事件 …………………………………………………………………………… 309
　　　　ア　民事許可抗告事件
　　　　イ　行政許可抗告事件
第2　**抗告提起事件の事務処理手続－原裁判所における手続－** ……………… 310
　1　抗告状を提出すべき裁判所 …………………………………………………………… 310
　2　抗告提起事件の受付 …………………………………………………………………… 310
　　(1)　抗告期間 ……………………………………………………………………………… 310
　　(2)　事件の種類 …………………………………………………………………………… 312
　　　　ア　基本事件
　　　　　(ｱ)　民事抗告提起事件（ハソ）
　　　　　(ｲ)　民事抗告提起事件（ソラ）
　　　　　(ｳ)　行政抗告提起事件
　　　　　(ｴ)　家事抗告提起事件
　　　　イ　雑事件
　　(3)　抗告状の受付 ………………………………………………………………………… 312
　　　　ア　管轄の確認
　　　　イ　抗告提起の方式
　　　　ウ　抗告状の記載事項
　　　　　(ｱ)　必要的記載事項
　　　　　(ｲ)　その他の記載事項
　　　　エ　抗告提起手数料と収入印紙の確認
　　　　　(ｱ)　民事訴訟費用等に関する法律3条1項，同法別表第一の18項(1)に定めるもの
　　　　　(ｲ)　同(2)に定めるもの
　　　　　(ｳ)　同(3)に定めるもの
　　　　　(ｴ)　同(4)に定めるもの
　　　　オ　送達に必要な費用等の予納と郵便切手の確認
　　　　カ　後見登記等に関する法律に定める登記に必要な手数料の予納と収入印紙等の確認
　　　　キ　附属書類等の添付
　　　　ク　立件手続
　3　原裁判所による抗告の適法性の審査 ………………………………………………… 317
　4　抗告理由書 ……………………………………………………………………………… 320
　5　再度の考案 ……………………………………………………………………………… 320
　　(1)　要　件 ………………………………………………………………………………… 320
　　　　ア　適法な抗告であること
　　　　イ　抗告を理由があると認めるとき

(2)　手続（再審理） …………………………………………………………… 321
6　抗告裁判所への事件送付 …………………………………………………………… 321
　(1)　送付時期 …………………………………………………………………………… 321
　(2)　送付の手続 ………………………………………………………………………… 322
7　高等裁判所に対する再抗告の場合 ………………………………………………… 323
　(1)　再抗告状を提出すべき裁判所 ………………………………………………… 323
　(2)　受　付 ……………………………………………………………………………… 323
　　ア　再抗告期間
　　イ　再抗告状の受付
　　　(ｱ)　管轄の確認
　　　(ｲ)　再抗告提起の方式
　　　(ｳ)　再抗告状の記載事項
　　　(ｴ)　再抗告提起手数料と収入印紙の確認
　　　(ｵ)　送達に必要な費用等の予納と郵便切手の確認
　　　(ｶ)　附属書類の添付
　　　(ｷ)　立件手続
　(3)　裁判長による再抗告状の審査 ………………………………………………… 325
　　ア　審査の範囲
　　　(ｱ)　再抗告状の必要的記載事項
　　　(ｲ)　再抗告提起手数料
　　　(ｳ)　再抗告状を送達することができない場合
　　　(ｴ)　補正命令
　　イ　再抗告状却下命令
　(4)　再抗告の適法性の審査 ………………………………………………………… 326
　　ア　審査の範囲
　　　(ｱ)　再抗告が不適法でその不備を補正することができない場合
　　　(ｲ)　再抗告理由の不提出
　　　(ｳ)　再抗告理由の記載方法の違反
　　　(ｴ)　補正命令
　　イ　再抗告却下決定
　(5)　再抗告提起通知書 ……………………………………………………………… 326
　　ア　送達の時期
　　イ　再抗告状の送達
　(6)　再抗告理由書 …………………………………………………………………… 327
　　ア　提出期間
　　イ　記載方式

　　　　ウ　副本の添付
　　(7)　再度の考案 ……………………………………………………………… 327
　　(8)　再抗告裁判所への事件送付 …………………………………………… 327
第3　抗告事件の事務処理手続－抗告裁判所における手続－ ………………… 328
　1　抗告裁判所 ………………………………………………………………… 328
　2　抗告事件の受付 …………………………………………………………… 328
　　(1)　事件の種類 ……………………………………………………………… 328
　　　ア　基本事件
　　　　(ｱ)　民事抗告事件（ソ）
　　　　(ｲ)　民事抗告事件（ラ）
　　　　(ｳ)　行政抗告事件
　　　イ　雑事件
　　(2)　事件記録の確認 ………………………………………………………… 329
　　(3)　立件手続 ………………………………………………………………… 329
　3　担当部における書記官事務 ……………………………………………… 330
　　(1)　記録の点検 ……………………………………………………………… 330
　　　ア　抗告状
　　　イ　抗告理由書
　　　ウ　原裁判所の訴訟手続の点検
　　(2)　裁判長による抗告状の審査 …………………………………………… 331
　　　ア　抗告状の必要的記載事項
　　　イ　抗告提起手数料
　　　ウ　補正命令
　　　エ　抗告状却下命令
　　(3)　審理の準備 ……………………………………………………………… 332
　　(4)　審理の方式 ……………………………………………………………… 333
　　　ア　相手方から意見を求めない場合
　　　イ　相手方から意見を求める場合
　　　　(ｱ)　書面による方法
　　　　(ｲ)　期日を指定する方法
　4　事件の終局に関する事務 ………………………………………………… 334
　　(1)　抗告審の裁判 …………………………………………………………… 334
　　　ア　却下決定
　　　イ　棄却決定
　　　ウ　原裁判取消し
　　　エ　原裁判取消差戻し

　　　　オ　原裁判取消自判
　　(2)　決定の告知 …………………………………………………………………… 335
　　　　ア　方法
　　　　イ　告知の対象者
　　　　ウ　告知の記録化等
　　　　　(ア)　告知の記録化
　　　　　(イ)　事件記録等保存規程第7条に基づく付記
　　(3)　嘱託・公告・通知等 ………………………………………………………… 336
　　(4)　抗告の取下げ，基本事件の取下げ ………………………………………… 337
5　不服申立て ……………………………………………………………………… 337
6　事件終局後の事務 ……………………………………………………………… 337
　　(1)　確定記録の整理 ……………………………………………………………… 337
　　　　ア　既済の確認・点検
　　　　イ　残郵便切手の返還の確認
　　　　ウ　記録の編成
　　　　エ　目録，丁数
　　　　オ　記録送付書の作成
　　(2)　記録の送付 …………………………………………………………………… 338
　　　　ア　差戻しの場合
　　　　イ　原裁判所への返還
　　(3)　その他 ………………………………………………………………………… 338
7　高等裁判所に対する再抗告の場合 …………………………………………… 338
　　(1)　再抗告事件の受付 …………………………………………………………… 338
　　　　ア　事件記録の確認
　　　　イ　立件手続
　　(2)　担当部における書記官事務 ………………………………………………… 339
　　　　ア　記録の点検
　　　　　(ア)　再抗告状
　　　　　(イ)　再抗告理由書の提出期間
　　　　　(ウ)　抗告裁判所等における手続の点検
　　　　イ　抗告記録到着通知
　　　　ウ　再抗告の適法性の審査
　　　　　(ア)　審査の範囲
　　　　　(イ)　再抗告却下決定
　　　　エ　審理の方式
　　(3)　事件の終局に関する事務 …………………………………………………… 339

　　　　　ア　再抗告審の決定
　　　　　　(ｱ)　却下決定
　　　　　　(ｲ)　棄却決定
　　　　　　(ｳ)　最高裁判所への移送決定
　　　　　　(ｴ)　原裁判破棄差戻し
　　　　　　(ｵ)　原裁判破棄自判
　　　　　イ　決定の告知
　　　　　ウ　嘱託・公告・通知等
　　　(4)　不服申立て ……………………………………………………………………… 340
　　　(5)　事件終局後の事務 …………………………………………………………… 340
　第4　民事訴訟法上の抗告事件 …………………………………………………………… 341
　　1　移送の裁判に対する即時抗告 ………………………………………………………… 341
　　　(1)　対象となる裁判・抗告権者 …………………………………………………… 341
　　　　ア　移送の種類
　　　　　(ｱ)　管轄違いに基づく移送
　　　　　(ｲ)　遅滞を避ける等のための移送
　　　　　(ｳ)　簡易裁判所の裁量による移送
　　　　　(ｴ)　同意による必要的移送
　　　　　(ｵ)　不動産に関する訴訟の必要的移送
　　　　　(ｶ)　特許権者等に関する訴え等に係る訴訟の移送
　　　　イ　移送の決定
　　　　ウ　移送の申立てを却下する決定
　　　(2)　審理方法 ……………………………………………………………………… 341
　　　(3)　決定の告知 …………………………………………………………………… 341
　　　　ア　抗告人
　　　　イ　相手方
　　2　裁判所職員の除斥又は忌避申立てに関する決定に対する即時抗告 …………… 342
　　　(1)　対象となる裁判・抗告権者 …………………………………………………… 342
　　　　ア　却下決定
　　　　イ　認容決定
　　　(2)　手数料 ………………………………………………………………………… 342
　　　(3)　審理の方法 …………………………………………………………………… 342
　　　(4)　決定の告知 …………………………………………………………………… 342
　　　(5)　本案裁判所への通知 ………………………………………………………… 342
　　3　補助参加許否の決定に対する即時抗告 ……………………………………………… 343
　　　(1)　対象となる裁判・抗告権者 …………………………………………………… 343

　　　　ア　許可決定
　　　　イ　不許可決定・却下決定
　　　(2)　審理の方法 ………………………………………………………… 343
　　　(3)　決定の告知 ………………………………………………………… 343
　　4　担保取消しの裁判に対する即時抗告 …………………………………… 344
　　　(1)　対象となる裁判・抗告権者 ……………………………………… 344
　　　　ア　担保取消決定
　　　　イ　申立却下決定
　　　(2)　審理の方法 ………………………………………………………… 344
　　　(3)　決定の告知 ………………………………………………………… 344
　　5　訴訟救助の裁判に対する即時抗告 ……………………………………… 344
　　　(1)　対象となる裁判・抗告権者 ……………………………………… 344
　　　　ア　救助付与決定
　　　　イ　救助申立却下決定
　　　　ウ　承継人に対する猶予費用の支払決定
　　　　エ　救助取消し及び猶予費用の支払決定
　　　　オ　救助取消申立却下決定
　　　(2)　審理の方法 ………………………………………………………… 345
　　　(3)　決定の告知 ………………………………………………………… 345
　　6　訴状却下命令に対する即時抗告 ………………………………………… 345
　　　(1)　抗告権者 …………………………………………………………… 345
　　　(2)　審理方法 …………………………………………………………… 345
　　　(3)　決定の告知 ………………………………………………………… 345
　　7　文書提出命令の裁判に対する即時抗告 ………………………………… 345
　　　(1)　対象となる裁判・抗告権者 ……………………………………… 345
　　　　ア　却下決定
　　　　イ　認容決定
　　　(2)　審理の方法 ………………………………………………………… 346
　　　(3)　決定の告知 ………………………………………………………… 346
第5　民事執行手続上の抗告事件 …………………………………………………… 349
　1　抗告事件の種類 ……………………………………………………………… 349
　　(1)　執行抗告 ……………………………………………………………… 349
　　(2)　即時抗告 ……………………………………………………………… 349
　　　ア　民事執行法115条1項による船舶執行の申立て前の船舶国籍証書等の引渡命令
　　　イ　民事執行法206条による過料の裁判
　2　執行抗告の提起期間の始期 ……………………………………………… 349

目　次

　　(1)　抗告人が裁判の告知を受けるべき者である場合 …………………………… 350
　　(2)　抗告人が裁判の告知を受けるべき者でない場合 …………………………… 350
　　(3)　売却許否の決定に対する執行抗告の場合 …………………………………… 350
　3　執行抗告の提起 …………………………………………………………………… 350
　　(1)　抗告状を提出すべき裁判所 …………………………………………………… 350
　　(2)　手数料 …………………………………………………………………………… 350
　　(3)　理由書提出強制 ………………………………………………………………… 350
　4　原裁判所における手続 …………………………………………………………… 350
　　(1)　原裁判所による却下決定 ……………………………………………………… 350
　　(2)　抗告裁判所への記録送付 ……………………………………………………… 350
　5　審理の方法 ………………………………………………………………………… 351
　6　決定の告知 ………………………………………………………………………… 352
　　(1)　抗告人 …………………………………………………………………………… 352
　　(2)　相手方等 ………………………………………………………………………… 352
　　　ア　認容決定
　　　イ　却下決定・棄却決定
第6　民事保全手続上の抗告事件 ………………………………………………………… 355
　1　抗告事件の種類 …………………………………………………………………… 355
　　(1)　即時抗告 ………………………………………………………………………… 355
　　(2)　保全抗告 ………………………………………………………………………… 355
　2　即時抗告事件 ……………………………………………………………………… 355
　　(1)　抗告の提起 ……………………………………………………………………… 355
　　　ア　抗告期間
　　　イ　手数料
　　(2)　抗告審の手続 …………………………………………………………………… 356
　　(3)　抗告審の決定と告知 …………………………………………………………… 356
　　　ア　却下決定
　　　イ　棄却決定
　　　ウ　原決定取消し
　　(4)　保全命令発令後の執行手続 …………………………………………………… 357
　3　保全抗告事件 ……………………………………………………………………… 357
　　(1)　抗告の提起 ……………………………………………………………………… 357
　　　ア　抗告期間
　　　イ　手数料
　　(2)　再度の考案の禁止 ……………………………………………………………… 357
　　(3)　抗告審の手続 …………………………………………………………………… 358

(4) 抗告審の決定と告知 …………………………………………………………… 358
　　　ア　却下決定
　　　イ　棄却決定
　　　ウ　原決定取消し
　　(5) 決定の効力 ……………………………………………………………………… 358
第7　倒産関係手続上の抗告事件 ……………………………………………………… 360
　1　即時抗告をなしうる裁判 ………………………………………………………… 360
　　(1) 破産事件 ………………………………………………………………………… 360
　　(2) 民事再生事件 …………………………………………………………………… 361
　2　即時抗告権者 ……………………………………………………………………… 361
　3　即時抗告期間 ……………………………………………………………………… 362
　　(1) 当該裁判の公告があった場合は，その公告が効力を生じた日から起算して2週間 …… 362
　　(2) 当該裁判の公告がない場合は，裁判の告知を受けた日から1週間 ……… 362
　4　手数料 ……………………………………………………………………………… 362
　　(1) 破産事件 ………………………………………………………………………… 362
　　(2) 民事再生事件 …………………………………………………………………… 362
　5　原裁判所における手続 …………………………………………………………… 362
　6　抗告審の審理の方式 ……………………………………………………………… 363
　7　決定の告知 ………………………………………………………………………… 363
　8　抗告裁判所が原決定を取り消した場合の開始決定及び同時処分 …………… 363
　9　抗告審の決定に伴う付随事務 …………………………………………………… 364
第8　家事事件手続上の抗告事件 ……………………………………………………… 365
　1　即時抗告ができる審判等 ………………………………………………………… 365
　2　即時抗告の提起 …………………………………………………………………… 365
　　(1) 当事者 …………………………………………………………………………… 365
　　　ア　別表第一審判事件
　　　　(ｱ)　第一審の申立人が即時抗告をしたとき
　　　　(ｲ)　第一審の申立人以外の者（審判を受ける者である場合も含む）が即時抗告をしたとき
　　　イ　別表第二審判事件
　　　　(ｱ)　一方の当事者が即時抗告をしたとき
　　　　(ｲ)　当事者以外の者が即時抗告をしたとき
　　(2) 即時抗告期間 …………………………………………………………………… 366
　　　ア　審判に対する即時抗告
　　　イ　審判以外の裁判に対する即時抗告
　　(3) 即時抗告期間の起算点 ………………………………………………………… 366

目　次

　　　ア　審判に対する即時抗告期間の起算点
　　　　(ｱ)　審判の告知を受ける者
　　　　(ｲ)　審判の告知を受ける者でない者
　　　イ　審判以外の裁判に対する即時抗告の起算点
　　(4)　即時抗告の提起の方式 ……………………………………………………… 367
　　(5)　手数料 ……………………………………………………………………… 367
　　　ア　審判に対する即時抗告
　　　イ　審判以外の裁判に対する即時抗告
　3　原裁判所における手続 ………………………………………………………… 368
　　(1)　審判に対する即時抗告の場合 ……………………………………………… 368
　　　ア　原裁判所による適法性の審査
　　　イ　原裁判所による更正（再度の考案）
　　　ウ　事件記録の送付
　　(2)　審判以外の裁判に対する即時抗告の場合 ……………………………… 369
　4　高等裁判所における手続 ……………………………………………………… 369
　　(1)　抗告裁判所の裁判長の抗告状審査 ……………………………………… 369
　　(2)　抗告状の写しの送付 ……………………………………………………… 369
　　(3)　審理の範囲 ………………………………………………………………… 370
　　(4)　審理の方式 ………………………………………………………………… 370
　　　ア　期日
　　　イ　事実の調査及び証拠調べ
　　　ウ　事実の調査の通知
　　　　(ｱ)　別表第一審判事件
　　　　(ｲ)　別表第二審判事件
　　(5)　陳述の聴取 ………………………………………………………………… 372
　　　ア　別表第二審判事件以外の家事審判事件
　　　イ　別表第二審判事件
　　(6)　付調停 ……………………………………………………………………… 372
　　(7)　別表第二審判事件における審理の終結と決定日の指定 ……………… 372
　　　ア　審理の終結
　　　イ　決定日の指定
　　(8)　抗告裁判所による裁判 …………………………………………………… 373
　　(9)　裁判の告知 ………………………………………………………………… 374
　　(10)　審判に代わる裁判の執行力 ……………………………………………… 374
　　(11)　履行勧告 …………………………………………………………………… 374
　5　取下げ ………………………………………………………………………… 375

⑴　抗告審における申立ての取下げ ………………………………………………… 375
　⑵　抗告審における即時抗告の取下げ ………………………………………………… 375
6　審判前の保全処分 ……………………………………………………………………… 375
7　戸籍の記載の嘱託及び後見登記等に関する法律に定める登記の嘱託 …………… 375
　⑴　戸籍の記載の嘱託 …………………………………………………………………… 376
　　ア　対象となる別表第一審判事件についての審判に代わる裁判
　　　㋐　親権喪失，親権停止又は管理権喪失の審判
　　　㋑　未成年後見人又は未成年後見監督人の解任の審判
　　　㋒　性別の取扱いの変更の審判
　　イ　対象となる審判前の保全処分
　　　㋐　特別養子縁組の成立又は離縁の審判事件を本案とする，親権者若しくは未成年後見人の職務執行を停止し，又は職務代行者を選任する審判前の保全処分及び職務代行者を改任する審判前の保全処分
　　　㋑　親権喪失，親権停止又は管理権喪失の審判事件を本案とする，親権者の職務執行を停止し，又はその職務代行者を選任する審判前の保全処分及び職務代行者を改任する審判前の保全処分
　　　㋒　親権者の指定又は変更の審判事件を本案とする，親権者の職務執行を停止し，又はその職務代行者を選任する審判前の保全処分及び職務代行者を改任する審判前の保全処分
　　　㋓　未成年後見人の解任の審判事件又は未成年後見監督人の解任の審判事件を本案とする，未成年後見人若しくは未成年後見監督人の職務執行を停止し，又はその職務代行者を選任する審判前の保全処分及び職務代行者を改任する審判前の保全処分
　　ウ　嘱託の手続
　⑵　後見登記法に定める登記の嘱託 …………………………………………………… 377
　　ア　対象となる別表第一審判事件についての審判に代わる裁判
　　　㋐　後見開始，保佐開始又は補助開始の審判及びその取消しの審判
　　　㋑　成年後見人，成年後見監督人，保佐人，保佐監督人，補助人又は補助監督人の選任の審判
　　　㋒　任意後見契約の効力を発生させるための任意後見監督人の選任の審判
　　　㋓　成年後見人等，任意後見監督人又は任意後見人の解任の審判
　　　㋔　成年後見人等又は任意後見監督人の権限の行使についての定め及びその取消しの審判
　　　㋕　保佐人又は補助人の同意を得なければならない行為の定めの審判
　　　㋖　保佐人又は補助人に対する代理権の付与の審判及びその取消しの審判
　　イ　対象となる審判前の保全処分
　　　㋐　後見開始の審判事件，保佐開始の審判事件又は補助開始の審判事件を本案とする，

目　次

　　　　　　財産の管理者の後見，保佐又は補助を受けることを命ずる審判前の保全処分，財産の管理者を改任する審判前の保全処分
　　　　　(イ)　成年後見人の解任の審判事件等を本案とする，成年後見人等若しくは任意後見監督人の職務の執行を停止し，又はその職務代行者を選任する審判前の保全処分，職務代行者を改任する審判前の保全処分
　　　　　(ウ)　任意後見人の解任の審判事件を本案とする，任意後見人の職務の執行を停止する審判前の保全処分
　　　　ウ　任意後見契約終了の登記の嘱託
　　　　エ　嘱託の手続
　　8　戸籍事務管掌者に対する通知（戸籍通知） ………………………………………… 378
　　　(1)　対象となる事件 ……………………………………………………………………… 378
　　　　ア　対象となる別表第一審判事件についての審判に代わる裁判
　　　　　(ア)　失踪の宣告
　　　　　(イ)　失踪の宣告の取消し
　　　　　(ウ)　特別養子縁組の成立
　　　　　(エ)　特別養子縁組の離縁
　　　　　(オ)　親権喪失，親権停止又は管理権喪失の審判の取消し
　　　　　(カ)　推定相続人の廃除
　　　　　(キ)　推定相続人の廃除の審判の取消し
　　　　　(ク)　就籍許可
　　　　　(ケ)　戸籍の訂正についての許可
　　　　イ　対象となる別表第二審判事件についての審判に代わる裁判
　　　　　(ア)　親権者の指定
　　　　　(イ)　親権者の変更
　　　(2)　通知方法 …………………………………………………………………………… 379
　　9　当事者による戸籍の届出 ……………………………………………………………… 379
　　10　特別抗告 ………………………………………………………………………………… 379
　　11　許可抗告 ………………………………………………………………………………… 380
　　12　記録の閲覧・謄写等 …………………………………………………………………… 380
　　　(1)　当事者による請求 …………………………………………………………………… 380
　　　(2)　利害関係を疎明した第三者による請求 …………………………………………… 381
　　　(3)　審判前の保全処分の事件記録の閲覧等 …………………………………………… 381
　　　(4)　手続 …………………………………………………………………………………… 381
　　　(5)　手数料 ………………………………………………………………………………… 381
　　　　ア　記録の閲覧，謄写又は複製の手数料
　　　　イ　事件の記録の正本，謄本若しくは抄本又は家事審判事件に関する事項の証明書の交付

第9 特別抗告提起事件の事務処理手続－原裁判所又は抗告裁判所における手続－ ……… 394
 1 特別抗告状を提出すべき裁判所 ………………………………………………… 394
 2 特別抗告提起事件（抗告提起事件）の受付 ……………………………………… 394
  (1) 抗告期間 ……………………………………………………………………… 394
  (2) 事件の種類 …………………………………………………………………… 394
   ア 基本事件
    (ｱ) 民事抗告提起事件（ハソ）
    (ｲ) 民事抗告提起事件（ソラ）
    (ｳ) 行政抗告提起事件
    (ｴ) 家事抗告提起事件
    (ｵ) 民事特別抗告提起事件
    (ｶ) 行政特別抗告提起事件
   イ 雑事件
  (3) 特別抗告状の受付 …………………………………………………………… 395
   ア 管轄の確認
   イ 特別抗告提起の方式
   ウ 特別抗告状の記載事項
    (ｱ) 必要的記載事項
    (ｲ) その他の記載事項
   エ 抗告提起手数料と収入印紙の確認
   オ 送達に必要な費用等の予納と郵便切手の確認
   カ 附属書類等の添付
   キ 立件手続
 3 裁判長による特別抗告状の審査 ………………………………………………… 398
  (1) 審査の範囲 …………………………………………………………………… 398
   ア 特別抗告状の必要的記載事項
   イ 抗告提起手数料
   ウ 特別抗告状を送達することができない場合
   エ 補正命令
  (2) 特別抗告状却下命令 ………………………………………………………… 398
 4 原裁判所による特別抗告の適法性の審査 ……………………………………… 398
  (1) 審査の範囲 …………………………………………………………………… 398
   ア 不適法でその不備が補正できない場合
   イ 特別抗告理由の不提出
   ウ 特別抗告理由の記載方式の違反
   エ 補正命令

(2)　特別抗告却下決定 …………………………………………………………… 399
　5　特別抗告提起通知書 ……………………………………………………………… 399
　(1)　送達の時期 …………………………………………………………………… 399
　(2)　特別抗告状の送達 …………………………………………………………… 399
　6　特別抗告理由書 …………………………………………………………………… 400
　(1)　提出期間 ……………………………………………………………………… 400
　(2)　記載方式 ……………………………………………………………………… 401
　(3)　副本の添付 …………………………………………………………………… 401
　7　最高裁判所への事件送付 ………………………………………………………… 401
　(1)　事件記録の送付時期 ………………………………………………………… 401
　(2)　事件記録の送付 ……………………………………………………………… 401
　　ア　高等裁判所が抗告裁判所としてした決定に対する特別抗告の場合
　　イ　高等裁判所が第一審としてした決定又は命令に対する特別抗告の場合
第10　許可抗告申立て事件の事務処理手続－高等裁判所における手続－ ………… 403
　1　抗告許可申立書を提出すべき裁判所 …………………………………………… 403
　2　許可抗告申立て事件の受付 ……………………………………………………… 403
　(1)　申立期間 ……………………………………………………………………… 403
　(2)　事件の種類 …………………………………………………………………… 403
　　ア　基本事件
　　　(ア)　民事許可抗告申立て事件
　　　(イ)　行政許可抗告申立て事件
　　イ　雑事件
　(3)　抗告許可申立書の受付 ……………………………………………………… 403
　　ア　管轄の確認
　　イ　抗告許可申立ての方式
　　ウ　抗告許可申立書の記載事項
　　　(ア)　必要的記載事項
　　　(イ)　その他の記載事項
　　エ　手数料と収入印紙の確認
　　オ　送達に必要な費用等の予納
　　カ　附属書類等の添付
　　キ　立件手続
　3　高等裁判所の裁判長による抗告許可申立書の審査 …………………………… 407
　(1)　審査の範囲 …………………………………………………………………… 407
　　ア　抗告許可申立書の必要的記載事項
　　イ　申立手数料

　　　　ウ　抗告許可申立書を送達することができない場合
　　　　エ　補正命令
　　(2)　抗告許可申立書却下命令 ………………………………………… 407
　4　抗告許可申立て通知書 ………………………………………………… 407
　　(1)　送達の時期 ……………………………………………………… 407
　　(2)　抗告許可申立書の送達 ………………………………………… 408
　5　抗告許可申立て理由書 ………………………………………………… 409
　　(1)　提出期間 ………………………………………………………… 409
　　(2)　記載方式 ………………………………………………………… 409
　　(3)　副本の添付 ……………………………………………………… 409
　6　抗告許可を求める申立てについての裁判 …………………………… 409
　　(1)　抗告不許可決定 ………………………………………………… 409
　　　ア　申立てが不適法な場合
　　　　(ｱ)　不適法でその不備が補正できない場合
　　　　(ｲ)　抗告許可申立て理由の不提出
　　　　(ｳ)　抗告許可申立て理由の記載方式の違反
　　　イ　申立ての理由がない場合
　　(2)　許可決定 ………………………………………………………… 410
　　(3)　決定の告知 ……………………………………………………… 410
　　(4)　不服申立て ……………………………………………………… 410
　7　最高裁判所への事件送付 ……………………………………………… 411
　　(1)　高等裁判所が抗告裁判所としてした決定に対する許可抗告申立て事件の取扱い ……… 411
　　　ア　高等裁判所に抗告記録のほか原裁判所の記録がある場合
　　　イ　高等裁判所に抗告事件記録しかないとき
　　(2)　高等裁判所が第一審としてした決定又は命令に対する許可抗告申立て事件の取扱い …… 412

第5章　再　　審

第1　確定判決と再審 …………………………………………………… 413
　1　再審の意義 ……………………………………………………………… 413
　　(1)　再審制度 ………………………………………………………… 413
　　(2)　意　義 …………………………………………………………… 413
　　(3)　再審手続の2段階構造 ………………………………………… 413
　2　再審事由 ………………………………………………………………… 414
　　(1)　意　義 …………………………………………………………… 414
　　(2)　種　類 …………………………………………………………… 414

　　　　ア　裁判所の構成に違反があること
　　　　イ　法定代理権，訴訟代理権又は代理人が訴訟行為をするのに必要な授権を欠いたこと
　　　　ウ　判決の基礎資料に犯罪と関係する重大な欠陥があること
　　　　エ　判決の基礎の変更
　　　　オ　重大な判断の遺脱
　　　　カ　既判力の抵触
　　(3)　再審の訴えの補充性 ……………………………………………………………… 416
　3　再審の訴えの要件 …………………………………………………………………… 416
　　(1)　再審の対象 …………………………………………………………………………… 416
　　(2)　出訴期間 ……………………………………………………………………………… 417
　　(3)　当事者適格 …………………………………………………………………………… 417
　　　　ア　再審原告
　　　　イ　再審被告
　　　　ウ　確定判決の効力を受ける第三者
　　　　エ　行政事件訴訟法における第三者の再審の訴え
　　(4)　管　轄 ………………………………………………………………………………… 419
　4　訴訟手続 …………………………………………………………………………………… 419
　　(1)　訴えの提起 …………………………………………………………………………… 419
　　　　ア　再審訴状の提出
　　　　イ　受付手続
　　　　　(ｱ)　管轄の確認
　　　　　(ｲ)　再審の訴えの方式
　　　　　(ｳ)　再審訴状の記載事項
　　　　　(ｴ)　手数料及び印紙の確認
　　　　　(ｵ)　送達に必要な費用の予納と郵便切手の確認
　　　　　(ｶ)　附属書類等の添付
　　　　　(ｷ)　事件簿への登載
　　(2)　審理と裁判 …………………………………………………………………………… 423
　　　　ア　審理の段階的構造
　　　　イ　再審訴状の審査
　　　　　(ｱ)　審査の範囲
　　　　　(ｲ)　補正命令
　　　　　(ｳ)　再審訴状却下命令
　　　　ウ　再審の適法性の審理
　　　　　(ｱ)　審理の範囲
　　　　　(ｲ)　再審却下決定

　　　　　(ｳ)　不服申立て
　　　エ　再審事由の存否に関する審理
　　　オ　本案の審理
　　　　(ｱ)　審理の範囲
　　　　(ｲ)　審理の方式
　　　　(ｳ)　判決
　　　　(ｴ)　不服申立て
　　　カ　訴えの取下げ
　　　キ　事件終局後の事務
第2　決定又は命令に対する再審（準再審） ……………………………………… 427
　1　意　義 …………………………………………………………………………… 427
　2　審理手続 ………………………………………………………………………… 427
　　(1)　管轄裁判所 …………………………………………………………………… 427
　　(2)　再審期間 ……………………………………………………………………… 428
　　(3)　再審申立書の受付手続 ……………………………………………………… 428
　　　ア　管轄の確認
　　　イ　申立ての方式
　　　ウ　再審申立書の記載事項
　　　　(ｱ)　必要的記載事項
　　　　(ｲ)　その他の記載事項
　　　エ　手数料及び印紙の確認
　　　オ　送達に必要な費用の予納と郵便切手の確認
　　　カ　附属書類等の添付
　　　キ　事件簿への登載
　　(4)　再審申立書の審査 …………………………………………………………… 429
　　　ア　審査の範囲
　　　　(ｱ)　再審申立書の必要的記載事項
　　　　(ｲ)　申立手数料
　　　　(ｳ)　再審申立書を送達することができない場合
　　　イ　補正命令
　　　ウ　再審申立書却下命令
　　(5)　適法要件の審理 ……………………………………………………………… 429
　　(6)　再審事由の存否に関する審理 ……………………………………………… 429
　　(7)　本案の審理 …………………………………………………………………… 430
　　　ア　審理の範囲
　　　イ　審理の方式

(8)　事件の終局に関する事務 …………………………………………………………… 430
　　　ア　決定
　　　イ　決定の告知
　　　ウ　嘱託・公告・通知等
　　　エ　申立ての取下げ
　　(9)　不服申立て ……………………………………………………………………………… 430
　　(10)　事件終局後の事務 …………………………………………………………………… 430
第3　再審の訴えの提起に伴う執行停止等の裁判 ……………………………………………… 431
　1　意　義 ……………………………………………………………………………………… 431
　2　管轄裁判所 ………………………………………………………………………………… 431
　3　要　件 ……………………………………………………………………………………… 431
　　(1)　確定判決に対し，適法に再審の訴えを提起したこと ……………………………… 431
　　(2)　執行停止の申立てが適法であること ………………………………………………… 431
　　(3)　実質的要件 …………………………………………………………………………… 431
　　　ア　不服の理由として主張した事情が法律上理由があると見え，事実上の点につき疎明が
　　　　あること（取消要件）
　　　イ　執行により償うことのできない損害が生じることにつき疎明があること（損害要件）
　4　受付手続 …………………………………………………………………………………… 431
　5　裁判のための準備 ………………………………………………………………………… 432
　6　裁　判 ……………………………………………………………………………………… 432
　　(1)　裁判の内容 …………………………………………………………………………… 432
　　(2)　裁判正本の送達，裁判後の事務及び裁判の効力 …………………………………… 432
　　(3)　不服申立て …………………………………………………………………………… 432
第4　家事事件手続における再審 ………………………………………………………………… 433
　1　再審の規律の明文化 ……………………………………………………………………… 433
　2　再審の申立てをすることができる裁判 ………………………………………………… 433
　3　再審の具体的な手続 ……………………………………………………………………… 433
　　(1)　各審級の手続及び民事訴訟法の準用 ………………………………………………… 433
　　(2)　不利益変更禁止の原則が妥当しないこと …………………………………………… 433
　　(3)　執行停止 ……………………………………………………………………………… 433

第6章　上訴に伴う強制執行停止

第1　概　要 ………………………………………………………………………………………… 435
　1　控訴提起に伴う執行停止等 ……………………………………………………………… 435
　　(1)　仮執行宣言付判決の場合 ……………………………………………………………… 435

- (2) 手形小切手訴訟によることができる請求についての仮執行宣言付判決の場合 ………… 435
- (3) 執行関係訴訟の判決の場合 …………………………………………………………… 435
- 2 上告提起及び上告受理の申立てに伴う執行停止等 ……………………………………… 435
- 3 特別上告の提起に伴う執行停止等 ………………………………………………………… 435
- 4 抗告提起に伴う執行停止等 ………………………………………………………………… 435
  - (1) 民事通常抗告・即時抗告の場合 …………………………………………………… 435
  - (2) 保全抗告の場合 ……………………………………………………………………… 435
    - ア 保全執行の停止等
    - イ 取消決定の効力停止等
  - (3) 執行抗告の場合 ……………………………………………………………………… 435
  - (4) 家事事件手続における抗告の場合 ………………………………………………… 435

第2 控訴の提起に伴う執行停止 ……………………………………………………………… 436

- 1 仮執行宣言付判決に対する控訴の場合 …………………………………………………… 436
  - (1) 管轄裁判所 ……………………………………………………………………………… 436
  - (2) 要件 ……………………………………………………………………………………… 436
    - ア 仮執行宣言付判決に対し，敗訴者が適法に控訴を提起したこと
    - イ 執行停止の申立てが適法であること
    - ウ 実質的要件
      - (ア) 原判決の取消し又は変更の原因となるべき事情がないとはいえないこと（取消要件）
      - (イ) 執行により著しい損害を生ずるおそれがあること（損害要件）
  - (3) 受付手続 ………………………………………………………………………………… 437
    - ア 申立ての方式
    - イ 申立書の受付
      - (ア) 管轄の確認
      - (イ) 要件の確認
      - (ウ) 申立書の記載事項
      - (エ) 申立手数料
      - (オ) 附属書類等の添付
      - (カ) 立件手続
  - (4) 裁判のための準備 ……………………………………………………………………… 441
    - ア 審理
    - イ 担保
      - (ア) 被担保債権
      - (イ) 担保提供の方法
      - (ウ) 担保提供命令

目　次

　　　　　(エ)　担保提供の効果と証明
　　(5)　裁　判 ……………………………………………………………………………… 447
　　　ア　裁判の内容
　　　　　(ア)　強制執行の停止等
　　　　　(イ)　担保の要否・程度
　　　イ　裁判の具体的な記載例
　　　ウ　裁判正本の送達
　　　　　(ア)　申立却下決定
　　　　　(イ)　執行停止等の裁判
　　　エ　裁判後の事務
　　　オ　裁判の効力
　　　　　(ア)　発効
　　　　　(イ)　存続期間・失効
　　(6)　不服申立て ……………………………………………………………………… 453
　　　ア　不服申立ての禁止
　　　イ　再度の申立ての可否
　2　手形金等の請求についての仮執行宣言付判決に対する控訴の場合 ……… 454
　　(1)　管轄裁判所 ……………………………………………………………………… 454
　　(2)　要　件 …………………………………………………………………………… 454
　　　ア　仮執行宣言付判決に対し，敗訴者が適法に控訴を提起したこと
　　　イ　執行停止の申立てが適法であること
　　　ウ　実質的要件
　　(3)　受付手続 ………………………………………………………………………… 454
　　(4)　裁判のための準備 ……………………………………………………………… 454
　　(5)　裁　判 …………………………………………………………………………… 454
　　(6)　不服申立て ……………………………………………………………………… 455
　3　執行関係訴訟の判決に対する控訴の場合 ………………………………………… 455
　　(1)　総　説 …………………………………………………………………………… 455
　　　ア　原告（債務者）敗訴の場合
　　　イ　被告（債権者）敗訴の場合
　　(2)　敗訴した原告（債務者）が新たに執行停止等の裁判を求める場合の要件 ……… 456
　　(3)　管轄裁判所 ……………………………………………………………………… 457
　　(4)　受付手続 ………………………………………………………………………… 457
　　　ア　申立ての方式
　　　イ　申立書の受付
　　(5)　裁判のための準備 ……………………………………………………………… 457

　　　　ア　審理
　　　　イ　担保
　　(6)　裁　判 ………………………………………………………………………………… 458
　　(7)　不服申立て ……………………………………………………………………… 458
第3　上告の提起または上告受理の申立てに伴う執行停止 ……………………… 459
　1　管轄裁判所 ………………………………………………………………………… 459
　2　要　件 ……………………………………………………………………………… 459
　　(1)　仮執行宣言付判決に対し，敗訴者が適法に上告を提起し，又は上告受理の申立てをしたこと ………………………………………………………………… 459
　　(2)　執行停止の申立てが適法であること ……………………………………… 459
　　(3)　実質的要件 ……………………………………………………………………… 459
　　　　ア　原判決の破棄の原因となるべき事情があること（取消要件）
　　　　イ　執行により償うことができない損害が生ずることのおそれがあること（損害要件）
　3　受付手続 …………………………………………………………………………… 459
　4　裁判のための準備 ………………………………………………………………… 459
　5　裁　判 ……………………………………………………………………………… 459
　　(1)　裁判の内容 ……………………………………………………………………… 459
　　　　ア　強制執行の停止等
　　　　　　(ｱ)　強制執行の一時の停止
　　　　　　(ｲ)　停止とともにする既にされた執行処分の取消し
　　　　イ　担保の要否・程度
　　　　　　(ｱ)　担保提供を要件とする強制執行停止
　　　　　　(ｲ)　担保提供を要件としない強制執行停止
　　　　　　(ｳ)　停止とともにする担保提供を要件とする執行処分の取消し
　　(2)　裁判の具体的な記載例 ……………………………………………………… 461
　　(3)　裁判正本の送達，裁判後の事務及び裁判の効力 ………………………… 461
　6　不服申立て ………………………………………………………………………… 461
第4　特別上告に伴う執行停止 ………………………………………………………… 462
　1　管轄裁判所 ………………………………………………………………………… 462
　2　要　件 ……………………………………………………………………………… 462
　　(1)　上告審判決（少額異議判決）に対し，敗訴者が適法に特別上告を提起したこと ……… 462
　　(2)　執行停止の申立てが適法であること ……………………………………… 462
　　(3)　実質的要件 ……………………………………………………………………… 462
　　　　ア　不服の理由として主張した事情が法律上理由があるとみえ，事実上の点につき疎明があること（取消要件）
　　　　イ　執行により償うことのできない損害が生ずることにつき疎明があること（損害要件）

―49―

         3 受付手続 …………………………………………………………………… 462
         4 裁判のための準備 ………………………………………………………… 462
         5 裁　判 …………………………………………………………………… 462
         　(1) 裁判の内容 …………………………………………………………… 462
         　(2) 裁判正本の送達，裁判後の事務及び裁判の効力 ………………… 462
         6 不服申立て ……………………………………………………………… 462
       第5 保全抗告に伴う執行停止 ………………………………………………… 463
         1 総　説 …………………………………………………………………… 463
         2 保全抗告に伴う保全執行の停止等の裁判の場合 …………………… 463
         　(1) 申立人 ………………………………………………………………… 463
         　(2) 管轄裁判所 …………………………………………………………… 463
         　(3) 要　件 ………………………………………………………………… 463
         　　ア 保全異議又は保全取消しの申立てについての裁判に対し，債務者が適法に保全抗告を申し立てたこと
         　　イ 執行停止の申立てが適法であること
         　　ウ 実質的要件
         　　　(ア) 保全命令の取消しの原因となることが明らかな事情
         　　　(イ) 保全執行により償うことができない損害を生じるおそれ
         　(4) 受付手続 ……………………………………………………………… 464
         　　ア 申立ての方式
         　　イ 申立書の受付
         　(5) 裁判のための準備 …………………………………………………… 464
         　　ア 審理
         　　イ 立担保
         　　　(ア) 被担保債権
         　　　(イ) 担保提供の方法
         　　　(ウ) 担保提供命令・担保提供の効果と証明
         　(6) 裁　判 ………………………………………………………………… 465
         　　ア 裁判の内容
         　　　(ア) 保全執行の停止
         　　　(イ) 保全処分の取消し
         　　イ 裁判正本の送達
         　　ウ 裁判の効力
         　　　(ア) 発効
         　　　(イ) 存続期間・失効
         　(7) 不服申立ての禁止 …………………………………………………… 465

- 3 保全抗告に伴う取消決定の効力を停止する裁判の場合 …………………………… 466
  - (1) 申立人 ……………………………………………………………………………… 466
  - (2) 管轄裁判所 ………………………………………………………………………… 466
  - (3) 要 件 ……………………………………………………………………………… 466
    - ア 保全異議又は保全取消しの申立てについての裁判に対し，債権者が適法に保全抗告を申し立てたこと
    - イ 執行停止の申立てが適法であること
    - ウ 実質的要件
      - (ｱ) 保全命令の取消しの原因となることが明らかな事情
      - (ｲ) 保全執行により償うことができない損害を生じるおそれ
  - (4) 受付手続 …………………………………………………………………………… 466
  - (5) 裁判のための準備 ………………………………………………………………… 467
  - (6) 裁 判 ……………………………………………………………………………… 467
    - ア 裁判の内容
    - イ 裁判正本の送達
    - ウ 裁判の効力
      - (ｱ) 発効
      - (ｲ) 存続期間・失効
  - (7) 不服申立ての禁止 ………………………………………………………………… 467
- 第6 執行抗告に伴う執行停止 …………………………………………………………… 468
  - 1 総 説 …………………………………………………………………………………… 468
  - 2 対象となる裁判 ………………………………………………………………………… 468
  - 3 管轄と申立て …………………………………………………………………………… 468
  - 4 裁 判 …………………………………………………………………………………… 468
    - (1) 裁判の内容 ………………………………………………………………………… 468
      - ア 態様
        - (ｱ) 原裁判の執行の停止
        - (ｲ) 民事執行の手続の全部の停止
        - (ｳ) 民事執行の手続の一部の停止
        - (ｴ) 原裁判の執行の続行
        - (ｵ) 民事執行の手続の全部の続行
        - (ｶ) 民事執行の手続の一部の続行
      - イ 担保の要否
      - ウ 裁判正本の送達
      - エ 裁判の効力
        - (ｱ) 発効

　　　　(イ)　存続期間・失効
　　(2)　不服申立ての禁止 ………………………………………………………… 469
第7　家事事件手続における抗告の提起に伴う執行停止 ……………………… 470
　1　即時抗告 ……………………………………………………………………… 470
　　(1)　総　説 ……………………………………………………………………… 470
　　(2)　対象となる裁判 …………………………………………………………… 470
　　(3)　管轄裁判所と申立て ……………………………………………………… 470
　　(4)　担　保 ……………………………………………………………………… 470
　　(5)　裁　判 ……………………………………………………………………… 471
　　(6)　裁判の告知 ………………………………………………………………… 471
　2　特別抗告及び許可抗告 ……………………………………………………… 471
　　(1)　総　説 ……………………………………………………………………… 471
　　(2)　管轄と申立て ……………………………………………………………… 471
　　(3)　担　保 ……………………………………………………………………… 472
　　(4)　裁　判 ……………………………………………………………………… 472
　　(5)　裁判の告知 ………………………………………………………………… 472
第8　抗告の提起と執行停止 ……………………………………………………… 473
　1　総　説 ………………………………………………………………………… 473
　2　適用範囲 ……………………………………………………………………… 473
　　(1)　通常抗告に服する原裁判 ………………………………………………… 473
　　(2)　即時抗告に服する原裁判のうち，即時抗告の提起によって執行停止の効力が生じないもの ……………………………………………………………………………………… 473
　　　ア　裁判の性質上執行停止の効力が生じないと解されている例
　　　イ　執行停止の効力がない旨の定めがある例
　　(3)　特別抗告 …………………………………………………………………… 473
　　(4)　許可抗告 …………………………………………………………………… 473
　3　管轄と申立て ………………………………………………………………… 474
　4　裁　判 ………………………………………………………………………… 474
　　(1)　裁判の内容 ………………………………………………………………… 474
　　(2)　裁判正本の送達 …………………………………………………………… 474
　　(3)　裁判の効力 ………………………………………………………………… 474
　　　ア　発効
　　　イ　存続期間・失効
　5　不服申立て …………………………………………………………………… 474

参 考 例 目 次

第2章 控　訴

【参考例1】　控訴理由書の提出について（事務連絡） …………………………………… 61
【参考例2】　控訴状…第一審で被告が全部敗訴した場合 ………………………………… 62
【参考例3】　控訴状…第一審で原告が全部敗訴した場合 ………………………………… 63
【参考例4】　控訴状…第一審で被告が一部敗訴した場合 ………………………………… 63
【参考例5】　控訴状…第一審で原告が一部敗訴した場合 ………………………………… 64
【参考例6】　控訴状…一般用 ……………………………………………………………… 64
【参考例7】　事務連絡…受付から部への連絡票 ………………………………………… 67
【参考例8】　控訴却下決定 ………………………………………………………………… 69
【参考例9】　目録…記録が分冊された場合 ……………………………………………… 84
【参考例10】　予納郵便切手管理袋 ………………………………………………………… 88
【参考例11】　記録送付書 …………………………………………………………………… 90
【参考例12】　上告申立受理（取下等）通知書 …………………………………………… 93
【参考例13】　補正命令…送達費用が予納されない場合 ………………………………… 110
【参考例14】　控訴状却下命令 ……………………………………………………………… 111
【参考例15】　参考事項聴取についての書面…控訴人用 ………………………………… 114
【参考例16】　参考事項聴取についての書面…被控訴人用 ……………………………… 115
【参考例17】　口頭弁論期日の指定決定 …………………………………………………… 120
【参考例18】　予納命令 ……………………………………………………………………… 124
【参考例19】　控訴却下決定 ………………………………………………………………… 124
【参考例20】　口頭弁論期日の変更決定 …………………………………………………… 125
【参考例21】　口頭弁論の結果陳述…判決書が新様式の場合 …………………………… 127
【参考例22】　口頭弁論の結果陳述…判決書が旧様式の場合 …………………………… 127
【参考例23】　口頭弁論の結果陳述…当事者の一方が欠席した場合 …………………… 128
【参考例24】　口頭弁論の結果陳述…差戻し後の第1回口頭弁論期日における場合 …… 128
【参考例25】　口頭弁論調書…第1回口頭弁論期日に弁論が終結した場合 …………… 130
【参考例26】　口頭弁論調書…第1回口頭弁論期日前に双方控訴があった場合 ……… 131
【参考例27】　口頭弁論調書…第1回口頭弁論期日前に附帯控訴があった場合 ……… 132
【参考例28】　口頭弁論調書…第一審における控訴人補助参加人が控訴を提起した場合 …… 133
【参考例29】　和解勧告，受命裁判官の指定及び和解期日の指定決定 ………………… 134
【参考例30】　高等裁判所における書面による準備手続に付する旨及び受命裁判官2名の指定決定 ……………………………………………………………………… 136

【参考例31】	口頭弁論調書…判決言渡し	136
【参考例32】	書証目録…第一審で提出後，控訴審で成立及び成立の争いについての主張がなされた場合	138
【参考例33】	書証目録…第一審における成立及び成立の争いについての主張を控訴審で変更した場合	139
【参考例34】	合議体による期日外の採用決定…鑑定人の場合	140
【参考例35】	受諾書	153
【参考例36】	和解が調ったとみなされたことの通知	154
【参考例37】	嘱託による和解勧試決定書	155
【参考例38】	嘱託書	155
【参考例39】	受託裁判官による和解期日の指定決定	156
【参考例40】	和解調書…受託裁判官による場合	157
【参考例41】	和解調書における請求の表示	158
【参考例42】	更正決定	160
【参考例43】	予納郵便切手管理袋…当事者に返還する場合	164

第3章 上　　告

【参考例44】	上告状	224
【参考例45】	上告状兼上告受理申立書	228
【参考例46】	補正命令…上告提起手数料及び送達費用が予納されない場合	233
【参考例47】	上告状却下命令	234
【参考例48】	補正命令…上告理由の記載方式違反が明らかな場合	237
【参考例49】	上告却下決定…上告期間徒過の場合	239
【参考例50】	上告却下決定…上告理由書不提出の場合	240
【参考例51】	上告却下決定…上告理由の記載方法違反の場合	246
【参考例52】	予納郵便切手管理袋	252
【参考例53】	上告受理申立書	257
【参考例54】	補正命令…上告受理申立ての理由の記載方式違反が明らかな場合	261
【参考例55】	上告受理申立て却下決定…上告受理申立ての理由の記載方式違反の場合	266
【参考例56】	移送決定	271
【参考例57】	答弁書提出命令	277
【参考例58】	口頭弁論調書記載例	278
【参考例59】	和解勧試決定	278
【参考例60】	上告結果通知	281
【参考例61】	特別上告状	283

第4章 抗　　告

【参考例62】	抗告状	314
【参考例63】	抗告却下決定	319
【参考例64】	再度の考案による決定	321
【参考例65】	意見書	322
【参考例66】	再抗告状	324
【参考例67】	通知書	343
【参考例68】	特別抗告状	396
【参考例69】	特別抗告提起通知書及び理由書提出についての注意書	400
【参考例70】	抗告許可申立書	405
【参考例71】	抗告許可申立て通知書及び理由書提出についての注意書	408
【参考例72】	抗告許可決定…排除部分がある場合	411

第5章 再　　審

【参考例73】	再審訴状	420

第6章 上訴に伴う強制執行停止

【参考例74】	強制執行停止決定申立書	440
【参考例75】	支払保証委託契約許可書	444
【参考例76】	担保提供命令・本人供託	445
【参考例77】	供託書	446
【参考例78】	供託不受理証明書	447
【参考例79】	強制執行停止決定…控訴提起・申立人複数共同担保供託の場合	449
【参考例80】	強制執行停止決定…控訴提起・被申立人複数個別担保を条件とした場合	449
【参考例81】	強制執行停止決定…控訴提起・支払保証委託契約の場合	450
【参考例82】	強制執行停止決定…控訴提起・第三者供託（有価証券）の場合	450
【参考例83】	停止とともにする執行処分取消決定	451
【参考例84】	停止決定後，執行処分取消決定をする場合	451
【参考例85】	申立却下決定	452
【参考例86】	強制執行停止決定…手形金の場合	455
【参考例87】	強制執行停止決定…執行関係訴訟の場合	458
【参考例88】	強制執行停止決定…上告提起の場合	461

様 式 目 次

第2章 控　　訴

【様式1】　記録送付通知書 …………………………………………………………… 91

第3章 上　　告

【様式2】　上告等事件記録表紙 ……………………………………………………… 231
【様式3】　上告提起通知書 …………………………………………………………… 242
【様式4】　上告理由書の提出について ……………………………………………… 243
【様式5】　訴訟記録送付書 …………………………………………………………… 253
【様式6】　上告受理申立て通知書 …………………………………………………… 263
【様式7】　上告受理申立て理由書の提出について ………………………………… 264
【様式8】　上告訴訟記録到着通知書 ………………………………………………… 274

第1章　上　　訴

第1　上訴の意義

上訴とは，自己に不利益な裁判を受けた当事者が，その裁判の確定前，上級裁判所に対し，自己の有利にその裁判の取消し・変更を求める不服申立ての方法である。裁判の確定前であるという点において，確定後の裁判に対する不服申立方法である再審（法338），特別上告（法327），特別抗告（法336）と異なるし，上級裁判所に対してなされる点において，同一審級内の不服申立方法である異議と異なる。

第2　上訴の種類

上訴には，控訴，上告，抗告の3種類がある。

控訴は，第一審の終局判決に対する上訴（法281）をいい，事実上，法律上の両面から，不服の主張の当否を審理判断するものであり，第一審とともに事実審に属する。

上告は，原則として控訴審の終局判決に対する上訴（法311Ⅰ）であるが，例外として，高等裁判所が第一審として判決をする場合及び飛躍上告（法311Ⅱ）の場合には，第一審判決に対しても上告することができる。上告審は，原判決に対する法律上の不服の主張の当否を審理判断するため，事実審に対して法律審という。

抗告は，決定又は命令に対してなされる上訴である。抗告には，抗告期間の定めの有無により，即時抗告と通常抗告の，また，審級的見地から，最初の抗告と再抗告の区別がある。

第3　現行民事訴訟法（平成8年法律第109号）における主な改正点

現行民事訴訟法による上訴制度の主な改正点は次のとおりである。

1　控　訴

◇　控訴を提起する場合の控訴状の提出先が，第一審裁判所に限定された（法286Ⅰ）。

◇　控訴が不適法でその不備を補正することができないことが明らかである場合には，第一審裁判所は決定で控訴を却下しなければならない（法287Ⅰ）。

◇　控訴人が当事者に対する期日の呼出しに必要な費用の予納をしない場合，控訴裁判所は決定で控訴を却下することができる（法291Ⅰ）。

◇　控訴審における選定者にかかる請求の追加は，相手方の同意がある場合に限ってすることができ，相手方が異議を述べないで本案について弁論をしたときは，請求の追加に同意したものとみなされる（法300Ⅲ）。

◇　裁判長は，控訴審における攻撃防御方法の提出，請求若しくは請求原因の変更，反訴の提起又は選定者にかかる請求の追加をすべき期間を定めることができ，その期間の経過後にこれらの訴訟行為をする当事者は，裁判所に対して期間内にこれらをすることができなかった理由を説明しなければならない（法301）。

◇　控訴裁判所が，訴えを不適法として却下した第一審判決を取り消す場合においても，

第1章　上　　訴

　事件につき更に弁論をする必要がないときは，事件を第一審裁判所に差し戻さなくてもよい（法307ただし書）。
◇　控訴裁判所は，金銭の支払の請求（法259Ⅱを除く。）に関する判決については，申立てがあるときは，不必要と認める場合を除き，担保を立てないで仮執行をすることができることを宣言しなければならない。ただし，控訴裁判所が相当と認めるときは，仮執行を担保を立てることに係らしめることができる（法310）。
◇　控訴の取下げは，訴訟記録の存する裁判所にしなければならず，裁判所書記官は，控訴の取下げがあった旨を相手方に通知しなければならない（規177）。
◇　控訴審において相手方から，提出しようとしている攻撃防御方法について，第一審の訴訟手続における争点等の整理手続の終了・終結前に提出することができなかった理由の説明を求められた当事者は，その説明を期日に口頭でする場合を除き書面でしなければならず，また，この説明を期日において口頭でした当事者に対し，相手方は，当該説明の内容を記載した書面の提出を求めることができる（規180）。
◇　裁判長が，法301条1項の規定により控訴審における攻撃防御方法の提出等をすべき期間を定めた場合において，その攻撃防御方法の提出の中に「書証の申出」が含まれているときは，当事者は，その期間が満了する前に当該書証の写しを提出しなければならない。
　また，攻撃防御方法の提出等の期間の経過後に，その対象となっていた訴訟行為をする当事者が，法301条2項の規定により裁判所に対し行う説明は，期日において口頭でするとき以外は書面によりしなければならない（規181）。
◇　控訴状に第一審判決の取消し又は変更を求める事由の具体的な記載がないときは，控訴人は，控訴の提起後50日以内に，これらを記載した書面を控訴裁判所に提出しなければならない（規182）。
◇　裁判長は，被控訴人に対し，相当の期間を定めて，控訴人が主張する第一審判決の取消し又は変更を求める事由に対する被控訴人の主張を記載した書面の提出を命ずることができる（規183）。

2　上　　告

◇　最高裁判所に対する上告の理由を①憲法違反と②法令違反のうち重大な手続法違反とし，この事由を理由とする場合に限り，最高裁判所に対して上告をすることができるとした（法312Ⅰ，Ⅱ）。
◇　上告裁判所は，法316条1項各号に該当する場合には，決定で上告を却下することができる（法317Ⅰ）。
◇　最高裁判所は，上告の理由が明らかに法312条1項及び2項に規定する事由に該当しない場合には，決定で上告を棄却することができる（法317Ⅱ）。
◇　法令違反については，当事者は，最高裁判所の判例と相反する判断がある事件その他の法令の解釈に関する重要な事項を含むものと認められる事件につき，上告審として事件を受理することを申し立てることができ，最高裁判所は，これに該当すると認めるときは，上告審として事件を受理する決定をすることができる。

上告審として事件を受理する決定があった場合には，上告があったものとみなされ，上告と同様に取り扱われる（上告受理の申立て，法318）。

◇　最高裁判所は，①憲法違反又は②法令違反のうち重大な手続法違反がある場合には，原判決を破棄しなければならないものとし（法325Ⅰ），他方，①憲法違反又は②法令違反のうち重大な手続法違反がない場合であっても，判決に影響を及ぼすことが明らかな法令違反があるときは，原判決を破棄することができる（法325Ⅱ）。

◇　上告の提起と上告受理の申立てとを1通の書面でする場合には，その書面が上告状と上告受理申立書を兼ねるものであることを明らかにするとともに，上告の理由及び上告受理の申立ての理由をその書面に記載するときは，これらを区別して記載しなければならない（規188）。

◇　上告受理の申立ての理由の記載の方式を定め，上告受理の申立てについては，上告に関する規定（規186,187,189,192～198）を準用することを定めた（規199）。

◇　最高裁判所は，上告受理決定をするときは，当該決定において，上告受理の申立ての理由中，法318条3項の規定により排除するものを明らかにしなければならない（規200）。

3　抗　告

◇　再抗告以外の抗告についても，抗告の提起は抗告状を原裁判所に提出してしなければならない（法331,286）。

◇　抗告が不適法でその不備を補正することができないことが明らかである場合には，原裁判所は決定で抗告を却下しなければならない（法331,287）。

◇　高等裁判所の決定及び命令に対して，憲法違反を理由とする場合以外の一定の場合について，その高等裁判所が許可したときに限り，最高裁判所に特に抗告をすることができる（許可抗告の制度，法337）。

◇　再抗告以外の抗告をする場合において，抗告状に原裁判の取消し又は変更を求める事由の具体的な記載がないときは，抗告人は，抗告の提起後14日以内に，これらを記載した書面を原裁判所に提出しなければならない（規207）。

◇　法337条による許可抗告の制度が新設されたことを受けて，規則中の上告，上告受理の申立て及び特別抗告の規定を，抗告許可の申立て，その許可等に準用することを定めた（規209）。

◇　再抗告及び特別抗告の抗告理由書の提出期間（抗告人が抗告提起通知書の送達を受けた日から14日）並びに抗告許可の申立ての理由書の提出期間（申立人が抗告許可申立て通知書の送達を受けた日から14日）について定めた（規210）。

4　上訴に伴う強制執行停止

◇　特別上告の提起に伴う執行停止について，不服の理由として主張した事情につき法律上理由があるとみえ，事実上の点につき疎明があり，かつ，執行により償うことができない損害が生ずるおそれがあることにつき疎明があったことを要件とした（法403Ⅰ①）。

◇　上告の提起に伴う執行停止について，執行により償うことができない損害が生ずる

第1章　上　訴

おそれのあることに加え，原判決の破棄の原因となるべき事情についても疎明があったことを要件とし，併せて上告受理の申立てに伴う執行停止の要件を上告の提起に伴う執行停止と同一とした（法403Ⅰ②）。

◇　控訴の提起に伴う執行停止について，原判決の取消し若しくは変更の原因となるべき事情がないとはいえないこと又は執行により著しい損害が生ずるおそれがあることにつき疎明があったことを要件とした（法403Ⅰ③）。

◇　仮執行の宣言を付した判決に対する控訴の提起があった場合において，訴訟記録が原裁判所に存するときは，その裁判所が執行停止の裁判をするものとした（法404Ⅰ）。

第2章 控　訴

第1　総説
1　控訴の意義

控訴は第一審の終局判決に対し，その事実認定又は法律判断を不当として，不服を申し立てる上訴である。

控訴審は第二の事実審であり，原裁判の事実認定，法律判断の両面にわたってこれを審判することができる。この点で原則として法律審である上告審とは異なっている[1]。

簡易裁判所の第一審判決に対しては，その簡易裁判所の所在地を管轄する地方裁判所が，地方裁判所の第一審判決又は家庭裁判所の判決に対しては，その地方裁判所又は家庭裁判所の所在地を管轄する高等裁判所[2]が，それぞれ控訴裁判所となる（裁16①，24③）。

2　控訴裁判所の判断を受ける裁判
(1)　控訴の対象となる裁判

控訴は，第一審の終局判決に対する上訴であるから，控訴の対象となるのは，簡易裁判所の終局判決，地方裁判所の第一審終局判決（法281Ⅰ）又は家庭裁判所の終局判決（人訴29Ⅱ，法281Ⅰ）である[3] [4]。

手形訴訟及び小切手訴訟における法355条1項の却下判決及び本案についての終局判決に対しては，控訴はできない（法356）。

控訴は第一審の終局判決に対してのみできるので，中間判決やその他中間裁判に対しては独立してできず，これに不服がある当事者は，その終局判決に対する控訴とともに

---

[1] 事件が上告審に係属していても，既判力の標準時が控訴審の口頭弁論終結時とされるのは，事実審理の行われる最終時点だからである。上告審が破棄自判したときも，控訴審の口頭弁論終結時が既判力の標準時となる。

[2] 平成17年4月1日，知的財産高等裁判所設置法に基づき，東京高等裁判所の特別の支部として知的財産高等裁判所が設置された。知的財産権関係民事事件のうち，特許権等に関する訴え（特許権，実用新案権，半導体集積回路の回路配置利用権及びプログラムの著作物についての著作者の権利に関するいわば技術型の訴え）については，専門的，技術的な要素が特に強く，専門的な処理体制の整備された裁判所が取り扱う必要があることから，東京地方裁判所又は大阪地方裁判所の専属管轄に属するとともに（法6Ⅰ），その控訴事件は，知的財産高等裁判所が全て取り扱うこととされている（法6Ⅲ，知的財産高等裁判所設置法2①）。一方，知的財産権関係民事事件のうち，意匠権，商標権，著作者の権利（プログラムの著作物についての著作者の権利を除く。），出版権，著作隣接権，育成者権，不正競争による営業上の利益の侵害に関するいわば非技術型の訴えは，全国50か所にある地方裁判所とこれと競合して東京地方裁判所又は大阪地方裁判所が管轄を有し，その控訴事件は，第一審を取り扱った地方裁判所に対応して，全国8か所にある高等裁判所が管轄を有することとされ，そのうち東京高等裁判所の管轄に属する事件を知的財産高等裁判所が取り扱うこととされている（知的財産高等裁判所設置法2①）。なお，審決取消訴訟は，東京高等裁判所の専属管轄とされ，知的財産高等裁判所が取り扱うこととされている（知的財産高等裁判所設置法2②）。

[3] 高等裁判所は，例外的に法律により第一審として裁判する権能を与えられている（公選203Ⅰ，204，207Ⅰ，208Ⅰ，210Ⅰ，Ⅱ，211Ⅰ，Ⅱ，自治245の8Ⅲ，251の5Ⅰ，252Ⅰ～Ⅲ，《東京高等裁判所が第一審裁判所と定められているもの》公選217，特許178Ⅰ，新案47Ⅰ，意匠59Ⅰ，商標63Ⅰ，海難審判44Ⅰ，裁審36，38，弁護16Ⅰ，61Ⅰ，電波97，土地利用調整57等）が，この場合の終局判決に対しては，控訴は省略され，最高裁判所への上告のみが認められている（法311Ⅰ）。

[4] 控訴審の判決に対する再審の訴えについてなされた終局判決は，すべて控訴審としてなされた終局判決であるので控訴はできない。その判決に対する不服申立方法は上告のみである（最判昭42.7.21民集21-6-1663）。

不服申立てをしなければならない[5]。

一部判決（法243Ⅱ），追加判決（法258Ⅰ）及び変更判決（法256）は終局判決であるから控訴できる[6]。

終局判決の一部ではあるが，終局判決の主文でなされた訴訟費用の裁判に対しては，独立して控訴ができない（法282）[7] [8]。

少額訴訟手続の終局判決に対しても控訴できない（法377）。

(2) **控訴審の判断を受ける中間的裁判（法283）**

控訴は第一審の終局判決に対してすることができる（法281）が，第一審の訴訟手続においては，終局判決までの間に種々の中間的裁判がなされることがある。

それらの中間的裁判に対しては，原則として独立の不服申立ては認められていない。しかし，これらの中間的裁判は，終局判決の準備のためになされる裁判であるから，終局判決と何らかの関係がある。

そこで，当事者の不服の有無にかかわらず，控訴裁判所が終局判決の当否を判断するに当たり，中間的裁判の当否を判断できるかどうかについて定められたのが法283条である。

法283条では，中間的裁判に対する不服がどのように扱われるかが例外も含めて規定されている[9]。

中間的裁判は，終局判決という一つの結論を裁判所が形成する際に，何らかの意味でその前提となる裁判である。したがって，中間的裁判に誤りがあれば，それは終局判決にも影響を及ぼしているはずである。そうであるならば，中間的裁判だけを取り出して，それに対してだけ不服を申し立てるべきではなく，原則としては，終局判決とひとまとめにして，ひとまとめにされた終局判決に対して不服を申し立てるべきであることになる。法283条の本文（「終局判決前の裁判は，控訴裁判所の判断を受ける。」）の趣旨は，このような意味である。

---

[5] 終局判決をすべき場合に中間判決として言い渡した判決，中間判決をすべき場合に終局判決として言い渡した判決については，いずれも控訴によって不服申立てをすることができる。前者においては，裁判所がたまたま誤って判決したため当事者が上訴権を失うことになるし，後者においては，当事者が，判決の型式にかかわらず，上訴をなし得る判決かどうかを考える必要が生じてしまうからである（注解(9)84参照）。

[6] 第一審裁判所が，判決主文に原告の請求の一部についてしか判断を示さず，裁判の脱漏があった場合，その脱漏部分についてはまだ終局判決がなされていないことになるから，その部分について控訴されても，不適法である（大判明37．7．5民録10-1016）。請求の一部につき裁判の脱漏がある場合は，この部分につき追加判決を申し立てるべきであり，控訴をすることはできない。

[7] 仮執行宣言，仮執行免脱宣言，又はそれらの申立てを却下する裁判に対して，本案についての判決と独立に控訴申立てを認めるか否かについては，規定がない。判例は，仮執行宣言についての裁判は本案に付随するものであるとして否定している（東京高判昭31．4．26高民9-4-231）。

[8] 離婚判決の主文で，親権者の指定がされていたり，財産分与の裁判が含まれていることがある。これらの裁判は，本案に対しての付随裁判のようであるが，その重要性にかんがみて，これらの裁判のみを不服として控訴することができる（東京高判昭31．6．5下民7-6-1469，仙台高秋田支判昭37．8．29高民15-6-452）。

[9] 法283条に定められている「控訴審の判断を受ける中間的裁判」，つまり，独立して不服申立てのできない裁判には，次のようなものが挙げられる。中間判決（法245），訴訟引受決定（法50，大判昭16．4．15民集20-482），中断した手続の受継決定（法128Ⅱ，大判昭13．7．22民集17-1454），訴訟指揮上の決定や命令（東京高決昭38．2．23東高時14-2-28），訴えの変更を許さない決定（法143Ⅳ）。

(3) 控訴審が判断できない中間的裁判

終局判決に先立ってなされた中間的裁判の中には，控訴審がその当否を判断できず拘束される場合がある。そのような中間的裁判として次のようなものが挙げられる。

ア 明文の規定により不服申立てのできない裁判

具体的には，管轄指定の決定（法 10 Ⅲ），裁判官の除斥又は忌避を理由ありとする決定（法 25 Ⅳ），鑑定人の忌避を理由ありとする決定（法 214 Ⅲ），証拠保全の決定（法 238），反訴の提起に基づく移送決定（法 274 Ⅱ），強制執行の一時停止等の申立てに関する裁判（法 403 Ⅱ），執行関係訴訟の訴えの提起があった場合等における強制執行の一時停止等の裁判（民執 36 Ⅴ，37 Ⅱ，38 Ⅳ）などである。

イ 抗告により不服を申し立てることができる裁判

抗告審が独立して判断するため，控訴審が判断することはできない。口頭弁論を経ないで訴訟手続に関する申立てを却下した決定又は命令（法 328 Ⅰ）や法律が抗告ができる旨を個別的に定めているものがこれに当たる。

当事者が現実に抗告したか否かを問わず控訴審は拘束される。第一審裁判所が終局判決中で同時にその裁判をしている場合も同様である。

ウ 独立に控訴提起ができる判決

第一審裁判所で一部判決がなされた場合，ある意味ではそれも中間的裁判といえる。もっとも理論的には終局判決であるから，独立に控訴の提起ができる。そして，残部の終局判決に対し控訴が提起された場合，控訴審は，確定の有無にかかわらず，先の一部判決に対して審判はできない[10]。

3 控訴の当事者

(1) 控訴人

控訴人となるのは，原則として第一審の当事者と参加人である[11][12]。

原告・被告の一方だけに控訴権があり，控訴の提起をするときは，その相手方が被控訴人となり，両当事者に控訴権があって両者が控訴を提起するときは，両者とも控訴人であり，それぞれの相手方が被控訴人となる。

一方当事者が控訴をしたとき，相手方は自己の控訴権の有無にかかわらず，控訴審の口頭弁論終結まで附帯控訴をすることができる（法 293）ので，その附帯控訴人は被控訴人であり，控訴人が附帯被控訴人となる。

> ア 第一審の口頭弁論終結後に当事者に一般承継が生じた場合
>
> 訴訟手続中断後，訴訟を受継した当事者が控訴人となる。
>
> 第一審で受継決定を受けた承継人は控訴の提起をすることができるし，受継すべき承継人が控訴の提起とともに受継申立てをしたときも適法な控訴となる。

---

[10] 菊井・村松Ⅲ52 参照。
[11] 債権者が参加手続をせずに，債権者代位権を行使して，当事者に代わって控訴を提起することはできない（東京高判昭 28. 9. 17 下民 4-9-1302）。
[12] 真実の被告でない者が第一審判決で被告と表示された場合，同人は執行を受ける可能性があるから，当該判決に対し，控訴人となれる（東京高判昭 25. 10. 4 下民 1-10-1577）。

イ　独立当事者参加（法47），共同訴訟参加（法52）により当事者として訴訟参加できる者の場合

　参加とともに控訴を提起することができる（法47,52,43Ⅱ，大判昭16.11.22法学11-6-627）。

ウ　補助参加人の場合

　補助参加人は，被参加人のために，被参加人が不控訴の合意または控訴権の放棄をしていなければ控訴の提起をすることができる（大判昭11.3.18民集15-520）。ただし，自らが控訴審で控訴人となるわけではない。

　補助参加できる者は，補助参加の申立てとともに控訴の提起をすることができる（法43Ⅱ）。

エ　通常共同訴訟の場合

　共同訴訟人の一人が控訴を提起しても，控訴を提起しなかった他の共同訴訟人が当然に控訴人となることはない。

オ　必要的共同訴訟の場合

　共同訴訟人の一人が控訴すると，全員に対する関係で判決の確定が遮断され，当該訴訟は全体として控訴審に移審して，控訴審の判決の効力は，控訴をしなかった共同訴訟人全員に及ぶと解されている。

　共同訴訟人の一部の者がした訴訟行為は，全員の利益においてのみ効力を生じるとされているが（法40Ⅰ），控訴は控訴審に対し第一審判決の敗訴部分の是正を求める行為であり，一般的に他の共同訴訟人に利益となる行為とみられる上，合一確定（法40Ⅲの基礎となる訴訟進行の統一）の要請にもかなうからである。ただし，控訴をしなかった共同訴訟人が控訴人の地位につくのか否かについては議論がある。

　従前は，控訴人の地位につくと解する見解が有力であり，判例も住民訴訟の事案についてこの立場を採用していた（最判昭58.4.1民集37-3-201）。

　その後，同じく住民訴訟の事案につき，判例（最判平9.4.2民集51-4-1673）は，前記昭和58年4月1日の判例を変更し，一部の者の上訴によって，原判決は確定を遮断され，訴訟全体が移審するが，上訴しなかった共同訴訟人は上訴人にはならない旨判示した。

　判示は，複数の住民が提起した住民訴訟を類似必要的共同訴訟とした上で，合一確定のためには，原判決の確定遮断，訴訟全体の移審及び上訴しなかった共同訴訟人に対し判決効が及ぶと解すれば足り，上訴しなかった共同訴訟人を上訴人として扱うことまでも要するものではなく，訴訟追行意思を欠くに至った者に対し，その意思に反してまで上訴人の地位につき続けることを求めるのは相当でないとし，さらに，住民訴訟が個人的主観的利益追求を目的とする訴訟ではなく，提起後に共同訴訟人の数が減少しても，その審判の範囲，審理の態様，判決の効力等に何ら影響がないことを述べている。

　これらのことから，類似必要的共同訴訟一般についても同様に解する余地はあるが，本判例は住民訴訟の特質を考慮した側面が強いため，その射程は住民訴訟につい

てのみ及ぶと解される[13]。
　カ　同時審判の申出がある共同訴訟の場合
　　同時審判の申出（法41Ⅰ）があれば，弁論・裁判の分離は禁止されるが，形態は通常共同訴訟であるから，通常共同訴訟の場合と同じである。

(2) 被控訴人

被控訴人となるのは，第一審において当事者であった者，その他である。

　ア　第一審の口頭弁論終結後に当事者に一般承継が生じた場合
　　訴訟手続中断後，訴訟を受継した当事者が被控訴人となる。
　イ　独立当事者参加訴訟の場合
　　独立当事者参加訴訟の第一審判決に対し，一人の当事者が他の一人の当事者だけを相手方として控訴を提起した場合，判例は，控訴をしなかった他の一人の敗訴者も控訴人になるとしていたが（大判昭15.12.24民集19-2402），その後，被上訴人としての地位に立つとしている（最判昭36.3.16民集15-3-524，最判昭50.3.13民集29-3-233）。
　ウ　補助参加人の場合
　　第一審の補助参加人は，被参加人が被控訴人になれば，控訴審でもその者の補助参加人の地位を取得する。
　　敗訴当事者は，補助参加人を相手方として控訴を提起することはできない。
　エ　通常共同訴訟の場合
　　共同訴訟人の一人に対して控訴を提起しても，控訴を提起されなかった他の共同訴訟人は当然に被控訴人とはならない。
　オ　必要的共同訴訟の場合
　　共同訴訟人の一人に対して控訴を提起すると，他の共同訴訟人も被控訴人となる（法40Ⅱ）。
　カ　同時審判の申出がある共同訴訟の場合
　　同時審判の申出（法41Ⅰ）があれば，弁論・裁判の分離は禁止されるが，形態は通常共同訴訟であるから，敗訴原告が共同訴訟人の一方である勝訴被告に対してした控訴の効力は，他の共同訴訟人である被告に及ばない。

4　控訴の要件

控訴裁判所は，第一審でなされた裁判に対する敗訴当事者の不服申立てについて審理及び裁判をするが，この裁判は，控訴があれば常になし得るものではない。必要とされている一定の要件を備えた控訴についてのみなされるのである。

要件が欠けていれば，控訴は不適法として却下される。

以下，控訴に必要とされる要件を挙げたが，その他，一般的な訴訟要件が必要であるこ

---

[13] 株主代表訴訟につき最判平12.7.7民集54-6-1767が同旨を判示している。重点講義民訴・下323は，「判例の処理は，住民訴訟と株主代表訴訟（および対世効のある場合）に当面は限定されると理解しておくべきであろう。」とする。

第2章 控　　訴

とはいうまでもない。
(1) **原裁判が控訴を許すものであること**
　ア　控訴裁判所の判断を受ける裁判（第1の2控訴裁判所の判断を受ける裁判（5ページ）を参照）
　イ　訴訟費用の負担の裁判に対する控訴
　　訴訟費用の負担の裁判に対しては，独立して控訴をすることができない（法282）。
　　控訴は法281条1項に定められた終局判決に対してなされるが，その終局判決の中に含まれる訴訟費用の負担の裁判だけを取り出して，それに対して独立して控訴することは認められないことを法282条は規定している[14]。
　　訴訟費用は，事件全体を審理して，初めてその負担の仕方や額が明らかになるものであり，その意味で訴訟費用の負担の裁判は本案についての裁判に付随するものであるから，裁判所は事件を完結する裁判において，その審級における訴訟費用の全部について裁判をすることが基本とされている（法67）。
　　よって，本案の裁判が控訴により変更されることになれば，訴訟費用の負担についての裁判もその効力を失うことになるが，他方終局判決中の訴訟費用の負担の裁判に対してだけ控訴を認めると，訴訟費用の負担の裁判の妥当性を審査するために，不服の申立てがない本案の裁判について審査をしなければならなくなり，本末転倒の結果となって裁判所の負担を増大させることになる。このような理由で，法282条が置かれているのである。ただし，本案の裁判と切り離して，決定により訴訟費用の負担の裁判がなされることがある。これらの場合は，即時抗告が許されている（法258Ⅲ）。
　　法282条にいう「訴訟費用の負担の裁判」とは，訴訟費用の負担者及び負担の割合を定めた裁判のことである[15] [16]。
　　本案の裁判に対する控訴が不適法であるときは，訴訟費用の負担の裁判に対する控訴は許されない。この場合は，本案について審判する必要がなく，結局，本案に対する控訴がない場合と同様だからである。
　　適法に控訴が提起されても，控訴審で，控訴の取下げ，請求の放棄・認諾があれば，

---
[14] 訴訟費用の負担の裁判を留保してなされた一部判決で敗訴した当事者が，その一部判決に対して適法に控訴している場合には，後日同一当事者が，残部判決で本案については残り全部勝訴したが訴訟費用の負担の点では不利益となる裁判を受けたときは，残部判決で全部勝訴していても，その訴訟費用の負担の裁判だけに対して控訴することができる。残部判決とともになされた訴訟費用の負担の裁判は，前の一部判決の訴訟費用を含んでおり（法67Ⅰ），よって残部判決の訴訟費用の負担の裁判だけに対してする控訴は，前の一部判決に対する控訴と一体とみることができるからである（注解(9)93，注釈(8)58，菊井・村松Ⅲ47参照）。
[15] 委任，事務管理あるいは不法行為等実体法上の原因に基づく訴訟費用の支払請求についての裁判は本案の裁判であり，「訴訟費用の負担の裁判」に当たらない。
[16] 本案の裁判に対して不服申立てがあった場合，その不服と関連していなければ訴訟費用の負担の裁判に対する不服申立てができないか，という問題がある。例えば，併合された数個の請求，又は本訴と反訴の請求についての1個の全部判決があり，そのうちのある請求についての判決に対し控訴の提起がなされた場合，他の請求に関する訴訟費用の負担の裁判に対して不服を主張できるかというような場合である。この問題について見解は対立している。否定する判例（大判明44. 5. 1民録17-247）もあるが，一つの終局判決中の訴訟費用の負担の裁判は，控訴により一部でも本案判決を変更すれば，当然に効力を失い，控訴審は一，二審を通じて訴訟の総費用について裁判をし直さなければならないのであるから，本案の裁判に対する不服と関連しない訴訟費用の負担の裁判に対する不服申立ても認められると学説は解している（菊井・村松Ⅲ46参照）。

訴訟費用の負担の裁判に対する控訴は不適法となる[17][18]。
(2) 控訴提起が適式で，かつ，有効であること
控訴の提起は，控訴状を第一審裁判所に提出してしなければならない（法286Ⅰ）。

控訴状には原則として，当事者及び法定代理人，第一審判決の表示及びその判決に対して控訴をする旨を記載しなければならない（法286Ⅱ）[19]。

(3) 控訴期間を徒過しないこと又は控訴の追完の要件を備えること
控訴は，第一審の判決書又は調書判決の送達を受けた日から2週間の不変期間内に提起しなければならない（法285）[20]。

(4) 控訴人が控訴の利益を有すること（第1の5 控訴の利益（12ページ）を参照）
控訴人は第一審判決に対して不服ないしは控訴の利益を有していなければならない。

(5) 控訴人が控訴権を放棄せず，当事者に不控訴の合意がないこと
ア 控訴権の放棄（法284）
控訴権の放棄とは，控訴権を有する当事者がこれを行使しないという意思表示を裁判所に対してなす単独の訴訟行為である[21][22]。

当事者は，控訴権を単独で放棄することができる。不利益を与えないので，相手方の同意を必要とはしない[23]。

控訴の放棄は，第一審判決言渡し後，控訴権を保有する間に限られる。控訴の提起前でも，控訴の提起後でもよい（規173）[24]。

しかし，控訴期間を徒過すると，控訴権を喪失するから，控訴権の放棄はもはやできない。

---

[17] 控訴の利益がないときの控訴は不適法であるから，第一審で全部勝訴した当事者が法62条，63条により訴訟費用の負担を命じられても，これに対して控訴を提起することはできない。この場合に，相手方が控訴を提起したときは，控訴審が本案の裁判をすることになるから，附帯控訴の提起により訴訟費用の負担の裁判だけに対し不服申立てをすることができると学説は解しているが（注解(9)93，注釈(8)58，菊井・村松Ⅲ46 参照），判例は反対である（福岡高判昭26.8.27下民2-8-1035）。
[18] 控訴の提起は適法であるが，控訴に理由がない場合，訴訟費用の負担の裁判に対する控訴は不適法になる（大判昭5.3.15民集9-371，最判昭29.1.28民集8-1-308）。控訴が全部理由なしとして棄却される場合に，訴訟費用の負担の裁判に対する不服申立てを許すとすれば，理由のないことが明らかであるにもかかわらず，訴訟費用の負担の裁判に対して不服を申し立てることだけを目的に控訴を提起する余地をつくり，結局，法282条の趣旨を没却することになるからである。これに対して通説は，反対の見解を採っている。
[19] 控訴理由は必要的記載事項ではないが，控訴審において，迅速に的確な争点を把握するという点から考えると記載されていることが望ましい。
[20] 法97条の要件を備えている場合は追完が許される。
[21] 控訴権者が一方的に上告をする権利を留保して，控訴権を放棄することは許されない。控訴権者が控訴をしないで直ちに上告をする方法は，相手方と飛躍上告の合意をするのが唯一の方法である（法281ただし書）。
[22] 補助参加人が控訴権の放棄をすることはできないと解すべきである。補助参加人は，被参加人を補助して訴訟追行する者であり，被参加人に不利益な訴訟行為はできないからである。被参加人が控訴権を放棄した後に，補助参加人が控訴をしても，その控訴は無効である。
[23] 控訴権の放棄は，判決の効力が第三者に及ぶ場合には許されないと解される。このような場合，第三者は訴訟に共同訴訟参加（法52）できるから，第三者の参加の機会を奪うことは許されない。
[24] 第一審判決言渡し前に控訴権の放棄ができるか否かについては議論が分かれているが，通説は，第一審判決の言渡しにより具体的に控訴権が発生した後に限ると解している。第一審判決後は，控訴権者しか控訴権の放棄はできない。

第2章 控　訴

　　　一部勝訴の場合は，当事者双方がそれぞれ控訴権の放棄をすることができる[25]。
　　　控訴権の放棄は，控訴提起前は第一審裁判所に対する，控訴提起後は訴訟記録の存する裁判所に対する申述により行う（規173Ⅰ）[26] [27] [28]。
　　　控訴権の放棄の申述があったときは，裁判所書記官はその旨を相手方に通知しなければならない（規173Ⅲ）[29]。
　　イ　不控訴の合意
　　　不控訴の合意とは，訴訟の当事者双方がそれぞれ控訴をしない旨を約して，その事件の審判を第一審だけに限ることを目的とする訴訟上の合意である（法281Ⅰただし書）[30] [31] [32]。
　　　合意は書面でしなければならない（法281Ⅱ，11Ⅱ）。
　　　適法に不控訴の合意が成立すると，訴訟は第一審だけで終了することになる[33]。
5　控訴の利益
　　控訴人は第一審判決に対して不服を有していなければならない。これが**控訴の利益（不服）**である[34]。
　　どのような場合に「控訴人が不服を有している」とするかについて見解は分かれてい

---

[25] 控訴権の放棄をしても，相手方の控訴に対しては附帯控訴ができるので（法293），当事者双方の控訴ができなくなった時点で，判決の全部が確定する（大判昭7．1．16民集11-21）。
[26] 申述とは，控訴権を有する当事者が，この権利を消滅させ，控訴をしない旨の意思表示を裁判所にすることである。
[27] 申述は，書面又は口頭のいずれでもよい（規1Ⅰ），口頭で申述するには，裁判所書記官の面前で陳述しなければならず，裁判所書記官は，調書を作成することになる（規1Ⅱ）。控訴提起後の控訴権放棄の申述は，控訴の取下げとともにしなければならない（規173Ⅱ）。
[28] 控訴人が控訴提起後控訴権放棄の申述をすると，基本たる控訴権の消滅により，控訴は，控訴権に基づかない不適法なものとなるが，これを却下する判決（法290）をしないと控訴審の訴訟手続が終了しない。しかし，一律に判決による処理を求めることは，裁判所に無用な負担を与えるものであるし，理論的には，この判決に対しては上告が可能であるから，事件の迅速な完結が期待できないことになるので，規則173条2項は，控訴提起後の控訴権放棄の申述は，控訴の取下げとともにすることとしたのである。もっとも，控訴の取下げを伴わない，控訴提起後の控訴権放棄の申述も，有効なものと解され，その場合には，控訴人は，控訴却下判決までの間，控訴を取り下げることができる（条解364参照）。
[29] 控訴権の放棄は，申述により直ちに効力を生ずるが，相手方当事者も控訴や判決の確定について利害関係を有することから，控訴権の放棄があったことを相手方当事者に知らせておく必要があると考えられるためである。通知は，相当と認める方法によることができる（規4Ⅰ）。
[30] 不控訴の合意は，特定事件について審級制度を排除する訴訟上の契約である。当事者双方が控訴しない旨の合意をすることを要し，一方だけが控訴しない旨の合意は無効である（大判昭9．2．26民集13-271）。
[31] 第一審の終局判決言渡し前の上告権留保のない不控訴の合意を認めるか否かについては，見解が分かれている。終局判決言渡し前の不控訴の合意は，経済的・社会的優位者がその地位を利用して相手方に強いるおそれがあるから許されないという見解もあるが，通説は，肯定している。
[32] 上告する権利を留保する不控訴の合意は，終局判決後でなければなし得ない（法281Ⅰただし書）。
[33] 適法に成立した不控訴の合意があるにもかかわらず控訴がなされた場合，その控訴は不適法として却下される。
[34] 控訴の利益は，それを必要とする明文の規定はないが，自分が求めた判決が，求めたとおりに与えられたならば，判決による自分の法的地位に侵害はないのであるから，それ以上に相手方や裁判所の負担を強いることになる控訴審の審判を求めることは，許されることではない。そこで，控訴が許されるための適法要件として，審級制の建前から，控訴の利益が当然に必要だとされている。

る[35] [36]。

支配的見解である形式的不服説によると，原則として次のとおりの考え方ができる[37]。

① 請求の全部認容判決に対しては，被告のみ控訴できる[38]。
② 請求の全部棄却判決に対しては，原告のみ控訴できる。
③ 請求の一部認容（一部棄却）判決に対しては，当事者双方がそれぞれいれられなかった部分について控訴の利益を有する。
④ 訴えの利益がないとしてなされた訴え却下判決に対しては，原告のみならず被告も，本案請求の当否についての判断を求めるため控訴の利益を有する（最判昭40．3．19民集19-2-484）。
⑤ 請求の予備的併合において，主位的請求棄却，予備的請求認容の判決に対しては，原告は主位的請求が棄却された点に，被告は予備的請求が認容された点に，それぞれ控訴の利益を有する。

6 控訴の効力

控訴は第一審判決の確定を遮断する効力（確定遮断の効力）と，事件を第一審裁判所から控訴裁判所へと移行させる効力（移審の効力）を有するが，これらは上訴一般の本質的な効果である。

(1) 確定遮断の効力

判決の確定は，控訴が控訴期間内に提起されることによって遮断される（法116Ⅱ）。確定が遮断されると，執行力の発生も妨げられる。しかし，仮執行宣言のように未確定判決に対し特に執行力が付与された場合，控訴には執行を停止する効力はない[39]。

(2) 移審の効力

控訴の提起により，事件は第一審裁判所の係属を離れて控訴裁判所に係属し，控訴裁判所は，不服の範囲において第一審の口頭弁論を続行し，かつ裁判をなすべき権限を有することになる。

(3) 控訴不可分の原則

確定遮断，移審の各効力は，第一審判決の一部に対し不服を申し立てたとしてもその

---

[35] 不服を有する，つまり「控訴の利益がある」とは，当事者が控訴審において第一審より有利な裁判を得る可能性があること（実体的不服説）という見解や，原告・被告を問わず，原審における当事者の申立てと，その申立てに対して与えられた原判決（判決主文）とを比較して，後者が前者に質的又は量的に及ばない場合のこと（形式的不服説）という見解等である。形式的不服説は，質的又は量的に及ばない場合にその当事者が不服を有するとする点で，判断が容易である。一方，実体的不服説であれば，第一審判決で申立てが全部認容された当事者でも，控訴により更に有利な判決を得る可能性があれば，不服があるということになる。
[36] 注解(9)33，注釈(8)30，菊井・村松Ⅲ20参照。
[37] ただし，形式的不服説にも例外はある。例えば，人事訴訟において，通説は，離婚請求を受けた被告が請求棄却判決を得たとしても，自分の側から離婚の反訴を提起することを目的として控訴ができるとする。形式的不服説で割り切って控訴を認めないとすると，人事訴訟法25条2項の別訴禁止の規定により，被告の側からの離婚請求は別訴でも封ぜられてしまうことになるからである（重点講義民訴・下601参照）。
[38] 当事者が全部勝訴の判決を得た場合に，控訴審で請求の拡張又は反訴を提起するために控訴の提起をすることは，原則として許されない（大判大10．3．11民録27-514）。
[39] 仮執行宣言付判決に対する控訴の提起があった場合，申立てにより，控訴裁判所は，決定で，その執行停止を命じることができる（法403Ⅰ③）。

全部について生じる。これを**控訴不可分の原則**という。

　控訴審の口頭弁論終結に至るまで，控訴人は不服申立ての範囲を拡張することができること，また，当事者双方に不服のない部分も，控訴裁判所が仮執行宣言を付することにより執行力を生じるものとされていること（法294）からも，このことがいえる。

　具体的には次のような例となる。

　100万円の貸金請求の全部が第一審判決で認容され，被告が50万円についてだけ不服を申し立てて控訴しても，100万円全部の請求について控訴審への移審の効力が生じる。また，同じ100万円の請求が，第一審判決で50万円しか認められなかった（一部認容）場合に，原告が50万円の敗訴部分について控訴した場合でも，100万円全部の請求について移審する。一部認容された50万円についての部分は確定しない。

　請求の併合や共同訴訟の場合における移審の効力は以下のとおりである。
◇　第一審の一つの判決で数個の請求が単純併合されているような場合は，その一部の請求について不服が申し立てられれば，他の請求も移審する（大決大4.10.14民録21-1641）。
◇　予備的併合のなされた事件で，第一審判決により主位的請求が認容され，被告が控訴した場合には，予備的請求も移審するが，控訴審で主位的請求が排斥されたときは，予備的請求も審判の対象となる。
◇　予備的併合のなされた事件で，第一審判決により主位的請求が排斥され，予備的請求が認容された場合，原告・被告双方から控訴があれば，主位的請求も予備的請求も移審し，両請求とも控訴審の審判の対象となる。

　被告だけ控訴した場合も，両請求は移審するし，原告は控訴審で附帯控訴をすることができるから，その場合には，両請求について控訴審で審判がなされる。

　被告からの控訴はあるが，原告が控訴も附帯控訴もしなかった場合，両請求は移審するが，予備的請求が認容されない場合に，控訴審が主位的請求について審判できるかどうかについては，考え方が分かれているが，判例は，主位的請求を棄却し予備的請求を認容した第一審判決に対し，第一審被告のみが控訴し，第一審原告が控訴も附帯控訴もしない場合には，主位的請求に対する第一審の判断の当否は控訴審の審判の対象とならないとしている（最判昭58.3.22判時1074-55）。

　この場合，主位的請求は，控訴審での審理や審判の対象とはならないが，控訴の提起によって主位的請求・予備的請求とも控訴審に移審はしている。
◇　請求の選択的併合において，原告の請求が棄却され，原告が控訴した場合，競合する請求全部が移審する。

　原告の請求が認容され，つまり，競合する請求の一つが認められ，被告が控訴した場合，全請求が移審する。この場合，第一審裁判所が認めた請求が審判の対象になるだけでなく，第一審が認めなかった他方の請求も審判の範囲に含まれる。
◇　通常共同訴訟の場合は，判決が形式上1個であっても実質的には各共同訴訟人とその相手方との間にそれぞれ別個の判決があるのであり，共同訴訟人独立の原則（法

> 39）が働いているから，一人の共同訴訟人がした，または一人の共同訴訟人に対する控訴の提起があると，その一人と相手方との間の請求についてのみ移審し，判決の全部につき確定が遮断されるわけではなく，他の部分は独立して確定する。
> ◇　必要的共同訴訟の場合は，判決の合一確定の必要上，共同訴訟人の一人がした控訴の提起であっても，他の共同訴訟人にもその効力は及ぶ（法40Ⅰ）から，共同訴訟人全員について移審の効力を生ずる。
> ◇　独立当事者参加（法47）の場合，同一権利をめぐって，原告，被告及び参加人の三者間で，同一の訴訟手続によって矛盾のない解決が要請されている関係上，敗訴した一人の者が控訴することによって，三当事者間の全請求が移審する。
> ◇　原告一部勝訴の場合，この部分について被告が附帯控訴権も放棄すれば，原告が控訴した敗訴部分に先立って勝訴部分は確定する。このように，例外的に一部が先に確定することもある。

7　控訴提起の方式（具体的な手続については第2の3⑷控訴提起の方式（56ページ）を参照）

(1)　控訴状の提出

控訴の提起は，控訴状を第一審裁判所へ提出してしなければならない（法286Ⅰ）[40]。

控訴期間は，控訴人が判決書又はこれに代わる調書の送達を受けた日から2週間の不変期間である（法285）。

(2)　控訴状の方式

控訴状には，当事者及び法定代理人，第一審判決の表示及びその判決に対して控訴をする旨を記載しなければならない（法286Ⅱ）[41]。

(3)　控訴状を受理した第一審裁判所の取扱い

控訴状を受理した第一審裁判所は，控訴状の形式的事項を審査し，控訴が不適法でその不備を補正することができないことが明らかであるときは，決定で，控訴を却下しなければならない（法287Ⅰ）。

第一審裁判所による控訴却下の決定があった場合を除き，第一審裁判所の裁判所書記官は，遅滞なく控訴裁判所の裁判所書記官に対し，訴訟記録を送付しなければならない（規174）。

控訴状の不備について第一審裁判所は補正命令を発することができないから，補正不能が明白でない限り，訴訟記録を控訴裁判所へ送付することになる。

(4)　控訴裁判所での控訴状の取扱い

控訴裁判所の裁判長は，控訴状の要件を審査し，控訴状が法286条2項の規定に違反する場合及び控訴人が控訴提起の手数料を納付していないときは，補正を命じ，控訴人

---

[40] これは，第一審裁判所に控訴の適否についての形式的記載事項について判断する機会を与え，補正不能の不備がある場合に第一審裁判所で控訴却下（法287）することにより迅速な処理を可能とすると同時に，控訴状の提出先を第一審裁判所に限定することにより，控訴の有無を第一審裁判所の裁判所書記官が知り得ることとし，判決の確定証明を手早く発することができるように考慮したものである。
[41] 不服申立ての限度は必要的記載事項とはされていないから，必ずしも控訴状に記載する必要はないが，審理の便宜上記載されることが多く，控訴状に攻撃防御方法が記載されたときは準備書面を兼ねるものとされている（規175）。

が補正に応じないときは控訴状を却下する（法288，137）。

適式な控訴状であるとき又は補正がなされたときは，控訴状を被控訴人に対して送達する（法289Ⅰ）。

送達費用の予納がないときを含め，控訴状の送達が不能であるときは，控訴裁判所の裁判長が控訴人に対して補正を命じ，控訴人が補正をしないときは，控訴状を却下する（法289Ⅱ，137）。

8　控訴の取下げ

(1)　意　義

控訴の取下げとは，いったん提起した控訴を撤回する旨の，控訴人の裁判所に対する一方的意思表示である（法292Ⅰ）。

控訴のみの撤回であるから，訴えの提起を撤回し，訴訟係属を遡及的に消滅させる訴えの取下げ（法262Ⅰ）とは異なる。また，控訴権の放棄が確定的に控訴を不適法とするのに対し，控訴の取下げは，それまでの控訴審手続を失効させるにすぎず，控訴期間中であれば，再控訴ができる。

(2)　控訴の取下げをすることができる者

控訴の取下げをすることができるのは，控訴人だけである。

様々な訴訟形態の場合の控訴取下げは以下のとおりである。

◇　通常共同訴訟の場合，各共同訴訟人は独立の地位を保有しているので，共同訴訟人の一人から，又は一人に対して，控訴を取り下げることができる。

　　対象が独立別個であるから，この場合の取下げの性質は，控訴の一部取下げではなく全部の取下げである。

◇　必要的共同訴訟の共同訴訟人の一人による控訴の取下げは，類似必要的共同訴訟の場合はできるが，固有必要的共同訴訟の場合は全員が共同でしなければならない。

◇　被参加人が控訴の提起をした場合，補助参加人は取り下げることができない。付従的な当事者である補助参加人が被参加人の利益を不当に害することになるからである。

◇　被参加人である控訴人は，補助参加人が被参加人のためにした控訴を自ら取り下げることができる。

(3)　要　件

控訴の取下げが有効であるためには，訴訟行為の一般的有効要件のほか，次のアからウまでの要件を具備する必要がある。

また，訴えの取下げの場合と異なり，控訴の取下げに被控訴人の同意は不要である。法292条2項が法261条2項を準用していないことから，控訴の取下げには常に相手方の同意は不要で，控訴人の一方的意思表示で足りる[42]。

---

[42] 第一審判決が相手方にとって一部不利なものである場合，控訴の取下げによって相手方の附帯控訴を封じることになる面も考えられるが，本来附帯控訴は主たる控訴に付随すべきものであるし，この場合，相手方は自らも控訴することができたのであるから，附帯控訴ができなくなってもそれにより特に影響が生ずるわけではないので，この場合も相手方の同意を必要とする理由にはならない。

ア　控訴の全部について取下げをなすこと[43]
　　　　控訴の提起により，請求全部が移審しており，控訴不可分の原則が機能しているから，これに抵触する控訴の一部取下げは無意味であり，効力を生ずる余地はない。
　　イ　控訴の提起後，控訴審の終局判決があるまでに取下げをすること（法292Ⅰ）
　　　　控訴の取下げができるのは，控訴提起後，控訴審の終局判決言渡しがあるまでである。
　　　　控訴審の口頭弁論終結後であっても，判決言渡し前であれば取り下げることができる。
　　　　訴えの取下げが終局判決の確定まで可能である（法261Ⅰ）のと異なり，控訴審の終局判決後に控訴の取下げを許さないのは，当事者が第一審判決と控訴審判決とを選択することができるような結果となることを回避するためである。
　　　　控訴審の終局判決後は，訴えの取下げはできるが，控訴の取下げは，相手方の同意があっても許されない[44][45]。
　　ウ　訴訟記録のある裁判所に対して意思表示をすること（規177Ⅰ）
　　　　控訴の取下げは，訴訟記録の存する裁判所にしなければならない。

(4) **方　式**
　　控訴の取下げは，訴えの取下げに関する法261条3項，262条1項，263条の規定を準用している（法292Ⅱ）。
　　すなわち，控訴の取下げは，原則として書面でしなければならない。ただし，口頭弁論，弁論準備手続，又は和解の期日においては，口頭ですることができる（法292Ⅱ，261Ⅲ）。
　　控訴の取下げは，訴訟記録のある裁判所にしなければならず，取下げについて裁判所書記官はその旨を相手方に通知しなければならない（規177Ⅱ）[46]。

(5) **効　果**
　　適法な控訴の取下げがなされた場合は，事件は初めから控訴審に係属しなかったことになり，開始された控訴審手続は終了する。
　　取下げが控訴期間内であれば，再度控訴が提起されない限り，控訴期間の経過によって第一審判決が確定する。この場合，控訴期間経過後の取下げであれば，控訴期間経過

---

[43] 控訴審で一部判決がなされた段階では，まだ控訴審の終局判決があったとはいえないので，残部についての控訴を取り下げることができる。
[44] これを許すと，附帯控訴が提起された結果，控訴人にとって第一審判決より不利な判決があった場合に，有利な第一審判決を確定させるため控訴を取り下げるという事態が生じ得るからである。
[45] 控訴審で終局判決があった後でも，その事件が上告され，上告審が事件を差戻し又は移送した後の控訴審手続においては，控訴の取下げをすることができる。先になされた控訴審の終局判決は失効し，その終局判決がなかった状態になるからである（大判昭7．9．6評論21-民訴-419）。
[46] この場合の通知については，規則4条の規定があるので，相当と認める方法により行えばよく（規4Ⅰ），通知をしたとき，裁判所書記官は，その旨及び通知の方法を訴訟記録上明らかにする（規4Ⅱ）。所在不明等の当事者に対しては，通知をする必要はない（規4Ⅴ）。

の時点で第一審判決が確定したことになる（法292Ⅱ，262Ⅰ）[47] [48]。

控訴の取下げの効果は確定的である。相手方の同意があっても撤回することはできないし，当事者双方の合意によって取下げがなかったことにすることもできない[49]。

(6) 控訴の取下げ擬制

当事者双方が控訴審における口頭弁論期日若しくは弁論準備手続期日に出頭せず，又は出頭しても弁論若しくは弁論準備手続における申述をしないで退廷若しくは退席した場合において，その後1月以内に期日指定の申立てをしなかったときは，控訴の取下げがあったものとみなされる。

当事者双方が，連続して2回，口頭弁論若しくは弁論準備手続の期日に出頭せず，又は出頭しても弁論若しくは弁論準備手続における申述をしないで退廷若しくは退席した場合も，同様である（法292Ⅱ，263）[50] [51]。

9 附帯控訴

(1) 附帯控訴の意義

附帯控訴は，すでに相手方の控訴により開始された控訴審手続において，被控訴人が第一審判決に対する自らの不服を主張して，控訴人の不服の主張によって限定されている控訴審における審判の範囲を拡張し，自己に有利な第一審判決の変更を求める不服申立てである[52]。

附帯控訴は，被控訴人が自分の控訴権を放棄又は喪失した後にもできる点にその実益がある（法293Ⅰ）。

---

[47] ただし，相手方も控訴の提起をしている場合は，控訴を取り下げた者が附帯控訴をすることを妨げない。
[48] 控訴の取下げがなされると，独立附帯控訴の場合を除き，相手方の附帯控訴は基礎を失って失効する。
[49] 控訴取下げをめぐってその要件を具備しているか否か，つまり，その効力をめぐって争われた場合は，控訴審手続が終了するか否かにかかわるから，裁判所は口頭弁論を開く必要があり，判決をしなければならない。取下げを有効と認めたときは，控訴は取下げになったことを宣言する判決をし，それにより控訴審手続は終了する。無効と認めたときは，中間判決でその旨を宣言して控訴審の口頭弁論を続行するか，又は，口頭弁論を続行してから終局判決の理由中において取下げが無効であることを明らかにしてもよい。
[50] 控訴の取下げが擬制されてから当事者の合意により期日指定の申立てがなされても，取下げの効果に変更はない。
[51] 控訴人が控訴提起後行方不明となり，これに対して通常の送達による呼出しができない場合，裁判所は職権で公示送達を命じて（法110Ⅱ），控訴の取下げ擬制の効果を生じさせて控訴審手続を終了させることができる。
[52] 不服申立てのあった第一審判決は，その全部につき確定が遮断されるが，控訴審の審判対象は，不服申立ての範囲に限られる（法296Ⅰ），例えば，1000万円の請求に対して700万円のみを認容した第一審判決に対して一部敗訴した原告のみが控訴した場合では，控訴審は審理の結果，原告の請求の全部を認容できないと考えたとしても，第一審判決がすでに700万円の請求を認容した部分を取り消すことはできない（法304）。これは不利益変更禁止の原則からきたものである。この場合，被告も第一審で敗訴しているので，自己に有利な第一審判決の変更を求めるには自ら控訴すればよいのであるが，控訴期間の徒過や控訴権の放棄により控訴権は消滅することになる。しかし，相手方の控訴があれば，被控訴人は第一審判決の自己に有利な変更の可能性のないまま応訴を余儀なくされ，かつ控訴人は控訴審の口頭弁論終結時まで請求の拡張を行うことが許されている以上（法297，143），独立の控訴権を失った被控訴人に全く不服申立てを許さないのは不公平である。そこで，自らの控訴権が消滅した被控訴人にも，控訴審で自己に有利な第一審判決変更の可能性を与え，当事者間の公平を図るとともに，むやみな控訴申立てを防止し，訴訟経済に資することを目的として設けられたのが附帯控訴の制度である。

(2) 附帯控訴の要件
　ア　相手方の提起した控訴の適法な係属があること
　　　附帯控訴は，控訴人により提起された主たる控訴の手続を利用して審理されるから，附帯控訴を提起するには，主たる控訴が提起され，現に係属中であることが必要である。
　　　ただし，双方がそれぞれ独立して控訴している場合に，一方が相手方の控訴に対して附帯控訴をなし得るかが問題となる[53]。
　　　自ら提起した控訴を取り下げた後でも，相手方の控訴が係属している場合は附帯控訴を提起することができる。
　イ　控訴審の口頭弁論終結前であること
　　　附帯控訴は，相手方の控訴提起後，口頭弁論終結時まで提起することができる[54][55]。
　　　弁論がいったん終結されても再開されたとき，また，上告審における破棄差戻し後の口頭弁論時においても附帯控訴の提起は可能である。
　ウ　被控訴人から控訴人に対してするものであること
　　　附帯控訴は，被控訴人から控訴人に対して提起するものでなければならない[56][57]。
　エ　附帯控訴権の放棄がないこと
　　　控訴権の放棄（法284）又は控訴期間の徒過により控訴権を喪失した場合でも，附帯控訴はできる。ただし，附帯控訴権をも放棄していると，もはや附帯控訴の提起はできない。

(3) 附帯控訴の性質
　　附帯控訴の本質が控訴であるか否かについては，かねてより議論がある。とりわけ，第一審で全部勝訴した当事者が附帯控訴によって訴えの変更や反訴の提起をなし得るかという問題と関連しているが，最高裁判所は，附帯控訴の性質については触れていないが，第一審の全部勝訴当事者も附帯控訴の方式により請求の拡張をすることができるとした（最判昭 32.12.13 民集 11-13-2143）[58]。
　　同様に，附帯控訴によって反訴を提起し，第一審判決で裁判されなかった事項につい

---

[53] このような場合は，それぞれ自らの控訴において，控訴理由の変更，請求の変更，反訴の提起など不服の限度を拡張すれば足りるので，附帯控訴はできないとする見解（菊井・村松Ⅲ94参照）と，法293条2項ただし書により提起しても差し支えないとする見解（注解(9)201参照）がある。
[54] 附帯控訴を取り下げるには，相手方の同意を必要とせず（最判昭 34.9.17 民集 13-11-1372），いったん取り下げても，口頭弁論終結に至るまでは，再び申し立てることができる（最判昭 38.12.27 民集 17-12-1838）。
[55] 附帯控訴は，本案の申立てであり，攻撃防御方法ではないから，時機に後れたものとして却下することはできない。ただし，附帯控訴により訴えの変更や反訴の提起がなされた場合に，訴えの変更や反訴としての要件を欠くときには，その面から不適法とされることがある。
[56] 通常共同訴訟で共同訴訟人の一部のみが控訴人又は被控訴人となった場合，その他の共同訴訟人は附帯控訴できない。その他の共同訴訟人については移審の効力が生じていないからである。
[57] 控訴人の訴訟代理人が通常の訴訟委任のほか控訴についての特別委任を受けている場合には，附帯控訴もできる（最判昭 43.11.15 判時 542-58）。
[58] 大審院の主たる判例は，附帯控訴の本質を控訴とし，控訴である以上不服がなければ申立てできないはずであり，それゆえに，第一審で全部勝訴した当事者は，附帯控訴による方法で請求の拡張はできないとしていた。もっとも，このような場合は，附帯控訴ではなく端的に訴えの変更ができると考えられていた。

て審判を求めることができる[59][60][61][62]。
(4) 附帯控訴の従属性
附帯控訴は，控訴の取下げがあったとき，又は不適法として控訴の却下があったときは，その効力を失う（法293Ⅱ）[63][64]。

(5) 独立附帯控訴
主たる控訴の取下げまたは却下があった場合でも，附帯控訴が独立の控訴の要件を備えていれば，独立の控訴として取り扱われる（法293Ⅱただし書）。これを**独立附帯控訴**という。

独立附帯控訴が，独立の控訴とみなされる要件は，控訴の要件と同一である。したがって，附帯控訴が被控訴人の控訴期間内に適法に提起されていなければならず，かつ，附帯控訴を提起した被控訴人が第一審判決に不服を有していなければならない。この不服は，控訴要件としての形式的不服であるから，全部勝訴の被控訴人が訴えの変更又は反訴の提起のため申し立てた附帯控訴は，独立の控訴に転化することはなく，主たる控訴の取下げ又は不適法却下により失効する。

独立附帯控訴が独立の控訴に転化した後，控訴人となった者がその控訴を取り下げることができることはもちろんである。

(6) 附帯控訴の方式
附帯控訴の手続は控訴の規定による。ただし，附帯控訴の提起は，附帯控訴状を控訴裁判所に提出してすることができる（法293Ⅲ）[65]。

法293条3項は，附帯控訴の手続について控訴に関する規定によるとしているが，これに対応する形で，規則178条は，附帯控訴について，控訴に関する規定を準用している[66]。

---

[59] 訴訟費用の裁判だけについての控訴はできない（法282）が，附帯控訴は許される。
[60] 第一審における離婚訴訟で全部勝訴の判決を受けた当事者でも，控訴審において附帯控訴の方式により新たに財産分与の申立てをすることができる（最判昭58．3．10判タ495-77）。
[61] 全部勝訴の判決を受けた原告は，附帯控訴の方式によりその請求について仮執行宣言の申立てをすることができる（大阪高判昭38.11.5下民14-11-2208）。
[62] 控訴人の訴訟代理人は，相手方の附帯控訴に対して当然に訴訟行為をする権限を有する（大判昭11．4．8民集15-610）。
[63] 附帯控訴は，通常，相手方が提起した控訴審手続を前提としているので，控訴につき本案の審判ができない場合，附帯控訴も効力を失うのである。
[64] 控訴の取下げに被控訴人の同意は不要なので，控訴人は，附帯控訴によって第一審判決よりも不利益な判決を受けるおそれがあれば，控訴取下げによりそれを免れることができる。
[65] 附帯控訴の提起は附帯控訴状の提出によりなされなければならない。控訴の提起は，控訴状を第一裁判所に提出してしなければならない（法286Ⅰ）が，附帯控訴は，その性質上，控訴審の審理が進んだ段階で提起されることもあるので，ただし書により控訴裁判所への提出が認められている。また，附帯控訴は判決の確定の有無とは直接関係しないので，附帯控訴状の提出先を第一審裁判所に限定する必要性はない。この点で控訴提起の場合とは異なる。
[66] これにより，規則のうち173条（控訴権の放棄），175条（攻撃防御方法を記載した控訴状），176条（控訴状却下命令に対する即時抗告），177条（控訴の取下げ），182条（第一審判決の取消事由等を記載した書面），183条（反論書）など控訴に関して実質的な内容を持つ規定が附帯控訴につき準用されることになる。

10 控訴審の審理

(1) 控訴審の構造

控訴審の構造としては，覆審制と事後審制というおおよそ二つの基本的な形がある[67]。

覆審制とは，第一審の審理とは無関係に，控訴審で新たに訴訟資料を収集し，これに基づき再度事件の審理をやり直し判決をする審理構造であり，事後審制とは，訴訟資料を原則として第一審のものに限定し，控訴審の役割をもっぱら第一審判決の当否に限定する審理構造である。

わが国の控訴審は，覆審制と事後審制の折衷形態としての続審構造をとっている。

> **続審制**……控訴審は第2の事実審として，第一審判決に対する当事者の不服主張の当否を審判するのに必要な範囲で，改めて事実認定と法律判断をし直すものであり，第一審の訴訟資料と控訴審で追加された訴訟資料とで，控訴審の弁論終結時において，第一審判決がなお維持できるか否かを検討する審理構造である。すなわち，第一審の続行としてその訴訟資料を引き継ぎ，更に新資料の提出も許し（更新権），請求についての審判を行う点では覆審的ではあるが，他方，第一審判決の存在を前提として，不服申立ての範囲内で第一審判決の当否の事後審査を行う点では，事後審的な性格を持つということができる。
>
> 控訴審で提出された訴訟資料を加え，これに基づき請求の当否を判断することによって，第一審判決の事実上及び法律上の過誤の是正を図ろうとするのである。

第一審で準備的口頭弁論を終了し，または弁論準備手続を終結した事件において，控訴審で新たな攻撃防御方法を提出した当事者は，相手方の要求があれば，第一審でこれを提出することができなかった理由を説明しなければならないとされ，書面による準備手続を経た事件でも同様の説明義務が課されている（法298Ⅱ）。

控訴審において新たな攻撃防御方法を提出する当事者が相手方の説明要求に応じて，第一審においてその攻撃防御方法を提出できなかった理由を説明しない場合には，時機に後れた攻撃防御方法として却下される可能性が生じており，このような点から考えると，民事訴訟法ではある程度の更新権の制限がなされているものといえる。

(2) 審理手続

ア 第一審手続の準用

控訴審の審理においては，続審制を採用していることから，原則として第一審手続の規定が準用される。ただし，法269条の規定はこの限りでない（法297）[68][69]。

---

[67] 控訴審の構造をどのようなものとして組み立てるかは，立法政策に属するものであり，審判対象を第一審判決の当否とするか請求の当否とするか，審判の基礎となる訴訟資料は新たに収集し直すか第一審の資料を使用するか等に関連して，いくつかの構造類型が考えられる。

[68] 控訴審の訴訟手続には，民事訴訟法第一編「総則」，及び第三編「上訴」第一章「控訴」の各規定が適用される。また，加えて，法297条により，第二編「第一審の訴訟手続」の諸規定も，特別の定めのない限り，控訴審手続に準用される。ただし，第二編「第一審の訴訟手続」のうち，第七章「大規模訴訟に関する特則」の中の法269条，及び，第八章「簡易裁判所の訴訟手続に関する特則」の全規定は，控訴審手続への準用の対象外とされている。第二編第八章が準用の対象となっていないのは，簡易裁判所が控訴裁判所となることがないからである。

[69] また，法269条が控訴審手続に準用されていないのは，①高等裁判所が控訴裁判所となる場合，及び，②地方

第2章 控　　訴

　　　第一審の訴訟手続の規定であっても，特別の定めがある場合には，控訴審手続には準用されない[70]。
　　　法261条，262条が準用されるので，控訴審においても訴えを取り下げることはできるが，法292条2項の規定により，訴えの取下げの擬制に関する法263条は，控訴の取下げの擬制についての規定として準用される[71]。
　　　二重起訴を禁じる法142条は，二重控訴に関する規定として準用される[72] [73]。
　　　訴えの変更は控訴審においてもできる（法297, 143）[74]。
　　　法297条で，控訴審の手続は原則として第一審手続の規定を準用していることに対応して，民事訴訟規則においても179条に同様の規定が置かれている[75]。
　　イ　反訴の提起
　　　反訴については，第一審手続の規定である法146条が準用されるが，法300条により相手方の同意が必要である旨の特別な定めがある[76] [77] [78]。

裁判所が控訴裁判所となる場合のいずれにおいても，合議体が5人の裁判官によって構成されることはないことを意味している。ただし書が，法269条の準用を除外する理由としては，①の場合には，通常，すでに争点等の整理及び証拠調べが行われた上で第一審判決がなされているため，高等裁判所で5人の裁判官を必要とする事態が考えられないこと，そして，②の場合には，原則として，訴額が140万円を超えない事件が扱われるため，5人の裁判官を必要とするほどの大規模訴訟とはならないと考えられることが挙げられている（一問一答332参照）。
[70] 例えば，控訴提起の方式については，法286条が適用されるため，訴え提起の方式に関する法133条は準用されない。
[71] 争点及び証拠の整理手続（第二編第二章第三節）諸規定も，法297条により，控訴審手続に準用される。手続の進行次第では，控訴審で新しい争点や証拠が提出され，控訴審での争点・証拠の整理手続が必要とされることも考えられるからである。
[72] 二重起訴の判断基準は，判決の同一性，変更申立ての範囲の同一性である。例えば，被参加人と補助参加人が同一判決に対して同一範囲の不服申立てをした場合，後の控訴が二重控訴となり，不適法として却下される（東京高判昭41.12.23判時478-59）。
[73] 不服を有する原告，被告の双方が，それぞれ控訴を提起する場合は，不服申立ての範囲が重なることはないので，二重控訴には当たらない。
[74] 新請求に関する相手方の審級の利益は，請求の基礎に変更がない限り（法143Ⅰ）害されることはないからである（最判昭29.2.26民集8-2-630）。
[75] 規則179条に規定されている「特別の定めがある場合」とは，例えば，53条3項（訴状の準備書面との兼用）に対する175条（攻撃防御方法を記載した控訴状），57条（訴状却下命令に対する即時抗告）に対する176条（控訴状却下命令に対する即時抗告），162条2項（訴えの取下げの通知）に対する177条2項（控訴の取下げの通知）等のことである。
[76] 控訴審でも，新請求の提起は，原則として訴えの変更，反訴の提起の方法で可能である。訴えの変更・反訴の提起による新請求は，第一審判決に対する不服申立て（控訴又は附帯控訴）の型式により主張される。
[77] 人事訴訟においては身分関係に関する争訟をできるだけ1回の訴訟手続によって解決し身分関係の早期の安定化を図る政策により，訴えの変更および反訴の要件は著しく緩和されている。すなわち，ある人事訴訟上の請求について訴訟が係属している場合，民訴法が通常の民事訴訟において訴えの変更および反訴について定めている要件（法143Ⅰ，146Ⅰ）の具備を要することなく，第一審または控訴審の口頭弁論の終結に至るまで，原告は請求を変更することができ，被告は反訴を提起することができる（人訴18）。控訴審における反訴の提起にも相手方の同意を要しない（人訴18による法300の適用除外）。また本来，反訴は本訴請求とは異なる請求について裁判所の裁判を求めるものでなければならないが，人事訴訟では25条2項により，被告は前訴において反訴によって裁判を求めることができた請求については原則として判決の確定後改めて訴えを提起することを失権させられるので，本訴請求と同一の請求についての反訴の提起も適法である。（松本博之著「人事訴訟法［第2版］」（弘文堂）153）
[78] 離婚の訴えの原因事実によって生じた損害賠償請求の反訴の提起及び離婚の訴えに附帯してする財産分与の申立てについての控訴審における相手方の同意についても，人事訴訟法18条の規定の趣旨により，これを要しないとする判例がある（最判平16.6.3判時1869-33）。

新訴の提起という点では反訴と同じである「訴えの変更」が控訴審においては自由であるのに，反訴には同意が必要とされているのは，それぞれの要件が異なる結果である[79][80][81]。
　　　相手方が異議を述べないで反訴の本案について弁論をしたときは，自ら審級の利益を放棄したものと考えられるから，反訴の提起に同意したものとみなされる（法300Ⅱ）。
　ウ　選定者にかかる請求の追加
　　　選定者にかかる請求の追加[82]は，「口頭弁論の終結に至るまで」することができる（法297，144Ⅰ，Ⅱ）が，控訴審でなされる場合は，相手方の同意を必要とする（法300Ⅲ）[83]。
(3)　審理の対象
　ア　不服の範囲
　　　控訴は不可分であって，控訴の提起によって，事件全体が控訴審に移審する（控訴不可分の原則）。そして，控訴審は，第一審判決の当否を審判して，控訴を認容する判決（第一審判決の取消し・自判，又は，同・差戻し）か控訴を棄却する判決をする。
　　　しかし，処分権主義を採用する民事訴訟の下では，控訴裁判所は，当事者の不服申立ての限度を超えて第一審判決の取消しおよび変更をすることは許されない（法304）。
　　　このように，控訴審の判決が，当事者の不服申立ての範囲内でのみ行われるため，控訴審における口頭弁論も，当事者が第一審判決の取消し・変更を求める限度，すなわち不服申立ての限度内でのみ行われることになる（法296Ⅰ）[84]。

---

[79] 訴えの変更においては，「請求の基礎の同一」（法143Ⅰ）がその要件とされており，これにより事実審理の範囲の同一性が保障されているため，同意なしにこれを認めても，被告は実質的に第一審を失うことはない。これに対し，反訴は，「請求又は防御の方法と関連」（法146Ⅰ）すればよいのであるから，訴訟資料，それによりなされる事実審理の範囲が必ずしも同一でなく，控訴審において無条件に反訴の提起を認めれば，新たな訴訟資料について反訴被告は，実質的に第一審としての審級の利益を失うおそれがある。そのため，特に相手方の同意が必要とされているのである。以上のような点から，反訴請求の当否を判断するのに必要と思われる訴訟資料が第一審で既に提出され審理されているような場合などは，反訴被告の審級の利益を害するおそれがないから，控訴審で反訴の提起がなされても相手方の同意は不要とする判例もある（最判昭38.2.21民集17-1-198）。
[80] 控訴審において当事者参加がなされた場合に，参加被告が反訴を提起するについては，相手方たる参加人の同意を要しない（最判昭52.10.14判時870-67）。参加が控訴審でなされているので，反訴の基本となる参加の訴えは，実質控訴審が第一審になると考えられるからである。
[81] 控訴審係属中の反訴の追加的変更は，相手方の同意を要しない（最判昭50.6.27判時785-61）。これは反訴の提起ではなく，訴えの変更の問題だからである。
[82] 原告又は被告と法30条1項に規定される共同の利益を有する第三者は，原告・被告間の訴訟係属中その原告又は被告を自己のためにも選定当事者に選定することができる（法30Ⅲ）が，この選定行為のみでは当然には第三者に関しての訴訟上の請求が提起されたことにはならない。選定は訴訟追行を授権する訴訟行為にすぎず，裁判所に訴訟上の請求を提示して審判を求める行為ではないからである。そこで，選定原告が，自分を原告に選定した第三者である選定者のために請求を追加し，又は，原告が，選定被告に対して，第三者である選定者にかかる請求を追加することについて規定しているのが法144条である。
[83] 選定者は，選定当事者と「共同の利益を有する」者ではあるが，控訴審における新たな主体の新請求の追加であるから，必ずしも第一審におけるのと同一の訴訟資料のみとは限らず，相手方の第一審における審級の利益を尊重するため，特に同意が必要とされるのである。
[84] この不服申立ての範囲は，控訴状の必要的記載事項ではない（法286Ⅱ）が，控訴審における審理の実質的構成部分であって，早期に明らかにされることにより，控訴審における審理が争点中心の充実したものとなる。そのため，控訴審における集中審理に利用するにつき，控訴状にその記載のないときは，控訴人は，控訴提起後50日以内に控訴理由書を控訴裁判所に提出しなければならないこと（規182）とし，他方，裁判長は，被控訴人に対

第2章 控　訴

イ　不服申立てのない範囲

控訴裁判所は，不服申立てのない部分に限り，申立てにより，決定で，仮執行宣言をすることができる（法294）。

控訴審の弁論の範囲は不服申立ての範囲に止まるが，控訴によって第一審判決の他の部分も確定が遮断されるため，勝訴した原告は，判決による早期の権利実現が困難となる。そのため，法294条が規定されている。

第一審判決における不服申立てのない部分については，早期に執行力を与えることが，第一審判決で勝訴した者の利益にかなうとともに，第一審判決での敗訴者の利益を別段害することもないからである[85][86]。

法294条における申立てについての要件は次のとおりである[87]。

① 仮執行宣言の申立てが，第一審判決中の不服申立てのない部分についてなされており，かつ，請求が仮執行に適した財産上の請求であること（法259）

② 控訴審の終局判決がなされるまでに，当事者による申立てがなされていること

法294条の要件を満たした申立てがなされると，控訴審は，口頭弁論を経ずに決定で，無条件の仮執行宣言を付与しなければならない[88]。

仮執行の裁判は付随的な裁判であり，それは，本案判決を変更する判決の言渡しにより，変更の限度においてその効力を失う（法260Ⅰ）のであるから，控訴審がした仮執行に関する裁判に対して，独立して不服を申し立てることを許す必要はない（法295）。

仮執行に関する控訴審の裁判[89]のうち，法294条の申立てを却下する決定に対しては，即時抗告による不服申立てが認められている（法295ただし書）[90]。

ウ　口頭弁論が行われる範囲

先に述べたように，控訴審において口頭弁論が行われる範囲は，不服申立ての範囲内に限られる。第一審判決には様々な形態があり，それぞれについて控訴審で行われ

して，控訴理由書に対する反論書の提出を命ずることができる（規183）とされている。

[85] もっとも，不服申立ての拡張や附帯控訴の提起などによって，不服が申し立てられた範囲は変動するため，最終的には，不服申立ての範囲は，控訴審の口頭弁論終結時を基準として判断される。したがって，法294条は，仮執行宣言を求める申立てがなされた時点において，未だ不服申立てのなされていない部分につき，無条件の仮執行宣言を付すことを認めた規定ということになる。

[86] 法294条による仮執行宣言が付された後であっても，不服申立ての範囲の拡張は妨げられないが，それによって仮執行宣言の効力が当然に消滅するわけではない。ただし，第一審判決における敗訴当事者は，不服申立て範囲の拡張とともに法403条により執行停止の申立てをすることができる。

[87] その他に，第一審判決に無条件の仮執行宣言が付されていないことが要件とされるか否かについては，第一審判決に，担保の条件付きあるいは仮執行免脱宣言がついている場合に，控訴審が無条件の仮執行宣言に変更することができるかどうかということと関連して肯定説と否定説に見解が分かれている。

[88] 申立て時に不服申立てがなくても，決定のときに不服申立てがあれば，決定をすることができない。

[89] 仮執行に関する控訴審の裁判とは，法294条の仮執行の申立てを却下する決定を除いた，仮執行について控訴審でなされるすべての裁判を意味する。すなわち，①第一審判決中の仮執行宣言又はその申立てを却下した裁判に対する不服申立てについて，本案の裁判前に独立してする裁判，②本案判決とともになされる，第一審裁判所がした仮執行宣言に対する不服申立てに関する裁判，③控訴審で当事者がした仮執行宣言の申立てを認容し又は却下する裁判，④仮執行宣言の変更に関する裁判，⑤仮執行宣言の申立てを却下した裁判などが挙げられる。

[90] もっとも，高等裁判所の決定に対する不服申立ての方法は，特別抗告（法336）又は許可抗告（法337）に限られるため，この規定は，地方裁判所が控訴審である場合に適用されることになる。

る口頭弁論の範囲もまた様々である。
(ｱ)　第一審における請求が単一であって，その一部のみにつき控訴が申し立てられた場合

　不服申立てのない部分は審判の対象とならないが，不服申立ての部分を審判するに際し，不服申立てのない部分の審理が必要な場合には，その審理をすることが許される。

　例えば，1000万円の損害賠償請求につき賠償されるべき損害額を800万円と認定して第一審判決がなされ，原告が控訴提起をした場合，不服申立ての範囲は第一審判決で原告の請求が棄却された200万円の部分である。

　しかし，被告が第一審で損害賠償請求権の成立自体を争っていたような場合は，控訴審でも損害賠償請求権の発生が控訴審の審理の対象となり，1000万円についての損害賠償請求権の成立についての口頭弁論が行われることになる。残り200万円についての損害の存否だけが口頭弁論の範囲となるわけではない。

(ｲ)　第一審で複数の請求が単純併合され，すべての請求の判断を含む全部判決がされた場合

　第一審判決の個数は1個と解される（通説）から，第一審判決のうちの一つの請求について不服申立てがなされれば，全部の請求が控訴審に移審する。しかし，後日に不服部分の拡張申立てがなされない限り，口頭弁論が行われる範囲は当初の不服申立て部分に限定される。

　例えば，第一審判決で貸金請求と売買代金請求が単純併合され，全部認容判決がなされたが，被告が売買代金請求についてのみ控訴提起をした場合，控訴不可分の原則によりすべての請求，この場合であれば貸金請求と売買代金請求の両方が控訴審に移審する。しかし，控訴審における口頭弁論は，売買代金請求についてだけ行われ，貸金請求については行われない。

(ｳ)　第一審で本訴と反訴が同時に判決された場合

　判例（大判昭6．3．31民集10-178）は，判決の個数を1個としているから，本訴あるいは反訴部分についてのみ不服申立てがなされた場合でも，本訴と反訴全部の部分が控訴審に移審する。

　しかし，口頭弁論が行われる範囲は，他方部分の不服申立てがなされない限り，当初の不服申立て部分に限定される。

(ｴ)　第一審が選択的に併合された請求の一つについて判決をした場合

　1個の全部判決であるから，請求棄却判決に対して原告が控訴提起をしたときは，請求の全部が控訴審に移審する。

　請求認容判決に対して被告が控訴提起したときも，同様に請求の全部が控訴審に移審する。この場合，第一審で裁判されなかった他の請求も控訴審の審理の対象となる（最判昭58．4．14判時1131-81）。請求の全部が移審するため，控訴審においても選択的併合の形態が維持されているからである。

　控訴審において，一つの請求を認容した第一審判決が不当であると判断された場

合，第一審で裁判されなかった他の請求について口頭弁論で審理することになる。
(オ) 第一審で予備的請求があった場合

主位的請求を認容した第一審判決に対し被告が控訴提起し，控訴審が主位的請求に理由がないと判断した場合，原告の附帯控訴がなくても予備的請求は控訴審で審理することになる。請求の全部が移審し，控訴審においても予備的併合の形態が維持されているからである。

主位的請求を棄却し，予備的請求を認容した第一審判決に対し，原告だけが控訴提起した場合，主位的請求のみが不服申立ての対象となるので，控訴審の口頭弁論は主位的請求についてのみ行われる。

主位的請求を棄却し，予備的請求を認容した第一審判決に対し，被告だけが控訴提起し，原告が控訴も附帯控訴も提起しなかった場合，控訴審の口頭弁論の範囲は，予備的請求を認容した部分の当否に限られ，原告からの不服申立てがない限り主位的請求について審理判断することはできない（最判昭 58.3.22 判時 1074-55）。これに対しては，原告からの不服申立てがなくても主位的請求認容判決ができるとする見解も存在する[91]。

主位的請求及び予備的請求のいずれも棄却した第一審判決に対し原告が控訴提起した場合，全部の請求が控訴審に移審し，控訴審では予備的併合の形態が維持されるため，主位的請求及び予備的請求の両方が控訴審で口頭弁論を行う範囲となる。

(カ) 通常共同訴訟の場合

共同訴訟人のうち一人がした控訴の提起は，他の共同訴訟人に効果を及ぼさないから，控訴審で口頭弁論を行う範囲は，控訴提起者とその相手方との間の請求のみとなる。

(キ) 必要的共同訴訟の場合

共同訴訟人の一人が控訴提起をすれば，全員に対する関係で判決の確定が遮断され，当該訴訟は全体として控訴審に移審すると解することができる。

共同訴訟人の一部の者がした訴訟行為は，全員の利益においてのみ効力を生じるとされているが（法 40 I），控訴は控訴審に対し第一審判決の敗訴部分の是正を求める行為であり，一般的に他の共同訴訟人に利益となる行為とみられ，さらに，合一確定の要請にもかなうからである。したがって，このような場合は，全部が控訴審で口頭弁論を行う範囲となる。

(ク) 同時審判の申出がある共同訴訟の場合

訴訟の形態としては通常共同訴訟と同じなので，共同被告の一方又はこれに対する控訴審の提起は，その当事者間の訴訟についてのみが口頭弁論を行う範囲となる。

例えば，原告甲が，被告乙1及び乙2を共同被告とする第一審における訴訟で同時審判の申出をし，第一審判決で乙1に敗訴，乙2に勝訴した場合，甲が乙1を相手方として控訴を提起してもその効力は乙2には及ばない。しかし，乙2もまた甲

---

[91] 講座民訴(7)15 参照。

を相手方として控訴を提起し,両事件が同一の控訴裁判所に各別に係属したときは,控訴裁判所は両事件の弁論及び裁判を当然に併合してしなければならない(法41Ⅲ)。

(ケ) 第一審で独立当事者参加がなされた場合

独立当事者参加訴訟において敗訴者の一人だけが控訴した場合,三当事者間の全請求が控訴審に移審し,控訴審の審理の対象となる(最判昭43.4.12民集22-4-877,最判昭50.3.13民集29-3-233)。

この判例によれば,法47条は,三当事者間の紛争を矛盾なく統一的に解決するという要請のための規定であるから,そのような要請,つまり当該訴訟の合一確定に必要な限度で,控訴をせず,しかも控訴の相手方ともされなかった他の敗訴者の請求も,控訴審での審理及び判断の対象となる。

この判例の立場に対して,原則として他の敗訴者の請求は,控訴審での審理及び判断の対象とならないという見解もある。

(コ) 非訟事件としての性格を有する場合

非訟事件としての性格を有する事件の場合,裁判所は当事者の申立てに拘束されないから,控訴審で口頭弁論を行う範囲も不服申立ての範囲に限定されない。

境界確定訴訟のように,非訟事件の性格を持つ訴えについて,裁判所は,当事者の不服申立ての範囲にとらわれずに審判することができるとしている(最判昭38.10.15民集17-9-1220)。

したがって,控訴審での口頭弁論も,不服申立ての範囲に限定されることはない。

(4) 控訴審の弁論-続審制と集中審理

控訴審の口頭弁論は,第一審の口頭弁論の続行として行われる。当事者は,第一審に現れた一切の訴訟資料を控訴審に提出しなければならず(法296),第一審においてした訴訟行為は控訴審においてもその効力を有する(法298)。そして,これを前提にしつつ,当事者は更に新たな攻撃防御方法を提出することができる。

ただし,第一審における争点中心集中審理の実効性を確保するため,控訴審における攻撃防御方法等の提出につき規制が加えられている。

すなわち,第一審において争点整理手続を経ている場合には,当事者は,攻撃防御方法の追加提出に関する説明義務(法167,174,178)の負担を覚悟しなければならないし(法298Ⅱ,規180),また,裁判長は,当事者の意見を聴いて,攻撃防御方法等の提出等の期間を設定することができ(法301,請求の追加等を含む一切の申立て行為が対象とされている。),この期間経過後に提出をする当事者は,期間内に提出できなかった理由を,裁判所に対して説明しなければならない(法301,規181)。加えて,控訴審においても,事案と争点の性質及び手続選択の必要に応じ,適宜,争点整理手続を利用して,控訴審における争点の把握を行うこととなる。

11 控訴審の裁判

控訴審で審理が尽くされると,終局判決がなされる。控訴審の判決は多様であり,その判決主文も様々である。そのすべてをここで取り上げることはできないが,判決の種類や

第2章 控　　訴

判決主文は，控訴の趣旨等を検討する場合にも必要となるので，以下参考として，判決主文を例示する[92]。

(1) 控訴却下判決

第一審裁判所が法287条により却下しなかった場合で，控訴が不適法でその不備を補正することができないときには，控訴裁判所が，口頭弁論を経ないで，判決で，控訴を却下できる（法290）[93][94]。

法290条にいう「不備を補正することができない」とは，控訴期間経過後の控訴，控訴権放棄後の控訴，第一審で全部勝訴した当事者からの控訴，中間判決，手形又は小切手判決や少額訴訟の判決に対する控訴などである[95]。

控訴不適法却下判決は，控訴審の終局判決であるので，これに対して上告ができる。

法290条により，口頭弁論を経ずして不適法却下する場合，あらかじめ当事者にその言渡期日の日時を通知する必要はない（規156ただし書）[96]。

附帯控訴は，不適法として控訴の却下があったときは，その効力を失う。ただし，独立附帯控訴とみなされた場合はこの限りではない（法293Ⅱ）。

却下判決は，その上告期間の経過したときに確定する。

控訴却下判決の主文例は【主文例1】のとおりである。

【主文例1】

本件控訴を却下する。
控訴費用は控訴人の負担とする。

---

[92] 判決については，迅速な言渡しを可能にするため，控訴審の判決書又はこれに代わる調書における事実及び理由の記載は，第一審の判決書又はこれに代わる調書を引用してすることができる（規184）。控訴審は続審であって，第一審の口頭弁論の結果は控訴審において必ず陳述される（法296Ⅱ）から，控訴審の判決書等の事実及び理由，特に，事実の記載は，第一審の判決書と重複する部分が必ずあることになる。規則184条は，このような重複部分について，第一審の判決書等の引用を認めて，迅速な判決の言渡しができるようにするための規定である。当事者は，第一審の判決書の正本等の送達を受けているし，仮に，上告があっても，上告審へ送付される訴訟記録には第一審の判決書等が添付されているから，当事者も上告裁判所も，控訴裁判所の認定判断の理解をする面で支障はないことになる。

[93] 控訴状の提出は，必ず第一審裁判所にするものとし（法286Ⅰ），第一審裁判所は控訴状の提出を受け，控訴が不適法でその不備を補正できないことが明らかな場合には，決定で控訴を却下しなければならず，この決定に対しては即時抗告ができる（法287Ⅰ，Ⅱ）。法290条は，第一審裁判所が法287条によって却下しなかった，又は却下できなかった場合に，控訴が不適法でその不備を補正できないときには，控訴裁判所が，口頭弁論を経ないで，判決で，控訴を却下できるとする。もちろん，第一審の不適法却下判決に対する控訴の場合で，控訴要件の欠缺が補正不能なときは，法290条の適用がある。

[94] 法87条によれば，本来，訴訟において判決をする場合には，「特別の定めがある場合」を除いて口頭弁論を開かなければならない。しかし，補正不能な要件の不備がある場合に口頭弁論を開かないで不適法却下判決をすることは，被控訴人はもちろん，控訴人に対しても何らの特別の不利益を与えることではないし，口頭弁論を開くこと自体が時間，経費，労力の点で不経済である。これらのことから，法290条は，口頭弁論を開かないで不適法却下判決ができるとされているのであり，必要的口頭弁論について規定されている法87条における「特別の定めがある場合」に当たる。

[95] 控訴要件の欠缺の補正不能が明白でないときは，当事者の弁明を聞くため，口頭弁論を開くべきであろう。

[96] 条解326の（注4）参照。

(2) 控訴棄却判決

ア 控訴の棄却

　　第一審判決が正当で，控訴又は附帯控訴による不服申立てを理由がないとする場合には，控訴裁判所は，控訴又は附帯控訴を棄却しなければならない（法302Ⅰ）[97]。

　　第一審判決がその理由ではその判断を正当とすることができないが，他の理由によれば正当として是認することができる場合，例えば，第一審の証拠評価に誤りがあるが控訴審で新たに提出された資料を加えれば第一審判決の認定を支持できるときや，第一審の法律解釈に誤りがあるが，控訴審が正当とする別の解釈によっても主文に変動がないときにも，控訴を棄却しなければならない（法302Ⅱ）[98] [99] [100]。

　　控訴棄却判決の確定によって第一審判決が確定するが，その既判力の標準時は，控訴審の口頭弁論終結時である。

　　控訴棄却判決の主文例は【主文例2】のとおりである。

【主文例2】

本件控訴を棄却する。
控訴費用は控訴人の負担とする。

イ 控訴権の濫用に対する制裁

　　控訴裁判所は，法302条1項の規定により控訴を棄却する場合において，控訴が訴訟の完結を遅延させることのみを目的として提起されたと認めるときは，控訴人に対し，控訴の提起の手数料として納付すべき金額の10倍以下の金銭の納付を命ずることができる。この裁判は，判決の主文に掲げなければならない（法303Ⅰ，Ⅱ）[101]。

　　法303条により，制裁を科するには，①控訴が理由なしとして棄却されること，②訴訟の完結を遅延させることのみを目的として控訴を提起することを要する[102] [103]。

---

[97] 第一審判決が訴訟判決であっても，同様に控訴棄却判決をするべきである（最判昭34.6.16民集13-6-718）。訴えを不適法として却下する第一審判決に対する控訴においては，第一審が訴えを却下したことの当否が本案になるわけであり，控訴審が第一審の判断を是認する場合には，控訴棄却となるのである。

[98] 確定判決は，主文に包含するものに限り，既判力を包含する（法114Ⅰ）から，判決理由中の判断について既判力は生じないし，既判力の生じない判決理由の相違は，当事者に不利益を与えないからである。

[99] ただし，相殺の抗弁についての判断には既判力が生じる（法114Ⅱ）から，これについての判断が第一審判決と控訴審判決とで異なる場合には，結論は同じであっても第一審判決を取り消して改めて請求につき判断しなければならないという考え方，控訴棄却でよいとする考え方など見解は分かれている（注解(9)273参照）。

[100] 控訴審において，訴えの変更により新訴が係属した場合，あるいは，請求の予備的又は選択的併合において第一審で容認したのとは別個の請求を控訴審で認める場合には，たとえ主文の文言が同一でも，控訴棄却の判決をすべきではなく，原判決を取り消して，新たに別個の請求につき判断する判決をすべきである（最判昭32.2.28民集11-2-374）。

[101] 敗訴当事者は，第一審判決の誤りを正すためでなく，上訴の確定遮断・移審の効力を利用して，判決の確定（したがって，その効力の発生）を妨害し，訴訟遅延を得るために控訴をすることがある。濫控訴がなされると，訴訟が遅延し，相手方である被控訴人が不利益を蒙るだけでなく，裁判の権威と信用を失墜させ，国費の濫費を生じ，第一審を弱化させる弊害をもたらすことは否定できない。法303条は，このような判決確定の引延ばしのための理由の分からない控訴を防止するために，民事上の制裁を科そうとするものである。

[102] 法302条2項による棄却の場合には，法303条の適用はない。

[103] 訴訟引延ばしの目的の有無を認定することには困難が伴う。控訴提起の当初に濫控訴を区別することは容易

金銭納付の命令は，裁判所が職権で行い，判決主文に記載される。その性質は決定であるが，これは民事上の過料であって，刑事罰ではない。

金銭納付の裁判は付随的裁判であるから，これだけに対して独立に上告はできない。この裁判は，本案判決を変更する裁判の言渡しにより当然に失効する（法303Ⅲ）。この裁判の確定により，これを執行力ある債務名義として，検察官の命令により執行することができる（法303Ⅴ）。

控訴権の濫用に対する制裁の裁判についての主文例は【主文例3】のとおりである。

【主文例3】

本件控訴を棄却する。
控訴費用は控訴人の負担とする。
控訴人は金〇〇円を国庫に納付せよ。

---

(3) 控訴認容判決

ア 第一審判決の取消し

(ア) 第一審判決が不当である場合

控訴裁判所は，第一審判決を不当とするときは，これを取り消さなければならない（法305）。

控訴審は第一審の続審であり，新資料の提出が許されるから，第一審判決の当否は，控訴審の口頭弁論終結時を基準として判断されるのであり，控訴提起時や第一審の口頭弁論終結時ではない。したがって，第一審の資料だけからすれば第一審判決が正当であっても，控訴審で新たな主張立証の結果，第一審判決の判断が不当とされることもある。

(イ) 第一審判決の手続が法律に違反した場合

第一審の判決の手続が法律に違反したときは，控訴裁判所は，第一審判決を取り消さなければならない（法306）[104]。

判決の手続が法律に違反した場合とは次のような場合をいう。
◇ 裁判官の交替があったのに，弁論更新手続を行わず，したがって，基本たる口頭弁論に関与しなかった裁判官が評決に加わった場合（最判昭33.11.4民集12-15-3247）

でないからである。結局は，控訴審における当事者の訴訟活動を事後的，客観的に判断するほかはない。特に，平成8年の改正以前の民事訴訟法においては，控訴理由書の提出を強制しておらず，裁判所が，「訴訟引延ばしの目的」の存在を察知することは非常に困難であった。現行の民事訴訟法の制定により，攻撃防御方法の提出等の期間が裁定期間として定められ（法301），規則182条により第一審判決の取消事由等を記載した書面の提出が強制されたので，濫控訴についての当事者の意図の認定が，比較的容易になったと考えられる。

[104] 取消事由となる判決手続の法律違背に当たらないとされた事例は次のとおりである。判決の言渡しが除斥原因のある裁判官によってされた場合（大判昭5.12.18民集9-1140），被告不出頭の期日に手形訴訟から通常手続に移行し，弁論を終結したが，通常手続移行の通知を被告にしないまま判決が言い渡された場合（最判昭53.5.1判時895-73），下級裁判所の裁判事務分配規程上，担当とされていない裁判官が判決言渡手続を行った場合（最判昭49.11.29判時780-42）。

> ◇ 判決の事実摘示に訴訟記録を引用した場合（東京高判昭 28.9.19 東高時 4-4-128）
> ◇ 判決言渡調書に裁判長の捺印を欠くとき（大判昭 7.2.9 民集 11-243）
> ◇ 判決言渡期日の指定も告知もなしに，判決を言い渡した場合（最判昭 27.11.18 民集 6-10-991）
> ◇ 判決言渡期日として指定された日より 2 日前に判決を言い渡した場合（福岡高判平 2.12.25 判タ 779-275）
> ◇ 裁判官の署名のない判決原本に基づいて判決言渡しがされた場合（大判昭 11.11.27 民集 15-2102）
> ◇ 弁論終結前に判決原本が作成され言渡しがないのに正本が送達された場合（大阪高判昭 33.12.9 下民 9-12-2412）
> ◇ 判決原本に裁判長の捺印を欠く場合（東京高判昭 8.12.18 評論 23-民訴-26）
> ◇ 一人の裁判官により審理されていた事件の判決原本の署名捺印が当該裁判官転補後行われた場合（最判昭 48.4.26 裁集民 109-225）
> ◇ 判決言渡期日の口頭弁論調書に言渡しに関与した裁判長の氏名の記載を欠く場合（最判昭 55.9.11 民集 34-5-737）

ここにいう判決の手続とは，訴えの提起から判決の言渡しに至る第一審手続全体をいうのではなく，その一部である判決の成立・言渡しの手続を意味している[105]。

判決の手続が法律に違背するかどうかは，職権調査事項であるから，それに当たる場合には，控訴裁判所は必ず第一審判決を取り消さなければならない。

取消し後，自判するか差し戻すかは控訴裁判所の裁量である（法308Ⅰ）。

自判する場合，第一審判決の主文と同じ内容であっても，改めて同じ内容の判決を言い渡すことになる。

イ　利益・不利益変更禁止の原則

第一審判決の取消し及び変更は，不服申立ての限度においてのみ，これをすることができる（法304）。

控訴の提起によって，事件は控訴審に係属し（移審の効力），控訴裁判所は，第一審判決の当否について審理を行うが，控訴裁判所が具体的に審判することができるのは，職権調査事項に属するものを除き，控訴又は附帯控訴をした当事者が申し立てている不服の範囲に限られ，その限度を超えて第一審判決を不利益に変更したり，利益に変更することは許されない（**利益・不利益変更禁止の原則**）[106]。

---

[105] 判決は，基本たる口頭弁論に関与した裁判官がその判断内容を決定し（合議体においては評決により決定），それによって判決原本が作成され，この原本に基づいて公開の法廷で言い渡されることによって，対外的に成立し効力を生じる（法250, 252, 憲82）。法306条の判決手続は，この判決自体の成立過程に関するもののみを指し，判決の成立手続と判決言渡手続のことをいう（大判昭15.12.24民集19-2402）。

[106] 民事訴訟法においては，当事者の申立てがない事項について判断することはできず（処分権主義，法246），控訴審もその例外ではないが，控訴審の場合は，控訴又は附帯控訴の申立てを通して第一審判決の当否を判断することとなる関係上，法246条とは別に法304条が設けられている。法304条には，当事者の不服申立ての範囲を超えて，第一審判決よりも有利な裁判をすることはできない（利益変更の禁止）とあるが，これは，法246条と

第2章　控　　訴

　　控訴提起によって生ずる確定遮断及び移審の効力と控訴審の審判の対象（範囲）については，次元が異なっており，それぞれその範囲とする部分が異なっている場合があるので，注意しなければならない。

> 　不利益変更禁止の点から考えると次のようになる。
> ◇　請求を一部棄却した第一審判決に対して原告だけが控訴した場合，控訴審は，請求の全部を理由なしと考えても，控訴を棄却するだけであって，第一審判決の原告勝訴部分を取り消して請求全部を棄却することはできない。
> ◇　本訴・反訴ともに請求棄却の第一審判決に対して原告だけが控訴している場合，控訴審は，本訴及び反訴の両方を認容すべきだと判断しても，反訴部分について第一審判決を取り消して反訴請求を認容することはできない。
> ◇　主位的請求を棄却し，予備的請求を認容した第一審判決に対して被告のみが控訴した場合，原告からの控訴または附帯控訴がない以上，主位的請求に関する部分を変更することは許されない（最判昭58.3.22判時1074-55）。これについては反対する見解もある[107]。
> ◇　主位的請求認容の第一審判決に対して被告が控訴した場合，第一審判決を不当と判断した控訴審が，控訴を理由ありとして第一審判決を取り消し，予備的請求を認容することは不利益変更禁止の原則には抵触しない（大判昭11.12.18民集15-2266）。主位的請求が棄却されることによって，予備的請求が当然に審理・判決の対象となるからである。
> ◇　選択的併合の場合，一方の請求の一部認容判決に対して被告のみが控訴し，控訴審が右請求を全部棄却すべきであると判断したときは，原告の控訴や附帯控訴がなくても，他方の請求についても審理判断すべきである（最判昭58.4.14判時1131-81）。
> ◇　訴え却下の第一審判決に対して原告が控訴し，控訴審が訴えそのものは適法であるが請求は理由がないと判断した場合，訴え却下の判決より請求棄却の判決の方が原告にとって不利益であるから，不利益変更禁止の原則により，第一審判決を取り消して請求棄却の本案判決をすることは許されない（大判昭15.8.3民集19-1284）。これに対して本案の請求棄却判決を認める見解もある[108]。
> ◇　境界確定訴訟において，控訴審が，第一審判決が定めた境界線を正当でないと判断したときは，第一審判決を変更して正当と判断する境界線を定めるべきであり，その結果が実際上控訴人にとって不利であり，附帯控訴をしていない被控訴人に

同趣旨であり，第一審判決の一部について不服が申し立てられている場合に，控訴審が，不服申立てのない他の部分の判断が不当であると考えても，その部分を変更することはできない，ということである。例えば，一部敗訴の判決に対し，原告だけが控訴した場合，控訴審は，全部理由なしとする判決をすることはできないし，被告だけの控訴に対し第一審が被告に支払を命じた金額以上の支払を命ずることはできない。これらのことは処分権主義・弁論主義に根拠を置くから，職権調査事項である訴訟要件の欠缺，重要な訴訟手続の違反を理由として第一審判決を取り消す場合には，不利益変更の禁止の適用はない。

107　講座民訴(7)15参照。
108　注解(9)293参照。

> 有利であっても，不利益変更禁止の原則の適用はない（最判昭38.10.15民集17-9-1220）。境界確定訴訟が非訟事件の性質を持つ形式的形成訴訟であることに基づく例外といえる。
> ◇ 離婚訴訟に附帯して財産分与の申立てがされた場合，裁判所は，申立人の主張に拘束されることなく，自らその相当と認めるところに従って定めることができ，不利益変更禁止の原則の適用はない（最判平2.7.20民集44-5-975）。
> ◇ 原告甲の被告乙及び丙に対する訴えが固有必要的共同訴訟であるにもかかわらず，甲の乙に対する請求を認容し，甲の丙に対する請求を棄却するという趣旨の判決がされた場合には，上訴審は，甲が上訴又は附帯上訴をしていないときであっても，合一確定に必要な限度で，上記判決のうち丙に関する部分を，丙に不利益に変更することができる（最判平22.3.16民集64-2-498）。

ウ 自判

第一審判決を取り消すと，原告の訴えに対する応答が失われるため，控訴審が訴えに対する応答をする必要が生じる。その態様は，①控訴審が原告の請求につき裁判する（自判），②自判せずに事件を第一審裁判所に差し戻す（法307,308Ⅰ），③自判せずに事件を管轄裁判所に移送する（法309）のいずれかである。

控訴審は，事実審であり，判決をするのに必要な主張事実の認定を自ら行うことができるので，第一審判決を取り消したときは，自判をするのが原則である[109]。

この控訴審判決が確定すれば，不服のなかった部分も確定する。しかし，この控訴審判決に対して上告がなされれば，不服申立てのなかった部分も原則として確定せず，上告審に移審する。

(7) 控訴の全部に理由がある場合

　a 原告（被控訴人）の請求を全部認容した第一審判決を不当として請求の全部を棄却する場合

判決の主文例は【主文例4】のとおりとなる。

> 【主文例4】
>
> 原判決を取り消す。
> 被控訴人の請求を棄却する。
> 訴訟費用は第一，二審とも被控訴人の負担とする。

なお，訴訟費用については，上級の裁判所が本案の裁判を変更する場合には，訴訟の総費用について，その負担の裁判をしなければならない（法67Ⅱ）とされているので，第一審判決の一部でも取り消された場合は，控訴裁判所は，改めて

---

[109] 控訴審が第一審判決を取り消し自判する場合は，控訴審判決の主文において，第一審判決の不当な部分を取り消した上で，その部分につき新たになすべき判断の結論を記載し，残余の部分については控訴を棄却することになる。しかし，実務上は「原判決を次のとおり変更する」と記載し，改めて請求についての判断を記載する取扱いがなされている。

訴訟の総費用につき負担者と負担割合を定めなければならない。
b 原告（控訴人）の請求を全部棄却した第一審判決を不当として請求の全部を認容する場合
判決の主文例は【主文例5】のとおりとなる。

【主文例5】

原判決を取り消す。
被控訴人は，控訴人に対し，金〇〇円を支払え。
訴訟費用は第一，二審とも被控訴人の負担とする。

---

c 第一審において原告の請求が一部認容，一部棄却された後，被告から控訴が提起され，審理の結果，原告（被控訴人）の請求の全部を棄却する場合
この場合，第一審判決で原告の請求が一部棄却されているので，控訴審では第一審判決における原告の勝訴部分の請求のみを棄却する判決となる。
判決の主文例は【主文例6】のとおりとなる。

【主文例6】

原判決中控訴人敗訴部分を取り消す。
被控訴人の請求を棄却する。
訴訟費用は第一，二審とも被控訴人の負担とする。

---

d 第一審において原告の請求が一部認容，一部棄却され，原告から控訴がなされた場合
例として，原告の被告に対する貸金債権1000万円の請求に対し，
「被告は，原告に対し，金750万円を支払え。
　原告のその余の請求を棄却する。
　訴訟費用はこれを四分し，その一を原告の負担とし，その余を被告の負担とする。」
という第一審判決がなされたと仮定する。
この場合，第一審判決で原告の請求が一部認容されているから，控訴審が原告の控訴提起に理由があると判断した場合，控訴審では第一審判決における原告の敗訴部分の請求のみ認容する判決となる。
判決の主文例は【主文例7】のようになる。

【主文例7】

原判決中控訴人敗訴部分を取り消す。
被控訴人は，控訴人に対し，金250万円を支払え。
訴訟費用は第一，二審とも被控訴人の負担とする。

本例のような場合，後述の「原判決を次のとおり変更する」という型式が用いられる場合もある。
(イ) 控訴の一部に理由がある場合

第一審判決の一部が正当で，一部が不当である場合，不当な一部のみを取り消すべきであるが，通常実務においては「原判決を次のとおり変更する」と判示されている。

前記(ア)のdにおける貸金債権1000万円を例にする。

第一審で

「被告は，原告に対し，金1000万円を支払え。
　訴訟費用は被告の負担とする。」

という判決がなされ，これに対して被告が控訴し，控訴審で1000万円の請求のうち，700万円は理由があるが，残り300万円については貸金債権を認める理由がないと判断した場合，判決の主文例は【主文例8】のとおりとなる。

【主文例8】

原判決を次のとおり変更する。
控訴人は，被控訴人に対し，金700万円を支払え。
被控訴人のその余の請求を棄却する。
≪訴訟費用の負担≫

第一審判決で原告が請求の全部を棄却されたため控訴し，控訴審がその請求のうち一部を相当，一部を不当とした場合の判決主文例も【主文例8】のとおりとなる。
(ウ) 第一審判決の複数の原告又は被告のうちの一部から控訴が提起された場合

例えば，通常共同訴訟の被告が複数の事件において，第一審判決で原告の請求が全部認容され，共同訴訟人である被告のうち一人だけが控訴し，控訴審で控訴人の控訴につき理由があると判断した場合，判決の主文例は【主文例9】のとおりとなる。

【主文例9】

原判決中控訴人に関する部分を取り消す。
被控訴人の控訴人に対する請求を棄却する。
≪訴訟費用の負担≫

(エ) 第一審が一つの判決で本訴と反訴を判断している場合

この場合，いずれか一方の請求についての第一審判決に対して控訴が提起されたときには，全請求が控訴審に移審する。しかし，他方部分の不服申立てがなされない限り，控訴審判決は当初の不服申立て部分に限定される。

例えば，第一審判決で，原告（反訴被告）からの本訴請求が認容され，被告（反訴原告）からの反訴請求が棄却されたので，被告（反訴原告）から控訴の提起があり，控訴審で審理した結果，本訴請求の全部が不当で，反訴請求の全部が相当であると判断した場合，その主文例は【主文例10】のとおりとなる。

> 【主文例10】
>
> 　原判決を取り消す。
> 　被控訴人の本訴請求を棄却する。
> 　控訴人の反訴請求に基づき，被控訴人は，控訴人に対し，金〇〇円を支払え。
> 　訴訟費用は，第一，二審を通じ，本訴反訴とも被控訴人の負担とする。

(オ)　第一審の当事者双方から控訴が提起された場合

　この場合は双方の控訴につき判断をする。

　例えば，第一審において原告の請求が一部認容，一部棄却され，原告と被告双方から控訴がなされ，控訴審で審理した結果，請求の全部を不当とする判断がなされた場合，判決の主文例は【主文例11】のとおりとなる。

　実務では，一審原告，一審被告の名称を用いて主文を記載する場合が多い。

> 【主文例11】
>
> 　原判決中一審被告敗訴部分を取り消す。
> 　一審原告の請求を棄却する。
> 　一審原告の本件控訴を棄却する。
> 　訴訟費用は第一，二審とも一審原告の負担とする。

　控訴事件が2件ある場合は，事件ごとに主文を記載する場合もある。

　第一審で弁論が分離され，2個の判決（うち一つは原告の請求全部認容，もう一つは原告の請求全部棄却）後，当事者双方から控訴がなされ，控訴審で併合して審理した結果，請求の全部を不当とする判断がなされた場合，判決の主文例は【主文例12】のとおりとなる。（便宜上，原告からの控訴事件を平成〇年（ネ）第1号事件，被告からの控訴事件を平成〇年（ネ）第2号事件とする。）

> 【主文例12】
>
> 平成○年（ネ）第2号事件について
> 　原判決を取り消す。
> 　被控訴人の請求を棄却する。
> 　訴訟費用は第一，二審とも被控訴人の負担とする。
> 平成○年（ネ）第1号事件について
> 　本件控訴を棄却する。
> 　控訴費用は控訴人の負担とする。

(カ)　控訴並びに附帯控訴が提起された場合

　この場合は，控訴と附帯控訴両方についての判断をすることになる。

　例えば，控訴審が，控訴，附帯控訴のどちらも理由がないとして棄却する場合，判決の主文例は【主文例13】のとおりとなる。

> 【主文例13】
>
> 　本件控訴および附帯控訴は，いずれもこれを棄却する。
> 　控訴費用は控訴人（附帯被控訴人）の，附帯控訴費用は被控訴人（附帯控訴人）の各負担とする。

　例えば，第一審判決が一部認容判決で，被告が控訴を提起，原告が附帯控訴を提起し，控訴審が被告の控訴を不当，原告の附帯控訴を相当と判断した場合，判決の主文例は【主文例14】のとおりとなる。

> 【主文例14】
>
> 　控訴人（附帯被控訴人）の本件控訴を棄却する。
> 　附帯控訴に基づき，原判決中被控訴人（附帯控訴人）敗訴の部分を取り消す。
> 　控訴人（附帯被控訴人）は，被控訴人（附帯控訴人）に対し，金○○円を支払え。
> 　訴訟費用は第一，二審とも控訴人（附帯被控訴人）の負担とする。

エ　差戻判決
(ｱ)　必要的差戻し

　　第一審判決が訴えを不適法として却下した場合に、控訴裁判所がこれを取り消すときは、原則として事件を第一審に差し戻さなければならない（法307）。これを**必要的差戻し**という[110] [111] [112]。

　　控訴裁判所が事件を第一審裁判所へ差し戻す際は、判決主文において、原判決の取消しと事件の第一審裁判所への差戻しを併せて宣言する[113]。

　　控訴裁判所は、事件につき更に弁論をする必要がないとしたときは、事件を第一審裁判所に差し戻す必要はない（法307ただし書）。

　　事件につき更に弁論する必要がないときとは、実質的に第一審についての審級の利益を害さない場合である[114]。

　　差戻しは当然に原裁判所になされ、他の同等裁判所へ差し戻すことはない。ただし、第一審が専属管轄違反を看過し、他の理由で却下判決をした場合で、却下理由を不当として取り消す場合は、専属管轄裁判所へ移送しなければならない（法309）。

　　差戻判決は中間判決ではなく終局判決であるから、これに対しては上告することができる。

　　差戻し後の第一審手続は、従前の第一審手続の続行である。第一審裁判所は、訴えを適法なものとして、本案の審理をしなければならない。従前の訴訟手続は、控訴裁判所が違法として取り消していない限り、効力を持続している[115]。

　　控訴審の取消し理由となった事実上、法律上の判断は、差戻し後の第一審裁判所を拘束する（裁4）。ただし、新しい訴訟資料が提出され、判断の基礎が変われば、差戻判決の拘束力は失われ、再び不適法却下判決が言い渡されることもある。

　　差戻し後の第一審判決に対して再度の控訴があった場合、その控訴審は、前に自己がなした取消し理由の判断に覊束される。

---

[110] 裁判所は訴えが不適法でその不備を補正することができないときは、訴え却下の判決をすることができる（法140）。この訴え却下の判決を訴訟判決という。
[111] 第一審裁判所は、訴えが訴訟要件を欠いていると認めたときは、理論的には請求の当否についての審理判断に立ち入ることなく訴え却下の判決をすべきである。そこで、控訴裁判所が第一審の訴訟判決は不当であるとしてこれを取り消す場合に、自ら請求の当否について本案判決をすることになると、本案について第一審の審理が全く欠落し、審級の利益を奪う結果となるので、原則として事件を第一審に差し戻さなければならないこととしているのである（最判昭37.12.25民集16-12-2465）。訴訟要件を欠いている場合とは、当事者適格の欠缺、訴訟能力の欠缺、確認の利益の欠缺、訴えの利益の欠缺（最判昭42.3.31民集21-2-516）等が挙げられる。
[112] 訴えの取下げ又は裁判上の和解を有効とし、本案についての審理判断をせず訴訟終了宣言をした第一審判決を取り消す場合については、法307条の準用により第一審に差し戻すべきか否かについて議論がある。
[113] 事件が不可分である場合には、原判決の全部を取り消して、事件全体を第一審裁判所へ差し戻すことになる。
[114] すなわち、第一審が訴えを不適法であるとしながら、本案についても審理判断し、仮定的に請求棄却の主文を掲げているか又は判決理由中で本案について判断を示している場合（最判昭58.3.31判タ495-75）、当該請求自体について判示していなくても、併合請求との関連で当該請求についての実体的審理が十分尽くされ、これについて実体的判断が示されているとみられる場合（最判昭60.12.17判時1184-59）、第一審の訴訟判決は不当であるが、本案の請求が理由のないことが明白である場合等は、差戻しの必要はない。
[115] 従前の第一審でなされた中間的裁判は、終局判決とともに取り消されていなければ、自らした裁判であるからそれに覊束される。

(イ) 任意的差戻し

控訴裁判所は，第一審の本案判決を取り消す場合に，事件につき更に弁論をする必要があると認めたときは，事件を第一審に差し戻すことができる（法308Ⅰ）[116]。

> 次のような場合には，控訴裁判所は第一審裁判所へ事件を差し戻すことになろう。
> a　判断の不当
> 　◇　第一審が法律の解釈適用又は法律構成を誤ったため，本来ならば必要とされる争点についての攻撃防御が第一審で尽くされていない場合
> 　◇　第一審が請求の原因だけを審理して請求を棄却したところ，控訴審は請求の原因は存在するので数額についての審理が必要と判断した場合
> 　◇　第一審が訴えの変更を許さず，請求を棄却したのに対して，訴えの変更を適法と解する控訴審が，新訴についての審理を必要と判断した場合
> 　◇　擬制自白を認めて被告の敗訴判決がなされたが，被告の弁論期日の不出頭が，その責に帰する事由に当たらない場合
> b　第一審の訴訟手続の違反
> 　訴訟手続の一部である判決手続を除いては，訴訟手続の法律違反があっても，第一審判決を常に取り消さなければならないわけではない（法306）。差戻しの必要がある場合にだけ取り消せばよい。
> 　◇　第一審判決が請求の大半につき裁判を脱漏した場合（東京高判昭56.12.10判タ464-101）
> 　◇　第一審が違法な受継申立てを許容し，当事者を誤認して判決した場合（大阪高判昭38.11.12高民16-8-679）
> 　◇　被告死亡による訴訟手続中断中になされた欠席判決の場合（東京高判昭41.10.31下民17-9～10-1038）
> 　◇　被告会社代表者の代表権限の欠缺を看過してなされた判決の場合（最判昭45.12.15民集24-13-2072）
> 　◇　第一審の弁論が理由もなく非公開でなされた場合
> c　第一審判決に手続違反がある場合
> 　控訴裁判所は第一審判決を取り消さなければならない（法306）が，差し戻すか否かは法308条の基準により判断される。
> 　◇　未だ言い渡さない判決を送達した場合
> 　◇　基本たる口頭弁論に関与しない裁判官が加わって判決した場合（最判昭25.9.15民集4-9-395）

---

[116] 法307条の場合以外で，第一審判決の判断が不当な場合や第一審の判決手続が違法な場合に第一審判決を取り消すときは，事件を差し戻すか自判するかは控訴裁判所の裁量にゆだねられている（最判昭55.12.9判時992-49）。その区別の基準は，事件につき更に弁論を必要とするかどうかであるが，結局法307条と同様に自判したのでは当事者の審級の利益を奪う結果となるかどうかを考慮して決すべきである。

> ◇ 基本たる口頭弁論に関与した裁判官により判決されたとはいえない場合（最判平 11．2．25 裁集民 191-407）
> ◇ 判決言渡調書に裁判長の捺印を欠くとき（大判昭 7．2．9 民集 11-243）
> ◇ 判決原本に裁判官の署名捺印がない場合
> ◇ 弁論終結前に判決原本が作成され言渡しがないのに正本が送達された場合（大阪高判昭 33．12．9 下民 9-12-2412）

　以上に差し戻される一例を掲げたが，差戻しは具体的事件の事情により決定される（最判昭 55．12．9 判時 992-49）。したがって，同一の訴訟手続の違反があっても，差戻しの要否は，個々の事情によって異なることがあり得る。

> 以下は差し戻すことを要しないとした判例である。
> ◇ 第一審の証拠調べの手続の違反があるが，それをやり直した場合（大判明 36．7．7 民録 9-902）
> ◇ 基本たる口頭弁論に関与しない裁判官が判決に署名した場合（最判昭 46．6．29 判時 635-110）
> ◇ 基本たる口頭弁論に関与しない裁判官によってなされたことを理由に，第一審判決を取り消すべきであるが，当事者が違法を争わないことを合意したなどの事情がある場合（福岡高判昭 54．1．22 判タ 384-133）
> ◇ 呼出を受けた被告が第1回口頭弁論期日に欠席し，その後第2回口頭弁論期日，判決言渡期日の呼出状を送達されていないが，控訴審が十分な審理を尽くしている場合（最判昭 29．4．27 裁集民 13-685）
> ◇ 被告甲に関する第一審手続が，代理権のない共同被告乙の選任した訴訟代理人によって追行された場合でも，乙の代理権の有無について，本案と関連して控訴審で十分な審理がなされた場合（東京高判昭 42.10.26 判時 507-34）
> ◇ 控訴審が第一審の訴訟代理人に代理権の授与がなかったとして第一審判決を取り消す場合（東京高判昭 45．5．25 東高時 21-5-101）

　第一審裁判所の訴訟手続に違法な点があっても，審級の利益を奪うほど重要な瑕疵でなければ，控訴審は，その訴訟手続を除外したり，やり直したりして審理を進めることができ，その結果第一審判決が相当であると判断すれば控訴を棄却することになる。

　差戻判決は終局判決であるから上告ができる。

　第一審裁判所における訴訟手続が法律に違反したことを理由として事件を差し戻したときは，その訴訟手続は，これによって取り消されたものとみなす（法 308Ⅱ）[117]。

---

[117] 例えば，当事者に期日の告知をせずに証拠調べをしたため，その期日の証拠調べが違法であるとして控訴審から差し戻された場合，第一審は，その証拠調べを取り消さなくても，取り消したものとみなされる。

差戻し後の第一審手続は，差戻し取消しの理由となった控訴審の訴訟手続違反の判断に拘束されるから（裁4），違反と指摘された同一手続を繰り返すことは許されず，違反した手続をやり直すか除去して手続を進行しなければならない[118]。

控訴審で審理した結果，法307条又は308条により，事件を第一審裁判所へ差し戻すことになった場合，判決の主文例は【主文例15】のとおりとなる[119]。

【主文例15】

原判決を取り消す。
本件を○○地方裁判所に差し戻す。

オ　専属管轄違背に基づく移送
　(ｱ)　第一審の任意管轄違い

控訴審においては，当事者は，第一審裁判所が管轄権を有しないことを主張することができない（法299Ⅰ本文）。ただし，専属管轄（当事者が法11条の規定により合意で定めたものを除く。）については，この限りでない（法299Ⅰただし書。なお，法299Ⅱにより，特許権等に関する訴えの専属管轄（法6Ⅰ）違反については，法299Ⅰただし書は適用されない。）[120][121][122]。

法299条1項は，事物管轄及び土地管轄の管轄違いについて適用される。

専属管轄は，専ら公益上の理由から規定され，当事者の任意処分は許されないから，当事者が第一審で専属管轄違いの抗弁を提出したか否かを問わず，また第一審が被告の専属管轄違いの抗弁を排斥した場合でも，控訴審は職権で違反の有無について調査しなければならない。

なお，専属的合意管轄は，法299条1項ただし書の適用対象から除かれている。

　(ｲ)　専属管轄違背に基づく移送

---

[118] 差戻し後の第一審手続は，その続行であって，控訴審の手続の続行ではないので，不利益変更禁止の原則が働かず，控訴人にとって原判決より不利益な判決になる可能性がある。
[119] 地方裁判所の支部で第一審判決がなされ，控訴審が差戻判決をする場合，第一審判決をなした地方裁判所の支部へ差し戻すことになるかどうかという問題がある。控訴審が取り消した第一審判決に関与した裁判官が，事件差戻し後の第一審の審理や判決に関与できるかどうかについては，上告審が破棄差戻判決をした場合のような特別の規定（法325Ⅳ）はない。よって，支部へ差し戻しても法文上の問題はない。関与するかしないかは，第一審裁判所の裁判事務分配規程に従って定まることになる。ただし，控訴審が支部へ事件を差し戻した場合，当該地方裁判所における裁判事務分配規程において第一審判決をなした裁判官が関与できない定めになっていると，支部によっては裁判官の新しい構成ができないこともある。よって，控訴審は，支部が第一審裁判所である場合でも，当該支部を管轄する本庁へ事件を差し戻すことになろう。
[120] 法299条1項は，第一審裁判所が管轄権があるものとして判決している場合，任意管轄違いを理由に不服申立てを認めると，第一審の審判を徒労に終わらせることから，訴訟経済の観点から考え，控訴審で管轄権について争うことを禁じたものである（最判昭23.9.30民集2-10-360）。
[121] 第一審で被告が管轄違いの抗弁を提出し排斥されたか，その抗弁が提出されず，管轄を問題にしないで本案判決がなされたかを問わず，当事者はもはや控訴審で第一審の管轄権を争うことはできない（大判昭18.2.16法学12-797）。
[122] 第一審が管轄ありと判断した事由は問わない。よって，第一審が誤って合意管轄，応訴管轄を認めた場合や法7条による併合請求の裁判籍を認めた場合でも適用される。

控訴裁判所は，事件が管轄違いであることを理由として第一審判決を取り消すときは，判決で，事件を管轄裁判所に移送しなければならない（法309）[123]。

控訴審が専属管轄違反の第一審判決を取り消した場合，事件を第一審裁判所に差し戻し，そこから管轄違いとして専属管轄裁判所に移送すべきであるが，その迂遠な経路を省略し，控訴審から直接第一審の専属管轄裁判所へ移送を認めたのである。

任意管轄の違背は控訴審で主張することができないので（法299Ⅰ），法309条は専属管轄違背の場合にのみ適用される[124] [125]。

専属管轄違反かどうかは職権調査事項である。

法309条により第一審判決が取り消されたときは，法308条2項の類推により，従前の第一審裁判所での訴訟手続は，全部取り消されたものと解すべきである。

控訴審で審理した結果，法309条により，事件を専属管轄を有する第一審裁判所へ直接移送することになった場合，判決の主文例は【主文例16】のとおりとなる。

【主文例16】

原判決を取り消す。
本件を○○地方裁判所に移送する。

---

(4) 控訴審における審理範囲の変動と判決

ア 請求の減縮があった場合

原告が第一審で勝訴判決を得たのちに控訴審で請求の一部を減縮した場合，請求減縮の性質をどうみるか（訴えの一部取下げか請求の一部放棄か）にかかわりなく，減縮部分は当然に訴訟係属を失い，第一審判決はその限度で失効する（最判昭24.11.8民集3-11-495）。したがって，控訴は，第一審判決中その減縮のあった部分以外に対するものとなるから，減縮された部分以外の部分の第一審判決を相当とする場合，控訴は棄却されることになる。

しかし，控訴棄却の判決がなされた場合，債務名義となるのは第一審判決であるから（大判昭16.4.16民集20-486），控訴審判決主文において，第一審判決主文に表示された請求権の範囲に変動があった旨を明示し，執行の範囲を明確にすることが，執行の便宜上望ましい。

もっとも，実務においては，必ずしも定型化されておらず，①単に「本件控訴を棄却する」とだけ記載するもの，②「控訴棄却」としながら注意的に「原判決を次のと

---

[123] 支部でなされた第一審判決を取り消して事件を本庁に送るのは，移送ではなく差戻しである。支部も手続上は当該第一審裁判所の一部であり，その事務取扱いに関する定めは本庁との間の内部的な事務分配の定めにすぎないからである。

[124] 専属管轄は，適正・迅速の公益的要請から法定され，裁判所も当事者もこれを動かすことはできず，その違反は絶対的上告理由（法312Ⅱ②の2，③）にもなっている。

[125] 高等裁判所が第一審の専属管轄裁判所であるもの（例えば，公選203Ⅰ，204）について，その下級裁判所である地方裁判所に誤って訴えが提起され，訴えを不適法とした地方裁判所の却下判決に対して高等裁判所へ控訴が提起された場合，高等裁判所は移送をせず，ただちに第一審裁判所として審判をすればよい（最判昭26.2.20民集5-3-94）。

おり変更する」としたもの，③単に「原判決を次のとおり変更する」として減縮された請求を認容する主文を掲げたもの，④「原判決は請求の減縮により次のとおり変更された」として，減縮された請求を掲げるものなどがあり，取扱いは一貫していない。

被控訴人が控訴審で請求の減縮をし，控訴審が減縮後の残余の部分につき控訴を不当として，請求の減縮を控訴審判決主文において記載した上で控訴を棄却する場合，上記④の型式によれば，判決の主文例は【主文例17】のとおりとなる。

> 【主文例17】
>
> 本件控訴を棄却する。
> 原判決は請求の減縮により次のとおり変更された。
> 控訴人は，被控訴人に対し，金〇〇円を支払え。
> ≪訴訟費用の負担≫

【主文例17】の場合，主文中の金額は，減縮後の残余の部分となる。

イ 請求の拡張（訴えの追加的変更）があった場合

控訴審での請求の拡張は，法143条の要件があれば，相手方の同意なしで訴えの変更の型式で行うことができる（法297, 143）。

拡張された請求部分は，新訴の提起であり，第一審の判断を経ていないから，必ず控訴審判決主文で新たな判断をしなければならない[126]。

第一審で原告が全部勝訴している場合，請求の変更だけを理由とする控訴はできないが，被告が控訴を提起した場合は，附帯控訴により請求の拡張をすることができる。

第一審で全部勝訴した原告が，被告の控訴に附帯して控訴審で請求を拡張したところ，拡張前の請求及び拡張後の請求が，共に不当とされ，控訴が理由ありとなった場合，判決の主文例は【主文例18】のとおりとなる。

> 【主文例18】
>
> 原判決を取り消す。
> 　被控訴人（附帯控訴人）の（従来の）請求および附帯控訴により当審で
> 拡張された請求を，いずれも棄却する。
> 　訴訟費用は第一，二審とも被控訴人（附帯控訴人）の負担とする。

第一審で全部敗訴した原告が，控訴審で請求を拡張したが，従前の請求（旧訴）及び拡張後の請求（新訴）のいずれも不当とされ，控訴は理由なしとなった場合，判決の主文例は【主文例19】のとおりとなる。

---

[126] 請求の拡張がなされた場合は，請求の併合が生じるが，旧訴についての第一審判決主文と新訴の結論が同一になるとき，法302条2項の場合と同様に控訴棄却の判決をしてよいかどうかにつき，判例は，旧訴の請求棄却の第一審判決に対する控訴が理由なく，新訴も請求棄却すべきであるとの判断に達しても，単に控訴棄却をすべきでなく，第一審判決に対する控訴を棄却し，新訴の請求を棄却すべきであるとしている（最判昭31.12.20民集10-12-1573）。

> 【主文例 19】
>
> 本件控訴を棄却する。
> 控訴人の当審で拡張した請求を棄却する。
> ≪訴訟費用の負担≫

　原告敗訴の第一審判決に対し，原告が控訴を提起し，控訴審で予備的請求を追加したとき，その部分については控訴裁判所が第一審として判断することになるが，従来の主位的請求を認容すべきときは，予備的請求について判断する必要はない。
　よって，予備的請求について判断するのは，主位的請求が認容されない場合である。
　原告敗訴の第一審判決に対し，原告が控訴を提起し，控訴審で予備的請求を追加したとき，控訴審が主位的請求については第一審判決が正当であり，予備的請求については理由がないとした場合，主位的請求については控訴棄却，予備的請求については請求棄却の裁判をすることになる。
　この場合，判決の主文例は【主文例 20】のとおりとなる。

> 【主文例 20】
>
> 本件控訴を棄却する。
> 控訴人の当審における予備的請求を棄却する。
> 控訴費用は控訴人の負担とする。

　原告敗訴の第一審判決に対し，原告が控訴を提起し，控訴審で予備的請求を追加したところ，主位的請求は不当であるが，予備的請求は理由があると控訴審が判断した場合，判決の主文例は【主文例 21】のとおりとなる[127]。

> 【主文例 21】
>
> 本件控訴を棄却する。
> 被控訴人は，控訴人に対し，金〇〇円を支払え。
> ≪訴訟費用の負担≫

　主位的請求を認容した第一審判決を控訴審が不当とするときは，第一審判決を取り消して主位的請求を棄却した上，予備的請求を認容するか棄却するかを主文で判断すべきである[128]。

---

[127] 【主文例 21】の場合，主文第 2 項が予備的請求部分となる。
[128] 控訴審が予備的請求を認容するときに，その結論が主位的請求に対する第一審判決主文の文言と同一であっても，控訴棄却の裁判をするべきではなく，第一審判決を取り消し，主位的請求を棄却し，予備的請求を認容する裁判をするべきである（最判昭 43．3．7 民集 22-3-529）。

ウ　訴えの交換的変更があった場合

控訴審で訴えの交換的変更がなされた場合は，旧訴が取り下げられたから，これについて控訴審は判断を要せず，新訴について裁判をすることになる[129]。

エ　予備的，選択的併合請求につき，併合態様が変更されたため認容の請求に変更を生じた場合

原告が控訴審において，第一審で認容された請求を予備請求に変更し，別個の請求を主位的請求とした場合，訴えの交換的変更と異なり，併合態様の変更では予備的地位に引き下げられた請求も訴訟係属が消滅することはない。

しかし，変更された主位的請求が認容されれば予備的地位に引き下げられた請求については裁判を要しなくなるのであるから，訴えの交換的変更の場合と同じく，この請求についてなされた第一審判決は，併合態様の変更とともにその審判をなすべき基盤を失い，当然に失効すると解してよく，この場合，控訴審の裁判においては第一審判決を取り消す必要はない。

請求の選択的併合の場合，第一審で認容された請求が控訴審において予備的請求に改められた場合においても，同様である[130]。

(5) 複雑な訴訟形態の場合と判決

ア　訴訟の承継があった場合

一審の敗訴当事者に訴訟の承継があった場合は，承継に応じて勝訴当事者から請求の趣旨訂正の申立てがなされるのが通常であるが，このような場合，控訴審が第一審判決を正当としてこれを維持するときは，単に控訴棄却の判決をするだけでなく，第一審が認容した請求について，承継当事者に相応する主文を掲げなくてはならない（最判昭47．6．2民集26-5-957）。

第一審判決の敗訴者である被告乙が第一審判決後死亡し，乙の長男乙1，次男乙2が乙の地位を承継したので，第一審判決を正当とする控訴審が，第一審判決を維持するとともに，新当事者に対応するよう第一審判決を変更した場合，判決の主文例は【主文例22】のとおりとなる。

---

[129] この場合，認容する新訴についての主文の文言が，第一審判決主文の文言と一致する場合であっても，控訴を棄却すべきではなく，控訴審判決の主文に請求認容の第一審判決主文と同旨の文言を掲げるべきである（最判昭32．2．28民集11-2-374）。

[130] 第一審では甲乙両請求が選択的に併合されたため，甲請求のみ認容されたが，控訴審では乙請求を主位的請求，甲請求を予備的請求とすることに併合態様が変更されたため，乙請求のみを認容する場合には，甲請求を認容した第一審判決は，当然に失効するものと解すべきであるから，これを取り消すことを要しない（最判昭39．4．7民集18-4-520）。この判例と同じ事案において，控訴審が主位的請求に改められた乙請求を棄却し，予備的請求とされた甲請求を認容する場合，乙請求は第一審で判断されていないから，控訴審は改めて乙請求を棄却する旨の裁判をしなければならないが，その裁判の言渡しとともに，甲請求を認容した第一審判決の当否が審判の対象として顕在化することになるから，被告の控訴は理由なしとして控訴棄却の裁判を同時にすることになる。第一審では甲乙両請求が予備的関係で併合され，主位的請求である甲請求が認容された場合，控訴審で併合の態様が変更され，乙請求が主位的請求，甲請求が予備的請求に改められ，控訴審が乙請求を棄却して甲請求を認容するときも同様である。

第2章 控　　訴

【主文例22】

本件控訴を棄却する。
原判決主文第一項を次のとおり変更する。
控訴人乙1，同乙2は，被控訴人に対し，……の建物を収去して……の土地を明渡せ。
≪訴訟費用の負担≫

イ　選定当事者を選んだ場合
　　控訴審で選定当事者が選ばれた場合，実質上第一審と同一の判断をすべきときにも，単に控訴棄却の判決をすべきではなく，第一審判決を変更して，選定当事者と相手方との間になすべき判決としての主文を改めて掲げることになる。
ウ　独立当事者参加の場合
　　控訴審において法47条の参加がなされると，審判の対象は在来の当事者間になされた第一審判決の当否と，参加人の請求の当否であって，合一確定訴訟となるが，第一審の当事者の一方が脱退した場合には，脱退者に対する関係では，訴訟は判決によらず終了したことになるから，控訴審では，当事者参加人と本訴の残存当事者との間の請求だけを判断すればよく，控訴棄却，あるいは第一審判決取消しの主文を掲げる余地はなくなる。

(6)　その他の判決
　ア　手形（小切手）判決異議後の終局判決に対する控訴判決
　　手形訴訟の終局判決に対しては，直接に控訴を提起することはできない（法356）。
　　例外的に控訴が許されるのは，一般訴訟要件の欠缺を理由として訴えを却下した判決に対してのみである（法356ただし書）。
　　手形訴訟の終局判決に対する異議申立て後の通常手続で敗訴した当事者は，異議後の終局判決に対し，控訴を提起することができる（法356，281）[131]。
　　控訴審が第一審における終局判決を相当とすべきときは，控訴棄却の判決をすることになり，通常訴訟の場合と同じである。
　　控訴審が第一審における終局判決を取り消し自判する場合は，まず第一審における終局判決を取り消すとともに，通常訴訟手続の審理裁判をする第一審裁判所に代わって，自ら手形訴訟の終局判決の認可又は取消し等の判決をすることになる。
　　控訴審が，異議後の通常手続における終局判決，手形訴訟における終局判決の両判決を取り消し自判する場合，判決の主文例は【主文例23】のとおりとなる。

---

[131] この場合の控訴は，控訴の一般原則が適用されることになるが，異議申立て後の通常手続（第一審手続）において，手形訴訟の終局判決を認可し，又は取り消した後の再度の終局判決に対する控訴である点で特殊性を帯びる。控訴は，直接的には第一審判決に対する不服申立てであるけれども，控訴審が自ら判決をするに当たって念頭に置くべき終局判決は，手形訴訟の終局判決と第一審における終局判決の2個である。

> 【主文例23】
>
> 　原判決および○○地方裁判所が同裁判所平成○年（手ワ）第○号約束手形金請求事件につき平成○年○月○日言渡した手形判決を取り消す。
> 　被控訴人の請求を棄却する。
> 　訴訟費用は第一，二審および手形訴訟分とも被控訴人の負担とする。

　　イ　境界確定訴訟及び共有物分割訴訟の控訴判決

　　　境界確定訴訟は形式的形成訴訟であり，非訟事件としての性格を有するため，裁判所は，原告の主張する境界線に拘束されず，また，当事者の主張しない境界線を確定しても法246条違反とはならないとするのが判例（最判昭38.10.15民集17-9-1220)・通説の見解である[132]。

　　　境界確定訴訟については，不利益変更禁止の規定は適用されないから（前記最判昭38.10.15），控訴審は，第一審判決を不当とすれば，これを変更して，自ら正当とする境界線を自由に確定することができる。附帯控訴がなくても控訴人に不利益に第一審判決を変更することもできる。

(7)　控訴審判決における仮執行宣言

　　　控訴裁判所は，金銭の支払の請求（法259Ⅱの請求を除く。）に関する判決については，申立てがあるときは，不必要と認める場合を除き，担保を立てないで仮執行をすることができる旨の宣言をしなければならない。ただし，控訴裁判所が相当と認めるときは，担保の提供を条件として仮執行の宣言をすることができる（法310）[133]。

　　　法310条を適用する際の要件は，①控訴裁判所において金銭の支払を命ずる判決に限ること，②当事者の申立てがあることである。

　　　申立ての際の手数料は，不要である。

(8)　仮執行宣言の執行及び原状回復等

　　　仮執行宣言は，その宣言又は本案判決を変更する判決の言渡しにより，変更の限度においてその効力を失う（法260Ⅰ）[134]。

　　　仮執行宣言が効力を失えば，将来的にこれに基づく執行はできない。第一審の仮執行宣言付判決に執行文を付与することはできないし，仮執行宣言を取り消す判決正本を執

---

[132] 共有物分割訴訟についても同様である。

[133] 仮執行宣言は，勝訴者の権利の早期実現という利益と敗訴者の上訴による確定遮断の利益との調和を図ることを目的として，未確定の終局判決に執行力を付与するものである。控訴裁判所における金銭の支払を求める請求を認容する判決は，第一審と控訴審の審理を経てされるものであるから，早期の満足を得させる必要性が大きいものである上，万一誤った執行がなされた場合でも，金銭給付に関する原状回復は比較的容易であることなどから，原則的に無担保で仮執行宣言を付すことが適当であるとされ，法310条が現行民事訴訟法の制定の際に設けられたのである。

[134] 仮執行宣言は，本案判決に対する控訴があっても，当然にその効力を失うことはない。控訴審で仮執行宣言のみを変更する判決の言渡し又は第一審の本案判決を変更する判決の言渡しによりその効力を失うのである。ただし，担保を条件としていたのを無条件としたり，担保の金額を減額したような場合は，法260条1項でいう「変更」には該当しない。

行機関に提出すれば，執行機関はそれまで行っていた執行を停止するだけでなく（民執39Ⅰ①），執行処分を取り消さなければならない（民執40）。

　第一審の本案判決が控訴審で全部又は一部変更されると，その判決が確定せず，あるいはその判決に仮執行宣言が付されていなくても，言渡しによって第一審判決の仮執行宣言はその範囲で効力を失う[135]。

　本案判決を変更する場合には，裁判所は，被告の申立てにより，その判決において，仮執行宣言に基づき被告が給付したものの返還（原状回復）及び仮執行により又はこれを免れるため被告が受けた損害の賠償を原告に命じなければならない（法260Ⅱ）[136][137][138]。

　被告の申立ては訴えの一種であり，本案を審理している控訴裁判所に対して，口頭弁論終結前に申し立てなければならない。

　申立てについての審理は，本案の審理と同時になされ，判決も同時になされる。

12　上告審からの差戻し又は移送

(1)　趣　旨

　上告裁判所は，上告に理由があり原判決を維持できないと判断し，裁判のためにさらに事実整理を必要とするときは，事件を原裁判所に差し戻すか，原裁判所と同等の他の裁判所に移送しなければならない（法325Ⅰ，Ⅱ）[139]。

(2)　全部破棄と一部破棄

　上告審の終局判決に対しては不服申立ての方法がないから，判決はその言渡しと同時に確定する。高等裁判所が上告審としてなした終局判決に対しては特別上告をすることができるが（法327Ⅰ），特別上告をしても確定は遮断されない（法116Ⅱ）。

> 以下は差戻審における審理の範囲である。
> ◇　1個又は数個の請求についてなされた1個の判決の全部に対して上告の申立てがなされた場合で，1個又は数個の請求の一部の判断についてのみ破棄理由があるときは，当該部分につき原判決の破棄差戻しをし，その余の部分の上告を棄却することになる。この場合，上告審判決の言渡しと同時に，原判決のうち上告棄却の部分は確定する。

---

[135] 控訴審で第一審判決を取り消し，自判するときや原裁判所へ差戻し又は他の裁判所へ移送するときも，本案判決の変更に含まれる。

[136] 本来，仮執行宣言付判決に基づく強制執行を認めるのは，本案判決がそのまま確定することを条件としているのであるから，本案判決が変更されたときは，仮執行の結果をそのまま維持させることは許されない。そのため原告に給付を受けたものの返還を命ずることにしたのである。

[137] この原状回復の法的性質につき，斎藤秀夫・小室直人・西村宏一・林屋礼二編著「注解民事訴訟法(5)〔第2版〕」40は，「実体上の権利はいまだ確定しているのではないから，厳密な意味では民法の不当利得とはいえないが，これに類する実体上の原状回復義務を認めたものである。」とする。

[138] 控訴審が本案判決を変更しない場合は，法260条2項の申立てに対する裁判をする必要はない（最判昭51. 11. 25判時837-41）。

[139] 上告審の終局判決には上告棄却と原判決破棄の場合があるが，原判決を破棄する場合のうち，事件を原裁判所に差し戻し又はこれと同等の他の裁判所に移送するときについて規定したのが法325条である。事件を差し戻すか移送するかは上告審の裁量に属し，当事者の申立ては必要としない。

◇ 1個又は数個の請求についてなされた1個の判決の一部についてのみ上告の申立てがなされた場合で，上告の申立てがなされた部分について原判決破棄差戻しの判決がなされたときは，上告の申立てがなされなかった部分（上告審に移審はしている。）についての原判決は確定するものと解すべきである。

例えば，主位的請求を棄却し，予備的請求を認容した原判決に対し，被告のみが上告し，原告が上告も附帯上告もしない場合，原判決のうち主位的請求にかかる部分は原則として上告審の調査の対象とならず，原判決のうち予備的請求にかかる部分の判断に破棄理由があるときは，上告審は，この部分のみを破棄の対象とするのであり，その結果，上告審判決の言渡しと同時に，原判決のうち主位的請求を棄却した部分は確定するのである（最判昭54.3.16民集33-2-270）。

以下はその性質上一部の確定を認めるべきでない例外である。

◇ 主位的請求を棄却し，予備的請求を認容した原判決に対し，原告のみが上告した場合，原判決のうち予備的請求にかかる部分は原則として上告審の審査の対象とならず，原判決のうち主位的請求にかかる部分の判断に破棄理由があるときは，上告審は，この部分のみを破棄の対象とするのであるが，予備的請求の認容は，主位的請求の棄却の確定を条件とするものであって，その性質上主位的請求についての判断の確定に先立って確定することはありえないものであるから，独立して確定することはなく，破棄された主位的請求にかかる部分とともに原審に差し戻されて，未確定の状態で差戻審に係属することになる。

未確定の状態で差戻審に係属することになった予備的請求にかかる部分が，差戻審において審判の対象となるかどうかについてであるが，前控訴審判決のうち予備的請求にかかる部分は，上告審判決によって破棄されていないのであるから，差戻審の審判の対象となることはないものと解すべきである。すなわち，差戻審において，主位的請求認容の判決がされ，これが確定したときは，予備的請求認容の前控訴審判決は当然に失効することになり，主位的請求棄却の判決がされ，これが確定したときは，予備的請求認容の前控訴審判決が確定することになる。

◇ 選択的に併合された二つの請求のうちの一つの請求を認容した原判決を上告審が破棄して差し戻した場合，全部の請求が差戻審の審判の対象となり，すべての請求が否定されるまで審理判断をしなければならないから（最判昭58.4.14判時1131-81），確定する部分はない。

(3) 差戻し又は移送を受けた裁判所の手続

ア 口頭弁論の続行

破棄差戻し又は移送を受けた裁判所は，新たな口頭弁論に基づき裁判をしなければならない（法325Ⅲ前段）[140]。

---

[140] 上告審の終局判決はその言渡しと同時に確定するから，差戻し又は移送判決の言渡しがあると，事件は差戻し又は移送を受けた裁判所に当然に係属することになる。差戻し又は移送を受けた裁判所は，改めて口頭弁論を開いて審判しなければならないが，この口頭弁論は，実質的には，差戻し又は移送前の続行として行われる（大判明36.11.25民録9-1282）。

差し戻された原審は，改めて口頭弁論の再開決定をせず，新たな口頭弁論期日を裁判長が指定するだけである。差戻し後の第1回口頭弁論は，実質的には，従前の口頭弁論の再開続行と考えてよい[141]。差戻事件は，通常の新件として新しい事件番号が付され，配てんされる[142]。

原判決に関与した裁判官は差戻審における口頭弁論に関与できない（法325Ⅳ）から，裁判官は新しい構成となり，当事者は弁論更新の手続（法249Ⅱ）が必要である[143]。

当事者は，差戻審において，訴えの変更，附帯控訴・反訴の提起，新たな攻撃防御方法の提出，訴えの取下げ，控訴の取下げなど当該審級の手続上許される一切の訴訟行為をすることができる。

差戻審の審理は破棄理由に限定されず事件全般に及び，第一次控訴審判決の判断にも拘束されないので，上告をした当事者が差戻審において第一次控訴審よりも不利益な判決を受けることもある。

イ　訴訟代理権

判例や一部の学説は，差戻審において，従前の控訴審の訴訟代理人が当然に代理権を復活すると解している（大判大9.2.9民録26-40）[144]。

判例の考え方では，前控訴審で委任を受けた訴訟代理人は，更に差戻審で委任を受けなくても訴訟行為ができる[145]。

(4)　破棄差戻し又は移送判決の拘束力

ア　拘束力を受ける裁判所

差戻し又は移送を受けた裁判所は，上告審が破棄の理由とした事実上及び法律上の判断に拘束される（法325Ⅲ後段，裁4）[146]。

---

[141] 講座民訴(7)223参照。
[142] 差戻審の第1回口頭弁論期日に法158条（訴状等の陳述擬制）が適用されるか否かについては見解が分かれている。法325条3項が「新たな口頭弁論」と規定しているように，差戻審の口頭弁論が形式的には新たな口頭弁論であること，法158条は，口頭主義の要請を譲歩させて迅速な訴訟進行を図るために規定されているが，差戻審において適用した場合にそのための弊害が考えられないことなどからすると，差戻審においても法158条の適用を認めるのが相当である（大判昭12.3.20民集16-320）。
[143] 従前の控訴審において主張された事実と提出された証拠は，弁論更新手続がなされない限りは，当然には判断の資料にならないが（大判明36.11.25民録9-1282），弁論の更新があると，差戻し・移送前の口頭弁論で提出採用された主張と証拠は，破棄の理由となっていない限りすべての判断の基礎となる（大判昭12.3.20民集16-320）。
[144] 同旨講座民訴(7)226，菊井・村松Ⅰ529参照。なお，学説には代理権の当然の復活に反対する考え方もある（注解(9)597参照）。
[145] 事実審の訴訟関係をより知悉している点で，上告審だけの訴訟代理人の訴訟行為と事実審における訴訟代理人の訴訟行為には差違があること，本人と原審の代理人の信頼関係が消滅しているとするのであれば解任手続をとればよいことなどが根拠とされる。
[146] もし差戻審が拘束されず異なる判断をすることができるとすると，上告審との間を事件が往復して事件は解決しないことになる。裁判所法4条はこの趣旨を民刑両事件を通じて一般的に規定している。拘束力は，当該事件に限られるが，差戻し又は移送を受けた下級審だけでなく，再度の上告審をも拘束する（最判昭28.5.7民集7-5-489）。再度の上告に対する拘束力を認めないと，上告審の見解の動揺の後始末を下級審に押しつけることになり，当事者にも困惑を与え，合理的な訴訟活動をするための予測可能性を阻害する要因となる状態が生じるからである。上告審が終局判決だけを取り消して事件を原審に差し戻したときは，先の中間判決は差戻しを受けた裁判所を拘束する（大判大2.3.26民録19-141）。

イ 拘束力

　拘束力の性質については，考え方が分かれている[147]。しかし，いずれの見解にしても，拘束力を認めた上で，それを理由づけるための見解の違いである。

　法令が変更された場合，破棄判決の拘束力は消滅する[148]。

　法325条3項後段の「拘束力を生ずる事実上の判断」とは，一切の事実上の判断を指すのではなく，職権調査事項（法322），例えば，訴訟能力の有無が問題になった場合の当事者の年齢や再審事由（法338）などのような事実上の判断のみを指す（最判昭36.11.28民集15-10-2593）。そして，下級審を拘束するのは，そのうちの破棄理由となったものに限られる。

　拘束力を生ずる法律上の判断とは，例えば，当事者間で金員の授受があり，後日同額の金員を返還することを約した場合に，それが消費貸借となるのか消費寄託となるのか，などということについての上告審の判断のことである。

　この判断は，差戻し後に別な事実が認定されれば，拘束力を有しない。

　法律上の判断には，①破棄を導いた直接の判断，②破棄理由となった直接の否定的判断及び③論理上必然的な関係に立つ判断があり，これらの場合にだけ拘束力がある[149]。

(5) 裁判官の関与禁止

　破棄された原判決に関与した裁判官は，差戻し後の事件の裁判に関与することができない（法325Ⅳ）。

　この関与禁止は，破棄判決の拘束力を確保するために，予断や先入観のない他の裁判官に裁判をさせる趣旨である。法325条3項に違反して裁判に関与した場合は，上告理由となる（法312Ⅱ②）。

---

[147] 拘束力の法的性質の見解の対立につき，条解民訴法（第2版）1658は，「①破棄判決が一種の形成判決として，その形成原因について有する既判力の作用であるとする既判力説，②中間判決に認められる覊束力と同視する説，③審級制を維持するための特殊な手続内の効力（覊束力）とみる特殊効力説などがみられる。（中略）いずれの説をとるかによってただちに解釈論に影響することはほとんどなく，体系的理解をめぐる理論上の争いといってよい。」とする。

[148] 判例変更の場合は，議論が分かれている。

[149] 例えば，訴訟要件の欠缺と本案の判断の不当をともに上告理由とした不服申立てに対し，上告審が前者を排斥し，後者を認め，不服申立てを容れて破棄差し戻した場合，訴訟要件の具備を肯定したと認められる。また，原審が確認の利益を肯定したことを不服とする上告に際して，上告審が本案についてのみ原判決を破棄差し戻した場合，確認の利益について上告審は原判決を肯定したものと認められ，訴訟要件についての肯定判断は，以後直接の破棄判断と論理上必然的な関係に立つ判断として拘束力を有すると解されている。上告審が，原判決の認定した事実関係の下で，ある法規の適用を否定した原判決を違法であるとして破棄差し戻した場合，差戻し後の控訴審が，その法規の適用の可否を判断しないで，同一事実関係の下で別の法規を適用して，同一の結論に達することは妨げない（最判昭43.3.19民集22-3-648）。

第2章 控　訴

第2　控訴提起事件の事務処理手続－第一審裁判所における手続－
1　控訴状を提出すべき裁判所

　　控訴の提起は控訴状を第一審裁判所へ提出してしなければならない（法286Ⅰ）[1]。

　　この場合，控訴状の名あて裁判所は，控訴裁判所になる[2]。

　　本庁に対して第一審裁判所が支部である事件の，又は支部に対して第一審裁判所が本庁若しくは他の支部である事件の控訴状が提出された場合，当事者が来庁したときは，窓口で教示して正しい第一審裁判所への提出を促すことになるが，郵便提出等の場合は，控訴期間の点も考慮した上で，自庁で受理して立件し，第一審裁判所の担当部署へ控訴状の提出があった旨を通知し，事件部へ配てんして処理をゆだねることになる[3]。

　　第一審裁判所と同一審級の土地管轄権のない裁判所に控訴状が提出された場合，当事者が来庁したときは，窓口で正しい提出先を教示すべきであるが，郵便提出等の場合は控訴期間の点も考慮する必要があるので，控訴状を受理し立件した上，本来，控訴状を提出すべき第一審裁判所に対し控訴状の提出があったことを通知し，事件が確定していないことを連絡する必要がある[4]。

　　申し立てられた控訴提起事件は，受付から事件部へ配てんすることになる。

　　事件部での取扱いとしては，控訴状を提出すべき第一審裁判所へ移送する，管轄違いを理由として控訴を却下する，立件を取り消して控訴状を提出すべき第一審裁判所へ回送する等の考え方ができるが，いずれによるかは当該控訴状の提出された裁判所の判断によるので，速やかに指示を仰ぐことになる。

　　控訴裁判所へ直接控訴状が提出された場合については，第3の1控訴裁判所（99ページ）を参照。

2　控訴期間

　　控訴は，判決書又は法254条2項の調書（調書判決）の送達を受けた日から2週間の不変期間内に提起しなければならない（法285本文）[5]。

　　この期間は不変期間であるから伸縮はできないが，裁判所が付加期間を定めたときは，

---

[1] 民事訴訟法286条1項は，控訴の提起について，控訴状を提出する裁判所を第一審裁判所に限定した。これにより，控訴裁判所への控訴状提出の有無を第一審裁判所の裁判所書記官が確認する手数を省くことができるほか，原裁判所である第一審裁判所が控訴の適否を形式的に審査し，紛争を迅速に処理することができるようになるからである。すなわち，控訴が不適法でその不備を補正することができないことが明らかであるとき（控訴期間徒過後の控訴等）には，第一審裁判所が，決定で控訴を却下しなければならない（法287）とし，控訴裁判所への訴訟記録の送付及び控訴裁判所の判断を待つ必要をなくしたわけである。
[2] 第一審裁判所が簡易裁判所の場合は，その簡易裁判所の所在地を管轄する地方裁判所が控訴裁判所であり，第一審裁判所が地方裁判所及び家庭裁判所の場合は，当該地方裁判所及び家庭裁判所の所在地を管轄する高等裁判所が控訴裁判所となる。
[3] 支部設置規則によれば，一般には，支部は手続法上本庁の一部であり，その事務取扱いの範囲に関する定めは，本庁との間における内部的な事務分配の基準にすぎないから，配てんを受けた事件部においても法律上これを却下することはできず，事件を回付して処理すべきである。
[4] その際，特定等のため，第一審裁判所から原判決書の写しをファクシミリ等で送信してもらえば有用であろう。
[5] 判決書が誤って第三者に送達された場合，その送達を受けるべき当事者が現実にこれを受領した日の翌日から上訴期間が進行する（最判昭38.4.12民集17-3-468）。

その期間だけ延長される（法96Ⅱ）し，訴訟行為の追完ができる場合もある（法97）[6]。

第一審判決の送達が郵便に付する方法によりなされた場合は，その発送の時に送達があったものとみなされる（法107Ⅲ）から，発送の日が送達のあった日となり，控訴期間は郵便に付した日の翌日から起算される。

公示送達の場合には，最初の公示送達については，法111条による掲示を始めた日から2週間を経過したとき（法112Ⅰ本文）から，2回目以降の公示送達については，法110条3項による掲示を始めた日の翌日（法112Ⅰただし書）から，控訴期間を計算する。

判決言渡し後その送達前に提起された控訴は，その効力を妨げられない（法285ただし書）[7]。

> 控訴期間は各当事者ごとに進行する。
> ◇ 同一の訴訟における原告・被告の場合
>   原告・被告双方が一部敗訴した場合，控訴期間はそれぞれが判決送達を受けた日の翌日から各別に進行する。
> ◇ 通常共同訴訟の場合
>   控訴期間は各共同訴訟人ごとに進行する。
> ◇ 必要的共同訴訟の場合
>   控訴期間は，各共同訴訟人ごとに各別に進行する（名古屋高金沢支判昭63.10.31高民41-3-139）[8]。
> ◇ 補助参加人の場合
>   独自に控訴期間が認められるかどうかは判断が分かれている。判例は補助参加人の控訴申立て期間は，被参加人の控訴申立て期間に限られるとしている（最判昭37.1.19民集16-1-106）。補助参加人は，被参加人のなし得ない行為をすることができないからである。
> ◇ 独立当事者参加訴訟の場合
>   控訴期間は三当事者それぞれについて独自に進行するかどうかについて見解は分かれている。判例は，控訴期間は各別に進行するとしている（大阪高判昭39.2.24高民17-1-67）。これに対し，参加人に対する関係で控訴期間が満了しても，原告・被告間で控訴期間が満了しない間は，参加人は控訴することができるとする見解もある[9]。

---

[6] 期間の計算は民法に従う（法95Ⅰ）から，初日は算入せず（民法140），控訴期間は第一審判決の送達のあった日の翌日から起算される。控訴期間の末日が日曜日，土曜日，国民の祝日に関する法律に規定する休日，同法律により休日とされる日を除く12月29日から翌年の1月3日までの日に当たるときは，控訴期間は，その翌日をもって満了する（法95Ⅲ）。

[7] 判決言渡し前に提起された控訴は，控訴の対象となるべき判決が存在しないことから，不適法として却下される。しかし，却下の裁判があるまでの間に控訴を申し立てた当事者に不利益な第一審判決があった場合については，その瑕疵が治癒されるか否かにつき考え方が分かれている。判例は治癒されることはないとする（最判昭24.8.18民集3-9-376）。

[8] 必要的共同訴訟ではないが，遺産分割審判に対する即時抗告期間について，最決平15.11.13民集57-10-1531は，「各相続人への審判の告知の日が異なる場合における遺産の分割の審判に対する即時抗告期間については，相続人ごとに各自が審判の告知を受けた日から進行すると解するのが相当である。」とした。

[9] 菊井・村松Ⅲ68参照。

第2章 控　訴

> ◇　判決送達後当事者の死亡など中断事由が発生した場合
> 　訴訟手続は中断し，控訴期間は進行を停止し，訴訟手続受継の通知又はその続行の時から新たに全期間の進行を始める（法132）。
> ◇　法258条の追加判決の場合
> 　第一審で追加判決[10]をした場合，前の判決と追加判決とは別個独立の判決であり，二つの終局判決が存在することになるため，控訴期間もそれぞれに進行する（東京高判昭27.4.26下民集3-4-589）。
> 　もっとも，一部判決が許されない場合に誤って一部判決をした場合には，追加判決の余地はなく，当該一部判決は全部判決として控訴審の判断を受け，取り消されることとなる。
> ◇　法256条の変更判決の場合
> 　変更判決（法256）があった場合，控訴期間そのものは前の判決とはそれぞれ別に進行する。
> ◇　判決の更正決定（法257）があった場合
> 　判決の送達後に更正決定（法257）があっても，控訴期間は，更正決定の送達された日の翌日からではなく，判決が送達された日の翌日から起算される（大判大6.10.24民録23-1601）。

　第一審裁判所は，控訴が不適法で補正できないことが明らかであるときは，決定で控訴を却下しなければならない（法287Ⅰ）とされており，補正不能な不備があるために不適法とされる事例には，控訴期間を徒過した控訴の提起が考えられる。しかし，控訴期間は不変期間ではあっても，法96条2項により付加期間が定められたり，法97条により訴訟行為の追完が許されることもあるから，ただ形式でのみ判断すべきではなく，その徒過については十分な調査が必要である。第一審裁判所の受付は，控訴状を提出された際に，法285条の控訴期間を徒過している事実が判明した場合は，当該控訴状を受理して立件した上，控訴期間徒過についてのメモ又は付せんを記録に付けて，部に配てんすることになる。

3　控訴状の受付手続

　裁判長による控訴状の審査及び補正命令は，第一審裁判所の権限事項ではないが，控訴が不適法で補正できないことが明らかであるときは，第一審裁判所が決定で控訴を却下しなければならない（法287）。よって，控訴状を受け付ける場合，第一審裁判所の受付は，受付分配通達に従った事務取扱いのほか，控訴の適法性や控訴状の記載事項等について十分な審査をし，必要であれば提出者に任意補正を促し，部に対しては必要な事項を連絡するなどして，事件の迅速な処理に向けての措置をとる必要がある。

(1)　事件の種類

　民事訴訟法では，控訴状の提出が第一審裁判所と定められている（法286Ⅰ）ため，

---

[10] 裁判所が無意識的に一部判決をした場合を裁判の脱漏という。つまり，裁判所が終局判決の主文で判断すべき事項の一部を脱落させてしまった場合であり，脱漏部分はなお当該裁判所に係属中である（法258Ⅰ）から，裁判所は職権又は申立てにより，追加判決をしなければならない。裁判の脱漏は請求に関するものであり，攻撃防御方法に関する判断の遺脱（法338Ⅰ⑨）とは異なる。

第一審裁判所において受理し立件することになる。

　第一審裁判所に提起された各控訴提起事件は，同裁判所において下記アの(ｱ)から(ｴ)までのいずれかの記録符号が付けられるが，当該訴訟記録が控訴裁判所に送付されると，控訴事件となり，新しい記録符号が付けられる。

　控訴提起に関する事件で，各種事件簿に登載すべきものの範囲及び区分は，受付分配通達の別表にそれぞれ定められている。

ア　基本事件

　　控訴提起に関する事件のうち，主な基本事件は次のとおりである（なお，記録符号は，(ｱ)及び(ｲ)については民事事件記録符号規程，(ｳ)については行政事件記録符号規程，(ｴ)については家庭事件記録符号規程による。）。

(ｱ)　**民事控訴提起事件（ハレ）**

　　　第一審が簡易裁判所の民事事件（手形・小切手判決異議事件を含む。）（ハ）

　　　同手形・小切手通常移行事件（手ハ）

　　　同手形・小切手事件（手ハ）（訴え却下判決（法355Ⅰによるものを除く。）の場合）

　　　同再審事件（ニ）

　　　少額訴訟通常移行事件（少コ）

　　のそれぞれに対する控訴提起事件

(ｲ)　**民事控訴提起事件（ワネ）**

　　　第一審が地方裁判所の民事事件（手形・小切手判決異議事件を含む。）（ワ）

　　　同手形・小切手通常移行事件（手ワ）

　　　同手形・小切手事件（手ワ）（訴え却下判決（法355Ⅰによるものを除く。）の場合）

　　　同再審事件（カ）

　　のそれぞれに対する控訴提起事件

(ｳ)　**行政控訴提起事件（行ヌ）**

　　　第一審が地方裁判所の行政事件（行ウ）

　　　同再審事件（行オ）

　　のそれぞれに対する控訴提起事件

(ｴ)　**民事控訴提起事件（家ト）**

　　　人事訴訟事件（家ホ）及び通常訴訟事件（家ヘ）

　　に対する控訴提起事件

(ｵ)　**附帯控訴提起事件（ハレ，ワネ，行ヌ，家ト）**

　　　上記(ｱ)から(ｴ)までの各控訴提起事件に関連してなされた附帯控訴の提起事件

　　　記録符号は，上記(ｱ)から(ｴ)までの各控訴提起事件と同じである。

(ｶ)　その他の事件

　　　上記(ｱ)から(ｴ)までの各控訴提起事件に関連してなされた，反訴の提起（法300Ⅰ），仮執行の原状回復及び損害賠償の申立て（法260Ⅱ），選定者に係る請求の追加（法300Ⅲ），参加の申出（法47,49,51前段），他庁から送付された移送，回付等の各事件

　　　記録符号は，上記(ｱ)から(ｴ)までの各控訴提起事件と同じである。

第2章 控　　訴

　イ　雑事件

　　控訴提起事件の係属を前提として申し立てられる雑事件としては，訴訟救助の申立て（法82），強制執行停止の申立て（法403Ⅰ）等が挙げられる。

　　雑事件は，民事雑事件（記録符号は，第一審裁判所が簡易裁判所の場合は（サ），地方裁判所の場合は（モ）），行政雑事件（記録符号は（行ク）），家事雑事件（記録符号は（家ロ））でそれぞれ立件する[11]。

(2) **当事者の呼称**

控訴提起事件における実務上の当事者の呼称は以下のとおりである。

控訴審本訴	附帯控訴があったとき	控訴提起時に控訴人から反訴の提起があったとき
「控訴人」	「控訴人（附帯被控訴人）」	「控訴人（反訴原告）」
「被控訴人」	「被控訴人（附帯控訴人）」	「被控訴人（反訴被告）」

(3) **管轄の確認**

　第一審裁判所に対し控訴状が提出された場合，第一審裁判所の受付は，控訴提起の対象となる事件が当該裁判所に係属していることを確認し，受理することになる（第2の1 控訴状を提出すべき裁判所（52ページ）を参照）。

(4) **控訴提起の方式**

　控訴の提起は，控訴状を第一審裁判所へ提出してしなければならない（法286Ⅰ）。

　口頭陳述による申立て（規1）や電話による控訴の提起は認められない[12][13]。

　ファクシミリにより控訴状を受信した場合はどうであろうか。

　控訴状は，民事訴訟費用等に関する法律の規定により手数料を納付しなければならない申立てとされる書面（規3Ⅰ①）であり，その提出により訴訟手続を開始させる書面（同Ⅰ②）であるから，ファクシミリを利用して送信することにより提出することができる書面ではない。よって，ファクシミリで控訴状を受信した場合は，基本的に控訴状が提出されたものとして扱うことができないので，送信者に対し，郵便等ファクシミリ以外の方法による提出を促すことになる。

　ファクシミリにより受信した書面は，受信部署においてファクシミリ以外の方法による提出を促した旨を付記した上で，部に引き渡し，最終的には第一審裁判所の判断にゆだねることになる。

　原則的には，控訴状の提出があったものとして取り扱うことはできないと考えられる

---

[11] この点につき，訟廷執務資料第73号「民事書記官事務の手引（訴訟手続）〔平成19年7月改訂版〕」第2章中「訴訟救助の申立て」の2の(2)は，「控訴状と一緒に提出された控訴審における訴訟救助付与申立書は，原審においては立件せず，日付印を押捺して，控訴審に送付するのが通例である（控訴審における訴訟救助付与申立てに対する判断は，原審ではできない（法82Ⅱ）。」とする。
[12] 書面主義をとっているからである。
[13] 電報による控訴の提起は，印紙の貼用がなく，法286条2項に規定されている必要的記載事項を欠いているが，抗告の場合として，後日抗告状訂正申立書の提出があり，それにより補正された場合に，両者を併せて電報受理の日時に有効な抗告があったとみなした判例がある（大決昭6.11.10民集10-946）。

が，申立てを不適法なものとして取り扱うという考え方もあり得よう[14]。
(5) 控訴状の記載事項
ア 必要的記載事項
控訴状には，その必要的記載事項として，①当事者，②法定代理人，③第一審判決の表示，④その判決に控訴をする旨を記載しなければならない（法286Ⅱ）。
(ア) 当事者及び法定代理人（法286Ⅱ①）
第1の3控訴の当事者（7ページ）を参照。

> 《注意すべきポイント》
> ○ 当事者の氏名が第一審判決のとおりか。
> ○ 第一審判決の当事者氏名が「通称名こと本名」となっている場合，控訴状に本名の記載があるか。
> ○ 控訴状提出の段階で当事者が死亡している場合，訴訟承継人の記載があるか。
> ○ 必要的共同訴訟の場合，控訴状に記載すべき当事者の表示の一部が抜けている場合があるので注意する必要がある。
> 　自ら控訴をしない当事者が控訴のどちら側の地位（控訴人又は被控訴人）に立つかについては議論があり，第一審の地位をそのまま引き継ぐという考え方，自ら控訴しない当事者は被控訴人の地位につくという考え方がある。当事者が自ら判断して記載してきた場合はともかく，記載に迷っているようであれば，第一審原告，第一審被告という記載をさせておけばよいであろう。最終的には控訴裁判所の判断にゆだねることになる。
> ○ 参加事件で三面訴訟となっている場合《独立当事者参加（法47），権利承継人の訴訟参加（法49），義務承継人の訴訟参加（法51前段）》は，控訴人以外はすべて被控訴人となる。
> 　一人の当事者が他の一人の当事者だけを相手方として控訴を提起した場合，控訴をしなかった他の一人の敗訴者も被上訴人としての地位に立つ（最判昭50.3.13民集29-3-233）。
> ○ 人事訴訟の場合で，控訴状に検察官の表示をするときは，「○○高等検察庁検事長甲」となる（検察5）。
> ○ 法定代理人・代表者の資格や氏名が，添付の資格証明書等のとおりになっているか。
> ○ 補助参加人は，いったん訴訟に参加すれば，その審級だけでなく，上級審でも参加人として取り扱われるから，第一審でなされた補助参加の効力は，控訴審においても及ぶ。よって，被参加人甲が控訴提起をした場合は，第一審での補助参加人を乙とした場合，「控訴人甲，控訴人補助参加人乙」となり（被参加人が被控訴人となった場合も同様である。），補助参加人乙が控訴の提起をした場合も

---
[14] 例外的に，各裁判体の判断によっては，控訴状の提出があったものとする余地が完全に否定されているわけではないことを考慮に入れておく必要がある（改正関係資料(3)450参照）。

第2章 控　訴

　　　「控訴人甲，控訴人補助参加人乙」となる。
○　第一審において，選定当事者により審理が行われた場合，控訴状に誰を当事者として記載すべきかについては見解が分かれている[15]。
○　控訴状に被控訴人の表示を誤記していても，控訴審係属中に補正することができる（最判昭 34．11．19 民集 13-12-1500）。
○　送達場所，送達受取人の届出は，全審級を通じて効力を有すると解されるから，改めて同一内容の届出をする必要はない。

(イ)　第一審判決の表示（法 286Ⅱ②）

　第一審判決の表示としては，判決をした裁判所，事件番号，事件名，判決言渡年月日等が記載される。第一審判決主文も記載される場合が多い。

　一般的には，「上記当事者間の○○地方裁判所平成○年（ワ）第○号○○○○請求事件につき，同裁判所が平成○年○月○日に言い渡した判決」という記載になる。

《注意すべきポイント》
○　基本事件が本訴・反訴事件，客観的訴えの併合事件等，複数の事件番号がある1個の判決である場合，不服申立て部分がそのうちの一部であっても（つまり，複数の事件番号のうち一つの事件番号についての事件だけにつき控訴提起があっても），控訴の提起により，全部分が移審し，第一審判決全部の確定が遮断されるので，すべての事件番号及び事件名を記載してもらうようにする。
○　記載は，他の判決と識別できる程度に特定・記載すればよく，控訴状の記載全体から特定・識別ができればよい（大判大 4．12．14 民録 21-2098）。

(ウ)　第一審判決に対して控訴をする旨（法 286Ⅱ②）

　第一審判決に不服があり，控訴審における審理・裁判を求める旨の記載があればよい。

　一般的には，「（前記(イ)の第一審判決の表示の記載）～判決について，控訴人は全部不服につき，控訴を提起する。」という形式で記載される。

《注意すべきポイント》
○　控訴をなす旨の記載があればよいのであって，記載の全趣旨からそれが分かればよい。
○　抗告状と題する書面の提出であっても，控訴であるか抗告であるかは，当該書面の用語によるのではなく，その内容により真意を解釈してこれを決定するべきである（大決昭 15．2．21 民集 19-4-267）。
○　控訴期間内に提出された訴状と題する書面は，控訴状とは表記していないが

---

[15] 選定（法 30Ⅰ）が適法になされた場合に，選定者が訴訟追行権を失うと考えるか否かの問題である。失うとする見解（菊井・村松Ⅰ287 参照）によると，控訴状に記載する当事者は選定当事者のみとなり，また，選定行為の効力は，特定の審級に限定した選定行為でない限り第一審だけでなく控訴審にも及ぶので，控訴審では選定当事者に変更がない以上，改めて選定書を提出する必要はない。ただし，控訴状には，選定者名簿を添付する必要があるであろう。選定者が訴訟追行権を失わないとする見解（注釈(1)452 参照）によると，控訴状に記載すべき当事者は，選定者と選定当事者の双方ということになる。いずれにしても，控訴裁判所の判断によることになろう。

> その文面上控訴状と認められないものではなく，ただその方式が民事訴訟法367条2項（現286条2項）所定の事項を記載していないだけのことである。よって，このような場合，控訴裁判所は，民事訴訟法370条（現288条），同228条（現137条）の規定に従い，控訴人（実際の判決主文では上告人）に対し，相当の間を定めて控訴状の欠缺を補正すべき旨命令し，同人においてこれに従わないときは，当該訴状と題する書面を却下すべきであったにもかかわらず，ただ漫然と本件控訴を不適法として却下したのは違法である（最判昭33.5.29裁集民31-879）。

イ その他の記載事項
(ア) 控訴の趣旨

不服申立ての限度は，記載を必ず必要とするものではないが，控訴の訴額算定も不服申立ての限度で算定されることから[16]，実務上は，控訴審において求める判決主文と同様の形式で，「控訴の趣旨」として記載されることが多い。

控訴の趣旨の具体的記載については，第1の11控訴審の裁判（27ページ）記載の各主文例を参照。

> 《注意すべきポイント》
> ○ 不服部分の記載について⇒第一審判決の全部に不服があるなら，「原判決を取り消す。」と記載する。
> 　第一審判決の一部に不服がある場合は，「原判決中控訴人敗訴部分を取り消す。」「原判決中主文第2項を取り消す。」等と記載する。
> ○ 求める裁判の記載について⇒控訴人が被告の場合は，「被控訴人の請求を棄却する。」と記載する。
> 　控訴人が原告である場合は，取消しを求める第一審判決主文に対応する原告の請求を取り出して，例えば「被控訴人は，控訴人に対し，金〇〇円を支払え。」と記載する。
> 　境界確定訴訟については，「本件土地につきさらに相当な境界の確定を求める。」という記載だけでもよいが，具体的境界を記載したほうが不服部分が鮮明になり分かりやすい。
> ○ 実務上，一部控訴の場合に，「原判決を次のとおり変更する。」と記載する例がある。この記載の場合，原告からの控訴であれば，次の項に請求を全部挙げることになる。被告からの控訴の場合は，次の項に「被控訴人の請求を棄却する。」と記載することになる。

(イ) 控訴の理由

第一審判決の変更又は取消しを求める理由が，控訴状に具体的に記載されていない場合は，控訴審での充実した審理を実現するため，控訴提起後50日以内にこれを

---

[16] 訴額通知備考(1)参照。

記載した書面（控訴理由書）[17]を控訴裁判所へ提出しなければならない（規182）。具体的には，第一審裁判所と控訴裁判所との運用上の取り決め等によることになるが，第一審裁判所の受付においても，控訴理由書の早期提出を促すのが相当であろう。

各庁へのアンケート（平成11年7月実施）によれば，かなりの庁で，第一審裁判所の受付へ控訴状を提出した当事者に対し，事務連絡として，控訴理由書の提出に関する書面を配布していた。控訴裁判所が作成し，第一審裁判所に配布依頼をした書面や，第一審裁判所が独自に作成した書面など，いずれも各庁で工夫された内容になっていた（【参考例1】参照）。

---

[17] 控訴理由書が第一審裁判所に誤って提出された場合，訴訟記録が第一審裁判所に存するときは，第一審裁判所において控訴理由書を受理する。控訴裁判所に訴訟記録が到着する前であっても，控訴理由書の提出先は控訴裁判所である（規182）が，訴訟記録が第一審裁判所にある場合には，第一審裁判所は不適法でその不備を補正することができないことが明らかな控訴を決定で却下しなければならないとされていること（法287Ⅰ）から，訴訟記録の存する第一審裁判所は，控訴裁判所の言わば機関と解して，控訴理由書を受理することができると考えられる（改正関係資料(3)549「高等裁判所における上訴の立件等の事務処理について」参照）。

【参考例1】（控訴理由書の提出について（事務連絡））

> **控訴理由書の提出について（事務連絡）**
> 　　　　　　　　　　　　　　　　　　　　　　　　　　○○地方裁判所民事部
> 1　控訴状に第一審判決の取消し又は変更を求める具体的な事由を記載していないときは，控訴の提起後50日以内（平成　年　月　日まで）に第一審判決の取消し又は変更を求める具体的な事由を記載した書面（以下「控訴理由書」という。）を控訴裁判所に直接提出してください（民事訴訟規則182条）。
> 2　控訴理由書には，次の事項を記載し，控訴人又は代理人が署名押印又は記名押印してください。
> 　(1)　当事者の氏名又は名称及び住所
> 　(2)　代理人の氏名及び住所
> 　(3)　控訴事件の表示
> 　(4)　控訴理由（第一審判決の取消し又は変更を求める具体的な事由）
> 　(5)　附属書類の表示
> 　(6)　作成年月日
> 　(7)　控訴裁判所の表示
> 3　控訴理由書は，控訴裁判所に提出するほか，被控訴人全員に対しても直接送付してください（同規則179，83条）。
> 　　なお，控訴理由書を被控訴人に対して直接送付することを困難とする事由その他相当とする事由があるときは，控訴理由書の送達又は送付を裁判所書記官に行わせるよう控訴裁判所に申し出ることができます（同規則47条4項）。その場合には，控訴理由書に被控訴人の数と同数の副本を添付してください。

その他，控訴状に表示される事項は次のとおりである。

- ◇　原判決主文の表示
- ◇　訴訟代理人の表示
- ◇　附属書類の表示　　　　　　　　　　　　　　　}
- ◇　作成年月日　　　　　　　　　　　　　　　　　}（規2Ⅰ）
- ◇　名宛裁判所の表示（控訴裁判所の表示となる。）　}
- ◇　当事者又は代理人の記名・押印　　　　　　　　 }
- ◇　契印（ただし，その省略につき，平成11年2月3日付け最高裁総三第5号総務局長，民事局長，行政局長，家庭局長通知「民事事件，行政事件及び家事事件に関する文書の契印の取扱いについて」参照）[18]

---

[18] 従来，民事事件，行政事件及び家事事件に関する文書が数葉にわたる場合には，その連続性，一体性を確保し，文書の抜き取り，差し替えを防止するため，慣行として，裁判所職員が作成する文書については契印又は契印に準ずる措置を求める扱いが行われてきたが，裁判の適正を損なうことなく裁判事務の簡素化及び合理化を図るとともに，裁判所を利用する国民の負担軽減を図るとの観点から，1裁判所職員が作成する文書の契印，2当事者等が作成する文書の契印について，それぞれ特定の場合に契印を不要とする取扱いも差し支えないこととされた。上記2については，契印は不要とするが，当事者等に対し，ページ数を付するなど，文書の連続性が容易に認識できる措置を求めることが相当とされている。

第2章 控　　訴

◇　訂正印

　送達場所，送達受取人の届出は，全審級を通じて効力を有すると解されるから，改めて同一内容の届出をする必要はない[19]。

　各庁へのアンケート（平成11年7月実施）によれば，第一審裁判所の受付において，典型事例の控訴状の書式を備え付け，控訴提起のため来庁する当事者に対し，配布している庁が複数庁あった。

【参考例2】（控訴状…第一審で被告が全部敗訴した場合）

```
　　　　　　　　　　　　控　訴　状
　　　　高　等　裁　判　所　　御　中
　　　　　　　　　平成　　　年　　　月　　　日
　　　　　　　　　　控　訴　人

　　　　　　　住　　　所
　　　　　　　　　　控　訴　人
　　　　　　　住　　　所
　　　　　　　　　　被控訴人
訴訟物の価額　　　　　　円
貼用印紙額　　　　　　　円
添付郵券額　　　　　　　円
　　上記当事者間の　　　　地方裁判所平成　　年（　）第　　号
　　事件について，平成　　　年　　　月　　　日下記判決の
　言渡しを受けましたが，全部不服につき控訴を提起します。

　　　　　　　　　原　判　決　の　表　示
　　　　　　　　　　　　主　　　文

　　訴訟費用は被告の負担とする。
　　　　　　　　　　控　訴　の　趣　旨
　原判決を取り消す。
　被控訴人の請求を棄却する。
　訴訟費用は第一，二審とも被控訴人の負担とする。
　　　　　　　　　　控　訴　の　理　由
　おって準備書面を提出する。
```

---

[19] 新通達等の概要（下）102「送達手続に関するQ&A」参照。

【参考例３】（控訴状…第一審で原告が全部敗訴した場合）

```
                    控  訴  状
     高 等 裁 判 所      御中
              平成    年   月    日
                     控 訴 人
          住  所
                   控 訴 人
          住  所
                   被控訴人
     訴訟物の価額         円
     貼用印紙額          円
     添付郵券額          円
       上記当事者間の      地方裁判所平成   年（ ）第    号
          事件について，平成   年   月   日下記判決の
     言渡しを受けましたが，全部不服につき控訴を提起します。
                  原 判 決 の 表 示
                     主    文
             原告の請求を棄却する。
             訴訟費用は原告の負担とする。
                  控  訴  の  趣  旨
             原判決を取り消す。
             被控訴人は，控訴人に対し，
             訴訟費用は第一，二審とも被控訴人の負担とする。
                  控  訴  の  理  由
             おって準備書面を提出する。
```

【参考例４】（控訴状…第一審で被告が一部敗訴した場合）

```
                    控  訴  状
     高 等 裁 判 所      御中
              平成    年   月    日
                     控 訴 人
          住  所
                   控 訴 人
          住  所
                   被控訴人
     訴訟物の価額         円
     貼用印紙額          円
     添付郵券額          円
       上記当事者間の      地方裁判所平成   年（ ）第    号
          事件について，平成   年   月   日下記判決の
     言渡しを受けましたが，不服につき控訴を提起します。
                  原 判 決 の 表 示
                     主    文

             原告のその余の請求を棄却する。
             訴訟費用は，
                  控  訴  の  趣  旨
             原判決中，控訴人敗訴部分を取り消す。
             被控訴人の請求を棄却する。
             訴訟費用は第一，二審とも被控訴人の負担とする。
                  控  訴  の  理  由
             おって準備書面を提出する。
```

【参考例５】（控訴状…第一審で原告が一部敗訴した場合）

```
                  控 訴 状
   高 等 裁 判 所      御中
              平成    年    月    日
                     控 訴 人
         住  所
                     控 訴 人
         住  所
                     被控訴人
  訴訟物の価額           円
  貼用印紙額            円
  添付郵券額            円
      上記当事者間の     地方裁判所平成    年（  ）第    号
              事件について，平成    年    月    日下記判決の
   言渡しを受けましたが，不服につき控訴を提起します。
                 原 判 決 の 表 示
                    主    文
            被告は，原告に対し，

            原告のその余の請求を棄却する。
            訴訟費用は，
                 控 訴 の 趣 旨
            原判決中，控訴人敗訴部分を取り消す。
            被控訴人は，控訴人に対し，

            訴訟費用は第一，二審とも被控訴人の負担とする。
                 控 訴 の 理 由
            おって準備書面を提出する。
```

【参考例６】（控訴状…一般用）

```
                  控 訴 状
   高 等 裁 判 所      御中
              平成    年    月    日
                     控 訴 人
         住  所
                     控 訴 人
         住  所
                     被控訴人
  訴訟物の価額           円
  貼用印紙額            円
  添付郵券額            円
      上記当事者間の     地方裁判所平成    年（  ）第    号
              事件について，平成    年    月    日下記判決の
   言渡しを受けましたが，不服につき控訴を提起します。
                 原 判 決 の 表 示
                    主    文
            別紙原判決の表示のとおり

                 控 訴 の 趣 旨
            別紙控訴の趣旨のとおり
                 控 訴 の 理 由
            おって準備書面を提出する。
```

第2 控訴提起事件の事務処理手続

(6) 訴額及び手数料と収入印紙の確認

控訴を提起するためには，控訴提起手数料を納付しなければならず（民訴費3Ⅰ，別表第一の2項），控訴状に収入印紙を貼り付ける方法で納めなければならない（例外　訴訟救助の申立てがあった場合（法82Ⅰ，Ⅱ））。

控訴提起手数料は，不服申立ての限度で訴額を算定し，第一審の訴え提起手数料の1.5倍の額を要する。

訴額及び手数料については第3の3控訴の訴額及び手数料（103ページ）を参照。

(7) 送達に必要な費用の予納と郵便切手の確認

法289条により，控訴人は控訴状の送達に必要な費用を予納しなければならない。費用として郵便切手が予納されたときは，その額を確認する。

(8) 添付書類

◇　控訴状副本（規179，58Ⅰ）

控訴を提起する際には，被控訴人に控訴状を送達する必要がある（法289）から，必要な通数の控訴状副本を提出してもらう。

控訴状副本が提出されない場合は，控訴裁判所の裁判所書記官がその謄本を作成し，同謄本を送達することになる。

◇　訴訟委任状（規23）[20]

第一審裁判所に訴えを提起する際に提出された委任状には，特別授権事項として控訴（法55Ⅱ③）の記載がなされていることも多いが，控訴が特別授権事項となっていない場合や控訴審において第一審と異なる訴訟代理人が受任することもあるので注意を要する。

実務では，手続の明確を期するため，上記の特別授権の有無にかかわらず，控訴審段階で改めて委任状を提出させる取扱いが多いと思われる。

◇　資格証明書

控訴審は第一審の続審であるから，第一審で提出している場合は，必ずしも控訴審で資格証明書の提出が必要であるとはいえないが，その内容に変更がある場合も多い（代表者や本店所在地等）ので，審級ごとに提出してもらうことが望ましい。

(9) 立件手続

◇　受付日付印の押捺

◇　事件簿への登載[21] [22]

民事控訴提起事件簿（記録符号は簡易裁判所→ハレ，地方裁判所→ワネ），行政控訴

---

[20] 控訴，上告等は，同一の訴訟代理人に引き続き訴訟追行をゆだねるかどうか，改めて本人に意思決定の機会を与えることを目的として，特別授権事項となっている。控訴，上告等に対する応訴も同様である。このことから，訴訟代理権は，各審級ごとに授与されるべきであるという審級代理の原則が導かれる。

[21] 第一審判決後，訴訟参加の申出と同時に控訴提起をした場合は，控訴提起事件として1件で立件する。第一審判決後は，参加は控訴提起と同時になす必要があるから，たとえ別個の書面でなされても，控訴提起事件として1件で（手数料も1件分で）立件すべきである（民事実務の研究31参照）。

[22] 第一審判決後，反訴の提起と控訴提起が1通の書面で提出された場合は，控訴提起についてのみ立件する。同様に，控訴状に法260条2項の申立てが付記されている場合も，控訴状についてのみ立件する。反訴状，法260条2項の申立書が控訴状とは別に提出された場合は，それぞれ控訴状とは別に立件する。

提起事件簿（記録符号は行ヌ）又は民事控訴提起等事件簿（記録符号は家ト）[23]に登載[24]する[25] [26]。

控訴状，移送決定書，回付書等が，事件番号の付け方の基準となる[27]。

◇ 記録符号及び事件番号の記載，認印の押捺
◇ 収入印紙及び郵便切手等の添付の旨の記載，認印の押捺
◇ 印紙の消印
◇ 予納郵便切手管理袋の作成

枠内の「事件番号」欄は空欄にして，上部欄外に第一審裁判所における控訴提起事件の事件番号を記載する（第2の6(4)留意事項【参考例10】（88ページ）を参照）。

◇ 第一審判決をした部への配てん

控訴状を点検した結果，控訴状，添付書類，収入印紙，郵便切手等に不備があれば，受付は，当事者に対し，任意の補正を促すことになる。

本来，補正は，控訴裁判所の裁判長による，控訴状の方式に関する審査事項であるが，任意補正を促すことは，裁判所書記官による訴訟進行管理の一場面であり，迅速な訴訟運営にも適しているといえる。

裁判所書記官が補正を当事者に促した場合は，部に対し，補正を促した内容を付せんやメモ等で連絡する必要がある。アンケート（平成11年7月実施）によれば，受付において，部に対する連絡書面を作成し，活用している庁もあった。

なお，任意補正を促したが，当事者が応じない場合，第一審裁判所は補正命令を出すことはできないから，そのままの状態で訴訟記録を控訴裁判所へ送付することになる。その際は，控訴裁判所に対し，メモ等で情報の提供をする必要がある。

---

[23] それぞれ，帳簿諸票取扱通達別表第1，同第2，同第3参照。
[24] 民事裁判事務支援システムを利用する場合は，事件簿への登載に代えて，民事裁判事務支援システムのサーバーの記憶装置に所要事項を記録することとなる（民裁支援システム通達記第1の1）。
[25] それぞれ，受付分配通達別表第1の8，同第2の3，同第5の7参照。
[26] 様式はいずれも帳簿諸票取扱通達別紙様式第5である。
[27] 受付分配通達別表第1の8，同第2の3，同第5の7参照。

【参考例7】（事務連絡…受付から部への連絡票）

```
                    事 務 連 絡
  □原裁判所名    □原審事件番号及び事件名    □言渡日（送達日）
     ◇ 原判決（原決定）とは未照合です。

  □当事者の表示
     ◇ 委任状は追完です。
     ◇ 資格証明書は追完です。

  □ 訴 額      □ 印 紙      □ 郵 券
     ◇ 印紙・郵券は追完です。
     ◇ 訴額は，担当部に確認済とのことです。
     ◇ 訴額は，原審と同額です。
     ◇ 訴額算定困難につき，印紙を貼付させていません。
       訴額確定後，印紙を貼付するので，連絡してほしいそうです。
         （事件簿に記載しますので，事件係にも連絡してください。）
     ◇ 訴額が分からなかったので，印紙を貼付しなかったそうです。
       訴額確定後，印紙を貼付するので，連絡してほしいそうです。
         （事件簿に記載しますので，事件係にも連絡してください。）
     ◇ 訴額を再計算のうえ，事件係に連絡してください。
     ◇ 後日担当部へ訂正部分を訂正しにくるそうです。
     ◇ 執行停止付
```

4 附帯控訴状の受付手続

(1) 提出すべき裁判所

附帯控訴の手続は控訴の規定（法 293Ⅲ）によるため，附帯控訴状を第一審裁判所に提出してすることになるが，その性質上，控訴審の審理が進んだ段階で提起されることもあり得るので，法293条3項ただし書により，控訴裁判所への提出が認められている[28]。

(2) 受付事務

◇ 附帯控訴状が第一審裁判所に提出された場合も，控訴状と同様，民事控訴提起事件簿，行政控訴提起事件簿又は民事控訴提起等事件簿に登載[29]する。

附帯控訴状が事件番号の付け方の基準となる[30]。

---

[28] 控訴裁判所へ訴訟記録を送付後，第一審裁判所に附帯控訴状が提出された場合，当事者が来庁したときは窓口で控訴裁判所へ提出するよう教示すべきであるが，郵便等で提出された場合は，附帯控訴状を受理し立件した上，速やかに当該訴訟記録を控訴裁判所へ追送付する。その際，控訴裁判所における期日指定や審理の関係もあるので，附帯控訴の提起があったことを控訴裁判所に連絡しておく必要がある。
[29] 民事裁判事務支援システムを利用する場合は，事件簿への登載に代えて，民事裁判事務支援システムのサーバーの記憶装置に所要事項を記録することとなる（民裁支援システム通達記第1の1）。
[30] それぞれ，受付分配通達別表第1の8，同第2の3，同第5の7参照。

第2章 控　訴

◇　附帯控訴状の記載事項は，控訴状と同様であるが，附帯控訴は，主たる控訴を前提とするものであり，通常いかなる第一審判決を対象とするかは推知され得るので，附帯控訴状の形式及び記載事項は緩やかに解されている（菊井・村松Ⅲ104参照）[31]。

> 附帯控訴については，原判決の表示を欠いていたり，多少表現が省略されていても，適法とされる場合があること，訴訟費用や仮執行宣言のみに不服がある当事者，第一審で全部勝訴している当事者からも提起ができることに注意すべきである。

◇　手数料も控訴の場合と同じで，不服額に応じて訴額を算定し，第一審の訴え提起手数料の1.5倍の額を要する。相手方の控訴とは別個独立して算出する必要がある。

◇　被控訴人の訴訟代理人が通常の訴訟委任のほか控訴についての特別授権を受けている場合には，附帯控訴もできる（最判昭43.11.15判時542-58）。

◇　その他附帯控訴についての手続は控訴に関する規定が準用される（規178）。

5　第一審裁判所による控訴の適法性の審査

(1)　審査の範囲

前記事務処理手続の終了後，控訴状の提出を受けた第一審裁判所は，控訴の適法性を審査し，控訴が不適法でその不備を補正することができないことが明らかである場合，決定で控訴を却下しなければならない（法287Ⅰ）。本規定は，現行の民事訴訟法で導入されたものである[32]。

ア　控訴が不適法でその不備を補正することができないこと

法287条1項による却下の対象となる控訴として，次のような例が考えられる。

(ｱ)　第一審判決で全部勝訴した当事者が提起した控訴

(ｲ)　控訴期間（法285）の経過後に提起された控訴[33]

(ｳ)　控訴権を放棄（法284）した者が提起した控訴

イ　「控訴が不適法でその不備を補正することができないこと」が明らかであること

控訴の却下は，控訴が不適法であることが明らかである場合に限られるから，そうでない場合には，第一審裁判所は，控訴を不適法として却下すべきではない。

例えば，控訴期間経過後であっても，当事者が責めに帰することができない事由により不変期間を遵守することができなかったとして，法97条による訴訟行為の追完と共に控訴の提起をした場合など，多少でも疑義がある場合には，第一審裁判所が控訴を却下することはできない[34]。

---

[31] 附帯控訴の記載全体から第一審判決を窺知することができるときは，第一審判決の表示を欠く違法があるとはいえない（最判昭32.3.28民集11-3-610）。附帯控訴状において控訴事件の表示があるときは，第一審判決の表示がなくても，同附帯控訴状は適法である（最判昭40.6.8民集19-4-956）。第一審で全部勝訴した原告が相手方の控訴にかかる控訴審の口頭弁論終結前に「請求の趣旨の拡張および請求原因変更の申立」と題する準備書面を提出した場合において，同準備書面により，第一審判決を特定することができる等判示事実関係のもとでは，附帯控訴がなされたものと認めるのが相当である（最判昭42.6.1判時487-42）。

[32] 改正前の民事訴訟法では，控訴状が第一審裁判所に提出された場合，裁判所書記官が訴訟記録に控訴状を添付して控訴裁判所の裁判所書記官に送付することとされており（旧法369Ⅰ），控訴にどのような不備があっても，これを送付しなければならなかった。

[33] (ｱ)，(ｲ)につき一問一答328参照。

[34] 理論と実務（下）307参照。

ウ 控訴却下決定

　控訴の適法性についての最終的な判断は，控訴裁判所が行うため，第一審裁判所において控訴却下ができるのは，適法要件が明らかである場合のみである。

【参考例8】（控訴却下決定）

```
平成〇〇年（ワネ）第〇〇号
                決        定
           住　所
              控　訴　人　　〇　〇　〇　〇
           住　所
              被控訴人　　〇　〇　〇　〇
　上記当事者間の当庁平成〇〇年（ワ）第〇〇号売掛金請求事件につき平成〇〇
年〇月〇日当裁判所が言い渡した判決に対する控訴提起事件について，当裁判所
は，次のとおり決定する。
                主        文
　本件控訴を却下する。
　控訴費用は控訴人の負担とする。
                理        由
　一件記録によれば，控訴人は，平成〇〇年〇月〇日に当裁判所に控訴状を提出し
たものであるが，上記控訴状提出は，民事訴訟法285条に定める控訴提起期間が
経過した後になされた不適法なものであり，同法97条1項所定の事由に該当する
ものともいえないから，補正することができないことが明らかである。
　よって，同法287条1項により，本件控訴はこれを却下することとし，訴訟費用
の負担につき同法67条1項，61条を適用して，主文のとおり決定する。
　　平成〇〇年〇月〇日
　　　　〇〇地方裁判所第〇民事部
　　　　　　裁判官　　〇　〇　〇　〇　　印
```

　控訴却下決定書は，訴訟の終了を明らかにする書類として，訴訟記録の第1分類判決書群につづり込む。却下された控訴についての控訴状は，訴状群につづり込むことになろう。控訴却下決定が即時抗告により取り消された場合でも，つづり替える必要はない[35]。

　控訴状の方式に関する審査，補正命令及び控訴状却下命令は，控訴裁判所の裁判長の権限事項（法288,289Ⅱ）であるから，第一審裁判所は，控訴状の審査を行うことはできない。よって，控訴状に補正命令の対象となる不備が存在しても，第一審裁判所は，訴訟記録を控訴裁判所へ送付することになる。これは，印紙や郵便切手が不足している場合でも同様である。この点は，上告提起の場合と異なっている（法314Ⅱ）。

---

[35] 新通達等の概要（上）85参照。

第2章　控　訴

(2) 不服申立て

法287条1項による却下決定に対しては，即時抗告による不服申立てが認められている（法287Ⅱ）。

6　訴訟記録の整理

裁判所の事件に関する記録その他の書類の作成及び保管は，裁判所法60条に定められた裁判所書記官の職務権限に属する事項であるから，裁判所書記官としては，控訴提起に伴い控訴裁判所へ訴訟記録を送付する際や控訴提起事件が終了したときには，再度訴訟記録の点検や整理を行い，訴訟記録が適正に管理されていたことを確認する必要がある。

(1) 記録編成の確認

訴訟記録中，訴訟に関する書類は，記録編成通達に定められたとおり，第1分類から第3分類に分けて編成する。

各分類につづる代表的な書類は次のとおりである。

ア　第1分類（弁論関係書類）

第1分類については，調書群，判決書群及び訴状群の3群に分け，その順につづる。

(ｱ)　調書群

本群には，争点の整理，訴訟の経過及び期日の連続を明らかにする次のような書類を編年体によりつづり込む。ただし，釈明処分による鑑定書は，その釈明処分調書の直後につづり込み，和解条項案の諾否に関する書類は，その案に関するものを当該案の直後に一括してつづり込む。

◇　口頭弁論調書

休止又は延期の期日調書を含む。判決言渡し調書を含む。判決書群につづるものを除く。

◇　準備的口頭弁論調書

休止又は延期の期日調書を含む。

◇　弁論準備手続調書

◇　書面による準備手続調書

規則91条2項により協議の結果を記載するために作成した場合の調書である。

◇　進行協議期日調書

規則96条4項により作成される調書のほか，進行協議期日のために作成される調書である。

訴えの取下げ，請求の放棄又は認諾調書は，判決書群につづり込む。

進行協議期日について作成される手続経過表は，この調書群につづり込む。

◇　争点及び証拠の整理の結果を要約した書面

当事者が提出する準備書面の一種であるが，争点等の整理の結果を明らかにするために調書記載と選択的に利用されるものであることから，この調書群につづり込む。

争点整理案に対する当事者の意見書は，主張の変更，新たな主張又は主張の補足説明に当たる場合には，第1分類の訴状群につづり込み，単なる上申書にすぎ

ない場合には，第3分類のその他群につづり込む。
　準備書面として提出されても，その内容が要約書面と解される場合には，この調書群につづり込む。
　当事者提出の準備的口頭弁論，弁論準備手続における争点等の整理の結果を要約した書面を含む。
◇　和解期日調書
　和解経過表や受命裁判官による和解期日調書を含む。
◇　釈明処分調書及び釈明処分による鑑定書等
　釈明処分調書とは，訴訟関係を明瞭にするための検証調書や鑑定人尋問調書である。
　誤字脱字等について釈明した場合に作成した書面は，第3分類につづり込む。
　なお，期日外釈明は主として裁判所が争点の整理のために行うものであるから，規則63条2項によって釈明内容が記録化されたものについても，この群につづり込むことが相当である。
◇　通訳人調書
　当該口頭弁論調書の次につづり込む。証人等尋問のみに付したものを除く。
◇　期日指定書，期日変更決定書
　申立書は第3分類のその他群につづり込む。
◇　合議体で審理及び裁判をする旨の決定書
◇　準備的口頭弁論手続を開始する，弁論準備手続，書面による準備手続に付する，又は進行協議期日を指定する旨の決定書
◇　弁論準備手続の受命裁判官の指定書，進行協議期日の受命裁判官の指定書（規31Ⅰ）
◇　弁論の分離又は併合の決定書
　申立書は第3分類のその他群につづり込む。
◇　同時審判の申出書（法41），同申出の撤回書
◇　訴訟手続の中止及び同中止の取消決定書
　申立書は第3分類のその他群につづり込む。
◇　弁論再開決定書
　申立書は第3分類のその他群につづり込む。
◇　法264条の和解条項案及びその諾否に関する書類
　事実上の和解条項案は含まない。
　規則163条2項により当事者の真意を確認するために提出させた印鑑証明書等も和解条項案と一括してつづり込むことが相当である。
◇　和解条項の裁定を求める旨の申立書
　法265条1項による和解条項を期日外に書面を送達する方法によって告知した場合の和解条項案を記載した書面の原本や規則164条1項に基づく意見書等は，和解条項の裁定を求める旨の申立書と一括してつづり込むことが相当である。

第2章 控　　訴

　　◇　和解勧試決定書
　　◇　和解勧試を行う受命裁判官の指定書
　(イ)　判決書群
　　　本群には，訴訟の終了を明らかにし，又はこれに付随する次のような書類を編年体によりつづり込む。ただし，関連する書類は一括してつづり込む。
　　◇　判決書，法254条2項の調書（調書判決）
　　　　中間判決，全部判決，一部判決，補充判決及び追加変更判決を含む。
　　　　判決書は判決言渡調書の次につづり込む。
　　　　法254条2項の調書（調書判決）については，訴訟の終了に関する書類であることから，この判決書群につづり込む。
　　　　中間判決があったときは，終局判決の言渡調書，中間判決書，その送達報告書，終局判決書及びその送達報告書の順につづり込む。
　　　　被告甲及び乙に対する判決が時期を異にして言い渡されたときは，被告甲の言渡調書，被告乙の続行調書，被告乙の言渡調書，被告甲の判決書，その送達報告書，被告乙の判決書及びその送達報告書の順につづり込む。
　　　　被告甲に対する取下げ後に被告乙に対する判決言渡しがあったときは，被告乙の言渡調書，被告甲の取下書，その送達報告書，被告乙の判決書及びその送達報告書の順につづり込む。
　　　　手形（小切手）判決に異議申立てがあり，認可の判決があったときは，手形（小切手）判決書を認可判決書の次につづりかえる。取消しの判決があったときは，手形（小切手）判決言渡調書，手形（小切手）判決書，異議後の弁論調書，異議後の判決言渡調書及び取消判決書の順につづり込む。
　　◇　和解，放棄又は認諾の調書
　　　　共同訴訟の一人の当事者について又は客観的併合の一つの請求について，弁論を分離することなく和解，放棄又は認諾がなされた場合の調書は，調書群につづり込む。
　　◇　判決又は法254条2項の調書（調書判決），和解，放棄若しくは認諾の調書等の更正決定書
　　　　申立書は第3分類のその他群につづり込む。
　　◇　訴え取下書（全部又は一部），同取下げに対する同意書
　　◇　控訴取下書（全部又は一部）
　　　　複数の控訴人のうち一人が控訴の取下げをした場合で，かつ，1通の控訴状が控訴人連名で提出されているときは，控訴状と共に控訴取下書も上訴関係書類として送付したほうがよいであろう。
　　◇　仮執行宣言補充決定書（法259Ⅴ）
　　　　申立書は第1分類の訴状群につづり込む。
　　◇　仮執行免脱宣言補充決定書（法259Ⅴ）
　　　　申立書は第1分類の訴状群につづり込む。

- ◇ 訴状却下命令書
- ◇ 訴え却下決定書
- ◇ 控訴却下決定書

  控訴を第一審で却下した場合（法 287Ⅰ）には，訴訟の終了を明らかにするため，この判決書群につづり込む。

  却下された控訴の控訴状は，訴状群につづり込む。
- ◇ 上訴権放棄書
- ◇ 手形（小切手）判決又は少額訴訟判決に対する異議取下書，同取下げに対する同意書
- ◇ 督促異議取下書
- ◇ 自庁調停成立調書

  成立以外の調停事件関係書類は，第3分類のその他群につづり込む。
- ◇ 他庁の調停成立通知書（民調規 23Ⅰ，家事規 133Ⅰ）

  通知に添付される他庁の調停成立調書謄本も一括してつづり込む。
- ◇ この群につづる裁判書等の正本の送達報告書及び取下書副本送達報告書及び請書

  当該文書の次に直結してつづり込む。

  同意を必要とする取下書の送達が完了した後に同意書が提出された場合でも，送達報告書は，この判決書群につづり込む。

(ウ) 訴状群

本群には，当事者及び当事者の主張を明らかにする次のような書類を編年体（提出順又は作成順）によりつづり込む。ただし，関連する書類は一括してつづり込む。

- ◇ 訴状

  反訴状，中間確認の訴状及び訴状に代わる準備書面を含む。

  規則 55 条により訴状の添付書類として提出された書証の写しは，当初から第2分類の書証群につづり込む。

  提出時には書証の写しであることが明らかでないものであっても，その後の期日において当事者が書証の申出をする場合には，その写しを改めて提出させる必要はなく，訴状群から第2分類の書証群につづり替える。
- ◇ 控訴状

  附帯控訴状を含む。

  控訴裁判所へ訴訟記録を送付する場合は，上訴関係書類となる。

  控訴を第一審で却下した場合（法 287Ⅰ）の控訴状は，訴状群につづり込む。
- ◇ 答弁書

  本訴，反訴及び参加申出等に対するものを含む。
- ◇ 準備書面

  証拠説明書を兼ねた準備書面は，訴状群につづり込む。釈明陳述書，補充陳述書又は事情陳述書及び証拠に対する意見書（第2分類につづり込むものは除く。）

第2章 控　　訴

　　　　等の名称が使用されていても，内容が弁論の準備事項であるものを含む。
　　　　争点整理案に対する当事者の意見書は，主張の変更，新たな主張，主張の補足説明に当たる場合には，第1分類の訴状群につづり込み，単なる上申書にすぎない場合には，第3分類のその他群につづり込む。
　　　　弁論終結後に提出された準備書面については，この訴状群につづり込む。
　　　　陳述されなかった準備書面については，この訴状群につづり込む。
　　　　規則3条3項の書面は，ファクシミリにより受信した原本に直結してつづり込む。
- ◇　和解等の無効を理由とする期日指定申立書
　　　　和解等とは，和解，放棄，認諾，自庁調停及び取下げ等をいう。
- ◇　参加の申出書（補助参加，独立当事者参加，共同訴訟参加等）
　　　　行政庁の参加を求める申立て（行訴23Ⅰ）を含む。
- ◇　選定者に係る請求の追加書
- ◇　補助参加申出に対する異議申立書
- ◇　訴訟脱退届，同脱退に対する同意書
- ◇　訴訟引受けの申立書，同引受け申立てによる審尋調書又は陳述書
- ◇　訴訟告知書
- ◇　仮執行宣言又は同宣言免脱宣言申立書
- ◇　仮執行宣言補充決定申立書
- ◇　仮執行原状回復等の申立書
- ◇　訴訟受継申立書
　　　　訴訟代理人がいるため受継申立てには当たらないが，実質上の承継人を特定するため戸籍謄本等を添付して申し立てた訴訟承継に関する申立書を含む。
　　　　判決送達後の訴訟受継申立書を含む。
- ◇　訴訟手続続行命令書
- ◇　訴え変更の申立書（請求の拡張，減縮及び予備的請求）
　　　　請求の減縮となる一部取下げは，訴えの変更の一態様であるから，一部取下書は訴状群につづり込む。請求の趣旨又は原因変更の申立書も同じ。
　　　　同意書を含む。
- ◇　訴状訂正申立書
　　　　当事者の住所や氏名等訂正申立書を含む。
　　　　同意書を含む。
- ◇　訴え変更不許の申立書
- ◇　通常手続移行申述書
　　　　少額訴訟手続におけるものを含む。
- ◇　手形判決・小切手判決又は少額訴訟判決に対する異議申立書
- ◇　被告変更申立書（行訴15）
- ◇　和解加入，利害関係人参加の申出書

- ◇ 担保提供の申立書
- ◇ 答弁の趣旨及び事実を記載した支払督促に対する異議申立書
- ◇ 時機に後れた攻撃防御方法の却下申立書
- ◇ 裁判長の訴訟指揮に関する異議申立書
- ◇ 弁論の指揮命令に対する異議申立書
- ◇ 訴え取下げに対する異議申立書
- ◇ 附帯処分を求める申立書（人訴32Ⅰ）
- ◇ この群につづる申立書記載の申立てに対する裁判書（判決書群につづるものを除く。）
- ◇ 同申立ての取下書（判決書群につづるものを除く。）及び疎明書類

イ 第2分類（証拠関係書類）

　第2分類については，目録群，証拠説明書群，書証群，証拠調べ調書群，嘱託回答書群及び証拠申出書群の6群に分け，その順につづる。

(ｱ) 目録群

　書証目録及び証人等目録をその順に，また，これらの目録を更に原告（控訴事件等にあっては一審原告，以下同じ。）申出分，被告（控訴事件等にあっては一審被告，以下同じ。）申出分，参加人申出分及び職権分の順につづり込む。

- ◇ 書証目録
- ◇ 証人等目録

(ｲ) 証拠説明書群

　証拠説明書及び証拠に対する意見書を原告，被告及び参加人の順に，一括して，かつ，編年体によりつづり込む。

- ◇ 証拠説明書
- ◇ 証拠に関する釈明関係書類
- ◇ 証拠に対する意見書
- ◇ 証拠に対する認否を記載した書面

(ｳ) 書証群

　書証写しは，甲，乙，丙等の各号証の順に，かつ，番号の順につづり込む。

　書証の写しが訴状又は答弁書に添付して提出された場合，期日外に提出された場合，弁論終結後に提出された場合についても，この書証群につづり込む。

- ◇ 書証写し

(ｴ) 証拠調べ調書群

　証拠調べ調書（証拠調べ期日調書及び証拠調べのみの通訳人調書を含む。）及び法205条又は278条の書面は，取り調べた順につづり込む。宣誓書は，当該証拠調べ調書の末尾（速記録のある場合には，人定尋問調書の次）に，当該証拠調べ調書が作成されない場合には，目録群の末尾につづり込み，鑑定書は，当該鑑定人尋問調書が作成された場合にはその直後に，同尋問調書が作成されない場合には鑑定結果が顕出されたときに取り調べられたものとしてその順につづり込む。

本案係属前の証拠保全記録又は受託裁判官がした証拠調べに関する訴訟記録の送付を受けた場合には，証拠調べ調書，宣誓書及び鑑定書を本群につづり込み，その他の書類は，一括して第3分類につづり込む。規則68条1項の録音テープ等及び69条の録音テープ等はその性状にかんがみ，第3分類末尾，上訴関係書類の直前につづり込むが，記録とは別に保管することも差し支えない。

◇ 証拠調べ調書（受命又は受託裁判官による証拠調べ調書を含む。）
　◆ 証人尋問調書
　　規則68条1項及び69条の録音テープ等は，第3分類末尾，上訴関係書類の直前につづり込む（別途保管することも差し支えない。）。
　　証拠調べ調書が作成されない場合には，宣誓書を目録群の末尾につづり込む。
　◆ 当事者本人尋問調書
　　規則68条1項及び69条の録音テープ等は，第3分類末尾，上訴関係書類の直前につづり込む（別途保管することも差し支えない。）。
　　証拠調べ調書が作成されない場合には，宣誓書を目録群の末尾につづり込む。
　◆ 鑑定人尋問調書
　　規則131条2項により鑑定人尋問調書が作成されない場合には，宣誓書を目録群の末尾につづり込み，当該鑑定書は，顕出された時点で編年体により証拠調べ調書群につづり込む。
　◆ 証人等尋問に付した通訳人調書
　　当該証人等尋問調書の前につづり込む。
　◆ 検証調書
◇ 証人等の書面尋問により提出された陳述書
◇ 鑑定書
　当該鑑定人尋問調書の直後につづり込む。
◇ 証拠調べ期日調書（延期を含む。）
◇ 本案係属前の証拠保全記録中の証拠調べ調書（宣誓書を含む。）及び鑑定書
　証拠調べ調書（宣誓書を含む。）及び鑑定書以外は第3分類のその他群につづり込む。
◇ 受訴裁判所の証拠保全記録中の証拠調べ調書（宣誓書を含む。）及び鑑定書
　証拠調べ調書（宣誓書を含む。）及び鑑定書以外は第3分類のその他群につづり込む。
◇ 嘱託証拠調べ（共助事件）記録中の証拠調べ調書（宣誓書を含む。）及び鑑定書
　証拠調べ調書（宣誓書を含む。）及び鑑定書以外は第3分類のその他群につづり込む。

(オ) 嘱託回答書群
　調査嘱託又は鑑定嘱託の結果を記載した書面及び公文書真否確認の回答書を編年体によりつづり込む。
◇ 調査嘱託の結果を記載した書面

◇ 鑑定嘱託の結果を記載した書面
　鑑定嘱託の結果につき説明を求めたときの説明者の陳述書は，その鑑定書の直後につづり込む。
◇ 公文書真否確認照会の回答書
(カ) 証拠申出書群
　証拠申出書を原告，被告及び参加人の順に一括して編年体によりつづり込み，当該申出書の証拠に関する裁判書を当該申出書の直後（申出書がない場合には編年体による。）につづり込む。
◇ 証拠申出書（証拠申出の撤回書，取下書又は訂正書等を含む。）
　証人の住所補正書，氏名訂正書及び尋問事項補充書を含む。
◇ 文書提出命令申立書，同決定書
◇ 受訴裁判所に対する証拠保全申立書及び同決定書
◇ 証拠に関する裁判書
　◆ 証拠申出に対する採否の裁判書
　◆ 証拠調べをする受命裁判官の指定書
　◆ 鑑定人指定書
　◆ 書証の申出の提出期間の定め（規139）
　◆ 口頭弁論期日外の証拠調べ期日の指定書又は変更決定書
◇ 職権による証拠に関する裁判書

ウ　第3分類（その他の書類）
　第1分類及び第2分類につづる書類以外の次のような書類を(イ)から(オ)までに分け[36]，その順に，かつ，関係する書類ごとに編年体によりつづり込む。ただし，移送決定の確定，上訴の提起，差戻し判決等の確定，督促異議等に伴い送付を受けた訴訟記録送付書は，本分類の冒頭とし，上訴関係書類は本分類の末尾とする。

(ア) 移送決定の確定，上訴の提起，差戻し判決等の確定，回付及び督促異議等に伴い送付を受けた訴訟記録送付書
(イ) 代理及び資格証明関係書類
　関係書類ごとに編年体でつづり込む。
◇ 代理関係書類
　訴訟代理権又は法定代理権を証する書面及びこれらの関係書類を一括して編年体によりつづり込む。
　◆ 訴訟代理委任状
　　復代理委任状を含む。
　◆ 代理人許可申請書及び同許可書
　　委任状は添付書類となる。
　◆ 法定代理権を証する戸籍謄本，抄本及び家事審判書謄本

---

[36] 編成通達記1の(3)参照。

- ◆ 特別代理権を証する特別代理人選任申立書及び同選任又は解任命令書（法35）
- ◆ 代理人選任申立書及び同選任書（人訴13Ⅱ）
- ◆ 支配人及び船舶管理人の登記簿謄本，抄本
- ◆ 国及び行政庁地方公共団体が当事者である場合の指定代理人の指定書
- ◆ 特殊法人が当事者である場合の指定代理人の選任を証する書面
- ◆ 農業協同組合，水産業協同組合，中小企業協同組合又は労働金庫が当事者である場合の参事の選任を証する書面
- ◆ 以上の代理権に変動を生じることとなる書面（辞任又は解任届，代理権消滅通知書，代理人選任取消命令書等）
- ◆ 代理人事務所変更等の上申書
  - ◇ 資格証明関係書類
     当事者又は代表者の資格を証する書面及びこれらの関係書類を一括して編年体によりつづり込む。
    - ◆ 一般法人の代表者の証明書（登記簿謄本，抄本）
    - ◆ 法人でない社団又は財団の存在及び代表者又は管理人の証明書
    - ◆ 破産管財人又は会社更生管財人の選任書又は裁判所書記官作成の証明書
    - ◆ 株式の代表訴訟における株主であることの証明書
    - ◆ 海難事件の船長であることの証明書
    - ◆ 遺言執行者であることの証明書（遺言書謄本，家事審判書謄本又は家庭裁判所の裁判所書記官作成の証明書）
    - ◆ 普通地方公共団体が訴えを提起する場合の議会の決議書（地自96Ⅰ⑫）
       専決処分権がある場合（地自179Ⅰ，180Ⅰ）には不要である。
    - ◆ 労働組合が当事者である場合は代表者の資格を証する登記簿謄本，抄本
    - ◆ 選定当事者の選定書及び同変更選定書
       法30条3項の選定書を含む。
    - ◆ 補佐人許可申請書，同許可書及び同許可取消書
- (ウ) 督促事件記録
   督促異議等に伴い送付を受けた訴訟記録送付書は，本群の冒頭の訴訟記録送付書群につづり込む。
- (エ) 強制執行停止事件記録
   請求異議，第三者異議，執行文付与に対する異議等の訴えもしくは行政庁の処分の取消しの訴えの提起又は上訴もしくは異議申立等に伴う強制執行停止事件（行訴8,25）記録は一括してこの位置につづり込む。
  - ◇ 強制執行停止事件記録
  - ◇ 強制執行停止のために提供された担保の還付，取戻し又は変換等の手続関係書類
- (オ) その他
   この群につづる申立書，同申立書添付の疎明書類及び裁判書等関係書類は，一括

してつづり込む。
◇ 訴額及び管轄等関係書類
   ◆ 訴訟の目的の価額を明らかにする書類（釈明処分による鑑定書を除く。）
   ◆ 管轄合意書
   ◆ 管轄指定の申立書及び同指定書
   ◆ 管轄に関する職権証拠調べ調書
◇ 訴状補正命令書
   補正された結果の書面及び追貼された印紙は第1分類の訴状群，却下命令書は第1分類の判決書群につづり込む。
◇ 移送の申立書及び移送決定正本
◇ 弁論の併合，分離又は再開の申立書，訴訟手続中止の申立書
   決定書は第1分類の調書群につづり込む。
◇ 期日の指定又は変更の申立書
◇ 各種発送又は送付の書類
   ◆ 鑑定人の適任者推せん依頼書控え及び回答書
   ◆ 証拠調べ等の嘱託書控え
   ◆ 嘱託証拠調べ関係書類
      第2分類につづり込むものを除く。
   ◆ 証拠保全関係書類
      第2分類につづり込むものを除く。
◇ 訴訟救助関係書類（申立書及び決定書）
◇ 送達に関連する書類
   ◆ 公示送達申立書
   ◆ 休日・夜間における送達関係書類
   ◆ 送達場所等の届出書
      送達受取人の届出（法104Ⅰ）を含む。
   ◆ 送達不能通知書
   ◆ 和解調書等の正本送達申請書
   ◆ 郵便局に対する照会及び同回答書
◇ 送達報告書，簡易呼出の一覧表及び請書
   第1分類の判決書群につづるものを除く。同一期日の呼出状の送達報告書を一括する場合もあるし，期日の簡易呼出表を「各庁が定めた諸票」の位置につづり込む場合もある。
   送達不能事由を記載した報告書を含む。書留郵便等に付して発送したが配達不能として返送された書類の封筒も含む。
◇ 訴訟費用関係書類
   ◆ 費用予納命令関係書類
   ◆ 費用償還命令関係書類

第2章 控　訴

- ◆ 過納手数料の還付関係書類
- ◆ 郵便切手等催告書
- ◆ 訴訟費用額確定関係書類
- ◇ 証明，謄本等関係書類
  - ◆ 各種証明申請書
  - ◆ 閲覧及び謄写関係書類
  - ◆ 閲覧等の制限の申立書
    　閲覧等の制限決定等，申立てに関係する書類は一括してつづり込む。
  - ◆ 謄本等交付申請書
- ◇ 証人等尋問に伴う雑書類
  - ◆ 証人の勾引状
  - ◆ 過料決定書
  - ◆ 証人等の不出頭届及び診断書
  - ◆ 証人等の旅費日当請求書又は同放棄書
  - ◆ 規則68条2項の証人等の陳述を記載した書面
    　規則68条1項及び69条の録音テープ等は第3分類末尾，上訴関係書類の直前につづり込む（別途保管することも差し支えない。）。
    　規則68条2項の書面は単なる参考書面にすぎないので，調書と明確に区別するために第3分類のその他群につづり込む。
  - ◆ 鑑定料等に関する書類
- ◇ 執行文付与関係書類
- ◇ 判決（法254Ⅱの調書（調書判決）を含む。）又は和解調書等の更正決定の申立書
  　決定書は第1分類の判決書群につづる。
- ◇ 調書の記載に対する異議申立書及び同決定書
- ◇ 裁判所書記官の処分に対する異議申立書及び同決定書
- ◇ 期間伸長の申立書及び同決定書
- ◇ 和解の権限を証する書面
  　不在者の財産管理人の場合は，家庭裁判所の許可を証する家事審判書謄本，地方公共団体が当事者の場合は，その議会の決議書謄本等
- ◇ 釈明関係書類
  - ◆ 第1回期日前における参考事項聴取書控え及び回答書（規61）
  - ◆ 期日外釈明書控え
    　釈明権の行使（法149，規63Ⅰ）をした場合である。
    　釈明の結果を記載した調書（規63Ⅱ）は第1分類の調書群につづり込む。
    　釈明の結果を記載した準備書面は，第1分類の訴状群につづり込む。
    　釈明の結果が証拠に関するものである場合は，第2分類の証拠説明書群につづり込む。

◇ 未確定の争点整理案及び意見書
　　調書に添付された未確定の争点整理案は第1分類の訴状群につづり込み，調書に添付されない未確定の争点整理案は，この群につづり込む。確定した争点整理案は，調書の添付の有無，弁論の提示の有無に関係なく第1分類の調書群につづり込む。
　　争点整理案に対する単なる意見書はこの群につづり込み，主張の変更，新たな主張又は主張の補足説明に当たる場合には，第1分類の訴状群につづり込む。

◇ その他
　◆ 緊急命令書（労組27の10）
　◆ 訴訟記録送付書（(ア)に記載した以外のもの）
　◆ 自庁調停記録
　　　成立調書は第1分類の判決書群につづる。
　　　民事調停法17条の調停に代わる決定は，自庁調停記録内につづり込む。

> 　アンケート（平成11年7月実施）によると，控訴に伴う強制執行停止事件記録をつづり込む箇所については，①上訴関係書類として第3分類末尾につづり込む方法，②第3分類の強制執行停止事件記録の箇所につづり込む方法，③それのみをひき舟とする方法があり，各庁で見解が分かれている。
> 　移審の時期は控訴の提起時であるとする考え方の場合，控訴の提起により，事件は第一審裁判所の係属を離れて控訴裁判所に係属しているから，原則として控訴裁判所で強制執行停止の裁判をすべきであるが，法404条により訴訟記録が第一審裁判所に存するときにはその裁判所で裁判をすると定められているため，第一審裁判所が控訴裁判所の代行として行うと考えることができる。このような考え方の場合であれば，①の見解となるであろう。
> 　③の方法を採用している庁は，原則として控訴に伴う強制執行停止の裁判を特定の部で行う取扱いであり，そのため控訴に伴う強制執行停止事件記録が別冊になるという特殊事情があるようである。
> 　強制執行停止決定後に申し立てられる担保取消事件の管轄裁判所は，担保提供命令裁判所とされており，控訴に伴う強制執行停止決定をした第一審裁判所が管轄裁判所になるが，この場合，強制執行停止事件記録が控訴審事件記録につづり込まれているにもかかわらず，担保取消事件関係書類は第一審裁判所が現に裁判をなした関係上，第一審事件記録につづり込まれることになり，一覧性という面から考えると不便があると考えられる。
> 　理論的側面はともかく，一覧性の便宜を考慮すると，②の方法で一括してつづり込む見解を相当としたい。

エ　目録及び丁数等
　(ア)　目録
　　　事件記録を控訴裁判所に送付する際には，記録目録を作成し，第1分類の調書群

第2章 控　　訴

の直前につづり込む（記録編成通達記2の(1)参照）。ただし，書証目録及び証人等目録の記載をもって記録目録の作成に代えて差し支えないとされ，この場合においては，記録送付書（保管送付通達記第2の1）に「書証目録及び証人等目録の記載をもって記録目録の作成に代える」旨を記載するものとされている（平成17年10月14日付け総務局長書簡別紙「記録目録及び丁数の取扱いについて」1の(2)参照[37]）。

　　　記録目録を作成する場合は第1分類及び第2分類については，【参考例9】の目録様式に表示されている限度のもの（調書群及び第2分類中の群については，群初葉の丁数を記載する。）を記載すれば足り，第3分類については，第3分類の冒頭につづられた書類，委任状及びこれに準ずる書類並びに資格証明書及び上訴関係書類について記載し，その他の書類については，上訴審等の検索の必要性を勘案し，適宜記載すれば足りる。ただし，記録が分冊された場合においては，書証の検索についてなお困難を伴うことが予想されるので，各分冊に含まれる書証を明示することになろう。また，上訴関係書類は，第一審において一度立件して判断を経ているものであるが，同時に上訴審の記録の一部となるものであり，上訴審でつづり替えることが予想されているから，仮丁数を付すこととして，記録目録の末尾にかっこ書きで，「掲記のほか，上訴関係書類○○丁あり」と記載することになろう。

(イ) 丁数

　　　丁数は，総審級の通し丁数とし，判決書（法254Ⅱの調書（調書判決）を含む。），和解調書，放棄調書及び認諾調書には下部右欄外に，その他の書類には上部右欄外に付する[38]。

　　　◇　書籍が証拠書類として提出されているような場合は，一部分について紛失することは想定できないので，全葉に丁数を打つ必要はなく，表紙のみに丁数を打つことで足りる（平成17年10月14日付け総務局長書簡別紙「記録目録及び丁数の取扱いについて」1の(3)のイ参照[39]）。

オ　上訴関係書類

　　控訴提起に伴う上訴関係書類をつづる順は，民事控訴提起事件表紙，予納郵便切手管理袋，控訴状及び関係書類，控訴に伴う訴訟記録送付書の順になる。

　　控訴提起後に提出された書類は，すべて上訴関係書類としてつづり込む。

　　第一審の口頭弁論終結後，控訴の提起までに提出された書類は，準備書面であれば

---

[37] 記録編成通達における3分方式自体から書類の編てつ位置はおおむね明らかであり，他方，証拠関係書類の検索については，書証目録及び証人等目録の記載で足りると考えられることから，記録送付書に所要の記載をした場合には，記録目録の作成を省略できる旨を明らかにしたものである（平成17年10月14日付け総務局第三課長事務連絡「事件記録における記録目録及び丁数の取扱いについて」別紙「記録目録及び丁数の取扱いについて」の補足説明」1の(2)参照）。

[38] 判決書（法254Ⅱの調書（調書判決）を含む。），和解調書，放棄調書及び認諾調書の右側上部には，記録保存に際して順次番号が付される（保存通達「別紙様式記載要領」第1の1参照）ので，これらの丁数は書類の下部右欄外とされている（記録編成通達記2の(1)参照）。

[39] ページ数が付されている書類については，ページ数により書類の検索及び特定が可能であることから，書類の初葉に丁数を付せば足りることを明らかにしたものである（平成17年10月14日付け総務局第三課長事務連絡「事件記録における記録目録及び丁数の取扱いについて」別紙「記録目録及び丁数の取扱いについて」の補足説明」1の(3)のイ参照）。

第1分類の訴状群，書証であれば第2分類の書証群に，それぞれつづり込む。
カ　併合事件記録の取扱い
　　併合された事件記録は，一括して併合した事件記録に添付（別冊となる。）する。
キ　冒頭の編成
　　実務上，表紙の後ろには，予納郵便切手管理袋，保管金受払票，各庁が定めた諸票の順に書類がつづり込まれており，期日の簡易呼出表を「各庁が定めた諸票」の位置につづり込む場合もある。
　　期日の簡易呼出表は原則的には第3分類「その他」につづり込む書類であると解されるが，法94条により簡易呼出のできる範囲が広がったことから，検索が容易な「各庁が定めた諸票」の箇所につづり込む取扱いも許されると考えられる。

【参考例9】（目録…記録が分冊された場合）

分類名	文書の標目等		初丁数等	備考
○○○○裁判所		（第1審） 記録冊数 ○冊		総丁数 ○○丁
第1分類	調書群		○○	
	判決書		○○	
	訴状（控訴状，上告状）		○○	
	反訴状		○○	
第2分類	目録	書証	○○	
		証人等	○○	
	書証群		○○	
		（甲○～甲○号証）第○分冊		
		（甲○～乙○号証）第○分冊		
		（乙○～乙○号証）第○分冊		
	証拠調べ調書群		○○	
第3分類	委任状（原告）		○○	
	委任状（被告）		○○	
	（掲記のほか，上訴関係書類○○丁あり）			

(2) 原審記録の点検
　ア　冒頭部分
　　　□　表紙の記載（事件番号，事件名，当事者氏名，代理人氏名，併合事件・付随事件の記載，事件終局事由とその年月日，民事保管物の記載）
　　　□　予納郵便切手の処理
　　　□　保管金の処理
　　　□　目録の記載
　イ　期日指定・呼出手続
　　　□　弁論期日の指定
　　　□　判決言渡期日の指定
　　　□　第1回口頭弁論期日の呼出手続
　　　□　期日変更・変更後の呼出手続
　　　□　不出頭当事者の呼出手続
　　　□　判決言渡期日の呼出手続
　ウ　第1分類
　　(ア)　調書群
　　　□　付合議決定
　　　□　弁論回数の連続
　　　□　期日の連続
　　　□　事件番号
　　　□　訴状・答弁書の陳述
　　　□　準備書面の陳述
　　　□　弁論準備手続後の結果陳述
　　　□　弁論更新手続
　　　□　「証拠関係別紙のとおり」の記載
　　　□　裁判官又は裁判長の認印
　　　□　裁判所書記官の記名・押印
　　(イ)　判決書群
　　　□　事件番号
　　　□　当事者・代理人の表示
　　　□　執行文付与の原本付記
　　　□　誤字・脱字
　　　□　契印・訂正印
　　　□　裁判官の署名・押印
　　　□　取下書・同意書
　　　□　判決正本等の送達報告書
　　(ウ)　訴状群
　　　□　訴状・答弁書及び準備書面の送達・交付

第2章 控　　訴

　　エ　第2分類
　　　(ｱ)　目録群等
　　　　□　事件番号
　　　　□　書証の提出・証人等の申請当事者の表示
　　　　□　書証と標目との照合
　　　　□　書証の提出・証人等の申請の弁論回数
　　　　□　書証の認否・証人等の採否の記載
　　　　□　証拠調べ指定期日の連続
　　　　□　取り調べた期日
　　　　□　備考欄の記載
　　　　□　書証・証人等目録の裁判所書記官の訂正印
　　　　□　文書提出命令申立ての立件手続
　　　　□　証拠保全事件の処理
　　　　□　嘱託文書の処理
　　　　□　期日外証拠申出の処理
　　　(ｲ)　書証群
　　　　□　書証写しの交付
　　　(ｳ)　証拠調べ調書群等
　　　　□　事件番号
　　　　□　弁論回数及び期日との照合
　　　　□　宣誓書・宣誓維持の記載
　　　　□　項番号の連続
　　　　□　契印・訂正印
　　　　□　第6号様式調書における裁判官又は裁判長の認印
　　　　□　裁判所書記官の記名・押印
　　　　□　検証調書添付の図面の確認及び調書との契印
　　　　□　鑑定書の確認
　　　　□　証拠申出書副本の交付
　　　　□　証拠決定の告知
　　　　□　速記録の記載
　　オ　第3分類
　　　　□　代理権消滅通知
　　　　□　付随事件の処理
　　　　□　証人旅費日当の支払
　　　　□　鑑定料の支払
　　　　□　送達報告書の点検
　　　　□　記録閲覧謄写申請書の点検

カ　その他
　　　　□　判決正本の送達の確認
　　　　□　民事保管物の処理
(3)　録音テープ等
　　ア　規則68条1項の録音テープ等
　　　　裁判所書記官が裁判長の許可により，証人，当事者本人又は鑑定人の陳述を，録音テープ又はビデオテープ等に記録した場合において，当該事件に対して控訴が提起され，事件が控訴裁判所に係属し，控訴裁判所が必要であると認めたときは，証人等の陳述を記載した書面を作成しなければならない（規68Ⅱ後段）。
　　　　作成した書面は，単なる参考書面にすぎないので，調書と区別するため，訴訟記録の第3分類につづり込むことになる[40]。
　　イ　規則170条2項の録音テープ等
　　　　第一審が簡易裁判所の事件で，規則170条の手続を経たものにつき，控訴の提起があった場合でも，同条所定の手続により当事者等の利用に供するため作成された録音テープ等は，訴訟記録の一部ではないので，控訴裁判所には送付しない[41]。
(4)　留意事項
　　◇　原審事件の手数料が過納となっている場合は，手数料還付の手続をするか当事者に放棄させておく[42]。
　　◇　控訴事件の手数料算定の基礎となるので，原審事件の訴額算定計算式は，メモ等で必ず記載しておく。
　　◇　控訴提起事件については，控訴裁判所で最終的な訴額の算定をするので，第一審裁判所で手数料を還付する手続を行わないようにする。
　　◇　当該訴訟記録が閲覧等制限決定等の対象となっている場合は，控訴裁判所にその旨が分かるよう注意書等を付けておく（第2の12 訴訟記録の閲覧・謄写及び複製に関する事務（98ページ）を参照）。
　　◇　送付嘱託により取り寄せた保管物は返還手続をしておく。
　　◇　控訴状副本，附帯控訴状副本及び控訴と同時に提起された反訴についての反訴状副本等は，控訴裁判所の裁判所書記官が送達するものであるから，第一審裁判所の裁判所書記官は，これらを訴訟記録とともに控訴裁判所へ送付する。

> ○　第一審裁判所が当該事件を処理するに当たり行った争点整理，主張整理等の中で作成した書面やメモ等は，訴訟記録を控訴裁判所に送付する際に，同送することが望まれる。
> 　　裁判所間の情報提供は，事件内容の早期把握と審理促進につながるからである。
> ○　事件について，警備に関する情報があれば，メモ等で控訴裁判所へ情報提供してお

---

[40] 記録編成通達記1の(3)のキ参照。
[41] 新通達等の概要（下）191参照。
[42] 受付分配通達の概要7参照。

第2章 控　　訴

くことが望ましい。
○　第一審裁判所に対し，控訴裁判所が，第一審判決書写しの添付を求めている場合がある。
　　添付する判決書の部数は庁により異なるが，おおむね1部ないし3部である。
　　控訴裁判所は合議体で，裁判官三人により構成されており，各裁判官が各自の手控えを作成していること，控訴審の判決書における事実及び理由の記載には，第一審判決書の引用ができること（規184）などがその理由として考えられよう。

◇　控訴に伴う予納郵便切手の引継ぎ[43]
　　控訴に伴って予納郵便切手を訟廷管理官に引き継ぐときは，予納郵便切手管理袋に所要の記載をする。

【参考例10】（予納郵便切手管理袋）

平成○年（ワネ）第○○号

予納郵便切手管理袋

事件番号	予納者	控訴人			
（空欄にしておく）					
年月日	摘　要	引継・予納額	使用額	残額	印
○・○・○	引　継	△△			
○・○・○	受　領			△△	印
○・○・○	引継（控訴）	△△		0	印
	印（主任書記官の確認印）				

◇　訴訟記録を訟廷に引き継ぐ。

7　付随事件等

　控訴の提起に伴い第一審裁判所には，①手続受継（法128），②訴訟救助（法82），③公示送達（法110），④強制執行停止（法403Ⅰ③），⑤執行文の付与（民執26）などの各申立てがなされることがある。
　①，③については，第一審裁判所で当事者を確定して送達すべき書類がないのであれば，控訴裁判所の裁判にゆだねてよいであろう。②は，第一審裁判所で補正命令を出すことが

---

[43] 予納郵券取扱通達記第4の1参照。

できないことから考えても，控訴裁判所の裁判する事項であろう。④については，法 404 条の規定により裁判をすべき裁判所が定められているから，訴訟記録が第一審裁判所に存する場合は，第一審裁判所で裁判することになる。⑤は，記録の存する裁判所の裁判所書記官が付与することになっているから（民執 26Ⅰ），上記④と同様である[44]。

この他，記録の閲覧・謄写及び録音テープ又はビデオテープの複製の許否，記録の正，謄，抄本の交付，訴訟に関する事項の証明書の交付（法 91，規 33），判決の確定証明書の交付（規 48Ⅰ）等の事務を行うことになる。

8 記録の送付

第一審裁判所による控訴却下の決定があった場合を除き，第一審裁判所の裁判所書記官は，遅滞なく，控訴裁判所の裁判所書記官に対し，訴訟記録を送付しなければならない（規 174）[45]。

訟廷事務を担当する裁判所書記官は，原審事件の終局事由等を事件簿に記載した後，控訴裁判所へ訴訟記録を送付するため，次のとおりの処理を行う。

(1) 記録送付書の作成[46]

控訴の提起により他の裁判所に訴訟記録を送付する場合には，記録送付書（【参考例 11】）を作成し，訴訟記録とともに送付する。

◇ 規則 68 条記載の録音テープ又はビデオテープ等を控訴裁判所に送付する際には，記録送付書にその旨の記載を忘れないようにする。

(2) 記録送付通知書の送付[47]

訟廷管理官は，1件の訴訟記録を2個以上の郵便物として送付する場合又は数件の事件記録を1個の郵便物として送付する場合には，記録送付通知書[48]（【様式1】）を作成し，事件記録の送付を受ける裁判所の訟廷管理官に別途送付する。

(3) 予納郵便切手の引継ぎ[49]

訟廷管理官は，控訴等の事由により事件記録を引き継ぐときは，事件記録の送付書及び事件関係送付簿の「備考」に引き継ぐべき予納郵便切手の額を記載し，事件記録とともに予納郵便切手を引き継ぐ。

---

[44] 控訴の提起に伴い申し立てられた雑事件のうち，第一審裁判所で判断できないものについては，基本事件を控訴裁判所へ送付する際，未済のまま同送することになるので，第一審裁判所における終局事由は，「（控訴裁判所へ）記録送付により終了」となる。
[45] 訴訟記録の送付については，控訴理由書の提出期限が控訴提起後 50 日以内と定まっている（規 182）ので，提出期限を考慮しながら遅滞なく送付することを要する。
[46] 保管送付通達記第2の1参照。
[47] 保管送付通達記第2の3参照。
[48] 保管送付通達別紙様式第2を使用する（保管送付通達記第2の3参照）。
[49] 予納郵券取扱通達記第4参照。

【参考例11】(記録送付書)

事 件 名	
原審事件番号	平成　　年（　　）第　　　　号
控訴提起事件番号	平成　　年（　　）第　　　　号
控 訴 人	
被 控 訴 人	
送 付 の 事 由	控訴　　抗告　　その他（　　　　）
記 録 冊 数	全　　　冊
送 付 方 法	使送　　　書留小包郵便

平成　　年　月　日

　　高等裁判所　　裁判所書記官殿
　　地方裁判所　　　　支部
　　　　裁判所書記官

訴 訟 記 録 送 付 書

受付印	予納郵便切手　　　　　円
	管理換　　訟廷管理官
	貼付印紙　　　　　　　円
	郵券　　　　　円	認印

【様式１】（記録送付通知書）

```
            裁判所　訟廷管理官　殿
              （主任書記官　殿）

                            裁判所　訟廷管理官
                              （主任書記官）

                  記　録　送　付　通　知　書

    平成　　年　　月　　日，当庁から貴庁にあてて下記の事件記録を送付しました。
                            記
```

事件番号又は被告人等名	冊　数	引　受　番　号　等	備　考

（注）はがきでこの通知をする場合には，あて名は不要である。

9　控訴の取下げ

控訴の取下げは，訴訟記録のある裁判所にしなければならず，取下げについて裁判所書記官は，その旨を相手方に通知しなければならない（規177）。

よって，控訴提起後，控訴裁判所へ訴訟記録を送付するまでの間に，第一審裁判所へ控訴取下書が提出された場合は，第一審裁判所の裁判所書記官が，当該控訴提起事件の取下げに関する事務処理を行う。

取下げの事務処理後，訴訟記録を控訴裁判所へ送付することは要しない。

控訴の取下げには，訴えの取下げに関する法261条3項，262条1項，263条の規定が準用される（法292Ⅱ）ので，事務処理は訴えの取下げにおける手続と同様である。

第2章 控　訴

≪注意すべきポイント≫
○　控訴の取下げにつき被控訴人の同意は不要である。
○　第一審で敗訴した原告が，控訴を提起した後に単に「取下書」と題する書面を提出した場合，それを控訴の取下げと解するべきか，訴えの取下げと解するべきかが問題となる。

　控訴の取下げであれば，第一審判決が確定するが，訴えの取下げの場合は，訴訟係属自体がなくなるだけでなく，同一事件については再訴の禁止（法262Ⅱ）の効果も生じることになる。したがって，当事者が控訴取下げの意思を持っているのか，訴え取下げの意思をもっているのか釈明させる必要がある。

　当事者が釈明に応じない場合は，裁判所が当事者の意思を推し量ってどちらかの取扱いをしなければならない。その際，相手方の同意があれば訴えの取下げと解せそうだが（法261Ⅱ），実際には，相手方が訴えの取下げであることを十分に意識せずに同意していることもあり得るので，即断することなく，同意をした相手方の意向を聞くなどして慎重に対処すべきである。

　当事者が，誤って控訴裁判所への訴訟記録送付後に第一審裁判所に控訴取下書を提出した場合は，次のように取り扱う。
①　受付窓口で，改めて訴訟記録の存する裁判所に提出するよう促す。
②　郵便等によって提出された場合等で，このような促しが困難である場合には，例外的に，事実上の処置として控訴取下書を受理した上，訴訟記録の存する控訴裁判所に回送する。このとき，控訴裁判所に，電話又はファクシミリを利用して控訴の取下書が提出されたことを連絡しておくことが望ましい。

　控訴の取下げは，訴訟記録の存する裁判所にしなければならないとされているが，もとより控訴裁判所への移審の効果自体は控訴の提起により既に生じているので，控訴裁判所へ事件記録が送付された場合には，訴訟記録の存しない第一審裁判所を控訴裁判所の機関と見ることはもはや適当でないと考えられるところであるが，事実上の処置として上記のような運用になると考えられる[50] [51]。

　　アンケート（平成11年7月実施）によると，ある高等裁判所の管内では，上訴事件記録の送付遅延防止等のため，高等裁判所に対する上訴の申立てがあったときは，原審裁判所がその旨を高等裁判所宛に通知すること（受理通知）にしており，その訴訟記録を送付する前に，当該上訴の申立ての取下げ，又は原審における却下その他の事由により事件が終了した場合は，取下げ等の通知をする旨の通達を出し，管内で統一した事務処理を行っている（【参考例12】）。

---

[50] 改正関係資料(3)549「高等裁判所における上訴の立件等の事務処理について」参照。
[51] 控訴の取下げの効果の発生時期は，控訴裁判所が控訴の取下書を受理したときと解されるであろう。

第2　控訴提起事件の事務処理手続

【参考例12】（上告申立受理（取下等）通知書）

平成　　年　　月　　日　　　　　　高等裁判所　　　　　殿　　　　　　　　　　　　　　　　　　　　裁判所　　　　　　　　　　　　　　　　　（官職）　　　　　　　　　　　印　　　　　　　　　　上　訴　申　立　受　理　　通　知　書　　　　　　　　　　　　　　　取　　下　　等	
原　審　事　件　番　号	平成　　年（　　）第　　　　号
事　　件　　名	(通称　　　　　　　　　　　　事件)
当　　事　　者	
判　決 決　定　年　月　日	平成　　年　　月　　日
上　訴　申　立　年　月　日	平成　　年　　月　　日（控訴・上告・抗告）
上　訴　受　理　事　件　番　号	平成　　年（　　）第　　　　号
上　訴　取　下　等　の　年　月　日	平成　　年　　月　　日（取下・却下）
備　　　　考	

　（注）　1　該当する文字を〇で囲むか，又は，不要文字を抹消する。
　　　　　2　原審で，控訴の却下（民訴法287条）等の裁判があって，それが確定したときは，その旨を備考欄に記載する。

訴えの取下げの場合

≪控訴状の受理後，記録送付前に，第一審裁判所に対し，訴えの取下書が提出された場合について≫

　原則的には，控訴状の受理後，訴訟記録送付前に，訴えの取下書（同意書の添付の有無にかかわらず）が第一審裁判所に提出された場合は，移審の効力が発生している以上，控訴裁判所へ訴えの取下書を提出すべきであり，送達も控訴裁判所が行う必要があると考えられる。

　しかし，訴訟記録が第一審裁判所にある間に，訴えの取下書が提出された場合には，記

第2章 控　　訴

> 録を控訴裁判所に送付したとしても，訴えの取下げにより控訴裁判所から記録が返還されるだけであることがほとんどである。また，相手方の同意がない場合は，取下書を送達する必要があるが，事件の迅速処理の観点からすれば，早期に送達できるようにすることが望ましい。
> 　規則177条1項では，訴訟記録が第一審裁判所にある場合は，控訴の取下げは第一審裁判所においてする旨規定されているが，これは，第一審裁判所が控訴裁判所の言わば機関として行う，と解されていることによる。また，現行の民事訴訟法で，法286条1項，法287条1項が規定されたことは，いずれも，控訴裁判所の機関としての第一審裁判所の機能が強まったと見ることもできる。
> 　そこで，運用上の取扱いとして，訴訟記録が第一審裁判所に存する間に，相手方の同意書が添付された訴えの取下書が第一審裁判所に提出された場合には，控訴の取下げのときと同様に取り扱い，相手方の同意がない場合には，第一審裁判所が訴えの取下書を相手方に送達するということも考えられる。
> 　ただし，取下書あるいは同意書の内容に疑義がある場合，送達が困難で，かつ相手方の同意も得られないような場合等は，結果的に，不当に長く第一審裁判所に訴訟記録を置いていたことになるおそれもあるため，このような場合は，受理した訴えの取下書を控訴裁判所へ送付する必要がある。
> 　いずれにしても，移審の効力は発生しているため，慎重に取り扱う必要がある。

10　執行文の付与

　控訴の提起後，第一審裁判所に対して，執行文付与の申立てがなされることがある（民執26Ⅰ）。

(1)　付与機関

　控訴提起事件の基本となる第一審裁判所における事件について執行文の付与が考えられるのは，①第一審判決に仮執行宣言が付いている場合，②第一審判決が一部につき確定した場合（一部につき控訴権の放棄があった場合を含む。），③和解及び調停が一部につき成立した場合，④一部につき認諾があった場合，⑤控訴の取下げ，又は，控訴の提起後に控訴権の放棄があった場合，⑥控訴却下決定が確定した場合であるが[52]，いずれも，訴訟記録の存する裁判所の裁判所書記官が執行文を付与することになっている（民執26Ⅰ）。よって，訴訟記録を控訴裁判所へ送付するまでの間は，第一審裁判所の裁判所書記官が付与することになる。

(2)　債務名義

　既に述べたように，第一審裁判所の裁判所書記官は，当事者の申立てにより，第一審判決，和解調書，調停調書及び認諾調書に執行文を付与することになる。

ア　第一審判決に仮執行宣言が付されていない場合

　仮執行宣言が付されていなければ，第一審判決は確定した時に債務名義になるから，

---

[52] ②から④までの各場合については，通常共同訴訟の共同訴訟人中の一人についてそれぞれ確定，成立，認諾があったときが考えられる。

裁判所書記官は，訴訟記録によって判決確定の確認をする必要がある。

　　控訴提起事件においても，通常共同訴訟の共同訴訟人中の一人について判決が確定しているような場合もあり，そのようなときは確定した一人についてのみ執行文を付与することになる。

　　控訴による不服部分が1個の請求の一部分である場合，客観的併合（法136）請求のうちの1個の請求部分のみ不服がある場合，いずれの場合も他の請求部分が独立して確定するわけではなく，その判決全部が確定しないので，執行文を付与することはできない。

　　具体的な確定については第2の11証明を参照。
　イ　第一審判決に仮執行宣言が付されている場合
　　判決は民事執行法22条2号の債務名義となるから，裁判所書記官は，確定の有無に関係なく執行文を付与することができる。

11　証　明

(1)　一般証明

証明は，証明の資料を保管する裁判所の裁判所書記官に対して請求する（法91Ⅲ）。

よって，訴訟記録を控訴裁判所に送付するまでは，第一審裁判所の裁判所書記官に対して請求することになる。

(2)　裁判の確定証明

　ア　請求先

　　請求は，原則として第一審裁判所の裁判所書記官に対してする（規48Ⅰ）。

　　訴訟が控訴審に係属後，具体的には，訴訟記録の送付後において，判決確定証明書の交付の請求があったときは，訴訟記録の存する裁判所である控訴裁判所の裁判所書記官がこれを交付することになる（規48Ⅱ）[53]。

　イ　調査事項

　　第一審判決につき，勝訴原告から確定証明の請求があった場合，第一審裁判所の裁判所書記官は次の点に注意して調査する。

　　◇　判決又は法254条2項の調書（調書判決）正本が適法に送達されているか。送達日から控訴期間（2週間）が経過しているか。

　　◇　控訴の提起がないか。

　　　控訴状が記録につづり込まれていない場合もあるので，よく確認する必要がある。

　　　控訴状が控訴審に直接提出されている場合は，控訴審の裁判所書記官が第一審の裁判所書記官に対し，控訴の提起があった旨を連絡するべきである。なお，控訴期間が経過してすぐに確定証明を出したところ，実際は確定していなかったということもあり得るので（例えば，控訴審に控訴状が提出され，控訴審が移送や回送等の事務処理をしていたような場合），慎重に対処すべきであろう。

　　◇　控訴提起後，控訴却下決定（法287）謄本が適法に送達されているか。送達日か

---

[53] 条解106参照。

ら即時抗告期間（1週間）が経過しているか。
ウ 確定及び確定時期についての確認
次のような場合，第一審判決は確定しない。
◇ 控訴による不服部分が1個の請求の一部分であるとき
◇ 客観的併合請求のうちの1個の請求部分のみ不服であるとき
◇ 本訴と反訴について言い渡された1個の判決に対して，当事者の一方のみが控訴したとき（他方の当事者の勝訴部分のみが独立して確定はしない。）
◇ 必要的共同訴訟で，共同訴訟人の一人が控訴したとき（他の共同訴訟人にもその効力が生ずるから，全員について判決全部が確定しない。）
◇ 離婚訴訟の第一審判決で離婚が認容され，財産分与や親権者指定の部分についてのみ控訴があったとき（判決全部が移審するから，離婚の部分のみ確定するわけではない。）
◇ なお，原告の訴えを不適法として却下した判決に対しては，原告にとって不利益であるばかりでなく，被告が請求棄却の申立てをしているような場合は，被告にとっても不利益であるので，当事者双方から控訴の提起ができる点に注意をすべきである。
(ｱ) 控訴権放棄の場合
第一審判決で全部敗訴した当事者が，控訴期間内に控訴権の放棄（法284）をした場合，放棄とともに控訴権が消滅するので，控訴期間の満了を待たないで第一審判決は確定する。
第一審判決が一部勝訴判決で，当事者双方が控訴権を有している場合，双方が控訴期間内に各別に控訴権を放棄したとき，後の放棄のときに第一審判決は確定する。当事者の一方だけが控訴権を放棄したときは，他の当事者の控訴期間経過のときに第一審判決は確定する。
(ｲ) 不控訴の合意がある場合
a 飛躍上告としての上告権を留保しない趣旨の適式な不控訴の合意の書面が提出されている場合（法281Ⅱ）
第一審判決言渡し後の合意であればその書面提出の日が第一審判決の確定日となるが，合意が第一審判決言渡し前であれば，控訴権の発生がないので，第一審判決言渡しの日が確定日となる。
b 飛躍上告としての上告権を留保して不控訴の合意をした場合（法281Ⅰただし書）
飛躍上告としての上告権を有する当事者の上告期間経過のときに第一審判決は確定する。
(ｳ) 控訴取下げの場合
控訴の取下げ（法292）が控訴期間経過前になされた場合でも，再度，控訴を提起することができるから，相手方が控訴権を有しないか，附帯控訴していても独立附帯控訴の効力（法293Ⅱただし書）が認められないときは，本来控訴権を有して

いた者を基準として控訴期間を算定し，控訴期間経過の時に第一審判決は確定する。
　控訴期間経過後に控訴の取下げ（控訴の取下げ擬制を含む。）がなされた場合，相手方が附帯控訴をしていても独立附帯控訴の効力が認められないときは，本来控訴権を有していた者を基準として控訴期間を算定し，控訴期間経過の時にさかのぼって，第一審判決は確定する。控訴の取下げにより控訴の提起がなかったものとみなされるからである（法292Ⅱ，262Ⅰ）[54]。

(エ)　控訴却下決定の場合
　第一審でなされた控訴却下決定（法287Ⅰ）に対しては即時抗告（法287Ⅱ）が許されるから，即時抗告期間経過により確定する。
　控訴却下決定が確定したときは，本来控訴権を有していた者を基準として控訴期間を算定し，控訴期間経過の時に第一審判決は確定する。

(オ)　全部勝訴判決の場合
　控訴提起があった場合，原則として確定しない。ただし，通常共同訴訟の場合は各別に確定する。
　敗訴した当事者に対する第一審判決正本送達日を基準として控訴期間を算定し，控訴期間経過の時に第一審判決は確定する。
　人事訴訟では，全部勝訴の当事者が，控訴審で訴えの変更又は反訴により別個の請求をする必要があるときには，控訴提起することができるとされているので，後に送達された当事者の送達日を基準として算定する扱いが相当であろう。

(カ)　一部勝訴判決の場合
　控訴提起があった場合，原則として確定しない。ただし，通常共同訴訟の場合は各別に確定する。
　当事者双方いずれにも控訴権があるので，第一審判決正本を後に送達された者の送達日を基準として控訴期間を算定し，控訴期間経過の時に第一審判決は確定する[55]。

(キ)　通常共同訴訟（法39）の場合
　共同訴訟人の中に複数の敗訴者があり，そのうちの一人から控訴の提起があった場合でも，控訴の効力は各共同訴訟人と相手方との間にのみ生じるため，各別に確定する。
　確定は，証明を求める対象者の送達日を基準として控訴期間を算定し，控訴期間が経過した時になる。

(ク)　必要的共同訴訟（法40）の場合
　判決は一つであり，共同訴訟人全員について控訴期間が経過した時に確定する。
　よって，最後に第一審判決正本を送達された者を基準として控訴期間を算定し，控訴期間経過の時に第一審判決は確定する。

---

[54] 控訴の取下げ時に第一審判決が確定するという見解や実務もある（注解(11)184参照）。
[55] 通常の客観的予備的併合の訴えにおいて，予備的請求を認容した判決に対しては，当事者双方ともに控訴権を有するので，後に送達された者の送達日を基準として確定時期を算定する。

12 訴訟記録の閲覧・謄写及び複製に関する事務

　訴訟記録は，事件の係属中は受訴裁判所の裁判所書記官が保管する。控訴提起後でも，訴訟記録を控訴裁判所に送付するまでは，第一審裁判所の裁判所書記官が保管する（規174）。

　したがって，訴訟記録の閲覧等は，記録を保管する裁判所の裁判所書記官に対して請求しなければならない。

　秘密保護のために，閲覧等が制限された記録については，控訴裁判所で誤って閲覧等に供されることのないよう，記録の表紙に「閲覧制限あり」等と朱書きしておくことが望ましい。

第3 控訴事件の事務処理手続－控訴裁判所における手続－

1 控訴裁判所

　第一審裁判所が簡易裁判所の場合は，当該簡易裁判所を管轄する地方裁判所が，第一審裁判所が地方裁判所及び家庭裁判所の場合は，当該地方裁判所及び家庭裁判所を管轄する高等裁判所がそれぞれ控訴裁判所となる。

　当事者が，誤って控訴裁判所に控訴状を提出した場合は，当事者が来庁したときは，窓口で教示して第一審裁判所への提出を促すことになるが，郵便提出等の場合は，控訴期間の点も考慮する必要があるから，自庁で受理して立件し，控訴裁判所の受付窓口又は事件の配てんを受けた部において，第一審裁判所の担当部署へ控訴状の提出があった旨を通知し，事件部に配てんして処理をゆだねることになる[1][2]。

　取扱いとしては，第一審裁判所へ移送する，管轄違いを理由として控訴を却下する，立件を取り消して第一審裁判所へ回送する等の考え方ができるが，いずれによるかは控訴裁判所の判断になろう。

　アンケートの結果（平成11年7月実施）によると，当事者が誤って控訴裁判所に控訴状を提出した場合について，庁によっては，高等裁判所が，管内の地方裁判所及び家庭裁判所とその事務処理手続について申合せをしている。

　申合せ内容は，控訴裁判所から第一審裁判所への通知方法と通知があった場合の第一審裁判所の対応であり，管内で，照会書及び回答書の定型用紙を作成している庁もあった。

2 控訴事件の受付手続

　控訴裁判所において立件すべき事件は，下記(1)のとおりである。

(1) 事件の種類

　基本事件は次のとおりである（なお，記録符号については，アの(ｱ)及び(ｲ)については民事事件記録符号規程，アの(ｳ)については行政事件記録符号規程による。）。

ア　基本事件

(ｱ)　民事控訴事件（レ）

　　第一審が簡易裁判所の民事控訴提起事件（ハレ）についての控訴事件
　　上告裁判所である高等裁判所からの原判決破棄差戻し，同破棄移送事件（法325）
　　特別上告裁判所である最高裁判所からの原判決破棄差戻し，同破棄移送事件（法327Ⅱ, 325）

(ｲ)　民事控訴事件（ネ）

　　第一審が地方裁判所の民事控訴提起事件（ワネ）
　　第一審が家庭裁判所の民事控訴提起等事件（家ト）

---

[1] 第一審裁判所に提出すべきものとされた控訴状が，控訴裁判所に提出された場合の取扱いは，基本的には控訴裁判所において判断すべき事項であろうが，第一審裁判所へ移送するという考え方をとった場合には，第一審裁判所において確定証明書を出すことができるかどうかということが問題となる。そこで，控訴状の提出を受けた控訴裁判所の受付窓口又は事件の配てんを受けた部が，控訴状の提出があった旨を第一審裁判所に通知するという運用が考えられる（改正関係資料(3)548「高等裁判所における上訴の立件等の事務処理について」参照）。

[2] 当該控訴裁判所の管内でない第一審裁判所へ提出されるべき控訴状が誤って提出された場合も，同様の事務処理手続をすることになる。

のそれぞれについての控訴事件

上告裁判所である最高裁判所からの原判決破棄差戻し，同破棄移送事件（法325）

(ｳ) **行政控訴事件（行コ）**

第一審が地方裁判所の行政控訴提起事件（行ヌ）についての控訴事件

上告裁判所である最高裁判所からの原判決破棄差戻し，同破棄移送事件（法325）

(ｴ) 附帯控訴事件（レ，ネ，行コ）

前記(ｱ)から(ｳ)までの各控訴事件に対してなされた附帯控訴事件

(ｵ) その他の事件

第一審裁判所に対し，控訴提起事件に関連してなされた，又は，控訴裁判所に対し，控訴事件に関連してなされた次の事件

反訴の提起（法300Ⅰ），独立当事者参加（法47），権利承継人の訴訟参加（法49），義務承継人の訴訟参加（法51前段），共同訴訟参加に基づく参加申出（法52），仮執行の原状回復及び損害賠償の申立て（法260Ⅱ），選定者に係る請求の追加（法300Ⅲ）

記録符号は，前記(ｱ)から(ｳ)までの各控訴事件と同じである。

イ 雑事件

控訴事件の係属を前提として申し立てられた雑事件

それぞれ，民事雑事件（記録符号は，控訴裁判所が地方裁判所の場合は（モ），高等裁判所の場合は（ウ）），行政雑事件（記録符号は（行タ））で立件する。

なお，上告審である最高裁判所から，控訴審である高等裁判所に対してする和解勧試の嘱託は，雑事件として立件するが，上告審である高等裁判所から，控訴審である地方裁判所に対してする和解勧試の嘱託は，共助事件として立件する。

本案が行政控訴事件の場合は，その事件を前提として申し立てられた雑事件も行政雑事件として立件する。

第3　控訴事件の事務処理手続

第一審から控訴審までの基本事件の記録符号の流れを示すとおおむね次のようになる。

事件＼審級	民事訴訟（簡易裁判所第一審）	民事訴訟（地方裁判所第一審）	行政訴訟	人事訴訟・通常訴訟（家庭裁判所第一審）
第一審	ハ・手ハ・少コ・ニ（※1）（※2）（※3）	ワ・手ワ・カ（※1）（※2）	行ウ・行オ	家ホ・家ヘ
（控訴の提起）	↓ ハレ	↓ ワネ	↓ 行ヌ	↓ 家ト
控訴審	↓ レ	↓ ネ	↓ 行コ	↓ ネ

※1　民事通常訴訟，手形・小切手判決異議
※2　手形・小切手訴訟（通常移行），手形・小切手訴訟（訴え却下判決（法355Ⅰによるものを除く。）の場合）
※3　少額訴訟（通常移行）

(2) **当事者の呼称**

控訴事件における実務上の当事者の呼称は以下のとおりである。

控訴審本訴	附帯控訴があったとき	控訴審で控訴人から反訴の提起があったとき
「控訴人」	「控訴人（附帯被控訴人）」	「控訴人（反訴原告）」
「被控訴人」	「被控訴人（附帯控訴人）」	「被控訴人（反訴被告）」

第一審で弁論が分離され，2個の判決がなされた後，当事者双方から独立して控訴があったとき
「一審原告」又は「平成○年（ネ）第○号事件控訴人兼平成○年（ネ）第△号事件被控訴人」
「一審被告」又は「平成○年（ネ）第○号事件被控訴人兼平成○年（ネ）第△号事件控訴人」

当事者双方から独立して控訴があったとき
「一審原告」
「一審被告」

第一審で控訴人に補助参加があったとき	控訴審で控訴人に補助参加があったとき
控訴人	控訴人
控訴人補助参加人	当審控訴人補助参加人
被控訴人	被控訴人

第2章 控　訴

控訴審で参加があったとき	上告審から差し戻されたとき
控訴人 被控訴人 当審参加人	控訴人，被控訴人等従前の控訴審と同じ呼称

(3) 訴訟記録の受領
ア　送付期間
アンケート（平成11年7月実施）によれば，高等裁判所が控訴裁判所である場合，第一審裁判所から控訴裁判所への訴訟記録送付日数は，控訴状提出から数えて20日から30日以内であり，一定期間（30日，40日又は50日と庁により期間は異なる。）を超えても訴訟記録が送付されないときは，遅延理由書を提出させている庁もあった。

また，高等裁判所本庁中半数の庁では，第一審裁判所と控訴裁判所間で，事件記録の送付期間についての申合せをしている。申合せによる送付期間は原則として30日程度である。

イ　訴訟記録の確認
第一審裁判所から訴訟記録が到着したときは，訴訟記録送付書を閲読し，送付記録の事件番号，冊数，添付郵便切手額，送付理由について点検する。

(4) 控訴状の点検
控訴裁判所の受付は，控訴状の点検をする（点検内容については，第2の3控訴状の受付手続（54ページ）を参照）。

補正を要する箇所を発見した場合は，付せん等で注記しておく。

(5) 立件手続
◇　原審記録と上訴関係書類とを分離する。
◇　訴訟記録が送付された場合は，訴訟記録送付書の余白に受付日付印を押捺する。
◇　事件簿への登載

民事控訴事件簿（記録符号は地方裁判所→レ，高等裁判所→ネ），行政控訴事件簿（記録符号は行コ）[3]に登載[4]する[5] [6]。

原判決書，附帯控訴状，反訴状，上告審の裁判書等が，事件番号の付け方の基準となる[7]。

第一審裁判所に双方控訴があっても，控訴裁判所は原判決書の個数で立件する。

現行の民事訴訟法の施行に伴い，民事・行政控訴事件簿から「ちょう用印紙」欄が削除されたので，控訴裁判所に附帯控訴が提起された場合は，「備考」欄に貼用印紙額

---

[3] それぞれ，帳簿諸票取扱通達別表第2，同第4による。
[4] 民事裁判事務支援システムを利用する場合は，事件簿への登載に代えて，民事裁判事務支援システムのサーバーの記憶装置に所要事項を記録することとなる（民裁支援システム通達記第1の1）。
[5] それぞれ，受付分配通達別表第1の9，同第2の4による。
[6] 様式はいずれも帳簿諸票取扱通達別紙様式第6である。
[7] 受付分配通達別表第1の9，別表第2の4参照。

を記載する[8]。
- ◇ 記録符号及び事件番号の記載，認印の押捺
- ◇ 収入印紙・郵便切手等の添付の旨の記載，認印の押捺
- ◇ 要報告事件の処理

  民事事件及び行政事件のうち，通達等に定められている事件については，最高裁判所への報告を要するので，当該控訴事件の記録表紙に，「報告事件」と朱書きをし，注意喚起をする。
- ◇ 要通知事件の処理

  法令の規定によって，裁判所から関係官庁に対し，事件に関する一定の事項を通知し又は判決謄本を送付しなければならない場合があるので，当該控訴事件の記録表紙には，「要通知」と朱書きをする。

《注意すべきポイント》
○ 第一審裁判所から訴訟記録が到着する前に，控訴裁判所に附帯控訴が提起されたときは，立件して，担当部を定め，担当部において訴訟記録の到着まで保管しておくことになろう。また，同じ担当部へ控訴事件を配てんすることになるので，第一審裁判所へ附帯控訴の提起があった旨を連絡し，第一審裁判所が送付すべき訴訟記録にメモ等で注意喚起をしておいてもらう必要がある。
○ 第一審で同時審判の申出がある場合は，控訴審で各別に控訴が係属した場合でも，当然併合して審判する（法41Ⅲ）ことになる。
○ 訴訟記録が到着したときには，口頭弁論調書を見て，裁判官の原審関与（法23Ⅰ⑥）がないか確認し，配てんに注意を要する。

アンケートの結果（平成11年7月実施）によれば，支部を含む高等裁判所の半数の庁で，訴訟記録到着時に受付から，控訴人又は控訴人代理人に対し，控訴事件の事件番号及び控訴理由書の提出期限を，ファクシミリで送信又は普通郵便で送付している。

残り半数の庁は，参考事項聴取や第1回口頭弁論期日の調整を行う際に，同様の連絡をしており，控訴理由書の提出期限を控訴人又は控訴人代理人に知らせていない庁はなかった。

また，第一審裁判所との申し合わせの上，第一審裁判所に控訴状が提出されたときに控訴理由書の提出期限を記載した書面を控訴人又は控訴人代理人に交付し，二重に当事者への注意喚起をしている庁もあった。

3 控訴の訴額及び手数料

控訴を提起する際には，控訴提起手数料を納付しなければならず（民訴費3Ⅰ,別表第一の2項），控訴状に収入印紙を貼り付ける方法で納めなければならない（民訴費8本文。ただし，現金をもってする手数料の納付の場合（同ただし書,民訴費規4の2Ⅰ），及び控訴審において訴訟救助の申立て（法82）がある場合を除く。）。

---

[8] 新通達等の概要（中）90参照。

第2章　控　　訴

(1)　**控訴の訴額**

　　控訴提起手数料の算出の基礎となる控訴の訴額は，控訴人が不服を申し出た部分を基礎に算定する[9]。例えば，500万円の給付請求について，200万円の給付を認容した第一審判決に対し，原告が控訴の提起をした場合，訴額は300万円となり，被告が控訴の提起をした場合，訴額は200万円となる。

　　原告及び被告がそれぞれ控訴の提起をした場合，不服部分が異なるから，訴額は各別に算定する。

　　訴額算定の基準時は，第一審の訴え提起時であり，控訴時ではない。

　　附帯控訴の場合も，控訴の場合と同様に，附帯控訴人が不服を申し出た限度で訴額を算定する[10]。算定する際は，控訴とは別個に独立して行う。

　　主債務者と連帯保証人が共同被告であるような主観的併合においては，各請求相互間に経済的な利益共通の関係があるために，吸収法則により訴額が算定されるが，これらの被告が各別に控訴を提起した場合には，各控訴ごとに訴額を算定し，手数料を算出する。

　ア　単純請求

　　(ｱ)　引換給付判決

　　　　無条件の給付請求に対して，第一審で引換給付判決がなされた場合，第一審の原告・被告とも控訴の利益を有する。

　　　　原告が控訴を提起する場合，不服申立て部分は，給付と引換えに出捐を命じられた部分であるから，その部分の価額が訴額となる。ただし，第一審の訴額を限度とするのが相当である。

　　　　被告が控訴を提起する場合，不服申立て部分は，第一審の請求そのものとなるから，訴額は第一審と同額となる。反対給付を考慮しなければ，原告の請求自体は，第一審判決で全部認められているからである。

　　(ｲ)　境界確定訴訟

　　　　境界確定訴訟の訴額は，第一審では，係争地域の物の価額とされている（訴額通知10）。そして，控訴の利益は，当事者の主張する境界より不利益に境界を定める判決がなされた場合に認められるから，これらのことから考えると，控訴の訴額は，原則として，第一審判決が定めた境界と控訴人が主張する境界とで囲まれた地域の目的物の価額とするのが相当である。

　　(ｳ)　住民訴訟

　　　　地方自治法242条の2第1項の訴えが提起された場合，第一審の訴額は，算定困難として160万円（民訴費4Ⅱ）とされている[11]。第一審判決が請求棄却又は訴え却下のとき，原告が不服を申し立てる範囲は，訴え提起の範囲と同じであるから，控訴の訴額は第一審と同じく160万円となる。

---

[9] 訴額通知備考(1)参照。
[10] 訴額通知備考(1)参照。
[11] 訴額算定の研究131参照。

第一審判決が一部認容の場合，原告が不服を申し立てる範囲は，訴え提起の範囲と同じとはいえない。しかし，原告の訴えの利益を算定することができない以上，第一審判決で棄却された部分を控訴審が認容することにより原告が得る経済的利益も算定することはできないはずである。よって，この場合の控訴の訴額も，やはり160万円になる。

全部認容又は一部認容の判決に対して，被告が控訴の提起をする場合，請求が認容された部分が控訴の訴額になると考えることもできる。しかし，住民訴訟においては，請求額がどのような場合でも，原告の訴え提起時，控訴提起時の訴額は160万円とされることから考えると，均衡上，被告の控訴の訴額は160万円とするのが相当である。

イ　併合請求

(ｱ)　主観的併合

a　通常共同訴訟

通常共同訴訟の場合，移審の効力は当事者ごとに生ずる。よって，各当事者から，又は，各当事者に対し，個別に控訴する場合，各当事者に関する部分につき各別に訴額を算定し，手数料を算出する必要がある。ただし，1通の控訴状で複数の原告又は被告が控訴する場合，あるいは1通の控訴状で複数の相手方に対して控訴する場合には，合算・吸収の法則が適用される。

不可分債務（債権）や連帯債務（債権）の場合は，各債務者（債権者）が給付の全部について債務（債権）を負う（有する）ことから，認容（棄却）された給付の全額が不服申立て部分となる。よって，控訴の訴額も，これを基準にして算定する[12]。

b　必要的共同訴訟

必要的共同訴訟の場合，判決に対して一人が控訴すれば，全員が控訴したものと扱われ，全訴訟について移審の効力を生ずる。よって，現実に控訴を提起した者の数にかかわらず，第一審の訴額が控訴の訴額になる[13]。

(ｲ)　客観的併合

a　当初から併合して訴えが提起されていた場合

当初から併合して訴えが提起されていた場合は，控訴の訴額も合算・吸収法則が適用される。また，各別に訴えが提起され，その後弁論が併合された場合も，1個の判決がなされ，これに対して控訴が提起されたときは，合算・吸収の法則が適用される。一方，原告及び被告がそれぞれ自己の敗訴部分について控訴する場合は，それぞれの不服申立て部分の価額が控訴の訴額となり，合算・吸収の法則は適用されない。

---

[12] 訴額算定の研究198参照。
[13] 訴額算定の研究198参照。

　　　　b　第一審の途中で分離され，2個の判決がされ，いずれも敗訴した同一当事者が
　　　　控訴する場合
　　　　　各別に移審の効力が生じるので，控訴の訴額は各控訴ごとに算定することにな
　　　　る。ただし，1通の控訴状で申し立てた場合は，合算・吸収の法則を適用しても
　　　　よいと解される[14]。
　　(ウ)　附帯請求
　　　　第一審で訴額に合算しなかった附帯請求の部分だけを独立の不服申立てとして控
　　　訴を提起した場合，附帯請求不算入の原則（法9Ⅱ）は適用されず，附帯請求の価
　　　額が控訴の訴額となる。ただし，附帯請求の価額が主たる請求の価額を超える場合
　　　には，控訴の訴額は，主たる請求の価額を限度とする[15]。
　　(エ)　本訴・反訴
　　　　第一審で本訴・反訴が1個の判決でなされ，いずれについても敗訴した当事者が
　　　控訴した場合，本訴請求分か反訴請求分かにかかわらず，合算・吸収の法則を適用
　　　して控訴の訴額を算定するのが相当である。控訴の段階では，本訴請求分も反訴請
　　　求分も同一当事者が不服申立てをしているのであるから，訴額の合算による逓減の
　　　原則を認めてもよいと解される[16]。

(2) **控訴提起手数料**
　ア　通常控訴
　　(ア)　第一審判決が請求について判断している場合
　　　　控訴提起手数料は，控訴の訴額を基礎に，訴え提起の場合の手数料を算出し，そ
　　　の額の1.5倍の額である（民訴費3Ⅰ,別表第一の2項）。
　　　　第一審で一部認容・一部棄却判決がなされ，当事者双方が控訴の提起をする場合，
　　　それぞれの不服申立て部分が異なるから，各控訴ごとに算定した訴額から算出した
　　　控訴提起手数料を納めなければならない。附帯控訴も同様である。
　　(イ)　第一審判決が請求について判断していない場合
　　　　第一審判決が訴え却下判決などの訴訟判決であり，それに対して控訴を提起する
　　　場合の手数料は，(ア)で算出した控訴提起手数料の2分の1である（民訴費3Ⅰ,別表
　　　第一の4項）。附帯控訴も同様である。
　　　　その他，控訴審における新訴として，控訴審における訴えの変更（法297,143Ⅰ），
　　　反訴の提起（法300Ⅰ），独立当事者参加（法47），権利承継人の訴訟参加（法49），
　　　共同訴訟参加に基づく参加申出（法52），選定者に係る請求の追加（法300Ⅲ），仮
　　　執行の原状回復及び損害賠償の申立て（法260Ⅱ）などが考えられるが，いずれも
　　　控訴提起手数料は，訴え提起の場合の手数料を算出し，その額の1.5倍の額である
　　　（民訴費3Ⅰ,別表第一の2項,5項～7項）。

---

[14] 書研所報36-213参照。
[15] 訴額算定の研究199参照。
[16] 訴額算定の研究201参照。

イ　人事訴訟法32条1項の裁判

夫婦の一方が提起する婚姻の取消し又は離婚の訴え（人訴32Ⅰ）に対し，財産分与のみを不服として控訴の提起をする場合の控訴提起手数料は，第一審における審判の手数料である1200円（民訴費3Ⅰ，別表第一の15の2項）の1.5倍である1800円とするのが相当である[17]。

第一審で手数料が不要とされた親権者指定や子の監護に関する処分（養育費請求）等の部分のみを不服として控訴の提起をした場合も，独立して控訴を申し立てるときには，それぞれ子一人につき1800円の控訴提起手数料を要するものと解される。

ウ　再審についての判決に対する控訴

再審の審理手続は①再審の訴えの適法性の審査（法345Ⅰ），②再審事由の存否についての審査（法345Ⅱ），③本案の審理（法348）に分けられる。

①により再審の訴えが不適法であるとして訴えを却下した決定に対する不服申立ては，即時抗告であるから（法347），その手数料は1000円（民訴費3Ⅰ，別表第一の18項(4)）となる。

②により再審の事由がないとしてその請求を棄却した決定又は再審の事由があるとしてなした再審開始の決定に対する不服申立ては，いずれも即時抗告であるから（法347），①と同様に，その手数料は1000円（民訴費3Ⅰ，別表第一の18項(4)）となる。

③によりなされた判決に対して控訴の提起がなされた場合は，通常の控訴として，第一審における再審の訴え提起の手数料の1.5倍と解されている（民訴費3Ⅰ，別表第一の2項）[18]。

4　控訴審の審理及び進行と裁判所書記官

裁判所書記官による控訴審においての審理充実事務は，原則として，第一審におけるものと大きな違いはない。ただし，控訴事件は，第一審で既に争点整理手続を経て，集中証拠調べ等も終了していることが多いため，そのような場合に控訴審で争点整理手続がなされる場面としては，①控訴審で新たな主張がされたとき，②当事者と第一審裁判所の間で争点に関する認識の食い違いがあったとき，③第一審で欠席判決がなされたが，第一審で欠席した控訴人が控訴審になってから積極的に争うとき，などになるであろう。

また，裁判所書記官が，事件の内容を把握するとともに，裁判官との認識を共通化し，その後の訴訟の運営を円滑にするため，第一審判決や訴訟記録を基に事件メモ等を作成することは有用といえよう。

訴訟の審理及び進行を充実させるため，控訴審の裁判所書記官が，裁判所と協働して，積極的主体的に訴訟に関与すべきことも第一審と同様である。特に，控訴審は，最後の事実審であることから，裁判所と裁判所書記官が訴訟の進行等について協議しながら，裁判所の方針を基に，当事者に対し必要な働きかけを行い，事件の終局に向けてより積極的に関与することが望ましい。

---

[17] 民事訴訟費用等に関する法律3条1項，別表第一の2項の準用による（訴額算定の研究206参照）。
[18] 第一審における再審の訴え提起の手数料は，簡易裁判所に提起する場合が2000円，簡易裁判所以外の裁判所に提起する場合が4000円と定められている（民訴費3Ⅰ，別表第一の8項）。

第2章 控　　訴

　そのためには，常に，最後の事実審であることを念頭に置きながら，参考事項の聴取や期日間の調整，各種書面の催促等の進行管理を行う必要がある。
5　担当部による事務処理手続
(1)　受付事務
　受付から控訴事件が配てんされた場合，担当部では，当該事件につき次のような事務処理を行う。
- ◇　民事裁判事務支援システムへのデータ入力
- ◇　予納郵便切手の確認と予納郵便切手管理袋の記載
- ◇　要報告事件の受理報告
- ◇　要通知事件の通知
- ◇　第一審判決写しの添付がない場合は，裁判官用の第一審判決写し(原則として3部)を作成

(2)　記録の点検
　担当部における受付事務の終了後，控訴裁判所の裁判所書記官は，第一審裁判所から送付された訴訟記録並びに控訴状を含む控訴事件記録の点検を行う。
ア　控訴状
　担当部の裁判所書記官は，控訴状につき，以下のような事務処理を行う。
- ◇　控訴状を閲読し，明らかに不備と思われたり，第一審及び控訴裁判所の受付により付せん等で注記されている控訴状で任意補正が可能なものについては，控訴人に連絡し，補正を促す。この補正は，裁判長の事前包括的又は個別の指示によりなされるが，これは，法288条に基づく裁判長の補正権限に由来するものである。

　　具体的な点検内容については，第2の3控訴状の受付手続（54ページ）以下を参照。
- ◇　第一審事件の訴額及び手数料，第一審判決及び控訴の趣旨等から，控訴の訴額を算定し，手数料を算出する。算出した結果，手数料が不足する場合は，直ちに，控訴人に連絡し，納付を促す。また，手数料として貼り付けられている収入印紙が過貼の場合は，速やかに手数料還付の手続を行う。

　　控訴の訴額は，民事・行政控訴事件簿への記載事項となっているため，訴額の算定が困難である旨付せんで注記されている事件は，訴額確定後，受付へ連絡をする。
イ　原審記録
　担当部の裁判所書記官は，控訴状の点検後，原審記録の点検をする。
　具体的点検事項については第2の6訴訟記録の整理（70ページ）を参照。
　原審記録を点検した結果，不適法や不適当な箇所を発見した場合は，当該箇所に付せん等で注記し，主任裁判官に報告して指示に従う。
　原審記録点検の際には，同時に，裁判所の原審関与（法23Ⅰ⑥）がないか調査をし，原審関与の可能性がある場合は，主任裁判官に報告し，指示を待つ。

6 裁判長による控訴状の審査
(1) 審査の範囲
　第一審裁判所から訴訟記録の送付を受けた控訴裁判所の裁判長は，控訴状の審査を行う（法288,137,289Ⅱ）[19]。控訴状の審査権は，控訴裁判所の裁判長の権限事項である。

　ア　控訴状の必要的記載事項
　　控訴裁判所の裁判長は，法286条2項に定められた控訴状の必要的記載事項の記載について審査をする（法288前段）。
　　具体的な記載事項については第2の3(5)控訴状の記載事項（57ページ）を参照。

　イ　申立手数料
　　控訴状には，民事訴訟費用等に関する法律に従い，控訴提起の手数料として，収入印紙を貼り付けなければならない（法288後段）。

　ウ　控訴状を送達することができない場合
　　法288条による裁判長の控訴状の審査が終わり，控訴状の記載要件等が具備されると，控訴状は，被控訴人に送達されなければならない（法289Ⅰ）。しかし，控訴状記載の被控訴人の住居所の表示が不正確等で控訴状を送達することができない場合や控訴人が控訴状の送達に必要な費用を予納（民訴費12）しない場合は，法137条が準用される。

　エ　補正命令
　　控訴状の必要的記載事項に不備がある場合，控訴提起手数料に相当する収入印紙が貼り付けられていないか不足する場合，又は控訴状を送達することができない場合には，第一次的には任意の補正を促すが，当事者が任意にこれに応じないときは，裁判長は相当期間を定めて補正命令を発する（法288,137Ⅰ,289Ⅱ）[20]。補正期間の起算点を明らかにするため，告知方法は同命令謄本の送達によるのが相当である。
　　なお，アンケート（平成11年7月実施）で，法289条2項に基づく補正命令を出したことがあると回答した庁が，予納を命じた郵便切手の額は，控訴状の送達費用×被控訴人の数であった。
　　補正命令において定める補正期間は，裁判長の裁量によるが，各庁の実情は，7日，10日，14日となっている。被控訴人の住居所の調査のとき（法289Ⅱ）と控訴提起手数料を納付すべきとき（法288後段）とでは，補正期間が異なる場合もあろう。要は，補正内容の難易の程度により定められるべきであろう。

---

[19] 裁判長は，控訴状の記載について必要な補正を促す場合には，裁判所書記官に命じて行わせることができる（規179,56）。
[20] 控訴人が補正命令に応じた後でも，なお控訴状に瑕疵があれば，裁判長は重ねて補正を命じることができる（最判昭44.6.24民集23-7-1109）。

第2章 控　　訴

【参考例13】（補正命令…送達費用が予納されない場合）

補　正　命　令

控　訴　人　　○　○　○　○
被控訴人　　○　○　○　○

　上記当事者間の当庁平成○○年（ネ）第○号○○請求控訴事件について，控訴人に対し，本命令送達の日から１４日以内に，控訴状の送達に必要な費用として郵便切手○○○○円を納付することを命ずる。

　　　　平成○○年○月○日
　　　　　○○高等裁判所第○民事部
　　　　　　　裁判長裁判官　　○　○　○　○　　印

　　オ　控訴状却下命令
　　控訴人が所定の期間内に補正しないときは，裁判長は命令で控訴状を却下しなければならない（法288, 137Ⅱ, 289Ⅱ）。
　　補正期間を経過しても，却下を命ずる前に補正されれば却下すべきではなく，また，控訴状副本を被控訴人に送達した後は，裁判長は控訴状を却下することはできない（大決昭14.3.29民集18-365）。
　　地方裁判所が控訴裁判所である場合，裁判長によりなされた控訴状却下命令に対しては，即時抗告ができる（法288, 137Ⅲ, 289Ⅱ）ので，同命令の告知は，控訴人に対し，控訴状却下命令謄本を送達する方法（規40）によるのが相当である。その場合には，控訴状却下命令謄本と共に，控訴人が提出した控訴状の原本を返還することになる[21][22]。
　　高等裁判所が控訴裁判所である場合，裁判長によりなされた控訴状却下命令については，控訴状の原本を控訴人に返還する必要はないと考える。
　　アンケート（平成11年7月実施）によれば，控訴状原本を返還している庁もあったが，高等裁判所の命令に対しては，特別抗告（法336Ⅰ），又は許可抗告（法337Ⅰ）による以外不服を申し立てることができないこと（裁7），返還しても特別抗告又は許可抗告の申立てをする際に，控訴人が必ずしも添付するとは限らないことなどにより，控訴状の原本は返還しないという取扱いが相当であろう。
　　控訴状却下命令の原本は，控訴裁判所で保存するため，控訴状却下命令正本を控訴事件の訴訟記録第1分類判決書群につづり込む。

---

[21] 抗告状には，控訴人が提出した控訴状の原本を添付する必要がある（規176, 57）。訴状却下命令について，訴状原本を原告に返還する取扱いについては，昭和28.3.23民事局長回答「民事訴訟手続の取扱方について」参照。
[22] 控訴状の原本を控訴人に返還する場合には，控訴状の謄本を作成して，訴訟記録につづり込む。

【参考例14】（控訴状却下命令）

> 平成○○年（ネ）第○号○○請求控訴事件（原審・○○地方裁判所平成○○年（ワ）第○○○号）
>
> 控 訴 状 却 下 命 令
>
> ○○市○○区○○町○丁目○番○号
> 　　　　控 訴 人　　○ ○ ○ ○
> ○○市○○区○○町○丁目○番○号
> 　　　　被控訴人　　○ ○ ○ ○
>
> 主　　　　文
>
> 本件控訴状を却下する。
>
> 理　　　　由
>
> 　上記当事者間の頭書事件について，控訴人に対し，平成○○年○月○日送達された補正命令により，同補正命令送達の日から１４日以内に，控訴提起の手数料の不足分○○○○円を収入印紙をもって納付することを命じたが，控訴人は同期間内に納付しない。
> 　よって，民事訴訟法２８８条，１３７条により，主文のとおり命令する。
>
> 　　平成○○年○月○日
>
> 　　　　○○高等裁判所第○民事部
> 　　　　　　裁判長裁判官　　○ ○ ○ ○　印

(2) 不服申立て

　既に述べたように，控訴裁判所として，地方裁判所の裁判長によりなされた控訴状却下命令に対しては，即時抗告ができる（法288，137Ⅲ，289Ⅱ）。
　高等裁判所の裁判長によりなされた場合は，特別抗告（法336Ⅰ），又は許可抗告（法337Ⅰ）による以外不服申立てはできない（裁7）。

7　控訴裁判所による控訴の適法性の審査

(1) 審査の範囲

ア　控訴が不適法でその不備を補正することができない場合

　控訴裁判所は，控訴が不適法でその不備を補正することができない場合，口頭弁論を開かないで，判決で，控訴を却下することができる（法290）。
　「不備を補正することができない場合」とは，控訴期間経過後の控訴，控訴権放棄後の控訴，第一審で全部勝訴した当事者からの控訴等を指す。

イ　控訴却下判決

　　　法290条により，口頭弁論を開かずに，控訴を不適法として却下する場合，あらかじめ当事者にその言渡期日の日時を通知する必要はない（規179, 156ただし書）[23][24]。

(2) **不服申立て**

　　控訴の不適法却下判決は，控訴審の終局判決であるので，上告による不服申立てとなる。

8　第1回口頭弁論期日前の準備

(1) **参考事項の聴取**

　　控訴審の裁判長は，第1回口頭弁論期日前に，当事者から，訴訟進行に関する意見その他訴訟の進行について参考とすべき事項の聴取をすることができ（規179, 61Ⅰ），この聴取は，裁判所書記官に命じて行わせることができる（規179, 61Ⅱ）。

　　参考事項の聴取を行うのは，訴訟進行に関する意見や参考となる事項を聴取することにより，第1回口頭弁論期日の時期や同期日で予定される事項等について予測し，期日運営を効果的に行うことを可能とするためである。また，訴訟事件の進行を予測して事件の振り分けを行うための参考にもなる。

　　参考事項の聴取を行っていた庁が回答したアンケートの結果（平成11年7月実施）は以下のとおりであった。

　　なお，アンケート項目は，聴取の目的，聴取者，対象事件，対象者，聴取の時期，聴取方法及び聴取した結果の具体的な活用についてである。

◇　聴取の目的→事件の振り分けのため，以後の審理の参考とするため
◇　聴取者→担当書記官
◇　対象事件→全事件，主任裁判官から指示のあった事件
◇　対象者→代理人又は当事者双方，双方の代理人のみ，控訴代理人のみ
◇　聴取の時期→訴訟記録の点検終了後，新件配てん後1週間以内，新件配てん後2週間以内，第1回口頭弁論期日の2ないし3週間前，第1回口頭弁論期日の1週間前
◇　聴取方法→電話で聴取して書面化又はパソコンに入力，ファクシミリで聴取書を送信，第1回期日呼出状とともに聴取書を送達
◇　聴取した結果の具体的な活用→裁判官に報告して以後の進行に関して活用，第1回期日の振り分け，警備等の情報を得るため

　　聴取内容については次のとおりである。

23　条解326の（注4）参照。
24　第一審で訴えが却下され，さらに，控訴審でも控訴を棄却した場合，判例は，訴えの不適法が明らかである場合には，被告に訴状の送達をする必要はなく，口頭弁論を開かずに訴え却下の判決をし，判決正本を原告にのみ送達すれば足り，さらに，控訴審も，これを相当として口頭弁論を開かずに控訴を棄却する場合には，被控訴人に対し控訴状及び判決正本の送達をする必要はないと解するのが相当である，としている（最判平8.5.28判時1569-48）。

◇ 控訴人又は控訴人代理人に対し→進行希望，第一審判決で不服な点，第一審における和解の有無及び経過，控訴審での和解についての意向，主張立証予定，関連事件の有無
◇ 被控訴人又は第一審における被控訴人代理人→（代理人に対し）受任の意思，進行希望，第一審における和解の有無及び経過，控訴審での和解についての意向，主張立証予定，関連事件の有無

　参考事項聴取時に，控訴人側に対し，控訴理由書（規182）の催促を，被控訴人側に対し，反論書（規183）の催促をしている庁もあった。また，第1回期日は，原則として口頭弁論期日を開くことにしている場合は，この段階で第1回口頭弁論期日の打合せをすることもできる。

　いずれにしても，聴取事項については，控訴裁判所によって定められる。

　回答書又はそれに代わる書面が訴訟記録となるか否かについては問題がある。訴訟記録となるとすると，閲覧等の対象となり（法91）相手方がその内容を知ることができるからである。

　この点については，庁として統一した取扱いをすることが望ましい。

第2章 控 訴

【参考例15】（参考事項聴取についての書面…控訴人用）

訴訟進行に関する照会書

平成　年　月　日

控訴代理人　　　　　　　殿

　　　　　　高等裁判所第　　民事部　裁判所書記官
　　　　　　TEL
　　　　　　FAX

事件番号　平成　年(ネ)第　　号
（原審　平成　年(ワ)第　　号）
　　　　　地方裁判所　　　支部
控訴人
被控訴人

当部では事件の円滑な進行を図るため訴訟進行に関する情報を事前に伺っておりますので、つきましては下記照会事項にご回答のうえ、本書面到達後1週間以内に、当部までファクシミリで送信してください。
また、控訴理由書を提出していない場合は、遅くとも控訴提起後50日（　月　日）以内に必ず提出してください（民事訴訟規則182条）。

（注）1　書証（証拠説明書と共に提出してください。）、証拠申出書等は、遅くとも期日の20日前までに提出してください。なお、被控訴人や代理人には副本を直送してください。
　　　2　準備書面等については、ページ番号を付すようお願いします。
　　　3　使用法廷は、　号法廷（　階）です。

【照会事項】

1　控訴審での立証予定（書証・人証等）のあるもの　□あり　□なし
　（証拠の内容・立証趣旨等）

2　和解の意向　□ある　□ない　[時期—□第1回口頭弁論の前
　　　　　　　　　　　　　　　　　　　□第1回口頭弁論の後]
　　　　　　　　　　　　　　　　　　　□裁判所に委ねる。
　（和解の条件等）

3　原審での和解の有無　□ある　□ない
　（和解の経過等）

4　関連事件の有無　□ある　□ない
　　裁判所　　　　　支部　平成　年（　）第　　号事件
　（関連事件がある場合は、訴状、判決等参考となるものを回答書と一緒にファクシミリで送信してください。）

5　事件の進行に関する意見　□ある　□ない

平成　年　月　日　　　回答者氏名

第3 控訴事件の事務処理手続

【参考例16】(参考事項聴取についての書面…被控訴人用)

訴訟進行に関する照会書

弁護士　　　　　　殿

平成　　年　　月　　日

高等裁判所第　　民事部
TEL　　　　　　FAX
裁判所書記官

事件番号　平成　　年(ネ)第　　　号
(原審　地方裁判所　　支部　平成　　年(ワ)第　　　号)
控　訴　人
被 控 訴 人

上記の控訴事件は、当部に係属しました。
つきましては、訴訟の進行上、下記照会事項にご回答のうえ、当部までファクシミリで送信してください。
なお、ご回答は早目にお願いします。
おって、受任を受任になさる場合、指定期日のご連絡につきましては、控訴代理人と調整の上、期日が指定され次第別途当方より連絡いたします。

(注)1　控訴理由書に対する反論書、書証(証拠説明書と共に提出してください。)、証拠申出等には、遅くとも期日の1週間前までに提出してください。なお、控訴代理人には副本を直送してください。
2　控訴理由書等送付の都合上、委任状は至急提出してください。
3　準備書面等については、ページ番号を付するようお願いします。
4　使用法廷は、　号法廷(　階)です。

【照会事項】

1　受任予定について(該当する番号を○で囲んでください)
　(1) 原審に引き続き受任する予定である(2以下の事項にもお答えください。)。
　(2) 受任する予定はない(以下の事項に対する回答は不要です。)。
2　期日(可・否にて○印をつけてください。開廷日は原則　　曜日です。)
　(1)　可・否　平成　　年　　月　　日　午前・午後　　時
　(2)　可・否　平成　　年　　月　　日　午前・午後　　時
　(3)　可・否　平成　　年　　月　　日　午前・午後　　時
　(4)　可・否　平成　　年　　月　　日　午前・午後　　時
　(5)　可・否　平成　　年　　月　　日　午前・午後　　時
　(6)　可・否　平成　　年　　月　　日　午前・午後　　時
　(7)　可・否　平成　　年　　月　　日　午前・午後　　時
　(8)　可・否　平成　　年　　月　　日　午前・午後　　時
3　控訴状副本等の送達について(該当する番号を○で囲んでください。)
　(1) 被控訴人本人に送達してほしい。
　(2) 委任状の提出後に、当代理人宛に送達してほしい。
　(3) 委任状の提出の際に、裁判所で受領する。
4　和解意向の有無　　　　　□ ある　　□ ない
　(和解の条件等)

5　原審での和解の有無　　　□ ある　　□ ない
　(和解の経過等)

6　事件の進行に関する意見等　□ ある　　□ ない

平成　　年　　月　　日　回答者氏名

(2) 控訴理由書
　ア　控訴理由書の提出期間
　　　控訴状に第一審判決の取消し又は変更を求める事由の具体的な記載がないときは，控訴人は，控訴の提起後50日以内に，これらを記載した書面を控訴裁判所に提出しなければならない（規182）[25]。この書面を控訴理由書という。
　　　控訴理由書提出制度は，現行の民事訴訟法の制定に伴い，同規則に新設されたものである。
　　　控訴理由書の提出期間が控訴提起後50日以内と定められたのは，当事者の準備に要する期間や，第一審裁判所から控訴裁判所への訴訟記録の送付に要する期間等が考慮されたからである[26]。
　　　上告理由書の場合（法316Iにより，提出しない場合は，決定で却下される。）と異なり，控訴理由書を，提出しなかったり，控訴提起後50日以内に提出しなかったときでも，それを理由に控訴が不適法却下されるわけではない[27][28]。
　　　アンケート（平成11年7月実施）で，控訴理由書の提出を促しているとした庁によるその他の項目の回答は，次のとおりである。なお，その他の項目とは，対象事件，対象者，促す時期及び方法についてである。
　　◇　対象事件→全事件，裁判官の指示があった事件
　　◇　対象者→本人又は代理人
　　◇　促す時期→部へ事件が配てんされた直後，参考事項聴取時，第1回口頭弁論期日の調整時，提出期限の1週間程度前，提出期限後速やかに，第1回口頭弁論期日の2ないし3週間前，裁判官から指示があった時点，第1回口頭弁論期日の呼出時
　　◇　促す方法→書面を普通郵便で送付，第1回口頭弁論期日の呼出状に付記又は呼出状と同送，電話，ファクシミリ
　　　規則182条が控訴理由書の提出を，同183条が反論書の提出を，それぞれ求めたのは，控訴審において争点となる，控訴の理由（第一審判決の取消し，変更の事由）に関する主張を，当事者に早期に明らかにさせ，控訴審において，第1回口頭弁論期日から充実した審理を行うことができるようにするためである。したがって，50日の提

---

[25] 民事訴訟法においては，控訴審の訴訟手続では，第一審判決の取消し又は変更を求める事由，すなわち，第一審判決に対する不服の理由は，控訴状の記載事項ではなく（法286Ⅱ），上告審の訴訟手続（法315等）のように，これを記載した書面の提出も求められていない。しかし，控訴は，第一審判決に対する不服の申立てであり，控訴審の審理及び裁判は，当事者が不服を申し立てた限度で行われる（法296Ⅰ，304）ので，第一審判決の取消し又は変更を求める不服の理由が当然あるはずである。この不服の理由が控訴状又は控訴の提起と近接した時期に提出された準備書面に具体的に記載されるようになれば，控訴審においても争点（不服の理由と重なっているのが通常である。）が早期に明らかになり，充実した審理を実現することが期待できる（条解377参照）。
[26] 上告理由書の提出期間も，上告提起通知書の送達から50日以内と定められている（規194）。
[27] 条解378参照。
[28] 控訴審は，第一審と同様に事実審であり，法301条のようなある程度の制限が加えられることはあっても，当事者には更新権が認められ，当事者間での新たな主張のやりとりの後，これに沿って証拠調べ等が行われていくこともあるから，訴訟の審理対象が，当初の当事者の予定していたところから移動することがあるのは避けられない。よって，上告審のような厳格な運用は困難であるとされる（理論と実務（下）313参照）。

出期間をどの程度厳格に運用するかは，第1回口頭弁論期日の指定及び第1回口頭弁論期日における進行をどのようにするかということと密接に関連することになる。すなわち，ある程度早い時期に第1回口頭弁論期日を指定する運用をするのであれば，控訴理由書の提出期間もある程度厳格に解し，必要に応じて第1回口頭弁論期日に口頭での補充主張をさせることになろうし，第1回口頭弁論期日から当事者双方の十分な主張に基づいて，実質的な審理をするという運用によるのであれば，控訴理由書の提出期間もある程度柔軟に解し，第1回口頭弁論期日も準備に必要な期間をおいて指定することになろう。

控訴審において，新たな事実主張や立証を要せず，第一審判決の取消し事由等の有無のみが争点となった事件について，第1回口頭弁論期日に結審する運用を原則的に目指す場合には，後者の運用になるのではないかと考えられる。

いずれにしても，控訴審において審理を適正かつ迅速に進めるためには，控訴人に対し，控訴理由書の提出を促し，提出期限を守るように伝えることが望ましいであろう。

イ 提出すべき裁判所

控訴理由書の提出先は，控訴裁判所である[29]。

控訴理由書が控訴裁判所に提出されたが，第一審裁判所で控訴が却下され，確定した場合は，控訴理由書は訴訟記録につづり込むことを要しない書面として，1年間保存した後に廃棄する。

控訴裁判所に訴訟記録が送付される前に，控訴理由書が控訴裁判所に提出された場合は，第一審裁判所から訴訟記録の送付があるまで，他の訴訟記録と紛れないように保管する[30]。

控訴理由書には，準備書面に関する規定が適用される[31]。

(3) 反論書

裁判長は，被控訴人に対し，相当の期間を定めて，控訴人が主張する第一審判決の取消し又は変更を求める事由に対する被控訴人の主張を記載した書面の提出を命ずることができる（規183）。この書面を反論書という。

反論書提出制度は，現行の民事訴訟法の制定に伴い，同規則に新設されたものである。

アンケート（平成11年7月実施）で，反論書の提出を促していると回答した庁では，担当書記官がその事務処理を行っていた。

その他，対象事件，対象者，促す時期及び方法についてのアンケート結果は様々であったが，その結果は次のとおりである。

◇ 対象事件→裁判官の指示があった事件，全事件

---

[29] 上告理由書の提出先は，原裁判所である（法315）。
[30] 改正関係資料(3)534「高等裁判所における上訴の立件等の事務処理について」参照。
[31] 例えば，法161条3項により，相手方が在廷していない口頭弁論において，控訴理由書に記載された事実を主張するためには，事前に相手方に送達するか，相手方がこれを受領した旨の書面を提出することが必要であるし，また，規則83条の規定により当事者間の直送が原則となる（条解378参照）。

第2章　控　　訴

　　　◇　対象者→本人又は代理人
　　　◇　促す時期→裁判官から指示があった時，裁判官により期限が定められている場合は
　　　　　　　　　その期限経過後，第1回口頭弁論期日の1ないし2週間前
　　　◇　促す方法→電話，ファクシミリ
　　反論書については，各庁とも，控訴理由書に比べて柔軟な取扱いをしており，特に提出期限を定めていない庁も見受けられた。
　　控訴人側から第一審判決の取消し又は変更を求める事由，すなわち，第一審判決に対する不服の理由を具体的に記載した書面が，控訴の提起（控訴状に記載された場合）ないしこれと近接した時期（控訴理由書が提出された場合）に明らかにされることに対応して，被控訴人側からも，この事由に対する主張（反論）が明らかにされ，これに絞った主張立証が訴訟の早い段階で行われるようになれば，控訴審における争点を早期に確定することが可能となるので，被控訴人側からの反論書の提出は，充実した審理の実現を図るために有益かつ必要であると考えられる。
　　規則183条は，182条に対応するもので，控訴提起の当初段階における当事者双方の主張の明確化を図ったものである。
　　反論書も控訴理由書と同様に，準備書面に関する規定が適用される。

9　第1回口頭弁論期日の指定と実施

(1)　期日の指定と呼出し

　　法288条に規定されている裁判長による控訴状の審査が終わり，控訴状の記載要件等が具備されると，第1回口頭弁論期日を指定し，被控訴人に対し，控訴状を送達するのと併せて同期日の呼出を行うことになる。

　ア　控訴状副本による送達

　　控訴状は，被控訴人に送達しなければならない（法289Ⅰ）。この場合，原則として，控訴人から提出された控訴状の副本を送達することになる（規179，58Ⅰ）が，副本の提出がなされない場合は，控訴裁判所の裁判所書記官が，控訴状の謄本を作成して，被控訴人に送達する[32]。

　　控訴状の送達は，通常，第1回口頭弁論期日の呼出しと併せて行われることが多い。
　　また，既に提出されている書証の写し，反訴の提起がなされている場合の反訴状副本等も，同時に送達する[33]。

> ◇　控訴人側が通常共同訴訟の場合は，他の共同訴訟人に控訴状を送達する必要はない。
> ◇　相手方が通常共同訴訟の場合は，被控訴人となる当事者に対してだけ控訴状を送達する。
> ◇　必要的共同訴訟の一人の当事者が控訴の提起をした場合は，被控訴人だけでなく，他の共同訴訟人に対しても控訴状を送達する。

---

[32] 条解128参照。
[33] 双方控訴の場合には，もちろん，当事者双方に相手方が提出した控訴状副本を送達することになる。

> ◇ 相手方が必要的共同訴訟の場合は，相手方全員に控訴状を送達する。
> ◇ 被控訴人に補助参加人がいる場合は，被控訴人だけでなく，補助参加人にも控訴状を送達する。
> ◇ 控訴人に補助参加人がいる場合にも，補助参加人に対して控訴状の送達が必要である。
>   判例は，第一審における補助参加は，控訴審においても当然その効力を有するのであり，かつ，補助参加人は主たる当事者から独立した機能を持って訴訟に関与するものであるからだとする（福岡高判昭48．1．23判時703-49）[34][35]。
> ◇ 補助参加人が控訴の提起をした場合は，被控訴人だけでなく，控訴人にも控訴状の送達をする必要がある。
> ◇ 第一審で被告の訴訟引受け（法50）があったが，被告が脱退しないまま，被告と引受参加人が敗訴し，被告のみが控訴した場合，被控訴人への送達だけでよく，第一審の引受参加人に対して，第1回口頭弁論期日の呼出しと控訴状の送達をする必要はない[36]。
> ◇ 独立当事者参加訴訟（法47）において，敗訴当事者のうちの一人だけが控訴の提起をした場合，控訴状は，第一審における勝訴当事者及び残余の敗訴当事者双方に送達する必要がある。

 控訴状に，具体的な攻撃防御方法が記載された場合，その控訴状は準備書面を兼ねるものとなる（規175）。規則175条の規定により，攻撃防御方法（法161Ⅱ）が記載された控訴状において，その記載部分は，準備書面としての性格を有し，準備書面に関する規定（特に，法161Ⅲ）が適用されることになる。なお，この適用は，控訴状としての性質に反しない限りのものである[37]。

 被控訴人に対し，控訴状の送達をすることができないとき（控訴状の送達に必要な費用を予納しない場合を含む。），裁判所書記官は，控訴人に対し，送達場所や送達方法に関する調査及び資料の提出を促す。しかし，控訴人が任意に応じない場合は，裁判長が補正命令を発し，更に応じない場合，命令で控訴状を却下する（法289Ⅱ，137）
（第3の6裁判長による控訴状の審査（109ページ）を参照）。

 第一審で当事者等が送達場所の届出をしている場合（法104），審級が変わっても届出の効力は持続するので，送達はその届出にかかる場所で実施すればよい[38]。

 第一審の訴訟代理人から，同代理人の事務所を送達場所と指定する届出があり，控

---

[34] 事案では，控訴審である地方裁判所が，控訴人補助参加人に，訴訟書類の送達をなさず，かつ，口頭弁論期日の呼出しもなさず，弁論に立ち会わせないまま審理して判決をした。
[35] 同旨につき民事実務の研究72，条解民訴法1168参照。
[36] 被告と引受参加人とは必要的共同訴訟の共同訴訟人の関係に立つとはいえないからである（民事実務の研究72参照）。
[37] 例えば，控訴状は送達を要するものとされている（法289Ⅰ）ので，攻撃防御方法が記載された控訴状にも法289条1項が優先して適用され，準備書面について直送を原則とする規則83条の規定は適用の余地がない（条解368参照）。
[38] 当事者等にとって書類の受領に便宜な場所や送達受取人は，基本的には審級が変わっても同じであると考えられるからである（新通達等の概要（下）102参照）。

訴審で別の訴訟代理人が受任した場合，第一審の訴訟代理人から提出された送達場所の届出は，届出の効力がなくなったものと解されるから，控訴審の訴訟代理人から新たに送達場所の届出を提出してもらう必要がある[39]。

イ 第1回口頭弁論期日の指定

控訴事件は裁判官の合議体でこれを取り扱う（簡易裁判所の判決に対する控訴事件につき裁26Ⅱ③，地方裁判所又は家庭裁判所の判決に対する控訴事件につき裁18Ⅰ）が，その中で，期日指定は，裁判長の権限となっている（法93Ⅰ）。

参考事項の聴取後，事件の振り分けが行われる場合であれば，第1回口頭弁論期日の指定前に準備的口頭弁論期日（法297, 164），弁論準備手続期日（法297, 168），書面による準備手続期日（法297, 175），進行協議期日（規179, 95）などの期日指定が行われることも考えられる。この場合，各期日の終了後に第1回口頭弁論期日が指定されるので，第1回口頭弁論期日は，通常の場合より遅れて開かれることになる[40]。

また，第1回口頭弁論期日を早期に指定し，同期日に事件の振り分けをするという考え方もできる。

【参考例17】（口頭弁論期日の指定決定）

```
平成〇〇年（ネ）第〇号
  本件口頭弁論期日を平成〇〇年〇月〇日午前10時00分と指定する。
    平成〇〇年〇月〇日
         〇〇高等裁判所第〇民事部
            裁判長裁判官   〇 〇 〇 〇  印
```

現行の民事訴訟法の制定により，控訴状に第一審判決の取消し又は変更を求める事由の具体的な記載がないときは，控訴人は控訴提起後50日以内にこれらを記載した書面（控訴理由書）を控訴裁判所に提出しなければならなくなった（規182）。

第1回口頭弁論期日を指定する際には，控訴理由書の提出期限，控訴裁判所による控訴理由書の検討期間，被控訴人からの反論書の提出期間及び当事者への呼出状の送達期間等を考える必要があろう。

双方控訴の場合及び附帯控訴の提起があった場合は，いずれも，同じ期日に指定することになる。

ウ 第1回口頭弁論期日の呼出し

期日指定の裁判がなされると，当事者を呼び出さなければならない（法297, 139）。

当該控訴事件の被控訴人から附帯控訴の提起がなされている場合は，控訴人に対する呼出しをする際，附帯控訴状副本を同時に送達することになる。

アンケート（平成11年7月実施）によれば，控訴状及び控訴理由書の送達を第1回

---

[39] 第一審での送達場所の届出は，効力がなくなったものと解されるので，送達場所等の変更の届出は不要であろう。

[40] 第1回口頭弁論期日を通常どおりの日数で指定し，同期日までに進行協議期日や弁論準備期日を開くという方法も考えられる。

口頭弁論期日の呼出しと同時に行っている，控訴状や控訴理由書を先に送達しているなど各庁で様々な取扱いが行われていた[41]。

控訴状の提出から第1回期日までの流れとして一つの例を次ページに掲載した。この例では，第1回期日の指定前に事件の振り分けを行っているが，実際は控訴裁判所の方針によることになる。

---

[41] 第1回口頭弁論期日を事件の振り分けのための期日とする考え方，第1回口頭弁論期日に充実した審理を行い，第1回で終結するという考え方，第1回口頭弁論期日を早期に指定する考え方等で取扱いが異なってくるであろう。

第2章 控訴

第1回期日までの流れ

```
控訴状の提出（原審）
        ↓
原審記録到着（即日事件受付・分配）
    （翌日各部に記録配布）
        ↓
主任裁判官の決定（即日）
記録点検・控訴状の形式的内容審査（記録点検表の利用）
        ↓
   ┌─内容に問題なし   内容に問題あり─┐
   │                                │
   │              補正催告           ├→ 補正不能 → 判決による却下（法290）
   │                 ↓              │
   │            補正命令             │
   │           （法288,137Ⅰ）       │
   │                 ↓              │
   │              補正 ←            ├→ 補正せず
   │                                │      → 却下命令（法288,137Ⅱ,289Ⅱ）
   │                                │      → 決定による却下（法291Ⅰ）
   │                                │        （控訴理由書の提出があったら再検討をする。）
   ↓                                
事情聴取（併せて控訴理由書提出催告）▷電話・FAX等の活用
        ↓
   事件の振り分け
```

- 裁判官と書記官の協働作業
- 控訴状の送達
- 控訴理由書の提出 ※2（控訴状提出から50日）

[具体的な振り分けの目安]

≪非和解型≫				≪和解型≫
【弁論期日早期指定型】		【充実審理型】		
争点整理不要	争点整理不要	争点整理必要	争点整理必要	
証拠調べ不要	証拠調べ必要	証拠調べ不要	証拠調べ必要	
口頭弁論	（進行協議期日（規179,95)の指定） ↓ 第1回口頭弁論期日を証拠調べ期日として指定 or 第1回口頭弁論期日を開いた後,すみやかに第2回弁論(証拠調べ)期日を指定	弁論準備のための期日指定 ・準備的口頭弁論（法297,164） ・弁論準備手続（法297,168） ・書面による準備手続（法297,175） ・進行協議期日（規179,95） ↓ 口頭弁論期日指定※1 ↓ ↓ 口頭弁論 証拠調べ		

（電話会議システムの積極的利用）

```
        ↓
第1回期日（弁論・和解・準備手続）の指定，期日呼出し
        ↓
      第1回期日
```

※1 口頭弁論期日を先に指定し，一度弁論を開いてから弁論準備的な手続に移行する方法も考えられる。
※2 控訴理由書送付と同時に反論書提出の催告を行う。

(2) 期日呼出費用の予納がない場合
　ア　審査の範囲
　　控訴裁判所は，民事訴訟費用等に関する法律の規定に従い，当事者に対する期日の呼出しに必要な費用の予納を相当の期間を定めて控訴人に命じた場合において，その予納がないときは，決定で，控訴を却下することができる（法291Ⅰ）。
　　(ｱ)　期日呼出費用
　　　当事者に対する期日の呼出しに必要な費用は，当事者が納めるものとされており（民訴費 11Ⅰ），裁判所は，当事者にその費用の概算額を予納させなければならない（民訴費 12Ⅰ）。予納がないときは，裁判所は当該費用を要する行為を行わないことができる（民訴費 12Ⅱ）。この規定によれば，控訴審による審判を求める控訴人が，費用の予納をしない場合は，期日の呼出しが行われないことになり，訴訟が遅延することになる。
　　　法291条は，このような状態を防止するため，現行の民事訴訟法の制定の際に設けられた規定である。
　　(ｲ)　予納命令
　　　当事者に対する期日の呼出しに必要な費用の予納がない場合，第1次的には任意の予納を促すが，控訴人が任意にこれに応じないときは，控訴裁判所は，相当の期間を定めて，控訴人に予納命令を発する。
　　　予納期間の起算点を明らかにするため，告知方法は同命令謄本の送達による。
　　　予納を命じる額について，アンケート（平成11年7月実施）をしたところ，回答した庁の見解は，特別送達費用1期日分×当事者の数，又は同数期日分×当事者の数であった。また，被控訴人に控訴状と呼出状を同時に送達する場合は，控訴状の送達費用（法289Ⅱ）の問題とし，法291条1項では，控訴人の分のみを予納すべき費用額とするという意見もあった。
　　　相当期間については，控訴裁判所の裁量によるが，7日，10日又は14日程度という回答であった。
　　(ｳ)　控訴却下決定
　　　相当の期間を定めて控訴人に呼出費用の予納を命じても予納がないとき，控訴裁判所は，決定で，控訴を却下することができる。
　　　控訴が却下される場合は，第一審判決が確定するだけで，被控訴人にとって何ら不利益にはならないので，被控訴人の同意の有無は問わない[42]。
　　　地方裁判所が控訴裁判所である場合，控訴裁判所によりなされた控訴却下決定に対しては，即時抗告ができる（法291Ⅱ）ので，同決定の告知は，控訴人に対し，控訴却下決定謄本を送達する方法（規40）によるのが相当である。

---

[42] 一問一答331参照。なお，同様の規定である法141条では，被告に異議がない場合に限り，決定で，訴えを却下できるとされている。

第2章 控　訴

【参考例18】（予納命令）

予　納　命　令
　　　　　　控　訴　人　　〇〇〇〇
　　　　　　被控訴人　　〇〇〇〇
　上記当事者間の当庁平成〇〇年（レ）第〇号〇〇請求控訴事件について，控訴人に対し，本命令送達の日から１４日以内に，期日の呼出しに必要な費用として郵便切手〇〇〇〇円を納付することを命ずる。
　　平成〇〇年〇月〇日
　　〇〇地方裁判所第〇民事部
　　　　　　裁判長裁判官　　〇〇〇〇　　印
　　　　　　裁判官　　　　　〇〇〇〇　　印
　　　　　　裁判官　　　　　〇〇〇〇　　印

【参考例19】（控訴却下決定）

　平成〇〇年（レ）第〇号〇〇請求控訴事件（原審・〇〇簡易裁判所平成〇〇年（ハ）第〇〇〇号）
決　　　定
〇〇市〇〇区〇〇町〇丁目〇番〇号
　　　　　　控　訴　人　　〇〇〇〇
〇〇市〇〇区〇〇町〇丁目〇番〇号
　　　　　　被控訴人　　〇〇〇〇
　上記当事者間の頭書事件について，当裁判所は，次のとおり決定する。
主　　　文
　　本件控訴を却下する。
　　控訴費用は控訴人の負担とする。
理　　　由
　当事者に対する期日の呼出しに必要な費用につき，控訴人に対し，平成〇〇年〇月〇日送達された予納命令により，同予納命令送達の日から１４日以内に，〇〇〇〇円を郵便切手をもって納付することを命じたが，控訴人は上記期間内に納付しない。
　よって，民事訴訟法２９１条１項により，本件控訴はこれを却下することとし，訴訟費用の負担につき同法６７条１項，６１条を適用して，主文のとおり決定する。
　　平成〇〇年〇月〇日
　　〇〇地方裁判所第〇民事部
　　　　　　裁判長裁判官　　〇〇〇〇　　印
　　　　　　裁判官　　　　　〇〇〇〇　　印
　　　　　　裁判官　　　　　〇〇〇〇　　印

イ 不服申立て

　既に述べたように，地方裁判所が控訴裁判所である場合の控訴却下決定に対しては，即時抗告ができる（法291Ⅱ）。

　高等裁判所が控訴裁判所である場合の控訴却下決定に対しては，特別抗告（法336Ⅰ），又は許可抗告（法337Ⅰ）による以外不服申立てはできない（裁7）。

(3) **期日の変更**

　第1回口頭弁論期日の呼出状が当事者双方に送達されると，当事者から期日変更の申立てがなされることがある。期日変更については，第一審の場合と同様法93条が適用される。

　期日変更の裁判は，裁判所の決定で行われる[43]。

【参考例20】（口頭弁論期日の変更決定）

```
平成○○年（ネ）第○号
　本件口頭弁論期日を平成○○年○月○日午前１０時００分に変更する。
　　　　平成○○年○月○日
　　　　　　○○高等裁判所第○民事部
　　　　　　　　裁判長裁判官　○　○　○　○　印
　　　　　　　　　　裁判官　　○　○　○　○　印
　　　　　　　　　　裁判官　　○　○　○　○　印
```

(4) **第一審の訴訟行為の効力**

　わが国の控訴審は，続審構造をとっているので（第1の10(1)控訴審の構造（21ページ）を参照），その審理は第一審における審理の続行として行われる。

　よって，第一審においてした訴訟行為は，控訴審においてもその効力を有する（法298Ⅰ）。

◇　第一審においてなされた申立ては，控訴審においてもその効力が維持されているから，第一審で却下された申立てでも，控訴審でこれを認容することができる[44]。

◇　第一審でなされた証拠の申出は，その効果が控訴審にも及ぶから，それが第一審で却下されても，控訴審が審理上必要と認めれば，当事者からの再度の証拠の申出を待つことなく，採用して取り調べることができる。もっとも，実務では，再度証拠の申出をさせた上で採否の決定をしている[45]。

◇　第一審で効力を生じた裁判上の自白（法179）は，控訴審においても当然にその効力を有する。責問権の放棄（法90）についても同様である。

---

[43] 理論的には，先の期日指定の裁判を取り消す裁判所の決定と，新たな期日を指定する裁判長の命令とによるものであるが，実務では，一体として裁判所の決定で行われている。

[44] 仮執行宣言を付した第一審判決に対して控訴があった場合，第一審の仮執行宣言の申立ては当然控訴審の審理の範囲に属し，この申立てについて裁判をすることができる（大判大4.3.19民録21-391）。

[45] 控訴審における当事者の立証活動を明確にし，控訴審のものとしてつづり込まれた記録部分に記載しておくための取扱いである（注釈(8)140参照）。

> しかし，裁判上の自白に撤回の要件が備わるとき[46]は，第一審の自白を控訴審で撤回することが許される。
> 第一審で成立した擬制自白（法159）の効力は，当然には控訴審で効力を有しない（大判昭 8．4．18 民集 12-703）[47]。

控訴審の弁論は，第一審の弁論の続行として行われるのであるから，第一審で行われた争点及び証拠の整理手続の効力は，法298条1項により，当然に控訴審にも及ぶことになる。

よって，第一審で争点及び証拠の整理手続が行われると，控訴審で攻撃防御方法を提出した当事者は，相手方の求めがあれば，第一審における争点等の整理手続終了前にその攻撃防御方法を提出できなかった理由を説明しなければならない（法298Ⅱ）[48][49]。

(5) 第一審の口頭弁論の結果陳述

わが国の控訴審は，続審構造をとっているので（第1の10(1)控訴審の構造（21ページ）を参照），その審理は第一審における審理の続行として行われる（法298Ⅰ）。

一方，控訴審においても，直接主義，口頭主義であることは変わらないため，第一審の訴訟資料及び証拠調べの結果を控訴審で利用するためには，それらを控訴審の口頭弁論に上程する必要がある。この上程のため，口頭弁論の結果陳述という方法が採られている（法296Ⅱ）。

ア　結果陳述

第一審の口頭弁論の結果陳述により，第一審の訴訟資料・証拠調べの結果一切が，控訴審に上程される（大判昭 7．3．26 民集 11-473）[50]。

口頭弁論の結果には，第一審でした証拠調べの結果も含まれる[51]。

控訴事件について，口頭弁論を経過せずに弁論準備手続に付した場合，最初の弁論準備手続期日に第一審の口頭弁論の結果を陳述させる必要はない。

弁論準備手続は口頭弁論の予行手続であるから，弁論準備手続が終結し，口頭弁論

---

[46] 自白した当事者は，通常，自白を撤回することができないが，自白の撤回が認められると解されている場合がある。①相手方の同意がある場合，②刑事上罰すべき他人の行為によって自白がなされた場合，③自白内容が真実に反し，かつ錯誤に基づく場合である。

[47] 自白の擬制については，当事者の弁論を一体とみて争うかどうかを判断するから（法159Ⅰただし書），控訴の提起があったときは，控訴審の口頭弁論終結時が判断の基準となる。

[48] 法298条2項は，現行の民事訴訟法の制定の際に規定されたものである。

[49] 説明の方式等については，規則180条により，第一審において同様に規定されている規則87条及び94条が準用される。よって，控訴審において，理由の説明を求められた当事者は，その説明を期日において口頭でする場合を除き，書面でしなければならず，また，この説明を期日において口頭でした当事者に対し，相手方は，当該説明の内容を記載した書面の提出を求めることができる。なお，控訴審において実施された争点等の整理手続の終了ないし終結の結果生じた当事者の説明義務の説明の方式については，規則180条の適用はなく，規則179条により規則87条及び94条が準用される（条解375参照）。

[50] 口頭弁論の結果は不可分一体であるから，当事者は，その陳述に当たって自己に有利なものだけを陳述し，不利なものは陳述しないという選択はできない（注釈(8)133参照）。

[51] 判例は，控訴審において第一審の口頭弁論の結果が陳述された場合には，第一審において提出された証拠は，書証を含めてすべて控訴審に顕出されたものとし，控訴審の事実認定の資料となし得るとしており，その根拠を，口頭弁論の結果の陳述は，弁論結果の報告にほかならないから，書証についてはその申出がなされたこととその記載内容の報告があればよいとしている（大判昭 15．11．12 民集 19-22-2029）。

に上程されたときに，第一審の口頭弁論の結果陳述と控訴審における弁論準備手続の結果を陳述すればよい。このことは，第一審係属中に口頭弁論から弁論準備手続に付されたときに，従前の口頭弁論の結果陳述をしないのと同様である[52]。

イ　記載例
　(ｱ)　第一審判決書が新様式の場合
　　　新様式判決においては，弁論の結果が判決全体に記載されていると理解されること，多くの場合「証拠関係」の記載（証拠目録の引用を含めて）がないこと，結論に影響しない主張は記載する必要がないとされること等の特徴があるため，従来の「事実摘示」という表現を省くことが多い。

【参考例21】（口頭弁論の結果陳述…判決書が新様式の場合）

当事者双方
原判決記載のとおり原審口頭弁論の結果陳述

　　アンケートの結果（平成11年7月実施）によると，【参考例21】の他に次のような記載例も寄せられた。
　　　「原判決事案の概要に基づき原審口頭弁論の結果陳述」
　　　「原判決及び原審の証拠関係目録記載のとおり原審口頭弁論の結果陳述」
　　　「原判決記載のとおり原審口頭弁論の結果陳述　ただし，証拠関係は原審記録中の証拠関係目録記載のとおりである。」
　　　「原判決及び原審の証拠関係目録記載のとおり原審口頭弁論の結果陳述」
　　「証拠関係」の記載については，新様式判決書にその記載がないことから，原審の証拠関係を引用する考え方，新様式判決には口頭弁論の結果が判決全体に記載されており，証拠の提出とその成立に関する陳述を含むため，引用する必要はないとする考え方がある。
　　その他，場合を分けて，次のように書き分けている庁もあった。
　a　第一審判決記載の事実に，当事者が第一審でなした主張が脱落し，判決で記載されていない事実についても審理の対象とする場合
　　　「原審口頭弁論の結果陳述」
　b　第一審判決記載の事実に当事者が主張しなかった内容が記載されている場合
　　　「○○の点を除き原判決記載のとおり原審口頭弁論の結果陳述　○○の点は△△である。」
　(ｲ)　第一審判決書が旧様式の場合

【参考例22】（口頭弁論の結果陳述…判決書が旧様式の場合）

当事者双方
原判決事実摘示のとおり原審口頭弁論の結果陳述

---

[52] 準備手続の諸問題101参照。

第2章 控　訴

　　アンケートの結果（平成11年7月実施）によると，【参考例22】の他に，場合を分けて，次のように書き分けている庁もあった。
　　a　第一審判決記載の事実に，当事者が第一審でなした主張が脱落し，判決で記載されていない事実についても審理の対象とする場合
　　　　「原審口頭弁論の結果陳述」
　　b　第一審判決の判断の中で証拠関係を引用している場合
　　　　「原判決事実摘示及び原審の証拠関係目録記載のとおり原審口頭弁論の結果陳述」
　　c　第一審で法254条2項の調書（調書判決）が作成されている場合
　　　　「原審口頭弁論の結果陳述」
　(ｳ)　当事者の一方の欠席
　　控訴審の第1回口頭弁論期日に当事者の一方が欠席した場合，法158条（訴状等の陳述の擬制）の適用があるか否かが問題となる[53]。
　　判例は，当初，法158条の適用はないとしていたが（大判昭5.12.20民集9-1181），その後適用があるとし（大判昭8.4.25民集12-870），最高裁判所もこれを踏襲している（最判昭25.10.31民集4-10-516）。
　　第一審の口頭弁論の結果陳述は，当事者双方が行うが，その一方が口頭弁論期日に欠席したときには，出頭した当事者が双方にかかる第一審口頭弁論の結果陳述をすればよい（大判昭7.3.26民集11-473）。
　　第1回口頭弁論期日に当事者の一方が欠席した場合の記載例は次のとおりである。

【参考例23】（口頭弁論の結果陳述…当事者の一方が欠席した場合）

出頭当事者
原判決記載のとおり原審口頭弁論の結果陳述

　(ｴ)　上告審からの差戻し
　　上告審から差戻しを受けた裁判所は，改めて口頭弁論を開き審判をしなければならない（法325Ⅲ）が，差戻し前の訴訟手続は，それが破棄事由として違法とされていない限り当然に効力を失うわけではないから，そこでなされた双方の主張と証拠調べの結果は裁判所の資料として採用されることになる。そこで弁論の更新手続が必要となってくる[54]。

【参考例24】（口頭弁論の結果陳述…差戻し後の第1回口頭弁論期日における場合）

当事者双方
従前の口頭弁論の結果陳述

---

[53] 適用がないとすると，控訴人が不出頭の場合，控訴状の陳述ができないから，出頭した被控訴人による第1回口頭弁論の結果陳述ができないことになる。
[54] 原判決に関与した裁判官が口頭弁論に関与できないため，弁論の更新手続が必要となるのである（法249Ⅱ，講座民訴(7)224参照）。これに対し，法296条2項の類推によるという考え方もある。

10　調書と記録の編成
(1)　調　書
　　控訴審における調書が第一審のものと異なる点を挙げれば，当事者の呼称，第1回口頭弁論期日に口頭弁論の結果陳述が行われることなどが考えられるが，その他の基本的な部分については，第一審の場合と同様である。
ア　第1号様式（口頭弁論調書・準備的口頭弁論調書）
　(ｱ)　第1回口頭弁論期日
　　　控訴審では，控訴人から控訴状の陳述がなされることにより第1回口頭弁論期日が開始する。これに対しては，被控訴人から控訴棄却の申立てがなされる。

第2章 控　　訴

【参考例25】（口頭弁論調書…第1回口頭弁論期日に弁論が終結した場合）

第1号様式（口頭弁論調書　準備的口頭弁論調書合議用）

| 裁判長認印 | 印 |

第1回　口頭弁論　調書
（□ 準備的）

事件の表示	平成○○　　年（ネ）第　○○○　号
期　　日	平成○○年　○月　○日　午前10時00分
場所及び公開の有無	○○高等裁判所第○民事部　　○○　　法廷で公開
裁判長裁判官 裁判官 裁判官 裁判所書記官	○　○　○　○ ○　○　○　○ ○　○　○　○ ○　○　○　○
出頭した当事者等	控訴人ら代理人　　○　○　○　○ 被　控　訴　人　　○　○　○　○
指定期日	平成○○年　○月　○日　午後1時15分 （判決言渡し）

弁　論　の　要　領　等

控訴人ら	
	控訴状陳述
被控訴人	
	控訴棄却の申立て
当事者双方	
	原判決記載のとおり原審口頭弁論の結果陳述
控訴人ら	
	控訴理由書陳述
被控訴人	
	平成○○年○月○日付け準備書面陳述
証拠関係別紙のとおり	
裁判長	
	弁論終結
裁判所書記官　○　○　○　○　印	

（注）　1　該当する事項の□にレを付する。
　　　　2　「弁論の要領等」の記載の末尾に，裁判所書記官が記名押印する。

　第一審で弁論が分離され，2個の判決がなされた後，当事者双方から独立して控訴があった場合は，各控訴事件ごとに，控訴人から控訴状の陳述が，被控訴人から控訴棄却の申立てがなされる。その後，各事件の当事者の呼称を「一審原告」及び「一審被告」と称する場合には，口頭弁論調書にその旨の記載をしておく方がよいであろう。

第3 控訴事件の事務処理手続

【参考例26】(口頭弁論調書…第1回口頭弁論期日前に双方控訴があった場合)

第1号様式(口頭弁論調書 準備的口頭弁論調書合議用)

	裁判長認印	印

第1回 口 頭 弁 論 調 書
(□ 準 備 的)

事 件 の 表 示	平成○○ 年 (レ) 第 ○○○号 △△△
期　　　　　　日	平成○○年 ○月 ○日午前10時00分
場所及び公開の有無	○○地方裁判所第○民事部　○○　法廷で公開
裁判長裁判官 裁　判　官 裁　判　官 裁判所書記官	○　○　○　○ ○　○　○　○ ○　○　○　○ ○　○　○　○
出頭した当事者等	一審原告　　○　○　○　○ 一審被告　　○　○　○　○
指　定　期　日	平成○○年　○月　○日　午後1時15分

弁　論　の　要　領　等
平成○○年(レ)第○○○号事件関係
控訴人
控訴状陳述
被控訴人
答弁書陳述
平成○○年(レ)第△△△号事件関係
控訴人

(注) 1　該当する事項の□にレを付する。
　　　2　「弁論の要領等」の記載の末尾に,裁判所書記官が記名押印する。

	控訴状陳述
被控訴人	
1	本件控訴を棄却する。
2	控訴費用は控訴人の負担とする。
	との判決を求める。
当事者双方	
	原判決記載のとおり原審口頭弁論の結果陳述
裁判長	
	以後
	平成○○年(レ)第○○○号事件控訴人・平成○○年(レ)第△△△
	号事件被控訴人を「一審原告」と
	平成○○年(レ)第○○○号事件被控訴人・平成○○年(レ)第△△△
	号事件控訴人を「一審被告」と
	それぞれ呼称する。
一審原告	
	平成○○年○月○日付け準備書面陳述
証拠関係別紙のとおり	
	裁判所書記官　○　○　○　○　印

　第1回口頭弁論期日前に附帯控訴があった場合は,控訴人が控訴状の陳述をし,これに対して被控訴人が控訴棄却の申立てをした後,附帯控訴人(被控訴人)が附帯控訴状の陳述をして,附帯被控訴人(控訴人)が附帯控訴棄却の申立てをすることになる。

第2章 控　訴

【参考例27】（口頭弁論調書…第1回口頭弁論期日前に附帯控訴があった場合）

第1号様式（口頭弁論調書　準備的口頭弁論調書合議用）		裁判長認印	印
第1回	口　頭　弁　論 （□ 準 備 的）　調　書		
事件の表示	平成○○　年（ネ）第　○○○ 　　　　　　　　　　　△△△	号	
期　　　日	平成○○年　○月　○日　午前10時00分		
場所及び公開の有無	○○高等裁判所第○民事部　　○○　法廷で公開		
裁判長裁判官 裁　判　官 裁　判　官 裁判所書記官	○　○　○　○ ○　○　○　○ ○　○　○　○ ○　○　○　○		
出頭した当事者等	控訴人（附帯被控訴人）　○　○　○　○ 被控訴人（附帯控訴人）　○　○　○　○		
指　定　期　日	平成　年　月　日　午前・午後　時　分 追って指定		
弁　論　の　要　領　等			
控訴人（附帯被控訴人）			
	控訴状陳述		
被控訴人（附帯控訴人）			
1	答弁書陳述		
2	附帯控訴状陳述		
控訴人（附帯被控訴人）			
1	本件附帯控訴を棄却する。		

（注）1　該当する事項の□にレを付する。
　　　2　「弁論の要領等」の記載の末尾に，裁判所書記官が記名押印する。

2	附帯控訴費用は附帯控訴人の負担とする。
当事者双方	
	原判決記載のとおり原審口頭弁論の結果陳述
控訴人（附帯被控訴人）	
	平成○○年○月○日付け準備書面陳述
被控訴人（附帯控訴人）	
	平成○○年○月○日付け準備書面陳述
裁判長	
1	本件を弁論準備手続に付する。
2	本件弁論準備手続につき，受命裁判官として○○○○を指定する。
証拠関係別紙のとおり	
	裁判所書記官　　○　○　○　○　　印

　　　第一審の控訴人補助参加人が控訴を提起した場合，控訴状の陳述をするのは，控訴人ではなく，控訴の提起をした控訴人補助参加人である。

【参考例 28】（口頭弁論調書…第一審における控訴人補助参加人が控訴を提起した場合）

裁判長認印	印

第1号様式（口頭弁論調書　準備的口頭弁論調書合議用）

第1回　口　頭　弁　論　調　書
（□　準　備　的　）

事　件　の　表　示	平成　○○　年　（ネ）　第　○○○　号
期　　　　　　日	平成○○年　○月　○日　午前１０時００分
場所及び公開の有無	○○高等裁判所第○民事部　　○○　法廷で公開
裁判長裁判官 裁　判　官 裁　判　官 裁判所書記官	○　○　○　○ ○　○　○　○ ○　○　○　○ ○　○　○　○
出頭した当事者等	控　訴　人　　　○　○　○　○ 控訴人補助参加人　○　○　○　○ 被　控　訴　人　　○　○　○　○
指　定　期　日	平成○○年　○月　○日　午後１時１５分 （判決言渡し）

弁　論　の　要　領　等

控訴人補助参加人	
	控訴状陳述
被控訴人	
	答弁書陳述
当事者双方	
	原判決記載のとおり原審口頭弁論の結果陳述
控訴人補助参加人	
	平成○○年○月○日付け準備書面陳述
被控訴人	
	平成○○年○月○日付け準備書面陳述
証拠関係別紙のとおり	
裁判長	
	弁論終結
裁判所書記官	○　○　○　○　印

（注）1　該当する事項の□にレを付する。
　　　2　「弁論の要領等」の記載の末尾に，裁判所書記官が記名押印する。

　◇　第一審で未陳述の準備書面を控訴審で陳述させる場合は，口頭弁論調書に，「原審で提出された平成○○年○月○日付け準備書面陳述」と記載し，第一審記録第１分類訴状群につづり込まれている当該準備書面に，「控訴審第○回弁論陳述」と記載した付せんをつけておくことが望ましい。

　◇　上告審からの差戻し後，最初に行われる口頭弁論期日の回数は第１回である。

第2章 控　　訴

(イ) 和解勧告と受命裁判官による和解期日の指定

受命裁判官に和解の試みをさせることとなった場合，まず，和解勧告の旨と受命裁判官の指定（規31）を口頭弁論調書の「弁論の要領等」欄に記載し，受命裁判官が指定（規35）告知した和解期日の指定は，「弁論の要領等」欄の記載末尾の余白部分等を利用して作成する55 56。

控訴裁判所が和解を試みる場合，その構成員の一人を受命裁判官として試みさせることができる（法89）。受命裁判官は裁判長が指定する（規31）。和解期日は，裁判長（控訴裁判所が和解を試みる場合），又は受命裁判官（受命裁判官に和解を試みさせる場合）が指定する（前者につき法93，後者につき規35）。

「裁判長」である裁判官が受命裁判官に指定されることがあっても，和解期日の指定をするのはあくまでも受命裁判官であるので，「裁判長」と記載することがないよう注意をする。

【参考例29】（和解勧告，受命裁判官の指定及び和解期日の指定決定）

```
裁判長
1　和解勧告
2　受命裁判官　○　○　○　○　を指定
                       裁判所書記官　○　○　○　○　印


本件和解期日を平成○○年○月○日午前１０時００分と指定する。
    平成○○年○月○日
        ○○高等裁判所第○民事部
            受命裁判官　○　○　○　○　印


即日当事者双方代理人に口頭で告知済　　裁判所書記官　　印
```

(ウ) 準備的口頭弁論

法297条により準用される法164条以下の準備的口頭弁論期日において，控訴審の裁判所書記官が作成する準備的口頭弁論調書は，第一審の場合と同様の記載内容となり，特に控訴審特有のものはない。

(エ) 弁論準備手続の結果陳述

当事者は，法297条により準用される法173条により，弁論準備手続の結果を口頭弁論において陳述しなければならない。

---

55 口頭弁論期日に裁判所が弁論準備手続に付する決定（法297，168，171）をした上で，裁判長が同手続を受命裁判官に行わせるための受命裁判官を指定（規31）し，受命裁判官が期日指定（規35）する場合も同様である。
56 受命裁判官が期日指定する場合，「弁論の要領等」欄の記載末尾を利用せず，別紙で作成する取扱いもある。また，受命裁判官が和解期日を指定する裁判をした場合，その期日指定の裁判を，当該口頭弁論調書の「指定期日」欄に記載する方法によることもできる。例えば，和解期日が指定され，口頭弁論期日は追って指定となった場合，期日指定の裁判は，「指定期日」欄に「平成○○年○月○日午前10時00分　和解（口頭弁論追って指定）」と記載することで足りる。

弁論準備手続は，裁判所が同手続に付する決定をするが，控訴事件は裁判官の合議体でこれを取り扱う（簡易裁判所の判決に対する控訴事件につき裁26Ⅱ③，地方裁判所又は家庭裁判所の判決に対する控訴事件につき裁18Ⅰ）ことになっているため，裁判長が同手続を受命裁判官に行わせるための指定（規31）をし，受命裁判官が期日指定（規35）をする場合もある。

受命裁判官が行う弁論準備手続において，書証の提出及び成立に関する陳述がなされ，後の口頭弁論期日で証拠調べがなされた場合の調書上の取扱いについては，いくつかの考え方がある。

アンケートの結果（平成11年7月実施）によると，次のような見解が寄せられた。いずれによるかは，控訴裁判所の判断になろう。

① 受命裁判官が行う弁論準備手続では，書証の提出及びその成立に関する陳述を含む文書の証拠調べ一切ができないから，弁論準備手続期日においては，書証目録の記載はしない（この場合，弁論準備手続の結果陳述は必要ではない。）。当事者が成立に関する陳述をしても，単にメモ書として書証の隅に鉛筆書で留めておく程度である。

後の口頭弁論期日において書証目録に記載をする。

② 弁論準備手続期日に，書証の提出及びその成立に関する陳述を書証目録に記載し，後の口頭弁論期日に弁論準備手続の結果を陳述（「当事者双方　弁論準備手続の結果陳述」と記載）した際に，書証目録の備考欄に「第○回弁論　取調べ」と記載する[57]。

③ 書証の提出及びその成立に関する陳述を書証目録に記載し，弁論準備手続の結果を陳述すれば足りる。書証目録の備考欄に「取調べ」の記載をする必要はない。

④ 弁論準備手続期日に，書証の提出及びその成立に関する陳述を書証目録に記載する。

後の口頭弁論期日に弁論準備手続の結果を陳述する際，口頭弁論調書に「弁論準備手続の結果陳述（証拠取調済）」，又は「弁論準備手続の結果陳述（証拠の提出及びこれに対する陳述は別紙証拠目録記載のとおり）」と，取調べについての一括記載をし，書証目録の備考欄に，各別に「取調べ」の記載はしない。

(オ) 書面による準備手続に付する決定

書面による準備手続は，裁判長が行う（法297，176Ⅰ本文）。ただし，高等裁判所においては，受命裁判官に行わせることができる（法297，176Ⅰただし書）。

受命裁判官は裁判長が指定し（規31），答弁書もしくは特定の事項に関する主張を記載した準備書面の提出又は特定の事項に関する証拠の申出をすべき期間（法297，162）を受命裁判官が定めた場合は，「弁論の要領等」欄の記載末尾の余白部分等を利用して命令書を作成する。

---

[57] 書証の提出（原本等の提出）と書証の証拠調べ（閲読）とは，観念的に別個のものであるから，書証の証拠調べができないとしても，争点整理に必要な限り，書証の提出及びその成立の陳述はできるとする考え方による（新通達等の概要（上）25参照）。

書面による準備手続は，当事者や訴訟代理人が遠隔地居住などの事由がある場合（法297,175）等に利用される手続であるから，高等裁判所のように管轄が広範囲である場合には利用されることが多いと思われる。

【参考例30】（高等裁判所における書面による準備手続に付する旨及び受命裁判官2名の指定決定）

> 裁判長
> 1　本件を書面による準備手続に付する。
> 2　受命裁判官として　○○○○　及び　○○○○を指定する。
> 　　　　　　裁判所書記官　○○○○　印
>
> 　当事者双方に対し，準備書面の提出期日を平成○○年○月○日までと定める。
> 　　平成○○年○月○日
> 　　○○高等裁判所第○民事部
> 　　　　受命裁判官　○○○○　印
> 　　　　受命裁判官　○○○○　印
>
> 即日当事者双方代理人に口頭で告知済　裁判所書記官　印

(カ)　判決言渡し（法297,252）

控訴事件は裁判官の合議体でこれを取り扱う（簡易裁判所の判決に対する控訴事件につき裁26Ⅱ③，地方裁判所又は家庭裁判所の判決に対する控訴事件につき裁18Ⅰ）が，判決原本に基づく判決言渡しは，裁判長が主文を朗読して行う（規179,155Ⅰ）[58]。

【参考例31】（口頭弁論調書…判決言渡し）

> 裁判長
> 　　判決原本に基づき判決言渡し

(キ)　その他の記載事項

充実した期日審理と期日間の実効ある事件管理を行うためには，裁判所と当事者，裁判官と裁判所書記官，それぞれの間で，事件の内容や進行に関する有益な事項及び情報を共有化することが望ましい。そのための方法として，次回期日までに準備すべき主張又は立証の予定，次回期日に行うべき事項などを調書に記載することは，内容ある期日審理をするために有益であろう。

アンケートの結果（平成11年7月実施）によれば，各庁とも，次回期日の予定，当事者の主張又は立証予定を2行以内程度にまとめて記載している。記載としては，口頭弁論調書の「続行」の記載の後に続けて

---

[58] 法297条により準用される法254条2項の調書（調書判決）の場合は，裁判長が主文及び理由の要旨を告げて判決の言渡しをする（規179,155Ⅲ）。

「続行（控訴人－○○の事項につき平成○○年○月○日までに準備書面を提出予定）」，「続行（被控訴人－○○の立証について，証人等の申請も含めて検討の上，期日外において申請予定）」
とするものと，続行の記載をせずに
「裁判長　控訴人は，平成○○年○月○日までに，被控訴人の本日付け準備書面に対する反論の準備書面を提出すること」
等の記載をするものがあった。

　調書に記載をせず，事件メモや進行管理メモを作成したり，調書の記載と併用して期日進行管理プログラムに入力している庁もあった。
イ　第2号様式（弁論準備手続調書）
　控訴審で行われる弁論準備手続（法297,168以下）の期日に作成する弁論準備手続調書に記載すべき事項は，第一審の場合と同様である。
ウ　第3号様式（書証目録）
　控訴審で提出された書証を目録に記載する場合は，第一審の目録の続きではなく，別用紙で新たな目録を作成する。このとき，第一審の書証目録に記載されたものを控訴審の書証目録に移記する必要はない（ただし，【参考例32】の場合は移記が必要である。）。

　控訴審で提出された書証の番号は，第一審において提出された書証の最終番号に連続して付ける。

　第一審で提出された書証の成立及び成立の争いについての主張がされないまま判決がなされ，控訴審で書証の成立及び成立の争いについての主張がなされた場合には，控訴審で新たに作成した書証目録に，第一審の「標目」欄等の記載を移記し，当該成立及び成立の争いについての主張を記載するほか，「備考」欄に「原審提出」及び「原審記録編てつ（○○丁）」（当該書証の所在場所を明確にするための記載）と記載する。

　アンケートの結果（平成11年7月実施）によれば，前記の取扱いをしている庁以外に，「原審提出」の記載を「期日」欄にしている庁も2庁あった。

第2章 控　　訴

【参考例32】（書証目録…第一審で提出後，控訴審で成立及び成立の争いについての主張がなされた場合）

事件の表示　平成○○年（ネ）第○○○号

第3号様式（書証目録）

（　甲　号証）	書　証　目　録	（ 被控訴人　提出分）			
（この目録は，各期日の調書と一体となるものである。）					
番号	提　　出		陳　　述		備　考
	期　日	標　目　等	期　日	成　立	成立の争いについての主張	
19	第　1　回 ☑弁　　論 □準備的弁論 □弁論準備	土地登記簿謄本	第　　回 □弁　　論 □準備的弁論 □弁論準備			
20	第　1　回 ☑弁　　論 □準備的弁論 □弁論準備	請　求　書	第　2　回 ☑弁　　論 □準備的弁論 □弁論準備	不知		
3	第　　回 □弁　　論 □準備的弁論 ☑弁論準備	委　任　状	第　2　回 ☑弁　　論 □準備的弁論 □弁論準備	否	名下の印影が控訴人の印章によること認 本文書は被控訴人が偽造した。	原審提出 原審記録に編てつ（○○T）
	第　　回 □弁　　論 □準備的弁論 □弁論準備		第　　回 □弁　　論 □準備的弁論 □弁論準備			
	第　　回 □弁　　論 □準備的弁論 □弁論準備		第　　回 □弁　　論 □準備的弁論 □弁論準備			

（注）　該当する事項の□にレを付する。

　第一審における成立及び成立の争いについての主張を控訴審で変更する場合は，控訴審で新たな書証目録が作成される関係上問題がある。理論的には，当該期日の基本調書（例えば，第1号様式の場合は「弁論の要領等」欄）にその旨を記載することになるが，実務上では，控訴審において作成した書証目録に書証番号と文書の標目を移記した上，その「成立の争いについての主張」欄にその成立に関する陳述が変更された旨等を記載する処理をしている（【参考例33】参照）。

　この場合，メモとして，第一審の当該書証目録の「備考」欄に付せん等で，控訴審で変更があった旨を記載しておくと便利であろう。

第3 控訴事件の事務処理手続

【参考例33】（書証目録…第一審における成立及び成立の争いについての主張を控訴審で変更した場合）

事件の表示　平成○○年（ネ）第○○○号

第3号様式（書証目録）

（　乙　号証）	書　証　目　録	（　控訴人　　提出分）				
（この目録は，各期日の調書と一体となるものである。）						
番号	提　　出		陳　　述			備　考
	期　日	標　目　等	期　日	成立	成立の争いについての主張	
18	第1回 ☑弁　論 □準備的弁論 □弁論準備	金銭出納簿 （写し）	第2回 ☑弁　論 □準備的弁論 □弁論準備	原本の存在及び成立認		
7	第　回 □弁　論 □準備的弁論 ☑弁論準備	見　積　書	第　回 □弁　論 □準備的弁論 ☑弁論準備		第2回弁論認と変更	原審提出 原審記録に編てつ（○○丁）
	第　回 □弁　論 □準備的弁論 □弁論準備		第　回 □弁　論 □準備的弁論 □弁論準備			
	第　回 □弁　論 □準備的弁論 □弁論準備		第　回 □弁　論 □準備的弁論 □弁論準備			
	第　回 □弁　論 □準備的弁論 □弁論準備		第　回 □弁　論 □準備的弁論 □弁論準備			

（注）　該当する事項の□にレを付する。

　　　差戻し事件の場合は，書証目録を新たに作成することになるが，書証は従来の目録の記載を前提とし，新たに提出された書証を連続した書証番号で記載していけば足りる。従前の第一審及び控訴審の目録の記載を移記する必要はない。

　エ　第4号様式（証人等目録）

　　　控訴審で申請された証人等を目録に記載する場合は，第一審の目録の続きではなく，別用紙で新たな目録を作成する。このとき，第一審の証人等目録に記載されたものを控訴審の証人等目録に移記する必要はない。

　　　証人等目録は，各当事者につき各別の用紙を使用して，控訴審であれば，「控訴人」

第2章 控　　訴

申出分，「被控訴人」申出分等と記載する[59]。
　証拠の申出があり，期日外で採用決定がなされた場合は，当該証拠申出書の余白部分に採用する旨の記載をするか，又は独立して決定書を作成する（法122）。採用決定は，裁判所がするものであるから，控訴審においては合議体の決定となる。

【参考例34】（合議体による期日外の採用決定…鑑定人の場合）

```
平成○○年（レ）第○○○号
 1    平成○○年○月○日控訴人申出による鑑定を採用し，平成○○年○月○日
      午前10時00分の口頭弁論期日に鑑定人尋問を実施する。
 2    鑑定人として，
          ○○市○○町○丁目○番○号
             ○　○　○　○
      を指定する。
          平成○○年○月○日
            ○○地方裁判所第○民事部
               裁判長裁判官　○　○　○　○　印
               裁判官　　　　○　○　○　○　印
               裁判官　　　　○　○　○　○　印

  即日当事者双方代理人に電話で告知済　　　裁判所書記官　印
```

　オ　第5号様式（証人等調書）
　　控訴審で作成する証人等調書に記載すべき事項は，第一審の場合と同様である。
　　質問者は，「控訴人（被控訴人）」「控訴人（被控訴人）代理人」「一審原告（一審被告）」「裁判長」「(陪席からの質問の場合は)○○裁判官」という記載になる。
　カ　第6号様式
　　控訴審で第6号様式を使用して作成する調書には，和解期日調書，期日外の証拠調べ期日調書，進行協議期日調書等がある。
　　これらの調書に記載すべき事項は，第一審の場合と同様である。
(2)　記録の編成
　　控訴審の訴訟記録中，訴訟に関する書類は，記録編成通達に定められたとおり，第1分類から第3分類に分けて編成する（各分類につづる代表的な書類については第2の6(1)記録編成の確認（70ページ）を参照）。
　ア　第1分類
　　(ｱ)　調書群
　　　この群につづり込む書類は，第一審における場合と同様である。
　　(ｲ)　判決書群
　　　この群には，第一審における場合と同様の書類をつづるほか，代表的なものとし

---
[59] 調書通達記第3の4の(1)のア参照。

て次のような書類をつづり込む。
- ◇ 控訴審の判決書正本（原本は別保管）
- ◇ 法254条2項の調書（調書判決）正本（原本は別保管）[60]
- ◇ 控訴審判決を更正した場合の決定書正本（原本は別保管）
- ◇ 控訴取下書（全部又は一部）
- ◇ 控訴審でした控訴却下決定正本（原本は別保管）
- ◇ 控訴状却下命令正本（原本は別保管）
- ◇ 控訴審で成立した和解調書
- ◇ 控訴審で成立した調停調書
- ◇ 控訴審における放棄調書
- ◇ 控訴審における認諾調書
- ◇ 控訴審における移送決定正本（原本は別保管）
- ◇ 控訴審において第一審判決を更正した場合の決定書[61]

(ウ) 訴状群

この群には，第一審における場合と同様の書類をつづるほか，代表的なものとして次のような書類をつづり込む。

- ◇ 控訴状

  追貼があった場合の手数料納付書は，納付対象となった控訴状の直後につづる。

- ◇ 附帯控訴状

イ 第2分類

この群につづり込む書類は，第一審における場合と同様である。

目録群は，書証目録及び証人等目録とも，一審原告申出分，一審被告申出分，参加人申出分及び職権分の順につづり込む。

証拠説明書群及び証拠申出書群とも，一審原告，一審被告及び参加人の順に，一括して編年体によりつづり込む。

いずれも，控訴人，被控訴人及び参加人の順でつづり込むのは誤りである。

ウ 第3分類

第一審から送付された訴訟記録送付書は第3分類の冒頭につづる。

その他，この群につづり込む書類は，第一審における場合と同様である。

第一審から，第一審記録につづり込むべき書類，例えば，第一審で不足していた手数料納付書が追送された場合，どこにつづり込むことが妥当であろうか。

本来であれば，手数料納付書は第一分類の訴状群につづり込むべきであるが，第一審記録はすでに確定丁数が打たれているので，差し込むことはできないであろう。

控訴審記録であれば，①控訴状の直後，②原告控訴の場合は控訴状の直後にし，被

---

[60] 新通達等の概要（下）58参照。
[61] 控訴審が作成した裁判書であること，確定丁数の付された第一審記録の編成を崩さないことを考慮すると，控訴審記録につづり，第一審判決の末尾に更正決定がある旨の表示を付せん等で明らかにする扱いが相当であろう（記録編成通達の解説12参照）。

第2章 控　訴

告控訴の場合は答弁書の直後にし，答弁書の提出がない場合は第3分類のその他の項，③第3分類のその他の項などが考えられる。検索などの点を考慮し，庁として取扱いを定めておくことが望ましい。また，第一審の訴状と控訴審の手数料納付書に，付せんで注記しておく必要があろう。

11　攻撃防御方法の提出等の期間

控訴審においては，裁判長は，当事者の意見を聴いて，攻撃防御方法の提出，請求や請求の原因の変更，反訴の提起又は選定者に係る請求の追加をすべき期間を定めることができ，その期間経過後に攻撃防御方法の提出等をする当事者は，期間内に提出等をすることができなかった理由を裁判所に対して説明しなければならない（法301）。

この規定は，現行の民事訴訟法の制定の際に新設されたものである[62]。

(1)　攻撃防御方法の提出等

民事訴訟法は，控訴審の審理構造として続審制を採用している。続審制では，控訴審において当事者が新たな攻撃防御方法を提出する権能，つまり更新権が認められるため，控訴審では，第一審で提出された訴訟資料と控訴審で新たに得られた訴訟資料の双方を斟酌して審理を行う。

このような続審制のもとで攻撃防御方法の随時提出が無制限に許されるならば，当事者が，第一審でのそれらの提出に全力を尽くさず，重要な主張立証を控訴審で行おうとする可能性も出てくる。そこで，法301条が規定された。

第一審で，当事者が，攻撃防御方法等の提出に全力を尽くせば，第一審の審理が充実することになり，当事者が控訴審で新たに提出すべき主張・立証はおのずと限られることになろう。

(2)　提出期間の裁定

提出期間を定めるに当たって，裁判長は，当事者の意見を聴かなければならない。

当事者の意見を聴くことは，当事者が考えている控訴審における争点及びその争点に対し提出を予定している攻撃防御方法あるいは請求の変更などの本案の申立てを裁判長が早期に知ることができるため，この制度は争点把握の役割を果たすこともできよう[63]。

提出期間は裁判長が定める。しかし，提出期間を定めることは義務ではなく，事案の内容を吟味した上でその必要があると判断した事件に限って定めることになる。期間の長さは法定されておらず，これを定める時期についても定めはない。事案の複雑さや訴訟当事者数，第一審における当事者の訴訟行為の態様等を考慮して事案ごとに定められることになる[64]。

---

[62] 旧法では，当事者は原則として，控訴審においても，新たな攻撃防御方法の提出，請求又は請求の原因の変更及び反訴の提起（旧法382により相手方の同意が必要である。）をすることができ，これらに関する制限としては，時機に後れた攻撃防御方法の却下（旧法139）の制度や著しく訴訟手続を遅滞させる場合の訴え変更の禁止（旧法232 I）の制度があるのみであった。これらの規定は，必ずしも有効に機能しておらず，訴訟の完結の遅延を招く事態が生じているといわれていた（一問一答338参照）。

[63] 宇野聡「控訴審における攻撃防御方法の提出」ジュリ1098-78参照。

[64] 理論と実務（下）311参照。

裁判長が定めた期間を経過して，法301条1項所定の訴訟行為をする当事者は，裁判所に対し，その期間内にこれをすることができなかった理由を説明しなければならない[65][66]。

アンケート（平成11年7月実施）によれば，裁判長が法301条に基づき提出期間を定めたときは，調書に記載する等記録化し，提出期限が近づいた時点で，裁判所書記官が電話又はファクシミリにより催促をしているという回答であった。また，期間経過後の提出に対しては，各庁とも弾力的に運用していた。

12　争点及び証拠の整理手続

控訴事件は，第一審で争点及び証拠の整理手続を終えていることも多い。しかし，①控訴審で新たな主張が提出されたとき，②当事者と第一審裁判所の間で争点の食い違いがあったとき，③第一審で欠席判決がなされたが，第一審で欠席した控訴人が控訴審になってから積極的に争うとき等は，原則として，第一審における場合と同様，早期に争点の把握に努めなければならない[67]。

アンケートの結果（平成11年7月実施）によれば，争点整理に役立たせる目的で書面等を作成している庁では，時系列表，又はメモ（当事者名，第一審の審理状況，事案の概要，争点，第一審の判断等を記載したもの，呼称は「事件メモ」，「争点整理メモ」等様々である。）を担当書記官が作成していた。また，担当書記官が裁判官作成のメモの交付を受け，双方が争点について認識を共有している庁もあった。

(1)　準備的口頭弁論

準備的口頭弁論は，争点及び証拠の整理を行うことを目的とする口頭弁論であり，公開の法廷において，受訴裁判所の主宰により行われ，争点及び証拠の整理に必要なあらゆる行為を行うことができるものである。

社会的に注目を集める事件や当事者及び関係人が多数いる事件で，控訴裁判所が，争点及び証拠の整理をする場合は，準備的口頭弁論を利用することが考えられる。また，準備的口頭弁論にラウンドテーブル法廷を利用することも考えられよう[68]。

(2)　弁論準備手続

弁論準備手続は，争点及び証拠の整理を行うことを目的として，当事者双方が立ち会うことができる口頭弁論期日外の期日において，協議等を行う手続である。

ア　期日の活用

アンケートの結果（平成11年7月実施）によれば，各庁とも，争点及び証拠の整理を行うことを目的として，受命裁判官による弁論準備手続を積極的に活用していた。

---

[65] 定められた期間が遵守されることを間接的に確保することができるし，また，当該説明の結果は，攻撃防御方法の提出等が時機に後れたものとして却下されるべきである（法297,157）かどうか裁判所が判断するに際しての判断資料として機能する面も有している（一問一答338参照）。

[66] 裁判長が，法301条1項により控訴審における攻撃防御方法の提出等をすべき期間を定めた場合において，その攻撃防御方法の提出の中に「書証の申出」が含まれているときは，当事者は，その期間が満了する前に，当該書証の写しを提出しなければならない。また，攻撃防御方法の提出等の期間の経過後に，その対象となっていた訴訟行為をする当事者が，法301条2項の規定により，裁判所に対し行う説明は，期日において口頭でするとき以外は，書面によりしなければならない（規181,条解377参照）。

[67] 控訴事件は，訴え提起から期間が経過しているため，より適正迅速な事務処理が要求されるであろう。

[68] 一問一答174参照。

第2章 控　　訴

　　　以下は各庁の具体的なアンケート項目の回答である。
　◇　対象事件→当事者訴訟，主張関係が錯綜及び立証関係が多数ある事件，事案が複雑な事件，控訴審で争点整理が必要な事件，当事者の主張がかみ合わない事件，当事者の主張が明確でない事件，特に裁判官から指示のあった事件
　◇　記録化→当該期日になされた事項及び次回までに当事者が準備すべき事項を弁論準備手続調書に具体的に記載，期日における当事者双方の確認事項の記載
　◇　裁判所書記官の立会い→全件立会い，原則として立会い，原則として立ち会っていない，裁判官の指示があった事件のみ立会い（裁判所書記官が立ち会わないときは，裁判官が，「弁論準備手続連絡票」に当該期日に行われた事項を記載し，裁判所書記官に交付している。）

イ　電話会議の方法による手続の実施

　控訴裁判所，特に高等裁判所においては，遠隔地の代理人が選任されることもあるため，弁論準備手続において電話会議システムを利用することにより，代理人が裁判所まで出頭する負担を軽減しながら，効率的に手続を進めることができると考えられる[69][70]。

　アンケートの結果（平成11年7月実施）によれば，弁論準備手続において電話会議システムを利用した庁では，その利用例として，代理人が遠隔地の場合（次に記載した2例以外はすべてこの場合であった。），訴額が少額の場合，弁論準備手続の途中で和解の意思の確認のためという事例を寄せていた。管内が広い地域にまたがっている庁の回答では，代理人である弁護士からの要望も多く，好評であるという回答が寄せられた。

ウ　テレビ会議の方法による手続の実施

　テレビ会議システムは，映像と音声の送受信により相手の状態を相互に認識しながら通話をすることができる機能を有しており，「裁判所及び当事者双方が音声の送受信により同時に通話をすることができる方法」（法297,170Ⅲ）に該当するため，控訴審における弁論準備手続に利用することができる[71]。

　従来，電話会議システムを利用していた場面では，基本的にはテレビ会議システムを利用することができると考えられる。

(3) **書面による準備手続**

　書面による準備手続は，当事者が遠隔地に居住しているなど，期日に毎回出頭することが経済的，精神的に負担となる場合で，裁判所に出頭しなくても争点整理を行うことが可能であるような事件について，迅速に争点整理を行うことを目的として設けられた制度である（法297,175）。

---

[69] 改正関係資料(3)361「電話会議システムの利用状況」参照。
[70] 管内に離島が多い，管内が広い地域にまたがっているなどの事情のある庁では，一層利用される可能性は高いといえよう。
[71] 平成20年3月19日付け最高裁民二第002966号民事局長，家庭局長，総務局長通達「争点整理手続等におけるテレビ会議システムの利用等について」参照。

書面による準備手続によれば，当事者は，裁判所に出頭しないで，準備書面の交換や電話会議システム又はテレビ会議システムの利用等により，争点等の整理を終えることができる。

控訴裁判所は，第一審裁判所と比べ，その管轄範囲も広く，当事者が遠隔地に居住している場合も多いことから，書面による準備手続は，第一審における以上に利用することができよう。

ア 受命裁判官

書面による準備手続は，裁判長が行う（法297,176 I 本文）が，高等裁判所では，受命裁判官が実施することができる（法297,176 I ただし書）[72]。

イ 期日の活用

アンケートの結果（平成11年7月実施）によれば，書面による準備手続の利用について，利用した庁からの回答は以下のとおりであった。

◇ 対象事件→第一審が欠席判決である事件，代理人が多数な上，口頭弁論期日までにかなり日数がある場合

◇ 記録化→電話会議システムを利用して調書を作成，経過表を作成

◇ 裁判所書記官の立会い→原則として立ち会っている。

13 進行協議期日における手続

進行協議期日における手続とは，審理を充実させることを目的とし，当事者双方が立ち会うことのできる期日において，裁判所及び当事者が口頭弁論における証拠調べと争点との関係の確認その他訴訟の進行に関し必要な事項についての協議を，口頭弁論外に行う手続のことである（規179,95）。

裁判所は，進行協議期日における手続を，受命裁判官に行わせることができる（規98）から，控訴審では受命裁判官により実施されることが多いであろう。

進行協議期日には，電話会議システム（規179,96 I ）及びテレビ会議システムを利用することもできる。テレビ会議システムは，協議をするに当たり，写真，図面等を示す必要があるときなど大いに活用できよう[73]。

進行協議期日を利用している庁から寄せられた具体的なアンケート（平成11年7月実施）の回答は次のとおりである。

◇ 対象事件とその目的→裁判官から指示のあった事件（第1回口頭弁論期日前の事件の振り分けのため），事案が複雑な事件（裁判所に事前の説明が必要な場合，今後の進行についての打合せ），専門的知見を要する事件（専門家の意見を聴くため，鑑定事項の調整），境界確定や所有権確認等の事件（現地の確認，検証の方法等の打合せ），多数当事者の事件（それぞれの進行についての意向聴取），口頭弁論期日が追って指定になっている事件（進行についての打合せ），証拠調べを行う予定の事件（具体的な証拠調べの方法），大

---

[72] 高等裁判所においては，その構成員は経験豊富な裁判官であり，また，実務上，裁判長が口頭弁論の準備のための手続を担当することはほとんどなく，主任裁判官がこれを行うのが通常であるので，受命裁判官に主宰させることもできるように規定されている。

[73] 書画カメラ装置，ファクシミリを併用することも考えられる。

型訴訟（今後の進行についての意見交換，当事者を代理人別のグループに分けて意見交換），本人訴訟（手続の進行についての意見をまとめる必要がある場合）

◇ 記録化→進行協議期日調書，進行協議期日経過表（期日，場所，出頭当事者，期日の結果，次回期日を記載），進行管理を目的としたメモを作成

「協議内容」として，「1 審理の進行方法，2 証拠調べについて（書証・人証・鑑定・検証・その他（ ）），3 現地の確認，4 専門・技術的な説明，5 その他（ ）」という項目を設け，数字に○を付ける方法で進行協議期日経過表を作成している庁もあった。

進行協議期日の協議内容が一覧でき，有用であろう。

◇ 裁判所書記官の立会い→原則として立ち会う庁と立ち会わない場合がある庁とがあった。

◇ その他→当事者及び代理人が遠隔地の場合，進行協議期日に電話会議システムを利用している庁もかなりあった。

14 期日間の準備

訴訟における期日を充実したものとし，効率的に実施するためには，当事者及び裁判所が期日間の準備を行う必要がある。控訴審の裁判所書記官が，訴訟の審理及び進行を充実させる目的で，期日間の準備について積極的に関与すべきことは第一審と同様である。特に控訴審は，最後の事実審であるため，裁判所の方針を基に，期日外釈明や準備書面の事前提出の督促等，当該事件についてのさらなる細かい働きかけを当事者に行わなければならない。そのためには，日頃から，当該事件の内容を認識し，必要な情報を収集し，裁判所の方針を正確に把握しておかなければならない。

期日間の準備及びそれに関連した事項について行ったアンケート（平成11年7月実施。質問事項は，裁判官との認識の共通化という観点から特に工夫していること，第一審裁判所と控訴裁判所との相違を意識して行っている主体的な取組について）では，各庁から様々な回答が寄せられた。以下は，アンケートに寄せられた回答である。

（控訴審が高等裁判所の場合）

◇ 事件の配てん後，参考事項の聴取から確定記録の点検まで，同じ書記官が担当することで事案の把握に努めており，事件に対する裁判官との認識の共通化を図っている。

◇ 事件メモに基づいて，開廷日の全事件について事件ミーティングを行っている。

◇ 裁判所書記官が事案の概要メモの案を作成し，裁判官に手直しをしてもらうことで認識を共通化している。

◇ 新件調査時に，時系列表を作成している。

◇ 証拠調べの前に，争点確認のため，裁判官と裁判所書記官がミーティングを行っている。

◇ 当事者や代理人から事件についての連絡があった場合は，口頭で裁判官に報告をすると同時にメモを作成し，用件の把握に努めている。

◇ 事件の内容や進行につき問題点がある場合は，調査をしてその結果を，文献等の資料及び意見とともに裁判官に提出し，裁判官の指示を受けるようにしている。

◇ 事件の概要を把握しやすいように，原審概要書面を作成し，裁判官に渡している。
◇ 当事者双方が和解希望のときは，具体的に和解条件等を聴取し，裁判官に報告した上で，さらに条件調整等を行っている。また，和解の成立が予定されているような事件については，事前に，具体的な和解条項の調整も行っている。
◇ 必要であれば，第一審裁判所に連絡して，警備の要否及びその程度等に関する情報を提供してもらい，裁判官に報告している。
◇ 最後の事実審であるため，話合いでの解決の途の有無についての見通し及び和解についての打診をしている。

（控訴審が地方裁判所の場合）
◇ 控訴人が破産申立てをしている事件が多いため，期日指定の際，特に破産事件の進行状況を把握しておくようにしている。破産事件の進行状況によっては，控訴取下げ，訴えの取下げがなされることもある。
◇ 本人訴訟が多いので，控訴理由を明確にしてもらった上で第1回口頭弁論期日を開くようにしている。そのため，裁判官が期日外釈明をすることがある。
◇ 本人訴訟が多いため，控訴審の手続を教示するようにしている。
◇ 第一審の担当書記官に，第一審での和解の経過を照会した上で，第1回口頭弁論期日の指定をする場合もある。

15 専門的知見を必要とする手続

(1) 自庁調停に付した場合

ア 民事調停委員

控訴裁判所である地方裁判所には，民事調停委員が所属しているため，専門的知見を要する控訴事件を自庁調停に付し，適任者を指定することができる。一方，控訴裁判所である高等裁判所が，専門的知見を要する控訴事件を自庁調停に付した場合は，高等裁判所に所属している民事調停委員は現在のところいないので，当該高等裁判所の管轄区域内の地方裁判所又は簡易裁判所に所属する民事調停委員の中の適任者に当該高等裁判所の民事調停委員の職務を行わせることができる（いわゆる職務代行）[74][75]。

例えば，当事者が遠隔地に居住する控訴事件を自庁調停に付し，裁判所が現地に赴いて調停を試みる等の場合には，その地の実情に通じた民事調停委員の関与を求めるのを相当とすることがあり得る。

高等裁判所が，その管轄区域内のすべての地方裁判所又は簡易裁判所の民事調停委員に職務の代行を命じることができるとしているのは，このような場合にも備えたものである。

この職務代行は，職務を行い得る資格を付与するにとどまるから，個々具体的な調停事件を担当するについては，調停事件が係属する裁判所から指定を受ける必要がある。

---

[74] 民事調停委員及び家事調停委員規則5Ⅲ参照。
[75] 管轄区域内の家庭裁判所に所属する家事調停委員の中の適任者に当該高等裁判所の家事調停委員の職務を行わせることもできる（民事調停委員及び家事調停委員規則5Ⅲ）。

イ 職務代行の手続

職務代行の必要性を判断し，民事調停委員にこれを命ずるのは，高等裁判所であるから，当該高等裁判所の裁判官会議の議によって決定することになるが，裁判官会議が長官等に委任している場合は，委任された者が決定する。

当該民事調停委員本人に対しては，適宜の方法で通知をすればよい。またその際，当該民事調停委員の所属する地方裁判所へも連絡しておく必要があろう。下記ウにあるように，当該民事調停委員の所属する地方裁判所が旅費等の支給をすることになるからである。

所属する地方裁判所から当該民事調停委員に対して連絡してもらう方法も考えられるので，高等裁判所及び地方裁判所の間で，その都度打合せしておく方がよかろう。

ウ 旅費等

(ｱ) 当該高等裁判所所在地にある地方裁判所の民事調停委員に職務を代行させる場合

当該民事調停委員の所属する地方裁判所が登庁旅費を支給する。

(ｲ) (ｱ)以外の地方裁判所の民事調停委員に職務代行をさせる場合

当該民事調停委員の所属する地方裁判所が出張旅費及び日当等を支給する。

(ｳ) 支給についての手続

支給についての手続等は，通常の民事調停委員の場合と同様である[76]。

アンケートの結果（平成11年7月実施）によれば，高等裁判所において自庁調停に付し，地方裁判所所属の民事調停委員（建築士の資格を有する）を事件に指定した例があった。また，実際に自庁調停に付した事件はないが，専門的知見を要する事件に専門的知識を有する調停委員を活用したいという何らかの意見もあった。自庁調停に付して，地方裁判所の民事調停委員を活用することにつき，申合せをしている庁はなかった。

自庁調停に付した事件の調停が成立したとき，又は民事調停法17条による調停に代わる決定をしたときは，調停調書（調停に代わる決定を含む。）を第1分類の判決書群に，そのほかの調停記録を第3分類のその他群につづり込む。調停調書正本をつづり込むことがないよう注意する。

(2) 専門委員の活用

ア 専門委員

専門委員は，専門的知識・経験を有する専門家の中から最高裁判所が任命する非常勤の裁判所職員であり（法92の5Ⅲ,専門委員規則1），的確かつ円滑な審理の実現のため，裁判所のアドバイザー的な役割を果たしている。任期は2年である（同規則3）。

所属する裁判所は，最高裁判所が定める（同規則4）。建築関係，医療関係，知財関係等の各種専門領域の専門家が選任されている[77]。全国の裁判所に，全ての分野の専門

---

[76] 昭和62年5月22日付け最高裁人給A第13号人事局長依命通達「民事調停委員及び家事調停委員に対する手当の支給手続について」及び平成7年3月16日付け最高裁経監第15号経理局長依命通達「調停官等に対する登庁旅費の支給に関する事務の取扱いについて」参照。

[77] 知的財産に関する専門委員については，電気，機械，化学，情報通信，バイオテクノロジーなど多岐にわたる各専門分野において，最先端の科学技術の研究に従事している大学教授や公的機関の研究者等により構成されている。

委員を配置することは困難であるから，事件が係属している裁判所以外の裁判所に所属する専門委員に手続に関与してもらうことができる（同規則5。職務代行制度）[78]。
　イ　職務内容等
　　専門委員は，訴訟関係を明瞭にし，又は訴訟手続の円滑な進行を図る必要があるなどの理由により，裁判所の決定により指定を受けた事件について関与し，その専門的な知見に基づき，公平・中立な立場から，争点となる高度な専門的，技術的事項について説明等をおこなう（法92の2）[79]。

(3)　知的財産権訴訟における裁判所調査官の活用
　ア　裁判所調査官[80]
　　裁判所調査官は，常勤の裁判所職員であり，裁判官の命を受けて，事件の審理及び裁判に関して必要な調査その他他の法律において定める事務を行う（裁57）。知的財産に関する裁判所調査官は，特許庁審判官等の経験者や弁理士で構成されており，電気，機械及び化学の3分野に分かれて事件を担当している。
　イ　職務内容等
　　知的財産に関する裁判所調査官は，原則として，特許，実用新案等の技術型の知財関係訴訟の全件に関与し，当該事件の審理，裁判に関して必要な技術的事項を調査している。
　　また，口頭弁論期日等において当事者に対する釈明や証人等に対する発問を行い，裁判官に対して意見を述べる等の権限を有するほか（法92の8），その中立性・公平性の保障を高めるために，除斥・忌避についての規定が準用されている（法92の9）。

16　第一審裁判所における録音テープ等の利用
(1)　規則68条1項の手続
　　第一審で規則68条1項により，証人等の陳述を録音テープ等に記録し，調書の記載に代えた場合，訴訟が完結するまでに当事者の申出があった場合又は上訴裁判所が必要であると認めたときは，証人等の陳述を記載した書面（陳述記載書面）を作成する必要がある（規68Ⅱ）。
　　訴訟が控訴審に係属している場合には，記録の存する裁判所において当該陳述記載書面を作成することになると考えられるが，控訴裁判所が書面作成の必要性を感じるのは，控訴裁判所に訴訟記録が送付され，控訴裁判所においてその検討をした後ということになるから，実際には，当該控訴裁判所の責任において陳述記載書面を作成することになることが多いものと考えられる[81]。

---

[78] 職務代行については，平成15年12月2日付け最高裁民二第507号民事局長，行政局長，家庭局長，人事局長依命通達「専門委員の任免手続等について」参照。
[79] 知的財産に関する事件においては，審理の対象となっている発明に関連する技術について理解を深めるために，当事者の同意を得た上で，専門委員が関与する期日を指定し，当該技術について専門委員から専門的知見に基づく説明を聴くことがある。最終の弁論準備手続期日又は口頭弁論期日において，原告と被告の双方が，プレゼンテーションの形式による技術説明を行う説明会を，実務上，「技術説明会」と称している。
[80] 知的財産に関する裁判所調査官は，知的財産高等裁判所に11人，東京地方裁判所に7人，大阪地方裁判所に3人がそれぞれ配置されている（平成30年7月現在）。
[81] 条解153参照。

第2章 控　　訴

(2) 規則170条1項の手続

第一審が簡易裁判所の事件で，規則170条の手続を経たものについて，控訴の提起があった場合，同条所定の手続により当事者等の利用に供するために作成された録音テープ等は，訴訟記録の一部ではないので，控訴裁判所へは送付されない。

録音テープ等への記録は，当事者が当該事件の控訴審等において，証人等の陳述等を記録した録音テープ等の複製物から録音等の内容を反訳して，書証として提出して使用するためのものである。また，録音テープ等は，口頭弁論の調書や訴訟記録の一部になるものではないので，控訴があったときにも，控訴審の裁判官は録音テープ等の内容を聴取等する義務を負わない[82]。

17　事件の終局

(1) 終局判決

控訴審における終局判決とは，控訴によって係属している事件を，控訴審において完結させる判決のことである。控訴審がする差戻（移送）判決（法307～309）は，事件を終局的に完結させるものではないが，控訴審の手続を終了する点では終局判決である。

　ア　言渡期日の通知

判決は，言渡しによってその効力を生ずる（法297,250）。

判決の言渡期日の日時は，あらかじめ，裁判所書記官が当事者に通知する。ただし，その日時を期日において告知した場合又はその不備を補正することができない不適法な訴えを口頭弁論を開かずに却下する場合は，この限りでない（規179,156）[83]。

　イ　判決原稿との照合

判決の形式的記載事項の記載や口頭弁論終結時の裁判官の合議体の構成員について，誤りがないかどうか点検する。

◇　判決書の記載事項（法297,253，規179,157）

主文，事実，理由，口頭弁論終結の日，当事者及び法定代理人，裁判所

主文例については第1の11控訴審の裁判（27ページ）を参照。

　ウ　判決言渡し

判決の言渡しは判決原本に基づいてなされる（法297,252）[84]。

言渡しがなされると，裁判所書記官へ判決原本が交付され，裁判所書記官は，受領した判決原本の1枚目上部余白に「言渡しの日」及び「原本交付の日」を付記して押印する（規179,158）。

---

[82] 条解358参照。
[83] ただし書の「その不備を補正することができない不適法な訴えを口頭弁論を経ないで却下する場合」は，不適法な控訴を法290条により却下する場合のほか，法140条により訴えを却下した第一審判決に対する控訴を口頭弁論を開かずに棄却する場合（最判昭57.10.19判時1062-87）もその射程においているため，このような場合も判決の言渡期日の日時を通知する必要がないことになる（条解326（注4）参照）。
[84] 現行の民事訴訟法の制定により，言渡しの方式の特則として，法254条1項に挙げられた場合には，判決書の原本に基づくことなく判決の言渡しをし，その場合には，判決書の作成に代えて，裁判所書記官に，主文その他の事項を判決言渡期日の口頭弁論調書に記載させるいわゆる調書判決の制度が設けられた（法297,254）。

エ　判決正本の作成
　　裁判所書記官が判決原本の交付を受けたときは判決正本を，判決書の原本に基づくことなく判決の言渡しがなされたときは法254条2項の調書（調書判決）正本を，それぞれ作成する。
オ　判決言渡調書の作成
　　判決の言渡しが行われた場合，裁判所書記官は判決言渡調書を作成する（法297,160Ⅰ）。
　　判決書の原本に基づくことなく判決の言渡しがなされたときに，裁判所書記官が裁判所の判決書作成に代えて作成する法254条2項の調書（調書判決）の記載事項は，第一審の場合と同様である。
カ　判決正本又は法254条2項の調書（調書判決）正本の送達
　　裁判所書記官は，判決原本の交付を受けた日（法297,252の方式による言渡しの場合）又は判決言渡しの日（法297,254の方式による言渡しの場合）から2週間以内に判決正本又は法254条2項の調書（調書判決）正本を当事者双方に送達しなければならない（規179,159Ⅰ）[85][86]。
キ　正本送達後の事務処理
　　控訴審の判決原本は，控訴裁判所で保存するため[87]，控訴事件の訴訟記録第1分類判決書群には，判決正本をつづり込む。
　　会社の設立無効の訴えの認容判決が確定したとき（会社937Ⅰ①イ），株式会社の成立後における株式の発行の無効の訴えの認容判決が確定したとき（会社937Ⅰ①ロ）等のように，裁判所書記官が，職権で，遅滞なく，登記を嘱託しなければならない旨定められている規定がある場合には，速やかに登記の嘱託をしなければならない。

(2) **訴訟上の和解**
　　訴訟上の和解とは，当事者双方が，訴訟係属中に受訴裁判所，受命裁判官又は受託裁判官の面前で，訴訟物である権利又は法律関係について，互いに譲歩し合ってする合意であり，かつ，当事者間に存在する争いを解決して訴訟を終了させる訴訟上の合意である。
ア　和解条項案の書面による受諾（受諾和解）
　　和解条項案の書面による受諾の制度は，訴訟上の和解について，当事者が遠隔地に居住していることその他の事由により出頭することが困難であると認められる場合に，その当事者があらかじめ裁判所又は受命裁判官若しくは受託裁判官から提示された和解条項案を受諾する旨の書面を提出し，期日（口頭弁論，弁論準備手続又は和解の各

---

[85] 法255条2項は，法254条2項の調書（調書判決）謄本を送達するとしているが，実務上は，当事者の申請によることなく，原則として調書の正本を送達すべきである（規159Ⅱ，条解332参照）。
[86] 不適法なことが明らかであって，当事者の訴訟活動により適法とすることが全く期待できない訴えにつき，口頭弁論を開かずに第一審が訴え却下の判決をし，さらに控訴審がこれを相当として口頭弁論を開かずに控訴を棄却する場合には，一審被告に対し控訴状及び判決正本の送達をすることを要しないと解するのが相当である（最判平8.5.28判時1569-48）。
[87] 保存規程第3条4，別表第二参照。

期日)に出頭した他の当事者がその和解条項案を受諾したときは，当事者間に和解が調ったものとみなす制度である（法297,264)。

控訴裁判所は，第一審裁判所と比べその管轄範囲も広く，当事者が遠隔地に居住しているため出頭が困難であると認められる場合も多いと考えられるから，和解条項案の書面による受諾の制度は，活用できるであろう。

控訴審における受諾和解についての手続は，第一審における場合と同様である。

アンケートの結果（平成11年7月実施）によれば，当事者や代理人が遠隔地である，代理人が多忙のため期日の調整が困難である，又は当事者が高齢や病気である場合に和解条項案の書面による受諾の制度を利用していた。

利用した庁では，和解条項案の提示書（規179,163Ⅰ)，和解条項案及び和解条項案受諾書の用紙をファクシミリで送信し，受諾書（法297,264）及び真意を確認するための書面（規179,163Ⅱ）として印鑑登録証明書（当事者の場合）又は弁護士会による印鑑登録証明書（代理人の場合）を郵送してもらっていた。和解が調ったものとみなされた旨の通知（規179,163Ⅲ）としては，普通郵便，電話及びファクシミリを利用していた。

なお，和解条項案を提示するまでには，事前に電話会議システムを利用して和解条項案を当事者双方及び裁判所が検討したり，当事者間で基本的に和解の方向付けができている場合には，裁判所書記官がファクシミリ等を利用して，裁判官の指示により当事者双方に和解条項案を往復させ，細部を検討することで和解成立に至る場合もあり，裁判所書記官により積極的に期日間関与が行われている旨の回答があった。

なお，アンケートの回答には，【参考例35】及び【参考例36】のような記載例が寄せられた。

【参考例35】(受諾書)

○○高等裁判所第○民事部　御中
平成○○年（ネ）第○○号
　　　　　　　　　受　諾　書
　　　　　　　　　　　　控訴人　　○○○○
　　　　　　　　　　　　被控訴人　○○○○
　上記当事者間の頭書事件についての平成○○年○月○日付け和解条項案の提示に対し，次のとおり回答します。
　① 提示された別紙和解条項案を受諾します。
　2 提示された別紙和解条項案を受諾しません。
　　※　該当する数字に○印をつけてください。
　　※　2に○を付けたときは，別紙和解条項案に対するあなたの意見を条項ごとに具体的に下記意見欄に記載してください。

意　見　欄

平成○○年○月○日
　　控訴人（被控訴人）代理人（署名）　○○○○　印

※　1　署名欄に自署し，印鑑登録済みの印鑑を押してください。
　　2　別紙和解条項案と本書面とを必ず契印して裁判所に送付してください。
　　3　上記印鑑の印鑑登録証明書を必ず添付してください。

第2章 控　　訴

【参考例36】（和解が調ったとみなされたことの通知）

```
                                           平成○○年○月○日

控訴人　○　○　○　○　殿

              ○○高等裁判所第○民事部
                裁判所書記官　○　○　○　○　㊞

              和解が調ったとみなされたことの通知

  事件番号　　平成○○年（ネ）第○○○号○○請求控訴事件

  控 訴 人　　○　○　○　○

  被控訴人　　○　○　○　○

    上記当事者間の事件について，平成○○年○月○日付け和解条項
  案の提示書により，当裁判所からあなたに和解条項案を提示し，あ
  なたから同条項案を受諾する旨の書面をいただきました。
    そして，平成○○年○月○日午前１０時００分の和解期日におい
  て，出頭した他の当事者（被控訴人）が当該和解条項案を受諾した
  ので，民事訴訟法第２９７条，２６４条の規定により当事者間に和
  解が調ったものとみなされ，同封の和解調書のとおりとなりました
  ので，民事訴訟規則第１７９条，１６３条３項により通知いたしま
  す。
```

イ　裁判所等が定める和解条項（裁定和解）

　　裁判所等が定める和解条項の制度（法297，265）とは，訴訟において当事者双方の共同の申立てがあるときは，裁判所又は受命裁判官若しくは受託裁判官が事件の解決のために適当な和解条項を定めることができ，これにより和解が調ったものとみなすものである。

　　法265条1項の規定による和解条項の定めは，口頭弁論等の期日における告知その他相当と認める方法による告知によって行われる（法297，265Ⅲ）が，アンケートの結果（平成11年7月実施）によれば，「事務連絡」文書と共に当事者双方にファクシミリにより送信，当事者双方に特別送達のどちらかの方法でなされていた。

　　控訴審における裁判所等が定める和解条項の制度についての手続は，第一審における場合と同様である。

ウ 和解勧試の嘱託（法89）
 (ア) 第一審裁判所への嘱託
　　第一審裁判所へ和解を嘱託する場合には，嘱託による和解勧試決定書と受託庁あての裁判長による嘱託書を作成する。訴訟記録に和解勧試決定書，嘱託書写し及び訴訟記録送付書をつづり込んで，丁数及び目録（書証目録及び証人等目録の記載をもって記録目録の作成に代えられることにつき，前記第2の6(1)エ(ア)目録（81ページ）を参照）を付し，嘱託書原本と和解勧試決定書写しを添付して受託庁に訴訟記録を送付する。必要に応じて，担当書記官名義の事務連絡を用意することも有用であろう。

【参考例37】（嘱託による和解勧試決定書）

```
平成○○年（ネ）第○○号
　本件を○○地方裁判所へ嘱託し，受託裁判官により和解を勧告する。
　　　　平成○○年○月○日
　　　　　○○高等裁判所第○民事部
　　　　　　　裁判長裁判官　　○　○　○　○　　印
　　　　　　　裁判官　　　　　○　○　○　○　　印
　　　　　　　裁判官　　　　　○　○　○　○　　印

　　即日当事者双方代理人に電話で告知済　　裁判所書記官　　　印
```

【参考例38】（嘱託書）

```
　　　　　　　　　　嘱　託　書
　　　　　　　　　　　　　　控　訴　人　○　○　○　○
　　　　　　　　　　　　　　被控訴人　　○　○　○　○
　上記当事者間の平成○○年（ネ）第○○号○○請求控訴事件について，貴庁において和解を試みられたく，訴訟記録○冊を添えて嘱託します。
　　　　平成○○年○月○日
　　　　　○○高等裁判所第○民事部
　　　　　　　裁判長裁判官　　○　○　○　○　　印
　○○地方裁判所　御中
```

 (イ) 上告裁判所からの嘱託
　　上告裁判所から，控訴裁判所を受託庁として和解勧試の嘱託があった場合は，控訴裁判所が高等裁判所のときは雑事件[88]として，控訴裁判所が地方裁判所のときは共助事件[89]として，それぞれ立件する。
　　和解期日の指定は，控訴裁判所の受託裁判官により行われる。

---

[88] 受付分配通達別表第1の59(14)参照。
[89] 受付分配通達別表第1の57参照。

第2章 控　　訴

【参考例39】（受託裁判官による和解期日の指定決定）

```
平成○○年（ウ）第○○号
　本件和解期日を平成○○年○月○日午前１０時００分と指定する。
　　　　平成○○年○月○日
　　　　　　○○高等裁判所第○民事部
　　　　　　　　　　　受託裁判官　　○　○　○　○　　印

即日上告人代理人及び被上告人に電話で告知済　　裁判所書記官　印
```

　当事者の呼称は，「上告人」「被上告人」であるので，呼出状の送達等を行う等の際に「控訴人」，「被控訴人」と表示しないように注意する。

　和解が成立した場合は，控訴裁判所の裁判所書記官が和解調書を作成する[90]。

---

[90] 共助事件における嘱託及び受託裁判所の表示については民事実務の研究92参照。

【参考例 40】（和解調書…受託裁判官による場合）

| | 裁判官認印 | 印 |

第6号様式（調書単独用）

	和　解　調　書
事 件 の 表 示	平成 ○○ 年 （ウ） 第 ○○○ 号
期　　　　　日	平成○○年 ○月 ○日 午後 1時 ００分
場　　　　　所	○○高等裁判所第○民事部　和解室
受　託　裁　判　官 裁　判　所　書　記　官	○　○　○　○ ○　○　○　○
出頭した当事者等	上　告　人　代　理　人　　○　○　○　○ 被　　上　　告　　人　　○　○　○　○
手　続　の　要　領　等	
最高裁判所第○小法廷の嘱託に基づき，同裁判所平成○年（オ）第○○○号事件について，当事者間に次のとおり和解成立	
当事者の表示 　　別紙のとおり 　請求の表示 　　請求の趣旨及び原因は，第二審判決（○○高等裁判所平成○年（ネ）第○○○○号事件）の「事実及び理由」（そこにおいて引用する第一審判決（○○地方裁判所平成○年（ワ）第○○○号事件）の「事実及び理由」を含む。）記載のとおりであるから，これを引用する。 　和解条項 　　別紙のとおり 　　　　　　裁判所書記官　　○　○　○　○　印	

（当事者の表示及び和解条項省略）

「手続の要領等」の記載の末尾に，裁判所書記官が記名押印する。

　和解が成立し，当事者から和解調書正本送達申請があったときは，控訴裁判所の裁判所書記官が和解調書正本を送達し，送達報告書の返還を待って，訴訟記録を上告裁判所へ返還する。
　和解勧試の嘱託を雑事件として立件した場合，民事雑事件簿又は行政雑事件簿の結果欄には，「嘱託事項終了（和解成立）」と記載し，共助事件として立件した場合には，民事共助事件簿又は行政共助事件簿に「嘱託事項終了」と記載するのが相当であろう。

第2章 控　　訴

　　エ　和解の成立
　　　控訴審で和解が成立した場合に作成すべき和解調書の記載事項は，原則として第一審における場合と同様であるが，「請求の表示」の記載については，【参考例41】のとおり第一審判決を引用することになる。

【参考例41】（和解調書における請求の表示）

> （控訴裁判所である高等裁判所で和解が成立した場合）
> 請求の表示
> 　　請求の趣旨及び原因（事案の概要）は，原判決（○○地方裁判所平成○○年（ワ）第○○○号○○請求事件）記載のとおりであるから，これを引用する。

　　　控訴審で和解が成立した場合の和解調書は，第一審裁判所で保管することになっているので，訴訟記録には原本をつづり込む[91]。

(3) 控訴の取下げ

　　控訴は，控訴審の終局判決があるまで，取り下げることができる（法292Ⅰ）。
　　控訴の取下げは，訴訟記録の存する裁判所に対して行い，裁判所書記官は，控訴の取下げがあった旨を相手方に通知しなければならない（規177）。
　　この場合の通知には，規則4条の適用がある[92]。
　　控訴提起後，訴訟記録が第一審裁判所に存するときに，控訴裁判所に控訴取下書が提出された場合，控訴裁判所においては，訴訟記録の所在を調査し，訴訟記録が未送付であることを確認の上，窓口で，改めて訴訟記録の存する第一審裁判所に提出するように促す。
　　控訴取下書が郵便等によって提出され，このような促しが困難である場合には，例外的に，控訴裁判所において控訴取下書を受理し，第一審裁判所に控訴取下書が提出された旨の連絡（電話又はファクシミリ等の方法になるであろう。）をした上，第一審裁判所に控訴取下書を送付する[93]。
　　このとき，控訴の取下げの効果が発生するのは，控訴裁判所が控訴の取下書を受理した時と解される。
　　その他については第1の8控訴の取下げ（16ページ）及び第2の9控訴の取下げ（91ページ）を参照。

---

[91] 保存規程の解説208参照。
[92] 条解371参照。
[93] 控訴の取下げは，訴訟記録の存する裁判所にしなければならないとされているが（規177），控訴裁判所への移審の効果自体は，控訴の提起により既に生じているので，控訴裁判所への訴訟記録の送付前に控訴裁判所に控訴取下書の提出があった場合でも，控訴裁判所において控訴取下書を受理した上，第一審裁判所にこれを送付することになるものと考えられる。この場合，第一審裁判所から訴訟記録が送付されるのと行き違いになることを防ぐため，控訴取下書を受理した旨を第一審裁判所に連絡するという取扱いが望ましいと考えられる（改正関係資料(3)549「高等裁判所における上訴の立件等の事務処理について」参照）。

(4) 訴えの取下げ

　法297条により261条及び262条が準用されるため，控訴審においても訴えの取下げをすることができる。しかし，相手方の同意がないためその効力を生じない場合がある（法297, 261Ⅱ）。また，法292条2項で定められているため，訴えの取下げの擬制に関する法263条は，控訴の取下げ擬制についての規定として準用される。

　控訴審での訴えの取下げについての事務処理手続は，第一審における場合と同様である。

　控訴の取下げは，第一審判決が確定するだけであるが，訴えの取下げは訴訟の係属自体がなくなり，同一事件の再訴禁止（法262Ⅱ）の効果が生じる。よって，第一審で敗訴した原告が控訴提起後に「取下書」と題した書面を控訴裁判所に提出した場合は，控訴の取下げ又は訴えの取下げ，いずれの意思で提出したのか確認する必要がある。相手方の同意があっても，相手方が意識せずに同意している場合（本来必要ではないが，控訴の取下げに同意している場合がまれにある。）があるので，訴えの取下げであると即断するべきではない。慎重に意思確認をする必要があろう。

　その他訴えの取下げについては第2の9控訴の取下げ（91ページ）を参照。

(5) 請求の放棄・認諾

　請求の放棄とは，原告が自ら請求に理由のないことを認める旨の裁判所に対する一方的意思表示であり，請求の認諾とは，被告が原告の請求に理由があることを認める旨の裁判所に対する一方的意思表示である。

　控訴審における請求の放棄又は認諾については，第一審における場合と同様である。

　ただし，控訴審では，一審原告及び一審被告がともに控訴人又は被控訴人の立場になる可能性があるため，請求の放棄又は認諾調書を作成するときには，請求の放棄又は認諾をする旨の陳述をした当事者につき誤りがないよう注意する必要がある。

(6) 控訴審判決の更正

　控訴審判決については，第一審判決における場合と同様に，更正決定をすることができる（法297, 257）。

　当事者が更正決定の申立てをする場合，申立手数料は不要である。

　更正決定は判決書の原本及び正本に付記する（規179, 160Ⅰ本文）が，裁判所が相当と認めるときは，判決書の原本又は正本への付記に代えて，決定書を作成し，その正本を当事者に送達することができる（規179, 160Ⅰただし書）。

　決定書正本は，訴訟記録の第1分類判決書群の，更正することになった当該判決書正本の直後につづり込む[94]。

　控訴裁判所で事件が終了し，訴訟記録を第一審裁判所へ送付後，控訴審の判決について明白な誤りが発見されたとき，当該訴訟記録を保管している第一審裁判所が控訴審の

---

[94] 控訴審判決に対する更正決定原本は，更正することになった当該判決書とともに控訴裁判所が保存することになっている。

第2章 控　訴

判決を更正することはできない[95][96]。

【参考例42】（更正決定）

```
　　　　　　　　　更　正　決　定
　　　　　　　当事者の表示　　別紙当事者目録記載のとおり
　上記当事者間の当庁平成○○年（ネ）第○○○号○○請求控訴事件につき，平
成○○年○月○日当裁判所が言い渡した判決に明白な誤りがあるので，控訴人の
申立て（又は「職権」）により次のとおり決定する。
　　　　　　　　　主　　　　　　文
　　上記判決の当事者の表示中「　　　　　」とあるのを「　　　　　」と更正
　する。
　　　　平成○○年○月○日
　　　　　　○○高等裁判所第○民事部
　　　　　　　　　裁判長裁判官　　○　○　○　○　　印
　　　　　　　　　　　裁判官　　○　○　○　○　　印
　　　　　　　　　　　裁判官　　○　○　○　○　　印
```

18　留意事項

控訴事件の事務処理については，様々な留意すべき事項がある。留意すべき主な判例や取扱いは次のとおりである。

(1)　委　任

　◇　控訴は，第一審と同一の訴訟代理人に引き続き訴訟追行をゆだねるかどうか，改めて本人の意思決定の機会を付与することを目的として，特別の委任事項とされている（法55Ⅱ③）。控訴に対する応訴も同様である。

　　第一審裁判所に提出されている委任状には，特別の委任事項として不動文字で「控訴」の記載がなされていることがある。実務では，控訴人及び被控訴人双方に対し，改めてその意思を確認するため，控訴裁判所の判断により，再度，委任状の提出を求める場合もあるであろう。

　◇　被控訴人の訴訟代理人は，反訴としてあらたな請求を提起する場合を除き，特別授権を要しないで附帯控訴ができると解する（条解民訴法（第2版）1558，注釈民訴(5)119，大判昭11.7.17民集15-1393，最判昭43.11.15判時542-58）。また，控訴人の訴訟代理人も，当然附帯控訴に対して訴訟行為をする権限を有すると解する（条解民訴法（第

---

[95] 民事実務の研究162参照（この事例では，控訴審でなされた和解調書及び認諾調書も含まれている。）。なお，上級裁判所で成立した調停につき，当該調停についての訴訟記録を保管する下級裁判所が更正決定をするのを違法とした判例がある（東京高決昭34.8.17下民10-8-1677）。この判例は，更正権限は原則として更正を受けるべき裁判をし，又は和解，調停，放棄，認諾等の調書について認証をした裁判官の所属する裁判所に専属し，事件が上級裁判所に係属する場合に限り，上級裁判所は，下級裁判所の処分に対し審判権を有する関係上，例外として，下級裁判所の裁判及び和解，調停，放棄，認諾等の調書について更正決定をする権限を取得するに至るものと解するのが相当である，とする。
[96] この場合であれば，当事者から控訴裁判所へ更正決定の申立てをしてもらい，控訴裁判所からの依頼を待って当該訴訟記録を控訴裁判所へ送付することになろう。

2版) 1558, 秋山幹男・伊藤眞・加藤新太郎・髙田裕成・福田剛久・山本和彦著「コンメンタール民事訴訟法Ⅰ」(日本評論社) 544, 大判昭 11. 4. 8 民集 15-610)。

前者の場合，実務では，第一審で控訴の委任を受けた訴訟代理人に対し，当事者の意思確認のため，控訴裁判所の指示により，改めて被控訴人代理人（附帯控訴人代理人ではなく）としての委任状の提出を求める場合もあろう。

◇ 控訴に関する一切の訴訟行為の委任を受けた訴訟代理人は，その相手方の提起した控訴について特別の委任を受けなくても，当然被控訴人代理人として訴訟行為をする権限を有するものと解されている（最判昭 53. 6. 27 裁集民 124-189）。

◇ 訴訟代理人による控訴権の放棄は，特別の委任事項と解すべきであるが，訴えの取下げ，請求の放棄，控訴，上告又はその取下げ等について特別の委任がある場合には，控訴権の放棄も当然その中に包含され，特に控訴権の放棄そのものを目的とした特別な委任は要しないものと解される（東京高昭 32. 8. 24 下民 8-8-1602）。

◇ 訴訟代理人による附帯控訴権の放棄は，特別の委任を要するが，訴えの取下げ，請求の放棄，控訴，上告又はその取下げ等について特別の委任がある場合には，同特別の委任の中に当然附帯控訴権の放棄の権限も包含されている（東京高昭 48. 2. 23 高民 26-1-78）。

(2) 反 訴

◇ 控訴審における反訴の提起に相手方の同意がない場合には，反訴を不適法として判決で却下すべきである（法 300 Ⅰ，東京高判昭 39. 7. 15 下民 15-7-1793）。

◇ 控訴審において相手方の同意なくして提起された反訴は，不適法として却下すべきであるとする見解もあろうが，当裁判所は，訴訟経済上これを別訴として有効に取り扱い，管轄第一審裁判所へ移送すべきものと考える（東京高判昭 46. 6. 8 判時 637-42）。

◇ 控訴審において当事者参加がなされた場合に，参加被告が反訴を提起するについては，相手方たる参加人の同意を要しない（最判昭 52. 10. 14 判時 870-67）。

◇ 控訴審係属中の反訴を追加的に変更するには，請求の基礎が同一で，これにより著しく訴訟手続を遅滞させない限り，相手方の同意を要しない（最判昭 50. 6. 27 判時 785-61）。

(3) 手数料

◇ 第一審で提出された訴訟書類に貼用された印紙に不足がある場合，控訴審においてこれを追貼すれば，その書類は初めにさかのぼって有効となるものと解すべきである（大判昭 7. 5. 17 民集 11-10-991）。

◇ 第一審で不足していた手数料が控訴審で納付された場合，手数料納付書は，給付対象となった控訴状の直後につづり込む。

(4) 付随事件

◇ 控訴の提起後，当該控訴事件について控訴裁判所に付随事件の申立てがあった場合，控訴裁判所である地方裁判所によりなされた決定に対しては，即時抗告ができる（ただし，法律で即時抗告が許されている場合）。

第2章 控　　訴

　　　一方，控訴裁判所である高等裁判所によりなされた決定に対しては，即時抗告をすることはできず（裁7），特別抗告（法336Ⅰ）又は許可抗告（法337Ⅰ）ができるのみである。
◇　訴訟費用額の確定の処分を行うのは，第一審裁判所の裁判所書記官である（法71Ⅰ）から，控訴事件が確定等した後，当事者から問い合わせがあれば，第一審裁判所へ申立てをするよう促し，第一審裁判所へ速やかに訴訟記録を送付する手続をとることが望ましい。
◇　担保取消事件の管轄裁判所についての規定はないが，担保提供裁判所であるとされている[97]から，控訴に伴い強制執行停止決定がなされた場合は，同決定をなした裁判所で担保取消事件の裁判をすることになる。
◇　控訴事件についての訴訟上の救助の申立てに対する決定は，控訴裁判所で行う（法82Ⅱ）[98]。事務処理手続については第一審裁判所における場合と同様である。
◇　付随事件の記録及び事件書類は，主たる事件の記録を保存する裁判所で保存されるため[99]，決定書原本を含む付随事件の記録は，控訴事件の訴訟記録第3分類に一括してつづり込む。

(5) 第一審判決の更正
◇　控訴審に事件が係属中である場合，控訴審でも当該事件の第一審判決に対する更正決定の申立てを受理することができる[100]。
◇　第一審判決主文に法257条規定の「明白な誤り」がある場合は，控訴裁判所が控訴棄却の判決をするに当たり，判決の理由中に理由を示し，主文において明白な誤りを更正しても違法ではない（最判昭32.7.2民集11-7-1186）。
◇　控訴審で第一審判決の更正決定をした場合，更正決定原本は，第一審裁判所が保存する[101]ので，控訴事件の訴訟記録第1分類判決書群につづり，第一審判決に，控訴審で更正決定があった旨付せん等で注記すべきである。

19　事件終局後の事務
　　事件が終局したときは，記録表紙に，終局年月日及び終局事由[102]を記載する。
◇　民事裁判事務支援システムを利用する場合は同システムの結果欄の入力
◇　事件票の作成
◇　要報告事件の処理

---

[97] 最終的な担保取消事由の判断は，担保の提供を命じた裁判所がなすべきであるからとも考えられる。
[98] 第一審裁判所における控訴提起事件の段階で行うことはできない（第2の7付随事件等（88ページ）参照）。
[99] 保存通達記第1の6の(1)参照。ただし，保存規程別表第一に掲げる事件又は再審事件の移送の決定の原本，少額訴訟債権執行事件の移行の決定の原本及び保存規程別表第二に掲げる事件書類については，この限りでない。
[100] 民事実務の研究70参照。
[101] 保存規程の解説209参照。
[102] 控訴審で判決が言い渡された場合は，終局事由として，控訴棄却，控訴却下，原判決取消し，原判決一部取消し，原判決変更，原判決一部変更，附帯控訴認容，附帯控訴棄却，附帯控訴却下，反訴請求認容，反訴請求棄却等が考えられる。

第3　控訴事件の事務処理手続

　　◇　要通知事件の処理[103]
　　◇　民事保管物の返還
(1)　**記録の整理**
　　控訴裁判所において事件が終局した際，既に控訴裁判所での記録の整理は終了しているが，第一審裁判所等へ訴訟記録を送付する際には，改めて記録を精査した上で送付手続を行う。
　　上告裁判所への訴訟記録送付につき第3章第2の9(5)上告裁判所への事件送付（248ページ）を参照。
　ア　送達及び確定等の確認
　　　◇　判決（法254Ⅱの調書（調書判決）を含む。）正本
　　　　　控訴状却下命令謄本
　　　　　控訴却下決定謄本
　　　　　移送決定謄本[104]　　　　　　　　　　　　　　　　　が当事者双方に送達
　　　　　和解調書正本　　　　　　　　　　　　　　　　　　　されていること
　　　　　調停調書正本
　　　　　認諾調書正本
　　　　　放棄調書正本
　　　◇　判決については，上告期間が経過していること
　　　◇　決定及び命令については，即時抗告期間が経過していること（地方裁判所が控訴裁判所である場合）
　　　◇　控訴取下げの場合，取下書副本又は取下書謄本が相手方に送達されていること
　　　◇　訴えの取下げの場合，法297条により準用される法261条の要件を満たしていること
　イ　予納郵便切手の返還の確認
　　　予納郵便切手の返還手続が終了したときは，予納郵便切手管理袋の余白に，主任書記官が押印する（予納郵便切手管理袋につき【参考例43】を参照）。
　　　差戻し又は移送判決並びに移送決定があった場合は，残郵便切手を返還せずに引継事務を行う[105]。

---

[103] 控訴裁判所において移送の判決が確定したときは，控訴裁判所の裁判所書記官は，移送の旨，その判決確定の年月日及び受移送裁判所名並びに第一審裁判所の事件番号を表示した書面をもって，第一審裁判所の裁判所書記官に通知する（昭和39年12月12日付け最高裁総三第121号総務局長通達「上告の結果等の通知について」）。その他に，控訴裁判所で農事調停や鉱害調停の自庁調停に付した場合，いずれも事件が終了したとき等に通知が必要である（民調規33，35）。
[104] 移送決定が確定し，他の裁判所に訴訟記録を送付する場合，当該裁判の原本を分離し，その正本を作成して記録に添付する（新通達等の概要（上）162参照）。
[105] 予納郵券取扱通達記第4参照。

第2章 控　　訴

【参考例43】（予納郵便切手管理袋…当事者に返還する場合）

<table>
<tr><td colspan="6" style="text-align:right">平成〇年（ワネ）第〇〇号
予納郵便切手管理袋</td></tr>
<tr><td colspan="2">事　件　番　号
平成〇年（ネ）第〇〇号</td><td>予納者</td><td colspan="3">控　訴　人</td></tr>
<tr><td>年　月　日</td><td>摘　　　要</td><td>引継・予納額</td><td>使用額</td><td>残　額</td><td>印</td></tr>
<tr><td>〇・〇・〇</td><td>引　　継</td><td>△△</td><td></td><td></td><td></td></tr>
<tr><td>〇・〇・〇</td><td>受　　領</td><td></td><td></td><td>△△</td><td>印</td></tr>
<tr><td>〇・〇・〇</td><td>引継（控訴）</td><td></td><td>△△</td><td>0</td><td>印</td></tr>
<tr><td colspan="6" style="text-align:right">印（第一審裁判所の主任書記官の確認印）</td></tr>
<tr><td>〇・〇・〇</td><td>引　　継</td><td>△△</td><td></td><td></td><td></td></tr>
<tr><td>〇・〇・〇</td><td>受　　領</td><td></td><td></td><td>△△</td><td>印</td></tr>
<tr><td colspan="6" style="text-align:center">↓</td></tr>
<tr><td>〇・〇・〇</td><td>返　　還</td><td></td><td>□□</td><td>0</td><td>印</td></tr>
<tr><td colspan="6" style="text-align:right">印（控訴裁判所の主任書記官の確認印）</td></tr>
<tr><td></td><td></td><td></td><td></td><td></td><td></td></tr>
</table>

ウ　記録の編成の確認
①　控訴審事件記録表紙
②　控訴審事件の記録冒頭につづる用紙（予納郵便切手管理袋等）
③　第一審事件記録表紙
④　第一審事件の記録冒頭につづる用紙（予納郵便切手管理袋等）
⑤　第一審事件の目録
⑥　控訴審事件の目録
⑦　第一審事件の記録（第1分類から第3分類）
⑧　控訴審事件の記録（第1分類から第3分類）

　　第一審裁判所等へ送付する訴訟記録の編成順序としては，①ないし⑧のような取扱いが考えられる[106]。また，③④①②⑤⑥⑦⑧という編成順序もあろう[107]。控訴裁判所と第一審裁判所で申合せをしておくのも一つの方法であろう。

エ　目録
　　目録の作成については，第一審における場合と同様である。
　　控訴審事件の目録は，第一審事件の目録の次につづり込む[108]。

オ　丁数
　　丁数は総審級の通し丁数となっているため[109]，第一審記録の続き番号を付する。丁数を付す位置は，書類の上部右欄外であるが，判決書（法254Ⅱの調書（調書判決）を含む。），和解調書，放棄調書及び認諾調書の上部右欄外には，記録保存に際して順次番号が付されるので[110]，これらの丁数は下部右欄外とされている[111]。
　　控訴裁判所から第一審裁判所へ送付する終局裁判の正本は，下部右欄外に丁数を付す[112]。

カ　訴訟記録送付書の作成
　　移送決定の確定，控訴審判決等の確定，控訴の取下げ等により第一審裁判所等に訴訟記録を送付する場合は，訴訟記録送付書を作成し，訴訟記録とともに送付する[113]。
　　訴訟記録送付書には，事件番号等のほか訴訟記録の冊数を記載する。送付理由は，「訴訟完結」，「差戻し」，「移送」等になるであろう。
　　作成した訴訟記録送付書は，第3分類の末尾につづり込む。
　　移送決定の確定又は控訴審判決等の確定により第一審裁判所等に訴訟記録を送付す

---

[106] 控訴裁判所での事件終了後，第一審裁判所等へ訴訟記録を送付するときは，第一審事件の記録を控訴審事件の記録の第1分類の直前に一括してつづり込む（記録編成通達記2の(3)参照）。
[107] 第一審裁判所が訴訟記録を保管する際，第一審事件の事件番号が見やすいということを考慮した場合である。
[108] 記録編成通達記2の(1)参照。
[109] 記録編成通達記2の(1)参照。
[110] 保存通達「別紙様式記載要領」第1の1参照。
[111] 記録編成通達記2の(1)参照。
[112] 第一審裁判所の裁判の原本の附属書類として，ともに保存されるからである（保存規程6）。
[113] 保管送付通達記第2の1参照。

第2章　控　　訴

る場合には，当該裁判の原本を分離し，その正本を作成して記録に添付する[114] [115]。控訴審判決の言渡し等があった時点で既にその原本は分離され，記録には正本がつづり込まれているはずであるが，再度確認する。

(2) 第一審裁判所等への訴訟記録の送付

控訴審において訴訟が完結したときは，控訴裁判所の裁判所書記官は，第一審裁判所の裁判所書記官に対し訴訟記録を送付しなければならない（規185）。

控訴審において「訴訟が完結したとき」とは，控訴状却下命令（法288，289Ⅱ）の確定，控訴審の終局判決の確定，控訴の取下げ（法292），控訴の取下げ擬制（法292Ⅱ，263），控訴審における訴えの取下げ，和解，請求の放棄又は認諾（法297，261，266等）等の場合である[116]。

訟廷事務を担当する裁判所書記官は，控訴審事件の終局事由等を事件簿に記載した後，第一審裁判所等へ訴訟記録を送付するための事務処理を行う。

訴訟記録の送付についての事務処理は第2の8記録の送付（89ページ）を参照。

◇　第一審を異にする事件を控訴審で併合審理し，控訴審で判決が言い渡され確定した場合，訴訟記録を送付する裁判所は，併合した事件（基本事件）の第一審裁判所である。併合された事件の第一審裁判所へはその旨の通知をする[117]。

◇　控訴審で移送判決（法309）があり，同判決が確定した場合，控訴裁判所は，受移送裁判所へ訴訟記録を直接送付し，第一審裁判所へ判決の結果を通知する[118]。第一審裁判所では，事件簿の備考欄に訴訟記録の保存裁判所を注記する[119]。

控訴審で確定した事件について第一審裁判所に訴訟記録を送付する際，注意喚起している事項につきアンケート（平成11年7月実施）をしたところ次のような回答が寄せられた。

◇　注意喚起している事項→第一審裁判所で支払猶予した裁判費用の取立てが必要であるとき，控訴審で第一審判決の更正決定をしたとき

◇　注意喚起の方法→訴訟記録送付書の備考欄に記載，庁で作成している「書記官事務連絡事項」という用紙に記載，記録表紙に朱書，記録表紙に付せんで注記

(3) 裁判書の保存

民事控訴事件及び行政控訴事件の裁判書等の原本は，保存すべき裁判所が定められている[120]。

控訴裁判所で裁判書の原本を保存すべき場合は，第一審裁判所へ送付する訴訟記録に当該裁判書の正本をつづり込むことになる。

---

[114] 保管送付通達記第2の2参照。
[115] つづり込む場所については第3の10(2)記録の編成（140ページ）参照。
[116] 条解382参照。
[117] 保存規程の解説207参照。併合された事件の第一審裁判所では，事件簿の備考欄に保存裁判所を注記する。
[118] 第一審裁判所への通知につき第3の19冒頭の「要通知事件の処理」（163ページ）参照。
[119] 保存規程の解説216参照。
[120] 保存規程別表第1及び第2参照。

主な裁判書等の原本の保存裁判所は以下のとおりである。
（各裁判書等の原本の保存期間については保存規程別表第1及び第2参照）

保存すべき裁判書等の原本	保存裁判所
控訴審判決（法254条2項の調書（調書判決）を含む。） 控訴審判決についての更正決定 控訴状却下命令 控訴審でした控訴却下決定 控訴審でした移送の決定	控訴裁判所
控訴審における和解調書 控訴審における調停調書 控訴審における放棄調書 控訴審における認諾調書 第一審でした控訴却下決定 第一審判決についての更正決定 控訴審でした付随事件の裁判書（移送決定を除く。）	第一審裁判所

20 執行文の付与

控訴事件の係属に伴い，控訴裁判所に執行文付与の申立てがなされることがある（民執26Ⅰ）。

(1) 付与機関

裁判所において作成される債務名義についての執行文付与機関は裁判所書記官であり，執行文付与申立事件を処理するのは，その債務名義に係る事件記録の存する裁判所所属の裁判所書記官である（民執26Ⅰ）。よって，控訴事件につき第一審裁判所から控訴審裁判所へ訴訟記録が送付された後は，控訴裁判所の裁判所書記官が執行文付与の手続を行う。また，当該事件が確定し，訴訟記録が第一審裁判所へ返還された後は，第一審裁判所の裁判所書記官が執行文付与の手続を行うことになる。

(2) 控訴審判決前の執行文付与

ア 第一審判決に仮執行宣言が付されていない場合

第2の10(1)付与機関，同(2)債務名義（94ページ）を参照。

イ 第一審判決に仮執行宣言が付されている場合

判決は民事執行法22条2号の債務名義となるから，確定の有無に関係なく執行文を付与することができる。

(3) 控訴審判決後の執行文付与

控訴審判決後に執行文を付与する場合，債務名義の特定は非常に困難である。控訴審判決は多様であり，その判決主文も様々であることに加えて，第一審判決も考慮に入れなければならない。

以下では主な控訴審判決をいくつかに分類し，債務名義となる判決につき検討する[121]。
ア 控訴棄却判決の場合[122]
　(ｱ) 原告全部敗訴の第一審判決に対して原告が控訴し，控訴審で控訴の全部が棄却された場合
　　第一審判決及び控訴審判決とも判決主文に給付命令が存在しないから，債務名義となるべき判決はない。
　(ｲ) 原告全部勝訴の第一審判決に対して被告が控訴し，控訴審で控訴の全部が棄却された場合
　　控訴審判決主文は，「本件控訴を棄却する。」となり，給付命令はないから，第一審判決が債務名義になるとするのが通説である[123]。
　　控訴審で一審原告が請求の一部を減縮した場合，執行の便宜上からは，請求の減縮を控訴審判決の主文において明らかにすることが望ましい[124]。しかし，判決主文で減縮が明らかにされていない場合（もちろん，判決理由中では明らかにされている。）もあるので，控訴審判決を確認した上で第一審判決正本に執行文を付与する必要がある。その際，第一審判決正本には執行の範囲を特定して付与する。
　(ｳ) 原告一部勝訴の第一審判決に対して原告又は被告が控訴し，控訴審で控訴の全部が棄却された場合
　　(ｲ)の場合と同様である。
イ 控訴認容判決の場合[125]
　(ｱ) 原告全部敗訴の第一審判決に対し原告が控訴し，控訴審で原告の請求の全部又は一部を認容する場合
　　第一審判決主文に給付命令はないので，控訴審判決が債務名義となる。原本付記は控訴審判決にする。
　(ｲ) 原告全部勝訴の第一審判決に対して被告が控訴し，控訴審で控訴の全部が認容された場合
　　第一審判決は取り消され，原告の請求は棄却されているので，債務名義となるべき判決はない。
　(ｳ) 原告一部勝訴の第一審判決に対して原告が控訴し，控訴審で原告の請求が全部認容された場合
　　例えば，原告の被告に対する貸金債権1000万円の請求で，
　　「被告は，原告に対し，金700万円を支払え。
　　　原告のその余の請求を棄却する。」
　という第一審判決に対して控訴の提起があり，控訴審が1000万円全額についての

---

[121] 控訴審判決後に執行文を付与する場合につき執行文研究（上）77，書研所報 26-159 参照。
[122] 主文例については第1の11(2)控訴棄却判決（29ページ）参照。
[123] 執行文研究（上）77 参照。
[124] 第二審判決書 89 参照。
[125] 主文例については第1の11(3)控訴認容判決（30ページ）参照。

請求を認容する場合，債務名義となる判決は控訴審判決の主文に応じて検討することになる。
　　a 「原判決中控訴人敗訴部分を取り消す。
　　　　被控訴人は，控訴人に対し，金300万円を支払え。」という控訴審判決がなされた場合
　　　◇ 第一審及び控訴審判決が各別に債務名義になると解されるから，第一審及び控訴審判決双方の判決正本に執行文を付与する。原本付記も第一審及び控訴審判決双方に各別にする。
　　　◇ 便宜上両判決正本を合てつし，契印して執行文を付与する方法も考えられる。この場合は，執行文用紙の事件番号欄に双方の事件番号を記載し，「強制執行をすることができる範囲」の欄に，「合計金1000万円」と記載すべきであろう[126]。原本付記は第一審及び控訴審判決双方に各別にする。
　　b 「原判決を次のとおり変更する。
　　　　被控訴人は，控訴人に対し，金1000万円を支払え。」という控訴審判決がなされた場合
　　　◇ 控訴審判決により第一審判決は当然に効力を失うと解するならば，控訴審判決が債務名義となる[127]。原本付記も控訴審判決のみにする。
　　　◇ この判決が300万円の給付を命ずる判決であると解釈した場合，700万円については第一審判決が，300万円については控訴審判決が，それぞれ債務名義となり，各別に執行文を付与することになる。原本付記は第一審判決及び控訴審判決（範囲を特定する。）にする。
　　　◇ aで述べた場合と同様に，便宜上両判決正本を合てつし，契印して執行文を付与する方法も考えられる[128]。原本付記は第一審判決及び控訴審判決にそれぞれ範囲を特定してする。
　(エ) 原告一部勝訴の第一審判決に対して被告が控訴し，控訴審で控訴の全部が認容された場合
　　　第一審判決は取り消され，原告の請求は棄却されているので，債務名義となるべき判決はない。
ウ 控訴の一部に理由がある場合[129]
　　第一審判決の一部が正当で，一部が不当である場合，不当な一部のみを取り消すべ

---

[126] 執行文研究（上）79参照。
[127] 仮執行宣言が付いた第一審判決により既に強制執行がなされていた場合，法260条2項の申立てがあれば仮執行宣言に基づいて被告が給付したものの返還と仮執行により被告の受けた損害賠償を原告に命じなければならないという不合理な結果が出ると指摘されている（執行文研究（上）79参照）。
[128] 二つ以上の判決正本を合てつして執行文を付与する場合は，必ずどの正本に付与したかを明確にしておくべきである。第一審及び控訴審判決双方の判決主文に給付命令が表示されているが，第一審判決が控訴審判決によりその全部又は一部を取り消されたか変更された場合，どちらの正本に付与したかを明確にしておかなければならない。執行機関は執行力の現存していることについて実質的審査権を持たないため，重複執行がなされるおそれがあるからである（書研所報26-162参照）。
[129] 主文例については第1の11(3)ウ(イ)控訴の一部に理由がある場合（35ページ）参照。

きであるが，通常，実務では，「原判決を次のとおり変更する。」と判示されている。
　例えば，原告の被告に対する貸金債権 1000 万円の請求で，第一審判決が
　「被告は，原告に対し，金 1000 万円を支払え。」
としたのに対して被告が控訴を提起し，控訴審が 1000 万円の請求のうち 700 万円については理由があるが，300 万円については理由がないと判断した場合，控訴審判決は
　「原判決を次のとおり変更する。
　　控訴人は，被控訴人に対し，金 700 万円を支払え。
　　被控訴人のその余の請求を棄却する。」
となる。
　この場合，第一審判決，控訴審判決のいずれが債務名義となるかは見解が分かれている[130]。
◇　債務名義は控訴審判決であるとする見解では，控訴審判決正本に執行文を付与することになる[131]。この見解が通説であろう[132]。原本付記は控訴審判決にする。
◇　第一審判決が債務名義になるとする見解では，第一審判決が控訴審判決で取り消されなかった限度（事例では 700 万円）において債務名義となるので，執行文は第一審判決正本に執行の範囲を特定して付与することになる。原本付記も範囲を特定して第一審判決にする。
◇　控訴審判決が第一審判決の一部を変更する場合は，その実質は一部取消し一部自判であるから，第一審及び控訴審判決正本を合てつしてその末尾に執行文を付する取扱いが妥当であるとする見解もある[133]。

　エ　控訴審判決主文に第一審判決を引用した場合
　控訴審の判決書又は法 254 条 2 項の調書（調書判決）における事実及び理由の記載は，第一審の判決書又は法 254 条 2 項の調書（調書判決）を引用してすることができる（規 184）。
　債務名義となる控訴審の判決主文に第一審判決を引用している場合，例えば
　「原判決を取り消す。
　　被控訴人は，控訴人に対し，第一審判決添付目録記載の建物を明け渡せ。」
という控訴審判決がなされた場合，執行文付与については，①第一審及び控訴審判決双方の正本を合てつ，契印する，②控訴審判決正本のみに執行文を付与し，その末尾あるいは別紙に「第一審判決添付目録の表示は次のとおり」として，同目録記載の物件を記載する方法が考えられる。原本付記は債務名義である控訴審判決にしなければならない。

---

[130] 債務名義は控訴審判決であるとする見解は，第一審判決は控訴審判決の言渡しによって全面的に失効した，控訴審判決の主文中の「変更する」とは，第一審判決を取り消したという意味であるとする。一方，第一審判決が債務名義になるとする見解は，控訴審判決の主文を，実質的に第一審判決で認容された請求の一部を取り消してその部分の請求を棄却し，その余の部分については控訴棄却をしたものと見るべきであるとする。
[131] 現に執行手続が開始されている場合については執行文研究（上）82 参照。
[132] 執行文研究（上）82 参照。
[133] 執行文研究（上）83 参照。

オ　控訴審で第一審判決を更正した場合

　　第一審判決が債務名義になる場合で，控訴審判決主文により第一審判決を更正したときは，第一審及び控訴審判決正本を合てつし，執行文を付与する[134]。この場合，原本付記は第一審判決にしなければならない。

カ　控訴審判決に仮執行宣言が付された場合

　　請求を認容した第一審判決に対する控訴を棄却する旨の控訴審判決に仮執行宣言が付された場合，①第一審判決のみで給付請求権の内容が完全に表示されているから，第一審判決正本に執行文を付与する，②控訴審判決は，仮執行宣言が付されていない第一審判決を補充するものであるから，第一審及び控訴審判決正本を合てつしてその末尾に執行文を付するとする考え方がある[135]。控訴審判決確定前は②の方法で，確定後は①の方法で付与するという考え方もあろう。いずれの場合も原本付記は第一審判決にする。

キ　控訴審判決が破棄差戻しされた場合

　(ｱ)　仮執行宣言の付された原告勝訴の第一審判決を取り消した控訴審判決が，上告審で破棄され，控訴審に差し戻された場合

　　　第一審判決の仮執行宣言に基づいて執行文を付与することはできない[136]。

　(ｲ)　仮執行宣言の付された原告勝訴の第一審判決を維持した控訴審判決が，上告審で破棄され，控訴審に差し戻された場合

　　　第一審判決自体は変更されていないから，仮執行宣言も失効していない。よって，第一審判決正本に執行文を付与することができる。原本付記も第一審判決にする。

(4)　原本付記

　判決に対する原本付記については(3)アからキまでに記載のとおりである。

　裁判所書記官が執行文を付与したときは，債務名義の原本に民事執行規則18条1項に定められた事項を付記しなければならないことが原則であるが，控訴裁判所の裁判所書記官が控訴審判決正本に執行文を付与した場合は，訴訟記録につづり込まれた控訴審判決正本に原本付記をする。付記できる場合であれば控訴審判決原本にも付記する。

　控訴裁判所が第一審裁判所に訴訟記録送付後，第一審裁判所が控訴審判決正本に執行文を付与した場合，原本付記は訴訟記録につづり込まれた控訴審判決正本に付記すれば足りる[137]。

---

[134] 民事実務の研究222参照。
[135] いずれも執行文研究（上）88参照。
[136] 仮執行宣言の失効とそれに伴う執行力消滅の効果は，確定を待つことなくその宣言又は本案判決を変更する判決の言渡しにより直ちに生じるから（法260Ⅰ，注釈(4)273参照），仮執行宣言は控訴審判決の言渡しにより確定的に失効している。
[137] 民事執行規則18条の立法趣旨は，債権者が執行力ある正本を数回求め，重複して執行することを防止する点にあると解されるから，訴訟記録に編てつされている判決正本に付記しておけば，立法趣旨の目的を達することができる（書研所報26-161参照）。

21 証明

(1) 一般証明

証明は，証明の資料を保管する裁判所の裁判所書記官に対して請求する（法91Ⅲ）。

訴訟記録が第一審裁判所から控訴裁判所へ送付され，控訴事件の確定後，第一審裁判所へ返還されるまでの間は，控訴裁判所の裁判所書記官に対して証明を請求する。

(2) 裁判の確定証明

ア 請求先

訴訟が控訴審に係属後，具体的には，控訴裁判所へ訴訟記録の送付後，第一審判決の確定した部分等について，判決確定証明書の交付請求があった場合，訴訟記録の存する裁判所である控訴裁判所の裁判所書記官がこれを交付する（規48Ⅱ）[138]。

イ 調査事項

控訴審判決後，確定証明請求がなされた場合，裁判所書記官は次の点の調査をする。

◇ 第一審及び控訴審における判決又は法254条2項の調書（調書判決）正本が適法に送達されているか。送達日から上告期間（2週間。法313，285本文）が経過しているか。

◇ 上告提起又は上告受理申立てがないか。

◇ 上告提起又は上告受理申立て後，①上告状却下命令（法313，314Ⅱ，288，137，289Ⅱ），②上告受理申立書却下命令（法318Ⅴ，314Ⅱ，288，137，289Ⅱ），③上告却下決定（法316Ⅰ），④上告受理申立却下決定（法318Ⅴ，316Ⅰ）の各謄本が適法に送達されているか[139]。送達日から即時抗告期間（1週間）が経過しているか[140]。

◇ 第一審判決につき第一審で更正決定がなされ，その後控訴の提起があり事件が控訴審に係属中である場合，第一審判決の更正決定の確定証明を出すことはできない点に注意すべきである。

ウ 控訴審判決の確定及び確定時期の確認

上告提起又は上告受理申立てにより，原則として控訴審判決の確定は遮断され（法116Ⅱ），上告の対象となった終局判決によって判断された事件のすべてが不可分に上告審に移審する（上告不可分の原則）。

確定についての確認事項は第2の11(2)ウ確定及び確定時期についての確認冒頭（96ページ）を参照。

控訴が提起された場合における控訴の裁判及び第一審判決の確定時期は次のとおりである。

(ア) 控訴権放棄の場合

第一審判決で全部敗訴した当事者が，控訴期間内に控訴権の放棄（法284）をした場合，放棄とともに控訴権が消滅するので，控訴期間の満了を待たないで第一審判決は確定する。

---

[138] 条解106参照。
[139] ②及び④は，控訴裁判所が高等裁判所である場合に限られる。
[140] 控訴裁判所が高等裁判所である場合は，特別抗告又は許可抗告による以外不服申立てはできない（裁7）。

第一審判決が一部勝訴判決で，当事者双方が控訴権を有している場合，双方が控訴期間内に各別に控訴権を放棄したとき，後の放棄の時に第一審判決は確定する。当事者の一方だけが控訴権を放棄したときは，他の当事者の控訴期間経過の時に第一審判決は確定する。
(イ)　不控訴の合意がある場合
　a　飛躍上告としての上告権を留保しない趣旨の適式な不控訴の合意の書面が提出されている場合（法281Ⅱ）。
　　第一審判決言渡し後の合意であればその書面提出の日が第一審判決の確定日となるが，合意が第一審判決言渡し前であれば，控訴権の発生がないので，第一審判決言渡しの日が確定日となる。
　b　飛躍上告としての上告権を留保して不控訴の合意をした場合（法281Ⅰただし書）
　　飛躍上告としての上告権を有する当事者の上告期間経過の時に第一審判決は確定する。
(ウ)　控訴取下げの場合
　　控訴の取下げ（法292）が控訴期間経過前になされた場合でも，再度，控訴を提起することができるから，相手方が控訴権を有しないか，附帯控訴していても独立附帯控訴の効力（法293Ⅱただし書）が認められないときは，本来控訴権を有していた者を基準として控訴期間を算定し，控訴期間経過の時に第一審判決は確定する。
　　控訴期間経過後に控訴の取下げ（控訴の取下げ擬制を含む。）がなされた場合，相手方が附帯控訴していても独立附帯控訴の効力（法293Ⅱただし書）が認められないときは，本来控訴権を有していた者を基準として控訴期間を算定し，控訴期間経過の時にさかのぼって第一審判決は確定する。控訴の取下げにより控訴の提起がなかったものとみなされるからである（法292Ⅱ，262Ⅰ）[141]。
(エ)　控訴状却下命令（法288,137,289Ⅱ）の場合
　　控訴審が高等裁判所の場合は，告知の日が控訴状却下命令の確定日となる。高等裁判所の決定及び命令に対して即時抗告はできず，特別抗告（法336Ⅰ）又は許可抗告（法337Ⅰ）による以外不服申立てはできない（裁7）からである。
　　控訴審が地方裁判所の場合は，即時抗告が許される（法288,137Ⅲ,289Ⅱ）から，即時抗告期間経過により確定する。
　　控訴状却下命令が確定したときは，本来控訴権を有していた者を基準として控訴期間を算定し，控訴期間経過の時に第一審判決が確定する。
(オ)　控訴審における控訴却下決定（法291Ⅰ）の場合
　　控訴審が高等裁判所の場合は，告知の日が控訴却下決定の確定日となる。高等裁判所の決定及び命令に対して即時抗告はできず，特別抗告（法336Ⅰ）又は許可抗告（法337Ⅰ）による以外不服申立てはできない（裁7）からである。

---

[141] 控訴取下げ時に第一審判決が確定するという見解や実務もある（注解(11)184参照）。

控訴審が地方裁判所の場合は，即時抗告が許される（法291Ⅱ）から，即時抗告期間経過により確定する。

控訴却下決定が確定したときは，本来控訴権を有していた者を基準として控訴期間を算定し，控訴期間経過の時に第一審判決が確定する。

(カ)　控訴却下判決（法290）の場合

上告提起又は上告受理申立てがあった場合，原則として確定しない。ただし，通常共同訴訟の場合は各別に確定する。

控訴審で敗訴した当事者に対する控訴審判決正本送達日を基準として上告期間を算定し，上告期間経過の時に控訴審判決及び第一審判決が確定する。

もっとも，第一審判決は，本来控訴権を有していた者を基準として，その控訴期間経過の時にさかのぼって確定するという見解もある[142]。

(キ)　控訴の全部認容判決の場合

上告提起又は上告受理申立てがあった場合，原則として確定しない。ただし，通常共同訴訟の場合は各別に確定する。

控訴審で敗訴した当事者に対する控訴審判決正本送達日を基準として上告期間を算定し，上告期間経過の時に控訴審判決及び第一審判決が確定する。

(ク)　控訴の一部認容判決の場合

上告提起又は上告受理申立てがあった場合，原則として確定しない。ただし，通常共同訴訟の場合は各別に確定する。

当事者双方いずれにも上告権があるので，控訴審判決正本を後に送達された者の送達日を基準として上告期間を算定し，上告期間経過の時に控訴審判決及び第一審判決が確定する。

控訴の取下げがあったときは，(ウ)のとおり控訴期間経過の時に第一審判決が確定するが，確定が控訴期間経過の時にさかのぼるため，人事訴訟の場合，戸籍の届出期間内に届出ができないことがある[143]。このようなときは，確定証明書に「平成〇〇年〇月〇日控訴取下げにより平成〇〇年〇月〇日確定した。」と記載すべきである[144]。届出期間内に届け出ることができなかった事情を明らかにする必要があるからである。

22　記録等の閲覧・謄写及び複製

控訴審に閲覧等の制限（法92）の申立てがあった場合は，雑事件[145]として立件する。その他閲覧等の制限についての手続は第一審における場合と同様である。

第一審で，公開を禁止した口頭弁論に係る訴訟記録であるとされたもの（法91Ⅱ），秘密保護のための閲覧等の制限決定がなされたもの（法92）については，その取消しがある

---

[142] 注解(11)184参照。
[143] 正当な理由なく期間内にすべき戸籍の届出をしなかった者は過料に処せられる（戸135）。
[144] 離婚判決に対し控訴が提起され，その後控訴の取下げがあり，離婚届と同時に戸籍法77条の2の届出がなされた場合，民法767条2項に規定されている3か月の期間は控訴を取り下げた日の翌日から起算されるので（昭和59.6.1東京戸籍事務連絡協議会決議），やはり確定証明書には控訴取下げの年月日が必要になる。
[145] 受付分配通達別表第1の59(15)参照。

までは効力が生じており，閲覧等できる当事者の範囲が制限される。よって，閲覧等制限決定が第一審でなされた訴訟記録に対して閲覧等の請求があった場合は，当該閲覧希望者が閲覧できる当事者かどうか検討する必要がある。

　秘密保護のために，閲覧等が制限された訴訟記録については，誤って閲覧等に供されることのないよう，訴訟記録の表紙に「閲覧制限あり」等と朱書きしておくことが望ましい。また，当該箇所には付せん等をはがれないようにして付けておく。

第3章 上　　告

第1　総　説
1　上告の意義

上告は，原則として[1]，未確定の第二審の終局判決に対し，自己に有利に取消変更されることを求めて，憲法を含む法令違反を理由として不服を申し立てる上訴である。

上告審は控訴審と異なり，原判決の法令の解釈適用の当否のみを審査の対象とする法律審であるから，法令の適用の対象となる事実関係については，原裁判所の適法に確定した事実に拘束され（法321），改めて事実審理をしない。このため，上告審は事後審の構造を持つことになる。

上告審が，法令違反のあった原判決を是正することによって当事者を救済するものであることはいうまでもない。しかし，審級制の頂点に立つ上告審では控訴審と異なり，法令の解釈適用の統一の実現という任務をも担っている。上告をどの範囲で認めるか，上告理由としていかなるものを認めるかという上告制度の運営は，この二つの目的についての認識による立法政策判断である。

現行民事訴訟法の制定により，最高裁判所に対する上告手続は，最高裁判所が憲法判断や法令の解釈適用を統一するという本来的な機能を十分に果たすことができるように，憲法違反及び絶対的上告理由を事由とする「**上告提起**」と判例違反その他の法令の解釈に関する重要な事項を含むことを事由とする「**上告受理申立て**」に，上告の方法及びその理由を明確に区別することによって，最高裁判所に対する上告理由を制限する一方，当事者の権利としての上告が許されない場合でも重要な法律問題を含む事件については，最高裁判所が上告事件として受理できる裁量上告制度を導入した。

(1)　上告裁判所

高等裁判所の終局判決に対する上告及び地方裁判所の第一審終局判決に対する飛躍上告は最高裁判所に，地方裁判所の第二審終局判決に対する上告及び簡易裁判所の終局判決に対する飛躍上告は高等裁判所[2]に，それぞれ提起することができる（法311）。

他の法律で特に定めた場合には，高等裁判所も第一審の裁判権を有する事件や，地方裁判所の第一審終局判決に対し控訴が認められていない事件もあり，また，最高裁判所は控訴事件を取り扱わないから（裁7），高等裁判所がした終局判決に対しては，第二審としてしたものであっても，第一審としてしたものであっても，常に上告のみが許される。

---

[1] 飛躍上告の場合や控訴の制度がない事件等については，第一審の終局判決の当否を争う不服申立ての場合がある。
[2] 下級裁判所である高等裁判所が同時に上告審の一部を掌ることを定めるのは，審級制度に関する立法の問題に過ぎず，憲法は何ら制限をしていないため，民事訴訟法311条，裁判所法16条3号の規定は，憲法32条，76条，81条のいずれにも違反しない（最判昭29.10.13民集8-10-1846）。

第1 総　説

(2) 飛躍上告

第一審判決の言渡し後，当事者双方が控訴審を省略して直接上告をする旨の合意をする場合がある（法281Ⅰただし書）。この合意が有効に成立すれば，当事者双方が控訴権を喪失し，上告権を有する当事者は直ちに上告を提起することができる（法311Ⅱ）。

飛躍上告は，第一審の事実認定には争いがなく，法律の解釈適用に争いがある場合に，事実審である控訴審の審理を省略する旨の合意があると解されるので，第一審判決の事実の確定に違法があることを上告理由とすることができないし，上告審もこれを理由に原判決を破棄できない。

ア　対象となる裁判

高等裁判所に対する飛躍上告については，簡易裁判所が第一審としてした終局判決が，最高裁判所に対する飛躍上告については，地方裁判所及び家庭裁判所が第一審としてした終局判決が，それぞれその対象となる。

イ　上告権留保の不控訴合意

当事者間におけるこの訴訟法上の合意は，不控訴の合意の変形と考えられるため，その要件は基本的には前述した不控訴の合意（第2章第1の4(5)イ（12ページ）を参照）と同様であり，その方式も法11条2項が準用されるため，書面をもってする必要がある。

この合意は，第一審判決の言渡しがあってから，その事実認定について検討した上での合意と解されるので，判決言渡し後に限って許される[3]。

上告審は第一審判決に法令違反があれば破棄し自判できる（法326）が，差戻しが必要な場合には事件を第一審裁判所へ差し戻す[4]。

ウ　上告理由

飛躍上告の合意に基づく上告においては，合意の性質から当然に，第一審判決における事実の確定が法律に違反したことを理由とすることはできない（法321Ⅱ）[5]。

2　上告の要件

(1) 原裁判が上告を許すものであること

上告を提起できるのは，第二審若しくは第一審裁判所のした終局判決に限られる。中間判決や終局判決前になされた決定及び命令に関しては，独立して上告することはできない。

上告の対象となる裁判については，後記4（180ページ）を参照。

---

[3] 一方当事者にしか上告権が発生しない場合には，その者が第一審判決に対して直ちに上告することに相手方が書面をもって同意すれば飛躍上告の合意が成立することになる。判決言渡し直後の法廷においてこの合意がされたときは，その旨調書に記載することで合意の効力が発生すると考えられる。
[4] 差戻し後の第一審判決は，最初の第一審判決とは事実認定が異なる可能性があるので，再度飛躍上告をする場合には，改めて合意が必要である。
[5] 飛躍上告の場合に，第一審判決の事実認定の違法のみを上告理由とするときは，第一審裁判所は補正を命じ（規196Ⅰ，199Ⅱ），補正をしないときは，決定で上告を却下しなければならない（法316Ⅰ，318Ⅴ）。

(2) 上告提起が適式でかつ有効であること

上告の提起は，上告状を原裁判所に提出してしなければならず（法314Ⅰ）[6]，加えて，上告状に上告の理由の記載がないときは上告理由書を提出しなければならない（法315）。

(3) 上告期間を徒過しないこと又は上告の追完の要件を備えること

上告状の提出期間は，控訴期間と同様，原判決の送達後2週間[7]の不変期間[8]である（法313，285本文）。

当事者の責めに帰することができない事由による徒過について一定期間に限り追完（法97）が認められる場合以外は，期間徒過により上告権は消滅し，期間経過後の上告は不適法となる。

(4) 上告理由が法定の方式を備え，かつ定められた期間内に原裁判所に提出されること

上告の理由は上告状に記載することを要しないが，控訴と異なり，法定の理由に該当する事実（法312）を主張する必要があり，所定の方式に適った記載がされない場合や提出期間内に理由が提出されない場合には，上告は不適法であるとして却下される（法315，316Ⅰ，317Ⅰ）。

(5) 上告人が上告の利益を有すること

上告人は，原判決で不利益を受けたことを理由として不服を主張する利益を有することが必要である。後記第2の5(1)ア上告が不適法でその不備を補正することができない場合（235ページ）を参照。

(6) 上告人が上告権を放棄せず，当事者間に上告しない旨の合意がないこと

上告権は単独で放棄することができること，放棄の方式は，上告提起前は原審裁判所に，上告提起後は上告の取下げとともに訴訟記録の存する裁判所に対する申述によって行うこと，終局判決後において，上告しない旨の合意をすることができることは控訴の場合と同様である（法313，284，281Ⅰただし書，規186，173）。

3 上告の効力

適法な上告によって，原判決全部の確定が遮断され，事件は上告審に移審する。確定遮断及び移審の効果を生ずる範囲は，控訴の場合と同様である。

(1) 確定遮断の効力

上告により，常に判決の確定は遮断され（法116Ⅱ），かつ，執行力の発生は停止する。確定遮断の効力は，上告状又は上告受理申立書提出の時に生ずる。

仮執行宣言付判決に対する上告の提起又は上告受理の申立てがあった場合，申立てにより，上告裁判所（訴訟記録が存する間は原裁判所）は，決定でその執行停止を命じることができる（法403Ⅰ②）。

特別上告については，確定遮断効はないので，特別上告の提起があった場合，申立て

---

[6] このほか，訴訟要件を備えていること，二重上告に当たらないこと，上告権の濫用がないこと，また，民事訴訟費用等に関する法律に定める手数料を納付すること等が必要である。
[7] 人身保護請求事件は判決言渡しの日から3日，国の関与等の訴えに係る事件は判決の送達を受けた日から1週間である（後記11(1)イ(ア)b，(イ)b 上告期間（212ページ）を参照）。
[8] 裁判所は，不変期間である上告期間について，遠隔の地に住所又は居所を有する者のために付加期間を定めることができる（法96Ⅱ）。

により，最高裁判所（訴訟記録が存する間は原裁判所）は，決定でその執行停止を命じることができる（法403 I①）。

(2) 移審の効力

上告審への事件の係属は，適法な上告又は高等裁判所からの移送（法324）に基づく移審の効果として生じるものであり，上告審における訴えの変更，反訴の提起，独立当事者参加の申立て，訴訟引受の申立てなどは許されないと解すべきであるから（後記7(1)ア上告審における新たな請求（194ページ）を参照），このような手続によって，上告審に新たな事件の係属が生じる余地はない。

上告の提起後，訴訟記録が原裁判所にある間は，事件の上告審への移審の効力が生じているのかどうかについて見解が分かれているが，判例・実務は，上告状の提出によって事件は上告裁判所に係属し，移審の効力が生じているのであるが，特別の規定により原裁判所が所定の範囲で上告裁判所の権限を代行するものであるとの見解（代行説）に従っている（最判昭25.11.17民集4-11-603）[9]。

(3) 上告不可分の原則

上告により，上告の対象となった終局判決によって判断された事件のすべてが不可分に上告審に移審する。

すなわち，確定遮断，移審の各効力は，原判決の一部に対し不服を申し立てたとしてもその全部について生じ，また，一個の判決でされている限り，数個の訴えが客観的に併合されている場合には，その併合が弁論の併合に基づくとき，本訴と反訴の関係にあるときでも，その中の一部の請求について不服の申立てがされれば，他の請求についても移審の効果が生じる[10]。

これに対して，訴えの主観的併合すなわち通常の共同訴訟の場合には，一人の又は一人に対する相手方の上告の提起により，移審の効力は当該当事者に関する部分にとどまり，残部は確定して上告審の審理の対象とはならない。必要的共同訴訟，法47条による独立当事者参加訴訟の場合などには，合一確定の要請から，一人の上告により訴えの全部が移審して現実に審理の対象となる（法40）[11] [12]。

---

[9] 原裁判所の事件送付（規197）によってはじめて上告裁判所へ移審するとの見解（権限委譲説）の中には，上告人が誤って上告裁判所へ上告状を提出した場合には上告審には移送すべき事件がないから，訴訟移送（法16 I）の余地はなく，ただ上告状を原裁判所に回送するだけであり，上告裁判所への上告状の提出により上告期間遵守の効力は生じないとするものがある（兼子一著「条解民事訴訟法上」938参照）。一方，代行説によれば，上告人が誤って上告裁判所へ上告状を提出した場合には上告裁判所は上記代行をさせるため，訴訟移送をすべきことになる。

[10] 請求の予備的併合の場合の主位的請求認容の判決，請求の選択的併合の場合の一つの請求を認容した判決に対する上告により，当該終局判決において判断されていない請求についても，移審の効果を生じる。

[11] 上告の当事者間においては客観的併合の関係に立つが，その訴えの一部が他の当事者との関係において必要的共同訴訟の関係にある場合，併合されているその余の訴えについて上告が提起されたにとどまり，当該必要的共同訴訟の関係に立つ訴え部分についての上告がされないときは，その部分は上告審に移審するものではなく独立して確定する。例えば，A女のB男を被告とする離婚無効確認の訴えとB男及びC女を被告とする婚姻取消しの訴えとが併合審理の上判決され，B男から離婚無効確認の訴えに関する部分についてのみ上告がされれば，婚姻取消しの訴えに関する部分については移審の効果を生じるものではない（最判昭43.11.26裁集民93-491）。

[12] 最決平23.2.17裁集民236-67は，数人の提起する養子縁組無効の訴えはいわゆる類似必要的共同訴訟と解すべきとした上で，共同訴訟人である1人が養子縁組無効の訴えにつき上告を提起し上告受理の申立てをした後，

4 上告の対象となる裁判
(1) 高等裁判所が第二審としてした終局判決
　この場合の上告裁判所は，最高裁判所である。

　ア　高等裁判所が第二審となる場合

　　訴訟の目的の価額が140万円を超える民事訴訟及び行政訴訟は地方裁判所が第一審の裁判権を有するので（裁24①），高等裁判所が控訴審である（裁16①）。

　イ　控訴審における訴えの変更により提起された新請求についてなされた判決

　　実質上は初審としてするものであるが，第一審判決に対する不服申立てを契機とし，その応答としてするものだから控訴審の終局判決であり，これに対する不服申立ての方法は上告である（最判昭44.9.26裁集民96-651）。

　ウ　控訴審の差戻判決[13]

　　控訴審の差戻し・移送判決（法307，308，309）を中間判決として上告の対象でないとするのが大審院判例であったが，これらは控訴審手続を完結して控訴審を離脱させるものであって終局判決であり，上告の対象となる（最判昭26.10.16民集5-11-583，最判昭27.9.26民集6-8-733）。

　エ　認諾のあった請求についてなされた判決

　　請求の認諾があった後，誤ってされた控訴棄却の判決に対する上告は訴えの利益なしとして上告を却下した判例がある（大判昭18.11.30民集22-1210）が，この訴訟係属消滅後になされた判決は当然無効ではなく，原判決を取り消して訴訟終了の判決をすべきであるから，上告は許されると解すべきであろう。

　オ　高等裁判所が控訴審としてした判決に対する再審事件について，同裁判所が言い渡す判決

　　控訴審判決[14]であり，これに対しては上告ができる[15]。

　カ　控訴審判決後の受継決定

　　判決言渡し後（口頭弁論終結後）の当事者の死亡により中断し，新当事者に受継決定（法128Ⅱ）がなされた場合には，この受継決定に対する独立の不服申立ては認められていないので（大決昭9.7.31民集13-1460），終局判決が新当事者につき効力を生じるのを防ぐため，原判決自体に破棄事由のない場合には，受継決定のみの破棄を求める上告が認められる（最判昭48.3.23民集27-2-365）。

他の共同訴訟人がした上告の提起及び上告受理の申立ては，二重上告及び二重上告受理の申立てとなり，いずれも不適法であるとする。

[13] 取消差戻判決を得た控訴人にとっては上告の利益がないのが普通である。しかし，差戻判決の理由中の判断には下級審を拘束する効力を生ずるため（法325Ⅲ，裁4），控訴審で勝訴して，第一審判決を取り消して事件を第一審へ差し戻す判決を得た者も，その理由となった判断によって不利益を受ける場合，控訴人であっても上記判断の違法をいうときに限り上告できる（最判昭45.1.22民集24-1-1）。

[14] 再審の訴訟手続には，その性質に反しない限り，各審級における訴訟手続に関する法及び規則の規定が準用される（法341，規211Ⅱ）。第二審判決に対する再審事件には，第二審の訴訟手続が準用され，再審の訴えの審理は，その対象である確定判決がなされた審級の性質に従って行われる結果，不服申立ても再審の訴えについて判決した裁判所の審級に対応して許される。すなわち，その裁判所が第二審であれば上告が許される。

[15] 高等裁判所が上告審としてした判決に対する再審事件について，言い渡した終局判決に対する上訴は特別上告のみである（最判昭30.9.9民集9-10-1258）。

(2) 高等裁判所が第一審としてした終局判決

　　最高裁判所は控訴事件を取り扱わない（裁7）ので，高等裁判所のした終局判決に対しては，常に上告のみが許される。この場合の上告裁判所は，最高裁判所である。
　ア　特別法で定めた場合
　　　他の法律で特に定めた場合[16]には，例外的に高等裁判所も第一審の裁判権を有する。各高等裁判所が管轄を有する事件の他に，事件の性質上又は被告とすべきものの性質が全日本的なものであることにかんがみ，東京高等裁判所のみに限りその専属管轄としている事件も少なくない。その具体的事件については，後記11(1)イ(イ)a 対象となる裁判・別表4（212, 218 ページ）脚注を参照。
　イ　人身保護請求事件
　　　法律上正当な手続によらないで身体の自由を拘束されている者は，被拘束者，拘束者又は請求者の所在地を管轄する高等裁判所若しくは地方裁判所に対し，救済を請求することができる（人保2, 4）。高等裁判所にこの救済が請求され，高等裁判所の判決がなされたときは，3日内に最高裁判所に上告することができる（人保21）[17]。

(3) 地方裁判所が第二審としてした終局判決

　　この場合の上告裁判所は，高等裁判所である（裁16③）[18]。
　ア　地方裁判所が第二審となる場合
　　　訴訟の目的の価額が 140 万円を超えない請求（行政事件訴訟に係る請求を除く。）は簡易裁判所が第一審の裁判権を有するので（裁 33 Ⅰ①），地方裁判所が控訴審である（裁24③）。
　イ　地方裁判所が控訴審としてした判決に対する再審事件について，同裁判所が言い渡す判決
　　　控訴審判決として，高等裁判所に対する上告が許される[19]。

(4) 飛躍上告の合意がある場合

　　高等裁判所に対する飛躍上告については，簡易裁判所が第一審としてした終局判決が，最高裁判所に対する飛躍上告については，地方裁判所及び家庭裁判所が第一審としてした終局判決が，それぞれその対象となる。

---

[16] これらの事件で第一審管轄裁判所が高等裁判所とされた主な理由としては，既に準司法機関による慎重な手続を経てきていることを理由とするものと，審理の促進を図り処分を早期に安定させることを理由とするものがある。

[17] 人身保護法の目的が，基本的人権を保障する憲法の精神に従い，現に不当に奪われている人身の自由を，司法裁判により迅速かつ容易に回復することにあるための特殊な手続で，最高裁判所の自判権も認められており，最高裁判所は特に必要があると認めるときは，下級裁判所に係属する事件がいかなる程度にあるかを問わず，これを送致させて自ら処理することができる（人保22Ⅰ）。

[18] 上告裁判所である高等裁判所が8庁あるため，各高等裁判所間の法令解釈の不統一を防止し，最高裁判所による法令解釈の統一を確保するための手段として，上告事件の最高裁判所への必要的移送（法324, 規203）と特別上告（法327）の途が開かれている。高等裁判所が最高裁判所へ事件を移送しなければならない場合については，後記8(4)最高裁判所への移送（208ページ）を参照。

[19] 最判昭42.7.21民集21-6-1663，東京高判昭31.3.26東高時7-3-57。再審の審理は，対象となる確定判決がなされた審級の性質に従って行われること，不服申立てについても判決をした裁判所の審級に対応して許されることは前記(1)オ（180ページ）記載のとおりである。

第3章 上　　告

(5) 地方裁判所が第一審としてした終局判決

特別法において，法律の明文で控訴審が省略されている場合がある。この場合，地方裁判所が第一審としてした終局判決に対し不服がある者は，控訴することはできないが，直ちに最高裁判所に上告することができると規定されている。

ア　公職選挙法の定め[20]

イ　地方自治法の定め[21]

ウ　人身保護請求事件

前記(2)イ（181ページ）の人身保護請求が地方裁判所にされ，地方裁判所が判決をしたときは，控訴審は省略され，言渡しの日から3日内に直接最高裁判所に上告することができる（人保21）。

(6) その他の上告の適否

ア　終局判決以前の中間判決

例えば，独立した攻撃防御方法に対する中間判決など，独立しては上告の対象とならないが，終局判決に対して上告がなされると，これとともに上告審の審判の対象となる（法313, 283）。

イ　付随的裁判

訴訟費用の負担の裁判に対しては，本案の判決に対し上告を申し立てる場合に限り上告し得る（法313, 282）。

ウ　違式の裁判

決定で裁判すべきところ，誤って終局判決をした場合，不服申立方法は上告であって抗告ではない。

エ　他の救済方法が認められている場合[22]

請求の一部につき裁判を遺脱した場合には，追加判決（法258）を申し立てるべきであり，上告の対象とはならない[23]。

終局判決に明白な誤りがあるとき，判決の更正は上告審においてもできるが，原裁判所に更正決定の申立てをすべきである。その判決の更正だけを求めて上告することは許されない。

---

[20] 選挙人名簿の登録に関する異議申出に対する市町村選挙管理委員会の決定に不服がある異議申出人又は関係人は，当該市町村選挙管理委員会を被告として，その選挙管理委員会の所在地を管轄する地方裁判所に出訴できる。地方裁判所の判決に不服がある者は，控訴することはできないが，最高裁判所に上告することができる（公選25）。

[21] 例えば，市町村の条例の制定又は改廃等の請求者の署名簿の署名に関する異議申出に対する市町村選挙管理委員会の決定に不服がある異議申出人又は関係人は，当該市町村選挙管理委員会を被告として，その選挙管理委員会の所在地を管轄する地方裁判所に出訴できる。同地方裁判所の判決に不服がある者は，控訴することはできないが，最高裁判所に上告することができる（自治74の2）。

[22] 民事保全法施行（平成3年1月1日）前申立ての保全命令申立事件については口頭弁論が開かれることもあり，この場合の裁判は判決でなされた。この判決に対する不服申立方法は控訴であったが，控訴審判決に対する上告は禁止されていた（平成元年法律第91号による改正前の旧民事訴訟法（明治23年法律第29号）393Ⅲ）。特別上告が認められていたことについては後記10(2)対象となる裁判（210ページ）を参照。民事保全法の制定により，保全命令はすべて決定でされることとなり（民保3），認容決定に対する不服申立方法は保全異議に一本化された。

[23] 最判昭30.7.5民集9-9-1012。

行政処分に対し，訴訟提起をせず直接最高裁判所へ上告を申し立てることはできない[24]。

上告状却下命令及び上告却下決定に対して上告をすることはできない。

5　上告理由

上告審は，原判決の法令適用の当否についての事後審査を目的とする事後審であり，かつ，法律審であるから，上告審の審理対象は法律問題に限定される。したがって，原判決に不服のある上告人は，上告理由をもってその不服を指摘しなければならない。

法は，上告裁判所の審理の促進と負担軽減を図るために，上告人に上告理由の提出を強制し（法315），上告状又は上告理由書中に記載されない事項は上告理由として主張することを許さないとともに，上告状に上告理由の記載がなく，かつ上告理由書が規則194条に定める法定期間内に提出されない場合には，上告の適法要件を欠くものとして上告を却下すべく（法316Ⅰ②，317Ⅰ），期間経過後に新たな上告理由を提出することを原則として許さない。

適式に上告が提起された場合，上告裁判所は原判決で確定した事実を前提として（法321），不服の申し立てられた限度で形式的な意味での上告理由（上告が適法であるために主張されるべき理由）の有無を審査する（法320）が，職権調査事項及び実体法の適用については申立ての限度に拘束されず，職権でも調査して（法322），上告審が原判決を破棄すべき事由（実質的な意味での上告理由。法312所定の上告理由）があれば原判決を破棄し，差戻し・移送ないし自判する（法325，326）[25]。

新法は，最高裁判所に対する上告理由を憲法違反と絶対的上告理由に限定し，判決に影響を及ぼすことが明らかな法令違反は上告理由から外す一方で，新たに上告受理申立ての制度を設けた。

法令違反のうち「法令の解釈に関する重要な事項を含むものと認められる事件」については，最高裁判所は，申立てにより決定で，上告審として事件を受理することができるとしたものであり，上告受理の決定があった場合には，上告があったものとみなされる（法318Ⅳ）。

上告受理申立て及びその理由については，後記6(3)上告受理申立て手続（191ページ）を参照。

(1)　適法要件としての上告理由

旧法の下では，上告理由とは，上告が適法であるために主張されていなければならない事由である（旧法394）とともに，これが認められれば上告裁判所が原判決を破棄する事由（旧法407Ⅰ）ともなっていた。最高裁判所に対する上告理由が制限された結果，上告裁判所が最高裁判所である場合について，「判決に影響を及ぼすことが明らかな法令違反」が，上告理由とは切り離して破棄の理由とされている。なお，高等裁判所に対する上告については，上告理由の点での改正はない。

---

[24] 最判昭22.11.20民集1-1-1。
[25] 旧法においては，上告理由は上告の適法要件であるとともに，これが認められれば原判決破棄事由ともなっていた。しかし，現行法においては，最高裁判所への上告理由が制限された結果，両者は必ずしも一致しない。

上告裁判所への上告は，次の上告理由が存在する場合に限られ，この上告理由がある場合には，上告裁判所は必ず原判決を破棄しなければならない（法325Ⅰ）。
ア　最高裁判所への上告
　(ア)　憲法解釈の誤り又はその他憲法違反があること（法312Ⅰ）
　(イ)　重大な手続違反（絶対的上告理由）があること（法312Ⅱ各号）
イ　高等裁判所への上告
　(ア)　憲法解釈の誤り又はその他憲法違反があること
　(イ)　重大な手続違反があること
　(ウ)　判決に影響を及ぼすことが明らかな法令違反があること（法312Ⅲ）

(2)　**原判決の憲法違反（法312Ⅰ）**
　ア　判断の違憲
　　「判決に憲法の解釈に誤りがあることその他憲法の違反があること」とは，原判決中の判断，又は判決の基礎となる訴訟手続に憲法違反があることをいう。判断の違憲には，原判決が，法令又は行政処分が違憲のため無効であるにもかかわらず有効と取り扱って判決した場合と，逆に合憲であるにもかかわらず違憲無効として判断した場合が含まれる。
　　憲法違反については，法令違反と異なり，判決に影響を及ぼす蓋然性は要求されていない。
　イ　適用法規についての違憲の主張
　　ある法規の適用される法律関係についての原判決の判断に憲法違反があることを主張する場合に，その法規の属する法律中の当該法律関係と直接関係のない法規又はその法律全体の違憲を理由とすることは，上告理由としては許されない（最判昭35.2.10民集14-2-137）。

(3)　**絶対的上告理由（法312Ⅱ）**
　ア　意義
　　法令違反は，判決に影響を及ぼすことが明らかであるときにのみ上告理由となる（一般的上告理由）が，判断の過誤の場合と異なり，「手続の過誤と判決の結論との間の因果関係における高度の蓋然性の有無の判断」は極めて困難であることから，裁判の信用，当事者の権利保護などとの関係で特に重要な瑕疵を限定列挙し，該当する場合には個別にこの判断をするまでもなく上告理由があることとするもので，次の(ア)から(キ)までの事由については，前記の因果関係の主張立証を要せず，これらの事由の存在の主張立証で足りる。また，これらの事由があるのに，原判決は他の事由により結局は正当となるとして上告を棄却することはできない。
　(ア)　裁判所の構成の違反（法312Ⅱ①）
　(イ)　判決に関与できない裁判官の裁判関与（法312Ⅱ②）
　(ウ)　日本の裁判所の管轄権の専属に関する規定違反（法312Ⅱ②の2）
　(エ)　専属管轄違反（法312Ⅱ③）
　(オ)　代理権欠缺（法312Ⅱ④）

(カ)　口頭弁論公開の原則の違反（法312Ⅱ⑤）
　　(キ)　判決の理由不備又は理由の食違い[26][27]（法312Ⅱ⑥）
　イ　再審事由と上告理由
　　　法312条2項に列挙されない再審事由（法338Ⅰ④〜⑧）も絶対的上告理由に当たるかについては，これを積極に解する説[28]と消極に解する説[29]に分かれる。

(4)　**法令違反（法312Ⅲ）**
　　　高等裁判所への上告では上告理由であるが，最高裁判所への上告では，法令違反は当然には上告理由ではなく，上告受理申立手続によって主張すべき事由とされる。また，最高裁判所は，憲法違反や絶対的上告理由がない場合でも，判決に影響を及ぼすことが明らかな法令違反があるときは，原判決を破棄することができる（法325Ⅱ）。

(5)　**上告理由書の提出期間**
　　　上告状に上告の理由の記載がないときは，上告人は規則で定める期間内に，上告理由書を原裁判所に提出しなければならない（法315Ⅰ）。
　　　法314条2項による上告状却下命令又は法316条1項1号による上告却下決定がないときは，原裁判所の裁判所書記官は，当事者双方に対して上告提起通知書を送達する（規189Ⅰ）。上告理由書は，上告人がこの上告提起通知書の送達を受けた日から50日以内に提出しなければならない（規194）[30]。上告状に上告の理由が記載されていないにもかかわらず，この期間内に上告理由書が提出されないときは，原裁判所は，直ちに上告却下決定をすることができ（法316Ⅰ②前段），この場合には補正の余地がないことから，規則196条1項の規定による補正命令を発することを要しない[31]。

---

[26] 理由不備とは，主文を導き出すための理由の全部又は一部が欠けていることをいい，理由の食違いとは，理由自体に矛盾があるため主文の結論に至る筋道が不明であることをいうとされる。上告制度の改正により，上告理由は，従来の法令違反を除外し，絶対的上告理由を中心に整理されたため，理由不備・理由の食違いの内容に，法令の解釈の過誤の結果，当該法令の適用についての理由が不十分であったり，理由に一貫性がないというものを含むと解することは相当ではない。理由不備について，判決自体から明らかでない主要事実の判断遺脱が上告事由に該当しないとした判例（最判平11.6.29判タ1009-93）を参照。
[27] 理由の食違いを認めた事例として，最判平15.7.11民集57-7-815，最判平18.1.19裁集民219-49。
[28] 注釈民訴(5)254は，「絶対的上告理由またはそれに準じるものとみるのが通説，といわれる。」とした上で，「通説の内部でも，「絶対的上告理由」となるとみるか，単なる「上告理由」となるとみるかは，差異のあるところ」とする。また，コンメ民訴Ⅵ282は，「旧法下では，列挙されていない再審事由なども絶対的上告理由と認めるべきであるとするのが通説であり，現行法下でも旧法下と同様に解する学説が多い」とする。
[29] 前最高裁判所調査官の執筆による「最高裁判所における民事上告審の手続について」（判タNo.1399-58）において，「旧法下では，絶対的上告理由として列挙されていない再審事由（法338Ⅰ④〜⑩に相当）も上告理由に当たると解するのが判例・通説であったが，単なる法令違反を上告理由から排除した現行法の下では，再審事由が当然に上告理由になると解するのは困難である。」とされ，最判平11.6.29裁集民193-411（9号について），最判平15.10.31裁集民211-325（8号について）を挙げて，「判例も・・・少なくとも法338条1項8号（判決の基礎となった裁判等の変更），9号（判断遺脱）所定の再審事由については，上告理由には当たらないと解しているものと思われる。」とされる。なお，学説の判例の評価については議論が多岐に分かれる（注釈民訴(5)254以下，コンメ民訴Ⅵ282以下に詳しい。）。
[30] 上告理由書の提出期間は，最高裁判所が憲法77条に規定する規則制定権に基づき，法315条1項の委任により定めたもので，規則194条は憲法に違反しないし（最決昭33.7.10民集12-11-1747），規則194条が上告理由書提出期間遵守の有無を到達主義によって決すべきものとしたことは憲法14条に違反しない（最決昭34.7.8民集13-7-955）。
[31] 最決平12.7.14裁集民198-457。

(6) 上告理由の記載方式

　上告の理由は，規則に定める方式により記載しなければならない（法315Ⅱ）。上告審の書面審査を容易にしてその負担を軽減し，審理促進を図るのがその目的とするところである。

　適式な上告理由書の提出は上告の適法要件であり，これに違反するときは上告を却下される（法316Ⅰ②，317Ⅰ，315Ⅱ，規196Ⅱ）。

　上告理由書の記載事項については，規則2条が適用される。

　上告の理由は，その性質上抽象的な事項を冗漫に書き連ねることになりかねないので，具体的に記載しなければならない（規193）。

　なお，以下で掲記する理由中に示される訴訟手続に関する事実の有無については，原裁判所が上告裁判所に事件を送付するに際し，その有無について意見を付することができる（規197Ⅰ後段）。

ア　憲法違反を理由とする場合

　憲法の条項を掲記して憲法に違反する事由を示してしなければならない（規190Ⅰ前段）。その事由が訴訟手続に関するものであるとき[32]は，憲法に違反する事実を掲記しなければならない（同後段）。

イ　絶対的上告理由を理由とする場合

　法312条2項各号に掲げる事由があることを理由とする場合には，これらはいずれも手続違反であるから，その条項とともにこれに該当する事実を示してしなければならない（規190Ⅱ）。手続法違反においては，法令違反の対象となる事実は原審の手続そのもの，すなわち生の社会的事実が問題となるため，これを明らかにさせる必要があるからである（条解398）。

ウ　法令違反を理由とする場合

　高等裁判所に対するこの上告理由の記載は，法令及びこれに違反する事由を示してしなければならず，法令又は事由のうちいずれか一方を欠いても方式違反となるし，単なる事実誤認を主張し，あるいは事情を述べるようなものは，方式に適った記載とはいえない（規191Ⅰ）。

　法令を示すには，その法令の条項又は内容を掲記しなければならない（規191Ⅱ）[33]。

　法令に違反する事由を示す場合において，その法令が訴訟手続に関するものであるときは，これに違反する事実[34]を掲記しなければならない（規191Ⅲ）。違反事実の掲記を要求する理由は，イと同様である。

エ　判例違反を主張する場合

　判例違反は独立の上告理由ではないが，判例違反のあるほとんどの場合には，同時

---

[32] 例えば，法の下の平等（憲14），裁判を受ける権利（憲32），裁判の公開（憲82Ⅰ）等に違反するという例が考えられる（条解396）。
[33] どちらを掲記するかは任意であるが，少なくとも対象となる法令を特定できる程度に記載する必要がある。成文法以外の法令，例えば，慣習法，経験則等を摘示するには，その趣旨を記載しなければならない。
[34] 手続に関する法令に違反する事実とは，例えば，判決書の原本に基づかないで判決を言い渡したこと，立会した裁判所書記官以外の者が判決の基礎となった期日の調書を作成したことなどである。

に法令の違反があるから,判例違反を主張することは,法令違反等の論拠として実際上極めて有力であり,現に上告の理由中に判例違反の主張がされることが少なくない。判例違反が主張された場合,上告審としては,いかなる判例に違反するかを調査すべきことになるが,対象となる判例が特定されていない場合はその検索が極めて困難となる。そこで,上告において,判決が最高裁判所の判例等に違反することを主張するときは,その判例を具体的に示さなければならない(規192)[35][36]。

　判例違反の対象となるのは,「最高裁判所の判例(これがない場合にあっては,大審院又は上告裁判所若しくは控訴裁判所である高等裁判所の判例)」であり,これは上告受理申立ての理由となるべき判例違反の対象となる判例の範囲(法318Ⅰ)と同様である。

---

[35] 判例を具体的に示すに当たっては,裁判所名,事件番号,裁判の年月日及び判例集等の掲載箇所を明らかにすべきである(条解399)。
[36] 判例の摘示の方式に違反しても,それだけで上告が方式違反として却下されることはない(条解400)。

第3章 上　告

最高裁判所に対する上告のフローチャート

【原裁判所】

法令の解釈に関する重要な事項—〈上告受理の申立て〉　　〈上告の提起〉—憲法違反又は絶対的上告理由

- 上告受理申立書の提出　法318Ⅴ, 314Ⅰ
- 上告状の提出　法314Ⅰ

↓

- 裁判長による上告受理申立書の審査
  - 記載事項の不備、手数料の不納付 → 補正命令 → 上告受理申立書却下命令　法318Ⅴ, 313, 314Ⅱ, 288, 137
- 裁判長による上告状の審査
  - 記載事項の不備、手数料の不納付 → 補正命令 → 上告状却下命令　法313, 314Ⅱ, 288, 137

↓

- 裁判所による上告受理申立ての適法性の審査
  - 不備を補正することができないことが明らかな場合 → 上告受理申立却下決定　法318Ⅴ, 316Ⅰ①
- 裁判所による上告の適法性の審査
  - 不備を補正することができないことが明らかな場合 → 上告却下決定　法316Ⅰ①

↓

- 上告受理申立通知書、上告受理申立書の送達　規199Ⅱ, 189
  - 補正命令 ← 上告受理申立書の送達不能、送達費用の不納付 → 上告受理申立書却下命令　法318Ⅴ, 313, 314Ⅱ, 289Ⅱ, 137
- 上告提起通知書、上告状の送達　規189
  - 上告状の送達不能、送達費用の不納付 → 補正命令 → 上告状却下命令　法313, 314Ⅱ, 289Ⅱ, 137

↓

- 上告受理申立て理由書の提出　法318Ⅴ, 315Ⅰ, 規199Ⅱ, 194
  - 上告受理申立て理由書の不提出 → 上告受理申立て却下決定
  - 記載方式の違反 → 補正命令　規199Ⅱ, 196Ⅰ → 上告受理申立て却下決定　法318Ⅴ, 316Ⅰ②, 規199Ⅱ, 196Ⅱ
- 上告理由書の提出　法315Ⅰ, 規194
  - 記載方式の違反 → 補正命令　規196Ⅰ → 上告却下決定　法316Ⅰ②, 規196Ⅱ
  - 上告理由書の不提出 → 上告却下決定　法316Ⅰ②

↓

- 最高裁判所への事件送付、当事者への通知　規199Ⅱ, 197
- 最高裁判所への事件送付、当事者への通知　規197

【最高裁判所】

↓

- 最高裁判所の審査
  - 上告不受理決定　法318
    - 不適法な申立て
    - 法令の解釈に関する重要な事項を含むと認められない場合
  - 上告受理決定、重要でない理由の排除　法318, 規200
- 最高裁判所の審査
  - 明らかに上告理由に該当しない場合 → 上告棄却決定　法317Ⅱ
  - 不適法な上告 → 上告却下決定　法317Ⅰ

↓

- 上告理由書（上告受理申立て理由書）副本送達　規199Ⅱ, 198

↓

口頭弁論

- 書面審理による口頭弁論を経ない上告棄却判決　法319
- 上告棄却判決　法313, 302
- 破棄自判　法326／破棄移送・差戻し　法325Ⅰ, Ⅱ
  - 憲法違反又は絶対的上告理由がある場合
  - 判決に影響を及ぼすことが明らかな法令違反がある場合

（左側：上告受理申立て事件／上告受理事件　右側：上告提起事件／上告事件）

6 上告の提起

(1) 上告提起手続と上告受理手続

　　最高裁判所への上告理由が制限されたことを受けて、最高裁判所への上告手続は二つの制度に分かれ、明確に区別されることになった。したがって、高等裁判所が上告裁判所である場合には、上告受理申立ての適用はない（法318Ⅰ）。

　　最高裁判所が上告裁判所である場合には、同一の判決について、二つの方法により上告することが可能であり[37][38]、当事者の便宜を考慮して1通の書面で同時に申し立てることが認められている[39]が、この場合上告の提起と上告受理の申立てを兼ねるものであることを明示する必要があり、その書面に理由を記載する場合には、区別して記載しなければならない（規188）。同一の書面による申立てか否かを問わず、主張する利益が共通する限度において、手数料を流用することもできる（民訴費3Ⅲ）が、当然のことながら理由を流用することはできない。

(2) 上告提起（権利上告）手続

ア　上告提起の方式

　　上告の提起は、原判決又はこれに代わる調書の送達を受けた日から2週間の上告期間内に、上告状を原裁判所に提出してしなければならない（法314, 313, 285）。

　　上告裁判所の負担を軽減するため、原裁判所に上告適法要件を審査させることとし、この審査に適った場合にはじめて、原裁判所が事件を上告裁判所に送付し、上告裁判所が事件を審理裁判する制度を導入している。

イ　原裁判所における手続

(ｱ)　上告状の審査

　　上告状が提出されると、原裁判所の裁判長は、上告状の必要的記載事項[40]（法313, 286Ⅱ）、上告提起手数料として所定の収入印紙を貼っているか[41]などを審査し、瑕疵があるときは補正を命ずる。上告状を被上告人に送達できない場合（上告状の送達に必要な費用を予納しない場合を含む。）も同様である。上告人が所定の期間内に補正をしないときは、原裁判所の裁判長は命令で上告状を却下しなければならない（法313, 288, 314Ⅱ, 289Ⅱ）。

---

[37] 上告受理の申立てに対して附帯上告を提起し、又は上告に対して附帯上告受理の申立てをすることはできない（最決平11.4.23裁集民193-253）。
[38] 上告受理申立ての相手方は附帯上告受理申立てをすることができるが、上告受理の申立てにつき上告不受理決定がされたときは、附帯上告受理申立ては、それが上告受理申立ての要件を備えるものでない限り、その効力を失う（法318Ⅴ, 313, 293Ⅱ）とした判例がある（最決平11.4.8裁集民193-1）。
[39] 上告人が上告期間内に上告状を提出した後、上告理由書提出期間内に上告受理申立理由書を提出し、その後、先に提出した上告状を上告受理申立書に訂正する旨の上申書を提出した事案で、上告と上告受理の申立てとは異なる申立てであるから、上告受理申立期間経過後に、先にした上告を上告受理の申立てに変更又は訂正することはできないとした判例がある（最決平12.7.14判タ1040-131）。
[40] 上告状の記載事項は控訴状に準じて、当事者及び法定代理人、原判決の表示及びその判決に対して上告をする旨の記載が必要である。
[41] 上告提起手数料は、訴え提起手数料の2倍の額になる（民訴費3Ⅰ, 別表第一の3項）。

第3章 上　　告

(イ)　上告の適法性の審査

上告状が適式であれば，原裁判所は上告の適否を審査し，上告が不適法でその不備を補正することができないことが明らかであるときは，決定で上告を却下しなければならない（法316Ⅰ①）[42]。

上告人が上告理由書を提出しないか，その提出された理由書が規則190条又は191条の規定に違反する場合に，補正期間内に追完しないとき（規196）も同様である。

(ウ)　上告提起通知書の送達

上告の形式的な適法要件の審査が完了し，上告状却下命令又は上告却下決定がなされないときは，原裁判所は，当事者双方に上告提起通知書を送達し（規189Ⅰ），同時に上告状を被上告人に送達する（同Ⅱ）[43]。上告人に対しては上告理由書提出の機会を与え，被上告人に対しては答弁書の提出や附帯上告の機会を与えるためである。

上告提起通知書の上告人に対する送達をもって，上告理由書の提出期間の起算点としている[44]。

(エ)　上告理由書の提出

上告人は，上告状に上告の理由を記載した場合を除き[45]上告提起通知書の送達を受けた日から50日以内に，規則190条から193条までに定める方式に従って記載した上告理由書を原裁判所に提出しなければならない（法315，規194）[46][47]。

原裁判所における上告理由書についての調査の範囲は，提出期間内に上告理由書が提出されているか，また，提出された上告理由書の記載方式が規則に定めた方式に適っているかということに尽きる。上告理由書を提出しないときは，補正を命じることなく，決定で上告を却下する（法316Ⅰ②）こととなり，上告理由書の記載が規則に定めた方式に違反することが明らかな場合，決定で相当の期間を定めて補正を命じなければならず（規196Ⅰ），その期間内に補正しないときは，決定で上告

---

[42] 原裁判所による上告却下決定の制度は，憲法32条に違反するものではない（最判昭37.1.22裁集民58-315，最判昭39.12.25裁集民76-779）。

[43] 上告提起に際しては，上告状の送達に必要な費用のほか，上告提起通知書，上告理由書及び裁判書の送達並びに上告裁判所が訴訟記録の送付を受けた旨の通知に要する費用の概算額を予納しなければならない（規187）。

[44] 原判決書又は法254条2項の調書（調書判決）の送達前であっても上告を提起することができる（法313，285ただし書）が，その場合には，原判決送達前に上告提起通知書が送達され，上告理由書提出期間が満了してしまうことを避けるため，上告提起通知書の送達は判決書等の送達とともにしなければならないとされている（規189Ⅲ）。

[45] 攻撃防御方法を記載した上告状は準備書面を兼ねるものとされる（規186，175）から，上告状に上告理由が記載されていれば，別に上告理由書の提出は必要ない。

[46] 上告審は，原判決の当否を原則として原審の訴訟資料のみに基づいて，法令の解釈適用の面から審査する法律審にして事後審という構造になっているので，原判決に対する不服の範囲を明らかにさせるため，期間を定めて，上告理由を具体的かつ明確な根拠を示して記載し，提出することを強制している。

[47] 誤って上告理由書を上告裁判所に提出したため，提出期間を遵守できなかった場合は，上告を不適法として却下されることがある（東京高判昭38.11.5高民16-8-637）。また，上告理由書提出期間経過後に提出された上告理由書は，原則として審理判断の対象とならない（大判昭4.12.12民集8-932）。

を却下しなければならない（法316Ⅰ②，規196Ⅱ）[48]。

(オ) 上告裁判所への事件送付

原裁判所は上告の理由の記載が一応所定の方式を備えていると判断したとき，すなわち，上告状却下命令や上告却下決定をしない場合，上告理由の実質的な当否にかかわらず，事件を上告裁判所に送付しなければならない（規197Ⅰ前段）。

事件の送付には，特に裁判をすることは必要でなく，単に原裁判所の裁判所書記官が，上告裁判所の裁判所書記官に対し，訴訟記録を送付して行う（規197Ⅱ）[49]。

上告人が，上告理由として訴訟手続に関する法令違反等を主張している場合（規190Ⅰ後段，Ⅱ，191Ⅲ），上告裁判所の参考に資するため，原裁判所はその事実の有無について意見を付することができる（規197Ⅰ後段）[50]。

(3) 上告受理申立て（裁量上告）手続

ア 意義

最高裁判所に対する上告理由が制限された結果，上告事件の適切な選別を行うことを目的として，当事者からの申立てがある場合には，原判決が最高裁判所の判例（これがない場合には大審院又は上告裁判所若しくは控訴裁判所である高等裁判所の判例）と相反するなど法令の解釈に関する重要な事項を含むと認められる事件について，最高裁判所は決定でこれを受理することができる（法318Ⅰ），いわゆる裁量上告の制度[51]が採用された。

上告受理申立ての対象となる裁判は，高等裁判所が第二審又は第一審としてした終局判決（前記4(1)(2)（180，181ページ）を参照）である（法318Ⅰ，311Ⅰ）[52]。

---

[48] 最高裁判所に対する上告について，上告状及び上告理由書提出期間内に提出された「上告理由書」と題する書面のいずれにも法312条1項及び2項に規定する事由の記載がないときは，その不備を補正する余地はないから，原裁判所は，規則196条1項所定の補正命令を発すべきではなく，直ちに決定で上告を却下すべきであるとした判例がある（最決平12.7.14裁集民198-457）。

[49] 上告の提起後，上告裁判所に訴訟記録を送付する前に，上告の取下げ等によって訴訟が終了したときは，訴訟記録を上告裁判所に送付する必要はない。原裁判所が訴訟記録を上告裁判所に送付すると，事件は原裁判所を離れ，上告裁判所に係属することになるから，執行停止，担保取消し等の付随的な裁判は上告裁判所の権限に移るし，上告の取下げ，訴えの取下げ等も上告裁判所に対してすることになる。そのため，上告裁判所の裁判所書記官は，訴訟記録の送付を受けたときには，速やかにその旨を当事者に相当と認める方法により通知しなければならない（規197Ⅲ，4Ⅰ）。

[50] 原判決中には，訴訟手続に関する原裁判所の判断が常に示されているというわけではなく，特に，上告人が指摘する訴訟手続に関する事実の有無等が記載されることは極めてまれであると考えられるためである。原裁判所が意見を付することができるのは，上告人が上告の理由中に示した訴訟手続に関する事実の有無についてに限られる。意見の添付は原裁判所の権限であって，必ず意見を付さなければならないものではない（抗告の場合における原裁判所の意見の添付（規206）よりも対象となる事項は狭いが，上告に理由があると考える場合でも意見を付することができる点では，抗告の場合における意見添付よりも広いといえる。）（条解410）。

[51] 判決に影響を及ぼすことが明らかな法令違反があることを理由とする上告と同様の理由をもってされる上告受理申立ての中から，実質は原判決の事実認定や証拠の採否を非難するにすぎないものや，原判決の判断を曲解した上でその法令違反を主張するもの，又は原判決の結論に影響しない傍論としての判断の法令違反を主張するものなどを選択し，これを簡易な決定手続で排斥した上で，この選択手続を通過した事件に対して充実した審理を行えるようにすることを意図して設けられた制度である。

[52] ただし，飛躍上告受理申立ての場合は地方裁判所及び家庭裁判所が第一審としてした判決が対象となる。

第3章 上　　告

　　イ　要件
　　　　上告受理の要件は，「当該事件が法令の解釈に関する重要な事項を含むものと認められるか」否かであり，「法令の解釈に関する重要な事項」とは「原判決が最高裁判所の判例と相反する判断がある」場合を例としていることからも明らかなように，最高裁判所が法令解釈について実質的な判断を提示する必要がある事項をいう。具体的には，判例違反の他，
　　　(ｱ)　従来まで最高裁判例がない法律解釈問題に関する最高裁判所の判断を提示する場合
　　　(ｲ)　最高裁判所の従来の判例を変更する場合
　　　(ｳ)　高等裁判所の誤った法令解釈を高等裁判所で確定させることが適当でない場合
　　　が考えられる（一問一答354）。
　　ウ　上告受理申立ての理由
　　　　憲法違反や絶対的上告理由を，上告受理申立ての理由とすることはできない。
　　　(ｱ)　判例違反[53]
　　　　　上告に際して判例違反を主張するときには，判例の摘示が要求されるのは上告受理申立ての場合も同様である（規199Ⅱによる192の準用）[54] [55]。
　　　(ｲ)　法令解釈に関する重要事項
　　　　a　法令の解釈に重要な事項を含む事件[56]
　　　　b　経験則違反[57]
　　エ　原裁判所における手続
　　　　上告受理の申立てに関しては，上告の提起に関する手続が準用されるので（法318Ⅴ），詳細については前記(2)上告提起手続（189ページ）を参照[58] [59]。

---

[53] 判例とは，具体的事件の解決に不可欠であった論点について法律判断の示されたものをいい，我が国では一般に法令としての効力を有しない。しかし，最高裁判所等の判例が一定の法令の解釈を示す場合，これに反する判断をした原判決には重要な法令解釈の誤りがあると考えられるのであり，最高裁判所が法令の解釈適用の統一を図るために事件を上告審として採り上げて審理判断を加えるべき典型的な場合ということができる。
[54] 上告受理申立てにあっては，あくまで「法令の解釈に関する重要な事項を含む」ことの例示であり，判例違反自体が独立の受理要件ではないから，判例の記載が具体性を欠くことのみをもって方式違反とすることはできないと解される（条解400）。
[55] 判例が憲法の解釈を示すものであるときは，その判例違反は憲法違反として最高裁判所への上告の理由となるから，上告受理の申立ての理由とはならない（法318Ⅱ）。
[56] 「重要な事項」の指針としては，その法律問題が何らかの意味で一般化可能なものであるかという観点がある。当該事件の法令解釈が単にその事件の判断に資するだけでなく，その他の事件においても基準になり得るような判断を含むものでなければならない。しかも，最高裁判所がその法令の解釈を示すことが，法令解釈の統一のために必要であることを意味する。
[57] 経験から得られた事物に関する知識や法則である「経験則」は，旧法394条の「法令」に含まれると解されたのと同様に，法318条1項の「法令」に含まれると考えられる（一問一答355）。
[58] 上告受理の申立てによって，上告の提起と同様に原判決の確定は遮断されるので（法116），上告受理申立てに伴う執行停止の申立ても認められている（法403Ⅰ②）。
[59] 上告と同様に，上告受理の申立ての取下げは被保佐人等の特別授権事項（法32Ⅱ②）とされ，上告受理の申立て又は取下げは訴訟代理人の特別委任事項とされている（法55Ⅱ③）。

なお，法318条5項による同313条の準用（規199Ⅱによる186の準用）の結果，法293条（規178）も準用され，上告受理の申立てに対して，相手方は附帯上告受理の申立てをなし得る。地方裁判所が第一審としてした終局判決に対して，飛躍上告の合意がある場合，上告裁判所は最高裁判所になるので，この場合にも上告受理申立てをすることができる。

オ　最高裁判所における手続

事件の送付を受けた最高裁判所は，上告審として事件の受理をするかどうかの審査をする[60]。

(ア)　上告不受理決定

上告受理の決定と異なり，不受理の際の明文の規定はないが，当事者の申立てに基づいてされる上告受理の申立てに対しては，最高裁判所は応答する義務があるので，上告審として事件を受理しないときは，不受理の決定[61]をしなければならない（一問一答356）。

明らかに法318条1項所定の事件に該当しない場合については，相手方に上告受理申立て通知書が送達された上，判決の確定が遮断されており受理申立ての排斥によって原判決が確定するのであるから，最高裁判所は当然に不受理決定をしてそれを当事者双方に告知（法119）することが要請される[62]。

(イ)　上告受理決定

最高裁判所が上告審として受理をするときは，上告受理の決定をしなければならない（法318Ⅰ）。

上告受理決定をするときは，上告受理申立て理由のうち，重要でないものを排除することができ（法318Ⅲ）[63]，ここで排除されなかった理由について上告があったものとみなされる（法318Ⅳ後段）。

(ウ)　受理決定後の審理及び裁判

上告裁判所の調査の範囲を画する基準が必要になるので，上告受理申立ての理由は，法318条3項の規定により排除されたものを除き法320条の適用については上告の理由とみなすものとした（法318Ⅳ後段）。これにより，受理決定があった場合は，上告があったものとみなされて，法319条以下が適用されることになり，受理決定の際排除されなかった申立ての理由は調査の範囲を画する意味で上告理由と同様に取り扱われる。

以下の手続は，後記7(2)上告審の手続（195ページ）を参照。

---

[60] 上告受理の申立てがあった事件について受理，不受理の判断をする際にも，裁判長は相当な期間を定めて答弁書の提出を相手方に命ずることができる（規201）。
[61] 内容的には，受理申立て却下の決定（上告受理の申立てについて法316条1項所定の事由がある場合，同317条の準用はない。）と受理申立て棄却決定（原判決に法令違反がない場合はもとより，法令違反があっても重要なものでないと判断したとき）に分かれる。
[62] 判決と異なり言渡期日を開かないので，事前の通知をする必要はない。
[63] 主張されている申立ての理由が単に原判決の事実認定，証拠の取捨選択を非難する場合，当該事件に適用されるべき法令の解釈に関して単なる独自の見解を述べるにとどまる場合等には，その理由を排除することができる。

第3章 上　　告

7　上告審の審理
(1)　上告審の構造（事後審・法律審）

　　控訴審と異なり，上告審は法律審であって，原判決における憲法違反又は判決に影響を及ぼすことが明らかな法令違反の有無のみを審査の対象とし（法312），法令の適用の前提となる事実関係については，原判決における事実の確定の方法，手続に法令違反がないかどうかのみを審査することができるにとどまり，原裁判所が適法に確定した事実は上告裁判所を拘束する（法321Ⅰ）[64]。上告裁判所は，原裁判所の事実認定の方法，手続に法令違反があると判断したときも，自ら新たな証拠を取り調べることはもちろん，第一，二審において既に提出されている証拠のみによって事実を認定することもできないのであって[65]，原判決を破棄した上，改めて事実を確定させるため事件を原裁判所に差し戻さなければならないことになる。

ア　上告審における新たな請求

　　上告審の訴訟資料となる事実は，原審の口頭弁論終結時を標準とするから，その後の新たな訴訟資料の提出を許すことはなく（最判昭22.12.23裁集民1-41），また，原審において提出済みの訴訟資料に基づいて独自の事実認定をすることもない。したがって，上告審では新しい事実の主張や証拠の申出を必要とする新しい請求を追加することは許されない[66]。

　　上告審において**独立当事者参加，承継参加及び引受参加**が許されるか否かについては，争いがある。判例のとる消極説は，上告審は法律審であり，参加人の請求について事実審理ができないから，参加の利益がなく，参加は許されないとする[67]。

　　仮執行の原状回復及び損害賠償の申立て（法260Ⅱ）は，一種の訴えであるが，誤った仮執行を受けた被告に簡易迅速な救済手続を認めるため，法が仮執行宣言付判決の上訴審において請求することを特に許したものと解されるので，上告審においても申

---

[64] 上告審における訴訟資料は原判決により適法に確定した事実であり，それらの事実を原判決が判決資料としたかどうかは関係がない。
[65] 法律審である上告審には法296条2項の準用はなく，口頭弁論が開かれるときにも，原審口頭弁論の結果は陳述されない。
[66] **訴えの追加的・交換的変更**が許されるのは，事実審口頭弁論の終結に至るまでであり（法143Ⅰ），上告審においてはもはやこれを行うことはできない。**反訴の提起**も，上告審では許されない（最判昭43.11.1裁集民93-11）。原審で全部勝訴した被上告人が，附帯上告の方式によって請求を拡張することも許されない（最判昭54.11.16裁集民128-123）。これらは，新請求が原裁判所の確定した事実関係のみを前提とし，上告審において新たな事実認定をする必要がない場合であっても同様と解される。
[67] 独立当事者参加につき最判昭44.7.15民集23-8-1532を参照。積極説は，上告審で原判決が破棄され事件が原裁判所に差し戻されて事実審で再び審理される可能性があるから，上告審でも参加の申立てを許し，上告審で棄却又は却下されるときには参加を不適法として却下すればよいとする。積極説に立てば，参加人は参加と共に上告を提起し（この場合，従前の当事者双方を被上告人とすべきことになる。），又は当事者の上告提起後に独立当事者参加申立てをして，上告理由を提出し得ることになり，その上告理由である原判決の憲法違反の主張については上告審の審理を受けることができるが，参加人の請求の当否については審理を受けることができず，破棄差戻し（参加人の上告理由が理由のある場合でも，破棄自判することは矛盾が生ずる。）とならないときには参加が不適法として却下されるということになる。参加人の請求の当否は，上告審の審理の対象にはなり得ないのであり，上告を提起し，上告理由書を提出することは補助参加によってもできるのであるから，消極説が妥当であり，また，他の参加も許されないと解すべきである。

し立てることができる[68][69]。
イ　理由書の提出強制

　　上告人は，上告状に上告の理由を記載した場合を除き，上告提起通知書の送達を受けた日から50日以内に，規則190条から193条までに定める方式に従って記載した上告理由書を原裁判所に提出しなければならない（法315，規194）。

　　上告理由書提出強制は，上告審が法律審であるため，その書面審理（法319）を容易にし，負担の軽減を図るためのものである。この結果，上告理由の主張は，不服申立ての範囲すなわち上告審の調査・判断の限界を明らかにする重要な機能を果たすものである。

(2)　**上告審の手続**

　　法律審であることから，事実審理は職権調査事項に限られ（法322），まず書面審理をする（法319）ことになり，上告に理由があって原判決を取り消すときには，事実認定のやり直しをしないので，事件を原審に差し戻すか，又は移送するのが原則であり，控訴審とは異なり，自判は例外となる（法326）。

ア　控訴審手続の準用

　　上告は，原判決に対する上訴という性質において控訴と共通する部分を有するため，上告及び上告審の訴訟手続（原裁判所における手続を含む。）には，特別な定めがある場合を除き，控訴に関する規定が準用される（法313，規186）。控訴は第一審の続審で事実審であるのに対し，上告は法律審として原判決の当否を専ら憲法又は法令の適用解釈の面から審査するにとどまるので，準用の範囲もその性質上おのずから限度がある。

◇　法282条[70]から285条の規定は上告に準用される。
　　上告権の放棄については，法284条と規則173条の規定が準用される。
◇　上告状の提出先は，特別の定めとして法314条1項の定めがあるから法286条1項を準用する余地はないが，同条2項（控訴状の必要的記載事項）は準用される。

---

[68] この申立ては，本案判決が変更されないことを解除条件とするものであるから，上告審が上告を棄却するときには，これについて裁判をする必要はない（最判昭51.11.25民集30-10-999）。上告審が本案判決を変更する場合には，書面審理によることができず（法319），口頭弁論が開かれるので，この口頭弁論において本申立てについての攻撃防御方法が提出されることになる。申立てを理由あらしめる要件事実の存否が当事者間に争いがないときは，上告審は争いのないところに従って自ら事実を確定し，申立てについての裁判をすることができる（破棄差戻しの事案につき，最判昭34.2.20民集13-2-209。破棄自判の事案につき，最判昭45.11.6判時610-43）。しかし，事実関係について当事者間に争いがあり，事実審理を要するときには，上告審の法律審としての性格にかんがみると，本案につき破棄差戻しをするときはもちろん，破棄自判をするときであっても，本申立てについては事件を事実審たる原裁判所に差し戻すべきことになる。

[69] 仮執行宣言付一審判決が控訴審で取り消され，原告が上告をした場合，控訴審ではその申立てをしていなかった被告が上告審において初めてその申立てをすることが許されるかについては，上告審の法律審としての性格から考えて，原告の上告が棄却されることを前提として申立てをした被上告人（被告）の本申立てのために，本案審理に不要な口頭弁論を開かなければならないとすることには違和感があり，判例はこれを却下すべきものであると判示している（最判昭55.1.24民集34-1-102）。

[70] 法282条に関しては，本案の裁判に対し上告をするとともに，訴訟費用の裁判に対し不服を申し立てた場合においても，本案の裁判に対する上告の理由がないときは，訴訟費用の裁判に対する不服の申立ては許されないというのが判例の見解である（最判昭29.1.28民集8-1-308）。

上告に準用される法288条の規定による上告状の審査は，法314条2項により原裁判所の裁判長の権限に属するとされている。法289条は上告状の送達に準用され，その送達の際には同時に上告提起通知書も送達される（規189）。なお，上告を提起する場合には，上告状の送達に必要な費用のほか，上告提起通知書，上告理由書及び裁判書の送達並びに上告裁判所が訴訟記録の送付を受けた旨の通知に必要な費用の概算額を予納しなければならない（規187）。

法290条は，同316条，317条1項の規定があるので準用されない。

◇ 上告の取下げ

控訴の取下げについての法292条及び規則177条は，上告に準用される。

◇ 附帯上告

法293条及び規則178条の規定は，附帯上告に準用される[71]。上告審は法律審であるから，控訴審で全部勝訴した当事者は附帯上告することができない（最判昭54.11.16裁集民128-123）。

◇ 法294条については，法323条に特別の規定があり，法295条も性質上，当然に準用はない。口頭弁論に関する法296条1項は，弁論が開かれるときは準用されるが，上告審で審理される事項は，法320条による調査範囲の制約があり，かつ法322条により職権調査事項には準用が排除される。法297条及び規則179条も準用されるが，上告審は事実審ではないから，特に上告審において口頭弁論が開かれない場合（法319等）には，第一審の訴訟手続の規定が準用される場面は少なくなる。

◇ 法298条の規定は準用されるので，一審及び二審における訴訟行為は，原則として上告審においてもその効力を有する。法299条1項の管轄違いの主張の規定は準用されず，専属管轄違いについては法312条2項3号の特別規定がある。

◇ 上告審は事実審ではないから，反訴の提起は許されない（最判昭43.11.1裁集民93-11）ので，法300条の準用はなく，事実関係についての新たな攻撃防御方法の提出も同様に許されないから，法301条，規則180条及び181条の規定は，準用の前提を欠く。法302条から304条の規定は準用される。第二審が訴えを不適法として却下する判決をした場合，この判決に対する上告審においては，原告の請求が理由がないことが判明しても上告棄却の判決をすべきであって，請求棄却の判決をすることは許されない（大判昭15.8.3民集19-1284，最判昭49.9.2判時753-5）。法309条は，法312条2項3号によって原判決を破棄し差し戻すときに準用される。

---

[71] もっとも，附帯上告は上告審のいかなる段階までに提起しなければならないかについては特別の規定がなく，解釈が分かれている。上告審の口頭弁論の終結時まで，口頭弁論が開かれないときは上告棄却の判決があるまでとする説，実質上控訴審における口頭弁論終結時に対応するのは上告審においては上告理由書提出期間の満了時であるから，この期間満了時までとする説，さらに，後者の見解を基本としながら附帯上告が上告理由と同一の理由に基づくときに限って上告審の口頭弁論終結時まで，口頭弁論の開かれないときは上告棄却の判決があるまで附帯上告をすることができるとする説があり，判例は最後の説をとっている（最判昭43.8.2民集22-8-1525）。

第1 総　　説

◇　規則については，174条は，上告裁判所への事件送付に関する197条2項等が特別の定めに当たるので，準用されない。第一審判決の原本は訴訟記録に添付して控訴審に送付しなければならないが，上告が提起された場合には，控訴審の判決原本はその庁に保存し，訴訟記録に判決正本を添付して上告審に送付すべきものとされる（最判昭25.1.26民集4-1-11）。175条の規定は準用されるが，上告審では事実についての新たな主張又は立証は許されないから，上告理由となるべき事項のみを記載することになる。176条については，最高裁判所が上告裁判所となる場合には，最高裁判所に対しては訴訟法において特に定めた抗告（特別抗告，許可抗告）以外の抗告は許されない（裁7）から，性質上準用の余地がない。また，182条については，上告理由書に関する規定として，法315条，規則190条から195条が特別の定めに当たるので，準用されない。規則183条は，答弁書提出命令に関する201条が特別の定めに当たるので準用されない。184条については，実際上上告審判決において控訴審判決の事実及び理由の記載を引用する必要があることはほとんど考えられないが，理論上，その準用を否定すべき理由はない。185条の規定は，上告審において訴訟が完結した後の訴訟記録の第一審裁判所への送付について準用される。

　　　上告審における特別の規定の主なものは，法314条（上告提起の方式），315条（上告の理由の記載），316条（原裁判所による上告却下決定），317条（上告裁判所による上告却下等），319条（口頭弁論を経ない上告の棄却），323条（仮執行の宣言），324条（最高裁判所への移送），325条（破棄差戻し等），326条（破棄自判），規則では，上告理由の記載の方式に関する190条から195条，197条（上告裁判所への事件送付），201条（答弁書提出命令），202条（差戻判決があった場合の記録の送付）等である。

イ　審理の対象

　　上告裁判所は，上告理由に基づき，不服の申立てのあった限度においてのみ調査をし，原判決を変更することができる（法320，313，304）。上告審における審理判断の範囲は，請求のレベルにつき処分権主義が，主張のレベルにつき弁論主義が，それぞれ適用されていることを示している。

(ｱ)　不服申立ての範囲

　　　上告審は，上告人又は附帯上告人が不服を申し立てた限度においてのみ原判決の当否を判断することができる。これが，上告審における処分権主義の帰結である。

　　　不服申立ての範囲は，上告状の必要的記載事項とはされておらず（法313,286Ⅱ），実務上は，上告状に記載される上告の趣旨によって明らかにされる[72]。

　　　移審の効果は不服申立てのなかった部分にも及んでいるから，上告人は，口頭弁

---

[72] 実務では，不服申立ての範囲にかかわらず，一様に「原判決を破棄し，更に相当な裁判を求める。」というような抽象的な記載がされる場合が多い。控訴審であれば，不服申立ての範囲に疑義があるときは，口頭弁論においてその点を釈明し明らかにさせることができるが，上告審では必ずしも口頭弁論が開かれるとは限らないので，上告状等により不服申立ての部分が上告人の敗訴部分中の一部に特に限定されているのでない限り，不服申立ての範囲は原判決の敗訴部分の全部に及び，かつ，その部分に限られると解して処理するのが妥当であろう。

論が開かれる場合にはその終結まで，口頭弁論が開かれない場合（法319）には評議の成立まで，不服の範囲を拡張することができる[73]。

　a　附帯上告

　　不服申立ての範囲は，附帯上告によって被上告人側に有利に拡げることもできる。附帯上告が許される時期については，附帯控訴と同様に口頭弁論終結まで，口頭弁論が開かれないときは判決言渡しまでとする説と，上告人側に上告理由書提出期間の制限があることとの権衡から，上告理由書提出期間満了時までとする説が対立しているが，判例は，折衷的な見解をとり，附帯上告が上告理由と別個の理由に基づくときには，上告受理通知書（旧法時）が上告人に送達されてから[74]50日の上告理由書提出期間内に原裁判所に附帯上告状を提出して提起することを要し（最判昭38.7.30民集17-6-819は，上告人の上告理由書提出期間内に限るとする。），上告理由と同一の理由に基づくときは，上告審の口頭弁論終結の時までに提起しなければならない（最判昭43.8.2民集22-8-1525）とする[75]。上告理由も附帯上告理由も，原判決に自己に不利益な影響を及ぼす違法があることを主張するものでなければならないから，通常は上告理由と附帯上告理由は別個のものとなることが予想され，具体的にどのような場合に理由が同一であるといえるかには問題もある[76]。

　b　不服申立ての範囲は，原判決変更の範囲をも限界づけ，この範囲を超えて上告人の利益に変更することも，附帯上告がないのに上告人の不利益に変更することも許されない（**利益・不利益変更禁止の原則**）[77]。

---

[73] 上告理由書提出期間が定められている関係で，期間経過後は既に提出されている上告理由が拡張部分にも共通するときを除き，職権調査事項又は実体法規についての解釈適用の誤りがない限り，事実上拡張する実益はないことになる。

[74] 附帯上告人たる被上告人に対する送達の時期が後であるなら，その時から起算するのが妥当な場合もあると考える。

[75] 附帯上告は本来の上告ではなく，既に開始されている上告審の存続を前提として，不利益変更禁止の原則を排除し，被上告人のために有利に判決の変更を求めるものであり，上告審における具体的審判の範囲を被上告人側に拡張するものとして，上告人が不服申立ての範囲を拡張し得る時期との権衡が考慮されるべきであるから，附帯上告が上告理由と別個の理由に基づくものであるときは，上告理由書提出期間経過後の提起は許されないものというべきである。また，上告人は，理由書を提出期間内に提出して主張した理由に基づくときには，期間経過後に不服申立ての範囲を拡張して上告審の審理を受けることができるのであり，しかも，既に提出した上告理由の釈明補充は期間経過後も許されるのであるから，被上告人において，上告人の上告理由を検討した後，これと同一の理由に基づいて附帯上告を提起しようとするときには，口頭弁論終結時までその提起を認める判例の立場は妥当であり，口頭弁論が開かれなかったときは，評議の成立時までその提起が許されるものと解すべきであろう。

[76] 同一である例としては，原告の第一次請求である売買代金請求が売買の立証なしとして棄却され，第二次請求である目的物返還請求が認容されたのに対し，売買代金については5年の商事消滅時効を予備的に主張していた被告が上告し，上告理由として，売買の立証なしとした原審の事実認定に経験則違反の違法があると主張した場合に，原告が，上告理由が理由ありとされる場合に備えて，予備的に，同一の違法を附帯上告理由として，第一次請求棄却の部分に対する附帯上告を提起するときなどを考えることができよう。

[77] 一部認容・一部棄却の原判決に対し被告が上告を提起した場合，上告裁判所は一部棄却の部分を変更することは許されない。このことは，請求の予備的併合があり，主位的請求が棄却されて予備的請求が認容され，被告が上告をした場合にも同様であると解され，上告裁判所は，原告から附帯上告がないのに主位的請求棄却の部分を破棄することはできず（最判昭54.3.16民集33-2-270），上告審判決の言渡しにより主位的請求の棄却が確定する結果となる（反対説あり。注釈(8)321,注解(9)560を参照）。

c　職権調査事項については，不利益変更禁止の原則は適用されないから，上告裁判所が職権調査事項について原判決を違法と認めたときは，不服申立ての範囲とされていない部分を含め，原判決全部を破棄しなければならない（大判昭 8．5．10 民集 12-1156）。
　　　d　実体法の解釈適用の誤りは，上告裁判所において職権で審査することができるが，法 322 条の職権調査事項ではないから，不利益変更禁止の原則を排除せず，不服申立ての範囲を超えて原判決を変更することはできない[78]。
　(イ)　不服申立てのない範囲
　　　上告の申立てにより，原判決における請求のすべてについて確定が遮断されて事件は上告審に移審するが，上告審の審判の対象は，原則として上告によって不服申立てのあった部分に限られる（法 320）ため，不服申立てのない部分については上告審で破棄される可能性が少ない。
　　　そこで，不服申立てのない部分に限り，申立て[79]により，原審勝訴当事者が上告の確定遮断効により被る執行遅延の不利益を減殺させるため，上告裁判所は決定で仮執行宣言を付すことができる（法 323）。控訴審における法 294 条と同趣旨の規定であるが，法律審である上告審が仮執行宣言を付すことができるかという疑義を生じさせないため，明文で規定されている。
　　　原判決が是認した第一審判決に条件付き仮執行宣言が付されている場合，申立てに基づいて無条件の仮執行宣言を付すことができるかについては説の対立があるが，判例は理由を示さず消極説をとっている（最決昭 43.10.22 民集 22-10-2220）[80]。
　　　仮執行宣言の決定があった後，不服申立ての範囲が拡張され又は附帯上告がされた場合，決定の効力に影響を及ぼさないが，執行停止の申立てをすることができる（法 403 Ⅰ ②）[81]。
　(ウ)　上告審における訴訟資料
　　　上告審は法律審であることから，原判決の事実認定の当否については審査しないのが原則である。したがって，上告審における訴訟資料は原判決により適法に確定された事実であり，原則として新たな訴訟資料の提出を許すことはなく，また，原

---

[78] 訴え却下判決に対し原告が上告した場合は，上告裁判所が訴えを適法と認め，かつ，請求棄却の自判をできる場合であっても，原判決を破棄して棄却の自判をすることは，原告にとって不利益に変更することになるから許されず，上告を棄却するにとどめるべきである（大判昭 15．8．3 民集 19-1284，最判昭 49．9．2 判時 753-5）。
[79] この申立ては，上告申立て以降口頭弁論終結時又は書面審理による評議成立までの間，上告裁判所に対してすることができる。上告裁判所に事件が送付される前は，原裁判所に対して申立てをし，それに基づいて原裁判所は仮執行宣言の決定をすることができる。申立てがあった場合，法 323 条の要件を備えるときは，裁判所は無条件で仮執行宣言をしなければならない。
[80] 大正 15 年改正前の旧法 509 条はこれを明文で認めており，旧法 406 条はその趣旨を変えるものではないこと，原審勝訴当事者を上告の確定遮断効により被る執行遅延から保護する規定であり，判決変更の可能性が著しく減少した段階で条件付きを無条件に変更することは規定の制度趣旨に適うとするのが積極説の論旨である。一方，担保を提供しさえすれば仮執行できる状態にある申立人には無条件の仮執行宣言を求める利益はなく，併合請求につき共通の担保を条件とする仮執行宣言が付されている時，その一部につき無条件の仮執行宣言が申し立てられた場合の担保割合に問題があるとして消極に解する説がある。
[81] 注釈民訴(5)350 は，法 403 条 1 項 3 号の準用とする。

審において提出済みの訴訟資料に基づいて独自の事実認定をすることもない。
    a 事実問題と法律問題
      事実問題とは事実の存否の確定の問題をいい，法律問題とは確定した事実の法的評価と法令への適用の問題をいうが，両者の区別は必ずしも明確ではない。
    b 適法に確定した事実
      原判決が認定した事実が上告審を拘束するのは，それらが適法に認定されていることが前提であって，当事者はその認定を違法として争い，上告審の判断を受けることができる[82]。
    ≪確定事実拘束の例外≫
      ◇ 訴訟手続に関する法令違反を上告理由（附帯上告理由）として主張している場合，その違反の事実を理由書に掲記することになっている（規 191Ⅲ）が，この認定事実は上告審の判断を受ける。
      ◇ 上告審手続に関する事実（上告の適法要件に関する事実など）は上告審の判断を受ける。
      ◇ 職権調査事項に関する事実について，原判決の認定した事実には拘束力がない（法 322）。これらの事実については，不服申立ての有無にかかわらず，上告裁判所は職権で審査しなければならない。
    c 事実認定の基準時
      上告審の訴訟資料となる事実は，原審の口頭弁論終結時を基準とするから，その後の新たな事実の主張は許されない（最判昭 22.12.23 裁集民 1-41）。
    d 飛躍上告の場合の特則
      飛躍上告の場合には，当事者は第一審判決の確定した事実に不服がないものとして事実審である第二審を省略する合意をしたと解されるので，第一審判決の事実の確定に違法があることを上告理由とすることはできず，上告審もこれを理由に原判決を破棄することはできない（法 321Ⅱ）[83]。
      職権調査事項については，職権発動を促す意味の申立ては差し支えない。
  (エ) 調査の範囲
    a 上告理由（附帯上告理由を含む）
      上告審では上告理由提出強制主義がとられ（法 315），上告裁判所は，適法に提出された上告理由書によって主張された上告理由に基づき，不服申立てのあった限度で原判決の当否を判断することになる。これは上告審における弁論主義の現れであるから，弁論主義の適用されない職権調査事項の場合は別として，上告裁

---

[82] 違法な事実認定とは，証拠法則に反してなされたもの，法律上の推定規定の解釈を誤ってなされた推定事実，裁判所に顕著であることの概念を誤って顕著とした事実，当事者の主張しない事実の認定，事実認定の過程に経験則違背がある場合などがある。
[83] 飛躍上告の場合に，原判決の事実認定の違法のみを上告理由又は上告受理申立ての理由とするときは適法な上告理由があるといえないから，原裁判所は補正を命じ（規 196Ⅰ，199Ⅱ），補正に応じないときは決定で上告を却下しなければならない（法 316Ⅰ，318Ⅴ）。

判所がこの限度を超えて調査をすることは弁論主義違反となり許されない[84]。
　b　職権調査事項（法322）
　　上記のとおり，上告審の手続は当事者の申立てに拘束されるのであるが，例外として職権調査事項については当事者の処分権に服さないから，上告審は，職権調査事項に関しては，当事者の上告理由に拘束されずに審査の対象としなければならず，原判決が確定した事実にも拘束されないし，また，法304条の適用はなく，当事者の不服申立ての限度にかかわらず原判決を破棄することができる。
　　職権調査事項は，当事者の責問権の喪失によって治癒することができない公益的事項である[85]。要するに，訴訟手続に関する規定のうち公益性の強い重要な規定の違反ということができ，絶対的上告理由とされている法312条2項各号のうち1号から5号までの事由は職権調査事項に当たる[86]。
　　上告審における判断資料の標準時は事実審の口頭弁論終結時であると解すべきであるが，訴訟要件等を基礎付ける事実の存否の判断の基準時については異論がある[87][88]。
　　上告審は，職権調査事項の判断に際し，記録中の資料によって事実を認定することができ，原審の認定判断に拘束されることがない[89]。

---

[84] 職権調査事項に関する上告理由は，職権の発動を促すものということができ，提出期間経過後であっても提出することができると解される。
[85] 実務上問題になった例としては，裁判権の有無（最判昭25.7.5民集4-7-264），上告の利益（最判昭32.11.1民集11-12-1832），出訴期間の遵守（最判昭35.9.22民集14-11-2282），出訴方法の適否（最判昭47.7.20民集26-6-1210），専属管轄違反（最判昭42.7.21民集21-6-1663），当事者適格（最判昭43.5.31民集22-5-1137,最判昭50.11.7民集29-10-1525），法人代表者の代表権の欠缺（最判昭42.9.19裁集民88-445），訴訟代理権の存否（最判昭47.9.1民集26-7-1289），訴えの利益，控訴・上告期間の遵守（最判昭50.7.3判時790-59,最決昭44.2.27裁集民94-489），判決裁判所の構成，判決言渡しの方式，一部判決の場合の要件（三面訴訟における一部当事者間の判決の違法。最判昭43.4.12民集22-4-877）等がある。
[86] 法312条2項6号の理由不備・理由の食違いは，主文の不備，主文と理由が全く合致しないもの（最判昭32.2.28民集11-2-374，最判昭52.12.23判時887-4）のように，公益性の強いものに限って職権調査事項に含まれ，通常の場合は含まれないと解される。原審の適法に確定した事実と，実体法の適用の結果との間に，理由の不備・食違いがあるときは，実体法の解釈適用の問題として，職権で調査されることになる。個々の証拠の採否等の事実認定の過程における理由の不備・食違いは，もともと採証法則，経験則等の手続法の解釈適用の誤りの問題なのであって，これらも法312条2項6号にいう理由不備・理由の食違いに当たるとするのが判例の立場であるが，これをもって職権調査事項であるとするのは不当である。
[87] 判例は，訴訟要件欠缺を看過して本案判決をしていた場合に，法定代理権のない者のした第二審の訴訟行為を上告審においても追認することができるとした事例（大判昭16.6.3評論30-民訴-270），訴訟要件欠缺を理由に訴訟判決をしていた場合に，控訴審の口頭弁論終結時後の要件具備を斟酌しなかった事例（当事者能力，会社代表権につき最判昭42.6.30判時493-36,最判昭46.6.22判時639-77），逆にこれを顧慮した事例（最判昭47.9.1民集26-7-1289）など理論的には一貫しない。ただし，訴えの利益については，事実審口頭弁論終結時には存在していても，その後生じた事実によって，本案判決を受ける利益が全く失われてしまう場合があり，このような場合には上告裁判所が本案について判断する利益も必要もないため，原判決を破棄して訴えを却下すべきである（特許侵害の差し止めを求める訴訟において特許権の存続期間が満了した事例として，最判昭45.9.22判時614-50）。
[88] 近時の判例として，市が法人の債権者である金融機関等との間で損失補償契約を締結した場合において，市の住民が市長に対し上記契約に基づく上記金融機関等への公金の支出の差止めを求める訴えは，当該法人が原判決言渡し後に清算手続に移行しており，市が損失補償を約した当該法人の債務が全額弁済されたという事実関係の下においては，不適法であるとして，原判決を破棄し，訴え却下の判決をしたものがある（最判平23.10.27裁集民238-105）。
[89] 職権調査事項のうち特に公益性の強いもの（例えば，裁判権，専属管轄，当事者能力，訴訟能力，代理権等）

第3章　上　　告

　　　　c　実体法規の解釈適用の誤り
　　　　　明確な条文上の根拠は存しないが，実体法規の解釈適用の誤りは比較的容易に判明する上，確定された事実に対して正しく法令を適用することが裁判所の職責であることを理由に，上告理由に指摘があるか否かにかかわらず，上告審は不服申立ての範囲において実体法規の解釈適用の誤りの有無を常に職権で調査し，誤りがあって結論に影響を及ぼすときは原判決を破棄することができる[90]。
　　　　　手続法違反については，上告裁判所は上告理由に拘束されるが，職権調査事項については，上告理由に主張されていなくても職権で調査しなければならない。
　　ウ　決定による上告却下
　　　　上告の適法要件は原裁判所においても審査するが，原裁判所が適法要件の存在しないことを看過する場合もあり得るし，原裁判所が上告を却下することができるのは適法要件が存在しないことが明らかな場合に限られている[91]ので，原裁判所が上告却下決定をしなかったときでも，後日，上告が法316条1項各号に該当し不適法であることが判明した場合には，上告裁判所は決定で[92]上告を却下することができる（法317Ⅰ）[93][94]。
　　エ　決定による上告棄却
　　　　上告裁判所である最高裁判所については，上告の理由が明らかに法312条1項及び2項に規定する事由に該当しない場合には，新たに決定でその上告を棄却することができることになった（法317Ⅱ）[95]。上告受理の申立ての場合には，不受理の決定をすることになる。
　　オ　審理
　　　（ア）書面審理
　　　　　上告審は，法律審である上，事後審であるから，当該訴訟記録中の上告状，上告

は職権探知事項とされ，上告審は，職権によって新たな資料を収集することもできる。
[90] 上告理由に指摘がない場合には，上告審が判断を示さなくても，判断遺脱（法338Ⅰ⑨）にはならない。
[91] 上告受理申立てについての判例であるが，最決平11.3.9（裁集民192-109）は，上告受理の申立てに係る事件が法318条1項の事件に当たるか否かは上告裁判所である最高裁判所のみが判断し得る事項であり，原裁判所は，同項の事件に当たらないことを理由として上告受理の申立てを却下することはできないとする。
[92] 旧法では，①上告が不適法でその不備を補正することができない場合，②上告人が提出期間内に上告理由書を提出しない場合又は③上告理由の記載が規則に規定する方式に違反した場合において，原裁判所がこれを看過するなどして事件を上告裁判所に送付したときは，上告裁判所は，口頭弁論を経ないで判決により上告を却下することができるとされていた（旧法399ノ3，399Ⅰ）。これらの判断は形式的なものであって，書面審理によるものであることから，それにふさわしい決定という裁判形式を採ることにされたものである（一問一答352）。
[93] 上告理由の記載方法が不適式であるにもかかわらず，原裁判所が上告人に補正を命ずることなく事件を送付してきた場合で補正が可能なときには，上告裁判所は補正を命じた上でなければ上告を却下することはできないと解される（規196Ⅱ）。
[94] 上告受理申立てを不適法と認めるときは，法317条1項の準用がないので，上告裁判所である最高裁判所は上告不受理決定をすることになる。
[95] 旧法下では，形式的に上告理由が主張されていればそれが実質的には明らかに上告理由に当たらない場合（例えば，原判決の事実認定を攻撃するものなど。）でも，上告裁判所は判決で上告を棄却しなければならず（旧法401），これが最高裁判所にとってかなりの負担となっていた。そこで，最高裁判所がその本来の機能を果たせるよう，上告裁判所が最高裁判所である場合，この種の事件を決定で上告を棄却することができることとしたものである。

理由書その他の書面を審理することによって，上告に理由があるかどうかの結論に到達することができる場合があり，書面審理の結果上告に理由がないことが判明した場合には，更に口頭弁論を開く必要はない。

　　a　答弁書提出命令

　　　答弁書の提出を命じるか否かは，上告裁判所の裁判長の裁量に任せられており，裁判長から提出を命じられなくても，当事者はいつでも答弁書を提出することができる。

　　　上告裁判所の裁判長は，口頭弁論を開かず上告棄却の判決をする場合であっても，上告状あるいは上告理由により原判決を破棄すべきものと判断する場合にも，上告理由に対する反論を聴き，あるいは争点について当事者の意見を尽くさせるために，被上告人に対し，相当の期間を定めて答弁書の提出を命じることができる（規201）[96]。

　　b　口頭弁論を経ない上告棄却の判決

　　　訴訟の本案について判決するときは，原則として口頭弁論を経なければならない（法87Ⅰ）が，訴訟経済と上告審の負担軽減の観点から，上告裁判所が上告を理由がないと認めるときは，口頭弁論を経ずに，判決で上告を棄却することができる（法319）[97]。

　　　法319条によって口頭弁論を経ずに上告棄却の判決をする場合，判決言渡期日が指定された後，言渡期日の日時は，あらかじめ当事者に通知する（規156）。

　(ｲ)　口頭弁論

　　書面審理により上告を棄却しない場合，上告裁判所は口頭弁論を開いて審理を行う。すなわち，上告を認容する場合には必ず口頭弁論を開かなければならない。

　(ｳ)　高等裁判所に対する上告事件

　　高等裁判所が上告裁判所である事件については，憲法その他の法令の解釈統一を図るという上告制度の目的を果すため，規則所定の事由がある場合には，決定で事件を最高裁判所へ移送しなければならない旨が定められている（法324）[98]。

　　規則203条[99]により最高裁判所へ移送すべき場合とは，①憲法その他の法令の解釈について，その高等裁判所の意見が最高裁判所の判例と相反するとき，②最高裁判所の判例がない場合には，大審院又は上告裁判所若しくは控訴裁判所である高等裁判所の判例と相反するときであって，上告受理の申立てについて対象となる判例

---

[96] 上告受理の申立てがあった事件について受理不受理の判断をする際にも，相手方の反論を求めることによって，判断のための資料を収集することが適当である場合もあることから，上告受理の申立てがあった場合における最高裁判所の裁判長にも答弁書の提出を求めることができることについて，明確に規定された（条解420）。
[97] この規定は，上告を棄却する場合に口頭弁論を開かないでする権能を上告裁判所に付与したものであるから，口頭弁論を開いた上で上告を棄却することも適法であり，上告を棄却する場合に口頭弁論を開くか否かは上告裁判所の裁量に属することになる。ただし，最高裁判所小法廷においていったん口頭弁論が開かれた事件が大法廷に回付された場合には，大法廷は上告を棄却する場合であっても口頭弁論を開かなければならない（最事規9）。
[98] 移送決定をする高等裁判所は，意見を異にする判決又は判例を明示してすべきである。
[99] 同条に定める事由があるのに，高等裁判所が移送せず自ら判断してしまっても，そのこと自体を理由として不服申立て（最高裁判所に対する特別上告）をすることはできない。

第3章 上　　告

の範囲と統一している。

　　　　移送を受けた最高裁判所は，法22条により移送決定に拘束され，移送決定を取り消して原審に差し戻したり，再移送したりすることはできない。

8　上告審の裁判

　上告審の裁判に対しては不服申立ての方法がないから，判決はその言渡しと同時に確定する。高等裁判所が上告裁判所としてした終局判決に対しては特別上告をすることができるが（法327Ⅰ），特別上告の提起によっても判決の確定は遮断されない（法116）。

(1)　上告却下

　上告裁判所は，上告の適法要件を欠くと認める場合，決定で上告を却下する（法317Ⅰ）。

　前記7(2)ウ決定による上告却下（202ページ）を参照。

(2)　上告棄却

　上告審の終局判決には上告棄却と原判決破棄の場合がある。適法な上告に対して，上告審の判決内容は，上告審が不服を申し立てられた原判決と同じ結果に到達するか否か，そしてそれがどの時点までかによって決まる。上告裁判所は，不服の主張につき理由がないと認める場合には，上告を棄却する。口頭弁論を開くか否かは，上告裁判所の裁量である。

ア　上告裁判所が最高裁判所である場合

　最高裁判所に対する上告理由は，法312条1項及び2項に限定されており，上告の理由が明らかに同条項所定の事由に該当しない場合には，最高裁判所は決定で上告を棄却することもできる（法317Ⅱ）。

　また，書面審理の結果上告に理由がないと判断した場合には，口頭弁論を経ないで，上告棄却判決をすることができる（法319）[100]。

イ　上告裁判所が高等裁判所である場合

　法312条所定の事由に該当する上告理由がない場合，高等裁判所は判決で上告を棄却する。この場合，口頭弁論を経ないで判決できるのは，最高裁判所の場合と同様である。

---

[100] 近時，判例は，上告を棄却する場合だけではなく，原判決を破棄する場合にも，法319条及び不適法な訴えでその不備を補正できないときに口頭弁論を経ないで判決で訴えを却下できる旨定める同140条（同313条，同297条により上告審に準用）の趣旨に照らし，必ずしも口頭弁論を経る必要がない場合があることを認める。上告審が判決で訴訟の終了を宣言する前提として原判決を破棄する場合には，必ずしも口頭弁論を経ることを要しないとした判例（最判平18．9．4裁集民221-1），上告審は，判決の基本となる口頭弁論に関与していない裁判官が判決をした裁判官として署名押印していることを理由として原判決を破棄する場合には，必ずしも口頭弁論を経ることを要しないとした判例（最判平19．1．16裁集民223-1），上告審は，職権探知事項に当たる中断事由が存在することを確認して原判決を破棄する場合には，必ずしも口頭弁論を経ることを要しないとした判例（最判平19．3．27民集61-2-711），原告の二人の被告に対する訴えが固有必要的共同訴訟であるところ，第一審が二人の被告に対する請求を棄却し，原告が控訴したが，原審は一人の被告に対する請求を認容し，他の被告に対する請求を棄却するという趣旨の判決をし，被告らが上訴した場合において，上訴審は，原告が上訴又は附帯上訴をしていないときであっても，合一確定に必要な限度で原判決のうち請求を棄却された被告に関する部分を同被告に不利益に変更することができるとして原判決を全部破棄する場合に，必ずしも口頭弁論を経ることを要しないとした判例（最判平22．3．16民集64-2-498）等がある。

法令違反があってもそれが判決に影響を及ぼすべきことが明らかな法令違反ではないことのほか，このような法令違反があっても他の理由によって正当として是認し得る場合（法313,302Ⅱ）も含まれる。

(3) 原判決破棄

審査の結果が原判決と相違することにより，上告裁判所が上告理由ありとして原判決を取り消す場合，この判決を破棄判決という。すなわち，原判決の破棄がされるのは，上告審の審理の結果，原判決の判断に違法があるとの判断に達した場合であるが，上告理由の主張を正当と認める場合でも，他の理由によって原判決の結論を正当として維持できるときは，原判決は破棄されず上告が棄却される（法313,302Ⅱ）。

その態様は破棄理由により区別される。いずれの場合でも，上告審では事実認定をし直さないから，事実認定の必要があれば原審級へ差戻し又は移送することとなり，控訴審の場合とは逆に自判は例外となる。

ア　通常破棄（必要的破棄）

上告理由に基づいて原判決を破棄する場合をいい，最高裁判所にあっては，憲法違反（法312Ⅰ）及び絶対的上告理由（同Ⅱ），高等裁判所にあってはこれらに加えて判決に影響を及ぼすことが明らかな法令違反（同Ⅲ）に該当する事由があるときがこれに当たる。

イ　特別破棄（裁量的破棄）

上告裁判所である最高裁判所は，上告を契機としてなされた職権調査の結果，判決に影響を及ぼすことが明らかな法令違反に当たる事由があるときは職権で原判決を破棄することができる（法325Ⅱ）[101]。

ウ　全部破棄と一部破棄

1個又は数個の請求についてされた1個の判決の全部に対して上告の申立てがされた場合に，1個又は数個の請求の一部の判断についてのみ破棄理由があるときは，当該部分につき原判決を破棄し，その余の部分の上告を棄却することになる[102]。

また，1個又は数個の請求についてされた1個の判決の一部についてのみ上告の申立てがあり，その結果事件の全部が上告審に移審したものの，申立てのあった当該部分についてのみ上告審が破棄差戻し又は移送した場合，残余の部分は独立して確定するものと解すべきかについて見解の対立がある。判例は，主位的請求を棄却し，予備的請求を認容した原判決に対し，被告のみが上告し，原告が上告も附帯上告もしない場合には，原判決のうち主位的請求に関する部分は原則として上告審の調査の対象とならず（法320,322），原判決のうち予備的請求に関する部分の判断に破棄理由がある

---

[101] 旧法394条の上告の理由は同時に破棄理由であったところ，法令違反は，最高裁判所に対する権利上告の理由とはならなくなった。これを受けて新設された法325条2項は，上告としての最高裁判所の権限を定めた規定である。上告裁判所が高等裁判所である場合は，判決に影響を及ぼすことが明らかな法令違反があれば原判決を破棄しなければならない（法325Ⅰ後段）ことは旧法時と異ならない。

[102] 主位的請求及び予備的請求のいずれも棄却した原判決に対し，主位的請求に関する部分の上告を棄却し，予備的請求に関する部分の原判決を破棄する場合などである。このような場合，上告審判決の言渡しと同時に，原判決のうち上告棄却された部分は独立して確定する。

ときは，上告審はこの部分のみを破棄の対象とするのであり，その結果上告審判決の言渡しと同時に，原判決のうち主位的請求を棄却した部分は確定するという（最判昭54.3.16民集33-2-270）。

しかし，その性質上一部の確定を認めるべきではない場合，例えば，必要的共同訴訟や独立当事者参加の関係にある事件について，原判決の一部を差戻し又は移送をする場合，また主位的請求を棄却し，予備的請求を認容した原判決について主位的請求を棄却した判断を破棄差戻し又は移送する場合[103]などは，残余の部分について上述のように確定させるわけにはいかないので，その部分も破棄差戻し又は移送することが必要である[104]。

エ　破棄理由が複数存在する場合

原判決に複数の破棄理由が存在する場合，上告裁判所が自判する場合（法326）を除いては，差戻し又は移送を受けた裁判所の審判の便宜の観点から，そのすべてについての判断を示して破棄するのが望ましい。このような場合には，破棄した判断のすべてに破棄判決の拘束力が生じる。

オ　破棄と訴訟費用の負担の裁判

原判決の一部を破棄（差戻し）し，残部について上告を棄却した場合には，棄却部分については上告人に上告費用の負担が命ぜられる。原判決の一部又は全部の破棄差戻し又は移送の場合の判決は，その部分又は全部について，事件を完結する場合に該当せず，原判決の訴訟費用に関する部分を破棄する必要もない（大判昭10.7.9民集14-1857）。これに対して，破棄の上自判して最終的に事案を解決する場合には，訴訟の総費用の負担について裁判をする必要がある（法67Ⅱ）。

カ　原審級への差戻し又は移送[105]

上告審は，本案について自ら事実認定をしない建前をとっているから，原判決を破棄する場合には，事件を原裁判所に差戻すのが原則となる。ただし，原判決に関与した裁判官は差し戻された事件の裁判に関与することができない（法325Ⅳ）から，原裁判所に裁判をさせることに支障があるときは，これと同等の他の裁判所へ移送することができるものとした（法325Ⅰ，Ⅱ）。

事件を差し戻すか移送するかは上告審の裁量に属する事項である。

キ　破棄判決の拘束力

上告審の終局判決はその言渡しと同時に確定するから，差戻し（移送）判決の言渡しがあると，事件は差戻し（移送）を受けた裁判所に当然に係属することになる。差

---

[103] 未確定の状態で差戻審に係属することになった予備的請求に関する部分が，差戻審において審判の対象となるかどうかが問題となるが，前控訴審判決のうち当該部分は上告審判決によって破棄されていないのであるから，審判の対象とはならないと解すべきである。すなわち，差戻審において，主位的請求を認容する判決がされこれが確定したときは，予備的請求認容の前控訴審判決は当然に失効することになり，主位的請求棄却の判決がされこれが確定したときは，予備的請求認容の前控訴審判決が確定することになる。
[104] 選択的に併合された二つの請求のうちの一つの請求を認容した原判決に対し，被告が上告した場合に，上告審がこの判断に破棄理由があるとして原判決を破棄して差し戻したときは，もう一つの請求部分も差戻審に係属し，審判の対象となる（控訴について，最判昭58.4.14判時1131-81参照）。
[105] 支部でなされた原判決を破棄して事件を本庁に送付するのは，移送ではなく差戻しである。

戻し（移送）を受けた裁判所は，新たに口頭弁論を開いて審判しなければならない（法325Ⅲ）が，この口頭弁論は，実質的には差戻し（移送）前の続行として行われる（大判昭15.7.26民集19-1395）。しかし，原判決に関与した裁判官は差戻審における審判に関与することができず（法325Ⅳ），新構成となるから弁論の更新（法249）が必要であり，弁論の更新がされると従前の訴訟資料及び証拠資料は判決の基礎となる（大判昭12.3.20民集16-320）。

当事者は，差戻審において，訴えの変更，反訴・附帯控訴の提起，新たな攻撃防御方法の提出等当該審級の手続上許される一切の訴訟行為をすることができる。差戻審の審理は破棄事由に限定されることなく事件全般に及び，第一次控訴審判決の判断にも拘束されないから，上告をした当事者が差戻審において第一次控訴審におけるよりも不利益な判決を受ける事態も起こり得る。

差戻し（移送）を受けた裁判所は，上告審が破棄の理由とした事実上及び法律上の判断に拘束される[106]。

ク　自判

上告審が原判決を破棄した場合に，事件を原審に差し戻して更に事実の確定をしなくても，原判決の確定した事実（法321Ⅰ）又は上告審が自ら認定した事実（法322）に基づいて裁判できるときは，上告裁判所は自ら原判決に代わる裁判をしなければならない（法326）。

上告裁判所が自判しなければならない場合とは，原判決が確定事実に対する法令の解釈適用を誤った場合において，新たな事実の確定を要せず，原判決の確定事実に対し正当な法の適用をすれば判決をすることができる場合（法326①）と，条文上は裁判権の欠缺が規定されている（同②）が，このほか上告審が自ら事実を確定して判断することができる訴訟要件の欠缺や訴訟障害事由（法142, 262Ⅱ，人訴25）の存在を肯定する場合についても自判すべきであるとされている。

自判とは，上告審が差戻し又は移送の必要がないため原審に代わって裁判することを言うのであるから，それによって事件が終局しない場合もあり，また，本案判決に限らず，訴訟判決である場合もある。自判の内容を主文の内容に従って分類すると，次のようになる。

(ｱ)　控訴却下

控訴の適法要件の欠缺を看過して実体判決をした原判決を破棄した場合（最判昭43.4.26民集22-4-1055）

(ｲ)　控訴棄却

棄却すべき控訴を容れて第一審判決を取り消し自判した原判決を破棄した場合（最判平6.7.14民集48-5-1126，最判平6.12.20民集48-8-1470）

---

[106] この拘束力は，審級制度を効率よく運用するために認められる手続内の効力であり，当該事件に限られるものであるが，当該事件に関しては，差戻し（移送）を受けた下級審に及ぶだけでなく，再度の上告審にも及び（最判昭46.10.19民集25-7-952），再度の上告審が大法廷であっても変わりはない。

第3章 上　　告

　　　(ウ)　訴訟終了宣言
　　　　訴訟が終了していないものとして判決をした原判決を破棄した場合（最判平6.
　　　2.10民集48-2-388）
　　　(エ)　第一審判決取消し，訴え却下
　　　　訴訟要件の欠缺を看過して実体判決をした第一審判決に対する控訴を棄却した原
　　　判決を破棄した場合（最判平6.7.14民集48-5-1109）
　　　(オ)　第一審判決取消し，請求棄却
　　　　請求を棄却すべきところそうでない実体判決をした第一審判決に対する控訴を棄
　　　却した原判決を破棄した場合（最判平6.2.8民集48-2-123，最判平6.12.20民
　　　集48-8-1676）
　　　(カ)　第一審判決取消し，請求認容
　　　　請求を認容すべきところそうでない実体判決をした第一審判決に対する控訴を棄
　　　却した原判決を破棄した場合（最判平6.2.8民集48-2-373）
　　　(キ)　第一審判決取消し，第一審差戻し
　　　　誤って訴訟判決をした第一審判決に対する控訴を棄却した原判決を破棄した場合
　　　（最判平6.1.25民集48-1-41）
　　　(ク)　第一審判決取消し，専属管轄裁判所へ移送
　　　　専属管轄違背を看過した第一審判決に対する控訴を棄却した原判決を破棄した場
　　　合（最判平5.2.18民集47-2-632）
　　(4)　最高裁判所への移送
　　　　高等裁判所が上告裁判所の場合は，憲法その他の法令の解釈について，意見が判例
　　　（最高裁判所判例，ない場合にあっては，大審院判例又は上告・控訴裁判所である高
　　　等裁判所判例）と相反するときは，決定で事件を最高裁判所へ移送しなければならな
　　　い（法324，規203）。
　9　上告における裁判の確定
　　上告の裁判及び原裁判の確定時期は次のとおりとなる。
　　(1)　**不上告の合意がある場合**（法313，281Iただし書）
　　　　原判決言渡し前に不上告の合意があった場合には，上告権が発生しないから判決言渡
　　　しのときに原判決は確定する。判決言渡し後にする不上告の合意は，実質上既に発生し
　　　た上告権及び附帯上告権を放棄する合意であるから，合意の成立と同時に原判決は確定
　　　する。
　　(2)　**上告取下げ**（法313，292，規186，177）**の場合**[107]
　　　　適法な上告の取下げ（擬制取下げの場合を含む。）があり，相手方も上告権を有しない
　　　か，上告していても独立上告の効力（法313，293IIただし書）が認められないときは，
　　　本来上告権を有していた者を基準として上告期間を算定し，上告期間経過のときに原判

---

[107] 上告受理申立ての取下げの場合も同様である（法318V，313）。

決は確定する[108]。

(3) 上告権放棄（法313，284，規173）の場合

適法な上告権の放棄があった場合，上告期間経過前でも原判決は確定する[109]。双方が上告権を有しているときは最後に放棄があったときを基準とし，一方だけが上告権を放棄したときは，他方当事者の上告期間経過のときに原判決は確定する。

(4) 上告状却下命令（法313，314Ⅱ，288，289Ⅱ，137）の場合[110]

上告状却下命令が確定したとき[111]は，本来上告権を有していた者を基準として上告期間を算定し，上告期間経過のときに原判決は確定する。

(5) 上告却下決定（法316Ⅰ，317Ⅰ）の場合[112]

原裁判所でなされたか，上告裁判所でなされたかを問わず，上告却下決定が確定したとき[113]は，本来上告権を有していた者を基準として上告期間を算定し，上告期間経過のときに原判決は確定する。

(6) 上告棄却決定（法317Ⅱ）の場合

最高裁判所による上告棄却決定が当事者双方に告知された日[114]が上告棄却決定の確定日であり，原判決の確定日となる。

(7) 上告棄却判決（法319，313，302），破棄自判（法326）の場合

高等裁判所又は最高裁判所による場合ともに，上告棄却判決は判決言渡しにより即日確定し[115]，原判決も同日確定する。

(8) 一部破棄差戻し（移送）判決（法325）の場合

高等裁判所又は最高裁判所による場合ともに，破棄部分以外（上告の申立てがされていなかった部分を含む。）は，判決言渡しにより即日確定する[116]。

(9) 上告不受理決定（法318）の場合

上告不受理決定が当事者双方に告知された日[117]が上告不受理決定の確定日であり，原

---

108 取下げの効果として，初めから上告がなかったものとみなされるためである（法313，292Ⅱ，262Ⅰ）。
109 上告提起後の上告権放棄の申述は，上告の取下げとともにしなければならない（規186，173Ⅱ）。
110 上告受理申立書却下命令の場合も同様である。
111 簡易裁判所，地方裁判所又は家庭裁判所の裁判長によりされた場合，上告人に対する命令謄本送達の日から1週間の即時抗告期間が経過した日であり，高等裁判所の裁判長による場合は，当該命令が上告人に告知された日である。
112 高等裁判所がする上告受理申立却下決定の場合も同様である。
113 簡易裁判所，地方裁判所又は家庭裁判所によりされた場合，上告人に対する決定謄本送達の日から1週間の即時抗告期間が経過した日であり，高等裁判所又は最高裁判所による場合は，当該決定が上告人又は当事者双方に告知された日である。
114 決定は告知によりその効力を生ずるので（法119），告知日が異なるときは，最後に告知を受けた者の告知日である。
115 上告審の終局判決に対しては不服申立ての方法がないからである。高等裁判所が上告審としてした終局判決に対しては特別上告をすることができるが（法327Ⅰ），特別上告をしても確定は遮断されない。
116 性質上，一部の確定を認めるべきでない例外として，主位的請求を棄却し，予備的請求を認容した原判決に対し，原告のみが上告した場合がある（予備的請求の認容は主位的請求の棄却の確定を条件とするものであって，その性質上主位的請求についての判断の確定に先立って独立して確定することはあり得ない。）。
117 告知日が異なるときは，最後に告知を受けた者の告知日である。

第3章 上　　告

判決の確定日であるとするのが現在の取扱いである[118]。
10　特別上告
(1)　意　義
高等裁判所が上告審としてした終局判決は，最終審としてなされたもので言渡し後直ちに確定し，これに対しては通常の不服申立方法はない。簡易裁判所の少額訴訟における異議判決に対しても同様である。しかし，その判決に憲法解釈の誤りがあることなど憲法違反を理由とする場合には，最高裁判所が違憲審査についての終審裁判所としてこれを決定する権限を有するから（憲81），最高裁判所による憲法判断を受ける機会が保障されている。この場合に限り認められる特別の上訴を，特別上告という（法327）[119]。

特別上告の手続には上告に関する規定が準用されるが，原判決の確定についての規定は準用がないので，特別上告の提起によって判決の確定は遮断されない（法116）[120]。

(2)　対象となる裁判[121]
ア　高等裁判所が上告審としてした終局判決（法327Ⅰ）

訴訟の目的の価額が 140 万円を超えない請求（行政事件訴訟に係る請求を除く。）で，簡易裁判所が第一審の裁判権を有する事件（裁33Ⅰ①）である。

イ　少額訴訟における異議判決（法380Ⅱ）

少額訴訟判決に対して適法に異議が申し立てられると，同一審級内で通常の手続による審理が行われることになるので，少額訴訟における異議判決は通常第一審手続における判決ということになる。しかし，少額訴訟手続の簡易・迅速な紛争解決という理念を生かすため，少額異議判決に対しては控訴が禁止されている（法380Ⅰ）。ただし，憲法違反が問題となる場合には，最高裁判所への不服申立ての機会を保障する必要があり（憲法81），特別上告が認められている（法380Ⅱ）。

ウ　高等裁判所が上告審としてした判決に対する再審事件について，同裁判所が言い渡す判決[122]

(3)　特別上告の理由
判決に憲法の解釈の誤りその他憲法違反があるときに限る（法327Ⅰ。法312Ⅰの上告

---

[118] 上告受理の申立てが不適法な場合にも上告不受理決定がなされることを勘案すると，上告不受理決定が確定したときは，最高裁判所による上告却下決定の場合と同様に，本来上告権を有していた者を基準として上告期間を算定し，上告期間経過のときに原判決は確定するという見解もあろう。
[119] 特別上告は，憲法審である最高裁判所が最終審でないとき，更に最高裁判所の憲法違反の有無に関する判断を得ることを目的として認められた制度であるから，地方裁判所が第一審としてした判決，簡易裁判所が第一審としてした判決に憲法違反などの理由があっても，直ちに特別上告は認められない。
[120] 特別上告の提起があった場合，申立てにより，最高裁判所（訴訟記録が存する間は原裁判所）は，決定でその執行停止を命ずることができる（法403Ⅰ①）。
[121] 民事保全法施行前申立ての保全命令申立事件にかかる判決で，高等裁判所が第二審，第一審としてした終局判決及び地方裁判所が第二審としてした終局判決に対しては，憲法の解釈の誤りその他憲法違反を理由に特別上告が認められていた（平成元年法律第91号により削除される前の旧法409ノ2Ⅱ）。上告が禁止されていたことにつき，前記4(6)エ他の救済方法が認められている場合の脚注22（182ページ）を参照。民事保全法の制定により，保全処分が判決で発令されることはなくなり，不服申立てについて特別上告の認められる余地はなくなった。
[122] 再審事件につき言い渡された判決に対しては，その審級の判決に対して認められているのと同一の種類・限度の不服申立てのみが許される（最判昭30.9.9民集9-10-1258）。

理由と同旨)。

最高裁判所が憲法審としての上告審であることを示すもので，原判決の判断の憲法違反のみならず，その他原判決の基礎となった訴訟手続の憲法違反も含まれる。

(4) 審理手続

特別上告及び特別上告審の訴訟手続には，その性質に反しない限り，上告に関する規定が準用される（法327Ⅱ，規204）。

特別上告の提起は，原判決の送達を受けた日から2週間の不変期間内に（法327Ⅱ，313，285），原裁判所に特別上告状を提出してしなければならず（法327Ⅱ，314Ⅰ），特別上告状に特別上告の理由の記載がないときは，特別上告提起通知書の送達を受けた日から50日内に規則に定めた方式による特別上告理由書を原裁判所に提出しなければならない（法327Ⅱ，315，規204，194）。特別上告理由としての憲法違反の記載がない場合，直ちに却下決定ができるのではなく，補正を命ずることが必要である。補正命令後，特別上告人が期間内に特別上告理由書を提出せず，又は命じられた補正をしないときは，原裁判所によって決定で特別上告が却下される（法327Ⅱ，316Ⅰ②）。

原裁判所における特別上告状及び特別上告の適法要件の審査の手続，最高裁判所への事件送付，特別上告審の調査の範囲，特別上告審の判断についても同様である。

上告の場合の上告の対象となった地方裁判所の終局判決，飛躍上告の場合の上告の対象となった簡易裁判所の終局判決が適法に確定した事実について拘束力を有する（法327Ⅱ，321）。

特別上告審の法律審・憲法審としての性質から，職権調査も憲法違反の事項に限られる[123] [124]。

(5) 裁　判

上告審の裁判に準じて考えられる[125]。

　ア　特別上告却下
　イ　特別上告棄却[126]
　ウ　特別上告認容・破棄差戻し又は移送
　エ　特別上告認容・破棄自判

11　事件の種類

記録符号の変遷については，別表第1から第6までを参照。

---

[123] 一般の法令違背を調査し，それに基づいて原判決を破棄することは許されないと解するのが多数説である。
[124] 最判平18．3．17（判タ1217-113）が，特別上告事件において，職権により，法令違反があるとして，原判決及び原々判決を破棄して原々審に差し戻しており，これについて，「最高裁は，職権調査は憲法違反に限定されないとし，かつ，法令違反を理由とする職権による破棄を定める325条2項の規定は特別上告に準用されるとしているようにみえる。」（コンメ民訴Ⅵ397）と評する見解がある。
[125] 旧法と現行法の実質的な相違点は，特別上告を決定で却下することができるようになった点（法327Ⅱ，317Ⅰ），特別上告の理由が明らかに法327条1項に規定する事由に該当しない場合には，特別抗告棄却決定ができるようになった点（法327Ⅱ，317Ⅱ）である。
[126] 憲法違背の主張が認められるときでも，その違背が判決の結論に影響しないなど他の理由で原判決を維持できるときは，特別上告を棄却すべきであると解するのが通説である。

第3章　上　　告

(1) 上告提起事件
　　上告状の提出先が原裁判所と定められ（法314Ⅰ），原裁判所には上告状及び上告の適法要件を審査し，上告について裁判する権限が与えられていることを受けて，原裁判所において立件する[127]。上告裁判所に訴訟記録を送付するまでの原裁判所における手続を指す便宜上の概念である。訴訟記録が上告裁判所に送付されると，上告事件として新しい記録符号が付けられる。
　ア　高等裁判所に対する上告提起事件
　　　民事上告提起事件（レツ）
　イ　最高裁判所に対する上告提起事件
　　(ｱ)　民事上告提起事件（ネオ）[128]
　　　　a　対象となる裁判→別表1，2を参照
　　　　b　上告期間
　　　　　民事訴訟法の定め→判決の送達を受けた日から2週間（法313, 285）
　　　　　人身保護規則41条の定め→判決言渡しの日から3日以内
　　　　c　上告理由書の提出期間
　　　　　民事訴訟規則194条の定め→上告提起通知書の送達を受けた日から50日
　　　　　人身保護規則41条の定め→上告提起通知書の送達を受けた日から15日
　　(ｲ)　行政上告提起事件（行サ）[129]
　　　　a　対象となる裁判→別表4を参照
　　　　b　上告期間
　　　　　民事訴訟法の定め→判決の送達を受けた日から2週間（行訴7による準用）
　　　　　地方自治法の定め→判決の送達を受けた日から1週間（自治245の8Ⅸ, 251の5Ⅵ, 252Ⅱ, Ⅲ, Ⅵ）
　　　　c　上告理由書の提出期間
　　　　　民事訴訟規則194条の定め→上告提起通知書の送達を受けた日から50日
　　　　　　　　　　　　　　　　　　　　　　　　　　（行訴7による準用）
　　　　　普通地方公共団体に対する国の関与等に関する訴訟規則3条の定め
　　　　　　　　　→上告提起通知書の送達を受けた日から10日
　ウ　飛躍上告提起事件
　　(ｱ)　高等裁判所に対する飛躍上告提起事件
　　　　民事飛躍上告提起事件（ハツ）

---

[127] 「上告の提起」以外の受理区分としては，法260条2項による原状回復及び損害賠償の申立て，附帯上告の提起，移送，回付の場合がある。
[128] 地方裁判所がした人身保護請求事件の第一審判決に対する上告が提起された場合は，飛躍上告ではないが，記録符号は（ワオ）で立件することになる（昭和29年9月28日付け最高裁訟一第638号民事局長通達「民事上告受理事件の記録符号について」を参照）。
[129] 控訴制度がない事件（公選25Ⅲ, 自治74の2Ⅷ他）について，地方裁判所の第一審判決に対して上告が提起された場合は，記録符号は（行エ）で立件することになる。

(イ)　最高裁判所に対する飛躍上告提起事件
　　　　a　民事飛躍上告提起事件（ワオ）
　　　　b　行政飛躍上告提起事件（行エ）
　　　　c　民事飛躍上告提起事件（家ト）
(2)　上告受理申立て事件
　　高等裁判所に対する上告理由には法令違反もあるので（法312Ⅲ），上告受理申立て事件の上告裁判所は最高裁判所だけである。
　　上告受理申立書の提出先が原裁判所と定められ（法318Ⅴ，314Ⅰ），原裁判所には上告受理申立書及び上告受理申立ての適法要件を審査し，これについて裁判する権限が与えられていることを受けて，原裁判所において立件する[130]。上告裁判所に訴訟記録を送付するまでの原裁判所における手続を指す便宜上の概念である。訴訟記録が最高裁判所に送付されると，上告受理事件として新しい記録符号が付けられる。
　ア　上告受理申立て事件
　　(ア)　民事上告受理申立て事件（ネ受）[131]
　　　　a　対象となる裁判→最高裁判所に対する上告提起事件と同じ（別表3を参照）
　　　　b　上告期間→(1)イ(ア)b参照
　　　　c　上告理由書提出期間→(1)イ(ア)c参照
　　(イ)　行政上告受理申立て事件（行ノ）[132]
　　　　a　対象となる裁判→最高裁判所に対する上告提起事件と同じ（別表5を参照）
　　　　b　上告期間→(1)イ(イ)b参照
　　　　c　上告理由書提出期間→(1)イ(イ)c参照
　イ　飛躍上告受理申立て事件
　　(ア)　民事飛躍上告受理申立て事件（ワ受）
　　(イ)　行政飛躍上告受理申立て事件（行ネ）
　　(ウ)　民事飛躍上告受理申立て事件（家ト）
(3)　上告事件
　　原裁判所が上告状却下命令又は上告却下決定をしないとき，訴訟記録の送付を受けて上告裁判所が判断を示すまでの手続を指す概念（飛躍上告事件を含む。）である[133]。
　ア　高等裁判所に対する上告事件
　　　民事上告事件（ツ）

---

[130] 「上告受理の申立て」以外の受理区分としては，法260条2項による原状回復及び損害賠償の申立て，附帯上告受理の申立て，移送，回付の場合がある。
[131] 地方裁判所がした人身保護請求事件の第一審判決に対する上告受理の申立てがされた場合は，飛躍上告受理申立てではないが，記録符号は（ワ受）で立件することになる。
[132] 控訴制度がない事件（公選25Ⅲ，自治74の2Ⅷ他）について，地方裁判所の第一審判決に対して上告受理の申立てがされた場合は，飛躍上告受理申立てではないが，記録符号は（行ネ）で立件することになる。
[133] 原裁判所からの記録送付以外の受理区分としては，直接上告裁判所に提出された上告状，附帯上告状，法260条2項による原状回復及び損害賠償の申立て，上告裁判所が高等裁判所の場合には，特別上告審からの原判決破棄差戻し，同破棄移送の場合がある。

第3章 上　　告

　　イ　最高裁判所に対する上告事件
　　　(ｱ)　民事上告事件（オ）
　　　(ｲ)　行政上告事件（行ツ）
(4) 上告受理事件
　　原裁判所が上告受理申立書却下命令又は上告受理申立て却下決定をしないとき，上告裁判所である最高裁判所が訴訟記録の送付を受けて上告の受理不受理を判断し，受理した事件について上告裁判所としての判断を示すまでの手続を指す概念（飛躍上告受理申立て事件を含む。）である[134]。上告受理決定をしても記録符号は変わらない。
　　ア　民事上告受理事件（受）
　　イ　行政上告受理事件（行ヒ）
(5) 特別上告提起事件
　　特別上告状の提出を受けた簡易裁判所又は上告裁判所である高等裁判所に，特別上告状及び特別上告の適法要件を審査し，特別上告について裁判する権限が与えられていることを受けて，簡易裁判所又は高等裁判所において立件する[135]。最高裁判所に訴訟記録を送付するまでの高等裁判所における手続を指す概念である。最高裁判所に訴訟記録が送付されると，特別上告事件として新しい記録符号が付けられる。
　　ア　民事特別上告提起事件（ツテ）
　　イ　行政特別上告提起事件（行シ）[136]
　　ウ　少額異議判決に対する特別上告提起事件（少テ）
(6) 特別上告事件
　　簡易裁判所又は高等裁判所が特別上告状却下命令又は特別上告却下決定をしないとき，記録送付を受けて最高裁判所が判断を示すまでの手続を指す概念である。
　　ア　民事特別上告事件（テ）
　　イ　行政特別上告事件（行テ）[137]

---

[134] 原裁判所からの記録送付以外の受理区分としては，直接上告裁判所に提出された上告受理の申立て，附帯上告受理の申立ての場合がある。
[135] 「特別上告の提起」以外の受理区分としては，法260条2項による原状回復及び損害賠償の申立て，附帯特別上告の提起，移送，回付の場合がある。
[136] 民事保全法施行前申立ての保全命令申立事件にかかる高等裁判所がした終局判決に対する特別上告（平成元年法律第91号により削除される前の旧法409ノ2Ⅱ）を高等裁判所が受理した場合に立件される。該当事件はほぼ既済になっているものと思われるので別表4には記載していない。
[137] 対象となるのは，上記脚注136の事件のみである。

第1 総 説

別表1 高等裁判所が上告裁判所の場合

最高裁判所	高等裁判所	地方裁判所	簡易裁判所

簡易裁判所側:
- (手ハ) 手形小切手訴訟（訴え却下）
- (ハ) 民事通常訴訟 / 手形小切手判決異議
- (手ハ) 手形小切手訴訟（通常移行）
- (少コ) 少額訴訟事件（通常移行）
- (ニ) 再審事件
- (少エ) 少額訴訟判決に対する異議申立て事件
- (少コ) 少額訴訟事件

簡易裁判所（中段ボックス）:
- 民事控訴提起事件 (ハレ)
- (1)ウ(ア) 民事飛躍上告提起事件 (ハツ)
- (5)ウ 少額異議判決に対する特別上告提起事件 (少テ)

地方裁判所:
- (レ) 民事控訴事件
- (1)ア 民事上告提起事件 (レツ)
- (カ) 再審事件

高等裁判所:
- (ツ) (3)ア 民事上告事件
- (5)ア 民事特別上告提起事件 (ツテ)
- (ム) 再審事件

最高裁判所:
- (テ) (6)ア 民事特別上告事件

飛躍上告提起

―215―

第3章　上　　告

別表2　最高裁判所が上告裁判所の場合（民事上告提起）

最高裁判所	高等裁判所	地方裁判所	家庭裁判所

```
最高裁判所                高等裁判所                      地方裁判所

                     (3)イ(ア) ←──────── (1)イ(ア)民事上告提起事件(ワオ) ←── (人) 人身保護請求事件
                                                                          (カ) 再審事件

                                   飛躍上告提起
             ←────────────────────── (1)ウ(イ)a 民事飛躍上告提起事件(ワオ) ←── 民事通常訴訟
                                                                      (ワ) ── 手形小切手判決異議事件
  (オ)                                                                 (手ワ) 手形小切手訴訟（通常移行）
  民事上告事件                                                          (カ) 再審事件

                                              民事控訴提起事件(ワネ) ←── (手ワ) 手形小切手訴訟（訴え却下）

                       (ネ) 民事控訴事件 ←──────────────────────────── 家庭裁判所
             ←─── (1)イ(ア)民事上告提起事件(ネオ)                          民事控訴提起事件(家ト) ←── (家ヘ) 通常訴訟※
                       (人ナ) 人身保護請求事件                                                    (家ホ) 人事訴訟
                       (ム) 再審事件                                                             (家チ) 再審事件

                                   飛躍上告提起
             ←────────────────────── (1)ウ(イ)c 民事飛躍上告提起事件(家ト)
```

※例えば，執行文付与の訴え，執行文付与に対する異議の訴え，請求異議の訴え，第三者異議の訴え等が挙げられる。

-216-

第1 総　説

別表3　最高裁判所が上告裁判所の場合（民事上告受理申立て）

```
┌─────────┬─────────┬─────────────────────────────────┐
│最高裁判所│高等裁判所│              地方裁判所              │
├─────────┼─────────┼───────────────┬─────────────────┤
│         │         │ (2)ア(ア)     │ (人) 人身保護請求事件  │
│ (4)ア   │         │ 民事上告受理  ├─────────────────┤
│         │◄────────│ 申立て事件    │ (カ) 再審事件          │
│         │         │ (ワ受)        │                        │
│         │         ├───────────────┼─────────────────┤
│         │         │               │      民事通常訴訟      │
│ 民      │         │ (2)イ(ア)     │ (ワ) 手形小切手判決    │
│         │ 飛躍上告受理申立て      │      異議事件          │
│ 事      │◄────────│ 民事飛躍上告  ├─────────────────┤
│         │         │ 受理申立て    │ (手ワ) 手形小切手訴訟  │
│ 上      │         │ 事件          │       （通常移行）     │
│         │         │ (ワ受)        ├─────────────────┤
│ 告      │         │               │ (カ) 再審事件          │
│         │         ├───────────────┼─────────────────┤
│ 受      │         │ 民事控訴提起  │ (手ワ) 手形小切手訴訟  │
│         │         │ 事件 (ワネ)   │       （訴え却下）     │
│ 理      ├─────────┤               ├─────────────────┤
│         │ (ネ)    │               │                        │
│ 事      │ 民事控訴│◄──────────── 家庭裁判所            │
│         │ 事件    │               ├─────────────────┤
│ 件      │         │               │ 民事控訴提起 │(家ト)│(家ヘ) 通常訴訟※│
│         │(2)ア(ア)│               │ 事件         │      ├─────────┤
│         │ 民事上告│               │              │      │(家ホ) 人事訴訟│
│         │ 受理申立├───────────────┤              │      ├─────────┤
│   (受) │ て事件  │(人ナ)人身保護 │              │      │(家チ) 再審事件│
│         │         │      請求事件 │              │      │               │
│         │ (ネ受)  ├───────────────┤              │      │               │
│         │         │(ム) 再審事件  │              │      │               │
│         │         │               │(2)イ(ウ)    │      │               │
│         │         │               │民事飛躍上告  │      │               │
│         │         │ 飛躍上告受理申立て │受理申立て事件│      │               │
│         │◄──────────────────────│(家ト)       │      │               │
└─────────┴─────────┴───────────────┴─────────────────┘
```

※例えば，執行文付与の訴え，執行文付与に対する異議の訴え，請求異議の訴え，第三者異議の訴え等が挙げられる。

―217―

第3章　上　　告

別表4　最高裁判所が上告裁判所の場合（行政上告提起）

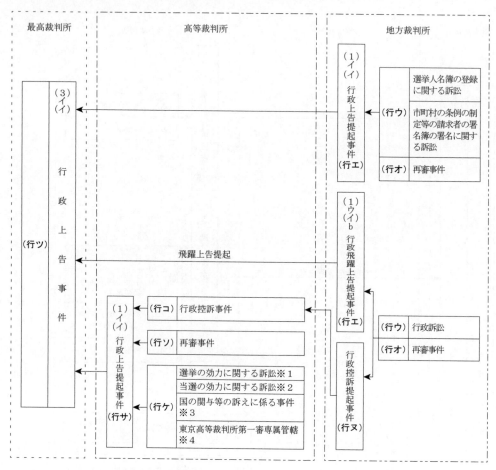

○各高等裁判所が第一審としてした終局判決（裁17）
※1：選挙の効力に関する訴訟（選挙無効）
　・地方公共団体の議会の議員及び長の選挙の効力に関する訴訟（公選203Ⅰ）
　・衆議院議員又は参議院議員の選挙の効力に関する訴訟（公選204）
※2：当選の効力に関する訴訟（当選無効）
　・地方公共団体の議会の議員及び長の当選の効力に関する訴訟（公選207Ⅰ）
　・衆議院議員又は参議院議員の当選の効力に関する訴訟（公選208Ⅰ）
　・選挙犯罪による公職の候補者であった者の当選の効力及び立候補の資格に関する訴訟（公選210Ⅰ，Ⅱ）
　・選挙犯罪による公職の候補者等であった者の当選無効及び立候補の禁止の訴訟（公選211Ⅰ，Ⅱ）
※3：国の関与等の訴えに係る事件
　・法定受託事務の執行命令訴訟（自治245の8Ⅲ）
　・地方公共団体に対する国の関与に関する訴訟（自治251の5Ⅰ）
　・地方公共団体に対する都道府県の関与に関する訴訟（自治252Ⅰ，Ⅱ，Ⅲ）
※4：東京高等裁判所が第一審としてした終局判決（専属管轄）
　・衆議院比例代表選出議員（公選204又は208Ⅰの規定による訴訟に限る。）又は参議院比例代表選出議員の選挙に関する訴訟（公選217）
　・特許庁の特許権などの審決等に関する訴訟（特許178Ⅰ，新案47Ⅰ，意匠59Ⅰ，商標63Ⅰ）
　・海難審判所の裁決に関する訴訟（海難審判44Ⅰ）
　・最高裁判所裁判官国民審査無効の訴え，罷免無効の訴え（裁審36,38）
　・日本弁護士連合会の処分に関する訴訟（弁護16Ⅰ，61Ⅰ）
　・電波法による総務大臣の処分に関する訴訟（審査請求を却下する裁決に対する訴えを除く。）（電波97）
　・放送法による総務大臣の処分に関する訴訟（審査請求を却下する裁決に対する訴えを除く。）（放送180，電波97）
　・公害等調整委員会の裁定等に関する訴訟（土地利用調整57）

第1 総　　説

別表5　最高裁判所が上告裁判所の場合（行政上告受理申立て）

最高裁判所	高等裁判所		地方裁判所	
（4）イ（行ヒ）行政上告受理事件	←──	（2）ア（イ）行政上告受理申立て事件（行ネ）	（行ウ）	選挙人名簿の登録に関する訴訟
				市町村の条例の制定等の請求者の署名簿の署名に関する訴訟
			（行オ）	再審事件
	←── 飛躍上告受理申立て ──	（2）ア（イ）行政飛躍上告受理申立て事件（行ネ）	（行ウ）	行政訴訟
			（行オ）	再審事件
	（2）ア（イ）行政上告受理申立て事件（行ノ）	（行コ）行政控訴事件 ←──	行政控訴提起事件（行ヌ）	
		（行ソ）再審事件		
		（行ケ）選挙の効力に関する訴訟※1／当選の効力に関する訴訟※2／国の関与等の訴えに係る事件※3／東京高等裁判所第一審専属管轄※4		

○各高等裁判所が第一審としてした終局判決（裁17）
※1：選挙の効力に関する訴訟（選挙無効）
　　・地方公共団体の議会の議員及び長の選挙の効力に関する訴訟（公選203Ⅰ）
　　・衆議院議員又は参議院議員の選挙の効力に関する訴訟（公選204）
※2：当選の効力に関する訴訟（当選無効）
　　・地方公共団体の議会の議員及び長の当選の効力に関する訴訟（公選207Ⅰ）
　　・衆議院議員又は参議院議員の当選の効力に関する訴訟（公選208Ⅰ）
　　・選挙犯罪による公職の候補者であった者の当選の効力及び立候補の資格に関する訴訟（公選210Ⅰ，Ⅱ）
　　・選挙犯罪による公職の候補者等であった者の当選無効及び立候補の禁止の訴訟（公選211Ⅰ，Ⅱ）
※3：国の関与等の訴えに係る事件
　　・法定受託事務の執行命令訴訟（自治245の8Ⅲ）
　　・地方公共団体に対する国の関与に関する訴訟（自治251の5Ⅰ）
　　・地方公共団体に対する都道府県の関与に関する訴訟（自治252Ⅰ，Ⅱ，Ⅲ）
※4：東京高等裁判所が第一審としてした終局判決（専属管轄）
　　・衆議院比例代表選出議員（公選204又は208Ⅰの規定による訴訟に限る。）又は参議院比例代表選出議員の選挙に関する訴訟（公選217）
　　・特許庁の特許権などの審決等に関する訴訟（特許178Ⅰ，新案47Ⅰ，意匠59Ⅰ，商標63Ⅰ）
　　・海難審判所の裁決に関する訴訟（海難審判44Ⅰ）
　　・最高裁判所裁判官国民審査無効の訴え，罷免無効の訴え（裁審36，38）
　　・日本弁護士連合会の処分に関する訴訟（弁護16Ⅰ，61Ⅰ）
　　・電波法による総務大臣の処分に関する訴訟（審査請求を却下する裁決に対する訴えを除く。）（電波97）
　　・放送法による総務大臣の処分に関する訴訟（審査請求を却下する裁決に対する訴えを除く。）（放送法180，電波97）
　　・公害等調整委員会の裁定等に関する訴訟（土地利用調整57）

第3章 上　告

別表6　民事・行政訴訟審級図

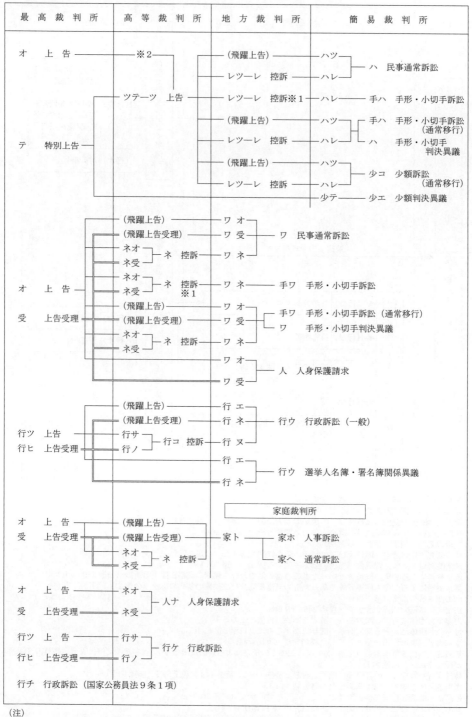

(注)
※1　訴え却下判決（民事訴訟法355条1項によるものを除く）に対する控訴（ex. 民事訴訟法140条）
※2　民事訴訟法324条による高等裁判所の最高裁判所への移送決定による立件

第2 上告提起事件の事務処理手続－控訴裁判所又は第一審裁判所における手続－
(飛躍上告提起事件，附帯上告提起事件を含む。)

1 上告状を提出すべき裁判所

上告状は，原裁判所，すなわち上告の対象となった判決をした裁判所を構成する裁判官所属の裁判所に対して提出しなければならない（法314Ⅰ）。通常は控訴裁判所，飛躍上告及び控訴制度のない事件等の場合は第一審裁判所が，上告状を提出すべき原裁判所となる。

上告状の提出先を誤り，例えば，本庁に対して原裁判所が支部である事件の，又は支部に対して原裁判所が本庁若しくは他の支部である事件の上告状が提出された場合には，窓口で正しい提出先を教示して原裁判所への上告状提出を促すことになる。これに応じない又は郵便提出の場合等は，上告提起事件として事件簿に登載[1]して担当部へ配てんし，処理をゆだねることになる[2]。この場合，受付窓口又は事件の配てんを受けた部において，上告状の提出があった旨を原裁判所に通知する必要がある。

上告状が原裁判所と同一審級の土地管轄権のない裁判所等に提出された場合も，取扱いは同様である（第2章第2の1控訴状を提出すべき裁判所（52ページ）を参照）。

上告裁判所へ直接上告状が提出された場合の取扱いについては，第4の1上告裁判所（270ページ）を参照。

附帯上告の提起は，附帯上告状を上告裁判所に提出してすることができる（法313, 293Ⅲ）が，原裁判所に訴訟記録がある間に附帯上告状が原裁判所に提出された場合には，原裁判所において上告提起事件として立件する[3]。

2 上告期間

上告は，判決書又は法254条2項の調書（調書判決）の送達を受けた日から2週間[4]の不変期間内に提起しなければならない（法313, 285本文）[5]。この期間の伸縮はできないが，裁判所が付加期間を定めた場合は，その期間に2週間を加えた期間が上告期間になる（法96）。当事者の責めに帰することができない事由により上告期間を遵守できなかった場合

---

[1] 民事裁判事務支援システムを利用する場合は，事件簿への登載に代えて，民事裁判事務支援システムのサーバーの記憶装置に所要事項を記録することとなる（民裁支援システム通達記第1の1）。

[2] 支部設置規則が支部の管轄区域を定めているが，支部も手続法上は当該裁判所の一部であり，その事務取扱いの範囲に関する定めは本庁との間における内部的な事務分配の基準に過ぎないから，受付を拒否あるいは留保することはできない。配てんを受けた部においてもこれを却下することはできず，事件を回付することになる。

[3] なお，上告裁判所へ訴訟記録を送付した後，原裁判所に附帯上告状が提出されたときは，既に訴訟記録を送付した旨を当事者に伝えて上告裁判所への直接提出を促すことになるが，これに応じない又は郵便提出の場合等は，原裁判所において上告提起事件として立件し，上告裁判所に対して，原裁判所に附帯上告状が提出されたことを連絡した上，速やかに追送付することになる。

[4] 人身保護請求事件は判決言渡しの日から3日，国の関与等の訴えに係る事件は判決の送達を受けた日から1週間である（第1の11(1)イ(ア)b，(イ)b 上告期間（212ページ）を参照）。

[5] 当事者より上告の特別委任を受けた訴訟代理人がある場合には，第二審の判決後，上告提起の期間内に当事者が死亡しても訴訟手続は中断せず（法124Ⅱ），上告期間は進行を停止しないから，2週間の不変期間経過後に提起された上告は不適法である（最判昭23.12.24民集2-14-500）。また，控訴判決正本が誤って第三者に送達された場合，その送達を受けるべき訴訟当事者がこれを現実に入手してから2週間以内に上告が提起されたときは，上告は適法な期間内に提起されたものというべきである（最判昭38.4.12民集17-3-468）。

には，上告の追完を認められることもある[6]。原判決に更正決定があり，その正本が送達されていても，上告期間には変更がない（期間の計算方法等については，第2章第2の2控訴期間（52ページ）を参照）。

この上告期間前，すなわち判決言渡し後その送達前に提起された上告についても有効である（法313，285ただし書）[7]。

原判決送達後に当事者死亡などの中断事由が発生した場合上告期間は進行を停止し，訴訟手続の受継の通知又はその続行の時から新たに全期間の進行を始める（法132）。

飛躍上告の場合の上告期間は，上告権を留保した不控訴の合意の時期にかかわらず第一審判決の送達時から進行するので，飛躍上告は控訴期間内にしなければならない[8]。

補助参加人の上告申立期間は，被参加人の上告申立期間に限られる[9]。

通常，上告状の受付をする際には，判決書（又は法254条2項の調書（調書判決））の送達を受けた日を確認することができない場合が多いから，上告期間の判断は原裁判所である担当部で行う。

◇ 附帯上告の提出期限

附帯上告の提出期限については特別の定めがなく，附帯控訴と同様に上告審の口頭弁論終結まで，口頭弁論が開かれないときは判決言渡しまでとする説と，上告人の上告理由書提出期間満了時までとする説があるが，判例は，附帯上告が上告理由と別個の理由に基づくときは，当該上告の上告理由書提出期間内に，原裁判所に附帯上告状及び附帯上告理由書を提出して提起することを要し（最判昭38．7．30民集17-6-819），上告理由と同一の理由に基づくときは，上告審の口頭弁論終結時までに提起しなければならない（最判昭43．8．2民集22-8-1525）としている[10]。

3 上告状の受付手続

上告状の審査は，原裁判所の裁判長の権限に属する事項であるから，受付担当部署での審査における留意点は原裁判所である担当部での審査と重複する部分が多い。受付分配通達に従った事務取扱いのほか，上告状の記載事項や上告の適法性について充分審査をし[11]，過誤や欠点を発見した場合は必要であれば提出者に任意補正を促し，補正できなかった点については担当部に引き継ぐ。

附帯上告状の受付も基本的には同様である（第2章第2の4附帯控訴状の受付手続（67

---

[6] 判例としては，郵便局職員の争議行為による上告状の遅配について上告の追完をなし得るとしたもの（最判昭45．9．30裁集民100-559），上告人が原審の訴訟代理人から通知を受けた原判決の送達日を信じて上告期間を遵守することができないときは上告人の責めに帰することができない事由には当たらず，上告の追完は許されないとしたもの（最判昭26．7．6裁集民5-43）がある。

[7] 原判決言渡し前に提起した上告は不適法で，後に上告人に不利益な判決が言い渡されても適法な上告とはならない。

[8] いったん控訴をしても，控訴期間内にそれを取り下げた場合には，なお飛躍上告の合意をする余地はある。

[9] 補助参加人の訴訟行為は，被参加人のなし得る行為のみに限定されているためである（最判昭25．9．8民集4-9-359）。被参加人が上告権を放棄した後は，補助参加人は上告提起できない。

[10] 附帯上告が本来の上告ではなく，既に上告人の上告提起により開始されている上告審の存続を前提に，上告審における具体的審判の範囲を被上告人側に拡張するものとして，上告人が不服申立ての範囲を拡張し得る時期との権衡を考慮する必要があるためである。

[11] 上告人が原裁判書を持参していれば，記載事項等との照合，特定に便宜である。

ページ）を参照[12]）。

(1) 管轄の確認

上告状の受付は原裁判所で行われるため，前記1のとおりまず管轄の確認が必要であり，実際には，上告の対象となる事件が当該裁判所に係属していることを事件簿で確認した上で行う。

(2) 上告提起の方式

上告の提起は，上告状を提出してしなければならず（法314Ⅰ），口頭陳述の方法による申立て（規1）や電話による上告の提起は認められない[13]。

上告状は，その提出により訴訟手続を開始させる書面（規3Ⅰ②）であり，かつ，民事訴訟費用等に関する法律の規定により上告提起手数料を納付しなければならない申立てに係る書面（同①）であるから，ファクシミリを利用して提出することはできない[14]。

(3) 上告状の記載事項

上告状の記載方式に関しては，控訴状に関する法286条2項の規定が準用されている（法313）ので，詳細については，第2章第2の3(5)控訴状の記載事項（57ページ）を参照。

ア 必要的記載事項

(ｱ) 当事者[15]及び法定代理人

原判決の当事者の表示の記載を確認する。

必要的共同訴訟の場合，共同訴訟人の一人がした上告の効力はその全員に及ぶと解される（法40）[16] [17]。

原審における補助参加は，上告審においてもその効力を有するので，被参加人の相手方から上告が提起された場合に，上告状に補助参加人の記載がなくても，上告

---

[12] 附帯上告の性質上，前記1，2のとおり，原裁判所で受け付けるのは原則として上告裁判所への記録送付前であること，附帯上告の提出期限は，前提となる上告提起事件の上告理由書提出期間満了時までが原則であること，全部勝訴当事者が請求拡張のために附帯上告をすることはできないことについては注意が必要である。
[13] 電報による上告の提起については，当事者双方の氏名及び原裁判所の事件番号を明らかにして上告をなす旨の電報を原裁判所が上告期間満了日に受理し，後日上告状が原裁判所に提出された事案について，電報受理の日時に上告がなされたものと取り扱う判例がある（東京高判昭39.2.22東高時15-2-22）。
[14] 上告状がファクシミリにより送信された場合には，基本的には上告状が提出されたものと扱うことはできないので，送信者に対しその旨を伝え，郵便等ファクシミリ以外の方法で上告状を提出するよう促す。ファクシミリで受信した書面は，ファクシミリ以外の方法による提出を促した旨を付記して原裁判所である担当部に処理をゆだねることになろう。裁判体の判断により，有効な提出として扱われる場合も考えられなくはない。（新通達等の概要（中）11）
[15] 当事者の呼称は，「上告人」「被上告人」となる。附帯上告が提起された場合「上告人（附帯被上告人）」「被上告人（附帯上告人）」，事実審における当事者参加人は「上告人」又は「被上告人」と表示する。
[16] 自ら上告をしなかった共同訴訟人も上告人の地位につくのか否か，見解が分かれている。判例は，類似必要的共同訴訟である住民訴訟について，上訴しなかった共同訴訟人は上訴人にならない旨判示した（最判平9.4.2民集51-4-1673）。固有必要的共同訴訟の場合は，上告状に一部の共同訴訟人の記載が漏れていても，全共同訴訟人を当事者として扱わなければならないが，住民訴訟以外の類似必要的共同訴訟の場合には，最終的には裁判所の判断による。
[17] 類似必要的共同訴訟については，最判平12.7.7（民集54-6-1767）も，株主代表訴訟について，自ら上訴をしなかった共同訴訟人を上訴人の地位に就かせる効力までが法40条1項によって生ずると解するのは相当でないとし，自ら上訴をしなかった共同訴訟人たる株主は上訴人にはならないとする。

第3章 上　　告

の効力は補助参加人にも及ぶ。補助参加人も，被参加人のために自ら上告を提起することができる[18]。

　　上告審は法律審であるから，参加申出あるいは反訴の提起とともに上告を提起することはできない。

【参考例44】（上告状）

　　　　　　　　　　　　　上　告　状

　　○○高等裁判所　御中

　　　　　　平成○○年○○月○○日

　　　　　　　　上告人訴訟代理人弁護士　　○　○　○　○　印

　〒○○○－○○○○　○○県○○市○○町○○番○○号

　　　　　　　　　　上　告　人　　○　○　○　○

　〒○○○－○○○○　○○県○○市○○町○○番○○号（送達場所）

　　　　　　　　同訴訟代理人弁護士　　○　○　○　○

　　　　　　　　　　　　　　電　　話　○○○○－○○○○

　　　　　　　　　　　　ファクシミリ　○○○○－○○○○

　〒○○○－○○○○　○○県○○市○○町○○番○○号

　　　　　　　　　　被　上　告　人　　○　○　○　○

訴訟物の価額　　○○○○円
貼用印紙額　　　○○○○円

　上記当事者間の○○地方裁判所平成○○年（レ）第○○○○号○○○○請求控訴事件について，平成○○年○○月○○日下記判決の言渡しを受け，同年同月○○日判決正本の送達を受けたが，同判決は全部不服であるから上告を提起する。

　　　　　　　　　第　二　審　判　決　の　表　示
　　　　　　　　　　　　　主　　　文

本件控訴を棄却する。
控訴費用は控訴人の負担とする。

　　　　　　　　　　　　上　告　の　趣　旨

原判決を破棄し，更に相当の裁判を求める。

　　　　　　　　　　　　上　告　の　理　由

おって，上告理由書を提出する。

　　　　　　　　　　　　附　属　書　類

　　　　1　上告状副本　　　　　　　　　　1通
　　　　2　訴訟委任状　　　　　　　　　　1通

---

[18] 当事者の表示は，被参加人が「上告人」，補助参加人は「上告人補助参加人」となる。

(イ) 原判決の表示

上告の対象となる判決が特定できる範囲の記載で足りる。通常，原裁判所，事件番号，事件名，判決言渡年月日等が記載される。原判決主文も併せて記載される場合が多い。

(ウ) 当該判決に対して上告を提起する旨

原判決が不服であり，上告審における審理・裁判を求める旨の記載があれば足りる。

ただし，上告裁判所が最高裁判所の場合は，上告の理由により上告提起と上告受理申立ての手続が峻別されたため，どちらの申立てによるものであるかが判別できる記載であることが必要である[19]。

イ その他の記載事項

(ア) 上告の趣旨

上告人が求める裁判形式と内容を明示することにより，不服申立ての範囲を記載する[20]。

(イ) 上告の理由

必ずしも上告状に記載する必要はない[21]。

上告裁判所によって上告理由が異なること，上告裁判所が最高裁判所である場合には，上告の理由と上告受理申立ての理由は互いにこれを流用することはできないから，1通の書面で申立てを兼ねる場合，区別して記載されているかどうか(規188)，確認しなければならない。

(ウ) その他

◇ 原判決主文
◇ 当事者の住所[22]
◇ 代理人の氏名及び住所
◇ 事件の表示
◇ 附属書類の表示
◇ 作成年月日
◇ 裁判所の表示[23]
◇ 当事者又は代理人の記名・押印

(規2Ⅰ)

---

[19] 提出された書面が，上告状であるか上告受理申立書であるかが明確でない場合には，当事者の意思を確認し，その旨の補正を促す必要がある。

[20] 不服申立ての範囲を意識した記載は少ないのが実情で，「原判決を破棄し，更に相当な裁判(判断)を求める。」「原判決中上告人敗訴部分を破棄し，更に相当な裁判を求める。」というような抽象的な文言で記載される場合が多い。

[21] 上告状には準備書面に関する規定が準用されるから(規186，175)，上告の理由を上告状に記載することもできる。この場合には，提出を求める上告状副本の通数に注意が必要である(規195)。

[22] 送達場所，送達受取人の届出の効力は審級が変わっても存続する(新通達等の概要(下)102「送達手続に関するQ＆A」)。

[23] 名宛裁判所は，提出裁判所である原裁判所ではなく，上告裁判所である。

第3章 上　　告

　　◇　書類の連続性の確認[24]
　　◇　上告状に法260条2項による申立てが付記されている場合
　　　　上告状とは別に申立書が提出されたときは，上告提起事件として立件する必要があるが，上告状に同申立てが記載されている場合には，同申立てについては立件する必要はなく，上告の訴額と申立ての価額を合算した額について，手数料が納付されているかを確認する。
　　◇　上告提起か上告受理の申立てなのか不明の場合の取扱い
　　　　上告裁判所が最高裁判所である場合で，提出された書面が上告状であるか上告受理申立書であるかが明確でないときには，まず，申立人の意思を確認し，確認がとれないときは書面の標題から客観的に判断し，標題自体が判然としないときは，とりあえず上告提起として取り扱っておく方が，理論上，上告人（申立人）にとって有利であるので，原則として上告提起事件として立件する[25]。

(4) 訴額及び手数料と収入印紙の確認

　　上告を提起する際には，上告提起手数料を納付しなければならず（民訴費3Ⅰ，別表第一の3項），上告状に収入印紙を貼って納めなければならない（民訴費8本文。ただし，現金をもってする手数料の納付の場合（同ただし書，民訴費規4の2Ⅰ），及び上告審において訴訟救助の申立て（法82）がある場合を除く。）。
　　上告提起手数料は，不服申立ての限度で訴額を算定し[26]，第一審の訴え提起手数料の2倍の額の手数料を要する。附帯上告や双方上告の場合についても取扱いは同様であり，それぞれ別個独立して算出する。
　　原判決の主文及び上告の趣旨等の上告状の記載から，不服申立ての範囲が特に限定されていない場合は，原判決の敗訴部分と解して処理することになろう[27]。
　　訴額及び手数料については，後記4(1)イ訴額及び手数料（231ページ）を参照。

(5) 送達に必要な費用等の予納と郵便切手の確認

　　上告を提起するときは，上告状の送達に必要な費用のほか，上告審において一般的に必要とされる費用全額，すなわち上告提起通知書，上告理由書及び裁判書の送達並びに上告裁判所が訴訟記録の送付を受けた旨の通知に必要な費用の概算額を，あらかじめ上

---

[24] 契印の省略等について，平成11年2月3日付け最高裁総三第5号総務局長，民事局長，行政局長，家庭局長通知「民事事件，行政事件及び家事事件に関する文書の契印の取扱いについて」を参照。また，第2章第2の3(5)イその他の記載事項脚注18（61ページ）を参照。
[25] 改正関係資料(3)529「高等裁判所における上訴の立件等の事務処理について」第1の2。上告提起は，受理不受理という段階を経ることなく，適法な上告理由のみならず，法令違反についても最高裁判所の職権判断を受けられる可能性があるのに対し，上告受理申立ては，申立ての理由として指摘された点が法318条1項の要件を満たさなければ，その余の点について判断を受ける機会がないままに，不受理で終わってしまうことになる（同535）。
[26] 訴額算定の基準時は，訴え提起時である。
[27] 原判決である控訴判決が控訴棄却である場合，控訴審で訴えの変更がない限り，原則として控訴提起時の訴額と同一である。原判決取消し・変更の場合は，上告状の記載と原判決だけでは訴額を算定できない場合が多いので，上告提起の際に上告人が訴額を算定していない場合は，原裁判所に訴額を確認してから上告提起手数料を納付する取扱いでもやむを得ないであろう。

告提起の時点で一括して予納しなければならない（規 187）[28]。これらの費用は，いずれも郵便物の料金に充てる費用であることから，郵便切手で予納させる取扱い（民訴費 13）が望ましい。

(6) 附属書類等の添付

　ア　上告状副本

　　上告人から提出を受ける上告状副本は，これを被上告人に送達するため，被上告人の数に応じた通数が必要である（規 186, 179, 58 Ⅰ）。上告状に上告の理由の記載がある場合には，これに加えて上告審における審理を円滑に行うために，上告裁判所の各裁判官に配布すべき副本及び判決原本の草稿に用いるべき副本1通の添付が必要である（規 195）[29]。

　イ　訴訟委任状[30]

　　原審に提出された委任状に特別授権事項として上告（法 55 Ⅱ③）が記載されている場合も多いが，この記載がない場合や上告審で初めて委任があった場合に注意を要する。実務では，手続及び当事者の意思確認の明確を期するため，上記特別授権の有無にかかわらず，上告提起段階で改めて委任状の提出を求める取扱いが多い。

　ウ　資格証明書

　　記載事項の変更の有無等を確認するため，上告提起段階で改めて提出を求める扱いが相当である。

　エ　飛躍上告提起の場合

　　上告提起の際に，当事者双方が共に上告する権利を留保して控訴をしない旨の合意をしたことについての確認が必要であり，この合意は事件を特定して書面で締結されることが要件であるから（法 281 Ⅱ, 11 Ⅱ），上告状とともにこの審級管轄の合意を証する書面を提出しなければならない。

(7) 上告受理の申立ても併せて1通の書面でする場合

　　上告の提起と上告受理の申立ては別個の申立てであるから，本来これらは別々の書面で行うべきものであるが，同一の事件の判決に対する不服申立ての手段であることから，当事者の便宜を図る意味で，1通の書面で同時に行うことを認めている。この場合には，書面が上告状と上告受理申立書を兼ねるものであることを明示しなければならない（規 188）[31]。

---

[28] 同一の申立人が上告提起と上告受理の申立てをする場合，事件はそれぞれ異なるので，原則として事件ごとに送達に必要な費用等の概算額の納付が必要となる。郵便切手がいずれの事件についてのものであるかを区別せず郵便で提出された場合には，まず予納者に意思を確認し，確認できなかったときは，最終的には書記官の判断にゆだねられることになる（改正関係資料(3)539「高等裁判所における上訴の立件等の事務処理について」第1の3）。両事件に共通して関わる費用が多いと思われるので，受付担当部署で必ずしも2件分の概算総額の納付に固執する必要はないであろう。

[29] 上告人が上告状の副本を任意に提出しない場合，それをもって補正命令の対象としたり，上告状を却下することはできないので，最終的には，裁判所書記官が上告状の謄本を作成して，これを被上告人等に送達し，上告理由の記載がある場合には所定の通数の写しを作成し，上告裁判所へ記録と共に送付することになる。

[30] 第2章第2の3(8)添付書類脚注20（65ページ）を参照。

[31] 表題は「上告状兼上告受理申立書」とし，当事者の表示は「上告人兼申立人」と「被上告人兼相手方」となる。この書面に上告の理由及び上告受理申立ての理由を記載するときは，両者を区別して記載しなければならない。

第3章 上　　告

【参考例45】（上告状兼上告受理申立書）

上告状兼上告受理申立書

最高裁判所　御中

平成〇〇年〇〇月〇〇日

上告人兼申立人　〇　〇　〇　〇　印

〒〇〇〇－〇〇〇〇　〇〇県〇〇市〇〇町〇〇番〇〇号（送達場所）

上告人兼申立人　〇　〇　〇　〇

〒〇〇〇－〇〇〇〇　〇〇県〇〇市〇〇町〇〇番〇〇号

被上告人兼相手方　〇　〇　〇　〇

訴訟物の価額　　　〇〇〇〇円
貼用印紙額　　　　〇〇〇〇円

　上記当事者間の〇〇高等裁判所平成〇〇年（ネ）第〇〇〇〇号〇〇〇〇請求控訴事件について，平成〇〇年〇〇月〇〇日下記判決の言渡しを受け，同年同月〇〇日判決正本の送達を受けたが，同判決は全部不服であるから上告及び上告受理の申立てをする。

第二審判決の表示

主　　　文

本件控訴を棄却する。
控訴費用は控訴人の負担とする。

上　告　の　趣　旨

原判決を破棄し，更に相当の裁判を求める。

上告受理申立ての趣旨

本件上告を受理する。
原判決を破棄し，更に相当の裁判を求める。

上　告　の　理　由

おって，上告理由書を提出する。

上告受理申立ての理由

おって，上告受理申立て理由書を提出する。

---

(8) **立件手続**

　上告状を受領した場合にはこれを閲読し，主に上記の点について確認した上で補正が必要な箇所があればこれを明らかにしなければならない。直接提出された場合であれば，提出者に任意の補正を促し，提出者に指示を伝えられないときは，その旨注記した付せんをつける等の方法により担当部へ連絡事項を引き継ぐことが必要である。

第2　上告提起事件の事務処理手続

　　上告提起事件として事件簿に登載[32]すべき申立てとしては，上告の提起（基本事件の種類は，第1の11(1)上告提起事件（212ページ）を参照）のほか，法260条2項による原状回復及び損害賠償の申立て[33]，附帯上告の提起，移送，回付の場合がある。
　◇　受付日付印の押捺
　　　上告提起と上告受理申立ての二つの申立てが記載されていても，1通の書面に押す受付日付印は一つだけである。
　◇　事件簿への登載
　　　上告状（附帯上告状），申立書，移送決定書，回付書等が，事件番号の付け方の基準となる[34]。
　　　民事上告提起事件（記録符号は地方裁判所→レツ[35]，高等裁判所→ネオ），民事飛躍上告提起事件（記録符号は簡易裁判所→ハツ，地方裁判所→ワオ[36]），民事飛躍上告提起事件（記録符号は家ト[37]），行政上告提起事件（記録符号[38]は高等裁判所→行サ）又は行政飛躍上告提起事件（記録符号は行エ[39]）として，民事上告提起事件簿，民事飛躍上告提起事件簿，民事控訴提起等事件簿，行政上告提起事件簿，行政飛躍上告提起事件及び行政上告提起事件簿[40]に登載する[41]。
　◇　記録符号及び事件番号の記載と認印の押捺
　　　1通の書面で上告提起と上告受理申立てがされた場合，1通の書面に二つの申立てが記載されているものとして，上告提起事件と上告受理申立て事件のそれぞれを立件する必要がある[42]。
　◇　収入印紙及び郵便切手等の添付の旨の記載と認印の押捺[43]
　◇　収入印紙の消印

---

[32] 民事裁判事務支援システムを利用する場合は，事件簿への登載に代えて，民事裁判事務支援システムのサーバーの記憶装置に所要事項を記録することとなる（民裁支援システム通達記第1の1）。
[33] 上告状に同申立てが記載されている場合には，同申立てについて立件する必要はない。
[34] 受付分配通達別表第1の11，12，別表第2の5，6及び別表第5の7を参照。
[35] 地方裁判所がした人身保護請求事件の第一審判決に対する上告が提起された場合には，飛躍上告ではないが，記録符号は（ワオ）で立件する。第1の11(1)イ(ア)民事上告提起事件脚注128（212ページ）を参照。
[36] 民事事件記録符号規程を参照。
[37] 家庭事件記録符号規程を参照。
[38] 控訴制度がない事件について，地方裁判所の第一審判決に対して上告が提起された場合は，飛躍上告提起事件ではないが，地方裁判所において記録符号（行エ）で立件する。第1の11(1)イ(イ)行政上告提起事件脚注129（212ページ）を参照。
[39] 行政事件記録符号規程を参照。
[40] 各事件簿は，帳簿諸票取扱通達別表第1から第4による。様式は，いずれも民事・行政・家事上訴提起等事件簿（同通達別紙様式第5）である。
[41] 民事裁判事務支援システムを利用する場合は，事件簿への登載に代えて，民事裁判事務支援システムのサーバーの記憶装置に所要事項を記録することとなる（民裁支援システム通達記第1の1）。
[42] 具体的には，受付日付印の傍らに，受付日付印の所定の箇所に記載できなかった事件の符号及び番号等を付記し，取扱者が認印することが考えられる（新通達等の概要（中）15）。
[43] 1通の書面で上告提起と上告受理申立てがされた場合，いずれの事件について納められたものであるかを明示する必要がある。

第3章 上　　告

◇　記録の編成

　上告裁判所が最高裁判所である場合，記録送付後最高裁判所が使用する上告等事件記録表紙（保管送付通達別紙様式第3）を作成する（保管送付通達記第2の4の(1)）[44]。1通の書面で上告提起と上告受理申立てがされた場合であっても，表紙は1枚で構わない[45]。

　新たに予納郵便切手管理袋を作成し，枠内の「事件番号」欄は空欄として，上部欄外に原裁判所における事件番号を表示する。後記9(5)ウ(ア)e予納郵便切手の引継ぎ【参考例52】（予納郵便切手管理袋）（252ページ）の記載を参照。

◇　原判決をした担当部への配布

---

[44] 上告裁判所が高等裁判所である場合には，記録送付を受けた際に，上告裁判所である高等裁判所において事件記録表紙を作成する。
[45] 1枚の表紙に双方の事件番号等を記載し，事件の標題及び当事者の訴訟上の資格の双方を○で囲むことで足りる。一方の申立てがされた後，同一人からもう一方の申立てがされた場合については，既に作成した表紙に書き足していくことで足りる（新通達等の概要（上）166）。

【様式２】（上告等事件記録表紙）

最　高　裁　判　所 **民　事** 上　告／上告受理 **事　件　記　録**		小法廷担当		主任担当		裁判官
			調査官			書記官

平成　　年（オ）第　　　号	上告提起	平成　　年（ネオ）第　　　号
	理由書提出期限	・　　・
	結　果	
平成　　年（受）第　　　号	上告受理申立て	平成　　年（ネ受）第　　　号
	理由書提出期限	・　　・
	結　果	

事件名	

一審	地方裁判所　　　　支部	二審	高等裁判所　　　　支部
	平成　年（　）第　　号		平成　年（ネ）第　　号

	当　事　者	届出	代　理　人	届出
上告人 申立人				
被上告人 相手方				

記　録　到　着	・　　・	弁　論　期　日	・　　・
決定（却下・棄却）	・　　・	判決言渡期日	・　　・
受　理・不　受　理	・　　・	結果（　　　）	

記録数全　　　　冊

保存始期	・　　・
保存終期	・　　・

4　裁判長による上告状の審査

(1)　審査の範囲（法 313, 288, 289Ⅱ）

上告提起事件として立件する際に，受付担当部署において審査された事項につき，改めて原判決をした担当部において審査を行う。控訴提起事件とは異なり，上告状審査権は原裁判所の裁判長の権限事項である。

　ア　上告状の必要的記載事項

控訴状についての規定が準用されており（法 313, 286Ⅱ），具体的には，前記３(3)上告状の記載事項（223 ページ）に記載のとおりである。原判決と照合し，誤記や脱落等補正が必要な箇所はできるだけ任意補正を促す。

　イ　訴額及び手数料

上告審における不服の範囲が上告状から判断できない場合や，上告状に貼り付けら

れた収入印紙額に不明な点がある場合は，速やかに上告人に確認し，不服の範囲を特定した上で訴額算定を行う。
(ｱ) 訴訟物の価額
上告提起手数料の基礎となる訴訟物の価額は，上告をもって主張する利益に基づいて算定する。

数個の請求について1個の判決があった場合で，そのいずれについても敗訴した当事者が上告するときは，上告提起の段階では，訴訟物の価額について合算・吸収法則が適用され，本訴反訴について1個の判決があった場合で，そのいずれについても敗訴した当事者が上告するときも同様である。
(ｲ) 上告提起手数料
訴額に見合う上告提起手数料が納付されない場合には，あらかじめ任意補正を促す[46]。

◇ 請求について判断したものである場合
上告の訴額を基礎に訴え提起手数料（民訴費3Ⅰ,別表第一の1項）を算出し，その額の2倍の額が上告提起手数料となる（民訴費3Ⅰ,別表第一の3項）。

◇ 請求について判断をしなかった場合
例えば，訴え却下判決に対する控訴棄却の判決や控訴却下の判決，破棄差戻判決等実体上の請求自体に触れなかった判決に対する上告提起の手数料は，前記(ｱ)による通常の上告提起手数料の2分の1の額になる（民訴費3Ⅰ,別表第一の4項）。

◇ 上告提起と上告受理の申立てをともにする場合
1通の書面であるか否かにかかわらず，主張する利益が共通する限度において，一方について納めた手数料は，他の一方についても納めたものとみなされる（民訴費3Ⅲ）。

ウ 上告状の送達をすることができない場合
原裁判所による上告の適法性の審査終了後，上告提起通知書を当事者双方に送達する際に，被上告人には同時に上告状副本を送達しなければならない（規189Ⅱ）。この送達ができない場合（被上告人の住居所の表示が不正確である場合，上告状の送達に必要な費用が予納されない場合[47]）にも，上告状却下を前提とした補正命令の対象となる[48]。

---

[46] 上告提起手数料の納付について訴訟救助付与の申立てがあった場合（原裁判所に提出された場合には，原裁判所において雑事件として立件する。），この判断は原裁判所でも行うことができるから，認定に必要と思われる疎明資料の早期提出を求めることが必要である。

[47] 送達費用等の納付について訴訟救助付与の申立てがあった場合，原裁判所で判断を行うことになるのは，前記イ(ｲ)上告提起手数料と同様である。

[48] 同一人から上告提起と上告受理の申立てがされた場合で，予納郵券がいずれの事件について納められたものか，予納者の意思が確認できないときや両事件に共通して関わる費用がある場合の予納郵券の使用方法は最終的には書記官の判断に委ねられることになる。いずれの事件に使用するかによって補正命令，更には却下命令につながる可能性がある場合には，裁判体と相談して指示を受ける（改正関係資料(3)539「高等裁判所における上訴の立件等の事務処理について」第1の3）。

エ　補正命令

　　上告状の必要的記載事項に不備がある場合，上告提起手数料が納付されていないか不足する場合，又は上告状の送達をすることができない場合には，第一次的には任意の補正を促すが，当事者が任意にこれに応じないときは，裁判長は相当期間を定めて補正命令を発する（法313,288,137Ⅰ,289Ⅱ）。補正期間の起算点を明らかにするため，告知方法は同命令謄本の送達によるのが相当である。

【参考例46】（補正命令…上告提起手数料及び送達費用が予納されない場合）

補　正　命　令
　　　　上　告　人（申立人）　　○　○　○　○
　　　　被上告人（相手方）　　○　○　○　○
　上記当事者間の平成○○年（ネオ）第○○○号○○請求上告提起事件（平成○○年（ネ受）第○○○号○○請求上告受理申立て事件）について，上告人（申立人）に対し，この命令送達の日から7日以内に，上告提起（上告受理申立て）の手数料として，収入印紙○○○○円及び上告状（上告受理申立書）の送達に必要な費用として郵便切手○○○○円を納付することを命ずる。
　　　平成○○年○○月○○日
　　　　○○高等裁判所第○民事部
　　　　　　裁判長裁判官　　○　○　○　○　印

　※（　）内は，上告受理申立て事件の場合に読み替える。

第3章 上　　告

オ　上告状却下命令
【参考例47】（上告状却下命令）

> 平成〇〇年（ネオ）第〇〇〇号〇〇請求上告提起事件
> 〔平成〇〇年（ネ受）第〇〇〇号請求上告受理申立て事件〕
> （原審・〇〇高等裁判所平成〇〇年（ネ）第〇〇〇〇号）
> 　　　　　　　　　命　　　　令
> 　　〇〇市〇〇区〇〇〇丁目〇番〇〇号
> 　　　　上　告　人〔申立人〕　〇　　〇　　〇　　〇
> 　　〇〇市〇〇区〇〇町〇丁目〇番〇号
> 　　　　被上告人〔相手方〕　〇　　〇　　〇　　〇
> 　　　　　　　　　主　　　　文
> 　　本件上告状〔上告受理申立書〕を却下する。
> 　　　　　　　　　理　　　　由
> 　　上記当事者間の頭書事件について，上告人〔申立人〕に対し，期間を定めて法定の手数料を収入印紙をもって納付すべき旨を命じ，同命令は平成〇〇年〇月〇日上告人〔申立人〕に送達されたが，上告人〔申立人〕はその期間内に納付しない。
> 　　よって民事訴訟法３１３条，３１４条２項，２８８条，１３７条〔３１８条５項，３１３条，３１４条２項，２８８条，１３７条〕により主文のとおり命令する。
> 　　　　平成〇〇年〇月〇〇日
> 　　　　　〇〇高等裁判所第〇民事部
> 　　　　　　　裁判長裁判官　　〇　　〇　　〇　　〇　印
>
> ※〔　〕内は，上告受理申立て事件の場合に読み替える。

　上告人が所定の期間内に補正しないときは，裁判長は命令で上告状を却下しなければならない（法314Ⅱ）。補正期間を経過しても，却下を命ずる前に補正されれば却下すべきではなく，また，上告状を被上告人に送達した後は，裁判長は上告状を却下できない[49]。

　上告状却下命令が簡易裁判所，地方裁判所及び家庭裁判所の裁判長によりされた場合は即時抗告ができると解されるので[50]，同命令の告知は上告人に対し謄本を送達する方法（規40）によるのが相当である。上告状却下命令謄本と共に上告人が提出した

---

[49] 被上告人に上告状を送達した後は，上告状の却下は法316条1項の上告却下決定によらなければならない（口頭弁論開始後の控訴状却下命令は違法であるとした，大決昭14.3.29民集18-365を参照。）。
[50] 上告裁判所が最高裁判所である場合を除く。

上告状の原本を返還する場合[51]には，上告状謄本を作成して訴訟記録につづり込む[52]。
(2) 上告状却下命令に対する不服申立て
簡易裁判所，地方裁判所及び家庭裁判所の裁判長によりされた場合，上告状却下命令に対して即時抗告できるかについては説の対立がある[53]が，高等裁判所の裁判長によりされた場合，上告人は法137条3項による即時抗告をすることはできず（裁7），上告状却下命令は上告人に対する告知と同時に確定し，上告はなかったことになって原判決が確定する。

5 原裁判所による上告の適法性の審査
原裁判所は，上告が不適法でその不備を補正することができないものであるかどうかについて審査をし[54]，これが明らかな場合に，決定で上告を却下しなければならない（法316Ⅰ）。

(1) 審査の範囲（法316Ⅰ）
ア 上告が不適法でその不備を補正することができない場合
例えば，上告期間経過後に上告が提起された場合，上告権放棄の後に上告が提起された場合[55]，上告につき訴訟能力・代理権が欠缺する場合，上告をなし得ない者からの上告の場合[56]などである。これらのうちその不備を補正し得る場合（法34Ⅱ，59）は，原裁判所はまず不備の補正を命ずる。

必要的共同訴訟の共同訴訟人の一人が上告を提起した後，他の共同訴訟人が上告を

---

[51] 上告状却下命令が簡易裁判所，地方裁判所及び家庭裁判所の裁判長によりされた場合は即時抗告ができると解すれば，抗告状には上告人が提出した上告状の原本を添付する必要がある（規186,176,57。訴状却下命令をしたとき，訴状原本を原告に返還する取扱いについて，昭28．3．23民事局長回答「民事訴訟手続の取扱方について」）。原裁判所が高等裁判所である場合は，特別抗告又は許可抗告による以外不服を申し立てることができないので（裁7），上告状の原本を返還する必要はないと考える。なお，上告人に対し上告状謄本を添付して返還しなかった場合でも，上告状却下命令の効力に消長はない（名古屋高決昭36．12．5高民14-9-640）。
[52] 上告状却下命令は，訴訟の終了を明らかにする書面であるから原審記録の第1分類判決書群に，上告状は訴状群に，それぞれ編てつする（ただし，上告裁判所が最高裁判所の場合，上告提起とともに上告受理申立てがあり，上告状が却下されても上告受理申立てにより最高裁判所へ記録送付されるときは，訴訟の終了を明らかにする書面とは言えないので，上告関係書類として編てつする。）。また，上告状却下命令の原本は，その裁判をした裁判所において保存すべき事件書類であるから（保存規程3条4項，別表第二の1），原裁判所において訴訟記録を保存する場合を除き，訴訟記録には正本をつづることになる。
[53] 裁判長の上告状却下命令は上告審の裁判長としてしたのであるから，この命令に対しては法137条3項を準用して即時抗告することはできないとする否定説（菊井・村松Ⅲ266），最高裁判所への即時抗告は認められないから，高等裁判所の裁判長によってなされた場合には即時抗告ができないとする説（注解(9)531）があるが，判例（東京高決昭31．1．31東高時7-1-13）の立場は後説であると解される（この判例を否定説とする見方もある。菊井・村松Ⅲ266，注釈(8)305参照）。地方裁判所又は家庭裁判所の終局判決に対する飛躍上告提起の場合及び地方裁判所の終局判決に対する最高裁判所への上告提起の場合の抗告裁判所は，本案訴訟の審級に従い定まる上告裁判所であると解されるので（菊井・村松Ⅲ275），特別抗告の余地があるにすぎない。
[54] 原裁判所の裁判官が上告の適法性の審査をすることについては，法23条1項6号の前審裁判関与による除斥の規定は性質上適用がないと解されている（菊井・村松Ⅲ273）。
[55] 被参加人が上告権を放棄した後は，補助参加人は上告を提起することはできない。
[56] 第一審において敗訴の判決を受けながら控訴及び附帯控訴をせず，相手方が控訴するも棄却判決を与えられたときは控訴判決によって不利益を被りたる者とはいえず，第一審判決に対する不服の理由を上告審において主張することはできない（大判昭2．7．4評論16-商法-381）。また，原判決言渡し後，訴えの利益がなくなる状態を自ら作出しながら，訴えの利益がないことを理由に上告を提起することは，上告権の濫用として許されない（最判平6．4．19判時1504-119）。

第3章　上　　告

提起した場合や，補助参加人が上告を提起した後被参加人が上告を提起した場合には，前者の上告の効力が後者にも及ぶので，後者の上告は不適法となる（最判昭 60. 4. 12 裁集民 144-461，最判平元. 3. 7 裁集民 156-295）[57]。

　第一審で全部勝訴した当事者の控訴[58]は，控訴の利益がないとして却下すべきであるが，控訴審が誤って控訴棄却の判決をしても，これにより控訴人は何の不利益も受けないから，控訴人からの上告は許さない（最判昭 32.11. 1 民集 11-12-1832）。

　附帯上告状及びその理由書の提出期限についての判断は，附帯上告の理由にかかるため，原裁判所において行うことはできない。

　なお，上告に対して附帯上告受理の申立てをすることはできない（最決平 11. 4. 23 裁集民 193-253）。

イ　上告理由書の不提出

　上告理由書の提出は上告の適法要件であるから，上告状に上告の理由を記載せず，上告理由書を法定期間（規 194。後記 7(1)上告理由書の提出期間（244 ページ）を参照）内に提出しない場合は，補正の余地はないことから規則 196 条 1 項の規定による補正命令を発する必要はなく，上告を却下することになる（法 316 I ②前段）。

　法定の期間が経過すると，上告が却下される前に理由書が提出されても，その提出は有効とはならない。

ウ　上告理由の記載方法の違反

　規則が定める上告理由の記載方法については，第 1 の 5(6)上告理由の記載方式（186 ページ）を参照。原裁判所が判断するのは，あくまでも上告理由の記載方法という技術的な側面であり，理由の実質的当否の判断に立ち入るものではないことに注意を要する[59]。

エ　補正命令

　上告状又は上告理由書の提出期間内に提出した上告理由書のすべての理由の記載について，規則 190 条，191 条[60]の規定に違反することが明らかな場合には，原裁判所は，決定で相当の期間[61]を定め，その期間内に補正すべきことを命じなければならない（規

---

[57] 二重上告に当たる場合には，当事者にその旨を伝えて後者あるいは一方の取下げを促すべきであろう。
[58] 控訴審で勝訴した者が，理由中の判断に不服があるとして上告しても，理由中の判断には既判力が生じないから，上告は許されない（最判昭 31. 4. 3 民集 10-4-297）。ただし，差戻判決の理由中の判断には下級審を拘束する効力を生じるので（法 325Ⅲ，裁 4），控訴審で勝訴して，第一審判決を取り消して事件を第一審へ差し戻す判決を得た者も，その理由中の判断に不服があるときは上告できる（最判昭 45. 1. 22 民集 24-1-1）。
[59] したがって，形式的にせよ，憲法又は法令違反（高等裁判所が上告裁判所の場合）あるいは訴訟手続の法令違反が主張されていれば，それが主張自体から理由がないこと，あるいは架空であることが明らかである場合にも，原裁判所が上告を却下することはできない（菊井・村松Ⅲ273）。上告の理由として理由の不備をいうものの，その実質は事実誤認を主張するものであって，明らかに法 312 条 1 項及び 2 項に規定する事由に該当しないときでも，原裁判所が法 316 条 1 項 1 号によって上告を却下することはできない（最決平 11. 3. 9 裁集民 192-99）。
[60] 法 315 条 2 項を受けて，規則で理由の記載方式を定めているのは 190 条と 191 条だけである。例えば，上告理由と上告受理申立て理由とを 1 通の書面に記載して提出する場合は，これらを区別して記載しなければならないが（規 188），区別して記載されていない場合でも，これを理由として上告を却下することはできない。
[61] 補正命令において定める不備を補正するための相当の期間は，具体的な事情に応じて，原裁判所が裁量で定めることになるが，一般的には 10 日から 2 週間程度の期間が相当であろう（条解 407）。

196Ⅰ）[62][63]。

　上告理由書の提出期間経過後は，新たな上告理由を提出することはできないから，補正命令に基づく補正は，従来提出していた上告の理由についての不備の補正でなければならない[64]。上告人が補正命令で定めた期間内に不備を補正せず，あるいは補正をしてもなお所定の方式を具備しないときは，原裁判所は上告却下の決定をすることになる[65]。

【参考例48】（補正命令…上告理由の記載方式違反が明らかな場合）

```
平成○○年（ネオ）第○○○号○○請求上告提起事件
              補　正　命　令
       上　告　人　　○　○　○　○
       被上告人　　　○　○　○　○
  上記当事者間の頭書事件について，上告人に対し，本命令送達の日から１０日
 の期間内に，先に提出した上告理由の記載につき，憲法の違反があることを理由
 とする場合にあっては憲法の条項を掲記して憲法に違反する事由を示し，民事訴
 訟法３１２条２項各号に掲げる事由があることを理由とする場合にあってはその
 条項及びこれに該当する事実を示したものに補正することを命ずる。
       平成○○年○月○日
         ○○高等裁判所第○民事部
             裁判長裁判官　　○　　○　　○　　○　印
             裁判官　　　　　○　　○　　○　　○　印
             裁判官　　　　　○　　○　　○　　○　印
```

　オ　上告却下決定

　　①上告が不適法でその不備を補正することができない場合，②上告理由書を提出しない場合，③上告理由の記載方式が規則190条又は191条に違反するとして補正を命ぜられたにもかかわらず，補正期間内に追完しない場合（規196Ⅱ）[66]，原裁判所は決

---

[62] 上告の理由の記載の方式には相当技術的な点もあり，そこに不備があったというだけで直ちに上告を却下し得るとすることは，その決定をするのが原裁判所であるだけに，上告人の権利保護という点から見て疑問があるとの理由から，旧規則53条においては，原裁判所が上告理由の記載の方式に明らかな不備があることを理由に上告却下の決定をする前に，まず，その補正を命ずべきものとしたと説明されている。本条は，この旧規則の規定内容をそのまま引き継いだものである（条解406）。
[63] 上告理由の記載方式についての補正命令は，上告を却下する際の前提として要求されるものであるから，記載された上告理由のうち，いずれか一つでも適式なものがあれば上告を却下する余地はなく，したがって補正命令を発する必要はない。また，上告の理由は，上告理由書の提出期間内は自由に補完することができるので，補正命令を発する時期は，上告理由書の提出期間経過後となる（条解407）。
[64] 補正期間内に提出された補正書によって，従来の上告の理由とは別個の新たな上告の理由が主張されたような場合は，これにより有効な補正がされたものと解することはできず，上告却下の決定をすべきことになる（条解407）。
[65] 補正の結果なお所定の方式を具備しないときに，重ねて補正を命ずる必要はない（条解407）。
[66] 最決平12.7.14（裁集民198-457）は，上告状及び上告理由書提出期間内に上告人から提出された書面のいずれにも民事訴訟法312条1項，2項に規定する事由の記載がないときは，原裁判所は，民事訴訟規則196条1項所定の補正命令を発すべきではなく，直ちに決定で上告を却下すべきとする。

第3章 上　告

定で上告を却下しなければならない（法316Ⅰ）[67]。

ただし，上告の適法性についての最終的な判断は上告裁判所が行うため，原裁判所において上告却下できるのは，適法要件の欠缺が明らかな場合のみに限られている。

地方裁判所，家庭裁判所又は簡易裁判所によってされた上告却下決定に対しては即時抗告ができるので[68]，同決定の告知は上告人に対し謄本を送達する方法によるのが相当である[69]。

---

[67] 上告状却下の要件が存在する場合でも，被上告人に上告状を送達した後は，上告却下決定によらなければならない（大決昭14.3.29民集18-365）。

[68] 上告裁判所が最高裁判所である場合を除く。

[69] 上告却下決定は，訴訟の終了を明らかにする書面であるから原審記録の第1分類判決書群に，上告状は訴状群に，それぞれ編てつする（ただし，上告裁判所が最高裁判所の場合，上告提起とともに上告受理申立てがあり，上告が却下されても上告受理申立てにより最高裁判所へ記録送付されるときは，訴訟の終了を明らかにする書面とは言えないので，上告関係書類として編てつする。）。また，上告却下決定の原本は，その裁判をした裁判所で保存すべき事件書類であるから（保存規程3条4項，別表第二の1），原裁判所において訴訟記録を保存する場合を除き，訴訟記録には正本をつづることになる。

【参考例49】（上告却下決定…上告期間徒過の場合）

平成〇〇年（ネオ）第〇〇号（平成〇〇年（ネ受）第〇〇号）
　　　　　　　　　決　　　　　定
　　　〇〇県〇〇市〇〇町〇〇番地
　　　　　上　告　人（申立人）　　〇　　〇　　〇　　〇
　　　　　同訴訟代理人弁護士　　　〇　　〇　　〇　　〇
　　　〇〇県〇〇市〇〇〇丁目〇番地
　　　　　被上告人（相手方）　　　〇　　〇　　〇　　〇
　上記当事者間の当庁平成〇〇年（ネ）第〇〇〇〇号〇〇〇〇請求控訴事件につき，平成〇〇年〇月〇日当裁判所が言い渡した判決に対する頭書上告提起事件（上告受理申立て事件）について，当裁判所は次のとおり決定する。
　　　　　　　　　主　　　　　文
　　本件上告（上告受理申立て）を却下する。
　　上告（上告受理申立ての）費用は上告人（申立人）の負担とする。
　　　　　　　　　理　　　　　由
　　本件記録によれば，上告人（申立人）は，平成〇〇年〇月〇〇日に当裁判所に上告状（上告受理申立書）を提出したが，本件上告（上告受理申立て）は民事訴訟法３１３条，２８５条（３１８条５項，３１３条，２８５条）に定めた法定期間を経過した後に申し立てられた不適法なものであり，同法９７条１項所定の追完事由も認められないから，その不備は補正することができないことが明らかである。
　　よって，同法３１６条１項１号（同法３１８条５項，３１６条１項１号）に従い本件上告（上告受理申立て）を却下することとし，上告（上告受理申立ての）費用の負担につき同法６７条１項，６１条を適用して，主文のとおり決定する。
　　　平成〇〇年〇月〇〇日
　　　　〇〇高等裁判所第〇民事部
　　　　　　裁判長裁判官　　〇　　〇　　〇　　〇　㊞
　　　　　　　　裁判官　　　〇　　〇　　〇　　〇　㊞
　　　　　　　　裁判官　　　〇　　〇　　〇　　〇　㊞

※　（　）内は，上告受理申立て事件の場合に読み替える。

第3章 上　　告

【参考例50】（上告却下決定…上告理由書不提出の場合）
```
平成○○年（ネオ）第○○号○○○○等請求上告提起事件
〔平成○○年（ネ受）第○○号○○○○等請求上告受理申立て事件〕
（原審・○○高等裁判所平成○○年（ネ）第○○○○号）
　　　　　　　　　　決　　　　　　定
　　　○○県○○市○○町○○番地
　　　　　　上　告　人（申立人）　　○　○　○　○
　　　　　　同訴訟代理人弁護士　　　○　○　○　○
　　　○○県○○市○○○丁目○番地
　　　　　　被上告人（相手方）　　　○　○　○　○
　　　　　　　　　　主　　　　　　　文
　　　本件上告〔上告受理申立て〕を却下する。
　　　上告〔上告受理申立ての〕費用は上告人〔申立人〕の負担とする。
　　　　　　　　　　理　　　　　　　由
　　　本件記録によれば，上告状〔上告受理申立書〕には上告〔上告受理申立ての〕理
　由の記載がなく，また，上告人〔申立人〕が平成○○年○月○○日上告提起通知書
　〔上告受理申立て通知書〕の送達を受けたこと，上告人〔申立人〕は前記上告提起
　通知書〔上告受理申立て通知書〕の送達を受けた日から法定の期間内に上告理由書
　〔上告受理申立ての理由書〕を提出すべきであるにもかかわらず，同期間内に上告
　理由書〔上告受理申立ての理由書〕を提出していないことが明らかである。
　　　よって，民事訴訟法３１６条１項２号〔３１８条５項，３１６条１項２号〕に従
　い本件上告〔上告受理申立て〕を却下し，上告〔上告受理申立ての〕費用の負担に
　つき同法６７条１項，６１条を適用して，主文のとおり決定する。
　　　　　　平成○○年○月○○日
　　　　　　○○高等裁判所第○民事部
　　　　　　　　裁判長裁判官　　○　　○　　○　　○　　印
　　　　　　　　　　裁判官　　　○　　○　　○　　○　　印
　　　　　　　　　　裁判官　　　○　　○　　○　　○　　印

※〔　〕内は，上告受理申立ての事件の場合に読み替える。
```

(2)　上告却下決定に対する不服申立て

　　上告却下決定が簡易裁判所，地方裁判所又は家庭裁判所によってされたときは，この決定に対し即時抗告をすることができるが（法316Ⅱ）[70]，高等裁判所の決定に対しては即時抗告をすることができず（裁7），特別抗告又は許可抗告の余地があるにすぎない

---

[70] 地方裁判所又は家庭裁判所の終局判決に対する飛躍上告提起の場合及び地方裁判所の終局判決に対する最高裁判所への上告提起の場合の抗告裁判所は，本案訴訟の審級に従い定まる上告裁判所と解されるので（菊井・村松Ⅲ275），特別抗告の余地があるにすぎない。

（条解 407）。

6 上告提起通知書
(1) 送達の時期

　　　形式的適法要件の審査が完了した段階で，前記4(1)オの上告状却下命令（234ページ）又は5(1)オの上告却下決定（237ページ）があった場合を除き，当事者双方に上告提起通知書を送達しなければならない（規189Ⅰ）[71]。

　　　上告人に対する上告提起通知書の送達日が，上告理由書提出期間の起算日となる（規194）。上告理由の提出は上告の適法要件であり，提出期間内に提出されなかった場合はもちろん，理由の記載方法についても規則の定めがあり，これに反する場合は補正の機会は与えられるものの，原裁判所において上告が却下される場合があるので，理由書の提出期間の算定方法や理由の記載方法についての規定が上告人に分かるよう，注意書等[72]を添えるなどの配慮が必要であろう。

　　　上告提起通知書の書式は，保管送付通達別紙様式第4のとおりである（同通達記第2の4の(2)）。

　　　必要的共同訴訟で，上告状に当事者としての記載がない場合でも，上告審の当事者と認められる者全員に対し，上告提起通知書及び上告状副本を送達しなければならない。また，上告状に補助参加人の記載がなくても，上告の効力の及ぶ補助参加人には，被参加人とは別に上告提起通知書等の送達手続をする必要がある。

　　　検察官が当事者である場合，検察官に対する上告提起通知書の宛先は，原裁判所に対応する検察庁（検察5）である。

　　　附帯上告の場合も，上告の場合と同様に附帯上告提起通知書を送達することになるが，附帯上告理由書の提出期間はこの通知書の送達によって画されるものではないから，附帯上告の理由により理由書提出期間が異なる[73]ことを，注意書等により知らせる必要があろう[74]。

---

[71] 上告提起と上告受理申立てが共にされている場合，上告提起通知書と上告受理申立て通知書を1通で兼ねることは相当でない。通知書は各別に作成し，これを同一の封筒で送付すれば足りよう。

[72] 改正関係資料(3)551「高等裁判所における上訴の立件等の事務処理について」の説明別紙第1及び第2参照。

[73] 附帯上告の理由が，上告の理由と同一の理由に基づく場合であるか否かによって，附帯上告状及びその理由書の提出期限が異なることは前記2のとおりであるが，附帯上告理由にかかる判断は原裁判所において行うものではない。

[74] 実際には，上告の理由と別個の理由に基づく場合が多いと思われるが，上告理由書提出期間経過後に附帯上告状が提出された場合でも，提出期間以外の事項について確認の上，原裁判所において附帯上告提起通知書及び附帯上告状の送達を行う。

第3章　上　　告

【様式3】（上告提起通知書）

```
┌─────────────────────────────────────────────┐
│　　　上告提起事件番号　平成　　年（　）第　　　　号　　　　│
│　　　　　　　　　　　　　　　　　　　　平成　年　月　日　　│
│　　　　　　　　　　　殿　　　　　　　　　　　　　　　　　　│
│　　　　　　（庁　名）　　　　　　　　　　　　　　　　　　　│
│　　　　　　　裁判所書記官　　　　　　　　　　　印　　　　　│
│　　　　　　　　　上　告　提　起　通　知　書　　　　　　　　│
│　　　　　　　　　　　上　告　人　　　　　　　　　　　　　　│
│　　　　　　　　　　　被上告人　　　　　　　　　　　　　　　│
│　　　当裁判所平成　　年（　）第　　　号　　　　　　　　　　│
│　事件の判決に対して上告の提起があったので，民事訴訟規則第189条第1項に│
│　より通知します。　　　　　　　　　　　　　　　　　　　　　　│
└─────────────────────────────────────────────┘
```

(2) **上告状の送達**

　　被上告人に対する上告提起通知書の送達と同時に行い（規189Ⅱ），被上告人に答弁書の提出や附帯上告の機会を与える。したがって，前記4⑴オの上告状却下命令（234ページ），5⑴オの上告却下決定（237ページ）があったときは不要である。

　　被上告人に原審で代理人がついており，訴訟委任状に上告に関する権限がある旨の記載があっても，審級ごとに当事者の意思を確認する意味で，実務では，送達を行う時点で訴訟委任状の提出がなければ被上告人本人に宛てて送達する。

(3) **原判決送達前に上告が提起された場合の取扱い**

　　上告は，原裁判所の判決書（又は法254Ⅱの調書（調書判決））の送達前においても提起することができる（法313, 285ただし書）ため，原判決書等の送達前に上告理由書提出期間が満了するという場合もあり得る。被上告人に附帯上告の余地がある場合には，不測の損害を与える危険があるため，上告提起通知書の送達は判決書（又は法254Ⅱの調書（調書判決））とともにしなければならない（規189Ⅲ）。

【様式４】（上告理由書の提出について）

> 上告理由書の提出について
>
> 　　　　　　　　　　　　　　　　　　　　　　　　　　　　○○高等裁判所
>
> １　上告状に上告の理由を記載していないときは，上告提起通知書を受け取った日から５０日以内に，上告理由書を当裁判所に提出してください（民事訴訟法３１５条１項，民事訴訟規則１９４条参照）。
> 　　なお，上告の提起と上告受理の申立ての両方をしている場合であっても，上告理由書と上告受理申立て理由書とは，別々に作成してください。
> ２　上告理由書には，上告の理由のほか当事者の氏名又は名称，代理人の氏名，事件の表示，附属書類の表示，年月日及び裁判所の表示を記載し，上告人又は代理人が記名押印してください（民事訴訟規則２条参照）。
> ３　上告の理由は，次の要領で，簡潔かつ具体的に記載してください（民事訴訟法３１５条２項，民事訴訟規則１９０条，１９２条，１９３条参照）。
> ⑴　判決に憲法の解釈の誤りがあることその他憲法の違反があることを理由とする上告の場合（民事訴訟法３１２条１項参照）にあっては，上告の理由は，憲法の条項を掲記し，憲法に違反する事由を示して記載してください。この場合において，その事由が訴訟手続に関するものであるときは，憲法に違反する事実を掲記してください。
> ⑵　民事訴訟法３１２条２項各号に掲げる事由があることを理由とする上告の場合にあっては，上告の理由は，その条項及びこれに該当する事実を示して記載してください。
> ⑶　⑴及び⑵の場合において，判決が最高裁判所の判例（これがない場合にあっては，大審院又は上告裁判所若しくは控訴裁判所である高等裁判所の判例）と相反する判断をしたことを主張するときは，裁判所名，事件番号，裁判の年月日及び掲載されている判例集の巻号頁を明らかにするなどして，その判例を具体的に示してください。
> ４　上告理由書には，被上告人の数に６を加えた数の副本を添付してください（例えば，被上告人一人の場合は，添付すべき副本は７通となります。）（民事訴訟規則１９５条参照）。
> ５　上告理由書を期間内に提出しなかったり，上告理由の記載の方式が上記３の⑴又は⑵に反している場合は，上告は却下されることになりますから，注意してください（民事訴訟法３１６条１項２号参照）。

7 上告理由書
(1) 上告理由書の提出期間

上告状に上告理由の記載がないときは，上告人は上告提起通知書の送達を受けた日から50日[75][76]内に，原裁判所に上告理由書[77]を提出しなければならない（法315Ⅰ，規194）[78][79][80]。

上告状に上告理由が記載されていても，上告理由書の提出期間内に新たな上告理由書を提出，あるいはこれを補完することは自由であるから，原則として，この提出期間を待たずに上告裁判所へ記録送付してはならない[81]。

上告理由書提出期間経過後で補正期間内に提出される補正理由書には，その前に提出された上告理由書に全く記載されていない新たな主張は許されない（東京高判昭30.12.21高民8-9-695）。

上告状に上告理由が記載されていないにもかかわらず，期間内に上告理由書が提出されない場合は，補正の余地はないので，補正命令を発することなく決定で上告を却下しなければならない（法316Ⅰ②。前記5(1)オ上告却下決定【参考例50】（240ページ）を参照）。

---

[75] 人身保護請求事件は15日，国の関与等の訴えに係る事件は10日である（第1の11(1)イ(ｱ)c，(ｲ)c上告理由書提出期間（212ページ）を参照）。

[76] 再審事由を上告理由として主張するときは，上告提起通知書の送達を受けた日から50日内にすることを要しないが，右期間経過後は再審事由の存在を知った日から30日内にこれをしなければならない（法342Ⅰ，大阪高判昭32.12.24高民10-12-736）。

[77] 上告理由書はファクシミリを利用して送信することにより提出することができない書面である（規3Ⅰ④）。上告審の調査の範囲を画するものであり（法320），提出期間，記載内容や方法が定められており（規190，191，194），これに違反したときは上告自体が却下されるという重大な効果をもたらすもので（法316，317Ⅰ），その提出の事実や時期を明確にしておく必要性が高いためである。

[78] 上告理由書提出期間は不変期間ではないから，追完を認める余地はないが（大判昭11.10.31法学6-2-239），原裁判所は事情により期間を伸長することができる（法96Ⅰ本文。上告人から期間の伸長を求める上申書等が提出された場合には，速やかに裁判所の指示を仰ぐべきである。）。その期間を徒過した場合には追完は認められない。ただし，上告人が自己の責めに帰することができない事由によって期間を徒過した場合には，期間経過後の提出も許されるものと解すべきであろう（大阪高決昭38.5.24判タ146-98）。

[79] 被参加人が上告提起をした場合，補助参加人が上告理由書を提出できる期間は，被参加人の上告理由書提出期間に限られる（最判昭25.9.8民集4-9-359，最判昭47.1.20判時659-56）。

[80] 上告人が誤って上告状を上告裁判所ではない最高裁判所に提出したため，最高裁判所の裁判所書記官が上告人に記録送付を受けた旨の通知をした後に，原裁判所に事件が移送され，原裁判所の裁判所書記官が更に上告人に上告提起通知をしたときでも，上告理由書の提出期間は，最初の通知を受けた日から起算されるし（東京高判昭28.9.28高民6-12-771），上告理由書を誤って直接上告裁判所に提出したため法定の提出期間が経過した場合は，右上告理由書を原裁判所に提出すれば期間内に到達したであろうと認められるときでも，提出期間を遵守したことにはならない（東京高判昭38.11.5高民16-8-637）。

[81] 上告が原判決の一部に限定してなされたときでも，上告人は上告理由書提出期間内においては，不服申立ての範囲を拡張することができる（最判昭44.7.10民集23-8-1423）。

(2) **記載方式（法315Ⅱ，規190〜193）**

上告理由の記載方法が不適式である場合[82][83]，原裁判所は相当の期間を定めて補正を命じなければならず（規196Ⅰ），期間内に補正されない場合は決定により上告を却下しなければならない（同Ⅱ）ことについては，前記5⑴ウ上告理由の記載方法の違反（236ページ）のとおりである（規則が定める上告理由の記載方法については，第1の5⑹上告理由の記載方式（186ページ）を参照）。

---

[82] 上告裁判所が最高裁判所である場合，上告理由書が提出された時点で，上告理由として主張されているところが上告受理申立ての理由と判断されるような場合（立件された事件の類型と理由との食い違いが明らかになった場合），原裁判所において補正を命じ（規196Ⅰ），上告人が不備を補正しないときは上告を却下するというのが法の予定するところであるが，事案は様々であり，個々の事件ごとにその事案に即した処理を考える必要がある（改正関係資料⑶440）。当初提出された書面から申立ての類型が明らかでない場合は少なく，これが明らかな場合には，後に提出された理由が当初の申立てと食い違っていたとしても，最高裁判所においては基本的に当初の申立ての類型に対応した事件処理がなされることは考慮する必要があろう（平成10年9月1日付け最高裁民事局第二課長書簡別紙「最高裁判所における上告事件及び上告受理事件の立件の判断基準」を参照）。

[83] 上告期間内に上告状が，さらに，同期間経過後，上告理由書提出期間内に上告受理申立理由書が提出され，その後，先に提出した上告状を上告受理申立書に訂正する旨の上申書が提出されたとしても，上告人が提出した上告状に上告受理の申立ての趣旨が含まれていると認めることはできず，上告と上告受理の申立てとは異なる申立てであるから，上告受理申立期間経過後に，先にした上告を上告受理の申立てに変更又は訂正することはできない（最決平12.7.14判時1720-147）。

第3章 上　　告

【参考例51】（上告却下決定…上告理由の記載方法違反の場合）

> 平成○年（ネオ）第○○○号○○○○請求上告提起事件（原審・○○高等裁判所平成○年（ネ）第○○○号）
>
> 決　　　定
>
> 　　○○県○○郡○○村大字○○番地○
> 　　　　上　告　人　　○　　○　　○　　○
> 　　○○県○○市○○○○丁目○番○号
> 　　　　被　上　告　人　○　　○　　○　　○
>
> 主　　　文
>
> 　本件上告を却下する。
> 　上告費用は上告人の負担とする。
>
> 理　　　由
>
> 　本件記録によれば，上告人が提出した平成○年○月○○日付け上告状及び同年○月○○日付け上告理由書に記載された上告理由につき，民事訴訟法３１２条１項，２項に該当する条項及びその条項に該当する事実を記載したものに補正するよう期間を定めて命じたところ，その命令は平成○年○○月○日上告人に到達し，当裁判所が定めた補正期間内に上告人が適式な上告理由書を提出していないことが明らかである。
> 　よって，民事訴訟法３１６条１項２号に従い本件上告を却下し，訴訟費用の負担につき同法６７条，６１条を適用して，主文のとおり決定する。
> 　　　平成○年○○月○○日
> 　　　　○○高等裁判所第○民事部
> 　　　　　　裁判長裁判官　　○　　○　　○　　○　印
> 　　　　　　裁判官　　　　　○　　○　　○　　○　印
> 　　　　　　裁判官　　　　　○　　○　　○　　○　印

　上告理由書は訴訟上形式的効果を生ずる確定書面であるから，それ自体で形式的完結性と具体的明確性を備えていることが必要である[84]。

　原裁判所が補正命令を発する目安，原裁判所による却下決定の基準等は，原裁判所の裁判体の判断事項であるが[85][86]，原裁判所は，上告の理由が明らかに法312条１項，２

---

[84] したがって，上告理由として，原審に提出した準備書面を引用するというだけでは，適式な理由書にはならず（最判昭 37. 4. 27 裁集民 60-455），相上告人の上告理由中利益なものを援用すると主張する上告理由の記載は具体性を欠き，法定の方式を具備したものとはいえないし（最判昭 39. 11. 17 裁集民 76-151），また，別事件の記録を援用したり，他事件についての上告理由書の記載を引用したり，上告理由に第一審記録に添付した上告人の準備書面を引用することも許されない（大判昭 11. 7. 16 新聞 4022-10，最判昭 26. 6. 29 民集 5-7-396，最判昭 28. 11. 11 民集 7-11-1193）。

[85] 改正関係資料(3)530「高等裁判所における上訴の立件等の事務処理について」第１の４を参照。

[86] 上告状及び民訴規則 194 条所定の上告理由書提出期間内に上告人から提出された書面のいずれにも民訴法 312 条１項及び２項に規定する事由の記載がないときは，その不備を補正する余地はないから，原裁判所は，民訴規則 196 条１項所定の補正命令を発すべきではなく，直ちに決定で上告を却下すべきである（最決平 12. 7. 14 判時 1723-49）。

項に規定する事由に該当しないことを理由として上告を却下することはできない（最決平11.3.9裁集民192-99）。

(3) 副本の添付

上告理由が記載された書面[87]は，被上告人に送達されるべきものであるから（法313,289Ⅰ，規198），被上告人の数に応じた副本の添付が必要になるが，これに加えて，上告審における審理を円滑に行うために，上告裁判所の各裁判官に配布すべき副本（上告裁判所が最高裁判所であるときは5通，高等裁判所であるときは3通）及び判決原本の草稿に用いるべき副本1通の添付を求めている（規195）。

上告理由書は，上告裁判所が事件送付を受けた後に，答弁書等により被上告人に反論させた上で判断することが適当であると判断した場合に，被上告人に副本を送達する（規198）ため，原裁判所において送達する必要はないが，被上告人から副本交付の要請がある場合には，経緯を明らかにした上で送達することは差し支えない。

8 原裁判所で処理すべき付随事件等

上告提起後，当該上告提起事件について原裁判所に訴訟救助（法82），強制執行停止等（法403Ⅰ②），不服申立てのない部分に対する仮執行宣言（法323）等，上告裁判所へ訴訟記録を送付する前に判断をする必要がある申立てがされた場合には，民事雑事件（記録符号は，簡易裁判所は（サ），地方裁判所は（モ），家庭裁判所は（家ロ），高等裁判所は（ウ）[88]）又は行政雑事件（記録符号は，地方裁判所は（行ク），高等裁判所は（行タ）[89]）として，民事雑事件簿，家事雑事件簿，行政雑事件簿[90] [91]に登載する等の立件手続をした上で，これら付随事件についての処理をしなければならない。

一方，文書提出命令（法221）や証拠保全（法234）等，原裁判所では判断しないとされた申立てについては，そのまま上告裁判所へ送付することになる[92]。

他にも訴訟記録の保管に伴い，次の事務を行うことになる。

◇ 執行文の付与（民執26）
　第2章第2の10執行文の付与（94ページ）を参照。
◇ 訴訟記録の正，謄，抄本の交付，訴訟に関する事項の証明書の交付（法91，規33），判決の確定証明書の交付（規48Ⅱ）
　第2章第2の11証明（95ページ）を参照。
◇ 訴訟記録の閲覧・謄写及び録音テープ又はビデオテープの複製の許否
　第2章第2の12訴訟記録の閲覧，謄写及び複製に関する事務（98ページ）を参照。

---

[87] 上告状に記載した場合にはその上告状，理由書の提出期間内に提出された補充書等，記載方法を補正させた場合の補正書等についても，それぞれ同数の副本の添付が必要である。
[88] 民事事件記録符号規程及び家庭事件記録符号規程参照。
[89] 行政事件記録符号規程参照。
[90] 各事件簿は，帳簿諸票取扱通達別表第1から第4による。様式は，いずれも非訟・民事雑・執行雑・行政雑等事件簿（同通達別紙様式第12）である。
[91] 民事裁判事務支援システムを利用する場合は，事件簿への登載に代えて，民事裁判事務支援システムのサーバーの記憶装置に所要事項を記録することとなる（民裁支援システム通達記第1の1）。
[92] もっとも，こうした事件について上告裁判所が判断することはほとんどないと思われる。

第3章 上　　告

9　事件の終局
　(1)　上告状却下命令（法313, 314Ⅱ, 288, 289Ⅱ, 137）
　　　　前記4(1)オ【参考例47】（234ページ）を参照。
　(2)　上告却下決定
　　ア　上告が不適法で不備が補正できない場合（法316Ⅰ①）
　　　　前記5(1)オ【参考例49】（239ページ）を参照。
　　イ　上告理由書の不提出（法316Ⅰ②）
　　　　前記5(1)オ【参考例50】（240ページ）を参照。
　　ウ　上告理由の記載方式違反（法316Ⅰ②）
　　　　前記7(2)【参考例51】（246ページ）を参照。
　(3)　上告の取下げ（法313, 292, 規177）
　　　　第2章第2の9控訴の取下げ（91ページ）を参照[93]。
　(4)　訴えの取下げ（法313, 297, 261）
　　　　第2章第3の17(4)訴えの取下げ（159ページ）を参照。
　(5)　上告裁判所への事件送付
　　ア　送付時期
　　　　原裁判所における上告の適法性の審査が終了し，上告理由の記載が所定の方式を備えていると判断したとき（上告状却下命令又は上告却下決定をしない場合），上告理由の実質的な当否にかかわらず，事件を上告裁判所に送付しなければならない（規197Ⅰ）[94][95]。
　　　　上告理由書提出期間到来後は[96]，速やかに上告裁判所へ記録送付すべきであるが，理由書提出期間が長いため，記録送付の時期を失念しないように，上告提起からの事務の進捗状況を的確に把握するための工夫が必要である。
　　　　附帯上告状が原裁判所に提出された場合には，附帯上告提起通知書及び附帯上告状の送達を行った上，この送達の時期に関係なく，本上告の理由書提出期間到来後，上告裁判所へ記録送付すべきである。
　　イ　訴訟手続に関する事実の有無についての意見の添付
　　　　上告人が上告の理由中に訴訟手続に関する事実を掲記しているとき（規190Ⅰ後段，Ⅱ，191Ⅲ）は，上告裁判所の参考に資するため，原裁判所はその事実の有無について

---

[93] 被参加人は，補助参加人のした上告を取り下げることはできるが，補助参加人は，被参加人の同意なくして自らのした上告を取り下げることはできない。
[94] 上告提起事件と上告受理申立て事件が共に申し立てられた場合には，原則として，両事件についての原裁判所における手続が終了してから，両事件の記録を一括して同時に送付する。ただし，一方の事件の都合により，送付可能な状態にある他方の事件の送付が1箇月以上遅れる見込みのときは，個別に最高裁判所の訟廷事務室に相談して指示を受ける（新通達等の概要（上）164を参照）。
[95] 上告裁判所への事件送付により，これ以降の上告権の放棄（規186, 173Ⅰ）及び上告の取下げ（規186, 177Ⅰ），仮執行宣言付判決に対する上告提起に伴う執行停止の申立て（法403Ⅰ②）は上告裁判所に対して行われることになる。
[96] 上告状に上告理由が記載されていても，上告理由書の提出期間内に新たな上告理由を提出，あるいはこれを補完することは自由であるから，この提出期間を待たずに上告裁判所へ記録送付してはならない。

意見を付することができる（規 197 I 後段）[97] [98]。
ウ　送付の手続
　　事件送付には裁判の必要はなく，上告裁判所の裁判所書記官に対し，訴訟記録を送付して行う（規 197 II）。
　(ｱ)　記録整理の確認
　　　上告裁判所へ記録送付する際には，改めて記録を精査した上で送付手続を執る[99]。
　　　記録整理の方法については，第2章第2の6訴訟記録の整理（70ページ）及び第3の10(2)記録の編成（140ページ）を参照。
　　　a　記録の編成
　　　　◇　上告関係書類を別冊にする場合
　　　　　①上告提起事件の記録表紙[100] [101]・予納郵便切手管理袋等
　　　　　②上告審の記録
　　　　　③控訴事件記録表紙・予納郵便切手管理袋等
　　　　　④第一審事件記録表紙・予納郵便切手管理袋等
　　　　　⑤第一審事件の目録，控訴事件の目録，上告事件用目録
　　　　　⑥第一審事件の記録（第1分類から第3分類）
　　　　　　分界紙等
　　　　　⑦控訴事件の記録（第1分類から第3分類）

---

[97] この意見の添付は原裁判所の権限であって，必ず意見を付さなければならないものではない。
[98] 意見書の書式は，抗告提起事件において記録送付に際し，原裁判所（裁判官）が添付する意見書と同様と考えられる（ただし，上告提起事件の場合は原裁判所の意見書になる。）ので，第4章第2の6(2)【参考例65】（322ページ）を参考にされたい。
[99] 記録送付に際しては，原裁判所等で使用していた分界紙等を取り外すまでの必要はない。
[100] 上告裁判所が最高裁判所である場合のみ，作成が必要になる。同一人から上告提起と上告受理申立てがある場合には，同一書面で申し立てられたか否かにかかわらず，1枚の記録表紙に両事件を併記すれば足りる（改正関係資料(3)531「高等裁判所における上訴の立件等の事務処理について」第2の1）。附帯上告や双方上告の場合，上告人ごとに作成した方が分かりやすいと思われる。
[101] 記録表紙の結果欄には，「事件送付」と記載し，事件簿の終局結果欄の「事件送付」を○で囲み，送付日を記入する。

第3章 上　　告

　　◇　上告関係書類を合てつする場合[102]
　　　①上告提起事件の記録表紙・予納郵便切手管理袋等
　　　②控訴事件記録表紙・予納郵便切手管理袋等
　　　③第一審事件記録表紙・予納郵便切手管理袋等
　　　④第一審事件の目録，控訴事件の目録，上告事件用目録
　　　⑤第一審事件の記録（第1分類から第3分類）
　　　　分界紙等
　　　⑥控訴事件の記録（第1分類から第3分類）
　　　　分界紙等
　　　⑦上告審の記録[103]

　　◇　原裁判所がした上告提起に伴う強制執行停止等の裁判に関する書類は，強制執行停止事件記録として原審記録の第3分類に編てつするか，上告関係書類として取り扱うか解釈の分かれるところであるが[104]，上告裁判所が最高裁判所の場合には，上告関係書類として取り扱うのが相当であろう。

　b　裁判書の取扱い

　　原裁判所が控訴審としてした終局判決に対する上告提起である場合，上告裁判所へ記録を送付する際には，原裁判所の当該控訴判決の原本を分離し，その正本を作成して記録につづることになる（保管送付通達記第2の2）[105]。控訴判決は言渡しになった時点で既に，上告提起の有無にかかわらずその原本は別に保管され，記録には判決正本がつづり込まれているはずであるが，再度の確認を行う。

　　一方，原裁判所が第一審裁判所としてした終局判決に対する上告提起の場合，当該事件記録は同裁判所において保存することになり，記録を保存に付する時に同裁判所が原本分離する（保存通達記第3の3の(2)）ので，上告提起の対象となった判決は，事件記録に原本をつづり込むことになる。

　c　目録

　　訴訟記録を引き継いだ上告裁判所が事件内容等の精査のため書類検索する場合の便宜を図る目的で，記録編成通達別紙様式により目録を作成する（記録編成通

---

[102] 上告裁判所が高等裁判所である場合は，上告提起事件用記録表紙の定めはないので，これを作成しないときは②を冒頭にして，⑦の前に上告提起事件用の予納郵便切手管理袋等をつづることになる。

[103] 上告提起事件の書類と上告受理申立て事件の書類は共に上訴関係書類であるため，これを別冊にしない場合には原審記録第3分類の末尾につづり込むこととなる。双方の申立てがされた場合に編年体でつづり込むと，双方の書類が混在し，閲読に支障をきたすことになるので，このような場合には，上告提起事件関係書類，上告受理申立て事件関係書類の順にそれぞれ一括して，編年体でつづり込むことが相当である。ただし，上告提起と上告受理申立てが1通の書面で提出された場合であっても，分けてつづり込むために写しを作成する必要はない。

[104] 実際に裁判をした原裁判所の記録中に，記録編成通達に則り編てつするのが分かりやすいと解するか，上告に伴って提出された書類は上告関係書類として扱うのが一覧性があると解するかの違いであり，それぞれ担保取消しを行う際の検索の便や上告審の審理における利便性等の利点が考えられるが，実務は取扱いが分かれている。

[105] 原裁判所で原本分離が必要となる控訴判決は，保存規程第2条2項の事件書類のうち「最高裁判所が別に定めるところにより記録から分離されたもの」であり，当該判決を行った控訴裁判所で保存すべき事件書類（保存規程3条4項）として同規程別表第2に掲げられている。当該事件が確定した後，事件記録は第一審裁判所に直送され，同裁判所において保存されるため，控訴裁判所の判決は控訴裁判所で保存すべきであるからである。

達記2の(1)) [106]。
　　　控訴審の目録は，第一審事件記録の目録の次につづり込む（同記2の(1)）。
　　◇　上告提起事件関係書類[107]
　　　　通常は，上告状，訴訟委任状，資格証明書及び上告理由書等の記載で足りよう。
　d　丁数
　　　上告審における書類の特定の便宜上，記録に付する丁数は総審級の通し丁数とし，分類別に付すこと等は許されない[108]。
　　◇　上告提起事件関係書類の丁数[109]
　　◇　裁判書のページの付記
　e　予納郵便切手の引継ぎ
　　　第2章第2の6(4)留意事項（87ページ）を参照。

---

[106] 目録の作成については，第2章第2の6(1)エ(ア)目録（81ページ）を参照。
[107] 上告審の記録の一部となるものであるから，上告審でつづり替えることが予定されている。そこで，上告裁判所が高等裁判所の場合は，目録の末尾にかっこ書きで「右掲記のほか，上訴関係書類○丁あり」と記載することになろう。上告裁判所が最高裁判所の場合は，編年体に整理した上で，上告状，訴訟委任状，資格証明書，上告理由書程度の書類を目録様式の末尾あるいは別紙を用いて記載する。その際，上告審用の目録を1枚付けるのが慣行である。
[108] 丁数の付し方については，第2章第2の6(1)エ(イ)丁数（82ページ）を参照。
[109] 原裁判所において立件し判断を経ているものであるが，同時に上告審の記録の一部となるものであるから，上告審でつづり替えることが予定されている。すなわち，上告裁判所が高等裁判所の場合は，高等裁判所が記録受領後，3分方式に編成し直すため，上告状を冒頭にして編年体でまとめ，これに仮丁数を付せば足りる。上告裁判所が最高裁判所の場合は，最高裁判所における記録の編成は編年体であるため，上告状を冒頭にして，訴訟委任状，資格証明書，上告理由書等の順番で編年体につづれば，これを最高裁判所で編成し直すことはないので，確定丁数を付して送付することになる。

第3章 上　　告

【参考例52】（予納郵便切手管理袋）

予納郵便切手管理袋 平成○年（ネオ）第○○号					
事件番号　　平成　年（　）第　号		予納者	上　告　人		
年　月　日	摘　　要	引継・予納額	使用額	残　額	印
○・○・○	引　　継	△△			
○・○・○	受　　領			△△	印
○・○・○	上告提起通知書		◇◇	□□	印
○・○・○	上告提起通知書・上告状		◇◇	▽▽	印
○・○・○	引継（上訴）		▽▽	0	印
	印（主任書記官の確認印）				

　(イ)　訴訟記録送付書の作成

　　　上告裁判所に事件記録を送付する場合の訴訟記録送付書は，保管送付通達別紙様式第6を使用する（保管送付通達記第2の4の(3)）[110][111]。

　　　訴訟記録送付書の送付事由には，「上告提起」と記載する[112]。

　　　訴訟記録送付書は，上告人ごとに作成する。上告提起とともに上告受理の申立てをしている場合であっても，同時に送付するときは1枚で足りる。

---

[110] 規則68条記載の録音テープ又はビデオテープ等を上告裁判所に送付する際には，訴訟記録送付書にその旨の記載を忘れないようにする。
[111] 事件名の記載は，「請求控訴事件」を省略する。
[112] 上告裁判所が最高裁判所である場合，高等裁判所における手続の過程で，上告受理申立ての趣旨であることが明確になったため，申立ての趣旨に沿った処理をして最高裁判所に事件を送付する場合には，「上告受理申立て事件として送付」と記載するなどして，その旨を明らかにする（改正関係資料(3)529「高等裁判所における上訴の立件等の事務処理について」第1の2の(4)を参照）。

【様式5】（訴訟記録送付書）

裁判長印		主任裁判官印		首席書記官印		主任書記官印		係書記官印	

平成　　年　　月　　日

訴 訟 記 録 送 付 書

　　裁判所書記官　殿
　（庁　名）
　　　　　　　　　　裁判所書記官　　　　　　　　　印

事　件　名	
ふ　り　が　な 上　告　人 申　立　人	
ふ　り　が　な 被　上　告　人 相　手　方	
原審事件番号	平成　　年（　　）第　　　　　号
上告提起 事件番号	平成　　年（　　）第　　　　　号
上告受理申立て 事件番号	平成　　年（　　）第　　　　　号
送付の事由	上告提起・上告受理申立て
記録冊数	冊
送付方法	宅配便
予納郵便切手	円
訟廷管理官	印

（受付印）

第3章　上　　告

　　　㈱　記録の送付
　　　　　訴訟記録の送付方法については，第2章第2の8記録の送付（89ページ）を参照[113]。
　　　◇　事件簿への記載
　　　◇　裁判書の写しの添付
　　　　　上告裁判所である最高裁判所へ記録を送付する際は，第一審及び第二審の裁判書の写し各1通を添付するものとする（改正関係資料(3)530「高等裁判所における上訴の立件等の事務処理について」第1の5を参照）。
　　　◇　上告理由書副本の添付
　　　◇　録音テープ等
　　　◇　郵便による送付
　　　◇　予納郵便切手の引継ぎ
⑹　**訴訟記録の返還，保存**
　　⑴から⑷までの事由により事件が終局した場合の手続は，以下のとおりである。
　ア　原審へ記録返還する場合
　　　原裁判所が第二審裁判所である場合には，訴訟記録の保存裁判所である第一審裁判所へ，記録を返還しなければならない。この場合の事務処理は，控訴事件が確定したときの第一審裁判所への返還と同様である[114][115]。
　イ　原裁判所で保存する場合
　　　原裁判所が第一審裁判所である場合には，当該裁判所において記録を保存することになるので，その手続を行う。

---

[113] 当該事件について，上告裁判所へ情報提供しておくことが望ましい事項等があれば，記録送付の際適宜の方法により伝達すべきである。例えば，原裁判所が計算した訴額計算書等は記録と共に上告裁判所へ送付するなど。
[114] 記録の送付方法については，第2章第3の19⑵第一審裁判所等への訴訟記録の送付（166ページ）を参照。
[115] 裁判書の保存については，第2章第3の19⑶裁判書の保存（166ページ）を参照。上告状却下命令及び上告却下決定の原本は，それぞれ当該裁判をした裁判所において原本を保存する。

第3　上告受理申立て事件の事務処理手続－控訴裁判所又は第一審裁判所における手続－
　　　　（飛躍上告受理申立て事件，附帯上告受理申立て事件を含む。）

上告受理の申立てに関しては，上告の提起に関する規定が準用される（法318Ⅴ，規199）が，上告裁判所は最高裁判所のみである。

また，地方裁判所又は家庭裁判所が第一審としてした終局判決に対して，当事者双方に飛躍上告の合意がある場合には，飛躍上告受理申立てをすることができる。

1　上告受理申立書を提出すべき裁判所

第2の1上告状を提出すべき裁判所（221ページ）を参照。

上告受理申立書は，原裁判所，すなわち上告受理申立ての対象となった判決をした裁判所を構成する裁判官所属の裁判所に対して提出しなければならない（法318Ⅴ，314Ⅰ）。通常は控訴裁判所である高等裁判所，飛躍上告受理申立て及び控訴制度のない事件等の場合は第一審裁判所が，上告受理申立書を提出すべき裁判所となる。

提出先を誤った上告受理申立書の提出を受けたときの取扱いは上告提起の場合と同様である[1]。

なお，上告受理の申立てに対して，相手方は附帯上告受理申立書を上告裁判所に提出することにより附帯上告受理の申立てをすることができるが（法318Ⅴ，313，293Ⅲ），原裁判所に訴訟記録がある間に附帯上告受理申立書が提出されたときは，原裁判所において上告受理申立て事件として立件する[2]。

2　申立期間

第2の2上告期間（221ページ）を参照。

上告受理の申立ては，判決書又は法254条2項の調書（調書判決）の送達を受けた日から2週間[3]の不変期間内にしなければならない（法318Ⅴ，313，285本文）。判決言渡し後，判決正本送達前の申立ても有効であること（法318Ⅴ，313，285ただし書），原判決に更正決定があった場合でも申立期間そのものに変更はないこと，飛躍上告受理の申立ては控訴期間内にすべきこと，補助参加人が被参加人のために上告受理の申立てをすることもできるが，その場合の申立期間は被参加人の申立期間内に限られること等はいずれも上告提起の場合と同様である。

◇　附帯上告受理申立ての提出期限

附帯上告受理申立てがどの時点まで認められるかについては，附帯上告の場合と同様に取り扱われるものと考えられる[4]。

---

[1] 直接提出された場合には，正しい提出先を教示して原裁判所への申立書提出を促すことになるが，これに応じない又は郵便提出の場合等は上告受理申立て事件として事件簿に登載（民事裁判事務支援システムを利用する場合は，事件簿への登載に代えて，民事裁判事務支援システムのサーバーの記憶装置に所要事項を記録（民裁支援システム通達記第1の1））した上で配てんし，受付担当部署あるいは事件の配てんを受けた部において，上告受理申立書の提出があった旨を速やかに原裁判所に通知する必要がある。

[2] 最高裁判所へ訴訟記録を送付した後，原裁判所に附帯上告受理申立書が提出された場合の取扱いは，上告提起の場合と同様である。

[3] 人身保護請求事件は判決言渡しの日から3日，国の関与等の訴えに係る事件は判決の送達を受けた日から1週間である（第1の11(1)イ(ｱ)b,(ｲ)b上告期間（212ページ）を参照）。

[4] 通常は上告受理申立人の理由書提出期間内に，原裁判所に附帯上告受理申立書と共にその理由書を提出するこ

3　上告受理申立書の受付手続

第2の3上告状の受付手続（222ページ）を参照。

提出された書面の標題のみにかかわらず，不服の対象及びその種類を確認しなければならない。特に，上告提起であるか上告受理の申立てであるかが明確でない場合には，まず，当事者の意思を確認し，確認できない場合には書面の標題から客観的に判断し，標題自体が判然としないときは，とりあえず上告提起として取り扱う方が，理論上，申立人にとって有利になる[5]点に注意が必要である。

(1)　管轄の確認

(2)　上告受理申立ての方式

上告受理の申立ては，上告受理申立書を提出してしなければならない（法 318Ⅴ, 314Ⅰ）。口頭陳述の方法による申立て（規1），電話による申立てやファクシミリ送信による申立てが認められないことは，上告提起の場合と同様である。

(3)　上告受理申立書の記載事項

ア　必要的記載事項（法 318Ⅴ, 313, 286Ⅱ）

(ｱ)　当事者及び法定代理人

当事者の呼称は，「申立人」「相手方」となる[6]。

(ｲ)　原判決の表示

(ｳ)　当該判決に対して上告受理の申立てをする旨

とを要し，附帯上告受理申立ての理由が上告受理申立ての理由と同一の理由に基づく場合には，最高裁判所の上告受理に関する決定がなされるまでに提出しなければならないことになろう。

[5] 第2の3(3)イ(ｳ)その他脚注25（226ページ）を参照。

[6] 附帯上告受理の申立ての場合には「申立人（附帯相手方）」「相手方（附帯申立人）」となる。

【参考例 53】（上告受理申立書）

```
                上 告 受 理 申 立 書
    最高裁判所　御中
            平成○○年○○月○○日
                申　立　人　　○　○　○　○　印
    〒○○○-○○○○　○○県○○市○○町○○番○○号（送達場所）
                申　立　人　　○　○　○　○
    〒○○○-○○○○　○○県○○市○○町○○番○○号
                相　手　方　　○　○　○　○
    訴訟物の価額　　　　○○○○円
    貼用印紙額　　　　　○○○○円
        上記当事者間の○○高等裁判所平成○○年（ネ）第○○○○号○○○○請求控訴事
    件について，同裁判所が平成○○年○○月○○日に言い渡した下記判決（平成○○年
    ○○月○○日申立人に送達）は不服であるから，上告受理の申立てをする。
                    第 二 審 判 決 の 表 示
                        主　　　　文
    本件控訴を棄却する。
    控訴費用は控訴人の負担とする。
                    上告受理申立ての趣旨
    本件上告を受理する。
    原判決を破棄し，更に相当の裁判を求める。
                    上告受理申立ての理由
    おって，上告受理申立て理由書を提出する。
                    附　　属　　書　　類
        上告受理申立書副本　　　　　　　　　　1通
```

イ　その他の記載事項
　　◇　上告受理申立ての趣旨[7]
　　◇　裁判所の表示[8]

(4) 訴額及び手数料と収入印紙の確認

　上告受理の申立てをする場合にも，申立書に収入印紙を貼る方法により（民訴費8本文。ただし，現金をもってする手数料の納付の場合（同ただし書,民訴費規4の2Ⅰ），及び上告審において訴訟救助の申立て（法 82）がある場合を除く。）手数料を納めなければならず，この場合の手数料は上告提起の場合と同様である（民訴費3Ⅰ,別表第一の

---

[7] 通常は，「上告の申立てを受理する。原判決を破棄し，更に相当な裁判（判断）を求める。」というような記載が多い。
[8] 名宛裁判所は，提出裁判所である原裁判所ではなく，上告裁判所である最高裁判所である。

3項)。

　1通の書面でするか否かにかかわらず，同一人が上告の提起もする場合には，主張する利益が共通する限度において，一方について納めた手数料は，他の一方についても納めたものとみなされる（民訴費3Ⅲ）。

(5) **送達に必要な費用等の予納と郵便切手の確認**（規199Ⅱ，187）

(6) **附属書類等の添付**

(7) **上告提起も併せて1通の書面でする場合**

　上告の提起と上告受理の申立ては別個の申立てであるから，本来これらは別々の書面で行うべきものであるが，同一の事件の判決に対する不服申立ての手段であることから，1通の書面で同時に行うことを認めている。この場合には，書面が上告状と上告受理申立書を兼ねるものであることを明示しなければならない（規188）[9]。

(8) **立件手続**

　上告受理申立書を受領した場合にはこれを閲読し，主に上記の点について確認した上で補正が必要な箇所があればこれを明らかにしなければならない。直接提出された場合であれば，提出者に任意の補正を促し，提出者に指示を伝えられないときは，その旨注記した付せんをつける等の方法により担当部へ連絡事項を引き継ぐことが必要である。

　上告受理申立事件として事件簿に登載[10]すべき申立てとしては，上告受理の申立て（基本事件の種類は，第1の11(2)上告受理申立て事件（213ページ）のとおり）のほか，法260条2項による原状回復及び損害賠償の申立て，附帯上告受理の申立て，移送，回付の場合がある。

　◇　受付日付印の押捺
　◇　事件簿への登載[11]

　　申立書（附帯上告受理申立書），移送決定書，回付書等が，事件番号の付け方の基準となる[12]。

　　民事上告受理申立て事件（記録符号[13]はネ受），民事飛躍上告受理申立て事件（記録符号はワ受[14]），民事飛躍上告受理申立て事件（記録符号は家ト[15]），行政上告受理申立

---

[9] 表題は「上告状兼上告受理申立書」とし，当事者の表示は「上告人兼申立人」と「被上告人兼相手方」となる（【参考例45】（228ページ）を参照）。この書面に上告の理由及び上告受理の申立ての理由を記載するときは，両者を区別して記載しなければならない。
[10] 民事裁判事務支援システムを利用する場合は，事件簿への登載に代えて，民事裁判事務支援システムのサーバーの記憶装置に所要事項を記録することとなる（民裁支援システム通達記第1の1）。
[11] 同上。
[12] 受付分配通達別表第1の18及び19，別表第2の11及び12，別表第5の7を参照。
[13] 地方裁判所がした人身保護請求事件の第一審判決に対する上告受理の申立てがされた場合は，飛躍上告受理申立てではないが，地方裁判所において記録符号（ワ受）で立件する。第1の11(2)ア(ｱ)民事上告受理申立て事件脚注131（213ページ）を参照。
[14] 民事事件記録符号規程を参照。
[15] 家庭事件記録符号規程を参照。

て事件（記録符号[16]は行ノ）又は行政飛躍上告受理申立て事件（記録符号は行ネ[17]）として，民事上告受理申立て事件簿，民事飛躍上告受理申立て事件簿，民事控訴提起等事件簿，行政上告受理申立て事件簿，行政飛躍上告受理申立て事件簿[18]に登載[19]する。

◇ 記録符号及び事件番号の記載と認印の押捺[20]
◇ 収入印紙及び郵便切手等の添付の旨の記載と認印の押捺[21]
◇ 収入印紙の消印
◇ 記録の編成[22]
　上告裁判所は最高裁判所であるから，編年体で編成する。
◇ 原判決をした担当部への配布

4　裁判長による上告受理申立書の審査

第2の4裁判長による上告状の審査（231ページ）を参照。

(1)　審査の範囲（法318Ⅴ, 313, 288, 289Ⅱ）

上告状と同様，上告受理申立書の審査も，原裁判所の裁判長の権限に属する事項である（法318Ⅴ, 314Ⅱ）。

ア　上告受理申立書の必要的記載事項

控訴状についての規定が準用されており（法318Ⅴ, 313, 286Ⅱ），具体的には，第2の3(3)上告状の記載事項（223ページ）記載のとおりである。

イ　訴額及び手数料[23]

上告審における不服の範囲が申立書から判断できない場合や，申立書に貼り付けられた収入印紙額に不明な点がある場合は，速やかに申立人に確認し，不服の範囲を特定した上で訴額算定を行う。訴額に見合う上告受理申立て提起手数料が納付されない場合[24]には，あらかじめ任意補正を促す。

---

[16] 控訴制度がない事件について，地方裁判所の第一審判決に対して上告受理の申立てがされた場合は，飛躍上告受理申立てではないが，地方裁判所において記録符号（行ネ）で立件する。第1の11(2)ア(イ)行政上告受理申立て事件脚注132（213ページ）を参照。
[17] 行政事件記録符号規程を参照。
[18] 各事件簿は，帳簿諸票取扱通達別表第2から第4による。様式はいずれも民事・行政・家事上訴提起等事件簿（同通達別紙様式第5）である。
[19] 民事裁判事務支援システムを利用する場合は，事件簿への登載に代えて，民事裁判事務支援システムのサーバーの記憶装置に所要事項を記録することとなる（民裁支援システム通達記第1の1）。
[20] 1通の書面で上告提起と上告受理申立てがされた場合，1通の書面に二つの申立てが記載されているものとして，上告提起事件と上告受理申立て事件のそれぞれを立件する必要がある。
[21] 1通の書面で上告提起と上告受理申立てがされた場合，いずれの事件について納められたものであるかを明示する必要がある。
[22] 事件記録表紙には，上告等事件記録の表紙（保管送付通達別紙様式第3）を使用する（保管送付通達記第2の4の(1)。【様式2】（231ページ）を参照）。1通の書面で上告提起と上告受理申立てがされた場合であっても，表紙は1枚で構わない。
[23] 同一人が同一事件について上告提起と上告受理の申立てをともにする場合，1通の書面でされたか否かにかかわらず，主張する利益が共通する限度において，いずれか一方について納めれば足りる（民訴費3Ⅲ）。
[24] 上告受理申立て提起手数料の納付について訴訟救助付与の申立てがあった場合（原裁判所に提出された場合には，原裁判所において雑事件として立件する。），この判断は原裁判所で行うことになるから，認定に必要と思われる疎明資料の早期提出を求めることが必要である。

ウ　上告受理申立書の送達をすることができない場合

原裁判所による上告受理申立ての適法性の審査終了後，上告受理申立て通知書を当事者双方に送達する際に，相手方には同時に上告受理申立書副本を送達しなければならない（規199Ⅱ，189）。この送達ができない場合（相手方の住居所の表示が不正確である場合，送達費用が予納されない場合[25]）にも，上告受理申立書却下を前提とした補正命令の対象となる[26]。

エ　補正命令

【参考例46】（補正命令…上告提起手数料等が予納されない場合）（233ページ）を参照。

(2) **上告受理申立書却下命令（法318Ⅴ，314Ⅱ，288，289Ⅱ，137）**[27]

【参考例47】（上告状却下命令）（234ページ）を参照。

◇　上告受理申立書却下命令が高等裁判所の裁判長によりなされた場合，法137条3項による即時抗告をすることはできず（裁7），特別抗告又は許可抗告の余地があるにすぎない[28]。

5　**原裁判所による上告受理申立ての適法性の審査**

第2の5原裁判所による上告の適法性の審査（235ページ）を参照。

(1) **審査の範囲**

原裁判所は，上告と同様に，上告受理の申立てが不適法でその不備が補正することができないものであるかどうかについて審査をし，不備を補正することができないことが明らかな場合には，決定で上告受理の申立てを却下しなければならない（法318Ⅴ，316Ⅰ）。

ア　上告受理申立てが不適法でその欠缺が補正できない場合

不備を補正し得る場合，原裁判所はまず不備の補正を命ずる。

上告受理の申立てに対して，附帯上告を提起することはできない（最決平11.4.23裁集民193-253）。

イ　上告受理申立て理由書の不提出

上告受理申立て理由書の提出は上告受理申立ての適法要件であるから，申立書に上告受理申立ての理由を記載せず，上告受理申立て理由書を期間内に提出しない場合は，補正の余地はないことから規則196条1項の規定による補正命令を発する必要はなく，

---

[25] 送達費用等の納付について訴訟救助付与の申立てがあった場合，原裁判所で判断を行うことになるのは，前記イ訴額及び手数料と同様である。

[26] 第2の4(1)ウ上告状の送達をすることができない場合脚注48（232ページ）を参照。

[27] 上告受理申立書却下命令は，訴訟の終了を明らかにする書面であるから原審記録の第1分類判決書群に，上告受理申立書は訴状群に，それぞれ編てつする（ただし，上告受理の申立てとともに上告提起もしている場合，上告受理申立書が却下されても，上告により最高裁判所に記録送付されるときは，訴訟の終了を明らかにする書面とは言えず，上告関係書類として編てつすることになる。）。上告受理申立書却下命令の原本は，その裁判をした裁判所で保存する事件書類であるから（保存規程3条4項，別表第二の1），原裁判所において訴訟記録を保存する場合を除き，訴訟記録には正本をつづり込むことになる。

[28] 飛躍上告受理申立ての場合及び地方裁判所の終局判決に対する上告受理申立ての場合の即時抗告裁判所は，本案訴訟の審級に従い定まる上告裁判所であるから（菊井・村松Ⅲ275），地方裁判所又は家庭裁判所の裁判長によりなされた場合には特別抗告の余地があるにすぎない。

上告受理申立てを却下することになる（法318Ⅴ, 316Ⅰ②前段）。
ウ　上告受理申立ての理由の記載方法の違反
　　上告受理の申立ての理由の記載は，原判決に最高裁判所の判例（これがない場合にあっては，大審院又は上告裁判所若しくは控訴裁判所である高等裁判所の判例）と相反する判断があることその他の法令の解釈に関する重要な事項を含むことを示してしなければならず，その方法については上告理由に関する規定が準用されている（規199Ⅰ。規則が定める理由の記載方法については，第１の５(6)上告理由の記載方式（186ページ）を参照）。
　　原裁判所が判断するのは，あくまでも理由の記載方法という技術的な側面であり，理由の実質的当否の判断に立ち入るものではないことに注意を要する[29]。
エ　補正命令
　　上告受理申立てを却下する際の前提として要求されるものであるから，記載された理由のうち，いずれか一つでも適式なものがあれば上告受理申立てを却下する余地はなく，したがって補正命令を発する必要はない。

【参考例54】（補正命令…上告受理申立ての理由の記載方式違反が明らかな場合）

```
　　　　　　　　　　補　　正　　命　　令
　　　　申　立　人　　　〇　　〇　　〇　　〇
　　　　相　手　方　　　〇　　〇　　〇　　〇
　　上記当事者間の平成〇〇年（ネ受）第〇〇〇号〇〇請求上告受理申立て事件について，申立人に対し，本命令送達の日から１０日以内に，先に提出した上告受理申立ての理由の記載につき，原判決に最高裁判所の判例（これがない場合にあっては，大審院又は上告裁判所若しくは控訴裁判所である高等裁判所の判例）と相反する判断があることを理由とする場合にあってはその判例を具体的に示し，その他法令の解釈に関する重要な事項を含むことを理由とする場合にあっては，法令の条項又は内容を掲記しこれに該当する事項を示したものに補正することを命ずる。
　　　　　　平成〇〇年〇〇月〇〇日
　　　　　　〇〇高等裁判所第〇民事部
　　　　　　　　裁判長裁判官　　〇　　〇　　〇　　〇　印

　　　　　　　　　裁判官　　　　〇　　〇　　〇　　〇　印

　　　　　　　　　裁判官　　　　〇　　〇　　〇　　〇　印
```

---

[29] 法318条１項の事件に当たらないことを理由として，原裁判所は同条５項，同法316条１項により，上告受理の申立てを却下することができない（最決平11.3.9裁民集192-109）。

第3章　上　　告

(2)　上告受理申立て却下決定（法 318Ⅴ，316Ⅰ）[30]

　　【参考例49】（上告却下決定…上告期間徒過の場合）（239ページ）

　　【参考例50】（上告却下決定…上告理由書不提出の場合）（240ページ）を参照。

　◇　最高裁判所に対しては訴訟法が特に定める抗告を除き，抗告をすることはできないので（裁7②），原裁判所の決定に対しては即時抗告をすることはできない（法316Ⅱの規定は準用されていない。）[31]。

6　上告受理申立て通知書

　第2の6上告提起通知書（241ページ）を参照。

(1)　送達の時期

　　形式的適法要件の審査が完了した段階で，前記4(2)の上告受理申立書却下命令又は5(2)の上告受理申立て却下決定があった場合を除き，当事者双方に上告受理申立て通知書を送達しなければならない（規199Ⅱ，189Ⅰ）。その際，理由書の提出期間の算定方法や理由の記載方法についての規定が申立人に分かるよう，注意書等[32]を添えるなどの配慮が必要であろう。

　　上告受理申立て通知書の書式は，保管送付通達別紙様式第5のとおりである（同通達記第2の4の(2)）。

　　附帯上告受理の申立ての場合も，上告受理申立ての場合と同様に附帯上告受理申立て通知書を送達することになるが，附帯上告受理申立ての理由の提出期間はこの通知書の送達によって画されるものではないから，附帯上告受理申立ての理由により理由書提出期間が異なることを，注意書等により知らせる取扱いが相当である。

(2)　上告受理申立書の送達

　　相手方に対する上告受理申立て通知書の送達と同時に行い（規199Ⅱ，189Ⅱ），相手方に答弁書の提出や附帯上告受理申立ての機会を与える。したがって，前記4(2)の上告受理申立書却下命令，5(2)の上告受理申立て却下決定があったときは不要である。

---

[30] 上告受理申立て却下決定は，訴訟の終了を明らかにする書面であるから原審記録第1分類判決書群に，上告受理申立書は訴状群に，それぞれ編てつする（ただし，上告受理の申立てとともに上告提起もしている場合，上告受理申立てが却下されても，上告により最高裁判所に記録送付されるときは，訴訟の終了を明らかにする書面とは言えず，上告関係書類として編てつすることになる。）。また，上告受理申立て却下決定の原本は，その裁判をした裁判所で保存する事件書類であるから，原裁判所において訴訟記録を保存する場合を除き，訴訟記録には正本をつづり込むことになる。

[31] 高等裁判所の決定に対しては特別抗告又は許可抗告の，地方裁判所又は家庭裁判所の決定に対しては特別抗告の余地があるに過ぎない（飛躍上告受理申立ての場合及び地方裁判所の終局判決に対する上告受理申立ての場合の即時抗告裁判所は，本案訴訟の審級に従い定まる上告裁判所と解される。菊井・村松Ⅲ275)。

[32] 改正関係資料(3)553「高等裁判所における上訴の立件等の事務処理について」の説明別紙第3及び第4参照。

【様式6】（上告受理申立て通知書）

上告受理申立て事件番号　平成　　年（　）第　　　号

平成　年　月　日

　　　　　　　　　　　殿
（庁　名）
　　　裁判所書記官　　　　　　　　　　印

上 告 受 理 申 立 て 通 知 書

申　立　人

相　手　方

　当裁判所平成　年（　）第　　　号
事件の判決に対して上告受理の申立てがあったので，民事訴訟規則第199条第2項，第189条第1項により通知します。

第3章　上　告

【様式7】（上告受理申立て理由書の提出について）

上告受理申立て理由書の提出について

〇〇高等裁判所

1　上告受理申立書に上告受理申立ての理由を記載していないときは，上告受理申立て通知書を受け取った日から５０日以内に，上告受理申立て理由書を当裁判所に提出してください（民事訴訟法３１８条５項，３１５条１項，民事訴訟規則１９９条２項，１９４条参照）。なお，上告の提起と上告受理の申立ての両方をしている場合であっても，上告理由書と上告受理申立て理由書とは，別々に作成してください。

2　上告受理申立て理由書には，上告受理申立ての理由のほか，当事者の氏名又は名称，代理人の氏名，事件の表示，附属書類の表示，年月日及び裁判所の表示を記載し，申立人又は代理人が記名押印してください（民事訴訟規則２条参照）。

3　上告受理申立ての理由は，次の要領で，簡潔かつ具体的に記載してください（民事訴訟法３１８条５項，３１５条２項，民事訴訟規則１９９条，１９１条２項，３項，１９２条，１９３条参照）。

　(1)　上告受理申立ての理由が，原判決に最高裁判所の判例（これがない場合にあっては，大審院又は上告裁判所若しくは控訴裁判所である高等裁判所の判例）と相反する判断があることその他法令の解釈に関する重要な事項を含むことを示して記載してください。この場合において，法例を示すには，その法例の条項又は内容（成文法以外の法令については，その趣旨）を掲記してください。また，法令が訴訟手続に関するものであるときは，これに違反する事実を掲記してください。

　(2)　原判決に最高裁判所の判例（これがない場合にあっては，大審院又は上告裁判所若しくは控訴裁判所である高等裁判所の判例）と相反する判断があることを主張するときには，裁判所名，事件番号，裁判の年月日及び掲載されている判例集の巻号頁を明らかにするなどして，その判例を具体的に示してください。

4　上告受理申立て理由書には，相手方の数に６を加えた数の副本を添付してください（例えば，相手方１人の場合は，添付すべき副本は７通となります。）（民事訴訟規則１９９条２項，１９５条参照）。

5　上告受理申立て理由書を期間内に提出しなかったり，上告受理申立ての理由の記載の方式が上記3の(1)に反している場合は，上告受理の申立ては却下されることになりますから，注意してください（民事訴訟法３１８条５項，３１６条１項２号参照）。

---

(3)　**原判決送達前に上告受理申立てがあった場合の取扱い**

　　上告受理申立ては，判決書（又は法254Ⅱの調書（調書判決））の送達前においても申し立てることができる（法318Ⅴ，313，285ただし書）ため，原判決書等の送達前に上告受理申立て理由書提出期間が満了するという場合もあり得る。相手方に附帯上告受理申立ての余地がある場合には，不測の損害を与える危険があるため，上告受理申立て通知書の送達は判決書（又は法254Ⅱの調書（調書判決））とともにしなければならない（規

199Ⅱ, 189Ⅲ)。
7 上告受理申立て理由書
第2の7 上告理由書（244ページ）を参照。

(1) 上告受理申立て理由書の提出期間
上告受理申立書に上告受理申立ての理由の記載がないとき[33]は，申立人は上告受理申立て通知書の送達を受けた日から50日[34]内に，原裁判所に上告受理申立て理由書[35]を提出しなければならない（法318Ⅴ，315Ⅰ，規199Ⅱ，194）。

上告受理申立書に上告受理申立ての理由が記載されていないにもかかわらず，期間内に上告受理申立て理由書が提出されない場合は，補正の余地はないので，補正命令を発することなく決定で上告受理の申立てを却下しなければならない（法318Ⅴ，316Ⅰ②）。
【参考例50】（240ページ）を参照）。

(2) 記載方式
上告受理申立ての理由の記載方法が不適式である場合[36]，原裁判所は相当の期間を定めて補正を命じなければならず（規199Ⅱ，196Ⅰ），期間内に補正されない場合は決定により上告受理申立てを却下しなければならない（規199Ⅱ，196Ⅱ）ことについては，前記5(1)ウ上告受理申立ての理由の記載方法の違反（261ページ）のとおりである（規則が定める理由の記載方法の詳細については，第1の5(6)ウ法令違反を理由とする場合（186ページ）及びエ判例違反を主張する場合（186ページ）を参照）。

原裁判所が補正命令を発する目安，原裁判所による却下決定の基準等は，原裁判所の判断事項であるが，上告受理の申立てに係る事件が法318条1項の事件に該当するか否かは，上告裁判所である最高裁判所のみが判断し得る事項であり，原裁判所は，当該事件が同項の事件に当たらないことを理由として，法318条5項，316条1項により，決定で上告受理の申立てを却下することはできない（最決平11．3．9裁集民192-109）。

(3) 副本の添付
上告受理申立ての理由が記載された書面[37]は，相手方に送達されるべきものであるから（法318Ⅴ，313，289Ⅰ，規199Ⅱ，198），相手方の数に応じた副本の添付が必要になる

---

[33] 上告受理申立書に上告受理申立ての理由が記載されていても，上告受理申立て理由書の提出期間内に新たな上告受理申立て理由を提出し，あるいはこれを補完することは自由であるから，この提出期間を待たずに上告裁判所へ記録送付してはならない。

[34] 人身保護請求事件は15日，国の関与等の訴えに係る事件は10日である（第1の11(1)イ(ｱ)ｃ，(ｲ)ｃ上告理由書の提出期間（212ページ）を参照）。

[35] 上告受理申立て理由書はファクシミリを利用して送信することにより提出することができない書面である（規3Ⅰ④）。上告審の調査の範囲を画するものであり（法318Ⅳ），提出期間，記載内容や方法が定められており（規199），これに違反したときは上告受理申立て自体が却下されるという重大な効果をもたらすもので（法318Ⅴ，316Ⅰ），その提出の事実や時期を明確にしておく必要性が高いためである。

[36] 上告受理申立ての理由が提出された時点で，上告受理申立ての理由として主張されているところが上告の理由と判断されるような場合（立件された事件の類型と理由との食い違いが明らかになった場合），原裁判所において補正を命じ（規199Ⅱ，196Ⅰ），申立人が不備を補正しないときは上告受理申立てを却下するというのが法の予定するところであるが，事案は様々であり，個々の事件ごとにその事案に即した処理を考える必要がある（改正関係資料(3)440）。第2の7(2)記載方式脚注82（245ページ）を参照。

[37] 上告受理申立書に記載した場合にはその上告受理申立書，理由書の提出期間内に提出された補充書等，記載方法を補正させた場合の補正書等についても，それぞれ同数の副本の添付が必要である。

第3章 上　　告

が，これに加えて，上告審における審理を円滑に行うために，上告裁判所の各裁判官に配布すべき副本（5通）及び判決原本の草稿に用いるべき副本1通の添付を求めている（規199Ⅱ，195）。

【参考例55】（上告受理申立て却下決定…上告受理申立ての理由の記載方式違反の場合）

> 平成○○年（ネ受）第○○号○○○○請求上告受理申立て事件（原審・平成○○年（ネ）第○○○○号）
>
> 　　　　　　　　　　決　　　　定
> 　　　○○県○○市○○町○○番地
> 　　　　　　申　　立　　人　　○　○　○　○
> 　　　　　　同訴訟代理人弁護士　○　○　○　○
> 　　　○○県○○市○○○丁目○番地
> 　　　　　　相　　手　　方　　○　○　○　○
> 　　　　　　　　　　主　　　　文
> 　本件上告受理申立てを却下する。
> 　上告受理申立ての費用は申立人の負担とする。
> 　　　　　　　　　　理　　　　由
> 　申立人が提出した平成○○年○○月○○日付け上告受理申立書及び平成○○年○○月○○日付け上告受理申立て理由書に記載された上告受理申立ての理由につき，判例等と相反する場合にあってはその判例を具体的に示し，その他法令の解釈に関する重要な事項を含むことを理由とするときは法令の条項又は内容を掲記しこれに該当する事実を示して記載したものに補正するよう期間を定めて命じたところ，その命令は平成○○年○○月○○日申立人に到達した。
> 　これに対し，申立人は平成○○年○○月○○日付け理由補正書を提出したが，これによっても，いまだ適式な補正がされたものと認めることはできない。
> 　よって，民事訴訟法318条5項，316条1項2号に従い本件上告受理申立てを却下し，上告受理申立ての費用の負担につき同法67条1項，61条を適用して，主文のとおり決定する。
> 　　　平成○○年○月○○日
> 　　　　○○高等裁判所第○民事部
> 　　　　　　裁判長裁判官　　○　○　○　○　印
> 　　　　　　裁　判　官　　○　○　○　○　印
> 　　　　　　裁　判　官　　○　○　○　○　印

8　原裁判所で処理すべき付随事件等

　第2の8原裁判所で処理すべき付随事件等（247ページ）を参照。

　上告受理申立て後，当該上告受理申立て事件について，最高裁判所へ訴訟記録を送付する前に判断をする必要がある申立てがされた場合には，適宜事件簿に登載[38]した上でこれ

---

[38] 民事裁判事務支援システムを利用する場合は，事件簿への登載に代えて，民事裁判事務支援システムのサー

らの付随事件についての処理をしなければならないのは，上告提起の場合と同様である。
訴訟記録の保管に伴う次の事務の取扱いについても同様である。
- ◇ 執行文の付与（民執26）[39]
- ◇ 訴訟記録の正，謄，抄本の交付，訴訟に関する事項の証明書の交付（法91,規33），判決の確定証明書の交付（規48Ⅱ）[40]
- ◇ 訴訟記録の閲覧・謄写及び録音テープ又はビデオテープの複製の許否[41]

9 事件の終局
第2の9事件の終局（248ページ）を参照。

(1) 上告受理申立書却下命令
第2の4(1)オ【参考例47】（234ページ）を参照。

(2) 上告受理申立て却下決定
ア 不適法で不備を補正することができないことが明らかな場合（法318Ⅴ,316Ⅰ①）
第2の5(1)オ【参考例49】（239ページ）を参照。
イ 理由書の不提出（法318Ⅴ,316Ⅰ②）
第2の5(1)オ【参考例50】（240ページ）を参照。
ウ 理由の記載方式違反（法318Ⅴ,316Ⅰ②）
前記7(2)【参考例55】（266ページ）を参照。

(3) 上告受理申立ての取下げ（法318Ⅴ,313,292,規199Ⅱ,186,177）

(4) 訴えの取下げ（法318Ⅴ,313,297,261）

(5) 上告裁判所への事件送付
第2の9(5)上告裁判所への事件送付（248ページ）を参照。
ア 送付時期
原裁判所における上告受理申立ての適法性の審査が終了し，上告受理申立て理由の記載が所定の方式を備えていると判断したとき（上告受理申立書却下命令又は上告受理申立て却下決定をしない場合），上告受理申立て理由の実質的当否にかかわらず，事件を最高裁判所に送付しなければならない（規199Ⅱ,197Ⅰ）。
イ 訴訟手続に関する事実の有無についての意見の添付
申立人が上告受理申立ての理由中に訴訟手続に関する事実を掲記しているとき（規199Ⅰ,191Ⅲの準用）は，上告裁判所の参考に資するため，原裁判所はその事実の有無について意見を付することができる（規199Ⅱ,197Ⅰ後段）が，この意見の添付は原裁判所の権限であって，必ず意見を付さなければならないものではない。
ウ 送付の手続
事件送付には裁判の必要はないから，上告裁判所の裁判所書記官に対し，訴訟記録を送付して行う（規199Ⅱ,197Ⅱ）。

バーの記憶装置に所要事項を記録することとなる（民裁支援システム通達記第1の1）。
[39] 第2章第2の10執行文の付与（94ページ）を参照。
[40] 第2章第2の11証明（95ページ）を参照。
[41] 第2章第2の12訴訟記録の閲覧・謄写及び複製に関する事務（98ページ）を参照。

第3章 上　　告

(ｱ)　記録整理の確認

上告裁判所への記録送付に先立ち，改めて記録を精査する必要があること，記録の整理及び編成方法，控訴判決原本の別保管については，上告提起の場合と同様である。

a　記録編成の確認
b　裁判書の取扱い
c　目録

上告受理申立て事件関係書類については，編年体に整理した上で，申立書，訴訟委任状，資格証明書，理由書程度の書類を原審目録様式の末尾あるいは別紙を用いて記載する。その際，上告裁判所用の目録用紙を1枚付けるのが慣行である。

d　丁数

◇　上告受理申立て事件関係書類の丁数

最高裁判所における記録の編成は編年体であるため，上告受理申立書を冒頭にして，訴訟委任状，資格証明書，上告受理申立て理由書等の順番で編年体につづれば，これを最高裁判所で編成し直すことはないので，確定丁数を付して送付することになる。

e　予納郵便切手の引継ぎ

(ｲ)　訴訟記録送付書の作成

上告裁判所に事件記録を送付する場合の訴訟記録送付書は，上告提起事件と同様に，保管送付通達別紙様式第6を使用する（保管送付通達記第2の4の(3)）[42]。

記録送付書は，申立人について1枚作成する[43]。

(ｳ)　記録の送付

訴訟記録の送付方法については，第2章第2の8記録の送付（89ページ）を参照。

◇　事件簿への記載
◇　裁判書の写しの添付

上告裁判所である最高裁判所へ記録を送付する際は，第一審及び第二審の裁判書の写し各1通を添付するものとする（改正関係資料(3)530「高等裁判所における上訴の立件等の事務処理について」第1の5を参照）。

◇　上告理由書副本の添付
◇　録音テープ等
◇　郵便による送付
◇　予納郵便切手の引継ぎ

(6)　**訴訟記録の返還，保存**

(1)から(4)までの事由により事件が終局した場合の次の手続については，第2の9(6)訴訟記録の返還，保存（254ページ）を参照。

---

[42] 第2の9(5)ウ(ｲ)【様式5】（253ページ）を参照。
[43] 同一人が上告提起の申立てをしている場合でも，同時に記録送付するのであれば，記録送付書は1枚で足りる。

第3　上告受理申立て事件の事務処理手続

　　ア　原審へ記録返還する場合
　　イ　原裁判所で保存する場合

第3章　上　　告

第4　高等裁判所にする上告事件の事務処理手続－上告裁判所（高等裁判所）における手続－
1　上告裁判所（高等裁判所）

　高等裁判所が上告裁判所となる事件は，簡易裁判所が第一審の裁判権を有する事件で[1]，地方裁判所が第二審としてした終局判決に対する上告あるいは簡易裁判所が第一審としてした終局判決に対する飛躍上告の場合がある。

　上告状が直接上告裁判所に提出された場合には，窓口で正しい提出先を教示して原裁判所への上告状提出を促すことになるが，これに応じない又は郵便提出の場合等は，上告事件として事件簿に登載[2]する等して立件し[3]，事件を配てんする。この場合，受付窓口又は事件の配てんを受けた部において，上告裁判所に上告状が提出された旨を原裁判所に速やかに通知する必要がある。

　上告裁判所が高等裁判所である場合，上告裁判所に提出された上告状の取扱いについては見解が分かれているが[4]，上告裁判所の判断によるので，速やかに裁判所の指示を仰ぐ。実務では，原裁判所に移送する取扱いが多いと思われる[5][6]。

　また，訴訟記録の到着前に直接上告裁判所に上告理由書が提出されたときは，窓口で原裁判所への提出を促すことになるが，これに応じない又は郵便提出の場合等は，上告裁判所への提出により理由書提出期間の遵守を認める判例もあるので，受付日付を表示の上原裁判所へ速やかに送付する取扱いとなろう。この際，上告裁判所に上告理由書が提出された旨を原裁判所に通知する。

---

[1] よって，高等裁判所が上告裁判所となる事件には行政事件訴訟はない。
[2] 民事裁判事務支援システムを利用する場合は，事件簿への登載に代えて，民事裁判事務支援システムのサーバーの記憶装置に所要事項を記録することとなる（民裁支援システム通達記第1の1）。
[3] 上告裁判所に訴訟記録がない場合には，上告の対象となった判決等について原裁判所に確認する必要が生じると思われる。
[4] ①原裁判所に移送するという考え方（東京高決昭43.11.4判タ228-124）と，②移送することはできないという考え方（東京高判昭42.6.19高民20-3-309）を前提に原裁判所に回送するという考え方とに分かれている（改正関係資料(3)437参照）。
[5] 訴訟記録が上告裁判所にある場合には，却下される場合もあろう。
[6] 原裁判所への移送決定がされたときは，移送決定謄本を上告人へ送達した上，速やかに原裁判所に上告状等の記録を送付しなければならない。このとき，上告裁判所がした移送決定の原本は上告裁判所で保存するため（保存規程別表第2の4を参照），送付する記録に添付するのは移送決定正本である。

【参考例56】（移送決定）

```
平成○○年（ツ）第○○号
                決        定
    ○○県○○市○○町○○番地
            上  告  人    ○  ○  ○  ○
            同訴訟代理人弁護士  ○  ○  ○  ○
    ○○県○○市○○○丁目○番地
            被  上  告  人    ○  ○  ○  ○
    上告人は，○○地方裁判所が平成○○年（レ）第○○○号○○等請求控訴事件に
ついて，平成○○年○○月○○日に言い渡した判決に対し，当裁判所に上告状を提
出したが，上記書面は原裁判所に提出すべきものであるから，当裁判所は次のとお
り決定する。
                主        文
    本件を○○地方裁判所に移送する。
    平成○○年○月○○日
        ○○高等裁判所第○民事部
            裁判長裁判官  ○  ○  ○  ○  印
            裁  判  官    ○  ○  ○  ○  印
            裁  判  官    ○  ○  ○  ○  印
```

2 上告事件の受付手続

(1) 訴訟記録の確認

原裁判所から訴訟記録の送付を受けた場合，まず，添付されている訴訟記録送付書の記載事項と照合しながら，自庁あての記録であるか，送付の事由（上告事件であるか），事件番号，記録冊数，添付郵便切手の額，上告理由書副本及び判決写しの添付等について確認する。

送付された記録について，事件簿登載事項を中心に審級ごとの手続の審査を行い，訴訟記録送付書の記載事項とそれぞれ照合する。訴訟記録送付書の記載事項との食い違い等については，その旨注記した付せんをつける等の方法により担当部へ連絡事項を引き継ぐ。

◇ 上告状及び関係書類の点検
　　点検内容については，第2の3上告状の受付手続（222ページ）を参照。
◇ 予納郵便切手の受入手続
◇ 訴訟記録受領書の返送

(2) 立件手続

ア 基本事件

上告事件として事件簿に登載すべきものとしては，原裁判所からの記録送付のほか

第3章 上　　告

に，直接上告裁判所に提出されたものとして，①上告状（直接上告裁判所に提出された場合のもの），②附帯上告状[7]，③法260条2項による原状回復及び損害賠償の申立て，特別上告裁判所である最高裁判所からの原判決破棄差戻し・同破棄移送（法327Ⅱ，325）事件がある。**民事上告事件**（記録符号はツ[8]）として，民事上告事件簿[9]に登載する。

イ　雑事件

民事上告事件の係属を前提として申し立てられた雑事件については，民事雑事件（記録符号はウ[10]）として，民事雑事件簿[11]に登載[12]する。原裁判所から，原裁判所において判断されていない申立てが送付された場合には，訴訟記録送付書に併せて立件することが必要である。

◇　受付日付印の押捺

原裁判所等から送付された訴訟記録については，訴訟記録送付書に押捺する。

◇　事件簿への登載[13]

原判決書，上告状，附帯上告状，申立書がそれぞれ事件番号の付け方の基準となる[14]。

◇　記録符号及び事件番号の記載と認印の押捺

◇　要報告事件の処理→第2章第3の2(5)立件手続（102ページ）を参照。

◇　収入印紙及び郵便切手等の添付の旨の記載と認印の押捺

記録送付書に，複数の事件を立件するときは，いずれの事件について納められたものであるかを明示すべきである。

◇　記録の編成

高等裁判所における上告事件についても，編成通達本文に基づき3分方式により編成する。上告関係書類は，仮丁数を付して訴訟記録末尾に添付された状態で原裁判所から送付されるので，これを原審記録から分離し，新たに上告事件記録表紙を作成，原裁判所から送付された予納郵便切手管理袋に事件番号を記入して，添付編成する。

◇　担当部への配てん

裁判官の前審関与について，調査した上で配てんする。

---

[7] 上告裁判所に直接提出された附帯上告状については，理由書提出期間の起算日となるわけではないから，当事者双方に附帯上告提起通知書及び附帯上告状の送達をする必要はないであろう。口頭弁論が開かれる場合には期日指定の際に，口頭弁論を開かないで判決するときは判決正本とともに附帯上告状及び附帯上告理由書を附帯被上告人に送達することになる。

[8] 民事事件記録符号規程を参照。

[9] 帳簿諸票取扱通達別表第4による。様式は，同通達別紙様式第8による。

[10] 民事事件記録符号規程を参照。

[11] 帳簿諸票取扱通達別表第4による。様式は，非訟・民事雑・執行雑・行政雑等事件簿（同通達別紙様式第12）である。

[12] 民事裁判事務支援システムを利用する場合は，事件簿への登載に代えて，民事裁判事務支援システムのサーバーの記憶装置に所要事項を記録することとなる（民裁支援システム通達記第1の1）。

[13] 同上。

[14] 受付分配通達別表第1の13を参照。

3 担当部における書記官事務

事件の配てんを受けた部では，当該事件について記録冊数を点検の上，担当簿に登載し[15]，予納郵便切手の額を確認して受け入れるほか，要報告事件の受理報告等の事務処理を行う。

既に，原裁判所において上告状及び上告の適法性についての審査を経ているが，原裁判所が看過した瑕疵があれば，上告裁判所は書面審理で上告を却下することができる（法317Ⅰ）ことを念頭に置き，改めて記録を精査する必要がある。

(1) 記録調査事務

ア　記録表紙記載事項の点検

(ｱ)　一，二審庁名，事件番号及び記録冊数

支部名や併合事件の事件番号等の記載漏れ，立件符号の誤りがないか確認する。記録冊数，予納郵便切手の額，添付書類については，訴訟記録送付書の記載と照合する。

(ｲ)　事件名の表示

表紙に記載する事件名は，原判決に表示された事件名に従い，附帯控訴や反訴等の表示も必要である。

(ｳ)　当事者[16]，訴訟代理人等の表示

一，二審判決の表示，戸籍謄本，登記簿謄本，資格証明書，訴訟委任状，上告関係書類，送達場所に関する届出書等と照合する。

◇　上告状に記載されていない固有必要的共同訴訟人又は訴訟参加人（補助参加人，独立当事者参加人，共同訴訟人）の記載が欠落していないか，確認する。これらの者に対して，上告状，上告提起通知書の送達がされていないときは，裁判所の指示により，補正が必要な場合があるので注意する。

◇　人事訴訟における当事者の本籍の表示，未成年者が成人に達する時期，法定代理人の表示等の適否等に注意する。

イ　上告状の記載事項等

(ｱ)　形式的記載事項と上告期間

上告状の記載事項については，第2の3(3)上告状の記載事項（223ページ）を，上告期間[17]については，第2の2上告期間（221ページ）を参照。

(ｲ)　訴額の算定及び手数料，送達に必要な費用等の予納と郵便切手

訴額及び手数料については，第2の4(1)イ訴額及び手数料（231ページ）を参照。上告理由書及び裁判書の送達並びに上告裁判所が訴訟記録の送付を受けた旨の通知に必要な費用の概算額が納付されているか，確認する。

---

[15] 必ずしも備付けを要する帳簿ではなく，各裁判所の定めるところによる（帳簿諸票備付通達記第1の2）。様式は，帳簿諸票取扱通達別紙様式第63を使用する。

[16] 当事者の呼称は上告提起事件と同様，「上告人」「被上告人」である。附帯上告が提起された場合「上告人（附帯被上告人）」「被上告人（附帯上告人）」，事実審における補助参加人は「上告人補助参加人」又は「被上告人補助参加人」と表示する。

[17] 高等裁判所に対する上告事件には，例外的に短い上告期間が定められている事件はない。

ウ 上告理由書の提出期間

原裁判所による補正命令又は期間の伸長決定がされているかどうかについても点検する。

固有必要的共同訴訟人の上告については，最後に上告提起通知書の送達を受けた者を基準とし，補助参加人の上告については，被参加人が上告提起通知書の送達を受けた日を基準として，それぞれ上告理由書提出期間を算定する。

期間内に提出された上告理由書として取り扱うことの可否，期間経過後に提出された理由書の被上告人に対する送達の要否，期間徒過についての提出者の帰責事由の存否や期間伸長の要否等，判断に迷う場合は速やかに裁判所の指示を受ける。

エ 原審等における訴訟手続の点検

訴訟記録（特に口頭弁論調書等）を閲読し，上告提起通知書及び上告状の送達もれや弁論更新の記載もれの有無，裁判所の構成や判決に関与している裁判官名等，職権破棄事由又は再審事由に該当する事項がないかを確認する。不適切な手続や事務処理を発見した場合には，付せん等によりその旨を明らかにした上，裁判所に報告する。

(2) 上告記録到着通知

【様式8】（上告訴訟記録到着通知書）

上告訴訟記録到着通知書

当 事 者	上 告 人	
	被 上 告 人	
事 件 名		
上 告 事 件 番 号	平成　年（　）第　　　　　号	
原裁判所・原審事件番号	裁判所　　支部 平成　年（　）第　　号	

原裁判所から，上記事件の訴訟記録の送付を受けました。

今後，上記上告事件に関する書類は，上告事件番号を明記して，当裁判所に提出してください。

　　　　　　　　　　　　　　　　　　　　平成　年　月　日

　　　　　殿
　（庁　名）
　　　　　裁判所書記官　　　　　　　　　印
　　　　　当裁判所所在地（　　　　　　　　　）

（注）　はがきでこの通知をする場合には，あて名は不要である。

記録調査を終えたら，上告裁判所の裁判所書記官は速やかに当事者双方に対し，原裁判所から訴訟記録の送付を受けた旨を通知しなければならない（規197Ⅲ）[18][19]。この通知には，保管送付通達別紙様式第7の上告訴訟記録到着通知書を使用する（同通達記第2の4の(4)）。

　この機会を利用して，記録調査の結果明らかになった不備等について任意の補正や追完を併せて促すことにより，以後の訴訟手続の円滑な進行が期待できる。

　◇　訴訟委任状，資格証明書等の附属書類の不備
　◇　貼用印紙，予納郵便切手の不足

　ただし，記録調査に時間がかかり当事者に対する通知が遅れることは望ましくないので，訴訟記録到着後1週間以内には通知する取扱いが相当である。

(3) 上告の適法性の審査

　上告裁判所は，上告の適法要件について審査を行い，法316条1項各号に該当する場合には決定で上告を却下することができる（法317Ⅰ）[20]。

　第2の5(1)審査の範囲（235ページ）を参照。

ア　審査の範囲
　◇　上告が不適法でその不備を補正できない場合[21]
　◇　上告理由書の不提出
　◇　上告理由の記載方法の違反[22]

イ　上告却下決定（法317Ⅰ）[23]

　【参考例49】（上告却下決定…上告期間徒過の場合）（239ページ）を参照。
　【参考例50】（上告却下決定…上告理由不提出の場合）（240ページ）を参照。
　【参考例51】（上告却下決定…上告理由の記載方式違反の場合）（246ページ）を参照。

　◇　上告却下決定に対しては不服申立てはできないが，特別抗告又は許可抗告の余地はあるので，同決定の告知は当事者双方に対し謄本を送達する方法によるのが相当である[24]。

---

[18] 特別な効果をもつものではないので，普通郵便（はがきを含む。）で送付するなど相当と認める方法で行う（規4）。

[19] 通知先は，原則として原裁判所が上告提起通知書及び上告状副本を送達している場所になるが，原裁判所における送達後，訴訟委任状が提出される場合等もあるので訴訟記録により確認する。

[20] 旧法においては判決で却下しなければならなかったが，原裁判所であれば決定で却下できる場合であるのに上告裁判所が判決というより重い裁判形式でなければ却下できないというのは不合理であるため現行法で改められた。上告裁判所が決定で却下する場合としては，①原裁判所が不適法である事由を看過した場合，②不適法であるか否かが明らかであるとはいえず，上告裁判所にその判断を任せるために記録送付した場合が考えられる。

[21] 不備を補正し得る場合で，原裁判所がその補正を命じていない場合には，上告裁判所は補正を命じた上でなければ上告を却下できないと解される（菊井・村松Ⅲ277）。

[22] 上告理由の記載方式についての補正命令は，原裁判所が上告を却下する前提として要求されているものであるから，上告裁判所が理由の記載方法に違反があると認める場合で原裁判所が補正を命じていなければ，上告裁判所は補正を命じた上で却下すべきであろう。

[23] 引用している参考例は原裁判所における決定であるから，記録符号を含めた事件番号，裁判所名の他，適用法条として民事訴訟法316条1項1号，2号とあるのを同法317条1項1号と読み替えることになる。

[24] 上告却下決定は，訴訟の終了を明らかにする書面であるから，上告記録の第1分類判決書群に同決定正本をつづり込むことになる。

第3章 上　　告

(4)　最高裁判所への移送

上告裁判所である高等裁判所は，規則で定める事由があるときは，決定で事件を最高裁判所に移送しなければならない（法324）。

高等裁判所が決定で事件を最高裁判所に移送しなければならないのは，憲法その他の法令の解釈について，その高等裁判所の意見が最高裁判所の判例（これがない場合にあっては，大審院又は上告裁判所若しくは控訴裁判所である高等裁判所の判例）と反する場合である（規203）[25]。

移送決定がされた場合は，当事者双方に対し決定謄本の送達により告知した上，速やかに最高裁判所に訴訟記録を送付することになる[26]。

(5)　口頭弁論を経ない上告棄却判決

上告裁判所が上告は適法であると認めた上で，上告状，上告理由書，答弁書その他一，二審の訴訟記録を含む書類を審査して，上告の理由がないと判断したときは，口頭弁論を経ないで判決により上告を棄却することができる（法319）[27]。

上告を棄却する場合に，口頭弁論を開くか否かは上告裁判所の裁量であるが，口頭弁論を経ないで判決するときは，判決言渡期日の指定を行い，裁判所書記官はその日時をあらかじめ当事者双方に通知することとされた（規156）[28]ので，注意が必要である。

(6)　第1回口頭弁論期日の指定と呼出し

書面審理の結果，口頭弁論を開くこととなった場合は，当事者双方の予定を確かめて調整し速やかに口頭弁論期日を指定する。

ア　期日の指定・呼出し[29]

期日指定に当たっては，被上告人から答弁書が提出されていない場合は答弁書の提出に要する期間を考慮する必要がある[30]。

期日が指定された場合には，口頭弁論期日呼出状を送達する。訴訟代理人が受任している場合には相当な方法で告知し，口頭弁論期日請書を提出してもらう取扱いでも差し支えない。

---

[25] 規則所定の要件がある場合は，移送は必要的かつ義務的であり高等裁判所に裁量の余地はない。しかし，これに違反して高等裁判所が自ら裁判をした場合，単なる訴訟法規の解釈の誤りにすぎないから，これに対して特別上告や再審による是正の方法は認められない（菊井・村松Ⅲ291）。
[26] 移送決定により高等裁判所は上告審から離脱する。この移送決定の原本も上告裁判所で保存することになる（保存規程別表第2の4）ので，送付する記録につづり込むのは移送決定正本である。
[27] 上告裁判所である最高裁判所は，上告の理由が明らかに法312条1項及び2項に規定する事由に該当しない場合には，決定で上告を棄却することができる（法317Ⅱ）が，これと混同しないように注意する。
[28] 通知の趣旨にかなった相当期間をおいて行う必要があり，言渡しの直前に知らせる取扱いは望ましくない。通知は相当と認める方法により行えばよく（規4Ⅰ），通知したときは，裁判所書記官はその旨及び通知の方法を訴訟記録上明らかにする（同Ⅱ）。規則156条は訓示的な規定であるので，通知を怠っても，そのことにより判決の言渡しの手続が違法になるわけではない（条解325）。
[29] 当事者に対する呼出費用について，相当の期間を定めて上告人に予納を命じたにもかかわらず予納がないときは，上告裁判所は決定で上告を却下することができる（法331，291Ⅰ）。
[30] 被上告人代理人が選任されていないときは，期日の指定を受けて被上告人が訴訟代理人を選任する場合もあることに配慮が必要となる。

◇ 答弁書提出命令
　　上告裁判所の裁判長は相当の期間を定めて，答弁書を提出すべきことを被上告人に命ずることができる（規201）。実務では，口頭弁論期日呼出状と答弁書催告状とが一体となった書式を使用している場合もあり，必ず答弁書提出命令が発せられるということはないが，発せられた場合には原本を記録につづり[31]，謄本を期日呼出状と同封して送達する取扱いになろう。

【参考例57】（答弁書提出命令）

```
平成〇〇年（ツ）第〇〇号〇〇請求上告事件
              答　弁　書　提　出　命　令
                   上　告　人　　　〇　〇　〇　〇
                   被 上 告 人　　　〇　〇　〇　〇
  本件につき，被上告人に対し，平成〇〇年〇月〇〇日までに答弁書を提出
することを命ずる。
     平成〇〇年〇月〇〇日
       〇〇高等裁判所第〇民事部
          裁判長裁判官　　　　〇　〇　〇　〇　印
```

イ　上告理由書の送達
　　通常，口頭弁論期日指定前は，被上告人からの請求がある場合を除き上告理由書の送達は行わない[32]。上告裁判所における審理は，上告理由に基づいて行われることになるので（法320），被上告人に対しては，答弁書等により上告理由に反論する機会を与えるため上告理由書を送達する必要がある。したがって，上告裁判所が口頭弁論を開いて審理及び裁判をする場合には，常に上告理由書の副本を被上告人に送達しなければならない（規198）[33]。
　　そこで，被上告人に対する口頭弁論期日呼出状には上告理由書副本を同封し，併せて答弁書の提出を催告することになる。

(7)　**判決言渡しまでの事務**
　ア　口頭弁論期日の実施
　　　上告審は法律審であるから，事実審における弁論の更新手続は行われない。

---

[31] 上告裁判所の終局裁判ではないからである。
[32] 上告裁判所において，上告の適法要件を欠くとして決定で上告が却下される場合，およそ上告状及び上告理由書等のみによって判断できるので，被上告人に反論の機会を与えるために上告理由書の送達を行う必要はないものと考えられる。口頭弁論を経ずに上告棄却判決をする場合，被上告人に反論させた上で判断することが適当な場合も考えられるが，改めて反論を待つまでもない場合もあり得るので，この場合には被上告人に対する上告理由書の副本の送達の要否が上告裁判所の判断にゆだねられている（規198）。
[33] この場合，上告理由書提出期間経過後に提出された理由補充書等の取扱いについては，裁判所の指示を仰ぐべきであろう。

第3章　上　　告

【参考例58】（口頭弁論調書記載例）
```
上告人
  1       上告状陳述
  2       上告理由書陳述
  3       上告状及び上告理由書に対する補充申立書陳述
被上告人
  1       上告棄却申立て
  2       答弁書陳述
裁判長
          弁論終結
```

イ　和解手続

　いずれの手続についても，訴訟上の和解としての事務処理は同様である。

(ｱ)　受命裁判官による和解の勧試

【参考例59】（和解勧試決定）
```
平成〇〇年（ツ）第〇〇号
    本件につき，受命裁判官により和解を勧告する。
      平成〇〇年〇月〇〇日
        〇〇高等裁判所第〇民事部
                  裁判長裁判官    〇　〇　〇　〇    印
                  裁判官          〇　〇　〇　〇    印
                  裁判官          〇　〇　〇　〇    印
    和解勧告をする裁判官を裁判官〇〇〇〇と指定する。
      同日同庁
                  裁判長裁判官    〇　〇　〇　〇    印
```

(ｲ)　原審又は第一審裁判所への嘱託

　　第2章第3の17(2)ウ(ｱ)第一審裁判所への嘱託（155ページ）を参照。

ウ　判決言渡しの準備

　判決の言渡しは，口頭弁論の終結の日から2月以内にしなければならない（法251Ⅰ）。

　口頭弁論を終結する際に判決言渡期日を指定告知している場合（その期日に欠席した当事者に対しても），不備を補正することができない不適法な訴えを口頭弁論を経ないで却下する場合は，言渡期日の呼出しを要しないが，原則として判決言渡期日の日時をあらかじめ裁判所書記官が当事者双方に通知することとされている（規156）。

(ｱ)　判決原稿との照合

　判決の形式的記載事項の記載について，誤りがないように確認する。

　　◇　判決書の記載事項（法253，規157）

　　　主文，事実，理由，口頭弁論終結の日，当事者及び法定代理人，裁判所

(イ) 判決正本の作成

当事者に対する判決の送達は，判決正本によってしなければならない（法 255）。また，上告裁判所の判決原本は上告裁判所で保存するため，訴訟記録につづり込むのは判決正本である。

4 事件の終局
(1) 上告却下決定（法 317 I）
ア 上告が不適法で不備が補正できない場合
イ 上告理由書の不提出
ウ 上告理由の記載方式違反
(2) 最高裁判所への移送決定（法 324）
(3) 判 決
ア 口頭弁論を経ない上告棄却
イ 上告棄却
ウ 破棄差戻し・移送
エ 破棄自判
◇ 判決言渡しの方式（法 252, 規 155）
判決書の原本に基づき，その主文を朗読してする。
◇ 原本領収と付記・押印（規 158）
言渡し後遅滞なく判決書が交付されるので，これに言渡し及び交付の日を付記して押印する[34]。
◇ 言渡し調書の作成（規 67 I ⑧）
◇ 当事者への判決正本送達
裁判所書記官が判決原本の交付を受けた日又は判決言渡しの日から2週間以内にしなければならない（規 159 I）。
◇ 判決原本の引継ぎ
訴訟記録とは別個に，上告裁判所において保存する。
◇ 訴訟記録への判決正本のつづり込み
(4) 訴訟上の和解
(5) 上告の取下げ
第2章第3の17(3)控訴の取下げ（158 ページ）を参照。
(6) 訴えの取下げ
第2章第3の17(4)訴えの取下げ（159 ページ）を参照。
◇ 書面の提出（法 261Ⅲ本文）
◇ 期日における口頭陳述（法 261Ⅲただし書, 規 95Ⅱ, 67 I ①）

---

[34] この付記には認証力はなく，判決の言渡しの事実は言渡期日調書の記載（規 67 I ⑧）によってのみ証明される。判決正本の送達が，判決書の交付を受けた日から2週間以内にしなければならない（規 159 I）こととの関係から，判決の言渡し日及び交付の日を付記する。この付記又は裁判所書記官の押印がなくても，判決の効力には一切影響がない（条解 330）。

第3章　上　　告

5　事件終局後の事務
　　第2章第3の19事件終局後の事務（162ページ）を参照。
　◇　事件簿への結果記入
　◇　要報告事件についての報告
　◇　結果通知[35]
(1)　**確定記録の整理**
　　ア　既済の確認・点検
　　イ　残郵便切手の返還
　　ウ　目録，丁数
　　エ　訴訟記録送付書の作成
　　　◇　手数料還付
　　　◇　事件票
(2)　**訴訟記録の送付**
　　ア　差戻し・移送の場合
　　イ　第一審裁判所への返還
(3)　**裁判書の保存**
　　◇　執行文の付与
　　　第2章第3の20執行文の付与（167ページ）を参照。
　　◇　証明
　　　第2章第3の21証明（172ページ）を参照。
　　◇　記録等の閲覧・謄写及び複製
　　　第2章第3の22記録等の閲覧・謄写及び複製（174ページ）を参照。

---

[35] 上告裁判所において，判決の確定その他の事由により事件が完結したときは，上告裁判所の裁判所書記官は，完結の事由及びその年月日並びに原裁判所の事件番号を表示した書面をもって，原裁判所の裁判所書記官に通知することを要する（昭和39年12月12日付け最高裁総三第121号総務局長通達「上告の結果等の通知について」記一を参照）。事件終局後，訴訟記録は直接上告裁判所から記録を保存すべき第一審裁判所へ返還されるため，控訴裁判所への結果通知が必要となるためである。また，移送判決が確定した場合の原裁判所及び第一審裁判所への結果通知については，第2章第3の19事件終局後の事務脚注103（163ページ）を参照。

－280－

第4 高等裁判所にする上告事件の事務処理手続

【参考例60】（上告結果通知）

```
                                    平成　　年　　月　　日

        地方裁判所　裁判所書記官　殿

                        高等裁判所民事記録係
                        裁判所書記官
```

　　　　　　　　　　上　告　結　果　通　知

　昭和３９年１２月１２日付け最高裁総三第１２１号総務局長通達「上告の結果等の通知について」により，下記のとおり上告の結果を通知します。

原審事件番号	当審事件番号	完結年月日	完結事由
(　　)	(　　)	・　・	
(　　)	(　　)	・　・	
(　　)	(　　)	・　・	
(　　)	(　　)	・　・	
(　　)	(　　)	・　・	

第3章 上　　告

第5　特別上告提起事件の事務処理手続
－上告裁判所（高等裁判所）又は簡易裁判所における手続－

特別上告に関しては，上告の提起に関する規定が準用される（法327Ⅱ，規204）が，特別上告の提起は判決の確定を遮断しない点に注意を要する。

1　特別上告状を提出すべき裁判所

第2の1上告状を提出すべき裁判所（221ページ）を参照。

特別上告状は，原裁判所，すなわち特別上告の対象となった判決をした裁判所を構成する裁判官所属の裁判所に対してしなければならない（法327Ⅱ，314Ⅰ）。

(1)　高等裁判所

上告審として終局判決をした場合（法327Ⅰ）

(2)　簡易裁判所

少額訴訟手続の少額異議判決をした場合（法380）

提出先を誤った特別上告状の提出を受けたときの取扱いは上告提起の場合と同様である。

附帯特別上告の提起は，附帯特別上告状を最高裁判所に提出してすることができる（法327Ⅱ，313，293Ⅲ）が，原裁判所に訴訟記録がある間に附帯特別上告状が原裁判所に提出された場合には，特別上告提起事件として立件する。

2　上告期間

第2の2上告期間（221ページ）を参照。

特別上告は，判決書又は法254条2項の調書（調書判決）の送達を受けた日から2週間の不変期間内に提起しなければならない（法327Ⅱ，313，285本文）。

3　特別上告状の受付手続

第2の3上告状の受付手続（222ページ）を参照。

(1)　管轄の確認

(2)　特別上告提起の方式

特別上告の提起は，特別上告状を提出してしなければならない（法327Ⅱ，314Ⅰ）。口頭陳述の方法による申立て（規1），電話による申立てやファクシミリ送信による申立てが認められないことは，上告提起の場合と同様である。

第5 特別上告提起事件の事務処理手続

【参考例61】（特別上告状）

特 別 上 告 状

最高裁判所　御中

　　　　　平成○○年○○月○○日
　　　　　　特別上告人訴訟代理人弁護士　○　○　○　○　印

〒○○○－○○○○　○○県○○市○○町○○番○○号
　　　　　　特 別 上 告 人　　○　○　○　○
〒○○○－○○○○　○○県○○市○○町○○番○○号（送達場所）
　　　　　　同訴訟代理人弁護士　　○　○　○　○
　　　　　　電　　　　話　○○○○－○○○○
　　　　　　ファクシミリ　○○○○－○○○○
〒○○○－○○○○　○○県○○市○○町○○番○○号
　　　　　　特 別 被 上 告 人　　○　○　○　○

訴訟物の価額　　○○○○円
貼用印紙額　　　○○○○円

　上記当事者間の○○高等裁判所平成○○年（ツ）第○○○○号○○○○請求上告事件について，平成○○年○○月○○日下記判決の言渡しを受け，同年同月○○日判決正本の送達を受けたが，同判決は全部不服であるから特別上告を提起する。

上 告 審 判 決 の 表 示
主　　　文
○○○○・・・
○○○○・・・

特 別 上 告 の 趣 旨
原判決を破棄し，更に相当の裁判を求める。

特 別 上 告 の 理 由
おって，特別上告理由書を提出する。

附　属　書　類
1　特別上告状副本　　　　1通
2　訴訟委任状　　　　　　1通

第3章 上　　告

(3) 特別上告状の記載事項
　ア　必要的記載事項（法327Ⅱ,313,286Ⅱ）
　　(ア)　当事者[1]及び法定代理人
　　(イ)　原判決の表示
　　(ウ)　当該判決に対して特別上告を提起する旨
　イ　その他の記載事項
　　◇　特別上告提起の趣旨
　　◇　裁判所の表示[2]
(4) 訴額及び手数料と収入印紙の確認
　　特別上告を提起する場合の手数料は上告提起の場合と同様である（民訴費3,別表第一の3項）。
(5) 送達に必要な費用等の予納と郵便切手の確認（規204,187）
　　◇　特別上告状
　　◇　特別上告提起通知書，特別上告理由書，裁判書
　　◇　記録送付を受けた旨の通知
(6) 附属書類等の添付
　　◇　特別上告状副本
(7) 立件手続
　　特別上告状を受領した場合には，主に上記の点について確認した上で補正が必要な箇所があればこれを明らかにしなければならない。直接提出された場合であれば，提出者に任意の補正を促し，提出者に指示を伝えられないときは，その旨注記した付せんをつける等の方法により担当部へ連絡事項を引き継ぐことが必要である。
　　特別上告提起事件として事件簿に登載[3]すべき申立てとしては，特別上告の提起（基本事件の種類は，第1の11(5)特別上告提起事件（214ページ）のとおり）のほか，法260条2項による原状回復及び損害賠償の申立て，附帯特別上告の提起，移送，回付の場合がある。
　　◇　受付日付印の押捺
　　◇　事件簿への登載[4]
　　　　特別上告状（附帯特別上告状），申立書，移送決定書，回付書等が事件番号の付け方の基準となる[5]。
　　　　民事特別上告提起事件（記録符号は簡易裁判所→少テ，高等裁判所→ツテ[6]）又は行

---

[1] 当事者の呼称は，「特別上告人」「特別被上告人」となる。
[2] 名宛裁判所は，提出裁判所である原裁判所ではなく，特別上告裁判所である最高裁判所である。
[3] 民事裁判事務支援システムを利用する場合は，事件簿への登載に代えて，民事裁判事務支援システムのサーバーの記憶装置に所要事項を記録することとなる（民裁支援システム通達記第1の1）。
[4] 同上。
[5] 受付分配通達別表第1の10,14,別表第2の7を参照。
[6] 民事事件記録符号規程を参照。

政特別上告提起事件（記録符号は高等裁判所→行シ[7]）として，少額異議判決に対する特別上告提起事件簿，民事特別上告提起事件簿，行政特別上告提起事件簿[8]に登載する。
- ◇ 記録符号及び事件番号の記載と認印の押捺
- ◇ 収入印紙及び郵便切手等の添付の旨の記載と認印の押捺
- ◇ 収入印紙の消印
- ◇ 記録の編成[9]
- ◇ 原判決をした担当部への配布

4 **裁判長による特別上告状の審査**

第2の4裁判長による上告状の審査（231ページ）を参照。

(1) **審査の範囲（法327Ⅱ，313，288，289Ⅱ）**

特別上告状の審査は，原裁判所の裁判長の権限に属する事項である（法327Ⅱ，314Ⅱ）。

ア 特別上告状の必要的記載事項

控訴状の規定が準用されており（法327Ⅱ，313，286Ⅱ），具体的には第2の3(3)上告状の記載事項（223ページ）記載のとおりである。

イ 訴額及び手数料

ウ 特別上告状の送達をすることができない場合
- ◇ 特別被上告人の住居所の表示が不正確である場合
- ◇ 送達費用が予納されない場合

エ 補正命令

(2) **特別上告状却下命令[10]**
- ◇ 特別上告状却下命令に対する不服申立てとしては，簡易裁判所の裁判官によりされた場合には即時抗告に関する規定の準用があるとする説，特別上告の提起は原判決の確定を遮断するものではないから，確定遮断効を有する即時抗告に関する規定の準用はないとする説とがあるが，制度趣旨及び飛躍上告状却下命令の不服申立裁判所との比較等から後説により，簡易裁判所の裁判長によりされた場合[11]には特別抗告の，高等裁判所の裁判長によりされた場合には特別抗告又は許可抗告の余地があるにすぎないと解すべきであろう。

5 **原裁判所による特別上告の適法性の審査**

第2の5原裁判所による上告の適法性の審査（235ページ）を参照。

---

[7] 行政事件記録符号規程を参照。
[8] 各事件簿は，帳簿諸票備付通達別表第1及び第4による。様式はいずれも民事・行政・家事上訴提起等事件簿（帳簿諸票取扱通達別紙様式第5）である。
[9] 特別上告裁判所は最高裁判所であるから，編年体で編成する。
[10] 特別上告状却下命令は，訴訟の終了を明らかにする書面であるから原審記録の第1分類判決書群に，特別上告状は訴状群に，それぞれ編てつする。また，特別上告状却下命令の原本は，その裁判をした裁判所において保存すべき事件書類であるから（保存規程3条4項，別表第二の1），訴訟記録には正本をつづることになる。
[11] 少額異議判決に対する特別上告状が却下された場合の不服申立ての裁判所は，飛躍上告の場合と同様に，本案の審級に従い定まる特別上告裁判所と解される。

第3章 上　　告

(1) 審査の範囲
　　原裁判所は，特別上告の提起が不適法でその不備が補正することができないものであるかどうかについて審査し，不備を補正することができないことが明らかな場合には，決定で特別上告を却下しなければならない（法327Ⅱ，316Ⅰ）。
　ア　特別上告が不適法でその欠缺が補正できない場合
　　　不備を補正し得る場合，原裁判所はまず不備の補正を命ずる。
　イ　特別上告理由書の不提出
　　　特別上告理由書の提出は特別上告の適法要件であるから，特別上告状に特別上告の理由を記載せず，特別上告理由書を期間内に提出しない場合は，補正の余地はないことから規則196条1項の規定による補正命令を発する必要はなく，特別上告を却下することになる（法327Ⅱ，316Ⅰ②前段）。
　ウ　特別上告理由の記載方法の違反
　　　特別上告の理由は憲法違反のみであり，その記載は憲法の条項を掲記し，憲法に違反する事由を示してしなければならず，その方法については上告理由に関する規定が準用されている（規 204, 190, 192。規則が定める理由の記載方法については，第1の5(6)上告理由の記載方式（186ページ）を参照）。
　　　原裁判所が判断するのは，あくまでも理由の記載方法という技術的側面であり，理由の実質的当否の判断に立ち入るものではないことに注意を要する。
　エ　補正命令（規204, 196Ⅰ）
　　　特別上告を却下する際の前提として要求されるものであるから，記載された理由のいずれか一つでも適式なものがあれば，補正命令を発する余地はない。
(2) 特別上告却下決定（法327Ⅱ, 316Ⅰ）
　◇　特別上告却下決定に対する不服申立てとしては，簡易裁判所によりされた場合には即時抗告に関する規定の準用があるとする説，特別上告の提起は原判決の確定を遮断するものではないから，確定遮断効を有する即時抗告に関する規定の準用はないとする説とがあるが，制度趣旨及び飛躍上告却下決定の不服申立裁判所との比較等から後説により，簡易裁判所によりされた場合[12]には特別抗告の，高等裁判所によりされた場合には特別抗告又は許可抗告の余地があるにすぎないと解すべきであろう。
6　特別上告提起通知書
(1) 送達の時期
　　形式的適法要件の審査が完了した段階で，前記4(2)の特別上告状却下命令又は5(2)の特別上告却下決定があった場合を除き，当事者双方に特別上告提起通知書を送達しなければならない（規204, 189Ⅰ）。
　　特別上告人に対する特別上告提起通知書の送達日が，特別上告理由書の提出期間の起算日となる（規204, 194）。

---

[12] 前記4(2)特別上告状却下命令脚注11を参照。

(2) 特別上告状の送達

　　特別被上告人に対する特別上告提起通知書の送達と同時に行い（規204,189Ⅱ），特別被上告人に答弁書の提出や附帯特別上告の機会を与える。したがって，前記4(2)の特別上告状却下命令，5(2)の特別上告却下決定があったときは不要である。

7　特別上告理由書

　第2の7上告理由書（244ページ）を参照。

(1) 理由書の提出期間

　　特別上告状に特別上告の理由の記載がないときは，特別上告人は特別上告提起通知書の送達を受けた日から50日内（規204,194）に原裁判所に特別上告理由書を提出しなければならない（法327Ⅱ,315Ⅰ）。

(2) 記載方式

　　特別上告理由の記載方法が不適式である場合，原裁判所は相当の期間を定めて補正を命じなければならず（規204,196Ⅰ），期間内に補正されない場合は決定により特別上告を却下しなければならない（法327Ⅱ,316Ⅰ,規204,196Ⅱ）ことについては，前記5(1)ウ特別上告理由の記載方法の違反（286ページ）のとおりである（規則が定める上告理由の記載方法については，第1の5(6)上告理由の記載方式（186ページ）を参照）。

(3) 副本の添付

　　特別上告理由が記載された書面は，特別被上告人に送達されるべきものであるから（法327Ⅱ,313,289Ⅰ,規204,198），特別被上告人の数に応じた副本の添付が必要になるが，これに加えて，特別上告審における審理を円滑に行うために，特別上告裁判所の各裁判官に配布すべき副本5通及び判決原本の草稿に用いるべき副本1通計6通の添付を求めている（規204,195）。

8　原裁判所で処理すべき付随事件等

　第2の8原裁判所で処理すべき付随事件等（247ページ）を参照。

　特別上告提起後，当該特別上告提起事件について，最高裁判所へ訴訟記録を送付する前に判断をする必要がある申立てがされた場合には，適宜事件簿に登載[13]した上でこれらの付随事件についての処理をしなければならないのは，上告提起の場合と同様である。

　訴訟記録の保管に伴う次の事務の取扱いについても同様である。

◇　執行文の付与（民執26）[14]

◇　訴訟記録の正，謄，抄本の交付，訴訟に関する事項の証明書の交付（法91,規33），判決の確定証明書の交付（規48Ⅱ）[15]

◇　訴訟記録の閲覧・謄写及び録音テープ又はビデオテープの複製の許否[16]

---

[13] 民事裁判事務支援システムを利用する場合は，事件簿への登載に代えて，民事裁判事務支援システムのサーバーの記憶装置に所要事項を記録することとなる（民裁支援システム通達記第1の1）。
[14] 第2章第2の10執行文の付与（94ページ）を参照。
[15] 第2章第2の11証明（95ページ）を参照。
[16] 第2章第2の12訴訟記録の閲覧・謄写及び複製に関する事務（98ページ）を参照。

第3章 上　　告

9　事件の終局
　　第2の9事件の終局（248ページ）を参照。
(1)　特別上告状却下命令
(2)　特別上告却下決定
　　ア　不適法で不備が補正できないことが明らかな場合（法327Ⅱ, 316Ⅰ①）
　　イ　理由書の不提出
　　ウ　理由の記載方式違反
(3)　特別上告の取下げ（法327Ⅱ, 313, 292, 規204, 177）
(4)　最高裁判所への事件送付
　　ア　送付時期
　　　　原裁判所における特別上告の適法性の審査が終了し，特別上告理由の記載が所定の方式を備えていると判断したとき（特別上告状却下命令又は特別上告却下決定をしない場合），特別上告理由の実質的当否にかかわらず，事件を最高裁判所に送付しなければならない（規204, 197Ⅰ前段）[17]。
　　イ　送付の手続
　　　　事件送付には裁判の必要はなく，訴訟記録を送付して行う（規204, 197Ⅱの準用）。訴訟記録の送付方法については，第2章第2の8記録の送付（89ページ）を参照。
(5)　訴訟記録の返還，保存
　　(1)から(3)までの事由等により事件が終局した場合の下記の手続については，第2の9(6)訴訟記録の返還，保存（254ページ）を参照。
　　ア　原審へ記録返還する場合
　　イ　原裁判所で保存する場合

---

[17] 特別上告理由書提出期間経過後である。

第4章 抗　　告

第1　総　説
1　抗告の意義

　　抗告は判決以外の裁判（決定又は命令）につき，上級裁判所に対し，その取消変更を求める独立の簡易な上訴であって，法律が特に定める場合に認められる。

　　訴訟手続に関してなされる決定又は命令が不当なものである場合，その多くは包括的に終局判決とともに上訴審の判断を受けることによって是正することが可能である[1]。しかし，本案と直接の関係がなく付随的，派生的な事項で特に迅速な確定を必要とするもの[2]も多く，これらをすべて終局判決に対する上訴の対象とすることは，上訴審の審理を複雑にすると同時に，比較的軽微な事項にまで過度に慎重な判断手続を持ち込むことになり，訴訟遅延の原因にもなりかねない。

　　また，事件が終局判決に至らず，それに対する上訴の機会がない決定又は命令の場合[3]，決定又は命令が終局判決後になされる場合[4]及び当事者以外の第三者に対する付随的な決定又は命令の場合[5]は，控訴・上告によって裁判の是正を求める機会はない。

　　以上のような多様な理由に基づいて，法は判決手続に対する上訴とは別に独立の不服申立方法を認め，任意的口頭弁論の方式により簡易迅速に処理することとした。

2　抗告の種類
(1)　通常抗告と即時抗告

　　抗告期間の定めの有無による区別である。通常抗告は，不服申立ての期間の定めがなく，原裁判の告知後その取消しを求める利益がある限りいつでも提起することができるもので，形式的確定の問題を生じない[6]。即時抗告は，裁判の性質上特に迅速に確定させる必要があると認められるものについて，裁判が告知された日から不変期間である1週間の抗告期間[7]内に提起することを要し（法332），この期間を過ぎるとその裁判は確定する。即時抗告は，原則として抗告の提起に執行停止の効力（法334Ⅰ）を有し[8]，訴訟行為の追完・付加期間（法97，96）に関する規定の適用があり，法に明文でその提起を

---

[1] 本案と密接な関係があり，その誤りが終局判決に影響を及ぼすもの（例えば，証拠の申出を却下する決定，訴えの変更を許さない決定など）については，本案に対する終局判決に対して控訴・上告がされたときに，終局判決と一緒に控訴・上告審でその当否を審査することが予定されている（法283，313）ため，独立して不服を申し立てることができない。
[2] 例えば，忌避の裁判，移送の裁判などがある。
[3] 訴状却下命令，上訴状却下命令などがある。このほか決定をもって完結する事件の分野として，非訟事件，破産事件，民事執行事件，民事保全事件などがある。
[4] 例えば，判決の更正決定，担保取消決定などがある。
[5] 例えば，証人・鑑定人に対する過料決定又は費用償還決定，受継申立却下決定，文書提出命令などがある。
[6] したがって，抗告提起により原裁判の執行を停止する効力もない。抗告の通常の形式で，民事訴訟法が特に即時抗告と定めていない場合は原則として通常抗告である。
[7] 他の法律では，即時抗告期間が2週間と定められているものもある（破9後段，民再9後段，会更9後段，家事86，非訟67Ⅰ，民保19Ⅰなど）。
[8] 例外として，第6章第8の2(2)即時抗告に服する原裁判のうち，即時抗告の提起により執行停止の効力が生じないもの（473ページ）を参照。

許す規定を有する場合，又は解釈上同一に取り扱うべきものと認められる場合[9]に限られる。

　同一事項についての裁判に対する抗告であっても，裁判の内容により通常抗告と即時抗告の区別を生じる場合がある[10]。

(2) 最初の抗告と再抗告

　審級的見地からの区別である。最初の抗告は，原裁判所のした裁判に対し最初になされるもの[11]で，再抗告は，最初の抗告に基づいて抗告裁判所がした裁判に対し，憲法違反又は法律違反を理由としてなされる[12]。再抗告は，簡易裁判所の裁判につき抗告審として地方裁判所がした裁判に対し高等裁判所へ抗告する場合にのみ許される[13]。また，再抗告は判決に対する上告に相当し，再抗告の理由は高等裁判所にする上告の理由と同様である（法330。後記6再抗告（301ページ）を参照）。

　再抗告の対象となる裁判の内容によって，通常抗告である再抗告と即時抗告である再抗告とに分けられる[14]。

(3) 特別抗告と許可抗告

　いずれも，最高裁判所に対する「訴訟法において特に定める抗告」（裁7②）である。特別抗告は，地方裁判所及び簡易裁判所の決定又は命令で不服を申し立てることができないもの並びに高等裁判所の決定又は命令に対して，憲法違反を理由とするときに限り提起することができる（法336Ⅰ。後記7特別抗告（303ページ）を参照）。許可抗告は，高等裁判所の決定又は命令に対して，憲法違反を理由とする場合以外の一定の場合について，その高等裁判所の許可を条件として認められる抗告で，現行法で導入された制度である（法337Ⅰ。後記8許可抗告（306ページ）を参照）[15]。

(4) 準抗告，再審抗告

　受命裁判官又は受託裁判官の裁判に対する異議の申立てについてなされた受訴裁判所の裁判に対する抗告を準抗告という（法329Ⅱ。3(1)エ（293ページ）を参照）。再審抗

---

[9] 大決昭17.2.24民集21-141は，担保権利者が催告期間内に権利を行使しなかったため，旧法115条3項により担保取消しに同意したものとみなされて担保取消決定がなされた場合，不服申立ては即時抗告によるとした。
[10] 例えば，担保取消しの認容決定に対しては即時抗告が認められる（法79Ⅳ）が，却下決定に対しては通常抗告が認められる（法328Ⅰ）。
[11] 第二審裁判所が最初にした裁判に対する抗告は，最初の抗告である。
[12] 最初の抗告を審理する裁判所は事実審の性格を有するので，抗告につき事実及び法律の両面から原裁判の当否を審判し，控訴及び控訴審手続の規定が準用される。再抗告裁判所は法律審の性格を有するので，上告に関する規定が準用される。
[13] 最高裁判所は「訴訟法において特に定める抗告」のみについて裁判権を有し，再抗告はこれに該当しない（裁7②）。
[14] 例えば，最初の抗告が即時抗告である場合，これを却下又は棄却した裁判に対する再抗告も即時抗告となる（棄却した場合について，大決大5.2.22新聞1101-24）。裁判の内容に差異がある場合（申請を認容したか，却下したか），再抗告は最初の抗告と一致しない。
[15] 旧法では，高等裁判所の決定又は命令に対しては特別抗告を除いて最高裁判所への抗告はできないものとされていた。しかし，民事執行法や民事保全法の制定に伴い，決定により判断される事項の中に重要なものが増え，重要な法律問題についての高等裁判所の判断が区々に分かれるという状況が生じたため，最高裁判所の負担が過重にならないような形で法令解釈の統一を図るため，憲法違反を理由とする場合以外の場合についても，一定の範囲内で最高裁判所への抗告を認めることとしたものである（一問一答374）。

告は，即時抗告により不服を申し立てることができる決定又は命令の確定後，再審の訴えに準じて提起することができるもので，準再審ともいう（法349Ⅰ，規212。第5章第2（427ページ）を参照）。

(5) 他の法律に規定する抗告，司法行政処分に対する抗告

前者は，抗告のうち，民事訴訟法以外の法律によって判決手続と関係なく独立に決定手続によって行われる裁判[16]に対する不服申立手続として定められているもので，当該関係法律に別段の規定がおかれているか[17]，民事訴訟法の規定を準用する[18]のが普通である。民事執行の手続に関する裁判に対して特別の定めによりすることができる抗告を，執行抗告（民執10）といい，民事保全手続において保全異議又は保全取消しの申立ての裁判に対する抗告を，保全抗告（民保41）という。

後者は，司法行政処分としてなされた裁判に対する抗告（例えば，裁判官の分限事件についてなされた高等裁判所の裁判に対する抗告（裁限8））を指す。これについては，本稿では取り扱わない。

3 抗告の適用範囲

抗告は，法律の認めた場合に限り許されるのが原則である。

(1) 抗告をすることができる裁判

ア　口頭弁論を経ないで訴訟手続に関する申立てを却下した決定又は命令（法328Ⅰ）

(ア) 訴訟手続に関する申立てであること

現に係属し又は係属しようとする訴訟に関して裁判所の裁判その他の行為を要求する申立てのすべてを含む[19]。当事者に申立権が認められている場合[20]，裁判所はそれに対する応答義務を負っており，口頭弁論を経ないでこれを却下する裁判について本案と切り離して抗告申立権を認める趣旨である。

(イ) 口頭弁論を経ないこと

必要的口頭弁論に基づくことを要しない場合であって，事実上口頭弁論を経た場合でも抗告が許されるとするのが通説である[21]。すなわち，必要的口頭弁論に基づくことを要する裁判は終局判決の前提として本案審理と密接不可分の関係にあるた

---

[16] 非訟事件，破産事件，家事事件等における決定，命令又は審判など。
[17] 非訟66以下，家事85以下，会社872，872の2，借地借家60など。
[18] 破13，民再18，会更13など。
[19] 管轄裁判所の指定の申立て（法10Ⅰ，Ⅱ），特別代理人選任の申立て（法35Ⅰ），訴訟引受の申立て（法50Ⅰ），担保取消しの申立て（法79Ⅰ），受継の申立て（法128Ⅰ），証拠保全の申立て（法234）などがある。
[20] 当事者が申立権を有さず，裁判所が職権をもってその裁量によって裁判する場合，当事者の申立ては裁判所の職権の発動を促すにとどまるから，これを却下する裁判がなされても当事者は抗告できない。例えば，弁論の再開（法153）について大決明34.7.10民録7-7-65，弁論の併合・分離（法152）について大決昭5.7.19新聞3166-9を参照。
[21] 兼子体系472，菊井・村松Ⅲ322ほか。必要的口頭弁論の場合であると，任意的口頭弁論の場合であると，本来口頭弁論を経ないですることができる場合であるとを問わず，事実上口頭弁論が行われた場合には，この裁判に対しては抗告を許さないとの説（細野長良・民事訴訟法要義4-408，菊井維大・民事訴訟法下474）があるが，同じ申立てであっても裁判所の取扱いによって不服申立方法が異なるのは妥当でないこと，申立却下の裁判に対しては特に抗告という不服申立ての途を開いて控訴審の審理を単純化しようとした立法趣旨に反すること，訴訟引受の申立てや受継申立てを口頭弁論を経て却下した場合，申立人は終局判決を受ける機会を有しない結果不服申立ての方法が閉ざされるなどの理由から通説が妥当であると解される。

第4章 抗　　告

　　　め，終局判決と一体として不服申立てをさせ，審理するのが適切であるとの考えに基づく[22]。
　(ウ)　申立てを却下する決定又は命令であること
　　　申立てが条件付きで認容された場合は一部却下に当たるから，抗告することはできるが，それが裁判所の裁量的なものであれば，原則として抗告は許されない[23]。申立却下の裁判については，相手方は直接自分の申立てが却下されたわけではないから，原則として抗告はできない[24]。
　　　口頭弁論を経ないで訴訟手続に関する申立てを却下した裁判であっても，特に不服申立てを許さない旨個別的に規定されている場合には，抗告が許されないのは当然である[25]。
　(エ)　不服申立てが禁止されていないこと
　　　明文で不服申立てが禁止されている場合[26]，抗告以外の不服申立方法が認められている場合[27]には抗告は許されない。
　(オ)　決定又は命令であること[28]
　　　裁判所書記官の処分は，裁判ではないからこれに対して抗告することはできない[29]。
　　　裁判長の命令に対しては，裁判長が独立の機関としてしたときには抗告することができるが[30]，合議体の一員としてしたときは抗告することができず，異議を述べることができるに止まる[31]。
　イ　個別的に又は特別の定めがある場合に限って抗告が許されている決定又は命令
　　　個別に抗告が許されている裁判[32]は，民事訴訟法上はすべて即時抗告の許される裁判である。特別の定めがある場合に限って抗告が許されている例としては，民事執行法10条1項の規定による執行抗告がある[33] [34]。

---

[22] 訴え変更の不許（法143Ⅳ。大決昭8．6．30民集12-1682）や証拠申出の却下（大決昭3．4．25新聞2873-12）は必要的口頭弁論に基づくから抗告は許されない。
[23] 例えば，上訴等に伴う強制執行停止決定の保証額に関する決定（法403）など。
[24] 法律が裁判によって不利益を受ける相手方又は利害関係人を保護するため，特に抗告を許す場合がある。例えば，移送についての決定（法21），補助参加の許否の決定（法44Ⅲ），訴訟費用額確定処分に対する異議の申立てについての決定（法71Ⅶ），訴訟上の救助に関する決定（法86）など。また，法律が特定の利害関係人のみに抗告権を認める場合がある。例えば，破産申立てを棄却する決定に対する抗告権者を申立人に限るとするのが判例の見解である（大決大15.12.23民集5-894）。
[25] 例えば，支払督促申立て却下処分に対する異議の申立てについての裁判（法385Ⅳ）など。
[26] 後記(2)ア個別的に不服申立てを禁止されている場合脚注42（293ページ）を参照。
[27] 例えば，裁判所書記官の処分に対する異議（法121），支払督促（法386Ⅱ），保全異議（民保26）など。
[28] 決定又は命令であっても抗告の対象とならないものとして，後記(2)ウ，エ（294ページ）を参照。
[29] 特別の不服申立方法が認められている（法121，386Ⅱ）。
[30] 訴状却下命令（法137Ⅲ），控訴状又は上告状却下命令（法288，289Ⅱ，313，314Ⅱ，137Ⅲ）など。
[31] 裁判長の訴訟指揮権（法148），釈明権等（法149Ⅰ），尋問の順序（法202Ⅱ）など。
[32] 第4民事訴訟法上の抗告事件（341ページ）で例示したほかに，訴訟費用の担保の決定（法75Ⅶ），秘密保護のための閲覧等の制限についての裁判（法92Ⅳ），証言拒絶についての裁判（法199Ⅱ），虚偽の陳述に対する過料決定（法209Ⅱ），文書の真正を争った者に対する過料決定（法230Ⅱ），督促異議却下決定（法394Ⅱ），保全命令申立却下の裁判（民保19），保全異議又は保全取消しの申立てについての裁判（同41）などがある。
[33] 具体例については，第5民事執行手続上の抗告事件（349ページ）を参照。
[34] 他に家事事件手続法85条，99条及び非訟事件手続法79条が挙げられる。

ウ 決定又は命令で裁判すべき根拠がないのにされた違式の決定又は命令（法328Ⅱ）[35]
　判決で裁判すべき事項につき誤って決定又は命令の形式で裁判がなされた場合，実際になされた裁判の形式[36]を基準にして上訴方法として抗告を定めている。
　また，法律の根拠が欠けているのになされた違法な決定又は命令[37]についても同様に解するべきであろう。

エ 受命裁判官又は受託裁判官の裁判に対する異議の申立てについての裁判（法329Ⅱ）
　受命裁判官又は受託裁判官は，受訴裁判所の授権に基づいて受訴裁判所に代わって一定の職務を行うもので[38]，その職務の執行についても受訴裁判所の指示に拘束されるから，その裁判[39]に対しては直ちに上級裁判所への抗告を認めず，まず受訴裁判所に異議の申立てをすることによって受訴裁判所の監督に服させることとされている[40]。
　受訴裁判所は，異議についての裁判を決定で行い，この決定に対する不服申立方法として抗告（準抗告）が認められている[41]。

(2) 抗告をすることができない決定又は命令
　ア 個別的に不服申立てを禁止されている場合[42]

---

[35] 法328条2項は，形式的には決定又は命令で裁判することができない事項につき決定又は命令で裁判した場合を規定しているが，実質的には違式の裁判に対する上訴の問題についての一般原則を定めていると解されている。違式の判決に対する上訴については，現になされた裁判形式を基準として控訴・上告の方法によるべきであると解するのが通説である。

[36] 現になされた裁判がいかなる種類の裁判であるか，何を基準にして定めるかについては説が分かれている。裁判の表示，成立手続などから裁判所がいかなる意思であったかを探求して，それを基準とする主観説，裁判の主文及び理由に基づき，その裁判の客観的内容を基準とする客観説，主観説・客観説のいずれによってもよいとする選択説，裁判所の主観的意思及び裁判の客観的内容の両者を総合して判断し，抗告と控訴の不服申立ての競合を認めようとする主観客観総合説がある（注解⑽39）。

[37] 例えば，第三者異議の訴えと認められない訴訟の提起を受けた裁判所が，昭和54年法律第4号による改正前の旧民事訴訟法（明治23年法律第29号）549条，547条による仮の処分を命ずる裁判をした場合（札幌高決昭36.10.16高民14-6-437）など。

[38] 合議体の構成裁判官である受命裁判官に行わせることができる職務としては，審尋（法88），和解勧試（法89），弁論準備手続（法171），高等裁判所における書面による準備手続（法176），裁判所外における証拠調べ（法185），証人尋問（法195，206，268），証拠保全（法239），進行協議期日（規98）がある。受訴裁判所が裁判所間の共助（裁79）として，他の裁判所に証拠調べなどの法定事項（法89，185Ⅱ，195，213など）の処理を委託した場合，その処理に当たる受託裁判官は受訴裁判所の構成員ではないが，受訴裁判所の委任によってそれらの事項を処理する点は受命裁判官と同様であるから，これに準じて取り扱われる（法206，213，329）。

[39] 異議申立てが許される裁判は，その裁判が受訴裁判所の裁判であれば抗告をすることができるもの（法329Ⅰただし書）でなければならない。ただし，証人尋問をするための裁判のように，特に異議の申立てが認められている場合は別である（法206ただし書，202Ⅲ，210）。

[40] 受訴裁判所が，高等裁判所であるときは，原則としてその裁判に対して抗告は許されず（裁7②），最高裁判所であるときは，上級裁判所がないから抗告できない。ただ，高等裁判所又は最高裁判所に属する事件について指定された受命裁判官又は受託裁判官の裁判（地方裁判所の裁判であるとすれば，抗告をすることができる性質のものであることを要する。）に対しては，受訴裁判所に異議の申立てができるとされている（法329Ⅲ）。

[41] したがって，受訴裁判所が異議を却下又は棄却した決定に対し抗告を申し立てることができるが，異議を認容して受命裁判官又は受託裁判官のした裁判を取り消す裁判に対しては，本来その裁判に対して抗告が認められている場合でなければならない。

[42] 管轄裁判所指定の決定（法10Ⅲ），裁判官に対する除斥又は忌避を理由があるとする決定（法25Ⅳ），鑑定人に対する忌避を理由があるとする決定（法214Ⅲ），証拠保全の決定（法238），簡易裁判所における反訴の提起に基づく移送決定（法274Ⅱ），支払督促申立て却下処分に対する異議の申立てについての裁判（法385Ⅳ），執行停止等の申立てについての裁判（法403Ⅱ），請求異議の訴え等の終局判決における執行停止の裁判等（民執37Ⅱ），国又は公共団体に対する損害賠償その他の請求への訴えの変更を許さない決定（行訴21Ⅴ）など。

第4章 抗　　告

　　イ　抗告以外の不服申立ての方法が認められている場合
　　　決定又は命令に対する不服申立方法として，抗告のほかに異議がある[43]。
　　ウ　高等裁判所の決定又は命令[44]
　　エ　最高裁判所の決定又は命令[45]
4　抗告の提起（最初の抗告）
(1)　抗告裁判所
　　抗告裁判所は，常に原裁判をした裁判所又は裁判官が属する裁判所の直近の上級裁判所である。具体的には，簡易裁判所の決定又は命令に対しては当該簡易裁判所を管轄する地方裁判所（裁24④），地方裁判所及び家庭裁判所の決定又は命令に対しては当該地方裁判所及び家庭裁判所を管轄する高等裁判所（同16②）である[46]。高等裁判所の決定又は命令に対しては，原則として最高裁判所へ抗告をすることはできない。最高裁判所は「訴訟法において特に定める抗告」（裁7②）についてのみ裁判権を有するとされ，民事事件については，特別抗告[47]と許可抗告がこれに該当する。
(2)　当事者
　　抗告手続は，判決手続と異なり当事者対立の基本構造が一貫していない。当事者双方との関係において裁判の公正を保障する限度で抗告人と相手方との間に当事者対立の構造がとられるにすぎない[48][49]。
　　ア　抗告人
　　　抗告を提起する者を抗告人という。抗告を提起することができる者は，原裁判によっ

---

[43] 民事訴訟手続において規定されている異議は，裁判長，受命裁判官及び受託裁判官の裁判（法202Ⅲ，329Ⅰ）並びに裁判所書記官の処分（法121）に対して原裁判所（同一審級）に申し立てるものであり，上級裁判所への不服申立てである抗告と区別される。また，督促異議（法386Ⅱ），手形・小切手訴訟の終局判決に対する異議（法357，367Ⅱ）は，手続を通常訴訟へ移行させるものであり，民事執行法における執行異議（民執11），民事保全法における保全異議（民保26）は，特に法律で定めた独自の不服申立方法である。
[44] 最高裁判所は，訴訟法において特に定める抗告以外の抗告について裁判権を持たないからである（裁7②。最決昭22.12.8裁集民1-13，最決昭22.12.19民集1-16を参照）。
[45] 最高裁判所には，それ以上の上級裁判所がないからである（最決昭25.6.27裁集民3-457）。
[46] 地方裁判所が第二審としてなした決定又は命令が原裁判であるときは，憲法違反を理由とする場合を除き抗告裁判所は高等裁判所である。本案事件の審級と無関係な事項について地方裁判所がした決定に対する抗告は，本案の審級にかかわらず抗告裁判所は高等裁判所である（例えば，簡易裁判所裁判官の忌避申立てに対する地方裁判所の決定（法25Ⅰ））。
[47] 最決昭29.3.15裁集民13-193を参照。
[48] 例えば，訴状又は控訴状の却下命令，証人に対する過料決定などにおいては，利害関係の対立する相手方がいないため，抗告人が単独の主体となって手続が進められる。なお，執行抗告においては，必要があると認めるときは，抗告裁判所が相手方を定めることが認められている（民執74Ⅳ）。
[49] 裁判所，裁判長及び裁判官は抗告の当事者となることはない。裁判関係の機関が抗告の当事者となる場合として，訴訟費用額の償還を命ぜられた場合（法69）の裁判所書記官又は執行官，執行手数料・費用額の計算などの裁判についての執行官（執行官5）がある。

て法律上の不利益を受ける訴訟当事者，補助参加人又は第三者[50] [51]である[52]。抗告人の債権者が抗告人を代位して抗告権を行使することは認められない。

　イ　相手方（被抗告人）

　　抗告を受ける者（原裁判が変更されれば不利益を受ける者）を相手方という。相手方となる者は，原裁判の内容上，抗告人と利害の対立する相手方当事者，補助参加人又は第三者である。判決手続を本案とする場合には，その対立当事者が相手方となることが多い。

(3)　抗告提起の方式

　　抗告の提起は，抗告状を原裁判所[53]に対して提出してしなければならない（法331，286Ⅰ）[54] [55]。即時抗告については，原則として，その提起により自動的に執行が停止される（法334Ⅰ）[56]。

(4)　抗告の時期・抗告期間

　◇　**通常抗告**には抗告期間の定めはなく，原裁判の取消しを求める利益の存する限りいつでも提起することができる[57]。当事者が抗告権を放棄したり（法331，284），原裁判の基盤である訴訟手続が終了した場合には，抗告をすることはできない。

　◇　**即時抗告**は，裁判の告知を受けた日から起算して1週間の不変期間内に提起しなければならない（法332）。他の法律では，2週間の不変期間とされているものもある[58]。

　◇　**執行抗告**は，裁判の告知を受けた日から起算して1週間の不変期間内に提起しなけ

---

[50] 補助参加の申立てを却下する決定について，参加申出人は即時抗告をすることができる（法44Ⅲ）。なお，文書提出命令に対する即時抗告権者の範囲につき，最決平12.12.14民集54-9-2743参照。

[51] 第三者が抗告を提起する場合は，利害の対立する相手方は存在しない。例えば，費用償還を命ずる決定（法69Ⅲ），不出頭の証人に対する過料の裁判（法192Ⅱ），証言拒絶についての裁判（法200，199Ⅱ），鑑定人に対する過料の裁判（法216），文書提出命令（法223Ⅶ），文書不提出についての裁判（法225Ⅱ，229Ⅵ）など。

[52] 法律上利害関係のある者が複数あっても，特定の者だけに制限して抗告権を与えている場合もある（例えば，家事審判については，その性質，審判により影響を受ける者の利益等がさまざまであることを踏まえ，個別にきめ細かく検討することが相当であると考えられたことから，即時抗告権者は個別具体的に定められている（逐条家事276参照）。

[53] 原裁判が裁判長のした決定又は命令である場合，裁判長の属する裁判所である。

[54] 旧法では，再抗告及び特別抗告以外の抗告提起の方式について，抗告を申し立てるべき裁判所は原裁判所又は抗告裁判所，申立ての方式は書面又は口頭いずれでもよいとされていた（旧法416Ⅰ）。しかし，抗告状の提出先を原裁判所に限定すれば，原裁判所において迅速に決定又は命令の確定を証明することができ，抗告期間経過後の抗告提起など「抗告が不適法でその不備を補正することができない」ものか否かという形式的判断を原裁判所が行うことで迅速な紛争解決を図ることが可能であること，手続を明確にするためには書面による申立てを義務づけることが適当である，という理由から控訴の提起と同一の方式によることに改正された。したがって，抗告裁判所が抗告の提起を受けた場合，原裁判所による再度の考案の機会を確保するため，原裁判所への事件送付を定めていた旧法416条2項の規定はその前提を失い，同条は現行法に引き継がれなかった（一問一答370）。

[55] 適法な上訴があると移審の効果が生じ，原裁判所の係属を離脱して上訴裁判所に係属するのが原則であるが，抗告については再度の考案の制度があり，旧法下では抗告の提起が原裁判所と抗告裁判所の双方に対して認められていたことから，移審の時期について説が分かれていた（古崎慶長「抗告審に関する諸問題」実務民訴2-353）。

[56] 抗告の場合は即時抗告（執行停止の効力を有しないものもある。第6章第8の2(2)（473ページ）を参照）以外の抗告の提起に原裁判所執行停止の効力はない。即時抗告による執行停止については，各特別法に個別的に規定されている場合が多い。

[57] 文書提出命令の申立てを却下する決定につき，口頭弁論終結後にされた即時抗告を不適法とした判例がある（最決平13.4.26裁集民202-229）。

[58] 前記2(1)通常抗告と即時抗告脚注7（289ページ）を参照。

第4章 抗　　告

ればならない（民執10Ⅱ）[59]。
◇　**保全抗告**は，裁判の告知を受けた日から起算して2週間の不変期間内に提起しなければならない（民保41Ⅰ）。
◇　**再抗告**が通常抗告であるか即時抗告であるかは，抗告裁判所の決定の内容を基準にして定まるので，抗告期間はその抗告の種類に従う[60]。
◇　**特別抗告及び許可抗告**は，裁判の告知を受けた日から起算して5日間の不変期間内に提起しなければならない（法336Ⅱ，337Ⅵ）。

(5) 原裁判所における手続

抗告状の提出を受けた原裁判所は，抗告状の形式的事項について審査する必要があるが，抗告状の不備について補正命令を発することができないのは控訴の場合と同様である。

抗告状の提出先が原裁判所に限定されたことから，原裁判所において抗告の適否を審査し，抗告が不適法で補正不能であることが明らかな場合には，決定で抗告を却下しなければならない（法331，287Ⅰ）。

抗告状に抗告理由の具体的な記載がないときは，抗告人は抗告の提起後14日[61]以内に，これを記載した書面を原裁判所に提出[62]しなければならない（規207）[63] [64]。

◇　原裁判の執行停止等の処分

抗告についての裁判があるまでの間に行われた執行の効果を原裁判取消確定後に除去したのでは抗告の目的を達成できなくなるおそれがあるときは，原裁判所（裁判官）は裁量により執行停止等の必要な処分をすることができる（法334Ⅱ，民執10Ⅵ，民保41Ⅳ，27Ⅰ，42Ⅰ）。

◇　再度の考案

抗告が適法である場合，原裁判をした裁判所又は裁判長は，原裁判をもう一度再考し，自ら抗告を理由があると認めたときは原裁判を更正しなければならない（法

---

[59] 抗告期間の始期は，原裁判の告知を受けるべき者であるか等によって異なる場合がある。第5の2執行抗告の提起期間の始期（349ページ）を参照。
[60] 最決平16．9．17裁集民215-193参照。
[61] 抗告事件においては迅速処理が求められるので，控訴における第一審判決の取消し事由等を記載した書面の提出期間（規182で50日）よりも短い期間となっている。
[62] 控訴における第一審判決の取消し事由等を記載した書面の提出先（控訴裁判所）と異なり，原裁判所となっているのは，提出期間が短いため訴訟記録が原裁判所にあることが通常であるとともに，抗告の場合は，再度の考案による更正の可能性があるためである（条解430）。
[63] 上告の規定が準用される再抗告，特別な規定がある特別抗告及び許可抗告の場合を除く。
[64] 旧法では，抗告手続において，原裁判に対する不服の理由を明らかにすることは求められていなかったが，抗告審の審理も不服の限度で行われるため，現行法においては，控訴理由書提出強制（規182）に準じて抗告理由書提出強制が導入されている。これにより，原裁判に対する不服の理由が早期に明らかになれば，抗告審における充実した審理が期待できる。控訴と同様，抗告理由書の提出がなかったり，抗告提起から14日経過した後提出された場合でも，そのことのみをもって抗告が却下されることはない（再抗告理由書の提出とは異なる。）（条解430）。

333)[65][66][67]。更正されると，その限度で抗告の目的を達するから抗告手続は終了する[68]。

審査の結果，原裁判所において抗告の理由がないと認めるときは，原裁判所は意見[69]を付して事件を抗告裁判所へ送付しなければならない（規 206）[70]。

5 抗告審の審理

(1) 審理手続

最初の抗告手続には，別段の規定がある場合[71]及び抗告の性質に反する場合を除き，控訴及び控訴審の訴訟手続に関する規定が準用される（法 331, 規 205）[72]。したがって，審判の対象・審級構造も，抗告審は事実審にして続審という構造を原則的に有することになる。

(2) 審理の範囲

抗告裁判所の審理範囲は，不服申立ての範囲にとどまる（法 331, 296Ⅰ）[73][74][75]。また，抗告審が事実審であり，原審の続審であることから，原審記録に現れた事実及び証拠は当然に抗告審に引き継がれるとともに，抗告審においても新たな事実主張や証拠を提出することができるほか，抗告審の裁判があるまで，抗告の基礎に変更がなく，抗告手続を著しく遅延させない限り，申立ての範囲を変更でき（法 331, 297, 143），新請求の

---

[65] 適法な抗告であれば，即時抗告か通常抗告かを問わない。再抗告についても適用があるが，特別抗告と許可抗告は最高裁判所の判断を受けるための制度であり，原裁判所で処理すべきものではないから，対象外となる。なお，保全抗告（民保 41Ⅱ）は再度の考案を認めておらず，また，家事事件手続法の別表第二に掲げる審判事件との関係でも否定される（家事 90 ただし書）。

[66] 再度の考案を認めた趣旨は，決定又は命令の場合，裁判の内容が判決の場合ほど重要でないこと，判決と同様に自ら変更することができない強い拘束力を認めると，かえって手続の円滑な進行を阻害するおそれがあること等を考慮して，原裁判所が自己のした裁判を自ら取り消すことができるとして，上級審の手続を省き簡易迅速に事件を処理して当事者の利益を図ったと説明されている（菊井・村松Ⅲ346）。旧法下では，抗告の大部分は直接抗告裁判所へ提起され（旧法 416Ⅰ），抗告裁判所が事件を原裁判所に送付する（同Ⅱ）ことも少なかったため，原裁判所が再度の考案の制度を利用することはほとんどなく，制度が形骸化していると指摘されていた（古崎慶長「抗告審に関する諸問題」実務民訴 2-349）。

[67] 法令違反のみに限らず，事実認定の不当も含み，このために新資料を加えて判断してよい。

[68] 再度の考案の結果に対して相手方が行う抗告は，その性質上最初の抗告であって，再抗告ではない。

[69] この意見の性質は，原裁判の一部を構成するものではなく，抗告裁判所にとっては参考意見にとどまるものである（菊井・村松Ⅲ349, 注解⑽146）。

[70] 抗告そのものについては抗告裁判所が判断すべきものであるから，原裁判所が抗告の理由がないとして棄却することはできない。

[71] 民事訴訟法における抗告及び抗告審の訴訟手続に関する別段の定めとしては，即時抗告期間（法 332。1 週間の不変期間），抗告裁判所への事件送付（規 206），再度の考案（法 333），抗告理由書提出強制（規 207。抗告提起後 14 日以内），任意的口頭弁論（法 87Ⅰただし書），利害関係人の審尋（法 335）などがある。

[72] 準用される規定としては，控訴提起による記録送付（規 174），控訴状の記載事項（法 286Ⅱ），裁判長による控訴状の補正命令，却下（法 288, 289Ⅱ, 137Ⅱ），控訴状却下命令に対する即時抗告（規 176），二重控訴の禁止（法 297, 142），控訴裁判所の審理範囲（法 296），控訴権の放棄（法 284, 規 173），控訴の取下げ（法 292, 規 177），不控訴の合意（法 281Ⅰただし書），附帯控訴（法 293），申立ての変更（法 297, 143），裁判資料提出の時的限界（法 297, 157。口頭弁論を開いた場合，時機に遅れた攻撃防御方法の却下）などがある。

[73] 抗告人の申立ての範囲を超えて裁判することは，弁論主義に抵触するが，抗告裁判所が自己の裁量によって命ずることができるもの，職権調査事項についてはこの限りでない。原裁判が正当であるかどうかを抗告裁判所が調査するに際し，必ずしも当事者の法律上の見解に拘束されない。

[74] ただし，家事事件手続法は職権探知主義を採用しているため（家事 56Ⅰ），抗告審においても弁論主義は排斥される（家事 93Ⅰ, 56Ⅰ）。また，非訟事件手続法にも同様の規定がある（非訟 73Ⅰ, 49Ⅰ, 82）。

[75] 保全事件の即時抗告の場合，審理の対象は原決定の当否ではなく，保全命令申立ての内容そのものである。

提起が可能であるとされている[76]。

不利益変更禁止の原則の準用により，抗告裁判所は原裁判以上に抗告人に不利益な裁判をしてはならない[77]。ただし，相手方が附帯抗告をしたときはこの限りでない。

(3) **審理の方式**

民事訴訟法上の抗告手続には，第一審に関する規定が準用される結果[78][79]，抗告裁判所の裁量により，任意的口頭弁論（法87Ⅰただし書）又は審尋（法335）の方式，あるいは原審記録と抗告状等による書面審理によることになる。

ア 審尋

当事者その他の利害関係人に対し，無方式で陳述する機会を与える手続をいう。口頭又は書面によって主張を提出させる口頭弁論に代わる審尋（法335）は，事件の真相究明よりも当事者及び利害関係人の主張を聞き，これらの者の利益保護を図ることを主たる目的とし，それ自体証拠方法ではないとされている。したがって，第三者の審尋は許されないことになる。事情聴取の手続であるから，当事者対立的構造を採らず，裁判所がそれぞれの当事者等から審尋するのであり，手続は非公開とされる。審尋するか否かも裁判所の裁量による。

イ 審問と陳述の聴取

いずれも言語的表現による認識，意見，意向等の表明を受ける事実の調査（裁判所が広範な裁量の下，職権で，適宜適切な方法により裁判資料を収集すること）の方法であるが，審問（家事69,164Ⅲ,169Ⅰ,188Ⅲ,借地借家51,借地非訟規14等）が，期日において審問を受ける者が口頭で認識等を述べるのを裁判官が直接聴く手続であるのに対し，陳述の聴取（家事89,164Ⅲ,169Ⅰ,非訟70等）は，その方法に特に制限はなく，裁判官の審問によるほか，書面照会等の方法が考えられる。

ウ 任意的口頭弁論

決定手続では書面審理が採られる以上，任意的口頭弁論（法87Ⅰただし書，破8Ⅰ，民再8Ⅰ，会更8Ⅰ等）として行われる口頭弁論は，口頭主義・弁論主義に基づくものではなく，書面審理を補充する性質を有し，書面上の陳述の補充訂正の意義を有するとともに，事実及び証拠を提出する方式に関するものである。対審的構造がその本質であり，公開されることを要する。

(4) **抗告審の裁判**

抗告審の裁判は決定で行われる。決定には，判決に関する規定が準用されるので（法

---

[76] 原裁判の前後いずれにおいて生じた事情（事実関係）に基づくものであるかは問わない。
[77] 家事事件においては，処分権主義が貫かれていないことから，家事事件手続法には不利益変更禁止の原則の明文の規定は設けられなかった（一問一答家事148参照）。また，新非訟事件手続法においても，同様の理由から不利益変更禁止の原則の明文の規定は設けられていない（一問一答非訟104参照）。
[78] 性質に反しない限り，控訴審の訴訟手続が準用され，さらに，第一審の訴訟手続に関する規定（ただし，簡裁手続に関する特則を除く。）が控訴審の訴訟手続に準用されるのであるから，結局第一審及び控訴審手続に関する規定が抗告審に準用される。
[79] 破産法，会社更生法，民事再生法はそれぞれの手続に民事訴訟法の規定を準用しているから（破13,会更13,民再18），これらの抗告審手続は，原則として，民事訴訟法上の抗告審手続と同様ということになる。

122),主文,事実,理由[80],当事者[81]及び法定代理人,裁判所の記載が必要である(法253)[82] [83]。

ア 抗告状却下命令
　抗告状審査権は,抗告裁判所の裁判長の権限事項である(法331,288,286Ⅱ,137)。

イ 抗告却下
　抗告の適法要件を欠くと認めるときは,決定で抗告を却下する。

ウ 抗告棄却
　抗告は適法であるが理由がないときは,抗告棄却の決定をしなければならない(法331,302)[84]。

エ 抗告理由ありとする場合
　(ｱ) 原裁判の取消決定
　　　抗告を理由ありとするときは,原裁判を取り消さなければならない(法331,305)[85]。

　(ｲ) 原裁判の取消しと差戻し,自判
　　　原裁判を取り消すだけでなく更に裁判を必要とする場合には,自判するか,原裁判所に差し戻さなければならない。抗告では,後で述べる必要的差戻しの場合以外は原則は任意的差戻しであり,抗告審の裁量によって自判か差戻しかを決めることができる(法331,308Ⅰ)。その判断基準としては,更に審理を要するかどうかの点が重要であるが,決定後の執行に配慮し,原裁判所に差し戻して決定させるのが妥当な場合もある。
　　　必要的差戻しの場合としては,民事訴訟法307条の準用による当事者の申立てを不適法として却下した原決定を取り消す場合と,違式の決定又は命令に対する抗告(法328Ⅱ)の場合(大判昭10.5.7民集14-9-808)がある。
　　　差戻しを受けた原裁判所[86]は,抗告審のした判断に拘束される(裁4)。この判断とは,原裁判取消しの理由となった事実上及び法律上の判断をいう。

(5) 抗告の提起と執行停止の効力
　決定又は命令は,原則として告知により直ちにその本来的効力(執行力,形成力等)

---

[80] 抗告審の決定の記載様式として,原決定(命令)の事実及び理由の記載を引用することができる(規205,184。古崎慶長「抗告審に関する諸問題」実務民訴2-362,司法研究5-2-137,155を参照)。
[81] 相手方不存在の抗告事件では,決定に相手方を表示する余地はなく,したがって,相手方に決定を告知する問題も起こらない。相手方の存在する抗告事件については,決定に相手方を表示し,決定を相手方にも送達しなければならない。
[82] 非訟事件手続法の規定による抗告については,抗告裁判所の裁判には理由の要旨を付することが要求されている(非訟73Ⅰ,57Ⅱ)。家事事件手続法も同じ(家事93Ⅰ,76Ⅱ)。
[83] 民事保全手続上の抗告については,理由の要旨の記載で足りる場合(民保規9Ⅱ⑥),調書決定の方式によることができる場合(同10Ⅰ)があり,更に決定書に記載する理由には,主張書面を引用することができる場合もある(同9Ⅳ)。
[84] 原裁判を相当と認めるときは,原裁判所と理由を異にする場合を含む(法302Ⅱ)。
[85] 例えば,証人に対する過料の決定や第三者の文書不提出に対する制裁として課せられた過料の決定に対する抗告事件においては,原決定を取り消すだけで足りる。
[86] 原裁判に関与した裁判官は,差戻し後の裁判に関与することはできない。

が生じる。通常抗告が提起されただけでは当然には執行を停止する効力はないが、即時抗告の場合は、原則として、その提起により自動的に執行が停止される（法334Ⅰ）[87]。

そこで、即時抗告に服する原裁判で執行停止の効力が生じないもの及び通常抗告に服する原裁判に対して抗告があったときは、抗告についての裁判があるまでの間に行われた執行の効果を原裁判取消確定後に除去したのでは抗告の目的を達成できなくなるおそれがある場合、抗告裁判所又は原裁判所若しくは裁判官が任意的に執行停止等の処分をすることができる（法334Ⅱ）。第6章第8（473ページ）を参照。

(6) **抗告の取下げ、抗告権の放棄、不抗告の合意**[88]

ア　抗告の取下げ

抗告の取下げは不服申立ての撤回であり、相手方の同意を要しない。控訴の取下げに関する規定が準用される（法331, 292, 規205, 177）[89]。

イ　抗告権の放棄

抗告権はこれを放棄することができ（法331, 284）、抗告提起前にあっては原裁判所、抗告提起後は訴訟記録の存する裁判所に対する申述（意思表示）によってしなければならず（規205, 173Ⅰ）、抗告提起後における抗告権の放棄の申述は、抗告の取下げとともにしなければならない（同205, 173Ⅱ）[90] [91]。

ウ　不抗告の合意

相手方が存在する抗告事件については、原裁判後において、再抗告する権利を留保して抗告をしない合意をすることができる（法331, 281Ⅰただし書）[92]。

(7) **附帯抗告**

附帯抗告とは、抗告の相手方が抗告の裁判を自己に有利に変えるため、抗告人のした抗告手続に附帯してする申立てである。抗告事件には相手方不存在の事件と相手方の存在する事件の2種類があり、前者については附帯抗告の余地はないが、後者については附帯抗告を認める実益があり、附帯控訴に関する規定が準用される（法331, 293, 規205, 178）[93]。

---

[87] 即時抗告の提起だけでは執行停止の効力が生じない例外的な場合もある。第6章第8の2(2)（473ページ）を参照。

[88] 抗告人と相手方との間において、抗告後に、抗告事件を終了させることを合意内容に含む裁判外の和解が成立した場合に、抗告の利益を欠くとした判例がある（最決平23.3.9民集65-2-723）。

[89] 第2章第1の8（16ページ）、第2の9（91ページ）を参照。取下げがあった部分については最初から抗告がなかったものとみなされる（法292Ⅱ, 262Ⅰ）。期日においてする場合を除き、書面でしなければならず（法292Ⅱ, 261Ⅲ）、訴訟記録の存する裁判所にしなければならない（規177Ⅰ）。相手方の存在する抗告事件の場合は、抗告の取下げがあったときは、裁判所書記官はその旨を相手方に通知しなければならない（規177Ⅱ）。抗告審の決定があるまで、取り下げることができる（法292Ⅰ）。抗告審において口頭弁論が開かれ、当事者双方が不出頭又は弁論をせずに退席した場合において、1月以内に期日指定の申立てをしないときは、抗告の取下げが擬制される（法292Ⅱ, 263）。

[90] 相手方の存在する抗告事件の場合は、抗告権放棄の申述があったときは、裁判所書記官はその旨を相手方に通知しなければならない（規205, 173Ⅲ）。

[91] 第2章第1の4(5)ア控訴権の放棄（11ページ）を参照。

[92] 第2章第1の4(5)イ不控訴の合意（12ページ）を参照。

[93] 第2章第1の9附帯控訴（18ページ）を参照。申立ての方式は、抗告の申立てと同様の方式による（法286Ⅰ）。口頭弁論を開いた場合は弁論終結まで、書面審理の場合は抗告裁判所の決定が告知されるまで（法119）、申立て

6 再抗告

(1) 意　義

最初の抗告に基づく抗告裁判所の終局決定に対する再度の抗告である（法330）[94]。判決手続における上告と同様，法律審への上訴であり，抗告審の裁判に憲法の解釈の誤りがあることその他憲法の違反があること，又は決定に影響を及ぼすことが明らかな法令の違反があることを理由として認められる不服申立てである。

(2) 再抗告が許される場合

基本となる決定又は命令に対して，法が抗告を許さない場合には再抗告も許されない[95]。また，保全抗告については，再抗告をすることができない（民保41Ⅲ）。

　ア　簡易裁判所の決定又は命令に対する再度の抗告

再抗告が許されるのは，原裁判所が簡易裁判所である場合に限られる。高等裁判所が抗告審としてした決定に対しては，特別抗告又は許可抗告を除いて，最高裁判所に一般の抗告を提起することはできない。したがって，地方裁判所が抗告審としてした決定に対してだけ認められた不服申立てであり，再抗告を管轄する裁判所は高等裁判所のみである。

　イ　抗告審の裁判の内容が，最初の抗告であるとすれば抗告の提起が許される裁判であること

抗告を不適法として却下した決定は，性質上民事訴訟法328条1項に該当するから抗告人は常に再抗告ができる。

抗告を棄却した決定は，原決定を維持するものであり，最初の抗告が許されるものであるから再抗告ができる。

抗告を認容し原裁判を変更する決定については，法令違反があっても当然に再抗告できるわけではない。抗告審の裁判の内容が不服申立てを禁じている場合，再抗告は許されない[96]。

　ウ　抗告裁判所の差戻決定

抗告裁判所が原決定を取り消して原裁判所に差し戻すときは，その性質は中間的裁判ではなく終局裁判であるから，抗告裁判所である地方裁判所が簡易裁判所に差し戻す決定に対しては，再抗告することができると解される。

　エ　再抗告の種類

抗告裁判所の決定の内容を基準として定まる[97]。

抗告審の裁判が，最初の裁判であるとすれば即時抗告に服する場合には，再抗告は即時抗告である（最初の決定が即時抗告に服し，抗告裁判所がその即時抗告を却下又

ができると解される。
[94] 再抗告に関する手続については，旧法からの改正点はない。
[95] 例えば，執行停止等の裁判の申立てについての裁判（法403Ⅱ）など。
[96] 例えば，控訴に伴う執行停止に関する申立てを不適法として却下した決定に対し，抗告裁判所が原決定を取り消し，執行を停止する決定をしたときは，これに対する不服申立ては禁止されているため（法403Ⅱ），再抗告は許されない。
[97] 最決平16.9.17裁集民215-193。

第4章 抗　　告

は棄却した場合)。

　抗告裁判所が原決定を取り消して新たに裁判をした場合，その裁判が即時抗告に服するものであれば，再抗告も即時抗告となり，通常抗告に服するものであれば，再抗告も通常抗告である[98]。

(3) **再抗告の理由**

　上告と同様法律審への上訴であるため，下記の理由の存在が再抗告の要件である。第3章第1の5上告理由（183ページ）以下を参照[99]。
　ア　憲法の解釈の誤りがあることその他憲法の違反があること（法330）
　イ　決定に影響を及ぼすことが明らかな法令の違反があること（法330）
　ウ　絶対的上告理由（法331ただし書，312Ⅱ）

(4) **審理手続**

　再抗告及びこれに関する訴訟手続には，その性質に反しない限り，上告及び上告審の訴訟手続に関する規定が準用される（法331ただし書，規205ただし書）。

　再抗告の提起は，抗告裁判所に抗告状を提出してしなければならない（法331ただし書，314Ⅰ）[100]。抗告状に再抗告の理由の記載がないときは，再抗告提起通知書の送達を受けた日から14日以内に規則に定めた方式による再抗告理由書を抗告裁判所に提出しなければならない（法331ただし書，315Ⅰ，規210Ⅰ）。抗告裁判所が再抗告状及び再抗告の適法要件の審査を行う（法331ただし書，313，288，314Ⅱ，289Ⅱ）。

　再抗告裁判所が高等裁判所であるため，高等裁判所に対する上告と同様，憲法その他の法令の解釈について，意見が判例（最高裁判所の判例，ない場合にあっては，大審院判例又は再抗告・抗告裁判所である高等裁判所の判例）と相反するときは，最高裁判所へ事件を移送しなければならないこと（法331ただし書，324，規203），再度の考案が適用されるため（法333），抗告裁判所が再抗告の理由がないと認めるときに，意見を付して再抗告裁判所へ事件送付すること（規206）は，上告に関する規定とは異なるが，再抗告審の調査の範囲，再抗告審の判断については上告と同様である。

　再抗告裁判所が再抗告の理由があるとして原決定を破棄し，抗告裁判所に差し戻したときは，原決定に関与した裁判官は差戻し後の裁判に関与できない（法331ただし書，325Ⅳ）[101]。

---

[98] 担保取消しの申立てを却下した原決定に対する抗告は通常抗告であるが（法328Ⅰ），抗告審が原決定を取り消し，担保取消しを認容した決定に対する再抗告は即時抗告である（法79Ⅳ）。逆に，担保取消決定に対する最初の抗告は即時抗告（法79Ⅳ）であり，抗告審がこれを取り消し，担保取消申立てを却下する決定をしたときの再抗告は通常抗告である。

[99] 判例上，再抗告事由に当たるとされたものとしては，抗告裁判所が抗告人の申し立てた新たな事実及び証拠方法につき審判していないとき（大決明36.4.23民録9-475，大決大9.10.29民録26-1608），抗告理由中の争点の判断を遺脱したとき（大決明38.1.17民録11-15），抗告理由につき判断せずに抗告を棄却したとき（大決明38.10.30民録11-1405），抗告人の提出した事実を遺脱し，提出しない事実を提出したものとみて抗告を棄却したとき（大決大3.10.19民録20-780），抗告理由を不服申立てが許されない事項についてのものと誤認し，その審理をしないで抗告を棄却したとき（大決昭16.9.26民集20-19-1222）がある。

[100] 抗告期間は，抗告審の裁判の内容によって決まる再抗告の種類による。

[101] 大決昭5.3.19民集9-4-293を参照。

7 特別抗告[102]

(1) 意義

通常の方法による不服申立てが認められていない決定又は命令について，憲法解釈の誤りその他憲法の違反があるときに限り，特に最高裁判所に対する抗告を許し，最高裁判所による憲法判断を受ける機会を保障している（法336Ⅰ）。判決手続に特別上告の制度（法327）が認められていることに対応して，決定手続において認められているのが特別抗告である（法336）。既に確定している裁判に対する不服申立てであって，本来の意味での上訴ではない[103]。

(2) 対象となる裁判（法336Ⅰ）

ア 不服を申し立てることができない決定又は命令

最高裁判所への不服申立方法がない事件についての救済方法を定めた制度であるから，その要件としては他に不服申立方法がない裁判である必要がある[104]。これには，明文で不服申立てを禁じられている決定又は命令[105]と性質上不服申立てが認められない決定又は命令[106]とがある。

イ 高等裁判所の決定又は命令

現行法で許可抗告制度が新設されたため，高等裁判所の決定又は命令でも許可抗告の対象となる裁判は，「不服を申し立てることができないもの」から外れると解される余地ができたため，上記アに該当するものの，これと区別して明記された[107]。

最高裁判所の決定又は命令については，より上級の裁判所は存在しないから，特別抗告の余地はない（最決昭25．6．27裁集民3-457）。

(3) 特別抗告の理由

特別上告と同様，憲法の解釈の誤りその他憲法の違反がある（法312Ⅰと同旨）という理由の存在が特別抗告の要件であり，その理由を記載した理由書の提出が強制されている（規210）。特別抗告人が特別抗告提起通知書の送達を受けた日から14日以内に理由書の提出がないと，原裁判所により決定で特別抗告を却下される（法336Ⅲ，327Ⅱ，316Ⅰ）[108]。

(4) 審理手続

特別抗告及びこれに関する訴訟手続には，その性質に反しない限り，特別上告及び特別上告審の訴訟手続が準用される（法336Ⅲ，規208）。

特別抗告の提起は，原裁判の告知を受けた日から5日の不変期間内に（法336Ⅱ），原

---

[102] 受付分配通達上，高等裁判所の裁判に対する特別抗告提起事件を「特別抗告提起事件」，簡易裁判所，地方裁判所及び家庭裁判所の裁判に対する特別抗告提起事件を「抗告提起事件」として立件する。
[103] 最高裁判所が裁判権を有する「訴訟法において特に定める抗告」（裁7②）のひとつである。
[104] 再抗告のできる地方裁判所の決定に対しては特別抗告を申し立てることはできない（最決昭27．1．30裁集民6-51）。
[105] 前記3(2)ア個別的に不服申立てを禁止されている場合脚注42（293ページ）を参照。
[106] 口頭弁論の指揮に関する裁判長の命令（法148），裁判長又は陪席裁判官の釈明等の処置（法149）など。
[107] 法336条1項の文言の表現を分かりやすいように変えただけで，特別抗告に関する手続について，旧法からの改正点はない。
[108] 理由の記載方法についても特別上告の規定が準用される（規208, 204, 190, 193）。

裁判所に特別抗告状を提出してしなければならず（法336Ⅲ, 327Ⅱ, 314Ⅰ），特別抗告状に特別抗告の理由の記載がないときは，特別抗告提起通知書の送達を受けた日から14日以内に規則に定めた方式による特別抗告理由書を原裁判所に提出しなければならない（法 336Ⅲ, 327Ⅱ, 315, 規 210Ⅰ）。原裁判所が特別抗告状及び特別抗告の適法要件の審査を行う（法336Ⅲ, 327Ⅱ, 313, 288, 137, 314Ⅱ, 316）[109][110]。

　特別上告同様，特別抗告の提起には原裁判の確定遮断効はなく（法122, 116Ⅰ），当然の執行停止効もない。特別上告は，再審の訴え提起による執行停止と同様の厳格な要件のもとに執行停止制度を認めている（法 403Ⅰ①）が，特別抗告制度はこれを準用しておらず，抗告提起に伴う執行停止制度（法336Ⅲ, 334Ⅱ）を準用している。

　原裁判所の最高裁判所への事件送付，特別抗告審の調査の範囲，特別抗告審の判断については特別上告におけると同様である。

(5) **裁　判**

　特別上告審の裁判に準じて考えられる。

　ア　特別抗告却下
　イ　特別抗告棄却
　ウ　特別抗告認容・破棄差戻し
　エ　特別抗告認容・破棄自判

---

[109] 特別抗告理由としての憲法違反の記載がなかったり，記載方式違反がある場合，直ちに却下決定ができるのではなく，補正を命ずることが必要である。補正命令後，特別抗告人が期間内に特別抗告理由書を提出せず，又は命じられた補正をしないときは，原裁判所によって決定で特別抗告が却下される（法336Ⅲ, 327Ⅱ, 316）。

[110] 特別抗告の理由として形式的には憲法違反の主張があるが，それが実質的には法令違反の主張に過ぎない場合であっても，最高裁判所がその特別抗告を民事訴訟法317条2項で棄却することができるにとどまり，原裁判所が同法316条1項によって却下することはできないとした判例がある（最決平21. 6. 30裁集民231-153）。

第1 総説

最高裁判所に対する抗告のフローチャート

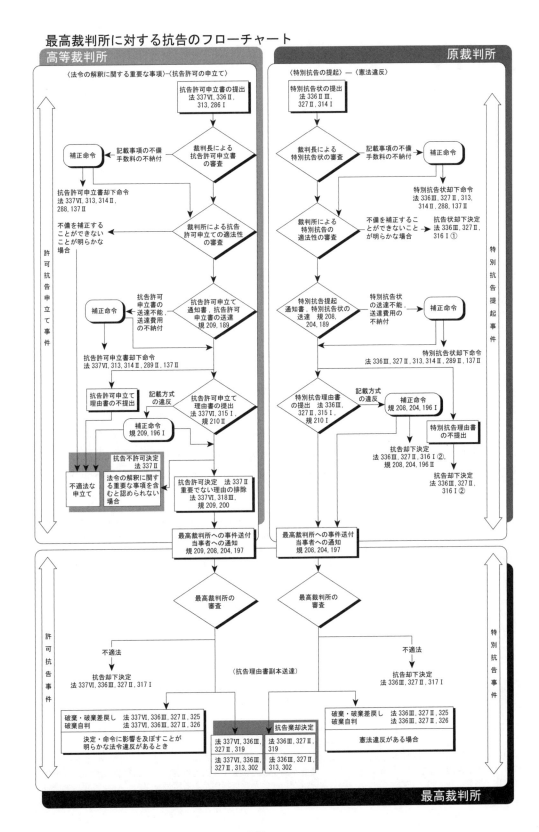

第4章 抗　　告

8　許可抗告
(1)　意　義
　　法令解釈の統一を図ることを目的として，高等裁判所の決定又は命令のうち一定のものに対して，法令の解釈に関する重要な事項を含むと認められる場合に，高等裁判所の許可決定により，最高裁判所に特に抗告をすることができることとしたものであり（法337）[111]，最高裁判所への抗告を認めるか否かの選別を原裁判をした高等裁判所にさせることにより，決定又は命令についても真に重要な問題があるときのみ最高裁判所の判断を受ける途を開くとともに，最高裁判所の負担を最小限度にするようにした。

(2)　対象となる裁判（法337Ⅰ）
　　高等裁判所のした決定又は命令は，上記の制度趣旨から次に掲げるものを除き許可抗告の対象となる。
　　ア　再抗告についての裁判（法337Ⅰ本文括弧書前段）[112]
　　イ　抗告の許可を求める申立てに対する裁判（法337Ⅰ本文括弧書後段）[113]
　　ウ　高等裁判所の決定又は命令が，地方裁判所の裁判であるとした場合に抗告の対象とならない裁判（法337Ⅰただし書）[114] [115] [116]

(3)　抗告許可申立ての理由
　　高等裁判所自身による許可制であるため，裁判所の恣意的判断を防止し，かつ，制度の趣旨に沿った運用を確保するための客観的な基準として「法令の解釈に関する重要な事項を含むと認められる場合」を許可の要件とし，原裁判が「最高裁判所の判例（これがない場合にあっては，大審院又は上告裁判所若しくは抗告裁判所である高等裁判所の判例）と相反する場合」をその代表例として明記している（法337Ⅱ）。ただし，法令違反のうち憲法違反の場合は，特別抗告制度があるためそれによるべきであるから，許可抗告理由から除外している（同Ⅲ）[117]。

---

[111] 抗告許可の申立ての対象とされる裁判に，法令の解釈に関する重要な事項が含まれるか否かの判断を高等裁判所にさせることとしている法337条の規定は，憲法31，32条に違反しない（最決平10．7．13裁集民189-111）。
[112] 法令違反を理由とする審判についてはすでに三審制の保障が尽くされており，判決手続が憲法違反を理由とするときにのみ最高裁判所への特別上告を認めていることとの対比からも，更に最高裁判所への不服申立てを法令違反を理由として認めることは相当でない（一問一答376）。
[113] 申立てを却下した裁判に対して，更に抗告の許可を求める申立てができるとすると，許可抗告の申立てが無限に繰り返される結果となるおそれがあり，一方，許可決定に対しては，許可の裁判の当否について独立の不服申立てを認めるまでの必要性はなく，最高裁判所における抗告審において原裁判そのものの当否を争う機会を与えれば十分であると考えられるためである（一問一答376）。
[114] 地方裁判所がした場合に抗告できない裁判（例えば，申立てを容認した決定であって，即時抗告をすることができる旨の規定がないものなど。）が，たまたま高等裁判所でされたために不服申立てを認めるとするのは不合理だからである。除斥又は忌避を認める決定（法25Ⅳ），証拠保全の決定（法238），執行停止についての裁判（法403Ⅱ）のように不服申立てができないことが明文で定められている裁判や，保全命令のように不服申立ての方法が抗告ではない裁判は許可抗告の対象とはならない。
[115] 高等裁判所がした保全抗告についての決定を許可抗告の対象から除外する趣旨の規定ではないと解するのが相当である（最決平11．3．12民集53-3-505）。
[116] 人身保護法による釈放の請求を却下又は棄却した地方裁判所の決定については，これに対する不服申立てについて人身保護法及び人身保護規則に特段の規定が置かれておらず，人身保護法による釈放の請求を却下又は棄却した高等裁判所の決定は，許可抗告の対象とはならないとした判例がある（最決平22．8．4家月63-1-99）。
[117] 同一の裁判に特別抗告事由と許可抗告理由の両者を含む場合には，特別抗告と許可抗告の双方を提起するこ

第1　総　説

(4) **許可抗告の手続**

申立てについては上告に関する規定[118]が，許可の手続については上告受理の申立てに関する規定[119]が，許可後の手続については特別抗告に関する規定[120]がそれぞれ準用されている（法337Ⅵ，規209）。

抗告の許可を求める申立ては，裁判の告知を受けた日から5日以内に（法337Ⅵ，336Ⅱ）当該高等裁判所に対して，申立書を提出してしなければならない（法337Ⅵ，313，286Ⅰ）[121]，申立書に抗告許可申立ての理由の記載がないときは，抗告許可申立て通知書の送達を受けた日から14日以内に規則の定めた方式による抗告許可申立て理由書を提出しなければならない（法337Ⅵ，315，規210）。申立てを受けた高等裁判所が申立書及び申立ての適法要件の審査を行う（法337Ⅵ，313，288，289）。

高等裁判所が許可抗告理由ありと判断した場合には，許可決定をしなければならず[122]，理由がない場合には不許可の決定をする（法337Ⅱ）。許可決定がなされると最高裁判所への抗告があったものとみなされ（同Ⅳ），以後の手続は特別抗告に準じる（法337Ⅵ，336Ⅲ）。ただし，最高裁判所は，裁判に影響を及ぼすことが明らかな法令違反があるときには原裁判を破棄し（法337Ⅴ），その上で原裁判所に差し戻すか，あるいは自判をする（法337Ⅵ，336Ⅲ，327Ⅱ，325，326）。

(5) **裁　判**

特別抗告審の裁判に準じて考えられる。

ア　抗告却下

イ　抗告棄却

ウ　抗告認容・破棄差戻し

エ　抗告認容・破棄自判

9　事件の種類

(1) **抗告提起事件**

抗告状，再抗告状及び特別抗告状が提出された場合，原裁判所において立件すべき事件の種類は次のとおりである。当該事件記録が抗告裁判所に送付されると，各抗告事件として新しい記録符号が付けられる。

ア　地方裁判所に対する抗告提起事件（裁24④）

民事抗告提起事件（ハソ）←簡易裁判所の決定又は命令

イ　高等裁判所に対する抗告提起事件（裁16②）

とができ，その場合には，いずれか一方について申立手数料を納めれば，他方との関係でも申立手数料が納められたとみなされる（民訴費3Ⅲ）。

[118] 法313，315，規186，187，189，192，193，195，196。
[119] 法318Ⅲ，Ⅳ後段，規199。
[120] 法336Ⅲ，規200，208。
[121] 抗告許可の申立てには原裁判の確定遮断効はなく（法122，116Ⅰ），申立てによる当然の執行停止効はないため，特別抗告と同様に抗告提起に伴う執行停止制度を準用している（法337Ⅵ，336Ⅲ，334Ⅱ）。
[122] この際，申立理由中に重要でないと認めるものがある場合は，それを排除することができ（法337Ⅵ，318Ⅲ，規209，200），排除された理由以外について最高裁判所は調査義務を負う（法337Ⅵ，336Ⅲ，327Ⅱ，320）。

第4章 抗　　告

　　　(ｱ)　**民事抗告提起事件（ソラ）**←地方裁判所の決定又は命令
　　　　　　　　　　　　　　　←簡易裁判所の決定又は命令に対する地方裁判所の抗
　　　　　　　　　　　　　　　　告審の裁判（再抗告）
　　　(ｲ)　**行政抗告提起事件（行カ）**←地方裁判所の決定又は命令
　　　(ｳ)　**家事抗告提起事件（家ニ）**←家庭裁判所の審判
　ウ　最高裁判所に対する抗告提起事件（特別抗告）（裁7②）
　　　(ｱ)　簡易裁判所→**民事抗告提起事件（ハソ）**
　　　(ｲ)　地方裁判所→**民事抗告提起事件（ソラ）**
　　　　　　　　　　　行政抗告提起事件（行カ）
　　　(ｳ)　家庭裁判所→**家事抗告提起事件（家ニ）**
(2)　抗告事件
　　抗告裁判所において立件すべき事件は，次のとおりである。
　ア　地方裁判所
　　　民事抗告事件（ソ）←民事抗告提起事件（ハソ）
　イ　高等裁判所
　　　(ｱ)　**民事抗告事件（ラ）**←民事抗告提起事件（ソラ）
　　　　　　　　　　　　　　←家事抗告提起事件（家ニ）
　　　(ｲ)　**行政抗告事件（行ス）**←行政抗告提起事件（行カ）
(3)　特別抗告提起事件[123]
　　特別抗告状が提出された場合，高等裁判所において立件すべき事件の種類は次のとおりである。当該事件記録が最高裁判所に送付されると，特別抗告事件として新しい記録符号が付けられる。
　ア　**民事特別抗告提起事件（ラク）**
　イ　**行政特別抗告提起事件（行セ）**
(4)　許可抗告申立て事件
　　抗告許可申立書が提出された場合，高等裁判所において立件すべき事件の種類は次のとおりである。当該事件記録が最高裁判所に送付されると，許可抗告事件として新しい記録符号が付けられる。
　ア　**民事許可抗告申立て事件（ラ許）**
　イ　**行政許可抗告申立て事件（行ハ）**
(5)　特別抗告事件
　　特別抗告について，最高裁判所が立件すべき事件の種類は次のとおりである。

---

[123] 簡易裁判所，地方裁判所及び家庭裁判所の決定又は命令に対する特別抗告提起事件は，受付分配通達上，各裁判所において抗告提起事件として立件する（上記(1)ウを参照）。記録符号規程上の事件名としては，高等裁判所の決定又は命令に対する事件のみを指す。

ア　**民事特別抗告事件（ク）**←民事抗告提起事件（ハソ）
　　　　　　　　　　　　　　　←民事抗告提起事件（ソラ）
　　　　　　　　　　　　　　　←家事抗告提起事件（家ニ）
　　　　　　　　　　　　　　　←民事特別抗告提起事件（ラク）
　　イ　**行政特別抗告事件（行ト）**←行政抗告提起事件（行カ）
　　　　　　　　　　　　　　　　←行政特別抗告提起事件（行セ）
(6)　**許可抗告事件**
　　　高等裁判所が許可抗告の理由があるとして抗告を許可したとき，記録送付を受けた最高裁判所が立件すべき事件の種類は次のとおりである。
　　ア　**民事許可抗告事件（許）**
　　イ　**行政許可抗告事件（行フ）**

第4章 抗　　告

第2　抗告提起事件の事務処理手続－原裁判所における手続－
(附帯抗告の提起，再抗告の提起を含む。)

抗告提起事件のうち，特別抗告の提起に関する事件[1]を除く事件を対象に，1から6については最初の抗告の事務処理手続を，7で再抗告の事務処理手続について述べる。

1　抗告状を提出すべき裁判所

抗告の提起の方式については，控訴の提起に関する法286条1項の規定が準用されている（法331）ので，詳細については第2章第2の1控訴状を提出すべき裁判所（52ページ）を参照。

最初の抗告について，抗告状[2]は，原裁判所（裁判長の場合には，所属する裁判所）[3]に提出しなければならない[4]。この場合，抗告状の名宛裁判所は，抗告裁判所になる[5]。提出先を誤った抗告状の提出を受けた場合の取扱いは，控訴提起の場合と同様である[6]。

抗告裁判所へ直接抗告状が提出された場合の取扱いについては，第3の1抗告裁判所（328ページ）を参照。

なお，抗告の提起に対して，相手方は附帯抗告状を抗告裁判所に提出してすることにより附帯抗告を提起することができる（法331, 293Ⅲ）が，原裁判所に事件記録がある間に附帯抗告状が原裁判所に提出された場合には，原裁判所において抗告提起事件として立件する。

2　抗告提起事件の受付

(1)　抗告期間

抗告の種類によって，抗告期間たる不変期間が異なるものや期間の定めのないもの，抗告期間の始期が異なるもの[7]もあるので注意を要する。

---

[1] 受付分配通達上の事件名が「特別抗告提起事件」である高等裁判所の決定等に対する特別抗告のほか，同通達上の事件名は「抗告提起事件」とされている，簡易裁判所，地方裁判所及び家庭裁判所の決定等に対する特別抗告の場合を含む。第9特別抗告提起事件の事務処理手続（394ページ）を参照。

[2] 旧法では，抗告の提起は書面又は口頭ですることとされていたが，手続を明確にするため，控訴や上告と同様に書面主義が採用された。書面又は口頭により抗告の提起をすることができる事件については，第1の4(3)抗告提起の方式脚注54（295ページ）を参照。

[3] 高等裁判所の決定又は命令に対しては，一般の抗告をすることはできないので，ここでいう原裁判所とは，簡易裁判所，地方裁判所及び家庭裁判所である。

[4] 現行法は，控訴の提起と同様，抗告の提起について，抗告状の提出先を原裁判所に限定している。これにより，原裁判所が抗告の適否を形式的に審査し，抗告が不適法で不備を補正することができないことが明らかなときは，決定で抗告を却下しなければならず，抗告裁判所への記録送付を待たずに，迅速に処理できるようになっている。

[5] 簡易裁判所の決定又は命令に対しては，その簡易裁判所を管轄する地方裁判所，地方裁判所の決定又は命令並びに家庭裁判所の審判，決定又は命令に対しては，当該地方裁判所及び家庭裁判所を管轄する高等裁判所になる。

[6] 管轄のない事件や支部設置規則に基づく事務分配を無視した抗告状が提出された場合，直接提出されたときには，正しい提出先を教示して原裁判所への抗告状提出を促すことになるが，これに応じない又は郵便提出の場合等は抗告提起事件として事件簿に登載して配てんし，受付担当部署又は事件の配てんを受けた部において，抗告状の提出があった旨を速やかに原裁判所に通知する必要がある。

[7] 通常，原裁判の告知を受けた日から起算する（期間の計算方法等については，第2章第2の2控訴期間脚注6（53ページ）を参照）が，家事審判に対する即時抗告の場合，家事事件手続法86条2項に起算日の原則と例外が定められているほか，特別の定めがあるものもある。執行抗告については，抗告人が原裁判の告知を受けるべき者であるかどうかなどによって，抗告期間の始期が異なる（民執規5。第5民事執行手続上の抗告事件（349ページ）を参照）。また，破産法上の裁判は，公告による告知の場合は公告のあった日から起算して2週間（破9後段，10Ⅱ），公告によらない場合は告知の日から1週間（破13, 法332）である。

抗告の種類		抗告期間（根拠規定）
通常抗告		定めなし
即時抗告	民事訴訟関係	1週間（法332）
	家事事件関係	審判に対するものは原則として2週間（家事86Ⅰ） 審判以外の裁判に対するものは1週間（家事101Ⅰ）
	非訟事件関係[8]	終局決定について2週間（非訟67Ⅰ）[9] 終局決定以外の裁判について1週間（非訟81）
	破産・再生・会社更生関係	公告があった場合2週間（破9後段，民再9後段，会更9後段） 公告がない場合1週間（破13，民再18，会更13，法332）
	民事調停関係[10] 会社非訟関係 借地非訟関係	非訟事件手続法が準用される。
	民事保全関係	（保全命令の申立てを却下する裁判に対して）2週間（民保19Ⅰ）
執行抗告		1週間（民執10Ⅱ）
保全抗告		2週間（民保41Ⅰ）

　抗告期間が不変期間である場合，この期間を伸縮することはできないが，裁判所が付加期間を定めたときは，その期間だけ延長される（法96Ⅱ）。また，訴訟行為の追完（法97Ⅰ）が認められる場合もある[11]。

　告知前になされた抗告は不適法であって，その却下前に抗告をした者に不利益な決定又は命令が告知されても，適法な抗告とはならない[12][13]。

---

[8] 旧非訟法においては，不服申立ての方法として，原則は，申立期間に制限がない通常抗告の方法によるべきこととし，申立期間に制限がある即時抗告の方法によるのは，特別の定めがある場合（旧非訟法77等）に限定されていた。しかし，非訟事件における法律関係の早期安定および簡易迅速な紛争解決の要請を考慮すると，一般的に期間制限のない通常抗告を広く認めることは相当でない。そこで，新法においては，非訟事件の手続における通則として，終局決定に対する不服申立ての方法を即時抗告に一本化している（逐条非訟252）。
[9] 非訟事件は，一般的に簡易迅速な処理の要請が強いといわれるが，終局決定は，決定手続で行われるとしても，非訟事件の本案についての最終的な判断であり，民事訴訟における判決に相当するものと解されることから，判決に対する控訴期間が2週間とされていること（法285）に倣い，終局決定に対する即時抗告の期間を2週間の不変期間と定めている（逐条非訟260）。
[10] 民事調停手続において非訟事件手続法67条1項が準用される場面は，調停の申立ての却下に対する即時抗告，17条決定についての異議申立ての却下に対する即時抗告に限定される（一問一答非訟207参照）。
[11] 追完を認めた判例として，最決平15.11.13民集57-10-1531。
[12] 最判昭32.9.26民集11-9-1656を参照。
[13] これに対し，非訟事件手続法67条1項ただし書及び家事事件手続法86条1項ただし書は，明文で期間前の即時抗告の効力を認めている。ただし，非訟事件手続法67条1項ただし書については，終局決定が外部的に成立する前，すなわち，告知を受けるべき者が最初に告知を受けた日より前にされた即時抗告は，その不服の対象が未だ法的に存在していないと考えられるから，不適法な即時抗告として却下されるべきものと解される（逐条非訟260参照）とし，また，家事事件手続法86条1項ただし書についても，審判が外部的に成立する前，すなわち，告知を受ける者が最初に告知を受けた日より前にされた即時抗告は，その不服の対象がいまだ法的に存在していないと考えられるから，不適法な即時抗告として却下されるべきものと解される（逐条家事280参照）とする見解がある。

第4章 抗　　告

附帯抗告は，抗告審の裁判があるまでの間，提起することができると解される。
(2) 事件の種類
抗告状の提出先が原裁判所と定められ，原裁判所において抗告の適否の審査を行うため，各原裁判所において立件する事件名を抗告提起事件という[14][15]。当該事件記録が抗告裁判所に送付されると，抗告事件として新しい記録符号が付けられる。

抗告提起に関する事件で，各事件簿に登載すべきものの範囲及び区分は，受付分配通達の別表にそれぞれ定められている。

ア　基本事件

記録符号は，(ｱ)及び(ｲ)については民事事件記録符号規程，(ｳ)については行政事件記録符号規程，(ｴ)については家庭事件記録符号規程による。

◇　地方裁判所に対する抗告提起事件（裁24④）

(ｱ) **民事抗告提起事件（ハソ）**

簡易裁判所の決定又は命令に対する抗告について，簡易裁判所において立件する。

◇　高等裁判所に対する抗告提起事件（裁16②）

(ｲ) **民事抗告提起事件（ソラ）**

(ｳ) **行政抗告提起事件（行カ）**

地方裁判所の決定又は命令[16]に対する抗告について，地方裁判所において立件する。

(ｴ) **家事抗告提起事件（家ニ）**

家庭裁判所の審判に対する抗告について，家庭裁判所において立件する。

◇　その他

上記(ｱ)から(ｴ)の各抗告提起事件に関してなされた附帯抗告，他庁から送付された移送，回付等についても，抗告提起事件として立件する。記録符号は，上記の各抗告提起事件と同じである。

イ　雑事件

抗告提起事件の係属を前提として申し立てられる雑事件[17]は，民事雑事件（記録符号は簡易裁判所→サ，地方裁判所→モ），行政雑事件（記録符号は行ク），家事雑事件（記録符号は家ロ）として，それぞれ立件する。

(3) 抗告状の受付
抗告状[18]の受付に際しては，受付分配通達に従った事務取扱いのほか，抗告の適法性

---

[14] 抗告裁判所に記録を送付するまでの原裁判所における手続を指す便宜上の概念である。
[15] 簡易裁判所，地方裁判所及び家庭裁判所の決定等に対する特別抗告の場合も，同様に抗告提起事件の事件名で立件される。第9特別抗告提起事件の事務処理手続（394ページ）を参照。
[16] 民事事件につき，簡易裁判所の決定又は命令に対する地方裁判所の抗告審の裁判に対する抗告（再抗告）の場合も，同様に抗告提起事件として記録符号が付けられる。後記7高等裁判所に対する再抗告の場合（323ページ）を参照。
[17] 例えば，訴訟救助の申立て（法82），保全命令を取り消す決定における原状回復の申立て（民保33），保全命令を取り消す決定の効力停止の申立て（同42）など。
[18] 提出された書面の表題のみにとらわれず，不服の対象及びその種類を確認すべきである。

や抗告状の記載事項等について充分審査し，過誤や欠点を発見した場合は必要であれば提出者に任意補正を促し，担当部に必要な連絡をするなど，事件の迅速な処理に向けての措置が必要である[19]。

ア　管轄の確認

抗告状の受付は原裁判所で行われるため，前記1のとおりまず管轄の確認が必要であり，実際には，当該裁判所に係属する事件について抗告の対象となる裁判がされたことを事件簿[20]で確認した上で行う。

イ　抗告提起の方式

抗告の提起は，抗告状を提出してしなければならず（法331，286）[21]，口頭陳述による申立て（規1），電話やファクシミリによる抗告の提起が認められないことは，控訴提起の場合と同様である。第2章第2の3(4)控訴提起の方式（56ページ）を参照。

ウ　抗告状の記載事項

第2章第2の3(5)控訴状の記載事項（57ページ）を参照。

---

[19] 附帯抗告状の受付については，第2章第2の4附帯控訴状の受付手続（67ページ）を参照。
[20] 民事裁判事務支援システムを利用する場合は，民事裁判事務支援システムで確認することとなる。
[21] 電報による抗告も書面による抗告であると解した判例（大決昭6.11.10民集10-946）がある。

第4章 抗　　告

【参考例62】（抗告状）

```
　　　　　　　　　抗　告　状

○○高等裁判所　御中
　　　平成○○年○○月○○日
　　　　　　　　　抗　告　人　○　○　○　○　印
　　〒○○○－○○○○　○○県○○市○○町○番○○号（送達場所）
　　　　　　　　　抗　告　人　○　○　○　○
　　〒○○○－○○○○　○○県○○市○○町○番○○号
　　　　　　　　　相　手　方　○　○　○　○
　上記当事者間の○○地方裁判所平成○○年（○）第○○○○号○○○○事件
について，同裁判所が平成○○年○○月○○日付けでした決定は不服であるか
ら抗告を提起する。
　　　　　　　　　原　決　定　の　表　示
　　　　　　　　　　　主　　　文
○○○○・・・
　　　　　　　　　抗　告　の　趣　旨
１　原決定を取り消す。
２　○○○○・・・
との判決を求める。
　　　　　　　　　抗　告　の　理　由
１　○○○○・・・
　　　　　　　　　附　属　書　類
　　抗告状副本　　　　　　　　　　　　　１通
```

(ｱ)　必要的記載事項（法331, 286Ⅱ）
　　◇　当事者[22] [23]及び法定代理人
　　◇　原裁判の表示
　　　　抗告の対象となる裁判が特定できる範囲で足りる。通常，原裁判所，事件番号，事件名，裁判の日等により記載される。原裁判の主文も併せて記載される場合が多い。

---

[22] 当事者の呼称は，「抗告人」「相手方」となり，附帯抗告が提起された場合には「抗告人（附帯相手方）」「相手方（附帯抗告人）」となる。抗告手続は必ずしも当事者対立構造を有していないため，事件によっては相手方が存在しない場合があるので注意を要する。
[23] 家事審判に対する抗告の場合，例えば，被相続人，未成年者，審判を受ける者，不在者，遺言者等，当事者ではないが表示しておくべき立場があるので，原審判の当事者等の表示を参考にする。

◇ 原裁判[24]に対して抗告を提起する旨
　　原裁判が不服であり，抗告審における審理・裁判を求める旨の記載があれば足りる。
(イ) その他の記載事項
◇ 抗告の趣旨
　　不服申立ての範囲は記載を必要とするものではないが，抗告審における審理の範囲を示すものとして，抗告人が求める裁判の主文と同様の形式で記載される[25]。
◇ 抗告の理由
　　必ずしも抗告状に記載する必要はないが，抗告の提起後14日以内に原裁判の取消し事由等を記載した書面を提出しなければならないので（規207），記載がない場合には同書面の提出を促す。
◇ 原裁判主文
◇ 当事者の住所[26]
◇ 代理人[27]の氏名及び住所
◇ 事件の表示
◇ 附属書類の表示　　　　　　（規2Ⅰ）
◇ 作成年月日
◇ 裁判所の表示[28]
◇ 当事者又は代理人の記名・押印
◇ 書類の連続性の確認[29]

エ　抗告提起手数料と収入印紙の確認
　　抗告を提起する際には，抗告提起手数料を納付しなければならず（民訴費3Ⅰ，別表第一の18項）[30]，抗告状に収入印紙を貼る方法で納めなければならない（民訴費8。ただし，抗告審において訴訟救助の申立て（法82）がある場合を除く。）。手数料[31]は，

---

[24] 抗告の許される裁判であるか否かについて確認する必要があるが，受付担当部署では正確な原裁判を知り得ない場合が多く，郵便提出等の場合もあることから，最終的な判断は担当部にゆだねるべく立件すべきであろう。疑義のある場合には，その旨付せん等に注記するなどして担当部へ引き継ぐ必要があることはいうまでもない。
[25] 「原決定を取り消す旨の裁判を求める。」「1　原審判を取り消す。2　相手方は，抗告人に対し，平成〇〇年〇〇月〇〇日から未成年者が満20歳に達する月まで毎月末日限り，金〇万円ずつを支払え。との審判に代わる裁判を求める。」等の記載となる。
[26] 受訴裁判所の訴訟手続に付随してされる決定又は命令に対する抗告手続においても，本案の手続においてされている送達場所等の届出を前提として送達を実施することになる（新通達等の概要（下）103「送達手続に関するQ＆A」を参照）。
[27] 裁判所の許可を受けた弁護士でない代理人（法54Ⅰただし書，家事22Ⅰただし書，非訟22Ⅰただし書，民執13Ⅰ）は，抗告審では許可できないので注意を要する。
[28] 提出裁判所である原裁判所ではなく，抗告裁判所を表示する。
[29] 契印の省略等について，平11.2.3最高裁総三第5号総務局長外通知あり。第2章第2の3(5)イ(イ)脚注18（61ページ）を参照。
[30] 過料決定に対する抗告については，抗告提起手数料の納付を要しない（訴訟費用の研究329）。
[31] 手数料は，申立てが1個されるごとに1個生ずるのを原則とする。抗告の場合は，借地借家法41条の事件の申立てについての裁判に関するものを除き，手数料はその額が一律に定められている申立てであり，数人の申立人がするとき又は数人の被申立人に対してするときその他当該申立ての根拠法条の趣旨からして，その根拠法条による申立権の行使が実質的に数回行われていると観察されるときは，1通の申立書による場合でも，数個の申

第4章 抗　　告

　　　抗告の種類によって異なる。
　(ア) 民事訴訟費用等に関する法律3条1項，同法別表第一の18項(1)に定めるもの
　　　→それぞれの申立ての手数料の1.5倍の額
　　　　例えば，
　　　　代替執行及び間接強制の申立てについての裁判　　　　　　　　　3000円
　　　　保全命令の申立てについての裁判（却下決定）　　　　　　　　　3000円
　　　　行政事件訴訟法の規定による執行停止の申立てについての裁判　　3000円
　　　　仮登記等仮処分命令の申立てについての裁判　　　　　　　　　　3000円
　　　　家事事件（家事事件手続法別表第二に掲げる事項についての審判事項）
　　　　　　　　　　　　　　　　　　　　　　　　　　　　　　　　　 1800円
　　　　家事事件（家事事件手続法別表第一に掲げる事項についての審判事項）
　　　　　　　　　　　　　　　　　　　　　　　　　　　　　　　　　 1200円
　　　　非訟事件（裁判を求める申立て）　　　　　　　　　　　　　　 1500円
　(イ) 同(2)に定めるもの→借地借家法41条の事件の申立てについての裁判
　　　　不服の限度に応じ，原裁判の申立手数料の算定と同様に算出した額の1.5倍の額
　(ウ) 同(3)に定めるもの→保全抗告　　　　　　　　　　　　　　　　 3000円
　(エ) 同(4)に定めるもの→その他の抗告[32]　　　　　　　　　　　　 1000円
オ　送達に必要な費用等の予納[33]と郵便切手の確認
カ　後見登記等に関する法律に定める登記に必要な手数料の予納[34]と収入印紙等の確認
キ　附属書類等の添付
　　◇　抗告状副本[35]
　　◇　訴訟委任状（規23）
　　　　付随的決定に対する抗告の場合，本案訴訟の代理権に当然包含される付随行為と解され，当事者及び代理人間の信頼関係の変化等も少ないと考えられるから，上訴についての特別授権があれば，必ずしも抗告提起に際し改めて代理権の証明は要しないと考える。
　　　　独立的決定に対する抗告の場合は，控訴と同様に考えることができるから，原則として抗告審において改めて委任状の提出を求めている取扱いが多いと思われる。
　　◇　資格証明書
　　　　抗告審での審理期間が比較的長くなることが予想される事件[36]については，代表

立てがされていることになる（民事・刑事訴訟費用等に関する法律の解説81以下を参照）。
[32] 民事訴訟法上の通常抗告及び即時抗告，執行抗告（(ア)を除く。），破産手続上の裁判に対する抗告（ただし自己破産の申立てに関するものは1500円。後記第7の4参照）など。
[33] 抗告審の裁判の告知に要する費用等については予納が必要である（民訴費11Ⅰ，12，13）。
[34] 家事規19Ⅰ。予納された収入印紙等の取扱いについては，予納された郵便切手の管理の例により（家事規19Ⅱ，附則6Ⅱ），具体的な運用については予納印紙取扱通達の定めるところに従う。
[35] 控訴の場合と異なり相手方のない事件もあるが，相手方のある事件（特に，必要的審尋事件等，抗告状を相手方に送達することが相当である場合）については必要な通数を提出してもらうことが望ましい。
[36] 例えば，借地非訟に関する抗告事件など。

者等の変更の可能性もあるので，控訴の場合と同様に考えることができる。
審理期間の短い付随的決定に対する抗告事件の場合には，不要である場合もあろう。
◇ 訴状却下命令に対する即時抗告の場合
抗告状には，却下されて差し戻された訴状の原本を添付しなければならない（規57）[37]。

ク 立件手続
抗告状を受領した場合にはこれを閲読し，主に上記の点について確認した上で補正が必要な箇所があればこれを明らかにしなければならない。直接提出された場合であれば，提出者に任意の補正を促し，提出者に指示を伝えられないときは，その旨注記した付せんをつける等の方法により担当部へ連絡事項を引き継ぐことが必要である。

◇ 受付日付印の押捺
◇ 事件簿への登載
抗告状（附帯抗告状），移送決定書，回付書等が，事件番号の付け方の基準となる[38]。民事抗告提起事件簿（記録符号は簡易裁判所→ハソ，地方裁判所→ソラ），行政抗告提起事件簿（記録符号は行カ）又は家事抗告提起事件簿（記録符号は家ニ）に登載[39]する[40]。
◇ 記録符号及び事件番号の記載と認印の押捺
◇ 収入印紙及び郵便切手等の添付の旨の記載と認印の押捺[41]
◇ 収入印紙の消印
◇ 記録の編成
記録編成通達の適用はないので，原則として編年体で編成する。
新たに予納郵便切手管理袋（予納収入印紙等管理票[42]）を作成し，枠内の「事件番号」欄は空欄として，上部欄外に原裁判所における事件番号を表示する。第2章第2の8⑶予納郵便切手の引継ぎ（89ページ）及び【参考例10】（予納郵便切手管理袋）（88ページ）の記載を参照。
◇ 担当部への配布

3 原裁判所による抗告の適法性の審査
原裁判所では，当該事件について予納郵便切手等の額の確認及び受入れ等の事務処理を行う。

---

[37] なお，非訟事件手続規則39条，家事事件手続規則39条にも同様の規定がある。
[38] 受付分配通達別表第1の15，別表第2の8，別表第5の6を参照。
[39] 民事裁判事務支援システムを利用する場合は，事件簿への登載に代えて，民事裁判事務支援システムのサーバーの記憶装置に所要事項を記録することとなる（民裁支援システム通達記第1の1）。
[40] 各事件簿は，帳簿諸票取扱通達別表第1から第3による。様式はいずれも，民事・行政・家事上訴提起等事件簿（同通達別紙様式第5）である。
[41] 民事裁判事務支援システムを利用する場合は，所要事項をサーバーの記憶装置に記録することとなる（予納印紙取扱通達記第2の1の⑴のウ，民裁支援システム通達記第1の1）。
[42] 予納印紙取扱通達別紙様式第1参照。なお，予納郵便切手管理袋の次につづり込む。

第4章 抗　　告

◇　原裁判の執行停止等の処分[43]
　原裁判が，①通常抗告に服する裁判，②即時抗告に服するもののうち，その性質上即時抗告の提起によって執行停止の効力が生じないと解されている裁判，③確定しなければ効力を生じない裁判[44]である場合，抗告についての裁判があるまでの間に行われた執行の効果を原裁判取消確定後に除去したのでは抗告の目的を達成できなくなるおそれがあるときは，原裁判所（裁判官）は裁量により執行停止等の必要な処分ができる（法334Ⅱ）。

◇　保全抗告に伴う執行停止の裁判[45]
　①保全命令を認可する決定に対して債務者から保全抗告があった場合，抗告人である債務者の申立てに基づき保全執行の効力の停止及び取消しを，②保全命令を取り消す決定に対して債権者から保全抗告があった場合，抗告人である債権者からの申立てに基づき保全命令取消決定の効力の停止を，原裁判所は一定の疎明がある場合に保全抗告についての裁判をするまでの間，それぞれ命ずることができる（民保41Ⅳ,Ⅴ,27Ⅰ,42）。

　抗告の提起を受けた原裁判所は，抗告の適法性を審査し，抗告が不適法でその不備を補正することができないことが明らかである場合，決定で抗告を却下しなければならない（法331,287）[46]。

　原裁判所による却下の対象となる「抗告が不適法でその不備を補正することができない場合」としては，例えば，抗告期間経過後に抗告が提起された場合，抗告権を放棄した抗告人からの抗告の提起，抗告が許されない裁判に対する抗告の提起，二重に抗告が提起された場合などが考えられる[47]。

---

[43] この仮の処分については抗告人に申立権はなく，抗告人から申立てがあった場合でも雑事件としての立件は不要である。詳細については，第6章第8抗告の提起と執行停止（473ページ）を参照。

[44] 執行抗告ができる裁判で，確定しなければ効力を生じない旨の定めがあるものについては，民事執行法10条6項に定めがある（第6章第6執行抗告に伴う執行停止（468ページ）を参照）。

[45] 抗告人から申立てがあった場合，民事雑事件として立件する必要がある。詳細については，第6章第5保全抗告に伴う執行停止（463ページ）を参照。

[46] 現行法が制定された際に，抗告状の提出先が原裁判所に限定されたことと併せて新設された規定である。

[47] 抗告の却下は，抗告が不適法であることが明らかである場合に限られるから，少しでも疑義がある場合には，原裁判所は抗告を不適法として却下すべきではない。抗告の適法性についての最終的な判断は抗告裁判所が行うためである。抗告却下決定の原本はその裁判をした裁判所で保存すべき事件書類であるから（保存規程3条4項，別表第二の1），原裁判所がした抗告却下決定の場合，事件記録にはその原本をつづり込むことになる。

【参考例63】(抗告却下決定)

> 平成〇〇年(ソラ)第〇〇号
> 　　　　　　　　　　決　　　定
> 　　〇〇県〇〇市〇〇町〇〇番地
> 　　　　　抗　告　人　　　〇　〇　〇　〇
> 　　　　　同代理人弁護士　　〇　〇　〇　〇
> 　　〇〇県〇〇市〇〇町〇〇番地
> 　　　　　相　手　方　　　〇　〇　〇　〇
> 　上記当事者間の当庁平成〇〇年(モ)第〇〇〇号強制執行停止決定申立事件(基本事件・平成〇〇年(ワネ)第〇〇〇号)につき,平成〇〇年〇〇月〇〇日当裁判所がした決定に対する抗告提起事件について,当裁判所は次のとおり決定する。
> 　　　　　　　　　　主　　　文
> 　本件抗告を却下する。
> 　　　　　　　　　　理　　　由
> 　一件記録によれば,抗告人は,平成〇〇年〇〇月〇〇日当裁判所がした強制執行停止決定に対し,同年同月〇〇日に当裁判所に不服申立書と題する書面を提出したものであるが,当該決定は民事訴訟法４０３条２項に定める不服を申し立てることができない裁判であるから,上記不服申立書の提出は不適法なものであり,これを補正することができないことは明らかである。
> 　よって,同法３３１条,２８７条１項に基づいて,主文のとおり決定する。
> 　　平成〇〇年〇〇月〇〇日
> 　　　〇〇地方裁判所第〇民事部
> 　　　　　裁判長裁判官　　〇　〇　〇　〇　印
> 　　　　　裁判官　　　　　〇　〇　〇　〇　印
> 　　　　　裁判官　　　　　〇　〇　〇　〇　印

◇　原裁判所による抗告却下決定に対しては即時抗告をすることができる(法331,287Ⅱ)ので,同決定の告知は抗告人に対し謄本を送達する方法(規40)によるのが相当である。

◇　抗告状の方式に関する審査,補正命令及び抗告状却下命令は,抗告裁判所の裁判長の権限であるから(法331,288,137,289Ⅱ),原裁判所は抗告状の審査を行うことはできない。すなわち,抗告状に補正命令の対象となる不備が存在しても[48],再度の考案(法333)の結果,抗告に理由がないと判断したときは,原裁判所はその旨意見を付して事件記録を抗告裁判所へ送付することになる(規206)。

◇　執行抗告の場合,①執行抗告が不適法であってその不備を補正することができないことが明らかであるとき,のほかに,②抗告人が抗告状を提出した日から１週間以内に執

---

[48] 抗告提起手数料が収入印紙により納付されていない場合でも,同様である。

行抗告の理由書の提出をしなかったとき，③執行抗告の理由の記載が明らかに民事執行規則6条の規定に違反しているとき，④執行抗告が民事執行の手続を不当に遅延させることを目的としてなされたものであるとき，のそれぞれに該当するときは，原裁判所は執行抗告を却下しなければならない（民執10Ⅴ）。この決定に対しては，執行抗告をすることができる（同Ⅷ）[49]。

4 抗告理由書

抗告状に原裁判の取消し又は変更を求める事由の具体的な記載がないときは，抗告人は，抗告の提起後14日以内に，これらを記載した書面を原裁判所に提出しなければならない（規207）[50]。

この書面が提出されなかったり，抗告の提起から14日経過後に提出されたとしても，それだけの理由で抗告が不適法であるとして却下することはできない点，再抗告の場合と異なる[51]。

◇ 執行抗告の場合，抗告状に執行抗告の理由の記載がないときは，抗告状を提出した日から1週間以内に，執行抗告の理由書を原裁判所に提出しなければならず（民執10Ⅲ），期間内に理由書の提出をしなかったとき，執行抗告の理由の記載が明らかに規定[52]に違反しているときは，原裁判所は決定で執行抗告を却下しなければならない（同Ⅴ）。

5 再度の考案

抗告を申し立てられた原裁判所（原裁判をした裁判所又は裁判長）が抗告を審査する（法331, 287）際に，原裁判をもう一度再考する機会を与えることにより，抗告審の手続を省き，簡易迅速な事件処理を図った，抗告に特有の制度である。

(1) 要 件

　ア 適法な抗告であること[53]

　イ 抗告を理由があると認めるとき[54]

　　ただし，原裁判を再審査すべき手続上の瑕疵の存在については，それが主張されていなくても，原裁判所がその存在に気づけば，再度の考案による更正を行うべきである。

---

[49] この場合の執行抗告は，再抗告ではないことに注意する。
[50] 原裁判に対する不服の理由を早期に明らかにするため，これらの書面の提出が新たに規定されたのは控訴の場合と同様であるが（規182），抗告の場合，提出期間が短く再度の考案もあるため，提出先は原裁判所である。
[51] 条解429以下を参照。
[52] 民事執行法10条4項，民事執行規則6条により，原裁判の取消し又は変更を求める事由を具体的に記載すること，その事由が法令違反であるときは法令の条項又は内容及び法令に違反する事由を，事実の誤認であるときは誤認に係る事実を摘示することが要請されている。
[53] 本来，抗告審で再審判される裁判について，抗告審に代わって原裁判所が自ら再審判することを認めた制度であるから，抗告審で再審判され得る法的要件として，抗告の適法性を備えていることが必要となる（古崎慶長「抗告審に関する諸問題」実務民訴2-351以下を参照）。前記3原裁判所による抗告の適法性の審査（317ページ）を参照。
[54] 抗告理由書の提出が強制されたことから（規207），抗告状に理由の記載がなく，かつ，抗告理由書の提出がないときは，抗告は理由なしと判断されることになる。

(2) 手続（再審理）

　抗告の理由があると認められた場合，その理由の存否を判断するための再審理が行われる[55]。

　再審理の結果，抗告に理由があるとの判断に至れば，原裁判所は原裁判の取消し・変更の裁判（再度の考案による更正裁判）をしなければならない（法333）が，抗告に理由なしとの判断に至れば，意見を付して抗告裁判所へ事件を送付しなければならない（規206）[56]。

　再度の考案による更正があった場合，更正の限度で抗告は目的を達して終了すると解される[57]。原裁判の主文に関係のない理由だけの更正ができるかについては争いがあり，通説判例は消極説である[58]。

【参考例64】（再度の考案による決定）

```
平成〇〇年（ソラ）第〇〇〇号〇〇決定に対する抗告提起事件（基本事件・平成
〇〇年（〇）第〇〇号〇〇請求事件）
                    決        定
             抗　告　人    〇  〇  〇  〇
             相　手　方    〇  〇  〇  〇
　上記当事者間の頭書事件について，当裁判所は民事訴訟法３３３条に基づいて
再度の考案を行い，次のとおり決定する。
                    主        文
１　当裁判所が平成〇〇年（〇）第〇〇号事件について，平成〇〇年〇〇月〇〇日
　にした〇〇決定を全部取り消す。
２　相手方がする〇〇の申立てを却下する。
　　（理由省略）
```

　◇　民事保全法41条2項は，保全抗告について明文で再度の考案を禁じている。

6　抗告裁判所への事件送付

　原裁判所による抗告却下決定及び原裁判所の再度の考案による更正決定があった場合を除き，原裁判所は，意見を付して事件を抗告裁判所に送付しなければならない（規206）。

(1) 送付時期

　事件の送付は，原裁判所において抗告を理由がないと認めた場合に行う。よって，その時期は，理由書提出期限後で再度の考案の後になる。

---

[55] その際，必要があれば口頭弁論や当事者の尋問により，新事実・新証拠の審査を行うことも可能である。
[56] 再度の考案の制度によりできることは，原裁判の更正のみであって，抗告棄却等の判断はできない。
[57] 大決大4.12.16民録21-2121を参照。
[58] 大決昭10.12.27民集14-2173，古崎慶長「抗告審に関する諸問題」実務民訴2-354以下を参照。

第4章 抗　　告

(2) 送付の手続

　事件の送付は，裁判所書記官が訴訟記録を送付して行う（規205, 174）[59]。この際，原裁判所において，抗告が理由がないことについて意見[60]を添付する必要がある。

　抗告裁判所へ送付すべき記録は，原則として抗告提起事件記録[61]のみでなく，一件記録すべてを送付するものとされている[62][63]。

【参考例65】（意見書）

```
平成○○年（○）第○○○号
　　　　　抗　告　人　　○　○　○　○
　　　　　相　手　方　　○　○　○　○
　　　　　　意　見　書
　本件抗告は，理由がないものと思料する。
　平成○○年○○月○○日
　　○○地方裁判所民事第○部
　　　　裁判長裁判官　　○　○　○　○　印
　　　　裁判官　　　　　○　○　○　○　印
　　　　裁判官　　　　　○　○　○　○　印
```

◇　記録編成[64]
◇　目録，丁数[65]
◇　予納郵便切手の引継ぎ
　　第2章第2の6(4)◇控訴に伴う予納郵便切手の引継ぎ（88ページ），8(3)（89ページ）を参照。
　　一件記録全部を送付する場合の基本事件の予納郵便切手の取扱い[66]

---

[59] 民事訴訟法333条は，旧法417条1項が再度の考案の主体を「原裁判所」と定めていたものを，原裁判が決定であれば「原裁判所」が，命令であれば「裁判長」が更正すると文言を改めた。事件送付の際の意見添付も同様に考えられるが，裁判長の命令に対して抗告があった場合でも，事件の送付手続を行う主体は，その裁判長が所属する裁判所であると考えられることから，「原裁判所」のままとなっている（規206。条解429）。

[60] この意見は，原裁判の一部を構成するものではなく，抗告裁判所にとっては参考意見にとどまるものである（菊井・村松Ⅲ349，注解⑽146）。

[61] 具体的には，抗告状提出以降に提出された関係書類である。

[62] 裁判所が認めたときは，抗告事件の記録のみを送付すれば足りるとする記録送付の特例について，民事執行規則7条，7条の2及び民事再生規則4条を参照。

[63] 訴状却下命令に対する抗告のように，原裁判により事件が終局している場合には，一件記録すべてを送付することになる。抗告の提起には必ずしも執行停止効がないため，付随的決定に対する抗告については，基本（本案）事件の進行の都合や事件記録全部を送付しなくても抗告裁判所が判断できると思われるときなど，必要な部分のみを抽出して分離記録を作成して送付する場合もあるが，基本事件記録を併せて送付する取扱いが多いと思われる。この場合には，控訴提起に伴う記録送付の場合に準じて記録を整理し，当該事件には仮丁数を付して一件記録全部を送付することになる。

[64] 抗告提起事件記録は，抗告提起事件の記録表紙，予納郵便切手管理袋（予納収入印紙等管理票），抗告提起事件に関する書類の順に編成するのが相当である。一件記録全部を送付する場合には，当該記録の末尾に分界紙をはさんで，抗告提起事件記録を編年体でつづり込む。

[65] 抗告提起事件記録の目録に表示すべきものとしては，抗告状，抗告理由書等。丁数は，いずれの場合も仮丁数を付す。

[66] 残高を確認した上，予納郵便切手管理袋はステープラーで封をして引き継ぐ方法が考えられる。

第2　抗告提起事件の事務処理手続

- ◇　予納収入印紙等の引継ぎ[67]
- ◇　訴訟記録送付書の作成→第2章第2の8⑴（89ページ）を参照。
- ◇　記録の送付→第2章第2の8⑵（89ページ）を参照
- ◇　事件簿への結果の記載[68]
- ◇　裁判書の写しの添付
- ◇　抗告状副本，抗告理由書副本の添付

7　高等裁判所に対する再抗告の場合

再抗告は，抗告裁判所の終局決定に対する再度の抗告であり，この訴訟手続に関しては上告に関する規定が準用される（法331ただし書，規205ただし書）。

⑴　再抗告状を提出すべき裁判所

再抗告状は，原裁判所である抗告裁判所[69]，すなわち再抗告の対象となった裁判をした地方裁判所に提出しなければならない（法331ただし書，314Ⅰ）。再抗告状の名宛裁判所は，高等裁判所である。前記1抗告状を提出すべき裁判所（310ページ）を参照。

⑵　受　付

ア　再抗告期間

再抗告が通常抗告であるか，即時抗告であるかは抗告審の裁判の内容によって決まる[70]。

前記2⑴抗告期間（310ページ）を参照。

イ　再抗告状の受付

第3章第2の3上告状の受付手続（222ページ）を参照。

(ｱ)　管轄の確認

(ｲ)　再抗告提起の方式

(ｳ)　再抗告状の記載事項

　　a　必要的記載事項（法331ただし書，313，286Ⅱ）
- ◇　当事者[71]及び法定代理人
- ◇　原裁判（抗告裁判所の裁判）[72]の表示
- ◇　原裁判（抗告裁判所の裁判）に対して再抗告を申し立てる旨

　　b　その他の記載事項
- ◇　再抗告の趣旨
- ◇　裁判所の表示[73]

---

[67] 予納郵便切手の引継ぎと同様に取り扱う（予納印紙取扱通達記第2の3を参照）。
[68] 民事裁判事務支援システムを利用している場合は，民事裁判事務支援システムのサーバーの記憶装置に所要事項を記録。
[69] 再抗告が許されるのは，第一審が簡易裁判所である場合に限られる。したがって，再抗告を管轄する裁判所は高等裁判所であり，原裁判所である抗告裁判所は地方裁判所である。
[70] 最決平16.9.17裁集民215-193。
[71] 当事者の呼称は，「再抗告人」「相手方」となる。
[72] 再抗告が許される裁判であるか，注意を要する。第1の6⑵再抗告が許される場合（301ページ）を参照。
[73] 名宛裁判所は，提出裁判所である抗告裁判所（地方裁判所）ではなく，再抗告裁判所である高等裁判所である。

第4章 抗　　告

(エ)　再抗告提起手数料と収入印紙の確認

再抗告提起手数料は抗告提起の手数料と同額である（民訴費3Ⅰ，別表第一の18項）。

第2の2(3)エ抗告提起手数料と収入印紙の確認（315ページ）を参照。

【参考例66】（再抗告状）

再　抗　告　状

○○高等裁判所　御中

　　　　平成○○年○○月○○日

　　　　再抗告人訴訟代理人弁護士　○　○　○　○　印

〒○○○－○○○○　○○県○○市○○町○○番○○号

　　　　再　抗　告　人　　○　○　○　○

〒○○○－○○○○　○○県○○市○○町○○番○○号（送達場所）

　　　　同訴訟代理人弁護士　○　○　○　○

　　　　電　　　話　○○○○－○○○○

　　　　ファクシミリ　○○○○－○○○○

〒○○○－○○○○　○○県○○市○○町○○番○○号

　　　　相　手　方　　○　○　○　○

上記当事者間の○○地方裁判所平成○○年（ソ）第○○○○号○○○決定に対する即時抗告事件について，同裁判所が平成○○年○○月○○日にした後記決定は，全部不服であるから再抗告を提起する。

原　決　定　の　表　示
主　　　文

○○○○・・・

再　抗　告　の　趣　旨

　原決定を取り消す。
　本件を○○簡易裁判所に差し戻す。
　との裁判を求める

再　抗　告　の　理　由

おって，再抗告理由書を提出する

附　属　書　類

　再抗告状副本　　　　　　　　　　　1通

(オ)　送達に必要な費用等の予納と郵便切手の確認（規205ただし書，187）

◇　再抗告状

◇　再抗告提起通知書，再抗告理由書，裁判書

◇　記録送付を受けた旨の通知

(カ)　附属書類の添付

第2　抗告提起事件の事務処理手続

(キ)　立件手続
　　抗告提起事件として事件簿に登載すべき申立てとしては，再抗告の提起のほか，附帯再抗告の提起，移送，回付等がある。
　◇　受付日付印の押捺
　◇　事件簿への登載[74]
　　　再抗告状（附帯再抗告状），移送決定書，回付書等が，事件番号の付け方の基準となる[75]。
　　　民事抗告提起事件簿（記録符号はソラ），行政抗告提起事件簿（記録符号は行カ）に登載[76]する[77]。
　◇　記録符号及び事件番号の記載と認印の押捺
　◇　収入印紙及び郵便切手等の添付の旨の記載と認印の押捺
　◇　収入印紙の消印
　◇　記録の編成
　◇　担当部への配布

(3)　裁判長による再抗告状の審査
　　最初の抗告とは異なり，再抗告状の審査権は原裁判所の裁判長の権限事項である。
　　第3章第2の4　裁判長による上告状の審査（231ページ）を参照。
　ア　審査の範囲（法331ただし書, 313, 288, 137, 289Ⅱ）
　　(ｱ)　再抗告状の必要的記載事項→前記(2)イ(ｳ)（323ページ）を参照。
　　(ｲ)　再抗告提起手数料→前記(2)イ(ｴ)（324ページ）を参照。
　　(ｳ)　再抗告状を送達することができない場合
　　　　原裁判所による再抗告の適法性の審査終了後，再抗告提起通知書を送達する際に，相手方のある抗告事件の場合は相手方には同時に再抗告状の副本を送達しなければならない（規205ただし書, 189）。この送達ができない場合にも，再抗告状却下を前提とした補正命令の対象になると解される。
　　(ｴ)　補正命令
　　　　再抗告状の必要的記載事項に不備がある場合，再抗告提起手数料に相当する収入印紙が貼り付けられていないか不足する場合，又は相手方がいる事件について再抗告状の送達をすることができない場合には，任意の補正を促すが，再抗告人がこれに応じないときは，裁判長は相当期間を定めて補正命令を発する（法331ただし書, 313, 288, 137Ⅰ）[78]。

---

[74] 民事裁判事務支援システムを利用する場合は，事件簿への登載に代えて，民事裁判事務支援システムのサーバーの記憶装置に所要事項を記録することとなる（民裁支援システム通達記第1の1）。
[75] 受付分配通達別表第1の16, 別表第2の8を参照。
[76] 民事裁判事務支援システムを利用する場合は，事件簿への登載に代えて，民事裁判事務支援システムのサーバーの記憶装置に所要事項を記録することとなる（民裁支援システム通達記第1の1）。
[77] 各事件簿は，帳簿諸票取扱通達別表第2による。様式はともに，民事・行政・家事上訴提起等事件簿（同通達別紙様式第5）である。
[78] 補正期間の起算点を明らかにするため，告知方法は同命令謄本の送達による。

イ　再抗告状却下命令

再抗告人が所定の期間内に補正しないときは、裁判長は命令で再抗告状を却下しなければならない（法331ただし書,314Ⅱ,288,137Ⅱ,289Ⅱ）[79][80]。

(4) **再抗告の適法性の審査**

最初の抗告の場合とは、審査の範囲が異なる。

第3章第2の5原裁判所による上告の適法性の審査（235ページ）を参照。

ア　審査の範囲

(ｱ)　再抗告が不適法でその不備を補正することができない場合

(ｲ)　再抗告理由の不提出[81]

(ｳ)　再抗告理由の記載方法の違反[82]

(ｴ)　補正命令[83]

イ　再抗告却下決定[84]

(5) **再抗告提起通知書**

第3章第2の6上告提起通知書（241ページ）を参照。

ア　送達の時期

適法要件の審査が完了した段階で、再抗告状却下命令又は再抗告却下決定があった場合を除き、相手方がある事件の場合には当事者双方に、相手方のない事件では再抗告人に対して、再抗告提起通知書を送達しなければならない（規205ただし書,189Ⅰ）[85][86]。

再抗告提起通知書の様式は、上告提起通知書（第3章【様式3】（242ページ））を、

---

[79] 再抗告状却下命令には即時抗告を申し立てることができると解されるので（法331ただし書,313,288,137Ⅲ）、同命令謄本を再抗告人に送達する方法により告知するのが相当である。この際、同命令謄本と共に再抗告人が提出した再抗告状の原本を返還する必要はないと考える。再抗告状却下命令の原本は当該裁判をした裁判所において保存すべき書類であるから（保存規程3条4項,別表第二の1）、記録には同命令正本をつづり込む。

[80] 補正期間を経過しても、却下を命ずる前に補正されれば再抗告状を却下すべきではない。

[81] 再抗告理由の提出は再抗告の適法要件であるから、再抗告状に再抗告の理由を記載せず、再抗告理由書を法定期間（規210Ⅰ）内に提出しない場合は、補正の余地はないことから規則196条1項の規定による補正命令を発する必要はなく、再抗告を却下することになる（法331ただし書,316Ⅰ②前段）。法定期間が経過すると、再抗告が却下される前に理由書が提出されても、その提出は有効とはならない。

[82] 再抗告理由の記載方法については、第3章第1の5(6)上告理由の記載方式（186ページ）を参照。抗告裁判所が判断するのは、あくまでも理由の記載方法という技術的側面であり、理由の実質当否の判断に立ち入るものではない。

[83] 再抗告の理由の記載すべてについて、規則の規定に違反することが明らかな場合には、原裁判所は相当期間を定めて補正を命じなければならない（規205ただし書,196Ⅰ）。

[84] ①再抗告が不適法でその不備を補正することができない場合、②再抗告理由を期間内に提出しない場合、③再抗告理由書の記載方式が規則190条又は同191条に違反するとして補正を命ぜられたにもかかわらず、補正期間内に追完しない場合（規205ただし書,196Ⅱ）、抗告裁判所は決定で再抗告を却下しなければならない（法331ただし書,316Ⅰ）。この決定に対しては即時抗告ができるので（法331ただし書,316Ⅱ）、同決定の告知は再抗告人に対し謄本を送達する方法によるのが相当である。再抗告却下決定の原本は裁判をした裁判所で保存すべき書類であるから（保存規程3条4項,別表第二の1）、同決定正本を記録につづり込む。

[85] 再抗告人に対する再抗告提起通知書の送達日が、再抗告理由書提出期間の起算日となる（規210）。

[86] 判決は言渡しによってその効力を生ずる（法250）から、言渡し後原判決送達前の上告提起は有効であるが、決定は告知によりその効力を生ずる（法119）から、告知前の抗告提起は不適法である。原裁判の告知が送達による場合、原裁判の送達前に再抗告理由書提出期間が満了することはありえないので、規則189条3項の規定は再抗告に関して当然には準用されない。

理由書提出についての注意書については上告理由書の提出について（同【様式4】(243ページ)）を参照。
　イ　再抗告状の送達[87]
(6)　**再抗告理由書**
　　第3章第2の7上告理由書（244ページ）を参照。
　ア　提出期間
　　　再抗告状に再抗告の理由の記載がないときは，再抗告人は再抗告提起通知書の送達を受けた日から14日以内（規210Ⅰ）に，原裁判所である抗告裁判所に再抗告理由書を提出[88]しなければならない（法331ただし書，315Ⅰ）[89]。
　イ　記載方式（法331ただし書，315Ⅱ，規205ただし書，190～193）
　　　第3章第1の5(6)上告理由の記載方式（186ページ）を参照。
　　　◇　補正命令（規205ただし書，196）→前記(4)ア(エ)（326ページ）を参照。
　　　◇　再抗告却下決定→前記(4)イ（326ページ）を参照。
　ウ　副本の添付（規205ただし書，195）[90]
(7)　**再度の考案**
　　前記5（320ページ）を参照。
　　再度の考案（法333）は，再抗告についても適用がある。
(8)　**再抗告裁判所への事件送付**
　　前記6抗告裁判所への事件送付（321ページ）を参照。

---

[87] 相手方がある事件の場合，相手方に対する再抗告提起通知書の送達と同時に行う（規205ただし書，189Ⅱ）。
[88] 再抗告理由書はファクシミリを利用して送信することにより提出することができない書面である（規3Ⅰ④）。
[89] 再抗告状に再抗告の理由が記載されていても，再抗告理由書の提出期間内にこれを補完し，あるいは新たな再抗告理由を提出することは自由であるから，この提出期間を待たずに再抗告裁判所へ記録送付してはならない。
[90] 相手方のある事件の場合，再抗告理由書は相手方に送達されるべきものであるから（法331ただし書，313，289Ⅰ，規205ただし書，198），相手方の数に応じた副本の添付が必要になる。これに加えて，再抗告審の審理を円滑に行うために，再抗告裁判所の各裁判官に配布すべき副本3通及び裁判原本の草稿に用いるべき副本1通の添付が必要である。

第4章 抗　　告

第3　抗告事件の事務処理手続－抗告裁判所における手続－（附帯抗告，再抗告を含む）

抗告事件のうち，1から5については最初の抗告の事務処理手続を，6で再抗告の事務処理手続について述べる。

1　抗告裁判所[1]

最初の抗告については，簡易裁判所が原裁判をした場合は，当該簡易裁判所を管轄する地方裁判所が，地方裁判所及び家庭裁判所が原裁判をした場合は，当該地方裁判所及び家庭裁判所を管轄する高等裁判所がそれぞれ抗告裁判所となる。

抗告状が直接抗告裁判所に提出された場合には，窓口で正しい提出先を教示して原裁判所への抗告状提出を促すことになるが，これに応じない又は郵便提出の場合等は，抗告事件として事件簿に登載[2]する等の立件手続を行い，事件を配てんする。この場合，受付窓口又は事件の配てんを受けた部において，抗告裁判所に抗告状が提出された旨を原裁判所に速やかに通知する必要がある。

取扱いとしては，控訴状が控訴裁判所に提出された場合と同様に，基本的には各裁判体の判断による[3]。

◇　執行抗告事件の場合は，抗告状が民事執行法10条2項に反して抗告裁判所に提出された場合の取扱いについて，上告状と同様に解釈上の争いがあるが，判例は，不適法として却下すべきであるという解釈を採っている[4]。

2　抗告事件の受付

(1) 事件の種類

抗告裁判所が立件すべき事件は，次のとおりである。

ア　基本事件

記録符号は，㋐及び㋑については民事事件記録符号規程，㋒については行政事件記録符号規程による。

◇　地方裁判所に対する抗告事件（裁24④）

㋐　民事抗告事件（ソ）

原裁判所が簡易裁判所の抗告提起事件（ハソ）についての抗告事件

再抗告裁判所（高等裁判所）からの原決定破棄差戻事件（法331ただし書，325）

最高裁判所からの原決定破棄差戻事件（法336Ⅲ，327，325）

◇　高等裁判所に対する抗告事件（裁16②）

---

[1] 第1の4(1)（294ページ）を参照。
[2] 民事裁判事務支援システムを利用する場合は，事件簿への登載に代えて，民事裁判事務支援システムのサーバーの記憶装置に所要事項を記録することとなる（民裁支援システム通達記第1の1）。
[3] 原裁判所へ移送する，管轄違いを理由として却下する，立件を取り消して原裁判所へ回送する等の考え方がある。第2章第3の1控訴裁判所（99ページ）を参照。原裁判所への移送決定がされた場合の取扱いについては，第3章第4の1上告裁判所（270ページ）を参照。
[4] 最決昭57.7.19民集36-6-1229。執行抗告の手続に関しては，濫抗告の防止及びこれによる執行手続の迅速，安定化に大きな比重があり，民事執行法が特に執行抗告を制度化した趣旨・目的から，その他の抗告事件に一般的には該当しないのではないかと考えられる（改正関係資料(3)441を参照）。

(イ) **民事抗告事件（ラ）**[5]
　　原裁判所が地方裁判所の抗告提起事件（ソラ）
　　原裁判所が家庭裁判所の抗告提起事件（家ニ）
　のそれぞれについての抗告事件
　　最高裁判所からの原決定破棄差戻事件（法336Ⅲ, 337Ⅵ, 327, 325）

(ウ) **行政抗告事件（行ス）**
　　原裁判所が地方裁判所の抗告提起事件（行カ）についての抗告事件
　　最高裁判所からの原決定破棄差戻事件（法336Ⅲ, 337Ⅵ, 327, 325）

◇　その他
　　上記(ア)から(ウ)の各抗告事件に関して、抗告裁判所になされた附帯抗告についても、抗告事件として立件する。記録符号は、上記の各抗告事件と同じである。

イ　雑事件
　　抗告事件の係属を前提として申し立てられる雑事件は、民事抗告事件については民事雑事件（記録符号は、地方裁判所→モ、高等裁判所→ウ）、行政抗告事件については行政雑事件（記録符号は行タ）として、それぞれ立件する[6]。

(2) **事件記録の確認**
　　原裁判所等から事件記録の送付を受けたときは、まず、添付されている記録送付書の記載事項と照合しながら、自庁あての記録であるか、送付の事由、事件番号、記録冊数、添付された郵便切手及び収入印紙等の額、抗告状及び抗告理由書の副本並びに原裁判写しの添付等について確認する。
　　送付された事件記録について、事件簿登載事項を中心に記録送付書の記載事項と照合する。補正を要する箇所等については、付せんをつける等の方法により担当部に対して注意喚起する。

◇　抗告状及び関係書類の点検[7]
◇　予納郵便切手等の受入手続
◇　記録受領書の返送

(3) **立件手続**
◇　受付日付印の押捺
　　事件記録の送付を受けたときは、記録送付書に押捺する。
◇　事件簿への登載
　　原裁判所から送付された事件記録については原裁判書、附帯抗告状がそれぞれ事件番号の付け方の基準となる[8]。

---

[5] 抗告裁判所である地方裁判所の裁判に対する再抗告の場合も、同様に抗告事件の事件名で立件される。後記7 高等裁判所に対する再抗告の場合（338ページ）を参照。
[6] 原裁判所から、原裁判所において判断されていない申立てが送付された場合も同様である。
[7] 点検内容については、第2の2(3)抗告状の受付（312ページ）を参照。
[8] 受付分配通達別表第1の16及び同第2の9を参照。なお、別表中に事件番号の付け方の基準として附帯抗告状の記載はないが、附帯控訴及び附帯上告の場合と同様に取り扱うべきであろう。

第4章 抗　　告

　　　　民事抗告事件簿（記録符号は地方裁判所→ソ，高等裁判所→ラ），行政抗告事件簿（記録符号は行ス）に登載する[9]。
　　◇　記録符号及び事件番号の記載と認印の押捺
　　◇　収入印紙及び郵便切手等の添付の旨の記載と認印の押捺
　　◇　要報告事件及び要通知事件の処理[10]
　　◇　記録の編成
　　　　原審記録がともに送付される場合，抗告関係書類を原審記録から分離し，編年体により[11]編てつする。この際，新たに抗告事件記録表紙を作成，原裁判所から送付された予納郵便切手管理袋（予納収入印紙等管理票）に事件番号等必要事項を記入して添付編成する。
　　◇　担当部への配てん

3　担当部における書記官事務

　事件の配てんを受けた部では，当該事件について記録冊数を点検し[12]，予納郵便切手及び予納収入印紙等の額を確認して受け入れるほか，要報告事件の受理報告及び要通知事件の通知等の事務処理を行う。

(1)　記録の点検

　　抗告裁判所の裁判所書記官は，原裁判所等から送付された事件記録及び抗告状を含む抗告関係書類の点検を行う。
　ア　抗告状
　　◇　管轄及び抗告期間[13]を確認の上，抗告状を閲読し，明らかに不備と思われる事項や原裁判所から付せん等により伝達されている事項の中で，任意補正が可能なものについては抗告人に連絡し，補正を促す[14]。抗告状の記載事項については，第2の2(3)ウ（313ページ）を参照。
　　◇　抗告提起手数料[15]を確認し，これに見合う収入印紙の納付があるか，送達に必要な費用が郵便切手により納付されているか，後見登記等に関する法律に定める登記に必要な手数料が収入印紙等により納付されているか点検し，不足する場合には抗告人に補正を促す。

---

[9] 各事件簿は，帳簿諸票取扱通達別表第2及び第4による。様式はいずれも民事・行政・抗告事件簿（同通達別紙様式第7）である。
[10] 第2章第3の2(5)立件手続（102ページ）を参照。行政事件等における抗告事件の受理報告につき平成27年3月26日付け最高裁行政局第一課長書簡記第1の(2)及び第2の1，終局報告につき同書簡記第2の2参照。
[11] 家事事件記録については，抗告審においても，平成24年12月11日付け最高裁総三第000339号事務総長通達「家事事件記録の編成について」に従い，「3分方式」「2分方式」「非分割方式」により編てつする（平成25年3月家庭裁判資料第197号「家事事件手続法執務資料」31参照）。
[12] 必ずしも備付けを要する帳簿ではなく，各裁判所の定めるところによる（帳簿諸票備付通達第1の2）。様式は，帳簿諸票取扱通達別紙様式第63を使用する。
[13] 第2の2(1)抗告期間（310ページ）を参照。
[14] この補正は，裁判長の事前包括的又は個別の指示によりなされるが，裁判長の抗告状審査権に由来するものである。具体的な点検内容については，第2の2(3)ウ抗告状の記載事項（313ページ）を参照。
[15] 第2の2(3)エ抗告提起手数料と収入印紙の確認（315ページ）を参照。手数料の個数を確認する必要がある。

イ　抗告理由書
　　抗告理由書が提出されていない場合には，速やかに提出するよう抗告人に催告する[16]。
ウ　原裁判所の訴訟手続の点検
　　原審記録がともに送付されている場合にはこれを閲読し，不適法あるいは不適切な手続や事務処理を発見した場合は，付せん等によりその旨を明らかにした上，裁判体に報告する。
　　◇　原裁判の執行停止等の処分[17]
　　　　原裁判が，①通常抗告に服する裁判，②即時抗告に服するもののうち，その性質上即時抗告の提起によって執行停止の効力が生じないと解されている裁判，③確定しなければ効力を生じない裁判[18]である場合，抗告についての裁判があるまでの間に行われた執行の効果を原裁判取消確定後に除去したのでは抗告の目的を達成できなくなるおそれがあるときは，抗告裁判所は裁量により執行停止等の必要な処分ができる（法334Ⅱ）。
　　◇　保全抗告に伴う執行停止の裁判[19]
　　　　①保全命令を認可する決定に対して債務者から保全抗告があった場合，抗告人である債務者の申立てに基づき保全執行の効力の停止及び取消しを，②保全命令を取り消す決定に対して債権者から保全抗告があった場合，抗告人である債権者からの申立てに基づき保全命令取消決定の効力の停止を，抗告裁判所は一定の疎明がある場合に，保全抗告についての裁判をするまでの間，それぞれ命ずることができる（民保41Ⅳ, 27Ⅰ, 42Ⅰ）。

(2)　**裁判長による抗告状の審査**
　　抗告裁判所の裁判長は，抗告状の審査を行う（法331, 288, 137）。なお，抗告状の記載について必要な補正を促す場合には，裁判所書記官に命じて行わせることができる（規205, 179, 56）。
ア　抗告状の必要的記載事項
　　控訴状についての規定が準用されている（法331, 288前段, 286Ⅱ）。具体的な記載事項については，第2の2(3)ウ抗告状の記載事項（313ページ）を参照。
イ　抗告提起手数料
　　抗告状に法定の収入印紙が貼用されていない場合も，裁判長は抗告人に対してその

---

[16] 執行抗告の場合は，他の抗告の場合と異なり，抗告状を提出した日から1週間以内に執行抗告の理由書の提出が強制されており，期間内に提出しなかった場合等は不適法として却下されるべきことに注意する（民執10）。アンケート（平成11年7月実施）によると，抗告裁判所に事件記録が送付された段階で未だ抗告理由が明らかにされていない事件は非常に少ないようであった。
[17] この仮の処分については抗告人に申立権はなく，抗告人から申立てがあった場合でも雑事件としての立件は不要である。詳細については，第6章第8抗告の提起と執行停止（473ページ）を参照。
[18] 執行抗告ができる裁判で，確定しなければ効力を生じない旨の定めがあるものについては，民事執行法10条6項に定めがある（第6章第6執行抗告に伴う執行停止（468ページ）を参照）。
[19] 抗告人から申立てがあった場合，民事雑事件として立件する（受付分配通達別表第1の59㉕）。詳細については，第6章第5保全抗告に伴う執行停止（463ページ）を参照。

補正を命じなければならない（法 331, 288 後段）[20]。
　ウ　補正命令
　　抗告状の必要的記載事項に不備がある場合又は抗告提起手数料に相当する収入印紙が貼用されていないか不足する場合には，第一次的には任意の補正を促すが，抗告人が任意にこれに応じないときは，裁判長は相当期間を定めて補正命令を発する（法 331, 288, 137Ⅰ）[21]。補正期間の起算点を明らかにするため，告知方法は同命令謄本の送達による。
　エ　抗告状却下命令[22]
　　抗告人が所定の期間内に補正しないときは，裁判長は命令で抗告状を却下しなければならない（法 331, 288, 289Ⅱ, 137Ⅱ）[23] [24]。地方裁判所が抗告裁判所である場合，裁判長によりなされた抗告状却下命令に対しては即時抗告ができる（法 331, 288, 289Ⅱ, 137Ⅲ）[25]ので，同命令の告知は，抗告人に対し謄本を送達する方法（規 40）によるのが相当である[26]。

(3) 審理の準備
　　裁判所書記官は，抗告状の点検を終え，特に問題がない場合又は抗告人が補正した場合には，速やかに裁判体に記録を上げて，審理方法についての指示を受ける。

---

[20] 大決大 3. 8. 3 民録 20-649。
[21] 第 2 章第 3 の 6(1)【参考例 13】（補正命令）（110 ページ）を参照。
[22] 旧版では，補正命令をして抗告状却下命令ができる場合として，「抗告状を送達することができない場合」を挙げていた。しかし，抗告状の送達について民事訴訟法 289 条の準用があるかどうかについては議論があり，最決平 23. 4. 13 民集 65-3-1290（第 4 の 7 文書提出命令の裁判に対する即時抗告（345 ページ）参照）の判例解説（法曹時報 66 巻 5 号 1198 以下）は，「即時抗告は，その即時抗告期間が 1 週間とされている（民訴法 332 条）ことからも明らかなように，その対象となる決定ないし命令に対する判断を迅速に行うことがその性質上求められる手続である。しかるに，送達の手続は，本来，訴訟上の重大な効果が生ずる書類の場合にこれが必要とされているものであり，送達事務取扱者による送達実施内容を確定し，送達報告書を作成する必要があること，訴訟書類の発送も書留郵便による必要がある上，送達書類が配達できない場合には，郵便局に留置した上，再配達の手続がとられることもあること，送達報告書の点検及び補正が必要なこと，不送達の場合には再送達をしなければならないことなどからして，その性質上，相応の時間が必要となる。抗告審の実務において，必ずしも抗告状の送達をしなくても違法ではないとされ，抗告状の写しの送付という手段が用いられることがあるのも，迅速性が要求される即時抗告手続に送達はそぐわないとの理解があるように思われる。これらに照らせば，抗告状の送達を必要的なものであるとすることは，「その性質に反する」（民訴法 331 条本文）ものということができ，民訴法 289 条は，抗告の手続には準用されないものと解するのが相当であり，本決定もこのことを当然の前提としているものと思われる。」とする。一方，コンメ民訴Ⅵ427 頁は，判例上は民事訴訟法 289 条の準用は否定されていると解されるとしつつ，「抗告状の送付が必要と解される場合には，その送付ができない場合や送付に必要な費用の予納がない場合は，補正命令がされ，抗告状の却下命令がされる（289 条 2 項の準用による 137 条の準用）。」との見解を示しているが，民事訴訟法 289 条 2 項の「送達」を「送付」と読み替えるような準用が許されるか，なお検討の余地があるように思われる。
[23] 補正期間を経過しても却下を命ずる前に補正されれば却下すべきではない。抗告提起の手数料の納付を命ずる裁判長の補正命令を受けた者が，当該命令において定められた期間内にこれを納付しなかった場合においても，その不納付を理由とする抗告状却下命令が確定する前にこれを納付すれば，その不納付の瑕疵は補正され，抗告状は当初に遡って有効となるものと解される（最決平 27. 12. 17 裁集民 251-121）。
[24] 第 2 章第 3 の 6(1)【参考例 14】（控訴状却下命令）（111 ページ）を参照。
[25] 高等裁判所の裁判長によりなされた場合は，特別抗告（法 336Ⅰ）又は許可抗告（法 337Ⅰ）による以外不服申立てをすることはできない（裁 7）。
[26] 抗告状却下命令に対する抗告状には，却下された抗告状の原本を添付する必要がある（規 179, 176, 57）ので，抗告状却下命令謄本と共に，当該抗告状の原本を返還することになる（第 2 章第 3 の 6(1)オ控訴状却下命令脚注 21 及び 22（110 ページ）を参照）。

抗告が不適法でその不備を補正することができない場合には，抗告裁判所は決定で抗告を却下するから（法331,290），原裁判所が看過した不適法な抗告あるいは抗告の適法性に疑義がある場合には，その旨を明らかにした上で記録を上げる[27]。

記録を上げる際には，関連事件の係属の有無やその内容を聴取したり，実体法上，手続法上の先例について調査し，類似事件の決定例や参考文献の写し等を資料として添付することが望ましい。事件の性質上，特に迅速性が要求される事件については参考資料の添付にこだわらず，速やかに裁判体に記録を上げて指示を受けるべきである。

◇ 相手方[28]がある事件については，その抗告が不適法であるとき，抗告に理由がないと認めるとき，又は抗告状の写しを送付することが相当でないと認めるときを除き，抗告状の写し及び抗告理由書の写しを相手方に送付するものとされている（規207の2）ので，送付するか否か，またその時期等については裁判体の指示を受ける。

◇ 転付命令に対する執行抗告事件については，民事執行法159条6項の留保事件の取扱いに注意する[29]。

(4) 審理の方式

抗告審は決定手続であるから，口頭弁論を開くか否か，開かないで書面審理する場合には審尋を行うことができるが，審尋をするか否かも抗告裁判所の裁量にゆだねられており，具体的な事案に応じて裁判体の指示によることになる。

ア　相手方から意見を求めない場合

　　原審記録，抗告状及び抗告理由書等の書面のみにより審理する。

イ　相手方から意見を求める場合

　(ア)　書面による方法

　　　相手方に意見陳述の機会を与える場合には，抗告状副本及び抗告理由書等を送付する際に，抗告状等に対する意見や反論を一定期間を定めて期間内に書面で提出するよう催告する方法が一般的である。

　(イ)　期日を指定する方法

　　a　審尋

　　　審尋は公開・対審の必要はなく，審尋期日を開くか否かは裁判所の裁量による（法87Ⅱ）。抗告人のほか利害関係人[30]（法335）若しくは参考人[31]（法187）を

---

[27] 抗告状に原裁判の取消し又は変更を求める事由について具体的な記載がないときは，抗告人は，抗告の提起後14日以内にこれらを記載した書面を原裁判所に提出しなければならないとされているが（規207），この書面の提出がなかったり，抗告提起から14日経過した後に提出されたとしても，それだけの理由で抗告を却下することはできない。抗告理由が提出されなければ抗告裁判所の判断ができないわけではないが，抗告審の審理も不服の限度で行われると解されるので，速やかな抗告理由の提出を催告すべきであろう。
[28] 相手方が存在しないと考えられる事件のほか，抗告状に相手方の表示がない場合でも，必要があると認めるときは，抗告裁判所は抗告人の相手方を定めることができる事件もあるので（民執74Ⅳ），注意を要する。
[29] 抗告裁判所が裁判を留保している場合には，定期的に本案裁判所に事件の帰すうを照会する必要がある。
[30] ここでいう利害関係人とは，相手方及び抗告裁判所の裁判内容によってはその利益を害されるおそれのある者を意味する。
[31] 参考人の審尋は当事者の申出によらねばならず，当事者双方が立ち会うことができる審尋期日にのみすることができる。

第4章 抗　　告

　　　　審尋することができる。
　　　　　審尋は，裁判所が行うほか（法87Ⅱ），受命裁判官にこれを行わせることもできる（法88）。
　　　　　裁判長による審尋期日指定後，普通郵便，電話，ファクシミリ等相当と認める方法により審尋期日の呼出しを行い，呼び出した者及びその方法等を記録上明らかにすべきである（民保規3参照）。
　　　　　審尋期日が開かれた場合は，審尋期日調書を作成しなければならない（規78,法160Ⅰ）[32]。
　　　b　審問
　　　　　非訟事件手続における事実の調査や証拠調べ等のための非公開期日における手続を意味し（非訟49Ⅰ,借地借家51等），実質上，審尋と類似の性格を有する。裁判所が実施する場合のほか，受命裁判官又は受託裁判官が実施する場合もある。
　　　　◇　借地借家法60条で，同55条1項に掲げられる裁判に対する即時抗告においては同49条が準用されるから，申立てが不適法でその不備を補正することができないときは，抗告裁判所は，審問期日を経ないで，申立てを却下することができる[33]。
　　　c　口頭弁論
　　　　　期日の指定，呼出し及び調書の作成等は通常訴訟事件における口頭弁論手続と同様の方法による。抗告事件において口頭弁論期日が指定されることはまれである。
　　　　◇　保全抗告の場合，口頭弁論又は当事者双方が立ち会うことができる審尋期日を必ず開かなければならず（民保41Ⅳ,29），不意打ち防止のために，審理を終結する場合には，あらかじめその日を定めて当事者に告知しなければならないとされている（民保41Ⅳ,31）。
4　事件の終局に関する事務
　(1)　抗告審の裁判
　　　　抗告手続は，決定の形式で裁判が行われる。決定には，その簡易，迅速性という性質

---

[32] 保全命令の申立て又はこの申立てを却下する裁判に対する即時抗告の場合は，原則として審尋期日調書の作成を要しない（民保規8Ⅰ）。保全抗告の場合は，裁判長の許可を得て，参考人又は当事者本人の陳述の記載を省略することができる（民保規8Ⅱ）が，審尋の調書自体を省略することはできず，期日ごとに審尋期日調書を作成しなければならない（民保7,規78,法160）。

[33] 借地借家法60条は，他に，同50条（申立書の送達）及び同52条（呼出費用の予納がない場合の申立ての却下）の規定を準用しており，また，借地非訟事件手続規則23条は同規則11条（申立書の送達）を同じく準用している。この点に関し，「上記の規定は，第一審の手続を規律した他の規定について，抗告審において適用し，又は準用されないことまでも規定したものではないと解される」とした上で，抗告審の手続に借地借家法51条（審問期日）及び同54条（審理の終結）の規定の適用又は準用があるかについて，「原審で審問期日を開いて当事者の陳述を十分に聴いていること，抗告に理由がないことが明らかで，かつ，和解の可能性もなければ，審問期日を開くまでもなく速やかに抗告を棄却する裁判をするのが望ましいといえること，非訟事件手続法及び改正後の借地借家法の下では，原審の終局決定を取り消す場合における当事者の手続保障が図られていること（非訟法70），保全抗告の審理のように期日を経ることを要する旨の明文の規定（民事保全法41Ⅳ,29）がないことなどを考慮すれば，抗告審の手続に借地借家法51条及び54条の適用又は準用はなく，抗告審で審問期日を開くことは必ずしも必要的ではないと解することができると考えられる。」とする見解がある（判タNo.1414-56「借地非訟事件の運用上の諸問題－東京地裁民事第22部における最新の運用を踏まえて－」）。

に反しない限り判決の規定が準用されるから（法122），決定書には当事者[34]及び法定代理人，主文，裁判所の表示が必要とされる（法253）[35]。抗告裁判所の裁判には，事実及び理由についても記載するのが相当である[36][37][38]。

決定原稿との照合の際には，上記記載事項等の記載について，誤りがないように確認する。決定の方式は，決定をした裁判官が記名押印しなければならない（規50Ⅰ）。

ア　却下決定
イ　棄却決定（法331，302）
ウ　原裁判取消し（法331，305）
エ　原裁判取消差戻し（法331，307本文，308Ⅰ）[39]
オ　原裁判取消自判（法331，307ただし書）

(2)　決定の告知
ア　方法

決定は，相当と認める方法で告知することにより効力を生ずるが（法119），再抗告，特別抗告又は許可抗告の申立期間の起算日を明確にする必要から，原則として，決定謄本[40]を送達する方法によって行うのが相当である[41]。

決定が告知されたときは，裁判所書記官は，その旨及び告知の方法を記録上明らかにしなければならない（規50Ⅱ）[42]。

イ　告知の対象者

具体的な事案に応じて判断することになるが，自己の権利関係に直接影響を受ける者として，抗告人及び不服申立権者には告知の必要があるとされる[43][44]。事案によっては，告知をしないまでも，決定の内容を通知するのが相当である場合もあり得るの

---

[34] 決定書に相手方を表示するかどうかについては取扱いが一定していないが，抗告人と利害が対立する相手方がいる場合，決定書に相手方の氏名を表示すべきである。相手方に対し不利益な裁判をする場合には，再抗告をする関係もあり，決定書を送達しなければならないから，決定書にも相手方の氏名を記載するのが適当である。
[35] 保全命令を却下する裁判に対する即時抗告及び保全抗告の申立てについての決定書は，このほかにも記載事項の定めがあるので注意を要する（民保規9，1②⑤）。
[36] 抗告理由とそれに対する判断は記載しなければならないが，本来抗告理由の判断だけでは足りず，抗告裁判所は抗告理由の範囲に限定されず口頭上・書面上得られた資料に基づき，原裁判所の決定又は命令の当否を全面的に判断しなければならず（東京高決昭40.3.31判タ175-161），調査が抗告理由以外にも及んだことを明らかにすべきである（菊井・村松Ⅲ338）。
[37] 抗告審の裁判に理由を付すことが必要とされている事件もある（非訟73Ⅰ，57Ⅱ②，家事93Ⅰ，76Ⅱ②，民保規9Ⅱ⑥）。
[38] 決定書に抗告人の提出した抗告理由書や目録等を引用した場合には，その添付を失念しないように注意する。
[39] 必要的差戻しの場合としては，法307条の準用による当事者の申立てを不適法として却下した原裁判を取り消す場合と，違式の裁判に対する抗告（法328Ⅱ）の場合がある。
[40] ただし，抗告審の決定が債務名義となる場合には，決定正本の当事者双方への送達が必要である。
[41] 原裁判について送達が法定されている場合には，抗告裁判所の決定についても同様に解される。
[42] 記録上明らかにすることは，告知のあったことの証明方法に過ぎないから，これを怠ったとしてもそれによって決定の告知の効力が否定されるわけではない（条解民事保全規則72）。
[43] 当事者として決定書に表示された者という取扱いも考えられるが，原裁判が告知されている者及び抗告状副本等を送達した者にはその結果を知らせるのが相当であろう。
[44] 執行抗告をすることができる裁判についてはその裁判の申立人及び相手方に対して告知しなければならないと定められているので（民執規2Ⅰ②），抗告裁判所の決定もこれらの者に告知すべきことになる。

第4章　抗　　告

で，必要に応じて，告知の方法や範囲についても裁判体と協議すべきであろう。
　ウ　告知の記録化等
　　(ｱ)　告知の記録化（規50Ⅱ）
　　　　決定の告知がされたときは，裁判所書記官は，その旨及び告知の方法を訴訟記録上明らかにしなければならない。訴訟記録上明らかにするとは，必ずしも原裁判所に返還される事件記録に綴られた決定正本に記入する必要はなく，何らかの方法により訴訟記録上明確化するということである。決定書の送達の方法によって決定が告知された場合には，その送達報告書（法109）を訴訟記録に添付すれば足りるし，口頭弁論の期日に言渡しの方法によって告知された場合には，その期日調書へ裁判の内容と言い渡した旨を記載すれば足りる（規67Ⅰ⑥⑦）。その他の場合には，裁判所書記官が訴訟記録中の適宜の場所に告知がされた旨及びその方法を記載することになる[45]。
　　(ｲ)　事件記録等保存規程第7条に基づく付記
　　　　一方，送達及び確定等の事実については，原裁判所に返還される事件記録につづられた決定正本に付記することになる（保存規程7条参照）[46]。この場合の付記の具体的な方法については，平成4年2月7日付け最高裁総三第8号事務総長通達「事件記録等保存規程の運用について」記第3の3の(1)により，裁判所書記官が，当該事件書類の末尾に各当事者に対する送達の年月日，確定その他の事件完結事由及びその年月日を記載した上，押印することによって行うとされ，ただし，当該事件書類から事件完結事由及びその年月日が明らかなときは，事件完結事由及びその年月日を記載することを要しないとされる。
　(3)　嘱託・公告・通知等
　　特に，抗告を認容する場合で原裁判所に差し戻さず抗告裁判所が自判することにより，事件の種類によっては，法文上，事件終局時に裁判所による各種の嘱託，公告，通知を必要とするものがある（戸籍通知，官報公告，監督官庁への通知や登記，債権表への記載など）。
　　これらの事務を抗告裁判所が行うのか原裁判所が行うのかについて，明文の規定はない[47]。
　　◇　原裁判所への通知
　　　　移送申立て及び忌避申立てに関する裁判に対する抗告事件については，決定の告知がされた段階で速やかに原裁判所に通知する必要がある。記録自体も速やかに返還す

---

[45] 条解109参照。
[46] 保存規程第7条は事件書類原本等への付記として，当該事件書類の送達及び確定等の事実を付記するよう定めているが，これは記録廃棄後も一定期間保存される事件書類の諸効力に関係する事項を付記して明確にするのが制度趣旨であり，全審級が終了し記録を保存する際に記録保存裁判所で行うことを想定している（保存規程の解説84）。よって，保存規程別表第2に掲げる裁判（移送の決定を除く。）の原本には付記することを要しないので，これと混同しないように注意する。
[47] 家事事件手続においては，戸籍の記載の原因が生じた日に当該事件の記録のある抗告裁判所の裁判所書記官が行うとされるものや，審判に代わる裁判の確定後早期に行うことが求められるから抗告裁判所の裁判所書記官が行うのが相当であるとされるものがある（後記第8の7（375ページ）及び8（378ページ）参照）。

－336－

べきである。
(4) 抗告の取下げ，基本事件の取下げ
　◇　抗告の取下げ
　　控訴の取下げについての規定を準用しているので，第2章第3の17(3)（158ページ）を参照。
　◇　基本事件の取下げ
　　付随的，派生的な裁判に対する抗告の場合，基本事件の取下げがあったときは抗告事件もこれにより終了する。事件によっては取下げについて同意を要する相手方がいるか等，基本事件の取下げに伴い，抗告事件の当事者以外の者への通知等の事務が必要となる場合もあり，これらの事務を原裁判所の裁判所書記官がすべきか，抗告裁判所の裁判所書記官がすべきかが問題となる。記録に基づいて行う事務であるから，当該記録が手元にある場合には抗告裁判所において通知等を行い速やかに事件記録を原裁判所に引き継ぐ取扱いが望ましいと考えるが，当事者等からの問い合わせなども考慮して原裁判所の担当部署には速やかに連絡すべきであろう。
　◇　当事者の死亡による終了
　　一身専属的事件は，当事者の死亡により審判の対象が消滅するから，抗告事件も終了する。この場合は当然終了であり，何らの手続も要しないのであるが，終了した旨およびその年月日を明らかにするため，死亡を証する書面（戸籍抄本等）の提出を求め，これを記録に添付しておくのが適切であろう。

5　不服申立て
　抗告審の決定に対する不服申立てには，再抗告（法330），特別抗告（法336）及び許可抗告（法337）があるが，法律審たる再抗告は簡易裁判所を第一審とする抗告裁判所である地方裁判所の決定に対する不服申立てであり，高等裁判所が抗告裁判所としてした決定に対してすることはできない。逆に，抗告裁判所が地方裁判所である場合，この決定に対して抗告許可の申立てをすることはできない。
　不服申立期間は，再抗告の場合は抗告審の裁判の内容により通常抗告である場合と即時抗告である場合があり，特別抗告及び許可抗告の場合は5日（法336Ⅱ，337Ⅵ）と異なるので注意を要する。
　再抗告については第2の7高等裁判所に対する再抗告の場合（323ページ），特別抗告については第9特別抗告提起事件の事務処理手続（394ページ），許可抗告については第10許可抗告申立て事件の事務処理手続（403ページ）を，それぞれ参照。

6　事件終局後の事務
　基本的な手続については，第2章第3の19事件終局後の事務（162ページ）を参照。
(1)　確定記録の整理
　ア　既済の確認・点検
　イ　残郵便切手の返還の確認

第4章 抗　　告

　　　　ウ　記録の編成[48]
　　　　エ　目録，丁数
　　　　オ　記録送付書の作成
　　(2)　記録の送付
　　　　ア　差戻しの場合
　　　　イ　原裁判所への返還
　　(3)　その他
　　　　◇　裁判書の保存
　　　　◇　執行文の付与
　　　　　　第2章第3の20 執行文の付与（167ページ）を参照。
　　　　◇　証明
　　　　　　第2章第3の21 証明（172ページ）を参照。
　　　　◇　記録等の閲覧・謄写及び複製
　　　　　　第2章第3の22 記録等の閲覧・謄写及び複製（174ページ）を参照。
7　高等裁判所に対する再抗告の場合
　　(1)　再抗告事件の受付
　　　　再抗告裁判所である高等裁判所が立件すべき基本事件は，**民事抗告事件（ラ）**のみである[49]。
　　　　ア　事件記録の確認
　　　　　　前記2(2)（329ページ）を参照。
　　　　　　◇　再抗告状及び関係書類の点検
　　　　　　◇　予納郵便切手等の受入手続
　　　　　　◇　記録受領書の返送
　　　　イ　立件手続
　　　　　　前記2(3)（329ページ）を参照。各点検事項について確認する。
　　　　　　◇　受付日付印の押捺
　　　　　　◇　事件簿への登載
　　　　　　　　民事抗告事件簿（記録符号はラ），雑事件については民事雑事件簿（記録符号はウ）に登載する。
　　　　　　◇　記録符号及び事件番号の記載と認印の押捺
　　　　　　◇　収入印紙及び郵便切手等の添付の旨の記載と認印の押捺

---

[48] 家事事件以外（前記2(3)脚注11参照）の抗告事件記録の編成方法について記録編成通達が触れていないのは，家事事件以外の抗告事件記録は薄い場合が多く，分割方式によるまでもないケースがほとんどであるためである。独立的決定に対する抗告事件の場合や提出書類が多く記録が厚くなる場合等，三分割方式による編成の方が見やすいと思われる場合には編年体，非分割の編成にこだわる必要はないであろう。

[49] 民事事件記録符号規程を参照。受理区分としては，第一審が簡易裁判所，抗告裁判所である地方裁判所の民事抗告提起事件（ソラ），最高裁判所からの原裁判破棄差戻事件（法336Ⅲ，337Ⅵ，327，325），及びこれらに対してなされた附帯抗告事件がある。上記事件の係属を前提として申し立てられた雑事件については，民事雑事件（記録符号はウ）として立件する。

◇ 記録の編成
(2) **担当部における書記官事務**
第3章第4の2（271ページ）を参照。
ア 記録の点検
(ｱ) 再抗告状
◇ 抗告裁判所の決定が，再抗告が許される裁判であるかどうか確認する[50]。
◇ 再抗告期間は，抗告裁判所の決定の内容を基準として通常抗告であるか即時抗告であるかが定まるので，抗告期間はその抗告の種類に従うことに注意を要する。
◇ 再抗告提起手数料は，抗告提起の手数料と同額である。
(ｲ) 再抗告理由書の提出期間
(ｳ) 抗告裁判所等における手続の点検
再抗告提起通知書や再抗告状の送達もれ，職権破棄事由又は再審事由に該当する事項がないか確認する。
イ 抗告記録到着通知
【様式8】上告訴訟記録到着通知書（274ページ）の様式を参照。
ウ 再抗告の適法性の審査
(ｱ) 審査の範囲
◇ 再抗告が不適法でその不備を補正できない場合
◇ 再抗告理由の不提出
◇ 再抗告理由の記載方法の違反
(ｲ) 再抗告却下決定（法331ただし書，317Ⅰ）
◇ 再抗告却下決定に対しては不服申立てはできないが，特別抗告又は許可抗告の余地はあるので，同決定の告知は当事者双方に対し謄本を送達する方法によるのが相当である。
エ 審理の方式
再抗告審は法律審であるから，再抗告審における審理は再抗告理由に基づいて行われる。調査の範囲は上告と同様であり書面審理が主になると考えられるが，期日を開く場合の選択肢は口頭弁論に限定されない（第3章第4の3(6)（276ページ）及び前記3(4)（333ページ）を参照[51]。事実審において必要的審尋・審問が規定されている事件についても，法律審である再抗告審の審理方式には適用がない。
◇ 最高裁判所への移送決定（法331ただし書，324，規205ただし書，203）
(3) **事件の終局に関する事務**
前記4事件の終局に関する事務（334ページ）を参照。
ア 再抗告審の決定
(ｱ) 却下決定（法331ただし書，317Ⅰ）

---

[50] 第1の6(2)再抗告が許される場合（301ページ）を参照。
[51] 期日を指定する場合には，呼出しの際に再抗告理由書を送達し，これに対する反論等を催告する取扱いになろう（規205ただし書，198）。

第4章 抗　　告

　　　　(イ)　棄却決定（法 331 ただし書, 313, 302)
　　　　(ウ)　最高裁判所への移送決定（法 331 ただし書, 324, 規 205 ただし書, 203)
　　　　(エ)　原裁判破棄差戻し（法 331 ただし書, 325）
　　　　　　◇　原裁判に関与した裁判官の差戻し後の裁判の関与（法 331 ただし書, 325Ⅳ）
　　　　(オ)　原裁判破棄自判（法 331 ただし書, 326）
　　イ　決定の告知
　　ウ　嘱託・公告・通知等
　(4)　**不服申立て**
　　　再抗告審の決定に対しては，特別抗告（法 336）又は許可抗告（法 337）の余地があるにすぎない。
　　　特別抗告については第 9 特別抗告提起事件の事務処理手続（394 ページ），許可抗告については第 10 許可抗告申立て事件の事務処理手続（403 ページ）を，それぞれ参照。
　(5)　**事件終局後の事務**
　　　前記 6（337 ページ）を参照。
　　　◇　結果通知[52]

---

[52] 再抗告裁判所において事件が完結したときは，再抗告裁判所の書記官は，完結の事由及びその年月日並びに抗告裁判所の事件番号を表示した書面をもって，抗告裁判所の書記官に通知することを要する（昭和 39 年 12 月 12 日付け最高裁総三第 122 号総務局長通知「上告の結果等の通知について」1 後段を参照）。事件終局後，事件記録は直接再抗告裁判所から第一審裁判所へ返還されるため，抗告裁判所への結果通知が必要となるためである。【参考例 60】（上告結果通知）（281 ページ）を参照。

第4　民事訴訟法上の抗告事件

民事訴訟法上，抗告の対象となる裁判[1]の主なものは，別表1，2のとおりである。このうち，実務で比較的多く見られる即時抗告事件について，第2及び第3で述べた全般的な事務処理手続のほか，事件ごとに留意すべき点と一般的な取扱いを述べる。即時抗告の抗告期間は1週間（法332），即時抗告及び通常抗告いずれも抗告提起手数料は一つの申立てにつき1000円（民訴費3Ⅰ，別表第一の18項(4)）である。

1　移送の裁判[2]に対する即時抗告（法21）

移送の申立てに対しては，速やかに許否の裁判をしなければならず，これらの裁判に対し即時抗告の提起があった場合，抗告手続も迅速に行う必要がある[3]。

(1) 対象となる裁判・抗告権者

ア　移送[4]の種類
　(ｱ)　管轄違いに基づく移送（法16）←申立て又は職権
　(ｲ)　遅滞を避ける等のための移送（法17）←申立て又は職権
　(ｳ)　簡易裁判所の裁量による移送（法18）←申立て又は職権
　(ｴ)　同意による必要的移送（法19Ⅰ）←申立て及び相手方の同意
　(ｵ)　不動産に関する訴訟の必要的移送（法19Ⅱ）←被告の申立て
　(ｶ)　特許権者等に関する訴え等に係る訴訟の移送（法20の2）←申立て又は職権

イ　移送の決定
　相手方（職権による場合は，申立人及び相手方）は即時抗告をすることができる。

ウ　移送の申立てを却下する決定
　申立人は即時抗告をすることができる。

(2) 審理方法

抗告人から抗告理由書を提出させて書面審理を行う方法が一般的であり，抗告状の写し及び抗告理由書の写しは相手方に送付するものとされている（規207の2）。当事者からの意見聴取の要否等は裁判体の指示による。

(3) 決定の告知

ア　抗告人
　決定の内容を問わず，決定謄本の送達の方法によるのが相当である。

イ　相手方
　移送を認容する決定に対しては不服申立ての利益があるので，決定謄本の送達の方法によるのが相当である。移送を許さない決定の場合でも，意見を聴取したときはもちろん，抗告裁判所の判断の内容を告知するのが相当である。

---

[1] 高等裁判所（後記6の場合は裁判長）がした裁判の場合には，特別抗告又は許可抗告の余地があるにすぎない（裁7，法336Ⅰ，337Ⅰ）。
[2] 後記(1)ｱ(ｲ)(ｳ)ｶの裁量移送については，申立てによる移送については必要的に相手方の意見を，職権による移送については任意的に双方当事者の意見を，それぞれ聴取して決定することとなっているので注意を要する（規8）。
[3] 移送の裁判が確定するまでは，事件の進行が停止してしまうからである。
[4] 専属管轄（専属的合意管轄を含まない。）事件には適用がない。

第4章 抗　　告

2　裁判所職員の除斥又は忌避申立てに関する決定に対する即時抗告（法25V，27）

　　裁判官又は裁判所書記官に対して除斥又は忌避の申立てがあったときは，その申立てについての裁判が確定するまで訴訟手続を中止し，急速を要する行為以外はできないことになるため（法26），本案裁判所において特に急を要する必要がないかどうか問い合わせをするなどして確認するとともに，速やかな処理を心掛ける必要がある。

(1)　対象となる裁判・抗告権者

　　ア　却下決定

　　　　申立人は即時抗告を申し立てることができる[5]。

　　イ　認容決定

　　　　申立人，本案事件の相手方当事者とも不服を申し立てることはできない（法25Ⅳ）。

(2)　手数料

　　対象となった裁判官又は裁判所書記官の数に1000円（民訴費3Ⅰ，別表第一の18項(4)）を乗じた額である[6]。

(3)　審理の方法

　　裁判機関が抗告の当事者となる場合には該当しないので，対立する相手方は存在せず，したがって，相手方から意見聴取をしたり抗告状の写しを送付することはない。抗告人が提出した抗告状及び抗告理由書等により書面審理を行う方法が一般的である。

(4)　決定の告知

　　棄却決定の場合，抗告人に対し決定謄本を送達する方法によるのが相当である[7]。

　　認容決定の場合には，抗告人に対しては決定謄本を送達して告知するとともに，本案事件の相手方に対しても，裁判官が代わることを知らせるため，決定謄本を送付するなどして告知すべきであろう。

(5)　本案裁判所への通知

　　抗告人に対する告知の後，除斥又は忌避の対象となった裁判官又は裁判所書記官の所属する裁判所の裁判所書記官に対し，抗告裁判所の裁判の結果を通知するとともに，通知した旨を抗告事件記録上明らかにしておく必要がある[8]。

---

[5] 本案事件の相手方が即時抗告をすることができるかについては，同じ原因を主張する相手方が忌避権を喪失（法24Ⅱ）していない限り即時抗告ができるとする積極説と，自ら申立てをしていない相手方にまで即時抗告権を認める必要はないとする消極説がある（菊井・村松Ⅰ222）。

[6] 数人の裁判官等にかかる抗告は，1通の抗告状による場合でも数個の申立てと考えられるからである（民事・刑事訴訟費用等に関する法律の解説84を参照）。

[7] 本案事件の相手方に告知を要するか否かは，前記脚注5記載のとおり，当該人に不服申立権があるか否かにより決することになる。実務では，裁判体から特に指示がある場合を除き，告知していないものと思われる。

[8] 通知書による場合は，その写しを抗告事件記録に編てつしておけば足りよう。

【参考例67】（通知書）

```
平成○○年（ラ）第○○号
    ○○地方裁判所民事第○部　裁判所書記官　殿
        平成○○年○○月○○日
            ○○高等裁判所民事第○部
                裁判所書記官　○　○　○　○　印
            通　　知　　書
                抗　告　人　○　○　○　○
    上記抗告人からの○○地方裁判所民事第○部裁判官○○○○に対する忌
避申立却下決定に対する即時抗告事件について，別紙のとおり決定されたの
で通知します。
    抗告人に対する決定謄本送達日は平成○○年○○月○○日です。
    なお，当審決定に対して平成○○年○○月○○日特別抗告の申立て（特別
抗告提起事件番号　平成○○年（ラク）第○○号）がありましたので併せて
通知します。
    基本事件　○○地方裁判所平成○○年（ワ）第○○号
    原審事件　○○地方裁判所平成○○年（モ）第○○号
                            ※別紙として決定書写しを添付する。
```

3　補助参加許否の決定に対する即時抗告（法44Ⅲ）

参加の許否については，当事者が異議を述べた場合にのみ，裁判所は判断する[9]。

(1)　対象となる裁判・抗告権者

ア　許可決定

補助参加について異議を述べた当事者のほか，その相手方当事者も異議権を喪失していない限り即時抗告をすることができる。

イ　不許可決定・却下決定

参加人のほか，被参加人も即時抗告をすることができると解される[10]。

(2)　審理の方法

抗告人から提出された抗告理由書に基づいて書面審理を行う方法が一般的であり，抗告状の写し及び抗告理由書の写しは相手方に送付するものとされている（規207の2）。相手方等からの意見聴取の要否については裁判体の指示による。

(3)　決定の告知

参加人及び抗告人（参加人が抗告人となる場合を含む。）に対しては，決定謄本を送達する方法によるのが相当である。それ以外の者に対する告知の要否は，不服申立権の有

---

[9] 補助参加人は，補助参加を許さない裁判が確定するまでの間は，訴訟行為をすることができる（法45Ⅲ）。
[10] 補助参加の申出を却下した裁判に対する被参加人からの即時抗告を認めなかった裁判例（東京高決昭34．3．16下民10-3-496）もあるので，被参加人からの抗告があった場合には裁判体の指示を受ける。

第4章 抗　　告

無及び抗告状の写しの送付や意見聴取の有無等により，個別に判断することになる[11]。

4　担保取消しの裁判に対する即時抗告（法79Ⅳ）

(1)　対象となる裁判・抗告権者

ア　担保取消決定

相手方は即時抗告を申し立てることができる。

イ　申立却下決定

申立人は，通常抗告を申し立てることができると解される[12]。

(2)　審理の方法

抗告人から提出された抗告理由書に基づいて書面審理を行う方法が一般的であり，抗告状の写し及び抗告理由書の写しは相手方に送付するものとされている（規207の2）。相手方からの意見聴取を行う場合は少ない。

(3)　決定の告知

抗告人及び相手方に対し，決定謄本を送達する方法により告知するのが相当である[13]。

5　訴訟救助の裁判に対する即時抗告（法86）[14]

(1)　対象となる裁判・抗告権者

ア　救助付与決定（法82）

相手方は即時抗告をすることができる（最決平16.7.13民集58-5-1599）[15]。

イ　救助申立却下決定（法82）

申立人は即時抗告をすることができる[16]。

ウ　承継人に対する猶予費用の支払決定（法83Ⅲ）

承継人は即時抗告をすることができる。

エ　救助取消し及び猶予費用の支払決定（法84）

受救者は即時抗告をすることができる。

オ　救助取消申立却下決定（法84）

当該申立てをした利害関係人[17]は即時抗告をすることができる。

---

[11] 許可決定に対する抗告について棄却決定がなされた場合，異議権を喪失しない限り相手方当事者も不服申立権を有するので，相手方にも決定謄本の送達により告知すべきである。参加を許さない決定に対する抗告について棄却決定がなされた場合，相手方には不服申立ての利益はないので，必ずしも告知を要しない。

[12] 不服申立てを許さないという見解のほか，即時抗告が認められるとする説もあるが，却下決定も法328条の決定に該当すると解されること及び即時抗告を許す明文の規定がないことを根拠とする。通常抗告には抗告期間の定めはなく，手数料は即時抗告の場合と同様である。

[13] 担保取消申立却下決定に対する抗告を認めない場合には，特に相手方に告知する必要はないと解される。

[14] 法86条に基づく即時抗告の他に，法71条7項に基づくものとして，付添弁護士・執行官の報酬・手数料等の相手方からの取立てにかかる費用負担の決定・費用額確定処分に対する異議の申立てについての決定（法85後段，71Ⅰ，72後段，73Ⅱ）に対する即時抗告が挙げられる。また，民事訴訟費用等に関する法律に基づく即時抗告（非訟事件手続法を準用）として，猶予した費用の相手方からの取立ての決定（民訴費16Ⅱ，15Ⅱ，9Ⅸ，非訟66Ⅰ）に対する即時抗告が挙げられるが，これに関しては，非訟事件手続法を準用するため，即時抗告期間が2週間（非訟67Ⅰ）となる点に注意が必要である。

[15] 一部救助付与決定もあり得るから，この場合には申立人にも抗告権があると解される。

[16] 通常抗告ができるとする説もある（訴訟上の救助に関する研究187を参照）。

[17] 受救者の相手方及び報酬，手数料及び立替金などの支払を受ける執行官及び付添を命じられた弁護士である。

(2) 審理の方法

　　抗告人から提出された抗告理由書に基づいて書面審理を行う方法が一般的であり，抗告状の写し及び抗告理由書の写しは相手方に送付するものとされている（規207の2）。相手方等からの意見聴取を行う場合は少ない。

(3) 決定の告知

　　抗告人に対しては，決定の内容にかかわらず決定謄本（正本[18]）を送達する方法によるのが相当である。相手方等に対する告知の要否は，抗告の態様及び決定の内容に応じて，不服申立権の有無等により，個別に判断することになる。

6　訴状却下命令に対する即時抗告（法137Ⅲ）

訴状却下命令の法的性質については諸説があるが，訴訟係属前に裁判長によりなされる特殊な処分であり，受訴裁判所の裁判ではない。

(1) 抗告権者

　　原告は即時抗告をすることができる[19] [20]。

(2) 審理方法

　　相手方の存在しない事件であり，抗告裁判所が裁判を行う前に抗告人である原告が不備を補正した場合には，抗告裁判所は訴状却下命令を取り消すことになる。

(3) 決定の告知

　　抗告人に対し，決定謄本を送達する方法により告知する[21]。

7　文書提出命令の裁判に対する即時抗告（法223Ⅶ）

原裁判所では訴訟手続を停止する必要がないため，次回期日等原裁判所における訴訟の進行状態及び特に急を要する必要性がないかどうかについて，確認する必要がある。

(1) 対象となる裁判・抗告権者

　ア　却下決定

　　　申立人は，即時抗告をすることができる[22]。なお，証拠調べの必要性がないとして申立てが却下された場合は即時抗告をすることができない（最決平12．3．10民集54-3-1073）。また，却下決定に対し口頭弁論終結後にされた即時抗告は不適法であり，当該決定に対しては控訴においてその当否を争い得る（最決平13．4．26民集202-229）。

　イ　認容決定

　　　当該文書の所持人（相手方当事者，第三者）は，即時抗告をすることができる[23]。な

---

[18] (1)ウ，エの決定は，執行力ある債務名義と同一の効力を有するから（民訴費16Ⅰ），執行文なくして強制執行ができるため，決定正本を作成して送達する方法により告知する必要がある。

[19] 訴訟係属前であるため，当該命令の告知を受けない被告とされている者は対立当事者たる相手方とはならず，当然抗告権を有しない。

[20] 原告が訴状却下命令に対し即時抗告をするときは，抗告状に却下された訴状を添付しなければならず（規57），抗告状に添付すべきものとされる訴状は，訴状却下命令とともに裁判所から差し戻された訴状の原本を指す（昭和28年3月23日付け最高裁民事局長回答「民事訴訟手続の取扱方について」を参照。条解126）。

[21] 抗告裁判所が抗告を棄却する場合，訴状原本を抗告人に返還する必要はないと思われる。

[22] 文書の所持人が相手方となる。相手方当事者が所持人であれば同人が，第三者が所持人であれば，その第三者に対して審尋（法223Ⅱ）を経ている場合のみ当該第三者が，それぞれ相手方となる。

[23] この場合，相手方は申立人である。

第4章 抗　　告

　　お，第三者に文書の提出を命じた決定に対しては，本案事件の相手方当事者は即時抗告をすることはできない（最決平12.12.14民集54-9-2743）。

(2) **審理の方法**

　　原裁判をするに当たり，口頭弁論や審尋の方法で審理されている場合等，相手方に抗告状の写し及び抗告理由書の写しを送付するものとされている（規207の2）[24]。相手方に意見を求める場合が多いと思われるが，裁判体の指示による。

(3) **決定の告知**

　　抗告人及び相手方に対し，決定謄本を送達する方法により告知する。

---

[24] 民事訴訟規則207条の2が設けられる前のものであるが，即時抗告申立書の写しを即時抗告の相手方に送付するなどして相手方に攻撃防御の機会を与えることなく，相手方の申立てに係る文書提出命令を取り消し，同申立てを却下した抗告裁判所の審理手続に違法があるとして，職権により破棄した判例がある（最決平23.4.13民集65-3-1290）。なお，最決平20.5.8判時2011-116，最決平23.9.30判時2131-64も参照されたい。

【別表1】（即時抗告のできる裁判）
※抗告期間は1週間（法332）
※手数料は一つの申立てにつき1000円（民訴費別表第一の18項(4)）

対象となる裁判	根拠条文
移送決定 同申立却下決定	21
除斥又は忌避の申立却下決定	25Ⅴ
補助参加許可決定 同申立却下決定	44Ⅲ
第三者に対し訴訟費用償還を命ずる決定	69Ⅲ
費用額確定処分に対する異議の申立てについての決定 同申立却下処分に対する異議の申立てについての決定	71Ⅶ
費用額確定処分の更正処分に対する異議の申立てについての決定	74Ⅱ，71Ⅶ
訴訟救助付与決定 同申立却下決定	86
秘密保護のための閲覧等の制限申立却下決定 同決定取消申立てに関する決定	92Ⅳ
訴状却下命令	137Ⅲ，138Ⅱ
呼出費用の予納がない場合の訴え却下決定	141Ⅱ
鑑定人忌避申立却下決定	214Ⅳ
文書提出命令 同申立却下決定	223Ⅶ
更正決定	257Ⅱ
訴訟費用の負担の裁判の脱漏に関する訴訟費用の負担の決定	258Ⅲ
第一審裁判所による控訴却下決定	287Ⅱ
呼出費用の予納がない場合の控訴却下決定	291Ⅱ
原裁判所の裁判長による上告状却下決定	314Ⅱ，313，288 289Ⅱ，137Ⅲ，138Ⅱ
原裁判所による上告却下決定	316Ⅱ
再審の訴え却下決定 同棄却決定	347，345Ⅰ，Ⅱ
再審開始決定	347，346
少額訴訟による審理及び裁判を求めた回数につき虚偽の届出をした場合の過料決定	381Ⅱ
仮執行宣言申立却下処分に対する異議申立てについての裁判	391Ⅳ
督促異議却下決定	394Ⅱ

【別表2】（通常抗告のできる裁判）
※抗告期間の定めはない。
※手数料は一つの申立てにつき1000円（民訴費別表第一の18項(4)）

対象となる裁判	根拠条文
管轄指定申立却下決定	10
特別代理人選任申立却下決定	35 I
訴訟引受申立却下決定	50 I
第三者に対する訴訟費用償還申立却下決定	69
担保取消申立却下決定	79 I
期日指定申立却下決定	93 I
公示送達を実施しない処分に対する異議申立却下決定	110 I，121
訴訟手続受継の申立却下決定	128 I
証拠保全申立却下決定	234

第5　民事執行手続上の抗告事件

民事執行における手続上の違法の是正手段としての抗告には，執行抗告と即時抗告とがある。

2以下では，即時抗告の変形ともいうべき内容を持つ執行抗告について，第2及び第3で述べた抗告における一般的な事務処理手続とは異なる点を中心に，留意すべき事項を述べる。

1　抗告事件の種類

(1)　執行抗告

民事執行法等において，個別的に執行抗告をすることができる旨の定めがある場合に限り許される（民執10Ⅰ）。執行裁判所の執行処分で執行抗告をすることができないものに対する不服申立ては，(2)の場合を除き，執行裁判所において判断される執行異議（民執11）によらなければならず，執行異議についての決定に対しては，民事執行法12条1項後段に規定する場合を除き，執行抗告をすることができる旨の定めがないので，更に執行抗告をすることは許されない。

執行抗告の対象となる裁判の主なものは，別表3のとおりである。同表に示すとおり，執行抗告の対象となる裁判には，確定しなければ効力を生じないものとそうでないものとがあり，前者については執行抗告により確定が遮断され，後者については個別的に必要に応じて執行停止等の処分がなされることになる（民執10Ⅵ）[1]。

(2)　即時抗告

次の裁判[2]に対する不服申立ては，例外的に民事訴訟法又は非訟事件手続法上の即時抗告による。

ア　民事執行法115条1項による船舶執行の申立て前の船舶国籍証書等の引渡命令（民執115Ⅴ。民執規97（自動車に対する強制執行），同98（建設機械に対する強制執行）により準用される場合を含む。）

この即時抗告は，執行停止の効力を有しない（民執115Ⅵ）。

イ　民事執行法206条による過料の裁判（非訟120Ⅲ）

2　執行抗告の提起期間の始期

執行抗告の提起期間は，裁判の告知を受けた日から1週間の不変期間である（民執10Ⅱ）。抗告提起期間の始期は，抗告人[3]が原裁判の告知を受けるべき者[4]であるか否かによって異なる。

---

[1] 第6章第6執行抗告に伴う執行停止（468ページ）を参照。

[2] 中野貞一郎・下村正明著「民事執行法」（青林書院）75では，執行申立前の処分あるいは執行手続外の処分とされる。

[3] 当該裁判によって不利益を受ける者であれば執行抗告をすることができる。原則として当該裁判の申立人及び相手方であるが，抗告の利益がある限り第三者も含まれる。民事執行の申立債権者，債務者，目的物の所有者，債権執行における第三債務者，不動産買受申出人など。また，執行抗告に係る手続は，執行裁判所の許可を受けた代理人によることはできない（民執13Ⅰ）。

[4] 執行抗告をすることができる裁判を告知すべき者の範囲は，申立てを却下する裁判については申立人，それ以外の裁判については，当該裁判が申立てに係る場合にあってはその裁判の申立人及び相手方，その他の場合にあっては民事執行の申立人及び相手方と規定されている（民執規2）。

第4章 抗　　告

(1) 抗告人が裁判の告知を受けるべき者である場合

　抗告人が当該裁判の告知を受けた日から進行する。

(2) 抗告人が裁判の告知を受けるべき者でない場合

　裁判の告知を受けるべきすべての者に告知された日（民執規2, 80, 96Ⅲ）から進行する（民執規5）。

(3) 売却許否の決定に対する執行抗告の場合

　売却の許可又は不許可の決定の言渡しの日から進行する（民執規54）。

3　執行抗告の提起

(1) 抗告状を提出すべき裁判所

　執行抗告は，抗告状を原裁判所に提出してしなければならない（民執10Ⅱ）。抗告裁判所に直接提出された抗告状は，不適法な申立てとして却下される[5]。

(2) 手数料

　申立てごとに1000円である（民訴費3Ⅰ，別表第一の18項(4)）。ただし，代替執行許可（民執171Ⅰ）及び間接強制（同172Ⅰ）の申立てについての裁判に対する執行抗告は，申立てごとに3000円である（民訴費3Ⅰ，別表第一の18項(1)）。

(3) 理由書提出強制

　抗告状に抗告の理由の記載がないときは，抗告状を提出した日から1週間以内に，執行抗告の理由書を原裁判所に提出しなければならない（民執10Ⅲ）。また，理由の記載方法は，民事執行法10条4項を受けて，民事執行規則6条に定められている。

4　原裁判所における手続

(1) 原裁判所による却下決定（民執10Ⅴ）

　抗告が不適法でその不備を補正することができないことが明らかであるとき（民執10Ⅴ③）のほか，期間内に理由書を提出しなかったとき（同①），理由の記載が明らかに民事執行規則の規定に違反しているとき（同②），執行抗告が民事執行の手続を不当に遅延させる目的としてされたものであるとき（同④）[6]には，原裁判所は，執行抗告を却下しなければならない[7]。

(2) 抗告裁判所への記録送付

　原裁判所が執行抗告を却下（民執10Ⅴ）せず，また，再度の考案[8]による原裁判の取消し・変更もしなかったときは，事件を抗告裁判所に送付するが（民執規15の2，民訴規206），執行裁判所が民事執行事件の記録を送付する必要がないと認めたときは，執行裁

---

[5] 最決昭57.7.19民集36-6-1229を参照。濫抗告及び手続引延ばしを防止する制度趣旨を根拠とする。
[6] 手続を不当に遅延させるとは，理由がないことが明らかな執行抗告により民事執行の手続が中断し，進行することができなくなることを意味すると解されている。これに該当する執行抗告といえるかどうかは，抗告状又は抗告理由書の記載や事件記録の記載内容に照らし，理由のないことが明らかかどうかによって判断されることになると考えられるが，具体的には，①申立人が明らかに抗告の利益を有しない場合，②事件に即した個別具体的な抗告理由を主張せず，定型的な書式に基づいて形式的な抗告理由を主張しているにすぎない場合等がこれに当たると解されている（条解民事執行規則（増補）5）。
[7] 民事執行法10条8項の規定による執行抗告についても，同条5項の規定による原審却下決定をすることができると解されている（条解民事執行規則（第三版）34注(2)）。
[8] 執行抗告についての明文の規定はないが，通説は，民事訴訟法333条の準用によって認めている（民執20）。

判所の裁判所書記官は，抗告事件の記録のみを抗告裁判所の裁判所書記官に送付すれば足りる（民執規7Ⅰ）[9]。原裁判所の執行抗告却下決定に対する執行抗告があったときは[10]，執行裁判所の裁判所書記官は，民事執行事件の記録の送付の要否を判断することなく，執行抗告事件の記録のみを抗告裁判所に送付し，この際，執行裁判所の意見を記載した書面[11]及び抗告事件の審理に参考となる資料[12]を添付する（民執規7の2）[13]。

5 審理の方法

執行抗告の手続は対審構造を当然には予定していないが，相手方が定まっている場合もあり，多くの場合において抗告人と反対の利害関係を持つ者が存在する。相手方を定めることができる旨を特に定めている場合があるほか（民執74Ⅳ），規定がない場合でも当然に相手方が定まっていると解される場合もある[14]。

相手方が定まっている場合には，常に抗告状副本及び抗告理由書副本を送達するなどして反論の機会を与え，相手方が当然には定まっていない場合でも，相手方として防御を尽くさせるべき者がいるときは同様の措置をとるべきであるとする見解と，当然に相手方が定まっている場合でも，手続関与の機会を与えるか否かは裁判所の裁量にゆだねられているとする見解とがあるので，抗告状副本等の送達の要否等については，裁判所の個別的な指示を受ける。

執行抗告の審理は口頭弁論を経ることを要せず，決定をもって裁判する（民執4[15]）。執

---

[9] 執行抗告には，執行停止のための仮の処分（民執10Ⅵ）がされない限り執行停止の効力はない（民訴334Ⅰ参照）が，執行事件の記録を抗告裁判所に送付してしまうと，抗告裁判所から記録が返送されるまでの間は，民事執行の手続は事実上停止してしまう。執行事件の記録送付による執行手続の停止を避けるための規定で，抗告裁判所は，民事執行事件の記録を必要と判断すれば，執行裁判所に記録送付を求めることができる（民執規7Ⅱ）。
[10] 再度の執行抗告は，当初の執行抗告の原審却下決定を対象とするものであるから，抗告裁判所における審理のためには，基本的には抗告記録が送付されていれば十分であると考えられる。当初の決定に対する執行停止効や確定遮断効はないと解する有力説もあり（民事執行雑誌8-18），濫用的な抗告による手続遅延の防止という民事執行規則7条1項の趣旨が更に徹底された。
[11] 送付するのが執行抗告事件記録のみであることから，抗告裁判所における審理の参考となるように，事件の内容に即した具体的な記載のあるものであることが要請されている。
[12] 原裁判所が却下した理由が民事執行法10条5項1号あるいは2号であれば，送付する記録により判断することができるので，資料の添付は不要と考えられる。3号の場合，例えば，抗告期間経過後に執行抗告状が提出され，追完の主張もないとして原審却下したのであれば，当初の執行抗告の対象となった決定等の告知日が分かる書面が考えられる（売却許可決定に対する執行抗告の原審却下の場合であれば，売却許可決定期日調書の写し等）。4号の場合，抗告を専門に請け負う者が介在する不当な執行抗告として原審却下したのであれば，その認定の根拠となった資料として，同者が介在したと思われる他の執行抗告事件における抗告状の写し数通を添付する等が考えられる。どのような資料を添付するかは事案ごとに判断することになるが，アンケート（平成11年7月実施）では，添付した資料としては，裁判書や理由書等が言及している書類の写し，現況調査報告書，評価書，物件明細書等の例が寄せられた。
[13] 抗告裁判所は，抗告記録に添付された資料が審理の参考として十分ではないと判断する場合には，執行裁判所に対し，必要な資料の追加送付を求めることができると解される（条解民事執行規則（第三版）35注(8)）。
[14] 不動産引渡命令（民執83Ⅳ），売却のための保全処分（同55Ⅵ），強制管理の開始決定（同93Ⅴ），差押物の引渡命令（同127Ⅲ），債権差押命令（同145Ⅴ），転付命令（同159Ⅳ）など。
[15] 浦野雄幸編「基本法コンメンタール民事執行法［第六版］」（日本評論社）42は，民事執行法4条につき，「執行手続は，争いのある権利関係の存否，内容を判断する訴訟手続とは異なり，既に確定されている権利関係または公証された権利関係を前提とし，それに対応する給付義務を強制的に履行させ，あるいはその権利を具体的に実現させること（保全執行にあっては，その履行または権利の実現の保全）を目的とする法律手続である。したがって，執行手続において執行裁判所がする裁判は，迅速になされることが必要であり，また，その判断はさほど困難なものではないので，本条は，執行裁判所がする裁判は，口頭弁論を経ないで，判決ではなく，決定をもっ

行抗告の性質及び特則に反しない限り民事訴訟法の抗告に関する規定が準用される（民執20）から，口頭弁論を経ないときは当事者を審尋することができるほか（民訴87Ⅱ），当事者が申し出た参考人も審尋できる（民訴187）[16]。

　原則として，抗告裁判所の調査は，抗告人の不服申立ての限度内で，抗告状又は抗告理由書に記載された抗告理由に限られる（民執10Ⅶ本文）が，原裁判に影響を及ぼすべき法令の違反又は事実誤認の有無については，抗告状又は抗告理由書に記載がなくても，抗告裁判所は職権で調査できる（同ただし書）[17]。

6　決定の告知

(1)　抗告人

決定の内容にかかわらず，決定謄本（正本）を送達する方法により告知する。

(2)　相手方等

ア　認容決定[18]

不服申立ての機会を与えるために，決定謄本（正本）を送達する方法により告知する。

イ　却下決定・棄却決定

書面審尋等で意見聴取した場合はもちろん，原裁判が確定しなければ効力を生じない場合や執行停止等の処分がなされているときなど，抗告事件の終局によって相手方が事後の手続を続行する必要がある場合[19]には，相当と認める方法により告知するのが相当である。

てすることができるとしたのである。」とする。なお，浦野雄幸著「逐条概説民事執行法［全訂版］」（商事法務研究会）37以下，田中康久著「新民事執行法の解説［増補改訂版］」（金融財政事情研究会）26も参照されたい。
[16] 中野貞一郎・下村正明著「民事執行法」（青林書院）84参照。なお，香川保一監修「注釈民事執行法1」（社団法人金融財政事情研究会）283は，執行抗告における審尋についても民事執行法5条が準用されるべきとする。
[17] 中野貞一郎・下村正明著「民事執行法」（青林書院）85参照。
[18] 原裁判所へ差し戻す場合が多いと思われるが，抗告裁判所が執行処分をした場合には速やかに執行手続を執らなければならないので，事前に原裁判所と協議するのが相当であろう。
[19] 例えば，不動産引渡命令に対する執行抗告が棄却された場合には，相手方である買受人は，執行文付与申請など同命令の具体的執行のための手続を進めることができる。また，売却許可決定に対する執行抗告が棄却された場合には，買受人は代金納付の準備をする必要が生じる。

第5　民事執行手続上の抗告事件

【別表3】（執行抗告の対象となる主な裁判の一覧表）

対象となる裁判	執行抗告の根拠条文	確定の要否
執行抗告の却下決定（10Ⅴ）	10Ⅷ	
民事執行の手続を取り消す旨の決定，民事執行の手続を取り消す執行官の処分に対する執行異議の申立てを却下する裁判及び執行官に民事執行の手続の取消しを命ずる決定（12Ⅰ）	12Ⅰ	○（12Ⅱ）
申立人が費用を予納しない場合の申立却下決定（14Ⅳ）	14Ⅴ	
裁判所書記官の執行費用額等確定処分に対する異議の申立てについての決定（42Ⅶ）	42Ⅶ	
強制競売の申立てを却下する裁判（45Ⅲ）	45Ⅲ	
続行申立てを却下する決定（47Ⅶ）	47Ⅶ	
配当要求を却下する裁判（51Ⅱ）	51Ⅱ	
売却のための保全処分等の申立てについての決定（55Ⅰ）	55Ⅵ	
同裁判の取消し・変更を求める申立てについての決定（55Ⅴ）	55Ⅵ	○（55Ⅶ）
買受けの申出をした差押債権者のための保全処分の申立てについての決定（68の2Ⅰ）	68の2Ⅳ，55Ⅵ	
同決定を取消し・変更する決定（68の2Ⅲ）	68の2Ⅳ，55Ⅵ	○（68の2Ⅳ，55Ⅶ）
買受けの申出をした差押債権者のための保全処分の申立てについての決定（68の2Ⅰ）の取消し・変更を求める申立てを却下する決定（68の2Ⅳ）	68の2Ⅳ，55Ⅵ	
売却の許可又は不許可の決定（69）	74Ⅰ	○（74Ⅴ）
不動産が損傷した場合の売却許可決定の取消しの申立てについての決定（75Ⅰ）	75Ⅱ	○（75Ⅲ）
最高価買受申出人等のための保全処分の申立てについての裁判（77Ⅰ）	77Ⅱ，55Ⅵ	
事情変更による同裁判の取消し・変更を求める申立てについての裁判（77Ⅱ，55Ⅴ）	77Ⅱ，55Ⅵ	○（77Ⅱ，55Ⅶ）
引渡命令の申立てについての裁判（83Ⅰ）	83Ⅳ	○（83Ⅴ）
強制管理の申立てについての裁判（93Ⅰ）	93Ⅴ	
建物使用の許可の申立てについての決定（97Ⅰ）	97Ⅲ	
事情変更等による同決定の取消し・変更を求める申立てについての決定（97Ⅱ）	97Ⅲ	
収益等の分与の申立てについての決定（98Ⅰ）	98Ⅱ，97Ⅲ	
事情変更等による同決定の取消し・変更を求める申立てについての決定（98Ⅱ，97Ⅱ）	98Ⅱ，97Ⅲ	
管理人の報酬等の決定（101Ⅰ）	101Ⅱ	
配当要求を却下する裁判（105Ⅱ）	105Ⅱ	
保管人の選任の申立てについての決定（116Ⅰ）	116Ⅲ	
保証の提供による船舶強制競売の手続の取消しの申立てを却下する裁判（117Ⅲ）	117Ⅲ	
船舶航行許可の申立てについての裁判（118Ⅰ）	118Ⅱ	○（118Ⅲ）
差押物の引渡命令の申立てについての裁判（127Ⅰ）	127Ⅲ	

第4章 抗　　告

対象となる裁判	執行抗告の根拠条文	確定の要否
差押禁止動産の差押えの許可等（範囲の変更）の申立ての却下等の決定（132Ⅰ，Ⅱ）	132Ⅳ	
債権差押命令の申立てについての裁判（145Ⅰ）	145Ⅴ	
差押命令の取消し（範囲の変更）の申立てを却下する決定（153Ⅳ）	153Ⅳ	
配当要求を却下する裁判（154Ⅲ）	154Ⅲ	
転付命令の申立てについての決定（159Ⅰ）	159Ⅳ	○（159Ⅴ）
譲渡命令等の申立てについての決定（161Ⅰ）	161Ⅲ	○（161Ⅳ）
少額訴訟債権執行における差押処分の申立てについての裁判所書記官の処分に対する執行異議の申立てについての裁判（167の5Ⅳ）	167の5Ⅳ	
同処分を更正する裁判所書記官の処分に対する執行異議の申立てについての裁判（167の5Ⅴ，Ⅳ，民訴74Ⅰ）	167の5Ⅴ，Ⅳ	
少額訴訟債権執行において申立人が費用を予納しないときに裁判所書記官がした処分に対する執行異議の申立てを却下する裁判（167の6Ⅳ）	167の6Ⅳ	
少額訴訟債権執行における差押処分の取消し（範囲の変更）の申立てを却下する決定（167の8Ⅲ，153Ⅳ）	167の8Ⅲ，153Ⅳ	
少額訴訟債権執行において配当要求を却下する裁判所書記官の処分に対する執行異議の申立てを却下する裁判（167の9Ⅳ）	167の9Ⅳ	
少額訴訟債権執行において債権執行の手続に移行を求める申立てを却下する決定（167の10Ⅴ）	167の10Ⅴ	
目的物を第三者が占有する場合の引渡請求権の差押等の命令の申立てについての決定（170Ⅰ）	170Ⅱ，145Ⅴ	
作為または不作為を目的とする請求に係る強制執行の申立てについての決定（171Ⅰ）	171Ⅴ	
同決定をする場合の費用前払いの申立てについての裁判（171Ⅳ）	171Ⅴ	
間接強制の申立てについての裁判（172Ⅰ）	172Ⅴ	
同裁判の変更を求める申立てについての裁判（172Ⅱ）	172Ⅴ	
不動産の引渡し等，動産の引渡し，目的物を第三者が占有する場合の引渡し又は代替的作為義務の履行に係る間接強制の申立てについての裁判及び同裁判の変更を求める申立てについての裁判（173Ⅰ，172Ⅰ）	173Ⅰ，172Ⅴ	
担保不動産競売の開始決定前の保全処分等の申立てについての裁判（187Ⅰ）	187Ⅴ，55Ⅵ	
同裁判の取消し・変更を求める申立てについての裁判（187Ⅴ）	187Ⅴ，55Ⅵ	○（187Ⅴ，55Ⅶ）
動産競売開始許可の申立てについての裁判（190Ⅱ）	190Ⅳ	
財産開示手続の実施決定の申立てについての裁判（197Ⅰ，Ⅱ）	197Ⅴ	○（197Ⅵ）
陳述義務の一部免除の許可の申立てについての裁判（200Ⅰ）	200Ⅱ	

※1　一覧表中の条文は，特に記載のない限り，民事執行法である。
※2　本表では，担保不動産競売（188），担保不動産収益執行（188），債権及びその他の財産権についての担保権の実行（193）等での準用関係は省略している。

第6 民事保全手続上の抗告事件

民事保全事件に関する不服申立方法としての抗告には，即時抗告と保全抗告とがある。それぞれの抗告について，第2及び第3で述べた抗告における一般的な事務処理手続と異なる点を中心に，留意すべき事項を述べる。

1 抗告事件の種類

(1) 即時抗告（民保19）

保全命令の申立てを却下する裁判[1]に対する不服申立方法であり，抗告人は債権者である。

(2) 保全抗告（民保41）

保全命令発令後の保全異議の申立てについての決定（民保32Ⅰ）又は保全取消申立てについての決定（同37Ⅲ，38Ⅰ，39Ⅰ）[2]に対する不服申立方法である[3]。即時抗告の性質を有すると言えるが，当然には執行停止の効力が認められない[4]ほか，再度の考案も認められず，再抗告をすることもできない。

保全命令の取消し・変更決定[5]に対しては，債権者が抗告人となり，保全異議又は取消申立てを不適法として却下する決定，保全異議に基づく保全命令の認可・変更決定，保全取消しの申立てを理由なしとして却下（棄却）する決定に対しては，債務者が抗告人となる[6]。

2 即時抗告事件

(1) 抗告の提起

ア 抗告期間

債権者は，原決定の告知を受けた日から2週間の不変期間内に，即時抗告をすることができる（民保19Ⅰ）。

イ 手数料

3000円（民訴費3Ⅰ，別表第一の18項(1)，同表11の2項ロ）

---

[1] ①不適式な保全命令申立書を却下する裁判長の命令（民保7，民訴137Ⅱ），②不適法な保全命令の申立てを却下する決定，③保全命令発令のための立担保決定に債権者が従わないことを理由とする却下決定，④理由のない保全命令の申立てを却下する決定をいう。ただし，①については，「申立書」を却下する裁判であって「申立て」を却下する裁判に当たらないとみられる上，訴状却下命令に対する即時抗告期間の1週間に比してこの場合の即時抗告期間を2週間とすることは合理性がないから，民事保全法7条により準用される民事訴訟法137条3項の即時抗告によるべきとする見解がある（八木一洋・関述之編著「民事保全の実務第3版増補版・上」（一般社団法人金融財政事情研究会）166参照）。
[2] これらに付随してなされた原状回復の裁判（民保33，40）もその対象となる（同41Ⅰ）。
[3] 抗告裁判所が発した保全命令に対する保全異議の申立てについての裁判（民保41Ⅰただし書），高等裁判所がした保全異議又は保全取消申立てについての裁判に対しては，保全抗告をすることはできない（裁7②）。
[4] 債務者が保全抗告を申し立てた場合の保全執行の停止（民保41Ⅳ，27），債権者が保全抗告を申し立てた場合の取消決定の効力の停止（同42）については，第6章第5保全抗告に伴う執行停止（463ページ）を参照。
[5] 債務者が担保を立てることを条件に保全命令の取消決定がされた場合（民保32Ⅲ，38Ⅲ，39Ⅰ）を含む。取消決定の条件とされた担保額に関する不服のみを主張して保全抗告をすることができる。保全執行の実施又は続行の条件として，債権者に立担保又は増担保が命じられた場合（民保32Ⅱ，38Ⅲ）も同様である。
[6] 特別事情による仮処分の取消決定（民保39Ⅰ）を除き，保全命令取消しが債務者の立担保が条件とされたときは（同32Ⅲ，38Ⅲ），保全抗告を申し立てることができる。担保額に不服がある場合も同様である。

第4章 抗　　告

(2)　抗告審の手続

　審理の対象は原決定の当否ではなく，保全命令の申立ての内容そのものである[7]。審理手続は，民事保全法7条による民事訴訟法 331 条，297 条の準用によって，第一審の保全命令手続に関する規定（民保 12〜18[8]）及び民事訴訟法第三編第三章（抗告）の規定[9] [10]による。抗告人その他の利害関係人を審尋することもできる（民保 7，民訴 335）[11] [12]。仮の地位を定める仮処分に関する民事保全法 23 条4項の規定は，抗告審にも準用されると解される。

　相手方に抗告状の写し等を送付して意見を聴取するか否かは，民事訴訟規則 207 条の2第1項ただし書の「抗告状の写しを送付することが相当でないと認めるとき」の解釈の問題となる[13]。

(3)　抗告審の決定[14]と告知

　即時抗告についての決定には，口頭弁論を経ないで審理した場合であっても，理由を明示しなければならない（民保 19Ⅲ，16 本文[15]，民保規 9）。

　ア　却下決定

　　抗告を不適法であると認めた場合[16]。

　イ　棄却決定

　　原裁判所の裁判を維持すべきであると認めた場合，すなわち抗告に理由がない場合[17]。

---

[7] 保全異議の審理は同一審級の続審であり，その審判の対象は保全命令の申立てそれ自体であり，ただ，裁判の形式が原決定の当否を判断する形式でされるだけのことである（審理されるのは，保全命令が正当に発せられた否かではなく，現時点で発せられるべきか否かである）（瀬木比呂志著「民事保全法［新訂版］」（日本評論社）356）。
[8] 新民事保全法の解説 157 参照。なお，山本和彦・小林昭彦・大門匡・福島政幸編「別冊法学セミナー新基本法コンメンタール民事保全法」（日本評論社）69 は民事保全法第1章並びに第2章第1節及び第2節の規定が準用されるとする。
[9] ただし，民事保全法 19 条2項により民事訴訟法 330 条の準用は除外される（新民事保全法の解説 157 参照）。
[10] 即時抗告の申立ては原裁判所に対し（民保 7，民訴 331，286Ⅰ），書面でしなければならない（民保規 1②）。また，民事保全法 41 条2項に該当する規定がないから，原裁判所等の更正（民保 7，民訴 333）も準用される（山本和彦・小林昭彦・大門匡・福島政幸編「別冊法学セミナー新基本法コンメンタール民事保全法」（日本評論社）69 参照）。
[11] この場合の審尋は，民事保全法9条の釈明処分としての審尋に近いもので，同法7条により準用される民事訴訟法 187 条の参考人等の審尋とは性質が異なるとされる（新民事保全法の解説 157）。
[12] 保全命令の申立ての却下決定に対する即時抗告に，民事保全法7条による民事訴訟法 187 条の準用を認めるかという点については，見解が分かれる（瀬木比呂志著「民事保全法［新訂版］」（日本評論社）215 以下参照）。
[13] 「民事訴訟規則の一部を改正する規則及び消費者の財産的被害の集団的な回復のための民事の裁判手続の特例に関する規則の概要」では，「抗告に理由がある場合であっても，抗告状を相手方に送付することが相当でない場合として，例えば，保全命令の申立てを却下する決定に対する即時抗告において抗告裁判所が保全命令を発令するときで，債務者に対して口頭弁論又は審尋の期日の呼出しがされていない場合に，保全命令の密行性の観点から送付することが相当でないとされることが考えられる。」とされる（判タNo.1417-7 注6）。
[14] 保全命令に関する裁判は，本案の裁判に付随するもので，権利の確定を伴わない暫定的なものであるため，即時抗告を却下する裁判（却下決定のほか，抗告棄却決定及び抗告状却下命令を含むと解されている。）に対しては，再抗告を禁じられている（民保 19Ⅱ）。
[15] 民事保全法 16 条ただし書が準用されていないため，理由の要旨では足りない。
[16] 不適式な抗告状は，裁判長の命令で却下する。
[17] このような場合にも却下決定をする実務の取扱いもある。

−356−

ア，イともに，抗告人に決定謄本を送達する方法により告知する。相手方に対しては，原則として告知の必要はないが，口頭弁論又は審尋期日の呼出しがされるなど相手方が審理に関与している場合には告知する必要がある（民保規16Ⅰ。条解民事保全規則（改訂版）101を参照）。

ウ 原決定取消し

抗告に理由がある場合，原決定を取り消した上，原審へ差し戻す（民保7，民訴307，308）か[18]，抗告裁判所において保全命令を発令することになる[19]。

前者の場合は，ア，イと同様の方法により告知する。後者については，抗告人及び相手方に決定正本を送達する方法により告知し，その旨記録上明らかにする（民保17，民保規6，民訴規50Ⅱ）[20]。

(4) 保全命令発令後の執行手続

保全命令発令裁判所が保全執行裁判所となる場合（民保規31ただし書を参照），別個に保全執行申立書の提出を求める必要はなく，速やかに執行手続を執らなければならない[21]。

3 保全抗告事件

(1) 抗告の提起

ア 抗告期間

原決定の送達を受けた日から2週間の不変期間内に，保全抗告をすることができる（民保41Ⅰ）[22]。

イ 手数料

3000円（民訴費3Ⅰ，別表第一の18項(3)）

(2) 再度の考案の禁止

民事訴訟法333条は抗告について原裁判所等による更正を定めているが，保全抗告を受けた原裁判所は，保全抗告の理由の有無について判断しないで，事件を抗告裁判所に

---

[18] 申立不適法却下決定（申立書却下命令を含む。）について申立てが適法であると認める場合（必要的差戻し），更に原裁判所における審理が必要であると認める場合（任意的差戻し）がある。原裁判所に管轄がないと認める場合には，管轄裁判所への移送決定をすることになろう。

[19] この決定に対しては，相手方である債務者は同一審級で保全異議や保全取消しの申立てをすることができる。

[20] 債務者である相手方への送達は，保全事件の密行性の観点から，通常，執行終了後にすべきことに注意する。決定が債務者に送達されることにより保全命令の効力が発生する場合（単純な作為不作為を命ずる仮処分）には，相手方に対して速やかに送達しなければならないし，執行官が執行機関になる場合（動産仮差押，占有移転禁止，明渡断行仮処分など）には，執行官による同時執行も可能であるなど，具体的な保全命令の内容に即した処理が必要とされる。

[21] 具体的には，不動産仮差押え・仮処分命令における登記嘱託手続，債権仮差押命令における第三債務者への保全命令正本の送達など，第一審における保全命令発令後の手続と同様の手続が必要になる。

[22] 保全抗告状には，事件の表示，当事者の住所及び名称のほか，抗告の趣旨（原決定の取消しを求める旨及びその範囲）及び理由を記載しなければならず，抗告の理由は，原決定の取消し・変更を求める事由を具体的に記載し，かつ，立証を要する事項ごとに証拠を記載しなければならない（民保規30，24）。これらの記載がない場合，抗告を不適法であるとして却下することはできないが，迅速な処理のためにも，裁判所の指示を受けて抗告人に対し規則の趣旨に従った書面の追完を促すべきであろう。

送付しなければならない（民保41Ⅱ）[23]。

(3) **抗告審の手続**

　　保全抗告の審理も任意的口頭弁論によるが（民保3），口頭弁論又は当事者双方が立ち会うことができる審尋の期日を経なければ，保全抗告について決定をすることができず（同41Ⅳ，29）[24][25]，審理を終結するには相当の猶予期間を置いて，審理を終結する日を決定しなければならない（同41Ⅳ，31）。以上の制約があるだけで，具体的な審理方法については裁判所の運用に任されているが，必要に応じて抗告人や利害関係人を審尋することができる（民保7，民訴335）[26][27]。

(4) **抗告審の決定と告知**

　　決定書には，主要な争点及びこれに対する判断を示すことにより，理由又はその要旨を記載しなければならず（民保41Ⅳ，16本文，民保規9），調書決定によることもできる（民保規10）。抗告人，相手方の双方に決定謄本（正本）を送達する方法により告知する（民保41Ⅳ，17）。

　　保全抗告についての裁判に対しては，更に抗告することはできない（民保41Ⅲ）[28]。

　ア　却下決定

　　抗告を不適法であると認めた場合[29]。

　イ　棄却決定

　　抗告に理由がない場合。

　ウ　原決定取消し

　　抗告に理由がある場合，原決定の態様に応じて多様にならざるを得ない[30]。

(5) **決定の効力**

　　上記(4)ウの決定が保全命令の取消しを内容とするものであるときは，保全命令に基づく執行は停止され，既にした執行処分も取り消される（民保46，民執39Ⅰ①，40）[31]。

---

[23] 保全異議，保全取消しの申立てに関する決定は，民事訴訟法上の決定と異なり，ある程度対審構造をとって審理の充実が図られているので（民保29，31，40Ⅰ），原裁判所に安易な更正を認める必要がなく，かえって保全命令手続の迅速な完結を図る必要があるからである。よって，民事訴訟規則206条の原裁判所による理由付記の規定は，保全抗告には準用されない。

[24] 民事訴訟法137条の準用による抗告状却下命令や同法290条の準用による不適法却下決定については，この限りでない。

[25] 当事者双方の立会権を保障した期日を経たことを記録上明らかにするために，民事保全法29条に基づく期日の呼出しは呼出状の送達によるか，期日請書を徴する方法によるのが相当であり，抗告状副本等も当然相手方に送達することになる。

[26] 審尋を行う場合には，受命裁判官に行わせることもできる（民保7，民訴88）が，受命裁判官による審尋期日では，審理を終結することはできないと解されている。

[27] 他に，民事保全法7条による民事訴訟法187条（参考人等に対する審尋）の準用や民事保全法9条による事務補助者等に対する審尋がある。

[28] したがって，特別抗告又は許可抗告の余地があるにすぎない。高等裁判所のした保全抗告についての決定は，許可抗告の対象となる（最決平11.3.12民集53-3-505）。

[29] 不適式な抗告状は，裁判長の命令で却下する。

[30] 主な主文例については，民事保全法の理論と実務（下）435以下を参照。

[31] この場合，債務者は保全執行裁判所に取消決定を執行取消文書として提出することにより，保全執行の取消決定がなされ，それに付随する抹消登記手続や第三債務者への通知等の執行取消手続が行われる（民保46，民執40など）。

上記(4)ウの決定が保全命令の認可あるいは保全取消しの申立て却下を内容とするものであるときは，既に保全執行が解放され，更に原状回復命令が執行されていれば，改めて保全命令の執行をしなければならないことになる[32]。

---

[32] この場合の保全執行裁判所が，保全命令を発した裁判所であるか抗告裁判所であるかは，民事保全法の規定上も明らかでないが，抗告裁判所の決定が新たに保全命令を発令するものではないから，保全命令を発した裁判所が保全執行裁判所になると解される。

第4章 抗　　告

第7　倒産関係手続上の抗告事件

以下では，破産事件及び民事再生事件における即時抗告について，第2及び第3で述べた抗告の一般的な事務処理手続と異なる点を中心に，留意すべき事項を述べる。

1　即時抗告をなしうる裁判

破産法9条前段は，破産手続等に関する裁判につき利害関係を有する者は，同法に特別の定めがある場合に限り即時抗告をすることができると定め，民事再生法9条前段も同様のことを定める。

破産事件及び民事再生事件で即時抗告をなしうる裁判は次のとおりであり，いずれも限定列挙と解されている[1]。

ただし，破産法13条及び民事再生法18条は，特別の定めのある場合を除き民事訴訟法の規定を準用しているところ，民事訴訟法の準用によって裁判がなされた場合において，その裁判に対する不服申立手段もまた認められる場合[2]がある。

(1) 破産事件

① 文書等の支障部分の閲覧等の制限の申立却下決定等（破12Ⅳ）
② 破産手続開始申立書を却下する命令（破21Ⅶ）
③ 費用の予納に関する決定（破22Ⅱ）
④ 他の手続の中止命令等（破24Ⅳ）
⑤ 包括的禁止命令またはその解除についての裁判（破25Ⅵ, 27Ⅳ）
⑥ 保全処分についての裁判（破28Ⅲ, 171Ⅳ, 177Ⅳ）
⑦ 破産手続開始の申立てについての裁判（破33Ⅰ）
⑧ 自由財産の範囲拡張の申立却下の決定（破34Ⅵ）
⑨ 破産者が居住地を離れることの許可申立却下決定（破37Ⅱ）
⑩ 破産者等の引致を命ずる決定（破38Ⅳ）
⑪ 郵便物等の回送嘱託に関する裁判（破81Ⅳ）
⑫ 破産管財人の報酬等に関する決定（破87Ⅱ）
⑬ 保全管理命令についての裁判（破91Ⅴ）
⑭ 特別調査期間の費用の予納がない場合の破産債権等の届出の却下決定（破120Ⅵ）
⑮ 社債管理者等の報酬等の財団債権化の許可決定（破150Ⅴ）
⑯ 破産財団に属する財産引渡しの決定（破156Ⅲ）
⑰ 別除権者が処分をすべき期間指定の裁判（破185Ⅲ）
⑱ 担保権消滅許可申立てについての裁判（破189Ⅳ）
⑲ 配当表に対する異議申立てについての裁判（破200Ⅲ）
⑳ 破産手続廃止の決定（破216Ⅳ, 217Ⅵ）
㉑ 破産手続開始の決定前の相続開始時の続行申立却下の裁判（破226Ⅳ）
㉒ 免責許可の申立て又はその取消しについての裁判（破252Ⅴ, 254Ⅲ）

---

[1] 条解破産77以下及び全国倒産処理弁護士ネットワーク編「新注釈民事再生法［第2版］・上」（社団法人金融財政事情研究会）43以下参照。
[2] 除斥，忌避を理由がないとする決定（民訴23, 24, 25Ⅴ），文書提出命令（民訴223Ⅰ, Ⅶ）など

㉓　復権申立てについての裁判（破256Ⅴ）
(2)　民事再生事件
　①　文書等の支障部分の閲覧等の制限の申立却下決定等（民再17Ⅳ）
　②　費用の予納に関する決定（民再24Ⅱ）
　③　各種保全処分に関する裁判（民再26Ⅳ, 27Ⅴ, 29Ⅲ, 30Ⅲ, 31Ⅳ）
　④　再生手続開始の申立てについての裁判（民再36Ⅰ）
　⑤　事業等譲渡の代替許可の決定（民再43Ⅵ）
　⑥　監督命令等（民再54Ⅵ）
　⑦　監督委員の報酬等に関する決定（民再61Ⅳ）
　⑧　調査命令等（民再62Ⅳ）
　⑨　管理命令等（民再64Ⅴ）
　⑩　郵便物等の回送嘱託に関する裁判（民再73Ⅳ）
　⑪　保全管理命令についての裁判（民再79Ⅴ）
　⑫　再生債権者等への報償金等支払許可決定（民再91Ⅱ）
　⑬　特別調査期間の費用の予納がない場合の再生債権等の届出の却下決定（民再103の2Ⅵ）
　⑭　社債管理者等の費用等の共益債権化の許可決定（民再120の2Ⅴ）
　⑮　共益債権に基づく強制執行等の中止命令等（民再121Ⅴ）
　⑯　否認権のための保全処分等（民再134の2Ⅳ）
　⑰　法人の役員の財産に対する保全処分等（民再142Ⅴ）
　⑱　担保権消滅許可の決定（民再148Ⅳ）
　⑲　価額決定の請求についての決定（民再150Ⅴ）
　⑳　再生債務者の株式の取得等を定める条項に関する許可の決定（民再166Ⅳ）
　㉑　募集株式を引き受ける者の募集を定める条項に関する許可の決定（民再166の2Ⅳ）
　㉒　再生計画認可についての決定等（民再175Ⅰ）
　㉓　再生計画遂行のための担保の取消決定（民再186Ⅳ, 民訴79Ⅳ）
　㉔　再生計画変更の決定（民再187Ⅲ, 175）
　㉕　再生計画の取消しの申立てについての裁判（民再189Ⅴ）
　㉖　再生手続廃止の決定（民再195Ⅱ）
　㉗　簡易再生の申立てについての決定（民再213Ⅰ）
　㉘　同意再生の申立てについての決定（民再218Ⅰ）
　㉙　個人再生委員の選任決定等（民再223Ⅴ, 244）
　㉚　計画遂行が極めて困難となった場合の免責の申立てについての裁判（民再235Ⅳ, 244）
2　即時抗告権者
　破産事件及び民事再生事件のいずれも，当該裁判につき法律上の利害関係を有する者である。

第4章 抗　　告

3　即時抗告期間[3]

破産事件及び民事再生事件のいずれも次のとおりである。
(1) 当該裁判の公告があった場合は，その公告が効力を生じた日から起算して2週間[4]（破9後段，民再9後段）
(2) 当該裁判の公告がない場合は，裁判の告知を受けた日から1週間（破13，民再18，民訴332）

4　手数料
(1) 破産事件

ア　自己申立ての事案ならば手数料は1500円（民訴費3Ⅰ，別表第一の18項(1)[5]）である。

イ　債権者申立ての事案ならば手数料は1000円（民訴費3Ⅰ，別表第一の18項(4)[6]）である。

(2) 民事再生事件

手数料は1000円（民訴費3Ⅰ，別表第一の18項(4)[7]）である。

5　原裁判所における手続

破産事件，民事再生事件ともに，原裁判所が，再度の考案をし，抗告を理由がないと認めるときは，意見を付して抗告裁判所に事件を送付するという流れは，民事訴訟法上の抗告と同じである（破13，民再18，民訴333，破規12，民再規11，民訴規206）。ただし，事件記録の送付について，原裁判所が破産手続等に係る事件の記録を送付する必要がないと認めたときは，原裁判所の裁判所書記官は，抗告事件の記録のみを抗告裁判所の裁判所書記官に送付すれば足りる（破規5Ⅰ，民再規4Ⅰ）[8]。

---

[3] 旧法下では，破産宣告決定の送達を受けた者（破産者）の同決定に対する即時抗告期間の起算日が同決定の公告があった日か，同決定の送達を受けた日であるかという問題があったが，最決平13．3．23判時1748-117は，不服申立ての規定である旧112条後段の規定の趣旨，多数の利害関係人について集団的処理が要請される本法上の手続においては不服申立期間も画一的に定まる方が望ましいことなどに照らすと，破産宣告決定の公告のあった日から起算して2週間であると解するのが相当であると判示して，決着がついていた。現行法制定にともない，公告とは別の破産手続開始の決定の伝達方法は，送達から通知に改められたが，この最高裁決定の趣旨は，改正後も通用するものと考えられる（条解破産290）。

[4] 公告掲載日の翌日の午前零時に効力を生ずるから，効力の生じた日を初日算入する（破13，民訴95Ⅰ，民140ただし書）。

[5] 破産事件の自己申立ての事案は，民訴費別表第一の16項イの「その他の裁判所の裁判を求める申立てで，基本となる手続が開始されるもの」に該当し（訴訟費用の研究350参照），その申立て手数料は1000円であるところ，即時抗告手数料は同表の18項(1)の「16の項に掲げる申立てについての裁判に対する抗告の提起」に該当し，その1.5倍となる。

[6] 破産事件の債権者申立ての事案は，民訴費別表第一の12項の「破産手続開始の申立て（債権者がするものに限る。）」に該当し，同表18項(4)の「(1)から(3)まで以外のものに対する抗告の提起」に該当する。

[7] 民事再生事件の申立ては，民訴費別表第一の12の2項の「再生手続開始の申立て」に該当し，同表18項(4)の「(1)から(3)まで以外のものに対する抗告の提起」に該当する。

[8] 破産手続に関する裁判に対する即時抗告には執行停止の効力を有しないものが含まれており，このような場合にまで破産事件の記録の送付を要することとすると，執行停止効がないにもかかわらず，原裁判所において破産事件や免責事件の記録を利用することができないために，事件の処理に支障を来すおそれがある。また，執行停止の効力を有する即時抗告があった場合にも，倒産手続等が多数の利害関係人の関与する手続であることにかんがみれば，即時抗告があった場合すべてにつき，破産事件や免責事件の全体の記録を送付する必要性に乏しい場合があり得る（平成16年11月民事裁判資料第242号「条解破産規則」15以下）からである。

6 抗告審の審理の方式

破産法13条及び民事再生法18条は民事訴訟法を準用しているから抗告審の審理も任意的口頭弁論によることになり、第一審と異なるところはない。具体的には、裁判所の裁量により書面審理[9]、書面審尋、審尋期日の実施及び口頭弁論期日の実施という選択肢の中から事案に応じた方式で行うことになる[10]。

抗告事件に相手方が存在するか否かは事件の性質や抗告人が誰であるかによって異なり、相手方が存在しない事件もある。相手方が存在する場合において、相手方に抗告状副本等を送付するか否かは、民事訴訟規則207条の2第1項ただし書の「抗告状の写しを送付することが相当でないと認めるとき」の解釈の問題となる。

7 決定の告知

抗告審の決定の態様については、却下決定、棄却決定、原決定取消し・差戻し及び原決定取消し・自判がある。告知は、抗告人及び相手方に、決定謄本(正本)を送達する方法により行うのが相当である[11]。相手方に対する告知の必要性については、抗告審で意見を聴取したか否か、原裁判所において原決定を告知しているか否かなどを含め、裁判の内容が相手方に及ぼす影響の程度によって個別に判断することになろう。

管財事件における免責却下決定や免責不許可決定に対する抗告事件で、抗告に理由があるものとして免責許可決定がされた場合には、破産管財人にも告知をすべきである[12]。

8 抗告裁判所が原決定を取り消した場合の開始決定及び同時処分

原決定が破産手続開始申立却下又は棄却決定であったときに抗告裁判所が原決定を取り消した場合の破産手続開始決定並びに破産管財人の選任、破産債権届出期間、破産状況報告集会の期日及び破産債権調査期間などを定める同時処分(破31Ⅰ)をどの範囲まで抗告裁判所が行うべきかについては見解が分かれている[13]。また、原決定が再生手続開始申立却下又は棄却決定であったときに抗告裁判所が原決定を取り消した場合の再生手続開始決定並びに再生債権の届出をすべき期間及び再生債権の調査をするための期間を定める同時

---

[9] 債権者が抗告人である破産手続開始決定に対する抗告の場合、書面審理でなされる場合もあるが、事案によっては破産者の意見を求める必要性が高い場合もある。
[10] 原決定が債権者又は破産管財人の異議申立てによって免責不許可になった場合の免責不許可決定に対する抗告において、不許可となった事由によっては異議申立人の意見を聴取する必要がある場合もある。
[11] 法文上送達が要求される場合もある(破33Ⅱ、24Ⅵ、34Ⅶ、252Ⅵ等)。
[12] ほかにも、破産管財人等に告知するのが相当な場合があるので、裁判の内容によって告知の対象者を検討する必要がある。
[13] 破産手続につき、旧法と異なり、破産法33条2項により抗告裁判所において、破産手続開始の申立てを棄却する決定等に対する即時抗告があった場合に、強制執行等の中止命令(破24)、包括的禁止命令(破25～27)、債務者の財産に関する保全処分(破28)、保全管理命令(破91Ⅲ)を発令することが認められたことを踏まえると、抗告裁判所としては、破産財団に属すべき財産の散逸を防ぐ必要がある場合には、これらの処分を発令した上で、破産手続開始の判断及び破産管財人の選任など同時処分を原審に委ねる処理がしやすくなったといえるとし、実務的な処理にもっともなじむとともに、抗告裁判所の判断としては原決定を取り消すことで破産手続開始が必要となる判断であることは明らかであること、破産財団に属すべき財産の散逸の防止については、破産法33条2項による処分で十分対応できることから、抗告裁判所は原決定を取り消すにとどめ、破産手続開始の決定及び同時処分は原裁判所がすべきとする見解がある(条解破産295参照。議論の詳細は条解破産54以下、294以下を参照)。

処分（民再34Ⅰ）をどの範囲まで抗告裁判所が行うべきかについても見解が分かれている[14]。事件の性質により個別に検討することになろうが，同時処分を抗告裁判所が行う場合には，原裁判所と事前に協議するのが相当である。

9 抗告審の決定に伴う付随事務

破産手続開始決定，免責許可決定等に伴う事務として，官報公告，知れたる債権者等に対する送達[15]，本籍役場への通知，監督官庁への通知や登記，登録等，債権表への記載，管財人への報酬支払等がある。これらの事務を抗告裁判所が行うのか，原裁判所が行うのかについては明文の規定がない。実務上は，以後の事件の進行管理等を原裁判所が行うことを理由に，付随事務のすべてを原裁判所が行う取扱いが多いようである。抗告裁判所がこれらの付随事務を行う場合には，事務の範囲や方法について原裁判所と協議の上行うべきであろう。

なお，原裁判所による破産手続開始決定に対して即時抗告がなされ，抗告審でこの決定を取り消す決定が確定[16]したときは取消決定の主文を公告するとともに，破産管財人，破産者及び知れている債権者等に主文を通知しなければならないが，これらは明文で原裁判所が行うと定められている（破33Ⅲ）。民事再生法にも同様の規定がある（民再37）。

---

[14] 再生手続については，破産手続とは異なり，管財人が選任されないのが原則であり，再生手続開始決定後も再生債務者が財産の管理処分権を保持し続けるので（民再38Ⅰ），再生手続開始決定は抗告裁判所がし，同時処分はその後の再生手続を受け持つ原裁判所が行うこととする取扱いが可能であり，差戻し後の再生裁判所の決定を待たなければ再生手続を開始できないとする積極的な理由はなく，差戻しの必要がない限り抗告審が自判するというのが民事再生法18条，民事訴訟法331条，同308条の定める原則であると解されるため，抗告裁判所が自ら再生手続開始を決定し，同時処分は再生裁判所がするという取扱いが適切であるという見解がある（園尾隆司・小林秀之編集「条解民事再生法第3版」15以下参照）。一方，全国倒産処理弁護士ネットワーク編集「新注釈民事再生法［第2版］・上」（社団法人金融財政事情研究会）30は，破産手続と同様に開始決定も原裁判所が行うべきとする。
[15] 免責許可決定について，実務では破産者，破産管財人及び検察官に対しては送達し，債権者に対しては送達に代えて官報公告が行われている。
[16] 再抗告が許されないから，取消決定の告知によって確定する。

第8　家事事件手続上の抗告事件

　家事事件においては，法律関係の早期安定及び簡易迅速な紛争解決の要請が強いことから，通常の[1]不服申立方法として即時抗告のみを認め，かつ，「特別の定めがある場合に限り」することができる[2]（家事85Ⅰ, 99）。以下では，家事事件手続法[3]に規定される抗告手続の概要と留意点を述べる。

1　即時抗告ができる審判等

　別表第一に掲げる事項についての家事審判事件（以下「別表第一審判事件」という。また，別表第二に掲げる事項についての家事審判事件を以下「別表第二審判事件」という。）のうち即時抗告の対象となる事件については，別表4－1「即時抗告の対象となる家事審判事件一覧表」のとおりであり，審判以外の裁判のうち即時抗告の対象となる主な事項については，別表4－2「主な審判以外の裁判に対する即時抗告一覧表」のとおりである[4][5]。

　なお，手続費用の負担の裁判に対しては，独立して即時抗告をすることができない（家事85Ⅱ）。

2　即時抗告の提起

(1)　当事者[6]

　即時抗告権者については別表4－1及び同4－2のとおり。

ア　別表第一審判事件

(ｱ)　第一審の申立人が即時抗告をしたとき

　抗告審においても，即時抗告人以外に当事者は存在しない。

(ｲ)　第一審の申立人以外の者（審判を受ける者である場合も含む）が即時抗告をしたとき

　即時抗告人は抗告審における当事者であり，また第一審の申立人は抗告審において第一審申立人としての地位を維持する[7]。

---

[1] 特別抗告（家事94）と許可抗告（家事97）が別途規定されている。
[2] 家事事件手続法では，民事訴訟法331条，同293条のような附帯抗告は認められていない。家事事件の手続においては，不利益変更の禁止の原則が採用されておらず，また，抗告審においては，原審の当事者等に手続に関与する機会が保障されているので，そのような制度を置く必要はないと考えられたためである（秋武憲一編著「概説家事事件手続法」（青林書院）151参照）。
[3] 家事事件手続法は，家事事件手続法の施行日（平成25年1月1日）以降に申し立てられた事件及び職権で手続が開始された家事事件の手続について適用され，家事事件手続法の施行日において既に係属している家事事件については，家事審判法が適用される（家事附則2，非訟事件手続法及び家事事件手続法の施行に伴う関係法律の整備等に関する法律4）ので注意が必要である（一問一答家事253参照）。
[4] 即時抗告をすることができる審判及び審判以外の裁判並びに即時抗告をすることができる者についての規定は，家事審判法の下では家事審判規則及び特別家事審判規則に規定されていたが，家事事件手続法においては，手続を利用する者の手続上の権利を規定するものであるから法律で定めるのが相当であるとの理解の下，法律事項として位置付けられた（逐条家事276参照）。
[5] 平成25年3月家庭裁判資料第197号「家事事件手続法執務資料」196以下参照。別表4－1では別表第一審判事件及び別表第二審判事件についての即時抗告を挙げたが，他に，審判前の保全処分等についても即時抗告ができる事件があるので注意されたい。
[6] 逐条家事278以下参照。
[7] 第一審の当事者を抗告審における相手方として扱うと，第一審が相手方のない事件構造だったにもかかわらず抗告審においてその構造を変じることとなり不自然であるし，第一審の申立人は抗告審においても第一審申立人としての地位にある者として必要な手続保障を図れば反論の機会が与えられないまま不利益に変更される事態を

第4章 抗　　告

　　イ　別表第二審判事件
　　　(ｱ)　一方の当事者が即時抗告をしたとき
　　　　　他方の当事者が抗告審における相手方となる。
　　　(ｲ)　当事者以外の者が即時抗告をしたとき
　　　　　即時抗告人は抗告審における当事者になり，第一審の申立人及び相手方のいずれも抗告審における当事者になると考えられる。また，二当事者対立構造は抗告審においても変わらないから，申立人及び相手方のいずれも抗告審の相手方になると考えられる。
(2)　即時抗告期間
　　ア　審判に対する即時抗告
　　　審判に対する即時抗告をすることができる期間は，特別の定めがある場合を除き[8]，2週間の不変期間[9]とされる（家事 86 I 本文）[10]。なお，その期間前に提起した即時抗告も有効である（家事 86 I ただし書）。
　　イ　審判以外の裁判に対する即時抗告
　　　審判以外の裁判に対する即時抗告期間は，1週間の不変期間（家事 101 I 本文）とされる[11]。なお，その期間前に提起した即時抗告も有効である（家事 101 I ただし書）。
(3)　即時抗告期間の起算点
　　ア　審判に対する即時抗告期間の起算点[12]
　　　(ｱ)　審判の告知を受ける者（家事 74 I）
　　　　その者が審判の告知を受けた日である（家事 86 II）。
　　　(ｲ)　審判の告知を受ける者でない者
　　　　申立人が審判の告知を受けた日である。申立人が数人いるときは，申立人が審判の告知を受けた日のうち最も遅い日を起算点とする（家事 86 II）[13]。ただし，例外として各則で個別に特則を設けている場合がある（例えば，家事 123 II，165 VIII，172

避けることが可能であると考えられる。そこで，家事事件手続法においては，第一審の当事者以外の者が即時抗告をした場合においても，第一審の当事者が抗告審において相手方の地位に就かないことを前提に，第一審の当事者の手続保障に配慮した規律を設けるものとしている（逐条家事 279 参照）。

[8]　特別の定めの例として，「即時抗告が不適法でその不備を補正することができないことが明らかであるとき」に原裁判所がする却下の審判に対する即時抗告期間（家事 87 V（即時抗告期間は1週間））が挙げられる。

[9]　不変期間については，家事事件手続法 34 条 4 項により民事訴訟法 96 条，同 97 条の規定が準用されている。

[10]　審判は，裁判の形式についての手続法の分類上は決定と同視されるところ，民訴法第 332 条の規定によれば決定に対する即時抗告の期間は1週間とされているが，審判は，家事審判事件の本案についての終局的な判断であり，その意味では民事訴訟における判決に相当するものともいえることから，判決に対する控訴期間が2週間とされていることに合わせて，審判に対する即時抗告の期間を2週間としたものとされている（逐条家事 280）。

[11]　審判以外の裁判は，家事審判事件の審理を終結させる裁判以外の裁判であって，審手続における派生的または付随的事項についての裁判が中心であり，民事訴訟における決定または命令に相当するものであるといえるから，民事訴訟法 332 条において決定または命令に対する即時抗告の期間が1週間とされていることを踏まえ，その即時抗告期間が1週間とされている（逐条家事 331 参照）。

[12]　各相続人への審判の告知の日が異なる場合における遺産の分割の審判に対する即時抗告期間については，相続人ごとに各自が審判の告知を受けた日から進行する（最決平 15.11.13 民集 57-10-1531）。

[13]　即時抗告をすることができる者の即時抗告の機会を可及的に認めるのが相当であるから（逐条家事 281）である。

第8　家事事件手続上の抗告事件

Ⅱ）。
イ　審判以外の裁判に対する即時抗告の起算点
審判に対する即時抗告の起算点と同様である（家事102,86Ⅱ）。

(4)　即時抗告の提起の方式

即時抗告は，抗告状を原裁判所[14]に提出してしなければならない（家事87Ⅰ）。

審判に対する抗告状には，当事者及び法定代理人，原審判の表示及びその審判に対して即時抗告をする旨[15]の記載が必要とされ（家事87Ⅱ），審判以外の裁判に対する即時抗告の抗告状には，これらに加え，原裁判の取消し又は変更を求める事由を具体的に記載しなければならない（家事規70）。審判に対する抗告状に原審判の取消し又は変更を求める事由の具体的な記載がないときは，即時抗告の提起後14日以内にこれらを記載した書面を原裁判所に提出しなければならない（家事規55Ⅰ）。また，審判に対する即時抗告においては，抗告裁判所は，原則として，原審における当事者及び利害関係参加人（抗告人を除く。）に対して抗告状の写しを送付しなければならないから（家事88Ⅰ），原審における当事者及び利害関係参加人（抗告人を除く。）の数と同数の写しを添付しなければならない（家事規54）[16][17]。

(5)　手数料[18]
ア　審判に対する即時抗告

家事審判事件及び審判前の保全処分事件に対する即時抗告提起手数料は，それぞれの申立手数料の1.5倍の額である（民訴費3Ⅰ，別表第一の18項(1)）[19]。なお，審判前の保全処分のうち原審における申立手数料が不要とされている事件の抗告提起の手数料は，1000円である（民訴費3Ⅰ，別表第一の18項(4)）。

イ　審判以外の裁判に対する即時抗告

審判以外の裁判に対する即時抗告提起手数料は，1000円である（民訴費3Ⅰ，別表第一の18項(4)）。ただし，申立人として参加する場合における当事者参加の申出を却下する裁判については，申立手数料の1.5倍の額である（民訴費3Ⅰ，別表第一の18項(1)）。

---

[14] 第一審として裁判をした家庭裁判所である。ただし，抗告状に記載される宛先は高等裁判所である。
[15] 原審判に不服があり，抗告審における審理及び裁判を求める旨の記載があれば足りるが，抗告の趣旨が記載されるのが一般的である（別表一の研究133）。
[16] もっとも，別表第一事件においては，申立人が抗告人であり，かつ，利害関係参加人もない場合も多いことから，抗告状の写しの添付が不要である場合が多い（別表一の研究134）。
[17] 審判以外の裁判に対する即時抗告では，抗告裁判所による抗告状の写しの送付の規定が準用されないから（家事102），抗告状の写しの添付は求められない（家事規72）。
[18] 家事事件手続法32条において手続上の救助が規定されている。なお，家事事件手続法32条1項ただし書は，民事訴訟法82条1項ただし書の規定に倣い，濫用的な申立てや手続行為の防止のために要件を付加したものであるが，家事事件の手続では，通常，勝訴を観念することができないことから，「勝訴の見込みがないとはいえないときに限る。」との規定ぶりに代えて，「救助を求める者が不当な目的で家事審判又は家事調停の申立てその他の手続行為をしていることが明らかなときは，この限りでない。」との表現を用いている（一問一答家事81参照）。
[19] 原審判が職権により開始された手続による場合であっても，当該審判事件を申し立てた場合に手数料が必要とされているものについては，抗告提起の手数料として申立手数料の1.5倍の額が必要になる（別表一の研究134）。

第4章 抗　　告

3　原裁判所における手続[20]
(1) 審判に対する即時抗告の場合
ア　原裁判所による適法性の審査

原裁判所は，即時抗告が不適法でその不備を補正することができないことが明らかであるとき[21]は，これを却下しなければならない（家事87Ⅲ）[22]。抗告状の方式に関する審査，補正命令及び抗告状却下命令は，抗告裁判所の裁判長の権限であるから，原裁判所は審査できない（家事87Ⅵ，49Ⅳ，Ⅴ）。

なお，原裁判所による即時抗告の却下審判に対して，抗告人は1週間の不変期間内に即時抗告をすることができる（家事87Ⅴ）[23]。

イ　原裁判所による更正（再度の考案）

原裁判所は，審判に対する即時抗告を理由があると認めるときは，その審判を更正しなければならない（家事90本文）[24]。ただし，別表第二審判事件については，更正することができない（家事90ただし書）[25]。

再度の考案による更正審判は原審判と一体として効力を生ずる[26]。原審判に対しては不服申立てをすることができなかった者も，更正された原審判に対しては不服申立てをすることができる場合もあるが，その場合の即時抗告期間は，再度の考案による更正審判が告知されたときから改めて進行する[27][28]。

ウ　事件記録の送付

原裁判所が抗告却下の審判をした場合及び再度の考案による更正審判により即時抗告が全部終了した場合を除いて，原裁判所の裁判所書記官は，遅滞なく[29]，抗告裁判

---

[20] 抗告提起時の原審における手続については，別表一の研究132以下に詳しく説明されているので，そちらを参照されたい。
[21] 即時抗告期間の経過後に即時抗告が提起された場合，即時抗告権放棄後に即時抗告がされた場合，手続費用の負担に対する独立した即時抗告など即時抗告が許されない審判に対して即時抗告が提起された場合など。
[22] 抗告審の実体的な審理を開始する意味がないから，抗告状の提出を受けた原裁判所が即時抗告を却下するものとするのが迅速処理の要請に資するといえる（逐条家事283）。
[23] 抗告人に対するこの審判の告知は審判書謄本を送達する方法によるのが相当である。
[24] 家事審判事件は，一般的に簡易迅速な処理が要請されるため，審判に対して即時抗告が提起された場合において，原裁判所が自らの判断について再考し，その即時抗告を理由があると認めるときは，抗告裁判所に判断を求めることなく原裁判所が自ら審判を是正することができるとすれば，簡易迅速な処理が可能となり，当事者の利益にもかなうものと考えられる（逐条家事291）。
[25] 別表第2に掲げる事項についての審判事件では申立人および相手方が主張および資料を提出し，十分に実質的な審理をした上で家庭裁判所が審判をするものであること（第67条から第72条までを参照）を考えると，いわゆる再度の考案を認めたのでは，第一審の審理手続を手続保障の見地から充実させている意義（特に，第71条において審理の終結の制度が設けられていることの趣旨）を没却しかねない（逐条家事291以下）からである。
[26] 家事事件手続法77条の更正決定は，計算違い，誤記等の明白な誤りを訂正するにとどまるものであるが，本条の再度の考案は，明白な誤りの訂正にとどまるものではなく，裁判の内容を変更し，または取り消すこともできると解されることからすると，再度の考案による更正審判がされて当初の審判が変更された場合には，改めて審判がされたものと評価するのが相当である（逐条家事292参照）。
[27] 逐条家事293参照。
[28] 原審判を審判書謄本を送達する方法により告知した者に対しては，再度の考案による更正審判の告知についても同様とするのが相当であろう（別表一の研究136）。
[29] 別表第一審判事件については，抗告理由書提出期間の経過後に，高等裁判所に事件を送付するかどうか（再度の考案をすべき事案かどうか）について裁判官の判断を得る必要があることから，送付の時期は，少なくとも抗

所の裁判所書記官に対し，家事審判事件の記録を送付しなければならない（家事規56）。

なお，別表第二審判事件を除いて，原裁判所は抗告事件についての意見を付さなければならない（家事規57）。

(2) 審判以外の裁判に対する即時抗告の場合

審判に対する即時抗告の場合と同様，原裁判所が抗告却下の裁判をした場合及び再度の考案による更正の裁判により即時抗告が全部終了した場合を除き，抗告事件についての意見を付して，事件を抗告裁判所に送付する（家事102，家事規72）。

ただし，家事審判事件の記録が原審にないことによる家事審判事件本体の手続の遅延防止のため，原裁判所が家事審判事件の記録を送付する必要がないと認めたときは，原裁判所の裁判所書記官は抗告事件の記録のみを送付すれば足りる（家事規71Ⅰ）し，家事事件手続法47条10項による即時抗告については，抗告事件についての原裁判所の意見を記載した書面及び抗告事件の審理に参考となる書面を添付した上，抗告事件の記録のみを送付する（家事規71Ⅲ，Ⅳ）。

4 高等裁判所における手続

(1) 抗告裁判所の裁判長の抗告状審査

抗告状が家事事件手続法87条2項に違反する場合及び抗告提起手数料を納付しない場合，抗告裁判所の裁判長は相当の期間を定めてその不備を補正することを命じなければならず，申立人が不備を補正しないときは，裁判長が命令で抗告状を却下しなければならない（家事87Ⅵ，49Ⅳ，49Ⅴ）。

(2) 抗告状の写しの送付[30][31]

審判に対する即時抗告があった場合には，抗告裁判所は，即時抗告が不適法であるとき又は即時抗告に理由がないことが明らかであるときを除き，原審における当事者及び利害関係参加人（抗告人を除く。）に対し，抗告状の写しを送付しなければならない。ただし，抗告審における手続の円滑な進行を妨げるおそれがあると認められる場合には，即時抗告があったことを通知することをもって，抗告状の写しの送付に代えることができる（家事88Ⅰ）。抗告理由書の提出がなされた場合も同様である（家事規58）。なお，審判以外の裁判に対する即時抗告については，抗告状の写しの送付の規定は準用されていない（家事102は同88を準用していない。）。

抗告裁判所の裁判長が抗告状の写しの送付又はこれに代わる通知に必要な費用の予納を相当の期間を定めて抗告人に命じた場合に，その予納がないときは，命令で抗告状を却下しなければならない（家事88Ⅱ）。

告理由書の提出期間が経過し，原裁判所において抗告を理由がないと認めた後となる（別表一の研究138）。
30 家事事件の手続では，当事者による記録の閲覧謄写を制限する規定のない民事訴訟の手続とは異なり，家事調停事件や法別表第二に掲げる事項についての審判事件において，手続の円滑な進行を妨げるおそれがあると認められるときに相手方に申立書を送付しないことが許容されるほか（家事67Ⅰ，256Ⅰ），当事者による記録の閲覧等が許可されない場合があり得る（家事47Ⅳ，254Ⅲ）など，当事者の提出する書類の記載内容について特段の配慮が必要となることがある（条解家事規則57）。
31 家事審判の申立書，抗告状及び家事調停の申立書の写し等については，これらの書面の提出によって手続が開始されることとの関係上，直送は予定されていない（条解家事規則60）。

第4章 抗　　告

(3) 審理の範囲

家事事件では，審理及び判断の対象が申立ての内容に拘束されるわけではなく，公益的・後見的な見地から適切な裁量権を行使し，あるべき法律関係を形成することが求められており，処分権主義は貫かれていないため，民事訴訟法304条に規定するいわゆる不利益変更禁止の原則に相当する規定は設けられていない（家事93Ⅲは民訴304を準用していない。）[32]。

(4) 審理の方式

家事事件手続法93条1項は，審判に対する即時抗告及びその抗告審に関する手続について，特別の定めがある場合を除き，第一審の家事審判の手続に関する規定及び審判前の保全処分についての規定を原則として準用する[33]。

ア　期日

家事事件手続では，民事訴訟とは異なり必要的口頭弁論主義が採用されていないから，期日を開くか否かは，事案ごとに抗告裁判所の判断に委ねられている。別表第一審判事件においては，期日を開かず書面のみで審理される事件類型も多く，期日を開くのは，主に事実の調査としての審問を行う場合である。

家事事件の手続の期日[34][35]は，裁判長が職権で[36]指定し（家事34Ⅰ），抗告裁判所は当該期日に事件の関係人を呼び出すことができる（家事51Ⅰ）。呼出しを受けた事件の関係人は，自ら出頭しなければならないが，やむを得ない事由があるときは，代理人を出頭させることができる（家事51Ⅱ）。期日の呼出しは相当と認める方法（家事34Ⅳ，民訴94Ⅰ）で行う。期日通知書を普通郵便で送付する方法が一般的であるが，陳述の聴取を審問の期日においてしなければならないとされている場合[37]については，陳述を聴取される者が呼出しに応じず，その者が審問に出頭しないまま審判をするときに，手続保障の観点から審問の期日において陳述する機会を与えたことを手続上明確にしておく必要があるから，このような場合には，裁判官の審理方針により，期日呼出状又は期日通知書を送達する方法も考えられよう。なお，期日の変更は，顕著な事由がある場合に限りすることができる（家事34Ⅲ，家事規23）。また，原則非公開で行われるが，抗告裁判所は，相当と認める者の傍聴を許すことができる（家事33）。

書記官は，家事審判の手続を期日で行った場合は，原則として調書を作成しなければならないが，証拠調べの期日以外の期日については，裁判長において必要がないと認めるときは，その経過の要領を記録上明らかにすることをもってこれに代えること

---

[32] 一問一答家事148参照。
[33] 家事事件手続における審理の方式については，別表一の研究63以下に詳しく説明されているので，そちらを参照されたい。
[34] 期日における手続は，受命裁判官が行うことができる（家事53）。
[35] 当事者の意見を聴いた上で，電話会議システムやテレビ会議システムを使用して行うことができる（家事54）。
[36] 民事訴訟の場合と異なり，当事者による期日指定の申立権は認められていない。
[37] 審問と陳述の聴取は，いずれも言語的表現による認識，意見，意向等の表明を受ける事実の調査の方法であるが，審問が，家事事件の手続の期日において審問を受ける者が口頭で認識等を述べるのを裁判官が直接聴く手続であるのに対し，陳述の聴取は，その方法に特に制限はなく，裁判官の審問によるほか，家庭裁判所調査官による調査，書面照会等の方法が考えられる（一問一答家事19参照）。

ができるものとされている（家事46）。期日調書の記載事項については，家事事件手続規則31条及び同32条に定められているほか，同33条により民事訴訟規則68条から77条までが準用されている[38]。

イ 事実の調査及び証拠調べ

抗告裁判所は，職権で事実の調査[39]をし，かつ，申立てにより又は職権で，必要と認める証拠調べ[40]をしなければならない（家事56Ⅰ）。事実の調査とは，裁判所が広範な裁量の下，職権で，適宜適切な方法により裁判資料を収集することである。事実の調査も証拠調べも裁判所が行う事実認定のための資料を収集することであるが，証拠調べは方式が厳格に定められていて強制力があるのに対し（家事事件手続法64条及び家事事件手続規則46条で民事訴訟法及び民事訴訟規則が準用されている。），事実の調査は，裁判所が，自由な方式で，かつ，強制力によらないで裁判の資料を収集するものである。また，証拠調べは当事者に申立権が認められているのに対して，事実の調査については当事者には申立権がなく，当事者は裁判所による職権調査を促すことしかできない。証拠調べは事実の調査の補充的な役割を果たすことが想定されているといえる。

ウ 事実の調査の通知

(ｱ) 別表第一審判事件

別表第一審判事件について，事実の調査を行った結果，手続の追行に重要な変更を生じ得るものと認めるとき[41]は，抗告裁判所は，これを当事者及び利害関係参加人に通知しなければならない[42]（家事63）。この通知は，相当と認める方法によることができる（家事規5，民訴規4Ⅰ）。

(ｲ) 別表第二審判事件

別表第二審判事件については，抗告裁判所が事実の調査をしたときは，特に必要がないと認める場合を除き，事実の調査をしたことを，当事者及び利害関係参加人に通知しなければならない（家事70）[43]。この通知も，相当と認める方法によることができる（家事規5，民訴規4Ⅰ）。

---

[38] このほか，調書の記載方法等については，平成24年12月10日付け最高裁家一第004532号家庭局長，総務局長通達「家事事件の期日調書等の様式及び記載方法について」を参照されたい。
[39] 裁判所が相当と認めるときは，受命裁判官に行わせることができる（家事61Ⅲ）。
[40] 一定の要件を満たせば，受命裁判官に行わせることができる（家事64Ⅰ，民訴195）。
[41] 例えば，申立人が提出した資料以外の資料について事実の調査を行った場合で，裁判官がその事実の調査の結果により申立却下の心証を得た場合や，当事者や利害関係参加人が事実の調査の結果を知れば当然に反論や他の資料の提出をすることが予想されるような場合などが考えられる（別表一の研究72）。
[42] 手続の透明性を確保し，当事者への不意打ち防止の観点から，事実の調査を行った旨を当事者等に告げて記録の閲覧等のきっかけを与え，事実の調査の結果に対する反論の機会を保障するために設けられた制度であり，別表第一事件においては，申立人に何らの予告なく申立てが却下されるという事態を防ぐ機能を果たすことになると考えられる（別表一の研究72，逐条家事210参照）。
[43] 別表第二審判事件の手続は，定型的に紛争性があり，申立人と相手方の利害が対立する関係にあるから，事実の調査の結果はそれが申立てが認められる方向に作用するものであれ，逆の方向に作用するものであれ，いずれも当事者にとって重要であるから，申立人と相手方に閲覧謄写を通じてその内容を知り，反論またはさらに補強する資料の提出等の適切な対応をとる機会を与えることが重要になる（逐条家事234）からである。

(5) 陳述の聴取
　ア　別表第二審判事件以外の家事審判事件
　　別表第二審判事件以外の家事審判事件の抗告審においては，抗告裁判所がその審判を取り消して自ら変更の決定をする場合や抗告裁判所がこれを原裁判所に差し戻す場合には，原審判に直接的な利害関係を有すると考えられる原審における当事者及びその他の審判を受ける者（抗告人を除く[44]。）に反論の機会を与えるため，これらの者の陳述を聴かなければならない（家事89Ⅰ）。
　イ　別表第二審判事件
　　別表第二審判事件の抗告審においては，原審の段階から申立人と相手方が対立する関係にあるから，別表第二審判事件以外の家事審判事件に比べ，これらの者の反論の機会を保障する必要が高い。そこで，別表第二審判事件の抗告審においては，抗告裁判所は，即時抗告が不適法であるとき又は即時抗告に理由がないことが明らかなときを除き，原審における当事者（抗告人を除く。）の陳述を聴かなければならないとされる[45]（家事89Ⅱ）。

(6) 付調停
　抗告裁判所は，家事事件手続法244条の規定により家事調停を行うことができる事件について，当事者の意見を聴いて，いつでも，職権で，事件を家事調停に付することができる（家事274Ⅰ）。抗告裁判所は，事件を家事調停に付した場合においては，原則として家事調停事件の管轄権を有する家庭裁判所に処理させなければならないが（家事274Ⅱ），自ら処理することもできる（家事274Ⅲ）[46]。

(7) 別表第二審判事件における審理の終結と決定日の指定[47]
　ア　審理の終結
　　別表第一審判事件が主として申立人の申立てが認められるかどうかという観点からの審理であるのに対して，別表第二審判事件は紛争性が高く，申立人と相手方との間に利害対立があり，当事者等が必要な資料を提出するとともに他の当事者等が提出した資料に対して十分な反論の機会を与えられ，攻撃防御を尽くすことが重要となり，このような手続保障をするためには，資料の提出期限を明らかにしておく必要がある。そこで，別表第二審判事件については，抗告裁判所は，申立てが不適法であるとき又は申立てに理由がないことが明らかなときを除き，相当の猶予期間を置いて，審理を

---

[44] 抗告人を除外しているのは，抗告人は，抗告状および抗告理由書等において自らの言い分を十分に裁判所に提出することが可能であり，改めて必ず反論の機会を保障する必要はないと考えられるためである（逐条家事288）。
[45] 別表第二審判事件の抗告審においては，家事事件手続法89条2項の規定があり，これが同法93条1項に規定する「特別の定め」になるから，抗告審における陳述の聴取には同法68条1項および2項の準用はない。したがって，当事者の申出があるときには審問の期日において陳述の聴取をしなければならないというわけではない。（逐条家事291参照）
[46] 自庁処理する場合には，家事事件手続法274条1項に規定する意見聴取の際に自庁処理をすることについても当事者の意向を聴取すべきとされる（逐条家事827参照）。
[47] 逐条家事235以下参照。

終結する日を定めなければならない[48]（家事93Ⅰ,71本文）。

ただし，当事者双方が立ち会うことができる期日において終結する場合には，当事者はその場で意見を述べることができるから，相当の猶予期間を置かなくてもよい（家事93Ⅰ,71ただし書）。

また，家事事件手続法88条1項による抗告状の写しの送付及びこれに代わる即時抗告があったことの通知をすることを要しないとされたときは，審理の終結をすることなく，即時抗告を却下し，又は棄却することができる（家事93Ⅱ）[49]。

なお，審理が終結した後は，当事者等は裁判の基礎となる資料を提出することはできなくなるし，抗告裁判所も審理の終結までに提出された資料に基づき裁判しなければならない[50]。

イ　決定日の指定

上記の別表第二審判事件の性格により，裁判所がその判断を示す日がいつであるかは当事者等にとって重大な関心事であるから，抗告裁判所は，審理を終結したときは，決定をする日を定めなければならない[51]。

(8) 抗告裁判所による裁判

抗告裁判所は，家事審判事件が裁判をするのに熟したときは，その即時抗告について決定で裁判をする[52]（家事91Ⅰ,93Ⅰ,73）。抗告裁判所は，即時抗告を理由があると認める場合，原則として[53]，原審判を取り消した上で，家事審判の申立てについて自ら[54]審判に代わる裁判[55]をしなければならない（家事91Ⅱ）。なお，抗告審の決定書における理由の要旨の記載は，原審の審判書を引用してすることができる（家事規59）[56]。これは，審判以外の裁判に対する即時抗告にも準用される（家事102，家事規72）。

なお，事件を完結する裁判においては，職権で，抗告費用の負担の裁判をしなければ

---

[48] 審理を終結する日の定めおよび審理を終結する旨の宣言の法的性質は，審判以外の裁判（家事81）である。期日においてされた場合には，その場で告知されるが，期日外で審理を終結する日の定めがされた場合には相当な方法による告知が必要である。（逐条家事236）

[49] 家事事件手続法72条の規定による決定日の指定は，同法71条の規定により審理を終結したことを前提とするものであるから，同法93条2項により審理の終結の手続を経ることを要しないとされる場合には，当然，決定日を指定する必要はないとされる。（逐条家事301参照）

[50] 審理の終結後に提出された資料を審判の基礎となる資料にしたければ，審理を再開する必要がある。

[51] 決定をする日の指定をするのは，当事者等に決定がされる日を事前に知らせることにより，将来の不服申立ての可能性に備えることを容易にすることに意義がある。したがって，決定をする日を指定する裁判は，その性質上決定の告知を受けるべき者である当事者および利害関係参加人に告知されることを前提としている（逐条家事237参照）。

[52] 家庭裁判所は，家事審判事件については審判で（家事73Ⅰ），審判以外の裁判については決定で（家事81Ⅰ）裁判をするとされるのと異なる。

[53] 差し戻す場合としては，家事事件手続法93条3項において準用する民事訴訟法307条又は同法308条1項による差戻しが挙げられる。

[54] 家事事件手続法により差戻し原則が変更されたことにつき逐条家事294参照。

[55] 審判は，家庭裁判所がする裁判であるために，性質上は審判であっても高等裁判所がする場合には審判の用語を使わずに審判に代わる裁判の用語を用いているが，審判に代わる裁判は性質上は審判であって，審判以外の裁判ではない（一問一答家事17参照）。

[56] 重複部分について，第一審の審判書の引用を認めて，迅速な決定の告知を可能にするための規定である（条解家事規則144）。

第4章　抗　　告

ならない（家事29Ⅰ）。抗告裁判所が原審の裁判を変更する場合は，手続の総費用（調停手続を経ている場合は調停費用も含む。）について，その負担の裁判をしなければならない（家事29Ⅱ）。なお，手続（抗告）費用については各自負担が原則とされる（家事28Ⅰ）。

(9)　裁判の告知

　家事審判事件の即時抗告についての審判に代わる裁判は，特別な定めがある場合を除き[57]，当事者及び利害関係参加人並びにこれらの者以外の審判を受ける者に対し，相当と認める方法で告知しなければならない（家事93Ⅰ，74Ⅰ）[58] [59] [60]。当事者には家事事件手続法41条1項または2項の規定により当事者として参加した者を含むし，利害関係参加人とは同法42条1項または2項の規定により参加した者である。また，審判を受ける者とは，審判の名宛人となる者であり，申立てを却下する審判においては申立人がこれに当たるし，積極的内容の審判にあってはこれにより自己の法律関係が形成される者がこれに当たる。

　なお，上記の裁判の告知についての規定は，審判以外の裁判に対する即時抗告にも準用される（家事102, 93Ⅰ，74Ⅰ）。

(10)　審判に代わる裁判の執行力[61]

　金銭の支払，物の引渡し，登記義務の履行その他の給付を命ずる審判に代わる裁判[62]が確定したときは，執行力のある債務名義と同一の効力[63]を有する（家事93Ⅰ，75）。

(11)　履行勧告

　義務を定める家事事件手続法91条1項の規定による審判に代わる裁判をした抗告審の原審である家庭裁判所は，権利者の申出があるときは，その審判に代わる裁判で定められた義務の履行状況を調査し，義務者に対し，その義務の履行を勧告することができる（家事289）。

---

[57] 審判の告知に関する特別の定め（家事74Ⅰ）については，平成25年3月家庭裁判資料第197号「家事事件手続法執務資料」216以下「第8　主な審判事件一覧表」の「告知の定め」欄を参照されたい。
[58] 決定正本によって告知するときは正本認証用紙を使用しなければならない場合があるので，注意を要する（平成22年5月25日付け最高裁総三第000078号総務局長通達「認証等用特殊用紙に関する事務の取扱いについて」参照）。
[59] 決定の告知がされたときは，裁判所書記官は，その旨及び告知の方法を家事審判事件の記録上明らかにしなければならない（家事規50Ⅲ）。
[60] 後見開始の裁判があったときは成年後見人となるべき者への通知が（家事122Ⅰ①），特別縁故者に対する相続財産分与の申立てについての裁判が確定したときは相続財産管理人への通知が（家事規110Ⅱ後段），それぞれ規定されているので，注意されたい。
[61] 家庭をめぐる紛争の一回的・総合的解決を図ることを目的に，家事審判により権利または法律関係を形成するとともに，その形成された権利を実現するために必要がある場合には金銭の支払等の給付を命ずることができるものとし，かつ，当該給付の審判に執行力を有する債務名義と同一の効力（すなわち，執行力および強制執行のための単純執行文を不要とする効力）を与えたものである（逐条家事247）。
[62] 家事事件手続法第2編第2章において個別に規定される（家事154, 163, 185, 190, 196）。
[63] 民事執行法26条の単純執行文の付与を受けることなく審判に代わる裁判を債務名義として強制執行することができるものであって，給付が条件にかかっていれば同法27条1項の事実到来執行文の付与が必要となるし，当事者に承継があれば同法27条2項の承継執行文の付与が必要となる。

5 取下げ

(1) 抗告審における申立ての取下げ

抗告審における家事審判の申立ての取下げは，家事審判がされた後の申立ての取下げに当たるから，許されない（家事93Ⅰ，82Ⅰ）。

ただし，別表第二審判事件の審判の申立てについては，相手方の同意があれば取り下げることができる（家事93Ⅰ，82Ⅱ）。抗告審において別表第二審判事件の申立ての取下げがあったときは，抗告裁判所は，原則として，相手方に対し，申立ての取下げがあったことを通知しなければならない（家事93Ⅰ，82Ⅲ）。この通知を受けた日から2週間以内に相手方が異議を述べないときは，相手方が申立ての取下げに同意したものとみなされる（家事93Ⅰ，82Ⅳ）。そして，抗告審における別表第二審判事件の申立ての取下げについて相手方の同意を得た場合又は同意を得たとみなされる場合[64]，申立ての取下げがあった部分については初めから事件が係属していなかったものとみなされる（家事93Ⅰ，82Ⅴ，民訴262Ⅰ）。

(2) 抗告審における即時抗告の取下げ

抗告審においては，終局的な裁判があるまで家事審判事件の即時抗告の取下げができる（家事93Ⅲ，民訴292Ⅰ）。即時抗告の取下げは，家事審判の手続の期日においてする場合以外は書面でしなければならず，即時抗告の取下げがあった部分については初めから抗告がなかったものとみなされる[65]（家事93Ⅲ，民訴292Ⅱ，家事82Ⅴ，民訴262Ⅰ）。

また，抗告人が，連続して2回，呼出しを受けた期日に出頭せず，または呼出しを受けた期日において陳述をしないで退席したときは，抗告裁判所は，抗告の取下げを擬制することができる（家事93Ⅲ，民訴292Ⅱ，家事83）。

なお，家事事件手続法102条により，審判以外の裁判に対する即時抗告にも準用される。

6 審判前の保全処分

本案の家事審判事件が高等裁判所に係属している場合の審判前の保全処分は，その家事審判事件が係属している高等裁判所の管轄に属する（家事105Ⅱ）。この場合，高等裁判所は，第一審として，家事事件手続法105条1項に定める仮差押え，仮処分，財産の管理者の選任その他の必要な保全処分を命ずる審判に代わる裁判をする。

7 戸籍の記載の嘱託及び後見登記等に関する法律に定める登記の嘱託

戸籍の記載の嘱託及び後見登記等に関する法律に定める登記（以下「後見登記法に定める登記」という。）の嘱託[66]は，家事審判の手続における一定の審判又は審判に代わる裁判による身分関係上の地位の得喪を，裁判所からの嘱託により，戸籍の記載又は登記に反映させるためのものである。

---

[64] 相手方が申立ての取下げに同意したとき又は同意したものとみなされたときは，裁判所書記官は，その旨を当事者及び利害関係参加人に通知しなければならない（家事規52Ⅱ）。
[65] 即時抗告の取下げがあった場合は，裁判所書記官は，その旨を原審における当事者及び利害関係参加人に通知しなければならない（家事規60Ⅱ，民訴規177Ⅱ）。
[66] 後見登記法に定める登記については，登記手数料を要するものがある。

第4章 抗　　告

　高等裁判所の裁判所書記官[67]は，戸籍の記載又は後見登記法に定める登記の嘱託を要するものとして最高裁判所規則で定めるところの，別表第一審判事件についての審判に代わる裁判が効力を生じた場合及び審判前の保全処分が効力を生じ又は効力を失った場合には，遅滞なく，戸籍事務管掌者又は登記所に対し，戸籍の記載又は後見登記法に定める登記を嘱託しなければならない（家事116）。

　なお，即時抗告の対象となる別表第一審判事件の中で，戸籍の記載の嘱託及び後見登記法に定める登記をすべき審判に代わる裁判を，別表4－1の「抗告審における戸籍の記載の嘱託及び後見登記等に関する法律に定める登記の嘱託」欄に示した[68]。

(1) 戸籍の記載の嘱託

　ア　対象となる別表第一審判事件についての審判に代わる裁判（家事116①，家事規76Ⅰ）

　　(ｱ)　親権喪失，親権停止又は管理権喪失の審判（家事規76Ⅰ①）

　　(ｲ)　未成年後見人又は未成年後見監督人の解任の審判（家事規76Ⅰ④）

　　(ｳ)　性別の取扱いの変更の審判（家事規76Ⅰ⑥）

　イ　対象となる審判前の保全処分（家事116②，家事規76Ⅱ）[69]

　　(ｱ)　特別養子縁組の成立又は離縁の審判事件を本案とする，親権者若しくは未成年後見人の職務執行を停止し，又は職務代行者を選任する審判前の保全処分（家事166Ⅰ，Ⅴ）及び職務代行者を改任する審判前の保全処分（家事166Ⅲ，Ⅴ）（家事規76Ⅱ①）

　　(ｲ)　親権喪失，親権停止又は管理権喪失の審判事件を本案とする，親権者の職務執行を停止し，又はその職務代行者を選任する審判前の保全処分及び職務代行者を改任する審判前の保全処分（家事174Ⅰ，Ⅲ）（家事規76Ⅱ②）

　　(ｳ)　親権者の指定又は変更の審判事件を本案とする，親権者の職務執行を停止し，又はその職務代行者を選任する審判前の保全処分及び職務代行者を改任する審判前の保全処分（家事175Ⅲ，Ⅴ）（家事規76Ⅱ②）

　　(ｴ)　未成年後見人の解任の審判事件又は未成年後見監督人の解任の審判事件を本案とする，未成年後見人若しくは未成年後見監督人の職務執行を停止し，又はその職務代行者を選任する審判前の保全処分及び職務代行者を改任する審判前の保全処分（家事181，家事127Ⅰ，Ⅲ）（家事規76Ⅱ③）

　ウ　嘱託の手続

　　具体的な嘱託手続については，家事事件手続規則76条3項において嘱託書の記載

---

[67] 家事事件手続法116条の規定による戸籍の記載の嘱託の手続は，戸籍の記載の原因が生じた日に当該事件の記録のある裁判所の裁判所書記官が，戸籍の記載に係る未成年者（性別の取扱いの変更の審判又は裁判にあっては，申立人）の本籍地の戸籍事務を管掌する者に対して行うものとされ（平成24年11月22日付け最高裁家一第004237号家庭局長，総務局長通達「戸籍記載の嘱託手続について」参照），これを受け，別表一の研究107頁は，「原則として高等裁判所の書記官が行うことになろう。」としている。

[68] 別表4－1には挙げていないが，他にも，審判前の保全処分事件において嘱託が必要となる場合がある。別表一の研究106頁に別表第一審判事件を本案とする対象事件の一覧が，同109頁に後見登記法に定める登記の嘱託の対象事件一覧が記載されているので，そちらを参照されたい。

[69] 条解家事規則195以下参照。

事項が示され，裁判所書記官が記名押印しなければならないとされるほか，同条4項において嘱託書には戸籍の記載の原因を証する書面を添付しなければならないと定められており，また，平成24年11月22日付け最高裁家一第004237号家庭局長，総務局長通達「戸籍記載の嘱託手続について」において，嘱託書の様式，戸籍の記載の原因ごとに添付書面等が具体的に定められているので，これらに従うこととなる[70]。

(2) 後見登記法に定める登記の嘱託
　ア　対象となる別表第一審判事件についての審判に代わる裁判（家事116①，家事規77Ⅰ）
　　(ｱ)　後見開始，保佐開始又は補助開始の審判及びその取消しの審判（家事規77Ⅰ①）
　　(ｲ)　成年後見人，成年後見監督人，保佐人，保佐監督人，補助人又は補助監督人（以下「成年後見人等」という。）の選任の審判（家事規77Ⅰ②）
　　(ｳ)　任意後見契約の効力を発生させるための任意後見監督人の選任の審判（家事規77Ⅰ③）
　　(ｴ)　成年後見人等，任意後見監督人又は任意後見人の解任の審判（家事規77Ⅰ⑤）
　　(ｵ)　成年後見人等又は任意後見監督人の権限の行使についての定め及びその取消しの審判（家事規77Ⅰ⑥）
　　(ｶ)　保佐人又は補助人の同意を得なければならない行為の定めの審判（家事規77Ⅰ⑦）
　　(ｷ)　保佐人又は補助人に対する代理権の付与の審判及びその取消しの審判（家事規77Ⅰ⑧）
　イ　対象となる審判前の保全処分（家事法116②，家事規77Ⅱ）[71]
　　(ｱ)　後見開始の審判事件，保佐開始の審判事件又は補助開始の審判事件を本案とする，財産の管理者の後見，保佐又は補助を受けることを命ずる審判前の保全処分（家事126Ⅱ，134Ⅱ又は143Ⅱ），財産の管理者を改任する審判前の保全処分（家事126Ⅷ，134Ⅵ及び143Ⅵにおいて準用する125Ⅰ）（家事規77Ⅱ①）
　　(ｲ)　成年後見人の解任の審判事件等を本案とする，成年後見人等若しくは任意後見監督人の職務の執行を停止し，又はその職務代行者を選任する審判前の保全処分（家事127Ⅰ（127Ⅴ並びに135，144及び225Ⅰにおいて準用する場合を含む。）），職務代行者を改任する審判前の保全処分（家事127Ⅲ（127Ⅴ並びに135，144及び225Ⅰにおいて準用する場合を含む。））（家事規77Ⅱ②）
　　(ｳ)　任意後見人の解任の審判事件を本案とする，任意後見人の職務の執行を停止する審判前の保全処分（家事225Ⅱにおいて準用する127Ⅰ）（家事規77Ⅱ③）
　ウ　任意後見契約終了の登記の嘱託（家事規77Ⅲ）
　　後見開始，保佐開始若しくは補助開始の審判に代わる裁判が効力を生じた場合において，任意後見契約に関する法律10条3項の規定により終了する任意後見契約があるときは，裁判所書記官は，遅滞なく，登記所に対し，その任意後見契約が終了した旨

---

[70] 嘱託に当たっての具体的な手続については別表一の研究106以下に詳しく記載されているので，そちらを参照されたい。
[71] 条解家事規則203参照。

第4章 抗　　告

　　　の後見登記法に定める登記の嘱託をしなければならない。
　　エ　嘱託の手続
　　　　嘱託の手続については，家事事件手続規則 77 条 4 項及び 5 項において嘱託書の記載事項等及び嘱託書に登記の事由を証する書面を添付しなければならない旨が定められているほか，平成 12 年 2 月 28 日付け最高裁家一第 58 号家庭局長，総務局長通達「後見登記等に関する法律に定める登記の嘱託手続について」において，嘱託書の様式[72]等及び登記の事由ごとの添付書面が具体的に定められているから，それらに従い手続をすることとなる[73]。
8　戸籍事務管掌者に対する通知（戸籍通知）
　　当事者に戸籍の届出義務のある審判に代わる裁判が効力を生じたときは，裁判所書記官[74]は，遅滞なく，家事事件手続規則で定める各戸籍事務管掌者に対してその旨を通知しなければならない[75] [76]。
⑴　対象となる事件
　　ア　対象となる別表第一審判事件についての審判に代わる裁判は次のとおり。
　　　㈠　失踪の宣告（家事規 89 Ⅰ）
　　　㈡　失踪の宣告の取消し（家事規 89 Ⅱ）
　　　㈢　特別養子縁組の成立（家事規 93 Ⅱ）
　　　㈣　特別養子縁組の離縁（家事規 94）
　　　㈤　親権喪失，親権停止又は管理権喪失の審判の取消し（家事規 95 後段）
　　　㈥　推定相続人の廃除（家事規 100）
　　　㈦　推定相続人の廃除の審判の取消し（家事規 100）
　　　㈧　就籍許可（家事規 199①）
　　　㈨　戸籍の訂正についての許可（家事規 119②）
　　イ　対象となる別表第二審判事件についての審判に代わる裁判は次のとおり。
　　　㈠　親権者の指定（家事規 95 前段）
　　　㈡　親権者の変更（家事規 95 前段）

---

[72] 民事裁判事務支援システムの機能を利用して印刷される嘱託書の様式を使用して作成することも可能とされている（平成 27 年 7 月 15 日付け最高裁家二第 775 号家庭局長，総務局長通達「成年後見登記嘱託書の作成における民事裁判事務支援システムの機能の利用について」）。
[73] 嘱託に当たっての具体的な手続について別表一の研究 110 頁以下に詳しく記載されているので，そちらを参照されたい。
[74] 戸籍通知は，審判に代わる裁判の確定後早期に行うことが求められるから，高等裁判所の裁判所書記官が行うのが相当である（条解家事規則 240 参照）。
[75] この通知の趣旨は，戸籍の届出義務のある当事者が所定期間内に届出を行わないときに，審判の内容が戸籍上の記載に反映されないことになるのを避けるため，戸籍事務管掌者がそのような事態を把握し，届出をしない当事者等に対する催告や，催告をすることができない場合又は催告をしても届出がされない場合における管轄法務局又は地方法務局の長の許可を得た上で行う職権による戸籍の記載の手続（戸籍法 44 条 1 項，2 項，同条 3 項において準用する同 24 条 2 項）をとるなど，可及的速やかに戸籍の整備に努めることができるようにすることにある（別表一の研究 111 以下）。
[76] 他に，請求すべき按分割合に関する処分審判に対する抗告事件が抗告審における審判に代わる裁判によって確定した場合にも，年金分割の請求手続には厳格な請求期限があることから，年金分割の請求手続のための確定証明書等の交付手続を，抗告審の裁判所書記官が行うか，原審の裁判所書記官が行うかという問題もある。

なお，即時抗告の対象となる別表第一審判事件及び別表第二審判事件の審判の中で，審判に代わる裁判において戸籍事務管掌者に対する通知を要するものは，別表4－1の「抗告審において審判に代わる裁判が確定したときの戸籍事務管掌者への通知」欄にその通知先を示した。

(2) 通知方法

通知は相当と認める方法[77]で行う。通知をしたときは，裁判所書記官は，その旨及び方法を記録上明らかにしなければならない[78]（家事規5，民訴規4Ⅰ，Ⅱ）。この通知費用は国庫負担となる（昭和31年7月9日付け最高裁家庭甲第104号家庭局長通知「家事事件手続費用の負担について」参照）。

9 当事者による戸籍の届出

別表第一審判事件及び別表第二審判事件についての審判に代わる裁判の中には，その効力が生じた際に当事者による戸籍の届出（又は戸籍の訂正の申請）が必要となるものがある。即時抗告の対象となる別表第一審判事件及び別表第二審判事件の審判の中で，審判に代わる裁判において当事者による戸籍の届出（又は戸籍の訂正の申請）が必要となるものを，別表4－1の「当事者による戸籍届出」欄に示し，括弧内に届出義務者（届出人）と届出期間を示した。

10 特別抗告

高等裁判所の家事審判事件についての決定に対しては，その裁判に憲法の解釈の誤りがあることその他憲法の違反があるときに最高裁判所に特別抗告をすることができる（家事94Ⅰ）。特別抗告が係属する抗告裁判所が調査すべき範囲は，抗告状又は抗告理由書に記載された特別抗告の理由に限定される（家事94Ⅱ）[79]。

なお，家事事件手続法94条1項において，特別抗告の対象となる事件として，家庭裁判所の審判で不服を申し立てることができないものと定められているが，家事審判事件においては事件及び審判の内容ごとにそれぞれの事情を考慮して即時抗告をすることができる者が個別に限定的に定められているところ，特別抗告をすることができる審判に当たるか否かは，およそ一般に不服申立てをすることができる審判か否かではなく，特別抗告をしようとする者を基準にして不服申立てをすることができるか否かで判断するのが相当と解されている[80]。

特別抗告は執行停止の効力を有しないが，抗告裁判所は，申立てにより，担保を立てさせて，又は立てさせないで，特別抗告について裁判があるまで，原裁判の執行の停止その

---

[77] 実務上，書記官が通知書（事件番号，審判の内容（別紙として審判書謄本が添付される。）及び審判確定の日を記載したもの）を作成し，普通郵便で送付する方法が一般的（別表一の研究113）である。なお，省略謄本の可否につき，別表一の研究113の脚注218を参照。
[78] 通知した旨及びその方法を記録上明らかにする方法としては，記録表紙の戸籍通知の記載欄に通知年月日と方法を記載し認印する方法や，通知書の写しを記録につづり込む方法が一般的である（別表一の研究113）。
[79] 家事審判の手続には，基本的には，民事訴訟における弁論主義が適用されないと解されるが，特別抗告の申立ての対象とされていない部分についてまで抗告裁判所が自ら進んで調査をするものとすることは，特別抗告が特別の不服申立て方法であることおよび手続の安定の見地からすると相当ではない（逐条家事309）ためとされる。
[80] 逐条家事309参照。

第4章 抗　　告

他必要な処分を命ずることができる（家事95Ⅰ）[81]。
11　許可抗告
　　家事事件手続法97条は，民事訴訟法337条と同様の許可抗告の制度を明文で設け，許可抗告をすることができる裁判及び許可抗告が係属する抗告裁判所の調査の範囲について定めている[82]。
　　なお，家事事件手続法97条1項ただし書において，許可抗告の対象を，その決定が家庭裁判所の審判であるとした場合に即時抗告をすることができるものに限定しているが，家事審判事件においては事件及び審判の内容ごとに即時抗告により原審判を争うにふさわしい者を限定して即時抗告権者として定めているところ，同項ただし書の「即時抗告をすることができる」とは，およそ一般に即時抗告をすることができる審判であるか否かで判断するのではなく，抗告許可の申立てをしようとする者を基準に即時抗告をすることができる審判であるか否かで判断するのが相当と解されている[83]。
12　記録の閲覧・謄写等[84] [85]
(1)　当事者による請求
　　当事者[86]は，抗告裁判所の許可を得て，裁判所書記官に対し，家事審判事件の記録の閲覧若しくは謄写，その正本，謄本若しくは抄本の交付又は家事審判事件に関する事項の証明書の交付，家事審判事件の記録中の録音テープ又はビデオテープ（これらに準ずる方法により一定の事項を記録した物を含む。）の複製（これらを以下「記録の閲覧等」という。）を請求することができる。抗告裁判所は，これらの申立てがあったときは，原則として許可しなければならない。ただし，次の場合には，例外として許可しないことができる[87]（家事93Ⅰ，47Ⅰ～Ⅶ）。
　　①　事件の関係人である未成年者の利益を害するおそれがあるとき
　　②　当事者若しくは第三者の私生活又は業務の平穏を害するおそれがあるとき
　　③　当事者若しくは第三者の私生活についての重大な秘密が明らかにされることにより，その者が社会生活を営むのに著しい支障を生じ，若しくはその者の名誉を著しく害するおそれがあるとき

---

[81] 第6章第7の2を参照。
[82] 許可抗告の執行停止については，家事事件手続法95条が準用される（家事98Ⅰ）。
[83] 逐条家事319参照。
[84] 当事者が非開示を希望している情報及び裁判所が当事者に開示しないと判断した情報の適切な管理については慎重な対応が望まれる。家事事件手続におけるこれらの情報の取扱いについては，平成28年4月26日付け最高裁家庭局第二課長，総務局第三課長事務連絡「家事事件手続における非開示希望情報等の適切な管理について」を参照されたい。
[85] 行政手続における特定の個人を識別するための番号の利用等に関する法律（平成25年法律第27号）に基づく個人番号（マイナンバー）の取扱いについても慎重な対応が望まれる。マイナンバーの適切な管理については，平成27年12月3日付け最高裁総務局長，民事局長，刑事局長，行政局長及び家庭局長書簡並びに同書簡添付の「訴訟手続等における個人番号（マイナンバー）の適切な管理等について（Q＆A）」を参照されたい。
[86] 利害関係参加人は，当事者がすることができる手続行為をすることができるため（家事42Ⅶ），利害関係参加人の記録の閲覧等の許可の申立ては，当事者の記録の閲覧等の許可の申立てと同視される（逐条家事164参照）。
[87] 家事審判事件の当事者については，主体的な手続追行の機会を保障するため，原則として記録の閲覧等を許可するものとしつつ，家事審判事件の記録には私生活上の秘密に関する情報が含まれることも多いこと等を考慮して，関係人のプライバシー等にも配慮した例外規定を置いた（一問一答家事101参照）。

④ 事件の性質，審理の状況，記録の内容等に照らして当該当事者に記録の閲覧等の許可をすることを不適当とする特別の事情があるとき

なお，当事者は，審判書その他の裁判書の正本，謄本若しくは抄本又は家事審判事件に関する事項の証明書については，抗告裁判所の許可を得ないで，裁判所書記官に対し，その交付を請求することができる（家事93Ⅰ，47Ⅵ）。審判を受ける者が当該審判があった後に請求する場合も，同様とされる。

(2) **利害関係を疎明した第三者による請求**

利害関係を疎明した第三者も，抗告裁判所の許可を得て，裁判所書記官に対し，記録の閲覧等の請求ができるが（家事93Ⅰ，47Ⅰ，Ⅱ），当事者とは異なり，抗告裁判所が相当と認めるときに限り許可することができる（家事93Ⅰ，47Ⅴ）。

(3) **審判前の保全処分の事件記録の閲覧等**

審判前の保全処分事件も家事審判事件であるが，その性質上密行性が要求されるため，密行性を確保する必要がないと抗告裁判所が判断するまで，すなわち，保全処分の審判に代わる裁判を受ける者となるべき者に対して，呼出状や書面照会書を送付するなどして審判前の保全処分の事件が係属したことを通知するまで，または審判前の保全処分を告知するまでは，家事事件手続法47条3項の規定は適用されず，例え当事者からの記録の閲覧等の請求であっても，抗告裁判所が相当と認めるときに限り許可することができる（家事93Ⅰ，108）。

(4) **手続**

記録の閲覧等に関する具体的な手続については平成9年8月20日付け最高裁総三第97号総務局長通達「事件記録等の閲覧等に関する事務の取扱いについて」に従って行う[88]。

(5) **手数料**

ア 記録の閲覧，謄写又は複製の手数料

事件の係属中に当事者等[89]が請求する場合は不要であり，それ以外の場合の手数料は1件につき150円である（民訴費7，別表第二の1項）。

イ 事件の記録の正本，謄本若しくは抄本又は家事審判事件に関する事項の証明書の交付

事件の記録の正本，謄本若しくは抄本についての手数料は用紙1枚につき150円（民訴費7，別表第二の2項）であり，家事審判事件に関する事項の証明書の交付についての手数料は証明事項1件につき150円（民訴費7，別表第二の3項）である。

---

[88] 家事事件の具体的な閲覧等の手続については，別表一の研究87以下に詳しく記載されているので，そちらを参照されたい。

[89] 民事訴訟費用等に関する法律別表第二の1項における「当事者等」とは，同法2条で「当事者又は事件の関係人をいう。」とされているところ，同法における「事件の関係人」とは，裁判の名宛人に相当する者，すなわち，その者の手続追行に要した出費について他の当事者等に対して償還を請求することがあり得る地位にある者というと解されている（内田恒久編「民事訴訟費用等に関する法律・刑事訴訟費用等に関する法律の解説」（財団法人法曹会）51，52参照）。そのため，家事審判において事件の係属中に「審判を受ける者となるべき者」から閲覧謄写等の請求があった場合には，手数料は不要ということになるのではないかと考えられる（別表一の研究91）。

【別表4-1】
即時抗告の対象となる家事審判事件一覧表

別表	項	事項	原審における審判	根拠条文(家事事件手続法)	即時抗告権者	抗告審において審判に代わる戸籍事務嘱託が確定したときの戸籍事務管掌者への通知	抗告審における戸籍簿の記載の嘱託及び登記記録等に関する法律に定める登記嘱託	当事者による戸籍届出
別表第一	1	後見開始	認容	123Ⅰ①	民法7条及び任意後見契約に関する法律10条2項に規定する者(申立人を除く。)		【後見登記】抗告棄却の場合(家事規77Ⅰ①)	
	2	後見開始の審判の取消し	却下	123Ⅰ②	申立人		【後見登記】原審判を取り消して後見開始を認める審判に代わる裁判をする場合(家事規77Ⅰ①)	
			却下	123Ⅰ③	民法10条に規定する者		【後見登記】原審判を取り消して後見開始の審判の取消しを認める裁判をする場合(家事規77Ⅰ①)	
			認容	123Ⅰ④	成年後見人		【後見登記】抗告棄却の場合(家事規77Ⅰ⑤)	
	5	成年後見人の解任	却下	123Ⅰ⑤	申立人、成年後見監督人、成年被後見人の親族		【後見登記】原審判を取り消して成年後見人を解任する審判に代わる裁判をする場合(家事規77Ⅰ⑤)	
			認容	123Ⅰ⑥	成年後見監督人		【後見登記】抗告棄却の場合(家事規77Ⅰ⑤)	
	8	成年後見監督人の解任	却下	123Ⅰ⑦	申立人、成年後見人、成年被後見人、成年被後見人の親族		【後見登記】原審判を取り消して成年後見監督人を解任する審判に代わる裁判をする場合(家事規77Ⅰ⑤)	
	12の2	成年被後見人に宛てた郵便物等の配達の嘱託	認容	123Ⅰ⑧	成年被後見人、成年被後見人の親族			
	12の2	成年被後見人に宛てた郵便物等の配達の嘱託の取消し又は変更	却下	123Ⅰ⑨	申立人			
			認容	123Ⅰ⑩	成年後見人			
			却下	123Ⅰ⑪	申立人			
	16の2	成年被後見人の死亡後の火葬又は埋葬に関する契約の締結その他相続財産の保存に必要な行為についての許可	却下	123Ⅰ⑪	申立人			
	17	保佐開始	認容	132Ⅰ①	民法11条本文及び任意後見契約に関する法律10条2項に規定する者(申立人を除く。)		【後見登記】抗告棄却の場合(家事規77Ⅰ①)	
			却下	132Ⅰ②	申立人		【後見登記】原審判を取り消して保佐開始を認める審判に代わる裁判をする場合(家事規77Ⅰ①)	

第8　家事事件手続上の抗告事件

別表	項	事　　項	原審における審判	根拠条文（家事事件手続法）	即時抗告権者	抗告審において審判に代わる裁判が確定したときの戸籍事務管掌者への通知	抗告審における戸籍の記載の嘱託及び後見登記等に関する法律に定める登記の嘱託	当事者による戸籍届出
別表第一	18	保佐人の同意を得なければならない行為の定め	認容	132Ⅰ④	被保佐人（申立人を除く。）			
	19	保佐人の同意に代わる許可	却下	132Ⅰ⑤	申立人		【後見登記】抗告棄却の場合（家事規77Ⅰ⑦）	
	20	保佐開始の審判の取消し	却下	132Ⅰ③	民法14条1項に規定する者		【後見登記】原審判を取り消して保佐開始の審判の取消しを認める裁判をする場合（家事規77Ⅰ①）	
	24	保佐人の解任	認容	132Ⅰ⑥	保佐人		【後見登記】抗告棄却の場合（家事規77Ⅰ⑤）	
			却下	132Ⅰ⑦	申立人、保佐監督人、被保佐人の親族		【後見登記】原審判を取り消して保佐人を解任する裁判に代わる裁判をする場合（家事規77Ⅰ⑤）	
	28	保佐監督人の解任	認容	132Ⅰ⑧	保佐監督人		【後見登記】抗告棄却の場合（家事規77Ⅰ⑤）	
			却下	132Ⅰ⑨	申立人、保佐監督人、被保佐人の親族		【後見登記】原審判を取り消して保佐監督人を解任する裁判に代わる裁判をする場合（家事規77Ⅰ⑤）	
	36	補助開始	認容	141Ⅰ①	民法15条1項本文及び後見契約に関する法律10条2項に規定する者（申立人を除く。）		【後見登記】抗告棄却の場合（家事規77Ⅰ①）	
			却下	141Ⅰ②	申立人			
	38	補助人の同意に代わる許可	却下	141Ⅰ④	申立人			
	39	補助開始の審判の取消し	却下	141Ⅰ③	民法18条1項に規定する者		【後見登記】原審判を取り消して補助開始の審判の取消しを認める裁判をする場合（家事規77Ⅰ①）	
	43	補助人の解任	認容	141Ⅰ⑤	補助人		【後見登記】抗告棄却の場合（家事規77Ⅰ⑤）	
			却下	141Ⅰ⑥	申立人、補助監督人、被補助人の親族		【後見登記】原審判を取り消して補助人を解任する裁判に代わる裁判をする場合（家事規77Ⅰ⑤）	
	47	補助監督人の解任	認容	141Ⅰ⑦	補助監督人		【後見登記】抗告棄却の場合（家事規77Ⅰ⑤）	
			却下	141Ⅰ⑧	申立人、補助監督人、被補助人の親族		【後見登記】原審判を取り消して補助監督人を解任する裁判に代わる裁判をする場合（家事規77Ⅰ⑤）	

第4章 抗　　告

別表第一

項	事　項	原審における審判	根拠条文（家事事件手続法）	即時抗告権者	抗告審において審判に代わる裁判が確定したときの戸籍事務管掌者への通知	抗告審における戸籍の記載の嘱託及び後見登記等に関する法律に定める登記の嘱託	当事者による戸籍届出
56	失踪の宣告	認容	148Ⅴ①	不在者，利害関係人（申立人を除く。）	抗告棄却の場合 失踪者の本籍地（家事規89Ⅰ）		抗告棄却の場合（申立人，確定の日から10日以内）（戸籍法94，63Ⅰ）
		却下	148Ⅴ②	申立人	原審判を取り消して，失踪の宣告の審判に代わる裁判をする場合 失踪者の本籍地（家事規89Ⅱ）		原審判を取り消して，失踪の宣告の審判に代わる裁判をする場合（申立人，確定の日から10日以内）（戸籍法94，63Ⅰ）
57	失踪の宣告の取消し	認容	149Ⅳ①	利害関係人（申立人を除く。）	抗告棄却の場合 失踪者の本籍地（家事規89Ⅰ）		抗告棄却の場合（申立人，確定の日から10日以内）（戸籍法94，63Ⅰ）
		却下	149Ⅳ②	失踪者，利害関係人	原審判を取り消して失踪の宣告の取消しの審判に代わる裁判をする場合 失踪者の本籍地（家事規89Ⅱ）		原審判を取り消しの審判に代わる裁判をする場合（申立人，確定の日から10日以内）（戸籍法94，63Ⅰ）
58	夫婦財産契約による財産の管理者の変更等（同申立てに附帯する共有財産の分割を含む。）	認容，却下	156②	夫，妻			
59	嫡出否認の訴えの特別代理人の選任	却下	159Ⅲ	申立人			
60	子の氏の変更についての許可	却下	160Ⅲ	申立人			原審判を取り消して，子の氏の変更許可の審判に代わる裁判をする場合（申立人，届出期間の定めなし）（戸籍法98）
61	養子縁組をすることについての許可	却下	161Ⅳ	申立人			原審判を取り消して養子縁組をすることについての許可の審判に代わる裁判をする場合（養親（申立人）及び養子，届出期間の定めなし）（戸籍法66，68）
		認容	162Ⅳ①	利害関係人（申立人を除く。）			抗告棄却の場合 生存養子（生存養親）（申立人），届出期間の定めなし）（戸籍法72）
62	死後離縁をすることについての許可	却下	162Ⅳ②	申立人			原審判を取り消して死後離縁をすることについての許可の審判に代わる裁判をする場合（生存養親又は生存養子（申立人），届出期間の定めなし）（戸籍法72）

第8 家事事件手続上の抗告事件

別表	項	事項	原審における審判	根拠条文（家事事件手続法）	即時抗告権者	抗告審において審判に代わる裁判が確定した場合の戸籍事務管掌者への通知	抗告審における戸籍の記載の嘱託及び後見登記等に関する法律に定める登記の嘱託	当事者による戸籍届出
別表第一	63	特別養子縁組の成立	認容	164Ⅶ①	養子となるべき者の父母、養子となるべき者に対し親権を行う者で養子となるべき者の父母でないもの、養子となるべき者の未成年後見人、親権を行う者、養子となるべき者の父母の後見人			抗告棄却の場合（申立人、確定の日から10日以内）（戸籍法68の2、63Ⅰ）
			却下	164Ⅶ②	申立人	原審判を取り消して、特別養子縁組の成立の審判に代わる裁判をする場合 養親の本籍地（家事規93Ⅱ）		原審判を取り消して、特別養子縁組の成立の審判に代わる裁判をする場合（申立人、確定の日から10日以内）（戸籍法68の2、63Ⅰ）
	64	特別養子縁組の離縁	認容	165Ⅶ①	養子、養親、養子の実父母、養子に対し親権を行う者で養親でないもの、養親の後見人、養子の実父母の後見人（申立人を除く。）			抗告棄却の場合（申立人、確定の日から10日以内）（戸籍法73Ⅰ、63Ⅰ）
			却下	165Ⅶ②	申立人	原審判を取り消して、特別養子縁組の離縁の審判に代わる裁判をする場合 養子の本籍地（家事規94）		原審判を取り消して、特別養子縁組の離縁の審判に代わる裁判をする場合（申立人、確定の日から10日以内）（戸籍法73Ⅰ、63Ⅰ）
	67	親権喪失、親権停止又は管理権喪失	認容	172Ⅰ①、②、③	親権を喪失又は親権を停止される者及びその親族（申立人を除く。）		【戸籍記載嘱託】抗告棄却の場合（家事規76Ⅰ①）	
			却下	172Ⅰ④	申立人、子の親族、未成年後見人、未成年後見監督人		【戸籍記載嘱託】原審判を取り消して、親権喪失、親権停止又は管理権喪失の審判に代わる裁判をする場合（家事規76Ⅰ①）	
	68	親権喪失、親権停止又は管理権喪失の審判の取消し	認容	172Ⅰ⑤	子、子の親族、子に対し親権を行う者（申立人及び未成年後見人、未成年後見監督人を除く。）	抗告棄却の場合 未成年子の本籍地（家事規95）		抗告棄却の場合（申立人、確定の日から10日以内）（戸籍法79、63Ⅰ）
			却下	172Ⅰ⑥	申立人並びに親権を喪失し、若しくは停止され、又は管理権を喪失した者及びその親族	原審判を取り消して、親権喪失、親権停止又は管理権喪失の審判の取消しの審判に代わる裁判をする場合 子の本籍地（家事規95）		原審判を取り消して、親権喪失、親権停止又は管理権喪失の審判の取消しの審判に代わる裁判をする場合（申立人、確定の日から10日以内）（戸籍法79、63Ⅰ）
	69	親権又は管理権を回復するについての許可	却下	172Ⅰ⑦	申立人			親権喪失又は親権停止若しくは管理権喪失の審判を回復する許可の審判に代わる裁判をする場合（回復者（申立人）、届出期間の定めなし）（戸籍法80）
	70	養子の離縁後に未成年後見人などの選任	却下	179①	申立人			

第4章 抗　　告

	項	事　項	原審における審判	根拠条文（家事事件手続法）	即時抗告権者	抗告審において審判に代わる裁判が確定したときの戸籍事務管掌者への通知	抗告審における戸籍の記載の嘱託及び後見登記等に関する法律に定める登記の嘱託	当事者による戸籍届出
別表第一	73	未成年後見人の解任	認容	179②	未成年後見人		【戸籍記載嘱託】抗告棄却の場合（家事規76 I ④）	
			却下	179③	申立人、未成年後見監督人、未成年被後見人、未成年被後見人の親族		【戸籍記載嘱託】原審判を取り消して未成年後見人を解任する審判に代わる裁判をする場合（家事規76 I ④）	
	76	未成年後見監督人の解任	認容	179④	未成年後見監督人		【戸籍記載嘱託】抗告棄却の場合（家事規76 I ④）	
			却下	179⑤	申立人、未成年被後見人、未成年被後見人の親族		【戸籍記載嘱託】原審判を取り消して未成年後見監督人を解任する審判に代わる裁判をする場合（家事規76 I ④）	
	84	扶養義務の設定	認容	186①	扶養義務者となるべき者（申立人を除く。）			
			却下	186②	申立人			
	85	扶養義務の設定の取消し	認容	186③	扶養権利者（申立人を除く。）			
			却下	186④	申立人			
	86	推定相続人の廃除	認容	188V①	廃除された推定相続人	抗告棄却の場合　廃除された者の本籍地（家事規100）		抗告棄却の場合（申立人）、確定の日から10日以内（戸籍法97、63 I）
			却下	188V②	申立人	原審判を取り消して、推定相続人の廃除の審判に代わる裁判をする場合　廃除された者の本籍地（家事規100）		原審判を取り消して、推定相続人の廃除の審判に代わる裁判をする場合（申立人）、確定の日から10日以内（戸籍法97、63 I）
	87	推定相続人の廃除の審判の取消し	却下	188V②	申立人	原審判を取り消して、推定相続人の廃除の取消しの審判に代わる裁判をする場合　廃除された者の本籍地（家事規100）		原審判を取り消して、推定相続人の廃除の取消しの審判に代わる裁判をする場合（申立人、告知された日から10日以内）（戸籍法97、63 I）
	89	相続の承認又は放棄をすべき期間の伸長	却下	201IX①	申立人			
	91	限定承認又は相続の放棄の取消しの申述の受理	却下	201IX②	限定承認又は相続の放棄の取消しをすることができる者			
	92	限定承認の申述の受理	却下	201IX③	申述人			
	95	相続の放棄の申述の受理	却下	201IX③	申述人			
	96	財産分離	認容	202 II①	相続人			
			却下	202 II②③	相続債権者及び受遺者（民法941条1項）、相続人の債権者（民法950条1項）			

第8　家事事件手続上の抗告事件

別表	項	事項	原審における審判	根拠条文（家事事件手続法）	即時抗告権者	抗告審において審判に代わる裁判が確定したときの戸籍事務管掌者への通知	抗告審における戸籍の記載の嘱託及び後見登記等に関する法律に定める登記の嘱託	当事者による戸籍届出
別表第一	101	特別縁故者に対する相続財産の分与	認容	206Ⅰ①	申立人、相続財産の管理人			
	102		却下	206Ⅰ②	申立人			
	104	遺言の確認	認容	214①	利害関係人			
			却下	214②	遺言に立ち会った証人、利害関係人			
	106	遺言執行者の選任	却下	214③	利害関係人			
		遺言執行者の解任	認容	214④	遺言執行者			
	107		却下	214⑤	利害関係人			
		遺言執行者の辞任についての許可	却下	214⑥	申立人			
	108	負担付遺贈に係る遺言の取消し	認容	214⑦	受遺者、利害関係人（申立人を除く。）			
			却下	214⑧	相続人			
	110	遺留分の放棄についての許可	却下	216Ⅱ	申立人			
	111	任意後見契約の効力を発生させるための任意後見監督人の選任	却下	223①	申立人		【後見登記】原審判を取り消して任意後見監督人を選任する裁判をする場合（家事規771③）【後見登記】抗告棄却の場合（家事規771⑤）	
	117	任意後見監督人の解任	認容	223②	任意後見監督人			
			却下	223③	申立人、本人、本人の親族		【後見登記】原審判を取り消して任意後見監督人を解任する裁判をする場合（家事規771⑤）	
	120	任意後見人の解任	認容	223④	本人、任意後見監督人（申立人を除く。）		【後見登記】抗告棄却の場合（家事規771⑤）	
			却下	223⑤	申立人、任意後見監督人、本人、本人の親族		【後見登記】原審判を取り消して任意後見人を解任する裁判をする場合（家事規771⑤）	
	121	任意後見契約の解除についての許可	認容	223⑥	本人、任意後見人（申立人を除く。）			
			却下	223⑦	申立人			

—387—

第4章 抗　告

別表	項	事項	原審における審判	根拠条文（家事事件手続法）	即時抗告権者	抗告審において審判に代わる裁判が確定したときの戸籍事務管掌者への通知	抗告審における戸籍の記載の嘱託及び後見登記等に関する法律に定める登記の嘱託	当事者による戸籍届出
別表第一	122	氏の変更についての許可	認容	231①	利害関係人（申立人を除く。）			抗告棄却の場合（戸籍法107Ⅰに基づくものは戸籍の筆頭者及びその配偶者（申立人），同法107Ⅳに基づくものは氏を変更する者（申立人），いずれも届出期間の定めなし）（戸籍法107Ⅰ，Ⅳ）
	122	名の変更についての許可	却下	231②	申立人			原審判を取り消しての許可の審判に代わる裁判の場合（戸籍法107Ⅰに基づくものは戸籍の筆頭者及びその配偶者（申立人），同法107Ⅳに基づくものは氏を変更する者（申立人），いずれも届出期間の定めなし）（戸籍法107Ⅰ，Ⅳ）
			却下	231②	申立人			原審判を取り消しての名の変更の許可の審判に代わる裁判をする場合（申立人），届出期間の定めなし（戸籍法107の2）
	123	就籍許可	却下	231③	申立人	原審判を取り消して，就籍許可の審判に代わる裁判をする場合（家事規119②）		原審判を取り消しての就籍許可の審判に代わる裁判（就籍者（申立人））告知された日から10日以内（戸籍法110）
			認容	231④	利害関係人（申立人を除く。）	抗告棄却の場合その戸籍のある地（家事規119②）		抗告棄却の場合（申立人，確定の日から1か月以内）（戸籍法113，114，115）
	124	戸籍の訂正についての許可	却下	231⑤	申立人	原審判を取り消して，戸籍の訂正についての許可の審判に代わる裁判をする場合その戸籍のある地（家事規119②）		原審判を取り消しての戸籍の訂正の許可の審判に代わる裁判をする場合（申立人，確定の日から1か月以内）（戸籍法113，114，115）
	125	戸籍事件についての市町村長の処分に対する不服	認容	231⑥	当該市町村長			
			却下	231⑦	申立人			
	126	性別の取扱いの変更	却下	232Ⅲ	申立人		【戸籍記載嘱託】原審判を取り消して性別の取扱いの変更の審判に代わる裁判をする場合（家事規76①②）	
	127	都道府県の措置（児童の里親委託・児童福祉施設収容）についての承認	認容	238①	児童を現に監護する者，児童に対し親権を行う者，児童の未成年後見人			
			却下	238②	申立人			

—388—

第8 家事事件手続上の抗告事件

別表	項	事項	原審における審判	根拠条文（家事事件手続法）	即時抗告権者	抗告審において審判に代わる裁判が確定したときの戸籍事務管掌者への通知	抗告審における戸籍の記載の嘱託及び後見登記等に関する法律に定める登記の嘱託	当事者による戸籍届出
別表第一	128	都道府県の措置の期間の更新についての承認	認容	238③	児童を現に監護する者、児童に対し親権を行う者、児童の未成年後見人			
			却下	238④	申立人			
	128の2	児童相談所長又は都道府県知事の引き続いての一時保護の承認	認容	238⑤	児童を現に監護する者、児童に対し親権を行う者、児童の未成年後見人			
			却下	238⑥	申立人			
	129	施設への入所等についての許可	認容	240Ⅵ①	被保護者を行う者、被保護者の後見人			
			却下	240Ⅵ②	申立人			
	130	保護者の選任	却下	241Ⅲ	申立人			
	130の2	保護者の順位の変更	却下	241Ⅲ	申立人			
	131	破産手続が開始された場合における夫婦財産契約による財産の管理者の変更等（共有財産の分割含む。）	認容、却下	242Ⅲ、156②	夫、妻			
			認容	242Ⅲ、172Ⅰ③	管理権を喪失する者、管理権者の親族			
	132	親権を行う者につき破産手続開始された場合における管理権喪失	却下	242Ⅲ、172Ⅰ④	申立人、子、子の親族、未成年後見人、未成年後見監督人		【戸籍記載嘱託】抗告棄却の場合（家事規76Ⅰ①） 【戸籍記載嘱託】原審判を取り消して管理権喪失の審判に代わる裁判をする場合（家事規76Ⅰ①）	
	133	破産手続における相続の放棄の承認の受理	却下	242Ⅱ	破産管財人			
	134	遺留分の算定に係る合意についての許可	認容	243Ⅲ①	当該合意の当事者（申立人を除く。）			
			却下	243Ⅲ②	当該合意の当事者			

第4章 抗　　告

別表	項	事　項	原審における審判	根拠条文（家事事件手続法）	即時抗告権者	抗告審において審判に代わる裁判が確定したときの戸籍事務管掌者への通知	抗告審における戸籍の記載の嘱託及び後見登記等に関する法律に定める登記の嘱託	当事者による戸籍届出
別表第二	1	夫婦間の協力扶助に関する処分	認容，却下	156①	夫，妻			
	2	婚姻費用の分担に関する処分	認容，却下	156③	夫，妻			
	3	子の監護に関する処分	認容，却下	156④	子の父母，子の監護者			
	4	財産の分与に関する処分	認容，却下	156⑤	夫又は妻であった者			
	5	離婚等の場合における祭具等の所有権の承継者の指定	認容，却下	156⑥	婚姻の当事者（民法751条2項において準用する769条2項の規定による場合にあっては生存配偶者），利害関係人			
	6	離縁等の場合における祭具等の所有権の承継者の指定	認容，却下	163Ⅲ	離縁の当事者，利害関係人			
	7	養子の離縁後に親権者となるべき者の指定	認容	172①⑧	養子の父母，養子の監護者			
			却下	172①⑨	申立人，養子の父母，養子の監護者			
	8	親権者の指定又は変更	認容	172①⑦	子の父母，子の監護者	抗告棄却の場合子の本籍地（家事規95）	抗告棄却の場合（親権者となった者，確定の日から10日以内）（戸籍法79，63Ⅰ）	
			却下			原審判を取り消して親権者の指定又は変更の審判に代わる裁判をする場合子の本籍地（家事規95）	原審判を取り消して親権者の指定又は変更の審判に代わる裁判をする場合（親権者となった者，確定の日から10日以内）（戸籍法79，63Ⅰ）	
	9	扶養の順位の決定及びその決定の変更又は取消し	認容，却下	186⑤	申立人，相手方			
	10	扶養の程度又は方法についての決定及びその決定の変更又は取消し	認容，却下	186⑥	申立人，相手方			
	11	相続の場合における祭具等の所有権の承継者の指定	認容，却下	190Ⅲ	相続人，利害関係人			
	12	遺産の分割	認容，却下	198Ⅰ①	相続人			
	13	遺産の分割の禁止	認容，却下	198Ⅰ②	相続人			
	14	寄与分を定める処分	認容，却下	198Ⅰ④	相続人			
	15	請求すべき按分割合に関する処分	却下	198Ⅰ⑤	申立人，相手方			
	16	扶養義務者の負担すべき費用額の確定	認容，却下	233Ⅱ 240Ⅵ③	申立人，相手方			
	197条	遺産の分割の禁止の審判の取消し又は変更	認容	198Ⅰ③	相続人			

—390—

【別表4-2】
主な審判以外の裁判に対する即時抗告一覧表

事項	即時抗告申立権者	根拠条文	備考
管轄に属しない事件の移送の裁判	当事者,利害関係参加人	家事9Ⅲ,246Ⅳ	
管轄に属する事件の裁量移送の裁判	当事者,利害関係参加人	家事9Ⅲ,246Ⅳ	
管轄に属しない事件の移送の申立ての却下	移送の申立てをした者	家事9Ⅲ,246Ⅳ	
除斥の申立ての却下	除斥の申立てをした者	家事12Ⅸ	
忌避の申立ての却下	忌避の申立てをした者	家事12Ⅸ	
特別代理人選任の申立ての却下	特別代理人選任の申立てをした者	家事19Ⅴ	
法定代理人等の費用償還の決定	償還義務者,償還権利者	家事31Ⅰ,民訴69Ⅲ	
救助を与える決定	受救助者の相手方	家事32Ⅱ,民訴86	最決平16.7.13民集58-5-1599により可能
救助の申立ての却下	救助の申立てをした者	家事32Ⅱ,民訴86	
手続の承継人に対し猶予費用の支払を命じる決定	承継人	家事32Ⅱ,民訴86	
救助の取消決定及び猶予費用の支払を命じる決定	受救助者	家事32Ⅱ,民訴86	
救助の取消しの申立ての却下	救助の取消しの申立てをした利害関係人	家事32Ⅱ,民訴86	
裁判所書記官の処分に対する異議の申立てに関する裁判	異議の申立てをした者	家事37Ⅱ	
当事者参加の申出の却下	当事者参加の申出をした者	家事41Ⅳ,258Ⅰ	
(審判を受ける者となるべき者による)利害関係参加の申出の却下	利害関係参加の申出をした者	家事42Ⅵ,258Ⅰ	
排除の裁判	排除された者	家事43Ⅱ,258Ⅰ	
法令により手続を続行する資格のある者による受継の申立ての却下	受継の申立てをした者	家事44Ⅱ,258Ⅰ	
当事者からの,家事審判事件の記録の閲覧若しくは謄写,正本,謄本若しくは抄本の交付又は家事審判事件に関する事項の証明書の交付,録音テープ又はビデオテープ複製の許可の申立ての却下	許可の申立てをした者	家事47Ⅷ,254Ⅵ	
家事47Ⅸの規定による裁判(家事47Ⅷの規定による即時抗告を不当遅延目的と認めて原審却下する裁判)	家事47Ⅷの規定による即時抗告の申立てをした者	家事47Ⅹ	
申立書却下命令(記載事項に不備があり,申立人が不備を補正しない場合)	申立人	家事49Ⅵ,201Ⅳ,242Ⅲ,255Ⅳ	
証人の不出頭に対する過料の裁判	過料の裁判を受けた者	家事64Ⅰ,258Ⅰ,民訴192Ⅱ	
証人の証言拒絶についての裁判	当事者,証人	家事64Ⅰ,258Ⅰ,民訴199Ⅱ	
証人の証言拒絶を理由がないとする裁判が確定した後の証人の正当な理由のない証言拒絶に対する過料の裁判	過料の裁判を受けた者	家事64Ⅰ,258Ⅰ,民訴200,192Ⅱ	
証人の宣誓拒絶についての裁判	当事者,証人	家事64Ⅰ,258Ⅰ,民訴201Ⅴ,199Ⅱ	
証人の宣誓拒絶を理由がないとする裁判が確定した後の証人の正当な理由のない宣誓拒絶に対する過料の裁判	過料の裁判を受けた者	家事64Ⅰ,258Ⅰ,民訴201Ⅴ,192Ⅱ	
宣誓をした当事者の虚偽の陳述に対する過料の裁判	過料の裁判を受けた者	家事64Ⅰ,258Ⅰ,民訴209Ⅱ	
鑑定人(鑑定の嘱託を受けた官公署又は法人を含む。)の忌避の申立てを理由がないとする裁判	忌避の申立てをした者	家事64Ⅰ,258Ⅰ,民訴214Ⅳ(218Ⅰ)	

第4章 抗　　告

事　　項	即時抗告申立権者	根拠条文	備考
鑑定人（鑑定の嘱託を受けた官公署又は法人を含む。）の鑑定拒絶についての裁判	当事者，鑑定人	家事64 I，258 I，民訴216（218 I），199 II	
鑑定人の不出頭に対する過料の裁判	過料の裁判を受けた者	家事64 I，258 I，民訴216，192 II	
鑑定人の宣誓拒絶に対する過料の裁判	過料の裁判を受けた者	家事64 I，258 I，民訴216，192 II	
鑑定人（鑑定の嘱託を受けた官公署又は法人を含む。）の鑑定拒絶を理由がないとする裁判が確定した後の鑑定人（鑑定の嘱託を受けた官公署又は法人を含む。）の正当な理由のない鑑定拒絶に対する過料の裁判	過料の裁判を受けた者	家事64 I，258 I，民訴216（218 I），192 II	
文書（文書に準ずる物件を含む。）提出命令の申立ての却下	文書提出命令の申立てをした者	家事64 I，258 I，民訴223 VII（231）	
文書（文書に準ずる物件を含む。）提出命令の申立てを認容する裁判	提出を命じられた所持者	家事64 I，258 I，民訴223 VII（231）	
第三者が文書（文書に準ずる物件を含む。）提出命令に従わない場合の過料の裁判	過料の裁判を受けた者	家事64 I，258 I，民訴225 II（231）	
筆跡等の対照の用に供すべき筆跡又は印影を備える文書その他の物件の提出命令の申立ての却下	筆跡等の対照の用に供すべき筆跡又は印影を備える文書その他の物件の提出命令の申立てをした者	家事64 I，258 I，民訴229 II，223 VII	
筆跡等の対照の用に供すべき筆跡又は印影を備える文書その他の物件の提出命令の申立てを認容する裁判	提出を命じられた所持者	家事64 I，258 I，民訴229 II，223 VII	
第三者が筆跡等の対照の用に供すべき筆跡又は印影を備える文書その他の物件の提出命令に従わない場合の過料の裁判	過料の裁判を受けた者	家事64 I，258 I，民訴229 VI	
文書（文書に準ずる物件を含む。）の成立の真正を争った者に対する過料の裁判	過料の裁判を受けた者	家事64 I，258 I，民訴230 II（231）	
検証物提示命令・検証受忍命令の申立ての却下	検証物提示命令・検証受忍命令の申立てをした者	家事64 I，258 I，民訴232 I，223 VII	
検証物提示命令・検証受忍命令の申立てを認容する裁判	提示・受忍を命じられた者	家事64 I，258 I，民訴232 I，223 VII	
第三者が検証物提示命令・検証受忍命令に従わない場合の過料の裁判	過料の裁判を受けた者	家事64 I，258 I，民訴232 III	
当事者の不出頭に対する過料の裁判	過料の裁判を受けた者	家事64 VI，258 I，民訴192 II	
当事者の宣誓拒絶に対する過料の裁判	過料の裁判を受けた者	家事64 VI，258 I，民訴209 II	
当事者の陳述拒絶に対する過料の裁判	過料の裁判を受けた者	家事64 VI，258 I，民訴209 II	
申立書却下命令（相手方（推定相続人廃除の審判事件における廃除を求められた推定相続人を含む。）への申立書の写しの送付又はこれに代わる通知をすることができない場合）	申立人	家事67 II（188 IV），256 II，49 VI	
申立書却下命令（相手方（推定相続人廃除の審判事件における廃除を求められた推定相続人を含む。）への申立書の写しの送付又はこれに代わる通知の費用の予納を命じたが，予納がない場合）	申立人	家事67 IV（188 IV），256 II	

第8 家事事件手続上の抗告事件

事　　項	即時抗告申立権者	根拠条文	備考
更正決定（審判以外の裁判に対する更正決定を含む。）	更正後の裁判が原審判であるとした場合に即時抗告をすることができる者	家事77Ⅲ（81Ⅰ），258Ⅰ	審判に対し適法な即時抗告があったときは，することができない。
更正決定（審判以外の裁判に対する更正決定を含む。）の申立ての不適法却下	更正決定の申立てをした者	家事77Ⅳ（81Ⅰ），258Ⅰ	審判に対し適法な即時抗告があったときは，することができない。
受命裁判官又は受託裁判官の裁判に対する異議の申立てについての裁判	異議の申立てをした者	家事100Ⅱ	
再審開始の決定	再審の申立ての相手方	家事103Ⅲ，民訴346Ⅰ，347	
再審の申立てが不適法である場合の再審申立却下決定	再審の申立てをした者	家事103Ⅲ，民訴345Ⅰ，347	
再審の事由がない場合の再審申立棄却決定	再審の申立てをした者	家事103Ⅲ，Ⅴ，民訴345Ⅱ，347	
遺産の換価を命ずる裁判（相続財産の換価を命ずる裁判）	相続人（相続財産の換価を命ずる裁判においては，特別縁故者に対する相続財産分与の申立人，相続財産の管理人）	家事194Ⅴ，207	
調停調書の更正決定	当事者	家事269Ⅲ	
調停調書の更正決定の申立ての不適法却下	更正決定の申立てをした者	家事269Ⅳ	

第4章 抗　　告

第9　特別抗告提起事件の事務処理手続－原裁判所又は抗告裁判所における手続－
（簡易裁判所，地方裁判所及び家庭裁判所の決定・命令に対する特別抗告の提起を含む。）

特別抗告に関しては特別上告の規定が準用され（法336Ⅲ，規208），特別抗告の提起は原裁判の確定を遮断しないが，抗告による執行停止の規定が準用される（法336Ⅲ，334Ⅱ）。特別上告に伴う執行停止に関する民事訴訟法403条1項1号は，債務名義の強制執行の停止の問題を規定しているものであり，性質上準用されないと解される[1]。

1　特別抗告状を提出すべき裁判所

第3章第5の1特別上告状を提出すべき裁判所（282ページ）を参照。

特別抗告状は，原裁判所，すなわち特別抗告の対象となった裁判をした裁判所（裁判長の場合は，所属する裁判所）に対して提出しなければならない（法 336Ⅲ，327Ⅱ，314Ⅰ）。

不服を申し立てることができない決定又は命令[2]に対する特別抗告の場合は，それぞれ当該裁判をした簡易裁判所，地方裁判所及び家庭裁判所であり，高等裁判所の決定又は命令に対する特別抗告の場合は，当該高等裁判所である。

2　特別抗告提起事件（抗告提起事件）の受付

(1)　抗告期間

第3章第5の2上告期間（282ページ）を参照。

特別抗告は，裁判の告知を受けた日から5日の不変期間内に提起しなければならない（法336Ⅱ）。

(2)　事件の種類

特別抗告状の提出を受けた原裁判所が特別抗告状及び特別抗告の適否の審査を行うため，各原裁判所において立件する事件名は下記アのとおりに分かれる[3][4][5]。当該事件記録が特別抗告裁判所に送付されると，特別抗告事件として新しい記録符号が付けられる。

特別抗告提起に関する事件で，各事件簿に登載[6]すべき者の範囲及び区分は，受付分配通達の別表にそれぞれ定められている。

ア　基本事件

---

[1] 大阪高決昭51.4.1判タ340-177。
[2] 明文で不服申立てが禁じられているものと性質上不服申立てが認められないものとがある。特別抗告の対象となる裁判については，第1の7⑵（303ページ）を参照。高等裁判所の決定又は命令も，裁判所法7条により不服申立てが禁じられているところ，法336条1項が「不服を申し立てることができないもの」と区別して明記した理由は，現行法で許可抗告制度が設けられたことに伴い，許可抗告の対象となる高等裁判所の裁判は「不服申立てが認められていないもの」から外れると解される余地が生じたためであり，特別抗告の適用対象となることを明らかにしたものである（一問一答372）。
[3] 特別抗告裁判所である最高裁判所に記録送付するまでの原裁判所における手続を指す便宜上の概念である。
[4] 簡易裁判所，地方裁判所及び家庭裁判所の決定等に対する特別抗告は，通常の抗告と同じ抗告提起事件として立件し，記録符号も同じであることに注意が必要である（第2の2⑵事件の種類（312ページ）を参照）。
[5] 記録符号は，(ｱ)(ｲ)(ｵ)については民事事件記録符号規程，(ｳ)(ｶ)については行政事件記録符号規程，(ｴ)については家庭事件記録符号規程による。
[6] 民事裁判事務支援システムを利用する場合は，事件簿への登載に代えて，民事裁判事務支援システムのサーバーの記憶装置に所要事項を記録することとなる（民裁支援システム通達記第1の1，平成27年6月19日付け最高裁総三第133号総務局長通達「民事裁判事務支援システムを利用した家事事件等の事務処理の運用について」第1の1）。

㈦　**民事抗告提起事件（ハソ）**
　　　　簡易裁判所の決定又は命令に対する特別抗告について，簡易裁判所において立件する。
　　　㈣　**民事抗告提起事件（ソラ）**
　　　　地方裁判所の決定又は命令に対する特別抗告（民事事件）について，地方裁判所において立件する。
　　　㈫　**行政抗告提起事件（行カ）**
　　　　地方裁判所の決定又は命令に対する特別抗告（行政事件）について，地方裁判所において立件する。
　　　㈤　**家事抗告提起事件（家ニ）**
　　　　家庭裁判所の審判に対する特別抗告について，家庭裁判所において立件する。
　　　㈥　**民事特別抗告提起事件（ラク）**
　　　　高等裁判所の決定又は命令に対する特別抗告（民事事件）について，高等裁判所において立件する。
　　　㈦　**行政特別抗告提起事件（行セ）**
　　　　高等裁判所の決定又は命令に対する特別抗告（行政事件）について，高等裁判所において立件する。
　　◇　上記㈦から㈦までの各提起事件に関してなされた附帯特別抗告，他庁から送付された移送，回付等についても各提起事件として立件する。記録符号は，上記各提起事件と同じである。
　　イ　雑事件
　　　　特別抗告の提起事件の係属を前提に申し立てられる雑事件は，事件の種類に応じて民事雑事件（記録符号は簡易裁判所→サ，地方裁判所→モ），行政雑事件（記録符号は，地方裁判所→行ク，高等裁判所→行タ），家事雑事件（記録符号は家ロ）として，それぞれ立件する。
　⑶　**特別抗告状の受付**
　　　第3章第5の3特別上告状の受付手続（282ページ）を参照。
　　ア　管轄の確認
　　イ　特別抗告提起の方式
　　　　特別抗告の提起は，特別抗告状を提出してしなければならない（法336Ⅲ，327Ⅱ，314Ⅰ）。
　　ウ　特別抗告状の記載事項
　　　㈦　必要的記載事項（法336Ⅲ，327Ⅱ，313，286Ⅱ）
　　　　◇　当事者[7]及び法定代理人
　　　　◇　原裁判の表示
　　　　◇　当該裁判に対して特別抗告を提起する旨

---

[7] 当事者の呼称は，「特別抗告人」「相手方」となる。

第4章 抗　　告

　原裁判が高等裁判所の決定又は命令である場合は，最高裁判所への不服申立方法として抗告許可の申立ての手続もあるので，どちらの申立てによるものであるかが判別できる記載であることが必要である[8]。

【参考例68】（特別抗告状）

```
　　　　　　　　　　特　別　抗　告　状

　　最高裁判所　御中
　　　　　　平成〇〇年〇〇月〇〇日
　　　　　　　　　特別抗告人　　〇　〇　〇　〇　印
　　　　〒〇〇〇－〇〇〇〇　〇〇県〇〇市〇〇町〇〇番〇〇号（送達場所）
　　　　　　　　　特別抗告人　　〇　〇　〇　〇
　　　　〒〇〇〇－〇〇〇〇　〇〇県〇〇市〇〇町〇〇番〇〇号
　　　　　　　　　相　手　方　　〇　〇　〇　〇
　上記当事者間の〇〇〇〇裁判所平成〇〇年（〇）第〇〇〇〇号〇〇〇事件について，同裁判所が平成〇〇年〇〇月〇〇日にした下記決定（同年同月〇〇日告知）は，不服であるから，特別抗告を提起する。
　　　　　　　　　原　決　定　の　表　示
　　　　　　　　　　　主　　　　文
　　〇〇〇〇・・・
　　　　　　　　　特　別　抗　告　の　趣　旨
　　原決定を破棄し，更に相当の裁判を求める。
　　　　　　　　　特　別　抗　告　の　理　由
　　おって，特別抗告理由書を提出する
　　　　　　　　　　附　属　書　類
　　　　特別抗告状副本　　　　　　　　　　　1通
```

　(イ)　その他の記載事項
　　　◇　特別抗告の趣旨[9]
　　　◇　特別抗告の理由[10]
　　　◇　裁判所の表示[11]
　　　◇　特別抗告提起か抗告許可の申立てなのか不明の場合の取扱い

---

[8] 提出された書面が，特別抗告状であるか抗告許可申立書であるかが明確でない場合には，当事者の意思を確認し，その旨の補正を促す必要がある。また，特別抗告の提起と抗告許可の申立ては1通の書面で申し立てることができないことに注意が必要である。

[9] 特別抗告人が求める裁判形式と内容を明示することにより，不服申立ての範囲を記載することになるが，「原決定を取り消し，更に相当の裁判を求める。」というような抽象的な文言で記載される場合が多い。

[10] 必ずしも特別抗告状に記載する必要はないが，記載がある場合には，提出を求める特別抗告状副本の数に注意が必要である（規208, 204, 195）。

[11] 名宛裁判所は，提出裁判所である原裁判所ではなく，特別抗告裁判所である最高裁判所となる。

原裁判が高等裁判所の決定又は命令である場合で，提出された書面が特別抗告状であるか抗告許可申立書であるかが明確でないときには，まず，申立人の意思を確認し，確認がとれないときは書面の標題から客観的に判断する[12]。

◇ 特別抗告の提起と抗告許可の申立てが1通の書面で申し立てられた場合の取扱い

二つの申立てをそれぞれ立件する[13]。

エ 抗告提起手数料と収入印紙の確認

特別抗告を提起する場合の手数料は，最初の抗告提起の場合と同様である（民訴費3Ⅰ，別表第一の18項）。手数料は，抗告の種類によって異なる（第2の2(3)エ（315ページ）を参照）。

オ 送達に必要な費用等の予納と郵便切手の確認（規208，204，187）

◇ 特別抗告状

◇ 特別抗告提起通知書，特別抗告理由書，裁判書

◇ 記録送付を受けた旨の通知

カ 附属書類等の添付

◇ 特別抗告状副本[14]

キ 立件手続

特別抗告状を受領した場合には，主に上記の点について確認した上で補正が必要な箇所があればこれを明らかにしなければならない。直接提出された場合であれば，提出者に任意の補正を促し，提出者に指示を伝えられないときは，その旨注記した付せんを貼る等の方法により担当部へ連絡事項を引き継ぐことが必要である。

◇ 受付日付印の押捺

◇ 事件簿への登載[15]

特別抗告状（附帯特別抗告状），移送決定書，回付書等が，事件番号の付け方の基準となる[16]。

民事抗告提起事件簿（記録符号は簡易裁判所→ハソ，地方裁判所→ソラ），行政抗告提起事件簿（記録符号は行カ），家事抗告提起事件簿（記録符号は家ニ），民事特別抗告提起事件簿（記録符号はラク）又は行政特別抗告提起事件簿（記録符号は行

---

[12] 書面の標題によっても申立人の意思が明らかにならない場合，特別抗告の提起と抗告許可の申立てのどちらが申立人にとって有利であるということは一概には言えないので，各庁における検討にゆだねられている。
[13] 後記第10の2(3)ウ(イ)の脚注8（406ページ）参照。
[14] 特別上告の場合と異なり相手方の存在しない事件もあるが，相手方のある事件については，特別抗告状副本は相手方に送達するため，相手方の数に応じた通数が必要である（規208，204，189，186，179，58Ⅰ）。特別抗告状に特別抗告の理由の記載がある場合には，これに加えて特別抗告審の審理を円滑に行うために，特別抗告裁判所の各裁判官に配布すべき副本5通及び裁判原本の草稿に用いるべき副本1通の添付が必要である（規208，204，195）。
[15] 民事裁判事務支援システムを利用する場合は，事件簿への登載に代えて，民事裁判事務支援システムのサーバーの記憶装置に所要事項を記録することとなる（民裁支援システム通達記第1の1，平成27年6月19日付け最高裁総三第133号総局長通達「民事裁判事務支援システムを利用した家事事件等の事務処理の運用について」第1の1）。
[16] 受付分配通達別表第1の15，17，別表第2の8，10，別表第5の6を参照。

第4章 抗　　告

　　　　セ）に登載する[17]。
　　　◇　記録符号及び事件番号の記載と認印の押捺
　　　◇　収入印紙及び郵便切手等の添付の旨の記載と認印の押捺
　　　◇　収入印紙の消印
　　　◇　記録の編成
　　　　　編成通達の適用はないので，原則として編年体で編成する。
　　　◇　担当部への配布
　3　**裁判長による特別抗告状の審査**
　　　第3章第5の4裁判長による特別上告状の審査（285ページ）を参照。
　(1)　**審査の範囲**（法336Ⅲ, 327Ⅱ, 313, 314Ⅱ, 288, 286Ⅱ）
　　　　特別抗告状の審査は，原裁判所の裁判長の権限に属する事項である（法336Ⅲ, 327Ⅱ, 314Ⅱ）。
　　ア　特別抗告状の必要的記載事項（法336Ⅲ, 327Ⅱ, 313, 286Ⅱ）
　　　　前記2(3)ウ（395ページ）を参照。
　　イ　抗告提起手数料→前記2(3)エ（397ページ）を参照
　　ウ　特別抗告状を送達することができない場合[18]
　　　◇　相手方の住居所の表示が不正確である場合
　　　◇　送達費用が予納されない場合
　　エ　補正命令
　(2)　**特別抗告状却下命令**
　　　　特別抗告人が所定の期間内に補正しないときは，裁判長は命令で特別抗告状を却下しなければならない（法336Ⅲ, 327Ⅱ, 313, 314Ⅱ, 288, 289Ⅱ, 137Ⅱ）[19]。
　　　◇　特別抗告の提起は原裁判の確定を遮断するものではないから，確定遮断効を有する即時抗告に関する規定の準用はない。したがって，特別抗告状却下命令に対する不服申立てとしては特別抗告又は許可抗告の余地があるにすぎない。
　4　**原裁判所による特別抗告の適法性の審査**
　　　第3章第5の5原裁判所による特別上告の適法性の審査（285ページ）を参照。
　(1)　**審査の範囲**
　　　　原裁判所は，特別抗告の提起が不適法でその不備を補正することができないことが明

---

[17] 各事件簿は，帳簿諸票取扱通達別表第1から第4による。様式はいずれも，民事・行政・家事上訴提起等事件簿（同通達別紙様式第5）である。
[18] 原裁判所による特別抗告の適法性の審査終了後，特別抗告提起通知書を送達する際に，相手方のある事件の場合は相手方には同時に特別抗告状の副本を送達しなければならない（規208, 204, 189）。この送達ができない場合にも，特別抗告状却下命令を前提とした補正命令の対象になると解される。
[19] 告知の方法は，同命令謄本の送達によるのが相当であろう。この際，特別抗告状の原本を返還する必要はないと考える。特別抗告状却下命令の原本は，その裁判をした裁判所において保存すべき書類であるから（保存規程3条4項, 別表第二の1），原裁判所において事件記録を保存する場合を除き，事件記録には同命令正本をつづることになる。

らかな場合には，決定で特別抗告を却下しなければならない（法336Ⅲ, 327Ⅱ, 316Ⅰ）[20]。
　　ア　不適法でその不備が補正できない場合（法336Ⅲ, 327Ⅱ, 316Ⅰ①）
　　イ　特別抗告理由の不提出（法336Ⅲ, 327Ⅱ, 316Ⅰ②前段）
　　　　特別抗告理由の提出は特別抗告の適法要件であるから，特別抗告状に特別抗告の理由を記載せず，特別抗告理由書を期間内に提出しない場合は，補正の余地はないことから補正命令を発する必要はなく，特別抗告を却下することになる。
　　ウ　特別抗告理由の記載方式の違反（法336Ⅲ, 327Ⅱ, 316Ⅰ②後段）
　　エ　補正命令（規208, 204, 196Ⅰ）[21]

(2) **特別抗告却下決定**

①特別抗告が不適法でその不備を補正することができない場合，②特別抗告の理由を期間内に提出しない場合，③特別抗告理由書の記載方式が規則190条に違反するとして補正を命ぜられたにもかかわらず，補正期間内に追完しない場合（規208, 204, 196Ⅱ），原裁判所は決定で抗告を却下しなければならない（法336Ⅲ, 327Ⅱ, 316Ⅰ）[22]。

　　◇　特別抗告の提起は原裁判の確定を遮断するものではないから，確定遮断効を有する即時抗告に関する規定の準用はない。したがって，特別抗告却下決定に対する不服申立てとしては特別抗告又は許可抗告の余地があるにすぎない。

5　**特別抗告提起通知書**

第3章第5の6特別上告提起通知書（286ページ）を参照。

(1) **送達の時期**

適法要件の審査が完了した段階で，特別抗告状却下命令又は特別抗告却下決定があった場合を除き，相手方がある事件の場合は当事者双方に，相手方のない事件では特別抗告人に対して，特別抗告提起通知書を送達しなければならない（規208, 204, 189Ⅰ）[23] [24]。

(2) **特別抗告状の送達（規208, 204, 189Ⅱ）**[25]

---

[20] 特別抗告の提起と抗告許可の申立てが1通の書面でされたこと自体を理由に特別抗告を却下することはできない。
[21] 特別抗告の理由の記載すべてについて，規則の規定に違反することが明らかな場合には，原裁判所は相当期間を定めて補正を命じなければならない。
[22] 告知の方法は，同決定謄本の送達によるのが相当であろう。特別抗告却下決定の原本は，当該裁判をした上訴裁判所において保存すべき書類であるから（保存規程3条4項，別表第二の1），原裁判所において事件記録を保存する場合を除き，事件記録には同決定正本をつづることになる。
[23] 特別抗告人に対する特別抗告提起通知書の送達日が，特別抗告理由書提出期間の起算日となる（規210）。
[24] 決定は告知により効力を生ずるから（法119），告知前の抗告提起は不適法である。原裁判の告知が送達による場合，原裁判の送達前に特別抗告理由書の提出期間が満了することはありえないので，規則189条3項の規定は特別抗告に関して当然には準用されない。
[25] 相手方がある事件の場合，相手方に対する特別抗告提起通知書の送達と同時に行う。

第4章 抗　　告

【参考例69】（特別抗告提起通知書及び理由書提出についての注意書）

　　　　　　　　　　　　殿
　　　　　　　　特別抗告提起事件番号　平成　年（　）第　　　号
　　　　　　特 別 抗 告 提 起 通 知 書

　　　　　　　　特別抗告人
　　　　　　　　相　手　方

　　上記当事者間の当裁判所平成　年（　）第　　　号
事件の決定に対して特別抗告の提起があったので，民事訴訟規則208条，204
条，189条1項により通知します。
　　平成　年　月　日
　　　（庁　　名）
　　　　　　　　裁判所書記官　　　　　　　　　　　　　　　印
　··
　　　　　　　　　　　　注　意　書
1　抗告状に特別抗告の理由を記載していないときは，この通知書を受け取った日
　から14日以内に，特別抗告理由書を当裁判所に提出してください（民事訴訟法
　336条3項，327条2項，315条1項，民事訴訟規則210条参照）。
　　　なお，特別抗告の提起と抗告許可の申立ての両方をしている場合であっても，
　特別抗告理由書と抗告許可申立て理由書とは，別々に作成してください。
2　特別抗告理由書には，特別抗告の理由のほか，当事者の氏名又は名称，代理人
　の氏名，事件の表示，附属書類の表示，年月日及び裁判所の表示を記載し，抗告
　人又は代理人が記名押印してください（民事訴訟規則2条参照）。
3　特別抗告の理由は，憲法の解釈の誤りがあることその他憲法の違反がある事由
　を具体的に記載してください（民事訴訟法336条3項，327条2項，315
　条2項，民事訴訟規則208条，190条，193条参照）。
4　特別抗告理由書には，相手方の数に6を加えた数の副本を添付してください（例
　えば，相手方一人の場合は，添付すべき副本は7通となります。）（民事訴訟規則
　208条，195条参照）。
5　特別抗告理由書を期間内に提出しなかったり，特別抗告の理由の記載の方式が
　上記3に反している場合は，特別抗告は却下されることになりますから，注意し
　てください（民事訴訟法336条3項，327条2項，316条1項2号参照）。

6　**特別抗告理由書**

　　第3章第5の7特別上告理由書（287ページ）を参照。

(1)　**提出期間**

　　特別抗告状に特別抗告の理由の記載がないときは，特別抗告人は特別抗告提起通知書
　の送達を受けた日から14日以内（規210）に，原裁判所に特別抗告理由書を提出しなけ

ればならない（法336Ⅲ，327Ⅱ，315Ⅰ）[26]。
　(2)　**記載方式**
　　　特別抗告理由の記載方法が不適式である場合，原裁判所は相当の期間を定めて補正を命じなければならず（規208，204，196Ⅰ），期間内に補正されない場合は決定により特別抗告を却下しなければならない（法336Ⅲ，327Ⅱ，316Ⅰ，規208，204，196Ⅱ）ことについては，前記4(1)ウ特別抗告理由の記載方式の違反（399ページ）のとおりである（規則が定める特別抗告理由の記載方式については，第3章第1の5(6)上告理由の記載方式（186ページ）を参照）。
　(3)　**副本の添付**（規208，204，195）[27]
7　**最高裁判所への事件送付**
　　第3章第5の9(4)最高裁判所への事件送付（288ページ）を参照。
　◇　特別抗告の場合は，原裁判所による再度の考案についての規定の準用はない。
　◇　原裁判所が高等裁判所の場合の取扱い[28]
　(1)　**事件記録の送付時期**
　　　特別抗告提起事件と抗告許可申立て事件が共に申し立てられた場合には，原則として，両事件についての高等裁判所における手続が終了してから，両事件の記録を一括して同時に送付する[29]。
　(2)　**事件記録の送付**[30]
　　ア　高等裁判所が抗告裁判所としてした決定に対する特別抗告の場合
　　　　抗告裁判所である高等裁判所に，抗告事件記録のほか，原裁判所の記録がある場合であっても，抗告事件記録のみを送付する[31]。
　　イ　高等裁判所が第一審としてした決定又は命令に対する特別抗告の場合

---

[26] 特別抗告状に特別抗告の理由が記載されていても，特別抗告理由書の提出期間内にこれを補完しあるいは新たな特別抗告理由を提出することは自由であるから，この提出期間を待たずに最高裁判所へ記録を送付してはならない。
[27] 相手方のある事件の場合，特別抗告理由書は相手方に送達されるべきものであるから（法336Ⅲ，327Ⅱ，313，289Ⅰ，規208，204，198），相手方の数に応じた副本の添付が必要になる。これに加えて，特別抗告審の審理を円滑に行うために，特別抗告裁判所の各裁判官に配布すべき副本5通及び裁判原本の草稿に用いるべき副本1通の添付を求めている。
[28] 改正関係資料(3)531「高等裁判所における上訴の立件等の事務処理について」第3特別抗告提起事件と許可抗告申立て事件に関する事項を参照。
[29] 一方の事件の都合により，送付可能な状態にある他方の事件の送付が1か月以上遅れる見込みのときは，個別に最高裁判所の訟廷事務室民事事件係に相談して指示を受ける。
[30] 事件記録の返還先（保存裁判所）が記録表紙等から明らかでない場合（例えば，第一審判決に対する更正決定の申立てを控訴裁判所が却下した決定に対し特別抗告が提起された場合など）には，当該記録の保存裁判所を記録表紙に明記するなどの措置をとることが望ましいであろう。また，原裁判所が当該記録の保存裁判所ではないが，抗告記録を原裁判所に返還してほしい場合（例えば，控訴提起とともに提出された訴訟救助の申立てを却下した決定に対し特別抗告が提起された場合で，特別抗告の結果を待って控訴事件を進行する予定であるときなど）には，記録送付書にその旨をメモ書きした付せんを貼る等の措置をとる必要があろう。
[31] 最高裁判所から原裁判所の記録又はその写しの送付を求められたときは，抗告裁判所又は原裁判所は直ちにこれを最高裁判所へ送付する。

第4章 抗　　告

　　　　抗告事件記録のみを送付する[32]。

---
[32] 特別抗告審の審理に必要と思われる書類（原決定の送達報告書の写し等）は，添付して送付するのが望ましい。最高裁判所から基本事件の記録又はその写しの送付を求められたときは，直ちにこれを最高裁判所へ送付する。

第10 許可抗告申立て事件の事務処理手続－高等裁判所における手続－

抗告許可の申立てに関しては上告の提起に関する規定が，許可の手続に関しては上告受理の申立てに関する規定が，許可後の手続については特別抗告の提起に関する規定が，それぞれ準用されており（法 337Ⅵ,規 209），抗告許可の申立ては原裁判の確定を遮断しない。

1 抗告許可申立書を提出すべき裁判所

第3章第2の1上告状を提出すべき裁判所（221ページ）を参照。

抗告許可の申立ては，抗告許可申立書を原裁判所である高等裁判所に提出してしなければならない（法 337Ⅵ,313,286Ⅰ）。

2 許可抗告申立て事件の受付

(1) 申立期間

第3章第2の2上告期間（221ページ）を参照。

抗告許可の申立ては，原裁判の告知を受けた日から5日の不変期間内にしなければならない（法 337Ⅵ,336Ⅱ）。

(2) 事件の種類

抗告許可申立書の提出を受けた高等裁判所が，最高裁判所への抗告を認めるか否かの選別をするため，原裁判をした高等裁判所において立件する事件名を許可抗告申立て事件という[1]。高等裁判所が最高裁判所への抗告を許可し，当該事件記録が最高裁判所に送付されると，許可抗告事件として新しい記録符号が付けられる。

抗告許可の申立てに関する事件で，事件簿に登載すべきものの範囲及び区分は，受付分配通達の別表に定められている。

ア 基本事件

(ア) 民事許可抗告申立て事件（ラ許）

(イ) 行政許可抗告申立て事件（行ハ）

◇ 上記各許可抗告申立て事件に関してなされた附帯許可抗告申立て，他庁から送付された移送，回付等についても，許可抗告申立て事件として立件する。記録符号は，上記各許可抗告申立て事件と同じである。

イ 雑事件

許可抗告申立て事件の係属を前提にして申し立てられる雑事件は，民事許可抗告申立て事件については民事雑事件（記録符号はウ），行政許可抗告申立て事件については行政雑事件（記録符号は行タ）として，それぞれ立件する。

(3) 抗告許可申立書の受付

第3章第2の3上告状の受付手続（222ページ）を参照。

ア 管轄の確認

イ 抗告許可申立ての方式

抗告許可の申立ては，抗告許可申立書を提出してしなければならない（法 337Ⅵ,

---

[1] 記録符号は，(ア)については民事事件記録符号規程，(イ)については行政事件記録符号規程による。

第4章 抗　　告

313, 286Ⅰ)。
ウ　抗告許可申立書の記載事項
(ｱ)　必要的記載事項（法337Ⅵ, 313, 286Ⅱ)
　　◇　当事者[2]及び法定代理人
　　◇　原裁判の表示
　　◇　当該裁判に対して抗告許可の申立てをする旨
　　　高等裁判所の決定又は命令に対しては，最高裁判所への不服申立方法として特別抗告の提起も認められているので，どちらの申立てによるものであるかが判別できる記載であることが必要である[3]。

---

[2] 当事者の呼称は，「申立人」「相手方」となる。
[3] 提出された書面が，抗告許可申立書であるか特別抗告状であるかが明確でない場合には，当事者の意思を確認し，その旨の補正を促す必要がある。また，抗告許可の申立てと特別抗告の提起は1通の書面で申し立てることができないことに注意が必要である。

第10　許可抗告申立て事件の事務処理手続

【参考例70】（抗告許可申立書）

```
                抗 告 許 可 申 立 書

    ○○高等裁判所　御中
          平成○○年○○月○○日
                    申　立　人　　○　○　○　○　㊞
          〒○○○－○○○○　○○県○○市○○町○○番○○号（送達場所）
                    申　立　人　　○　○　○　○
          〒○○○－○○○○　○○県○○市○○町○○番○○号
                    相　手　方　　○　○　○　○
    上記当事者間の○○高等裁判所平成○○年（○）第○○○○号○○○○事件に
  ついて，同裁判所が平成○○年○○月○○日にした下記決定（同年同月○○日告
  知）は，不服であり，最高裁判所に対し，同決定を破棄した上更に相当な裁判を
  求めたいので，抗告許可の申立てをする。
                    原　決　定　の　表　示
                          主　　　　文
    ○○○○・・・
                        抗告許可申立ての趣旨
    本件抗告を許可する。
                        抗告許可申立ての理由
    おって，抗告許可申立て理由書を提出する
                        附　属　書　類
    抗告許可申立書副本　　　　　　　　　　　1通
```

(イ)　その他の記載事項
　　◇　抗告許可の申立ての趣旨[4]
　　◇　抗告許可の申立ての理由[5]
　　◇　裁判所の表示[6]
　　◇　抗告許可の申立てか特別抗告提起なのか不明の場合の取扱い
　　　　原裁判が高等裁判所の決定又は命令である場合で，提出された書面が抗告許可申立書であるか特別抗告状であるかが明確でないときには，まず，申立人の意思を確認し，確認がとれないときは書面の標題から客観的に判断する[7]。

---

[4] 申立人が求める裁判形式と内容を明示することにより，不服申立ての範囲を記載することになるが，「本件抗告を許可する。原決定を取り消し，更に相当な裁判を求める。」というような文言で記載される場合が多い。
[5] 必ずしも抗告許可申立書に記載する必要はないが，記載がある場合には，提出を求める抗告許可申立書副本の数に注意が必要である（規209,195）。
[6] 名宛裁判所は，提出裁判所である高等裁判所である。
[7] 書面の標題によっても申立人の意思が明らかにならない場合，特別抗告の提起と抗告許可の申立てのどちらが申立人にとって有利であるということは一概には言えないので，各庁における検討にゆだねられている。

第4章 抗　　告

　　　　◇　抗告許可の申立てと特別抗告の提起が1通の書面で申し立てられた場合の取扱い

　　　　　二つの申立てをそれぞれ立件する[8]。
　　エ　手数料と収入印紙の確認

　　　抗告許可の申立てをする場合の手数料は，最初の抗告提起の場合と同様である（民訴費3Ⅰ，別表第一の18項）。手数料は，抗告の種類によって異なる（第2の2⑶エ（315ページ）を参照）。
　　オ　送達に必要な費用等の予納（規209,187）
　　　◇　抗告許可申立書
　　　◇　抗告許可申立て通知書，抗告許可申立て理由書，裁判書
　　　◇　記録送付を受けた旨の通知
　　カ　附属書類等の添付
　　　◇　抗告許可申立書副本
　　キ　立件手続

　　　抗告許可申立書を受領した場合には，主に上記の点について確認した上で補正が必要な箇所があればこれを明らかにしなければならない。直接提出された場合であれば，提出者に任意の補正を促し，提出者に指示を伝えられないときは，その旨注記した付せんを貼る等の方法により担当部へ連絡事項を引き継ぐことが必要である。
　　　◇　受付日付印の押捺
　　　◇　事件簿への登載

　　　　抗告許可申立書（附帯抗告許可申立書），移送決定書，回付書等が，事件番号の付け方の基準となる。

　　　　民事許可抗告申立て事件簿（記録符号はラ許）又は行政許可抗告申立て事件簿（記録符号は行ハ）に登載[9]する[10] [11]。
　　　◇　記録符号及び事件番号の記載と認印の押捺
　　　◇　収入印紙及び郵便切手等の添付の旨の記載と認印の押捺
　　　◇　収入印紙の消印
　　　◇　記録の編成

　　　　編成通達の適用はないので，原則として編年体で編成する。

――――――
[8] 改正関係資料⑶531「高等裁判所における上訴の立件等の事務処理について」第3の1を参照。特別抗告については，高等裁判所は，形式的な不備について抗告状の却下ないし抗告の却下決定をするだけで，実体的な判断は最高裁判所がするのに対し，許可抗告の申立てについては，形式的な判断はもちろん，申立てに対する実体的な判断（許可するか否か）も高等裁判所が行うことになる。このように両者の申立てを同時にしても，応答の過程で分かれざるを得ないので，上告提起と上告受理の申立てを1通の書面によることができるとした規則188条の準用はない（条解436）。
[9] 民事裁判事務支援システムを利用する場合は，事件簿への登載に代えて，民事裁判事務支援システムのサーバーの記憶装置に所要事項を記録する（民裁支援システム通達記第1の1）。
[10] 受付分配通達別表第1の20，別表第2の13を参照。
[11] 各事件簿は，帳簿諸票取扱通達別表第4による。様式はいずれも，民事・行政・家事上訴提起等事件簿（同通達別紙様式第5）である。

◇　担当部への配布

3　高等裁判所の裁判長による抗告許可申立書の審査

第3章第3の4裁判長による上告受理申立書の審査（259ページ）を参照。

抗告許可の申立て後の，高等裁判所における手続については，基本的には上告受理の申立てがあったときの手続に準ずることになる。

(1)　審査の範囲

抗告許可申立書の審査は，原裁判所である高等裁判所の裁判長の権限に属する事項である（法337Ⅵ, 313, 288, 137）。

ア　抗告許可申立書の必要的記載事項（法337Ⅵ, 313, 286Ⅱ）
　　前記2(3)ウ（404ページ）を参照。
イ　申立手数料→前記2(3)エ（406ページ）を参照
ウ　抗告許可申立書を送達することができない場合[12]
　　◇　相手方の住居所の表示が不正確である場合
　　◇　送達費用が予納されない場合
エ　補正命令（法337Ⅵ, 313, 288, 289Ⅱ, 137）

(2)　抗告許可申立書却下命令

申立人が所定の期間内に補正しないときは，裁判長は命令で抗告許可申立書を却下しなければならない（法337Ⅵ, 313, 288, 289Ⅱ, 137）[13]。

◇　抗告許可申立書却下命令に対する不服申立てとしては特別抗告の余地があるにすぎない[14]。

4　抗告許可申立て通知書

第3章第3の6上告受理申立て通知書（262ページ）を参照。

(1)　送達の時期

適法要件の審査が完了した段階で，抗告許可申立書却下命令又は抗告不許可決定[15]があった場合を除き，相手方のある事件については当事者双方に，相手方のない事件では申立人に対して，抗告許可申立て通知書を送達しなければならない（規209, 189Ⅰ）[16]。

---

[12] 原裁判所による抗告許可の適法性の審査終了後，抗告許可申立て通知書を送達する際に，相手方のある事件の場合は相手方には同時に抗告許可申立書の副本を送達しなければならない（規209, 189）。この送達ができない場合にも，抗告許可申立書却下命令を前提とした補正命令の対象になると解される。

[13] 告知の方法は，同命令謄本の送達によるのが相当であろう。この際，抗告許可申立書の原本を返還する必要はないと考える。抗告許可申立書却下命令の原本は，当該裁判をした高等裁判所において保存すべき書類であるから（保存規程3条4項，別表第二の1），高等裁判所において事件記録を保存する場合を除き，事件記録には同命令正本をつづることになる。

[14] 抗告許可の申立てについての裁判に対しては，高等裁判所の裁判ではあっても抗告許可の申立ての対象からは除外されている。

[15] 抗告許可の申立てについては，上告受理の申立ての場合と異なり，不適法な申立てについての却下決定（法316Ⅰ）の規定の準用はなく（法337Ⅵ），不適法な申立ての場合についても，抗告を許可しない決定をすることになる（後記6(1)抗告不許可決定（409ページ）を参照）。抗告許可の申立てには，申立てに基づいて抗告を許可する判断（上告受理の申立てにおける，最高裁判所の受理に相当する。）を高等裁判所自体が行うので，不適法でその不備を補正することができないことが明らかなときに，不許可の判断を原裁判所である高等裁判所がすることができることは当然のことであるからである（条解436）。

[16] 申立人に対する抗告許可申立て通知書の送達日が，抗告許可申立て理由提出期間の起算点となる（規210）。

(2) 抗告許可申立書の送達（規209，189Ⅱ）[17]
【参考例71】（抗告許可申立て通知書及び理由書提出についての注意書）

> 殿
> 　　　　　許可抗告申立て事件番号　平成　　年（　）第　　　号
> 　　　　　　抗　告　許　可　申　立　て　通　知　書
>
> 　　　　　　申　立　人
> 　　　　　　相　手　方
>
> 　　上記当事者間の当裁判所平成　　年（　）第　　　号
> 事件の決定に対して抗告許可の申立てがあったので，民事訴訟規則２０９条，
> １８９条１項により通知します。
> 　　平成　　年　　月　　日
> 　　　（庁　　名）
> 　　　　　　　　　裁判所書記官　　　　　　　　　　印
> ....
> 　　　　　　　　　注　　意　　書
> １　抗告許可申立書に抗告許可申立ての理由を記載していないときは，この通知
> 　書を受け取った日から１４日以内に，抗告許可申立て理由書を当裁判所に提出
> 　してください（民事訴訟法３３７条６項，３１５条１項，民事訴訟規則２１０
> 　条参照）。
> 　　なお，特別抗告の提起と抗告許可の申立ての両方をしている場合であって
> 　も，特別抗告理由書と抗告許可申立て理由書とは，別々に作成してください。
> ２　抗告許可申立て理由書には，抗告許可申立ての理由のほか，当事者の氏名又
> 　は名称，代理人の氏名，事件の表示，附属書類の表示，年月日及び裁判所の表
> 　示を記載し，申立人又は代理人が記名押印してください（民事訴訟規則２条参
> 　照）。
> ３　抗告許可申立ての理由は，最高裁判所の判例（これがない場合にあっては，
> 　大審院又は再抗告裁判所若しくは抗告裁判所である高等裁判所の判例）と相反
> 　する場合その他法令の解釈に関する重要な事項を具体的に記載してください
> 　（民事訴訟法３３７条２項，民事訴訟規則２０９条，１９２条，１９３条参照）。
> ４　抗告許可申立て理由書には，相手方の数に６を加えた数の副本を添付してく
> 　ださい（例えば，相手方一人の場合は，添付すべき副本は７通となります。）
> 　（民事訴訟規則２０９条，１９５条参照）。
> ５　抗告許可申立て理由書を期間内に提出しなかったり，抗告許可申立ての理由
> 　の記載の方式が上記３に反している場合は，抗告許可申立ては不許可になりま
> 　すから，注意してください（民事訴訟法３３７条２項参照）。

---

[17] 相手方がある事件の場合，相手方に対する抗告許可申立て通知書の送達と同時に行う。

5 抗告許可申立て理由書

第3章第3の7上告受理申立て理由書（265ページ）を参照。

抗告許可の申立ての理由は，上告受理の申立ての理由と同じである。

(1) 提出期間（法337Ⅵ，315，規210）

抗告許可申立書に抗告許可申立ての理由の記載がないときは，申立人は抗告許可申立て通知書の送達を受けた日から14日以内（規210）に，原裁判所に抗告許可申立て理由書を提出しなければならない（法337Ⅵ，315Ⅰ）[18]。

(2) 記載方式

抗告許可申立て理由書には，いわゆる判例違反その他の法令の解釈に関する重要な事項を含むことを具体的に記載しなければならない（規209，192，193，199Ⅰ）。

抗告許可申立ての理由の記載方法が不適式である場合，原裁判所は相当の期間を定めて補正を命じなければならず（規209，196），期間内に補正されない場合は抗告を不許可とする決定をする（法337Ⅱ）。後記6⑴抗告不許可決定を参照（規則が定める抗告許可申立ての理由の記載方式については，第3章第1の5⑹ウ法令違反を理由とする場合（186ページ）及びエ判例違反を主張する場合（186ページ）を参照）。

(3) 副本の添付（規209，195）[19]

6 抗告許可を求める申立てについての裁判

(1) 抗告不許可決定

ア 申立てが不適法な場合

第3章第3の5原裁判所による上告受理申立ての適法性の審査（260ページ）を参照。

高等裁判所は，抗告許可の申立てが不適法でその不備が補正できないことが明らかな場合には，抗告不許可決定をする（法337Ⅱ）。

(ｱ) 不適法でその不備が補正できない場合

(ｲ) 抗告許可申立て理由の不提出

抗告許可申立て理由の提出は抗告許可の申立ての適法要件であるから，抗告許可申立書に抗告許可申立て理由を記載せず，抗告許可申立て理由書を期間内に提出しない場合は，補正の余地はないことから補正命令を発する必要はなく，抗告不許可決定をすることになる。

(ｳ) 抗告許可申立て理由の記載方式の違反（法337Ⅱ，規209，196）

前記5⑵を参照。

---

[18] 抗告許可申立書に抗告許可申立ての理由が記載されていても，抗告許可申立て理由書の提出期間内にこれを補完しあるいは新たな抗告許可申立ての理由を提出することは自由であるから，この提出期間を待たずに最高裁判所へ記録送付してはならない。

[19] 相手方のある事件の場合，抗告許可申立て理由書は相手方に送達されるべきものであるから（法337Ⅵ，336Ⅲ，327Ⅱ，313，289Ⅰ，規209，208，204，198），相手方の数に応じた副本の添付が必要になる。これに加えて，抗告審の審理を円滑に行うために，最高裁判所の各裁判官に配布すべき副本5通及び裁判原本の草稿に用いるべき副本1通の添付を求めている。

第4章 抗　　告

　　　　◇　補正命令[20]
　　イ　申立ての理由がない場合
　　　抗告許可の申立ての対象とされる裁判に，法令の解釈に関する重要な事項が含まれるか否かの判断は，当該裁判をした高等裁判所が行う。許可の要件である「法令の解釈に関する重要な事項を含むと認められる場合」については，第3章第1の6(3)ウ上告受理申立ての理由（192ページ）を参照。
(2)　**許可決定**
　　高等裁判所は，法令の解釈に関する重要な事項を含むと認めたときは，抗告を許可する決定をし，最高裁判所に事件を送付することになる。この許可決定において，高等裁判所は，抗告許可の申立ての理由中に重要でないと認めるものがあるときは，これを排除することができるが（法337Ⅵ, 318Ⅲ），この排除をしたときは，許可決定において排除するものを明らかにしなければならない（規209, 200）。
　　許可決定があった場合には，最高裁判所への抗告があったものとみなされ（法337Ⅳ），抗告事件として最高裁判所へ事件送付されることになるので（規209, 208, 204, 197），以後の最高裁判所における手続は，特別抗告に準ずる（法337Ⅵ, 規209）[21]。
(3)　**決定の告知**
(4)　**不服申立て**
　　抗告の許可を求める申立てについての高等裁判所の裁判に対する不服申立方法としては，特別抗告の余地があるにすぎない（法337Ⅰ括弧書後段）[22]。

---

[20] 申立て理由の記載方式の違反を理由として不許可とするときは，その前提として申立人に補正を命じなければならない（規209, 196）。このような場合には，方式違反を問うまでもなく，実質的にも理由がないとして不許可とされることが多いであろうから，実際に補正を命じなければならない場合としては，申立ての理由として憲法違反を主張しているときに，その主張を法令の解釈に関する重要な事項を含むとの主張に改めるのか，申立て自体を特別抗告の申立てに改めるのかについて補正を求めるような場合など，それほど多くないものと考えられる（条解436）。
[21] 更に特別上告の規定の準用（法336Ⅲ, 規208）を通じて通常の上告の規定が準用されることになる（法327, 規204）。したがって，許可後の手続は，上告に準じて考えればよい（条解434）。
[22] 高等裁判所がする決定であるが，許可抗告の対象となる裁判からは除外されている。却下あるいは不許可の決定に対して，更に抗告の許可を求める申立てができるものとすると，許可抗告の申立てが無限に繰り返される結果となるおそれがあり，また，最高裁判所への抗告を許可した場合には，許可の裁判の当否について独立の不服申立てを認めるまでの必要性はなく，最高裁判所における抗告審において原裁判そのものの当否を争う機会を与えることとすれば十分であるからである（一問一答376）。

【参考例72】（抗告許可決定…排除部分がある場合）[23]

> 平成〇〇年（ラ許）第〇〇号
>
> 　　　　　　　　　決　　　　　定
> 　　〇〇県〇〇市〇〇町〇〇番地
> 　　　　　抗　告　人　　　〇　〇　〇　〇
> 　　　　　同代理人弁護士　〇　〇　〇　〇
> 　　〇〇県〇〇市〇〇町〇〇番地
> 　　　　　相　手　方　　　〇　〇　〇　〇
> 　申立人は，当庁平成〇〇年（〇）第〇〇〇号〇〇〇〇事件（〇〇〇〇決定に対する抗告）について，平成〇〇年〇〇月〇〇日当裁判所がした決定（命令）に対し，抗告許可の申立てをした。申立ての理由によれば，上記決定（命令）について，民事訴訟法３３７条２項所定の事項を含むと認められるが，申立ての理由中，【注】
>
> は重要ではないと認められる。
> 　よって，当裁判所は次のとおり決定する。
> 　　　　　　　　　主　　　　　文
> 　　本件抗告を許可する。
> 　　申立ての理由中，【注】
>
> を排除する。
> 　　　　平成〇〇年〇〇月〇〇日
> 　　　　　〇〇高等裁判所第〇民事部
> 　　　　　　　裁判長裁判官　　〇　〇　〇　〇　印
> 　　　　　　　　　裁判官　　　〇　〇　〇　〇　印
> 　　　　　　　　　裁判官　　　〇　〇　〇　〇　印
>
> 【注】空欄部分に「第〇点」，「民法〇〇条の解釈適用の誤りをいう点」「第〇点を除く部分」「民法〇〇条の解釈適用の誤りをいう点を除く部分」などと記載することによって，排除した部分を特定する。

7　最高裁判所への事件送付（規209, 208, 204, 197）

　第9の7最高裁判所への事件送付（401ページ）を参照。

(1)　高等裁判所が抗告裁判所としてした決定に対する許可抗告申立て事件の取扱い[24]

　ア　高等裁判所に抗告記録のほか原裁判所の記録がある場合

---

[23] 改正関係資料(3)556「高等裁判所における上訴の立件等の事務処理について」の説明別紙第6。
[24] 改正関係資料(3)532「高等裁判所における上訴の立件等の事務処理について」第3の3を参照。

第4章 抗　　告

　　◇　原裁判所において更に手続を進行させることのない事件であるとき[25]は，抗告事件記録とともに，抗告裁判所の判断に必要であったかどうかを問わず，原裁判所の記録も送付する。
　　◇　原裁判所における中間的な決定についての抗告裁判所の決定に対する許可抗告申立て事件で，原裁判所において更に手続を進行させる必要のある事件であるときは，抗告事件の記録とともに，抗告裁判所の判断に必要とされた部分について，原裁判所の記録の写しを送付する[26]。
　イ　高等裁判所に抗告事件記録しかないとき
　　抗告事件記録のみを送付すれば足りる（原裁判所の記録の全部又は一部の写しがあればそれも送付する。）[27]。

(2) **高等裁判所が第一審としてした決定又は命令に対する許可抗告申立て事件の取扱い**
　　◇　終局的な決定に対する許可抗告申立て事件であるときなど，高等裁判所において更に手続を進行させることのない事件であるときは，抗告事件記録とともに高等裁判所の判断に必要であったかどうかを問わず，基本事件の記録も送付する。
　　◇　中間的な決定に対する許可抗告申立て事件で，高等裁判所において更に手続を進行させる必要のある事件であるときは，抗告事件記録とともに，高等裁判所の判断に必要とされた部分について，基本事件の記録の写しを送付する[28]。

---

[25] 例えば，原裁判所における終局的な決定についての抗告裁判所の決定に対する許可抗告申立て事件であるときなど。
[26] 最高裁判所から原裁判所の記録又はその写しの送付を求められたときは，抗告裁判所又は原裁判所は直ちにこれを最高裁判所へ送付する。
[27] 最高裁判所から原裁判所の記録又はその写しの送付を求められたときは，原裁判所は直ちにこれを最高裁判所へ送付する。
[28] 最高裁判所から基本事件の記録又はその写しの送付を求められたときは，高等裁判所は直ちにこれを最高裁判所へ送付する。

第5章 再　　審

第1　確定判決と再審
1　再審の意義
(1)　再審制度
不服申立方法が尽きると裁判は確定するが，裁判手続に重大な瑕疵が発見されたり，判断の基礎とされた資料に犯罪行為が関わっているような場合には，それを看過した裁判をそのまま適法なものとして維持することは，裁判の適正の理念に反し，ひいては裁判制度に対する信頼を失わせるおそれがある。そこで，法的安定性の要請を尊重しながらも重大な瑕疵が内在する裁判に限り，これを取り消して再審理を許す制度が再審制度である。

(2)　意　義
再審とは，法定の再審事由を主張して確定判決を取り消し，これにより終結した従前の訴訟の再審判を求める訴えである。

確定判決に対するものであるから確定防止の効力はなく，また再審の対象となる確定判決と同一審級で審理されるから移審の効果もない。この点で上訴とは異なる。

再審は，確定判決の取消しと事件の再審判を目的とするから，前者の面では訴訟上の形成の訴え[1]であり，後者の面では付随訴訟である。このような再審訴訟の目的に合致するよう，①再審事由の存否に関する手続，②再審事由が存在するものと認められた場合の原確定判決審理手続とに分離した手続構造を有する。

(3)　再審手続の2段階構造
再審事由の許否に関する手続と再審事由が存在するものと認められた場合の原確定判決審理手続とが明確に区別される。

◇　裁判所は，再審の訴えが不適法である場合には，決定で，これを却下しなければならない（法345Ⅰ）。

◇　裁判所は，再審の事由がない場合には，決定で，再審の請求を棄却しなければならないものとし，この決定が確定したときは，同一の事由を不服の理由として，さらに再審の訴えを提起することができない（法345Ⅱ，Ⅲ）。

◇　裁判所は，再審の事由がある場合には，再審開始の決定をしなければならない（法346Ⅰ）。また，再審開始の決定をする場合には，相手方を審尋しなければならない[2]（法346Ⅱ）。

◇　法345条1項及び2項並びに346条1項の決定に対しては，即時抗告をすることができる（法347）。

◇　裁判所は法348条2項の場合を除き，判決を取り消した上，更に裁判をしなければ

---

[1] 通説である（注釈(9)7参照）。
[2] 再審の手続が開始されれば，確定判決の効力が覆る可能性が生ずることになり，相手方当事者にとっても重大な利害関係を有することになるからである。

第5章 再　審

ならない（法348Ⅲ）。
　◇　再審の訴状には，不服の申立てにかかる判決の写しを添付しなければならない（規211Ⅰ）。
2　再審事由
(1)　意　義
　　法338条1項1号から10号までに挙げる事由がある場合には，確定した終局判決に対し，再審の訴えをもって，不服を申し立てることができる（法338Ⅰ）。
　　これらの事由に当たる事実がそれぞれ再審の訴えの請求原因となり，その各事由ごとに別個の請求となる[3] [4]。
(2)　種　類
　　各再審事由は次のとおりである[5]。
　ア　裁判所の構成に違反があること（法338Ⅰ①②）
　　　1号及び2号は，裁判に対する信用の維持や当事者の救済のために定められている。
　　　絶対的上告理由に同一のものがある（法312Ⅱ①②）。
　　　これらの再審事由は，判決の結論との因果関係を問わない。もっとも，判決の結論が異ならなければ再審の訴えは棄却される（法348Ⅱ）。
　イ　法定代理権，訴訟代理権又は代理人が訴訟行為をするのに必要な授権を欠いたこと（法338Ⅰ③）
　　　3号は法的審尋請求権を保障すべき要請を基礎にした規定である。
　　　絶対的上告理由に同一のものがある（法312Ⅱ④）。
　　　この再審事由は，判決の結論との因果関係を問わない。もっとも，判決の結論が異ならなければ再審の訴えは棄却される（法348Ⅱ）。
　　　前段の代理権の欠缺の場合には，再審期間の制限がない（法342Ⅲ）。
　　　本号の再審事由に該当する瑕疵は，追認によって治癒されるから（法312Ⅱただし書），判決確定後にでも追認があると再審事由ではなくなる[6]。
　　　学説及び判例は，本号の再審事由を手続保障の欠缺の場合に拡張する傾向にあると

---

[3] 判例は，再審の訴え提起後に再審事由を変更した場合においては，変更の時に新再審事由による訴えの提起があったものとして出訴期間（法342）を計算すべきである（最判昭36.9.22民集15-8-2203）として，再審事由ごとに訴訟物が異なると解する見解を前提にしている。これに対しては，当事者が数個の再審事由を主張していても1個の確定判決の取消しを求める法的地位を訴訟物として把握し，再審事由は攻撃防御方法とみるべきとする見解もある（しかし，この見解によれば，既判力によって遮断される範囲を拡大することが不当な結果をもたらすおそれもあるので，注意が必要であろう。）。

[4] 再審事由を構成する事実関係の主張に際して新たなものを追加する場合，例えば，法338条1項5号の再審事由を主張している再審原告が，同号について新しい事情を追加したようなときは，同4号を追加した場合とは異なり，請求原因の追加には当たらず，攻撃防御方法の追加的主張にとどまるから，時機に後れて提出されたかどうかが問題となる（法157）だけで，出訴期間の問題とはならない。

[5] なお，法312条2項に列挙されない再審事由（法338Ⅰ④〜⑧）が絶対的上告理由に当たるかについて，第3章第1の5(3)イ（185ページ）を参照。

[6] 菊井・村松Ⅲ378参照。

ウ　判決の基礎資料に犯罪と関係する重大な欠陥があること（法338Ⅰ④〜⑦）

　　4号から7号までは，判決の基礎に当事者本人以外の第三者の可罰行為などがあり，判決の結論に影響を及ぼしている場合，それを看過して確定判決を維持することが正義に反すると認められるものについての規定である。

　　4号の再審事由[11]は，再審の対象となる確定判決に影響を与えたか否かを問わない[12]。

　　5号から7号までの再審事由は，再審の対象となる確定判決との間に因果関係が存在する必要があると解されている[13]。

　　4号から7号までの再審事由については，刑事手続で有罪の判決若しくは過料の裁判が確定した後，又は証拠欠缺以外の理由により有罪の確定判決若しくは過料の確定裁判を得ることができない場合に限り，再審の訴えを提起することができる（法338Ⅱ）。

エ　判決の基礎の変更（法338Ⅰ⑧）

　　8号は，再審の対象となる確定判決の基礎となった民事の判決等が後に変更された結果，当該確定判決の事実認定に影響が及び，その結論が異なる可能性が生じた場合は，審判をやり直し，同一又は関連する紛争についてできる限り統一的で公正な解決をはかろうとするための規定である。

　　変更の事由及び方法は，再審，上訴，異議，抗告等，特に問わないが，その変更が確定している必要がある[14]。

オ　重大な判断の遺脱（法338Ⅰ⑨）

　　9号は，判決に判断遺脱[15]があっても，そのことを理由に不服を申し立てることができない場合を救済することを主としている。

---

[7] 注釈民訴(5)492以下，コンメ民訴Ⅶ26以下参照。

[8] 有効に訴状の送達がなされず，そのために，被告とされた者に訴訟に関与する機会が与えられないまま判決がなされた場合には，当事者の代理人として訴訟行為をした者に代理権の欠缺があった場合と同様に扱うべきであるから，本号の再審事由があるものと解するのが相当である（最判平4.9.10民集46-6-553）。

[9] 訴状の送達が有効になされた場合であっても，補充送達により受送達者宛ての訴状の交付を受けた同居者等と受送達者との間にその訴訟に関して事実上の利害関係の対立があるため，同居者等から受送達者に対して訴訟関係書類が速やかに交付されることを期待できない場合において，実際にもその交付がされなかったときは，受送達者はその訴訟手続に関与する機会を与えられたことにならないというべきであり，受送達者が訴訟が提起されていることを知らないまま判決がされたときには，3号の再審事由があると解するのが相当とする判例がある（最決平19.3.20民集61-2-586）。

[10] 本号についてはその他に，氏名冒用訴訟，死者を被告とした訴訟，相手方当事者の代理権欠缺，当事者能力の欠缺などに適用されるかどうかについて，いずれも判例や学説間で見解の対立がある（注釈⑽235，注釈⑼41参照）。

[11] 職務に関する罪とは，職権濫用（刑193），収賄（刑197），公文書偽造等（刑155，156）などである。

[12] 菊井・村松Ⅲ379参照。

[13] 民事訴訟法338条1項5号後段の「判決に影響を及ぼす」につき，コンメⅦ32は，「攻撃防御方法の提出が妨げられたことによって判決内容に影響を受けたこと（因果関係）および提出が可能であれば異なる判決がされた可能性が認められることをいう。」とする。

[14] 注釈⑼51参照。

[15] 9号にいう「判断の遺脱」とは，判決の結論に影響を及ぼすべき重要な事項につき，それが職権調査事項であると否とにかかわらず，当事者が攻撃防御方法を主張し，又は職権発動を促す意味で主張したにもかかわらず，判決理由中でそれについて判断していないことである（大判昭7.5.20民集11-1005）。

判断の遺脱の有無は判決理由から判明するから，下級審の判決であれば上訴によって不服を申し立てることができる。よって，判断遺脱が再審事由として問題になるのは，主として上告審判決である。

　カ　既判力の抵触（法338Ⅰ⑩）

10号は，前後2つの判決がなされ，既判力が衝突するのを避けるための規定である。後に提起されていた訴訟の判決が先に確定すれば，先に提起されていた訴訟の確定判決は10号の再審事由の対象となる。

(3) 再審の訴えの補充性

再審の訴えは，非常の救済手段であるため，当事者[16]が判決の確定前に，上訴によって再審事由を主張して棄却されたり，再審事由を知りつつ上訴により主張をせず[17]，判決を確定させた場合には認められない（法338Ⅰただし書）。

3　再審の訴えの要件

(1) 再審の対象

再審の訴えの対象となる判決は，確定した終局判決である（法338Ⅰ）[18]。

再審の対象となる確定判決の基礎となる中間的裁判には，独立の再審の訴えは許されないが，これらに再審事由があれば，それに基づき終局判決に対する再審の理由とすることができる（法339）。

原則として，同一事件について異なった審級の確定判決があり，各確定判決にそれぞれ再審事由が存在する場合には，いずれの確定判決も再審の対象となり得る。しかし，同一事件について控訴審が控訴棄却の本案判決[19]をしたときは，第一審の訴えに対し，全面的に再審判がなされたことになるので，第一審判決に対して再審の訴えを提起することはできない（法338Ⅲ）。

再審の訴訟手続は，その性質に反しない限り，再審開始決定が確定すると，再審の対象である判決の審級における訴訟手続が準用される（法341，規211Ⅱ）。したがって，再審の本案判決に対する上訴もその審級に対応する[20]。

再審被告は，再審原告の再審請求との関係で反訴の要件（法146，300Ⅰ）を充たす場合には，出訴期間厳守の上で，再審反訴を提起することができる[21]。

また，再審の訴えは，再審の対象となる確定判決が前提にあることから，機能的には上訴に類する面を有しているとして，附帯上訴（法293Ⅰ，313）に準じて，附帯再審の提起をすることができる[22]。

---

[16] その訴訟代理人も含む（最判昭32.8.1民集11-8-1437）。
[17] 上訴を提起しなかった場合も含まれる（最判昭41.12.22民集20-10-2179）。
[18] 放棄調書，認諾調書，和解調書，調停調書はいずれも確定判決と同一の効力を有するが，これらが再審の対象となるか否かについては，これらに既判力を認めるべきか否かの評価をめぐる対立によって見解が分かれている（注釈(9)23参照）。
[19] 控訴審が第一審判決を取り消したときは，その第一審判決は再審の対象となる余地はない。
[20] 控訴審の確定判決に対する再審手続は控訴審手続であり，この再審の訴えについてなされた終局判決に対する上訴は上告である（最判昭42.7.21民集21-6-1663）。
[21] 菊井・村松Ⅲ395参照。
[22] 菊井・村松Ⅲ395参照。

附帯再審の提起は，再審の訴えが取り下げられ，又は不適法として却下されたときは，独立の再審の訴えの要件を具備していない限りその効力を失う（法 341，293Ⅱ）が，再審反訴の提起は，再審の訴えが取り下げられてもその効力を失わない。

(2) 出訴期間

再審原告は，原則として，再審の対象となる判決の確定後，再審の事由を知った日から 30 日の不変期間内に再審の訴えを提起しなければならず（法 342Ⅰ），かつ，判決確定後（再審事由が判決確定後に生じた場合はその事由が発生した日）から 5 年内に提起しなければならない（法 342Ⅱ）[23]。ただし，代理権の欠缺（法 338Ⅰ③前段）又は確定判決の抵触を理由とする場合（法 338Ⅰ⑩）は，出訴期間の制限はない（法 342Ⅲ）。

出訴期間は，個々の再審事由ごとにそれを知った日から起算すべきである。再審の訴え提起後に再審事由を変更した場合においては，変更の時に新再審事由による訴えの提起があったものとして出訴期間（法 342）を計算すべきである（最判昭 36. 9. 22 民集 15-8-2203）。

(3) 当事者適格

ア　再審原告

再審原告としての当事者適格を有する者は，再審の対象となる確定判決の効力を受け，その取消しを求める利益を有する者であり，原則として，前訴（原判決）の当事者で全部又は一部敗訴した者である。

再審の対象となる確定判決により全部勝訴した当事者には再審を認める利益はない。

口頭弁論終結後の一般又は特定承継人も判決効を受けるから，当事者と並び，又はこれに代わって，再審原告となることができる[24][25]。

当事者が他人のため原告又は被告となった場合は，その判決の効力を受ける他人（法 115Ⅰ②）も，訴訟物について訴訟をする権能を有していれば，再審ができる[26]。

イ　再審被告

再審被告としての当事者適格を有する者は，再審原告との間で再審の対象となる確定判決の効力を受け，その取消しによって不利益を受ける者であり，原則として，前訴訟で勝訴した当事者である。

この者が死亡した場合は，その一般承継人を被告とすべきである。

人事訴訟において，再審被告となるべき者が死亡した後は，検察官が再審被告とされる場合がある（人訴 12Ⅲ，26Ⅱ，42Ⅰ，43Ⅱ）。

口頭弁論終結後の特定承継人を生じた場合には，再審判決の効力を及ぼすためにその者をも前訴当事者とともに再審被告とすべきである（大判昭 8. 7. 22 民集 12-22-

---

[23] 判決確定前に生じた再審事由に基づいて，判決確定後 5 年を経過して提起された再審の訴えは，その事情のいかんを問わず不適法として却下されることを免れない（最判昭 29. 2. 11 民集 8-2-440）。
[24] 判例も，特定承継人は単独で再審原告になることができるとする（最判昭 46. 6. 3 裁集民 103-87）。
[25] 兼子一著「民事訴訟法体系［増訂版］」（酒井書店）485 参照。通説とされる（重点講義民訴・下 794，注釈民訴(5)477 以下参照）。
[26] 兼子一著「民事訴訟法体系［増訂版］」（酒井書店）485，条解民訴法（第 2 版）1715 参照。

2244)[27]。
ウ　確定判決の効力を受ける第三者

確定判決の効力を受ける第三者については，次のような最高裁決定がある。

最決平25.11.21民集67-8-1686は，新株発行の無効の訴えに係る請求を認容する確定判決の効力を受ける第三者は，当該確定判決に係る訴訟について独立当事者参加の申出をすることによって，再審の訴えの原告適格を有することになるとした。また，最決平26.7.10裁集民247-49は，独立当事者参加の申出は，参加人が参加を申し出た訴訟において裁判を受けるべき請求を提出しなければならず，単に当事者の一方の請求に対して訴え却下又は請求棄却の判決を求めるのみの参加の申出は許されないと解すべきであるとした。

エ　行政事件訴訟法における第三者の再審の訴え[28]

行政事件訴訟法においては，処分又は裁決を取り消す判決（取消判決）の効力は訴訟当事者でない第三者に対しても及ぶものとされる（行訴32）。これは，取消判決の効力が訴訟当事者と第三者との間で別異になることを避け，第三者に対する関係でも画一的に取り扱われることが望ましいとする行政上の法律関係における法的安定性を図るという要請に応えた規定である。しかし，その反面で，取消判決による法律関係の変動について直接利害関係を有する第三者が，当該訴訟に関与しないまま取消判決の形成力を受けるという不利益を被ることが考えられる。このような不測の不利益を救済する一つの方法として，行政事件訴訟法22条は，「訴訟の結果により権利を害される第三者」が訴訟に参加する途を開くが，同条により利害関係を有する第三者に漏れなく訴訟参加の機会を与えることは現実に困難であるし，また，第三者が自己の責めに帰することのできない理由により訴訟に参加できない場合もあり得る。そこで，行政事件訴訟法34条は，このような第三者に対して，取消判決確定後においても再審の訴えをもってその利益を主張する機会を認めている。

再審原告は，取消判決により「権利を害された第三者」であり（行訴34Ⅰ），確定した従前の訴訟の原告及び被告の双方を再審の共同被告にしなければならない。また，再審事由として，「自己の責めに帰することができない理由により訴訟に参加することができなかった」こと，及び「判決に影響を及ぼすべき攻撃又は防御の方法を提出することができなかった」ことの2事由が定められている（行訴34Ⅰ）。

出訴期間は，確定判決を知った日から30日以内であり（行訴34Ⅱ），この期間は不変期間とされる（同Ⅲ）。さらに，第三者の再審の訴えは，判決が確定した日から1年を経過したときは，提起することができない（同Ⅳ）。

再審の手続や裁判については，行政事件訴訟法に定めがあるもののほか，同法7条

---

[27] 兼子一著「民事訴訟法体系［増訂版］」（酒井書店）486，条解民訴法（第2版）1716参照。通説とされる（重点講義民訴・下794参照）。
[28] 詳細は，室井力・芝池義一・浜川清編著「コンメンタール行政法Ⅱ行政事件訴訟法・国家賠償法第2版」（日本評論社）369以下，南博方・髙橋滋・市村陽典・山本隆司編集「条解行政事件訴訟法第4版」（弘文堂）699以下を参照。

により，民事訴訟法338条から348条までが準用される。

なお，第三者の再審の訴えについて定める行政事件訴訟法34条は，民衆訴訟及び機関訴訟について準用されている（行訴43Ⅰ）。

(4) 管　轄

再審の訴えは，不服申立てにかかる判決をした裁判所の専属管轄である（法340Ⅰ）[29]。訴額や審級を問わない。

再審の対象となる確定判決が第一審裁判所にのみ存在し，同一事件について他に確定判決がない場合，当該確定判決をした第一審裁判所が再審裁判所になる。

上訴がなされ，同一事件について複数の確定判決が存在し，かつ，各確定判決に再審事由が存在するときは，原則としていずれの確定判決に対しても再審の訴えを提起し得るから，それぞれの確定判決をなした裁判所に専属管轄が生じる。

しかし，これには例外がある。まず，控訴審において当該事件につき控訴棄却の本案判決がなされた場合，第一審の訴えに対し全面的に再審判がなされたわけであるから，第一審判決に対する再審の訴えは許されない（法338Ⅲ）。また，再審事由のうち，事実認定に関するものについては，上告審判決に対して再審の訴えを提起できないので，事実審の判決に対して再審の訴えを提起すべきである。

審級の異なる裁判所が同一事件についてした判決に対する再審の訴えを併合して提起する場合は，上級裁判所が管轄する（法340Ⅱ）[30]。

上告裁判所で併せて下級審の再審事件を審理し，再審事由が存在すると判断し，さらに再審の目的である本案請求の当否について審理する必要があると認めたときは，原判決をすべて取り消した上，下級審に差し戻して再審理をさせる必要がある[31]。

4　訴訟手続

(1) 訴えの提起

ア　再審訴状の提出

再審の訴えは，再審訴状を不服申立てにかかる判決をした裁判所に提出してしなければならない（法340Ⅰ，341，133Ⅰ）。

再審訴状には，当事者及び法定代理人，不服の申立てに係る判決の表示及びその判決に対して再審を求める旨の記載並びに不服の理由として具体的な再審事由を記載しなければならない（法343）ほか，不服の申立てにかかる判決の写しを添付しなければならない（規211Ⅰ）。なお，再審の訴えの提起は，前訴及びその判決に対し直接影響を及ぼさないので，再審の対象となる確定判決の執行力は当然には停止されず，裁

---

[29] 再審の訴えは，形式的にはいったん終了した前訴とは別の独立の訴訟であるが，再審事由が認められると前訴の事件についての審理が復活再開されるのであるから，再審訴訟を適切かつ迅速に処理する上で，再審の対象となる確定判決をなした裁判所に管轄を認めることが適当と考えられる（注釈(9)56参照）。

[30] 例えば，同一事件について，第一審判決，これに対する控訴を却下する控訴審の終局判決，控訴却下判決に対する上告を棄却した上告審の終局判決がともに確定し，各判決に再審事由が存在すれば，原則としては各別に再審の対象となる。このような場合に，各確定判決に対する再審の訴えを同時に併せて審理できれば，再審判決相互間の矛盾抵触を避けることができるし，一つの裁判所で1回的に解決できるので，訴訟経済的にみても利点がある（注釈(9)58参照）。

[31] 菊井・村松Ⅲ392参照。

第5章 再　　審

判所は，申立てにより厳格な要件の下において，強制執行の一時停止又は執行処分の取消しを命ずることができるにすぎない（法403Ⅰ①）。

【参考例73】（再審訴状）

再　審　訴　状

○○地方裁判所　　御中

平成○○年○月○日

再審原告　○　○　○　○　印

〒　○○市○区○○町○丁目○番○号　（送達場所）

再審原告　○　○　○　○

〒　○○市○○町○丁目○番○号

再審被告　○　○　○　○

貼用印紙額　　　４０００　円

添付郵券額　　　○○○○　円

上記当事者間の○○地方裁判所平成○○年（ワ）第○○○号貸金請求事件について，平成○○年○月○日に言い渡された判決は，既に確定しているが，下記のとおり再審事由があるので，再審原告は，再審の訴えを提起する。

不服申立てにかかる判決の表示

原告の請求を棄却する。

訴訟費用は原告の負担とする。

再　審　請　求　の　趣　旨

上記確定判決を取り消す。

再審被告は，再審原告に対し，金○○円を支払え。

訴訟費用は，前審及び再審を含め再審被告の負担とする。

との裁判並びに仮執行宣言を求める。

再　審　請　求　の　原　因

1　上記確定判決には，次のとおり再審事由がある。

・・・・・・・・・・・・・・・・・・・・・・・・・・・・

2　よって，再審原告は，申立ての趣旨記載のとおりの判決を求める。

添　付　書　類

確定判決の写し　1通

イ　受付手続

再審訴状の受付に際しては，受付分配通達に従った事務取扱いのほか，再審の訴えの適法性や再審訴状の記載事項等について十分調査し，必要に応じて当事者に任意補正を促し，担当部に必要な連絡をするなどの措置が必要である。

(ｱ)　管轄の確認

再審訴状が受付に提出された場合には，再審の訴えの対象となる事件が当該裁判所に係属し，確定判決がなされたことを確認した上で，受付手続を行う。

再審訴状を提出すべき裁判所については3の(4)管轄（419ページ）を参照。
- (イ) 再審の訴えの方式

    再審の訴えは，再審訴状を提出してしなければならない（法341, 133Ⅰ）。

    再審の訴えを簡易裁判所に提起する場合（法271）を別にして，再審の訴えの提起は，訴状を裁判所に提出して行うことを原則とする（コンメ民訴Ⅶ53）。また，電話による再審の訴えは認められない。

    ファクシミリ及び電報による再審の訴えについては第2章第2の3(4)控訴提起の方式（56ページ）を参照。
- (ウ) 再審訴状の記載事項

    具体的な記載については【参考例73】を参照。
    - a 必要的記載事項

        再審訴状には，その必要的記載事項として，①当事者及び法定代理人，②不服の申立てにかかる判決の表示及びその判決に対して再審を求める旨，③不服の理由，を記載しなければならない（法343）。
        - (a) 当事者[32]及び法定代理人（法343①）

            再審原告[33]となるのは，原則として，前訴の当事者で全部又は一部敗訴した者である。前訴が必要的共同訴訟であった場合，その確定判決を対象として共同訴訟人の一人が再審の訴えを提起すれば，他の共同訴訟人も当然に再審原告となる（東京高判昭36.12.7高民14-9-653）。

            再審被告となるのは，原則として，前訴で勝訴した当事者である。

            その他当事者となるべき再審原告及び再審被告については3の(3)当事者適格（417ページ）を参照。
        - (b) 不服の申立てにかかる判決の表示及びその判決に対して再審を求める旨（法343②）

            前段は，再審の対象を明確にする趣旨である。通常，再審の対象となる確定判決をした裁判所，事件番号，事件名，判決言渡年月日等が記載される。再審の対象となる確定判決の主文も併せて記載される場合が多い。

            後段は，再審を求めるという意思表示を明確にするための記載である。再審の対象となる確定判決が不服であり，再審における審理・裁判を求める旨の記載があれば足りる。
        - (c) 不服の理由（法343③）

            不服の理由とは，各再審事由を指すものと解されている。

            「不服の理由」の主張は具体的な根拠を示すものでなければならない[34]。

---

[32] 再審事件における当事者の呼称は，「再審原告」「再審被告」である。

[33] 前訴で補助参加人であった者が再審の訴えを提起できるか否かについては注解⑽334参照。

[34] 「不服の理由」は，再審の訴えの請求原因のことである。再審の訴えは形成の訴えとして位置づけられており，請求原因とは法338条1項1号から10号までの10個である。したがって，再審原告は，請求原因を具体的に他と識別できる程度に記載しなければならない（菊井・村松Ⅲ402参照）。

第5章 再　　審

　　　　b　その他の記載事項
　　　　　不服申立ての範囲は必ず記載を必要とするものではないが，再審における審理
　　　　の範囲を示すものとして，再審原告が求める判決主文と同様の形式で記載される。
　　(エ)　手数料及び印紙の確認
　　　　再審の訴えを提起する際には，再審提起手数料を納付しなければならず（民訴費
　　3Ⅰ），再審訴状に収入印紙を貼り付ける方法で納めなければならない。
　　　　再審提起手数料は，再審の訴えを簡易裁判所へ提起する場合は2000円，簡易裁判
　　所以外の裁判所へ提起する場合は4000円である（民訴費3Ⅰ，別表第一の8項）。
　　(オ)　送達に必要な費用の予納と郵便切手の確認
　　　　再審原告は，再審訴状の送達等に必要な費用の予納をしなければならない（法
　　341,138Ⅱ,137）。郵便切手が予納された場合はその額を確認する。
　　(カ)　附属書類等の添付
　　　◇　再審訴状副本
　　　　　再審訴状の送達は，再審原告から提出された副本によって行われる（規211
　　　Ⅱ,58Ⅰ）から，再審被告の数に応じた通数が必要である。
　　　◇　不服の申立てにかかる判決の写し[35]
　　　　　再審訴状には，再審の対象となる確定判決の写しを添付しなければならない（規
　　　211Ⅰ）。
　　　　　その他の附属書類等の添付については第2章第2の3(8)添付書類（65ページ）を
　　　参照。
　　(キ)　事件簿への登載
　　　　再審の訴えが提起された場合には，再審事件として，民事再審事件簿（記録符号
　　は簡易裁判所→ニ，地方裁判所→カ，高等裁判所→ム）[36]，行政再審事件簿（記録符
　　号は地方裁判所→行オ，高等裁判所→行ソ）[37]，民事等再審事件簿（記録符号は家庭
　　裁判所→家チ）[38]に登載[39]する[40]。
　　　　控訴審の確定判決に対する再審事件において再審原告が中間確認の訴えを提起し
　　た場合，民事控訴事件簿に登載する[41]。
　　　　「再審訴状」が事件番号の付け方の基準となる[42]。
　　　　立件の際には，前訴の訴訟記録が当該裁判所に存するか否かを事件簿等により確

---

[35] 規則49条と同様に，同55条の特則に相当する。
[36] 民事事件記録符号規程を参照。
[37] 行政事件記録符号規程を参照。
[38] 家庭事件記録符号規程を参照。
[39] 民事裁判事務支援システムを利用する場合は，事件簿への登載に代えて，民事裁判事務支援システムのサーバーの記憶装置に所要事項を記録することとなる（民裁支援システム通達記第1の1）。
[40] 各事件簿は，帳簿諸票取扱通達別表第1から第4までによる。様式はいずれも民事・行政再審事件簿（同通達別紙様式第4）である。
[41] 受付分配事務の解説117参照。
[42] 受付分配通達別表第1の7，第2の2，第5の8参照。

認[43]し，訴訟記録の有無を注記して担当部へ配てんする[44]。

その他の立件手続については第２章第３の２(5)立件手続（102ページ）を参照。

(2) 審理と裁判

再審の訴訟手続には，その性質に反しない限り，各審級の訴訟手続に関する規定が準用される（法341）[45]。

ア 審理の段階的構造

再審の訴えは，確定判決の取消しとその判決に代わる新判決とを求める複合的な申立てであるから，これに対する審理手続も，理論上，再審開始許否の審理と本案の実体的審理とがあり，法もこれを手続構造に反映させている。

イ 再審訴状の審査

審理の前提として前訴の訴訟記録が必要となることから，これが管轄裁判所に存する場合には訴訟記録を借り出すなどし，管轄裁判所に存しないときは，確定記録の保存裁判所宛てに訴訟記録請求書を送付するなどの方法により，訴訟記録の送付を依頼する必要がある。

(ｱ) 審査の範囲

受付担当部署において審査された事項につき，改めて担当部において審査を行う。再審訴状の審査権は再審裁判所の裁判長の権限事項である（法341，137，138Ⅱ）。

◇ 再審訴状の必要的記載事項

再審訴状の必要的記載事項は法343条各号に定められている。

具体的には，(1)イ(ｳ)再審訴状の記載事項（421ページ）を参照。

◇ 申立手数料

再審の訴え提起手数料については(1)イ(ｴ)手数料及び印紙の確認（422ページ）を参照。

◇ 再審訴状を送達することができない場合

再審裁判所による再審の適法性の審理終了後，再審訴状副本を再審被告に送達しなければならない（法341，138Ⅰ，規211Ⅱ，58Ⅰ）。この送達ができない場合（再審被告の住居所の表示が不正確である場合，再審訴状副本の送達に必要な費用が予納されない場合），法137条が準用される（法138Ⅱ）。

(ｲ) 補正命令

再審訴状の必要的記載事項に不備がある場合，再審の訴え提起手数料に相当する収入印紙が貼り付けられていないか又は不足する場合，若しくは再審訴状の送達をすることができない場合には，第一次的には補正を促すが，当事者がこれに応じないときは，裁判長は相当期間を定めて補正命令を発する（法341，137Ⅰ，138Ⅱ）。補

---

[43] 民事裁判事務支援システムを利用する場合は，民事裁判事務支援システムで検索して確認する。
[44] 前訴の訴訟記録が当該裁判所に存しない場合の訴訟記録の取り寄せは，担当部において行う。
[45] 例えば，再審の対象となる確定判決が控訴審判決である場合，これに対する再審の訴えは，控訴審手続により審理・裁判され，再審の訴えによりなされた判決に対する不服申立て方法は上告である。また，上告審判決に対する再審の訴えは上告審手続により審理・裁判される。

正期間の起算点を明らかにするため，告知方法は同命令謄本の送達によるのが相当である。

(ウ) 再審訴状却下命令

再審原告が所定の期間内に補正しないときは，裁判長は命令で再審訴状を却下しなければならない（法 341, 137Ⅱ）。

再審裁判所が簡易裁判所，家庭裁判所及び地方裁判所である場合，裁判長によりなされた再審訴状却下命令に対しては，即時抗告ができる（法 341, 137Ⅲ）ので，同命令の告知は，再審原告に対し謄本を送達する方法（規 40）によるのが相当である。その場合には，再審訴状却下命令謄本と共に再審原告が提出した再審訴状の原本を返還することになる[46]。

ウ 再審の適法性の審理

裁判所は，再審の訴えの訴訟要件を調査し，不適法である場合には，決定で，これを却下しなければならない（法 345Ⅰ）。

(ア) 審理の範囲

再審の訴えが不適法である場合とは，再審の訴えが，出訴期間（法 342）経過後に提起された場合や当事者適格のない者（再審の対象となる確定判決で全部勝訴している当事者等）から提起された場合等その不備を補正することができない場合である。

(イ) 再審却下決定

再審の訴えが不適法である場合，再審裁判所は決定で再審の訴えを却下しなければならない（法 345Ⅰ）。

再審裁判所が簡易裁判所，家庭裁判所及び地方裁判所である場合，再審裁判所によりなされた再審却下決定に対しては，即時抗告ができる（法 347）ので，同決定の告知は，再審原告に対し再審却下決定謄本を送達する方法（規 40）によるのが相当である。

(ウ) 不服申立て

再審裁判所が簡易裁判所，家庭裁判所及び地方裁判所である場合，再審裁判所によりなされた再審却下決定に対しては，即時抗告ができる（法 347）。

再審裁判所が高等裁判所である場合は，再審却下決定に対して特別抗告（法 336Ⅰ）又は許可抗告（法 337Ⅰ）による以外不服申立てができない（裁 7）。

エ 再審事由の存否に関する審理

再審裁判所は，訴訟要件の調査後，本案の審理をする前に再審事由の審理を行う。

再審事由がない場合には，再審裁判所は，決定で，再審の請求を棄却しなければならない（法 345Ⅱ）。また，この決定が確定したときは，同一の事由を不服の理由とし

---

[46] 抗告状には，再審原告が提出した再審訴状の原本を添付する必要がある（規 211Ⅱ, 57, 176）。再審裁判所が高等裁判所である場合は，特別抗告又は許可抗告による以外不服申立てができない（裁 7）ので，再審訴状原本を返還する必要はないと考える。

て，更に再審の訴えを提起することができない（法345Ⅲ）[47]。

これに対し，再審事由があると認めるとき，裁判所は再審開始決定をする（法346Ⅰ）。

この場合には，あらかじめ相手方を審尋しなければならない（法346Ⅱ）[48]。

これらの決定（法345Ⅱ，346Ⅰ）に対しては，いずれも即時抗告ができる（法347）[49]。

再審の請求棄却決定謄本及び再審開始決定謄本の送達及び不服申立てについては前記ウ(イ)及び(ウ)を参照。

再審事由については２再審事由（414ページ）を参照。

オ　本案の審理
　(ア)　審理の範囲

再審開始決定が確定した場合には，裁判所は，不服申立ての限度で，本案の審理及び裁判をする（法348Ⅰ）。

ここでいう「本案」とは，再審の訴えそのものをいうのではなく，再審の訴えにおいて取消しの対象となっている確定判決がなされた事件の本案のことであり，「不服申立ての限度」であるとは，処分権主義に基づくものである。例えば，数個の請求が１個の判決で裁判され，原告がそのうちの特定の請求についてだけ再審の訴えを提起したときは，再審事由が他の請求について認められるとしても，再審裁判所は，不服申立てのあった請求についてのみ「本案の審理及び裁判」をすることになる[50]。

再審の訴えを提起した当事者は，不服の理由を変更することができる（法344）。

　(イ)　審理の方式

本案の審理は，前訴の口頭弁論終結前の状態に復し，再審事由に関しない限りは従来の手続が効力を有する。よって，裁判所の構成に変更があれば，弁論を更新して審理する（法341，249Ⅱ，297，313）。もっとも，審理に際しては，理由があると認定された再審事由に拘束されるから，それに応じて審理の態様にも変更を生じる。例えば，代理権の欠缺（法338Ⅰ③）という再審事由が認められた場合であれば，訴状の送達からやり直さなければならないこともあろう。

再審事件が事実審に係属する場合には，当事者は新たな攻撃防御方法を提出することができるが，時機に後れたかどうか（法341，157Ⅰ，297）は，前訴の訴訟手続の経過をも考慮して判断される。前訴の口頭弁論終結後に生じた事由も提出することができる[51]。

---

[47] 再審請求棄却決定の紛争解決機能を高め，法的安定を確保する趣旨である。
[48] 再審手続が開始されれば，確定判決の効力が覆る可能性が生じることとなり，相手方当事者にとって重大な利害を及ぼすことになるためである。
[49] 即時抗告ができることで両当事者の利益保護を図るとともに，本案審理前の判断を確定させることによって，手続の安定と経済性を確保することとしているのである。
[50] 菊井・村松Ⅲ403参照。
[51] 注解⑽344参照。

(ウ) 判決

再審裁判所は，本案の審理をした結果，再審の対象となる確定判決を正当とするときは，再審の請求を棄却しなければならない（法348Ⅱ）。

また，再審裁判所は，審理の結果，再審の対象となる確定判決を不当と認めれば，これを取り消して，新たに当該審級に応じた本案判決をしなければならない（法348Ⅲ）。

(エ) 不服申立て

再審の訴えについてなされた判決に対しては，その判決をした裁判所の審級に対応する不服申立てが許されている[52]。

カ 訴えの取下げ

再審の訴えは確定判決に対する不服申立てである点で上訴に準じるから，その取下げは上訴の取下げに準じる（法341, 292, 313）。

取下げの手続については第2章第3の17(3)控訴の取下げ（158ページ）を参照。

キ 事件終局後の事務

再審事件の記録は，不服申立ての対象となった裁判がされた事件の記録を保存する裁判所で保存する[53]。

その他の事件終局後の事務については第2章第3の19事件終局後の事務（162ページ）を参照。

---

[52] 菊井・村松Ⅲ396参照。
[53] 保存規程第3条3項。

第2 決定又は命令に対する再審（準再審）
1 意 義

即時抗告をもって不服を申し立てることができる決定又は命令が確定した場合に，これに再審事由があれば，判決の再審手続に準じて再審が許されており（法349,規212），決定手続によって審理される。

終局判決を準備する目的でなされる（判決の基本となる）中間的裁判について再審事由[1]が存するときは，終局判決に対する再審の訴えとしてその事由を主張することができる（法339）。これに対して，独立に確定する決定又は命令について再審事由が存する場合に，確定判決に対する再審の訴えとは別に，独立の救済を与えるため，訴えの方法によらない簡易な再審の申立てを認めたのがいわゆる準再審の制度である。

◇ 対象となる裁判

終局判決を準備する目的でなされる中間的裁判[2]は，対象とならない。

一定の事項を確定する目的でなされる終局的な決定又は命令を対象とする。

法文上，「即時抗告をもって不服を申し立てることができる決定又は命令」で確定したものとあるが，これは代表例を挙げたにすぎず，したがって，即時抗告に服しない決定又は命令であっても，終局的裁判の性質を有する決定又は命令であれば，独立した再審の申立てができると解されている[3]。

2 審理手続

再審の申立ての手続については，再審の訴えの規定が準用される（法349Ⅱ，規212）。よって，その性質に反しない限り，各審級における訴訟手続に関する規定を準用する（法341の準用）ので，再審の申立てにより不服を申し立てられた決定又は命令の発せられた手続によって行われる。

(1) 管轄裁判所

第1の3(4)管轄（419ページ）を参照。

訴額や審級を問わず，準再審の対象となる決定・命令をした裁判所のみが専属的に管轄権を有する（法349Ⅱ，340Ⅰ）。

---

[1] 法338条1項4号から7号までの再審事由については，同条2項に規定する場合に限られる。
[2] 終局判決前の裁判で上級審の判断を受けるもの（訴え変更不許の裁判，訴訟手続の受継許否，訴訟引受け・攻撃防御方法却下等の裁判）等。これらの裁判は，終局判決の上訴により，またその確定後は，再審事由がある場合に再審の訴えによって救済される。
[3] 法349条の文言を，終局的決定・命令を対象とすると解釈するのが，学説・判例の確立した立場である（最大決昭30.7.20民集9-9-1139）。文言上，最高裁判所の決定のように，それ以上の上級審がなく，即時抗告のできない決定については，再審の申立てができないことになり，判例もそう解していた（最決昭29.3.24民集8-3-720）が，その解釈を変更した前記判例によれば，「終局的裁判たる性質を有する決定及び命令が訴訟法上多く即時抗告に服すべきものとされていることに着目してかかる用語を以て，この種の決定又は命令を表示するに足るとしたに外ならないのであり，しかも，かかる決定又は命令が確定した場合これに対し再審の申立を認むべき必要性の存在は，独り「即時抗告ヲ以テ不服ヲ申立ツルコトヲ得ル」場合のみに限るものではなく，かかる裁判に対し訴訟法が当初から不服の申立を許さない場合においても，はたまた，かかる裁判が偶々審級制度上の最上級審裁判所によってなされた場合においても，これを否定すべきいわれのないものといわなければならない。然るところ上告棄却の判決に対する異議を却下する決定及びこの却下決定に対する抗告を却下する決定等がここにいわゆる終局的裁判たる性質を有するものであることは多言を要しないところであるから，本件再審の申立は適法であるといわなければならない。」という。

第5章 再　　審

(2) 再審期間

第1の3(2)出訴期間（417ページ）を参照。

原則として，再審の対象となる決定又は命令の確定後，再審の事由を知った日から30日の不変期間内に再審抗告の申立てをしなければならず（法349Ⅱ，342Ⅰ），かつ，決定又は命令の確定後から5年内に申立てをしなければならない（法349Ⅱ，342Ⅱ）。

(3) 再審申立書の受付手続

再審の訴えの規定が準用される（法349Ⅱ，規212）ので，再審訴状の受付と同様に，行う。

ア　管轄の確認

第1の4(1)イ(ｱ)管轄の確認（420ページ）を参照。

再審申立書が受付に提出された場合には，再審の対象となる事件が当該裁判所に係属し，決定又は命令がなされたこと，当該裁判が確定していることを事件簿により確認した上で[4]受付手続を行う。再審の申立書を提出すべき裁判所については，前記(1)管轄裁判所を参照。

イ　申立ての方式

第1の4(1)イ(ｲ)再審の訴えの方式（421ページ）を参照。

決定又は命令に対する再審の申立ては，再審の申立書を提出してしなければならない（法349Ⅱ，341，133Ⅰ）。

ウ　再審申立書の記載事項（法349Ⅱ，343）

第1の4(1)イ(ｳ)再審訴状の記載事項（421ページ）を参照。

(ｱ) 必要的記載事項（法349Ⅱ，343）

◇　当事者[5]及び法定代理人

◇　不服の申立てに係る決定・命令の表示及びこれに対して再審を求める旨

◇　不服の理由

(ｲ) その他の記載事項

エ　手数料及び印紙の確認

再審の申立ての際には，申立手数料を納付しなければならず（民訴費3Ⅰ），申立書に収入印紙を貼り付ける方法により納付しなければならない。

再審の申立ての手数料は，1500円である（民訴費3Ⅰ，別表第一の19項）。

オ　送達に必要な費用の予納と郵便切手の確認（法349Ⅱ，341，138，137）

第1の4(1)イ(ｵ)送達に必要な費用の予納と郵便切手の確認（422ページ）を参照。

カ　附属書類等の添付

第1の4(1)イ(ｶ)附属書類等の添付（422ページ）を参照。

◇　申立書副本（相手方がある場合）

◇　不服の申立てにかかる決定・命令の写し

---

[4] 民事裁判事務支援システムを利用する場合は，民事裁判事務支援システムで検索して確認する。
[5] 再審の申立事件における当事者の呼称は，「申立人」「相手方」である。

第2 決定又は命令に対する再審

キ 事件簿への登載
第1の4(1)イ(キ)事件簿への登載（422ページ）を参照。
再審の申立てがあった場合には，再審事件として，民事再審事件簿（記録符号は簡易裁判所→ニ，地方裁判所→カ，高等裁判所→ム[6]），行政再審事件簿（記録符号は地方裁判所→行オ，高等裁判所→行ソ[7]），民事等再審事件簿（記録符号は家庭裁判所→家チ[8]）に登載[9]する[10]。
再審の申立書が事件番号の付け方の基準となる[11]。

(4) **再審申立書の審査**
第1の4(2)イ再審訴状の審査（423ページ）を参照。
ア 審査の範囲
(ｱ) 再審申立書の必要的記載事項
(ｲ) 申立手数料
(ｳ) 再審申立書を送達することができない場合[12]
イ 補正命令（法349Ⅱ，341，137Ⅰ，138Ⅱ）
ウ 再審申立書却下命令（法349Ⅱ，341，137Ⅱ）

(5) **適法要件の審理**
第1の4(2)ウ再審の適法性の審理（424ページ）を参照。
再審の申立てが不適法であるときは，再審裁判所は決定で再審の申立てを却下しなければならない（法349Ⅱ，345Ⅰ）。
再審裁判所が簡易裁判所，家庭裁判所及び地方裁判所である場合，この決定に対しては即時抗告ができる（法349Ⅱ，347）。高等裁判所の場合は，特別抗告（法336Ⅰ）又は許可抗告（法337Ⅰ）の余地があるにすぎない。

(6) **再審事由の存否に関する審理**
第1の4(2)エ再審事由の存否に関する審理（424ページ）を参照。
再審裁判所は，訴訟要件の調査後，本案の審理をする前に再審事由の審理を行う。
◇ 再審申立棄却決定（法349Ⅱ，345Ⅱ）
同一事由による再度の申立ての禁止（法349Ⅱ，345Ⅲ）
◇ 再審開始決定（法349Ⅱ，346Ⅰ）
相手方のある事件については，相手方の審尋が必要である（法349Ⅱ，346Ⅱ）。
◇ 即時抗告（法349Ⅱ，347）

---

[6] 民事事件記録符号規程を参照。
[7] 行政事件記録符号規程を参照。
[8] 家庭事件記録符号規程を参照。
[9] 民事裁判事務支援システムを利用する場合は，事件簿への登載に代えて，民事裁判事務支援システムのサーバーの記憶装置に所要事項を記録することとなる（民裁支援システム通達記第1の1）。
[10] 各事件簿は，帳簿諸票取扱通達別表第1から第4までによる。様式はいずれも民事・行政再審事件簿（同通達別紙様式第4）である。
[11] 受付分配通達別表第1の7，第2の2，第5の8を参照。
[12] 決定又は命令の場合，必ずしも対審的構造を有しておらず，相手方の存しない事件もある。

第5章 再　審

(7) 本案の審理
　　第1の(2)オ本案の審理（425ページ）を参照。
　ア　審理の範囲
　　　再審開始決定が確定した場合には，再審裁判所は不服申立ての限度で，本案の審理及び裁判をすることになる（法349Ⅱ，348Ⅰ）[13]。
　イ　審理の方式
　　　本案の審理は，再審の対象となった決定又は命令と同様の決定手続によってその当否を審査することになる[14]。
　　　第4章第3の3(4)審理の方式（333ページ）を参照。
　　　◇　任意的口頭弁論（法349Ⅱ，87）
　　　◇　口頭弁論に代わる審尋
　　　◇　審問期日
　　　◇　書面審理

(8) 事件の終局に関する事務
　ア　決定
　　　◇　却下決定（法349Ⅱ，345Ⅰ）
　　　◇　棄却決定（法349Ⅱ，348Ⅱ）
　　　◇　審理の結果，再審の対象となる決定又は命令を不当と認めれば，これを取り消して，新たに当該審級に応じた決定又は命令をしなければならない（法349Ⅱ，348Ⅲ）。
　イ　決定の告知
　　　第4章第3の4(2)決定の告知（335ページ）を参照。
　ウ　嘱託・公告・通知等
　　　第4章第3の4(3)嘱託・公告・通知等（336ページ）を参照。
　エ　申立ての取下げ
　　　第1の4(2)カ訴えの取下げ（426ページ）を参照。

(9) 不服申立て
　　　第1の4(2)オ(エ)不服申立て（426ページ）を参照。

(10) 事件終局後の事務
　　　第1の4(2)キ事件終局後の事務（426ページ）を参照。

---

[13] ただし，非訟事件手続及び家事事件手続においては，不服申立ての限度による限定は妥当しない（家事事件手続について，第4の3(2)（433ページ）参照）。
[14] 審理の方式は，事案に応じて裁判所が裁量で決することとなる。

第3 再審の訴えの提起に伴う執行停止等の裁判
1 意 義
　　再審は確定した裁判の効力を争う制度であるが，再審の訴えが提起されたこと自体は，強制執行の開始・進行を妨げる効力を有しない。そこで，裁判所は，再審原告の申立てにより，仮の処分として一定の要件の下に強制執行の一時停止等を命ずることができるとされた（法403 I①）。
　　◇　訴訟上の和解の効力が争われる場合に，強制執行の一時停止等の仮の処分を求めることができるかについては明文がなく，法403条1項1号の類推適用が問題とされている。
　　　　和解無効確認訴訟の訴えが提起された場合については，民事執行法も和解無効を宣言する判決が終局的に強制執行取消しの文書となることを認めているから（民執39 I②，40 I），終局判決があるまでの応急的な措置として再審の訴え提起に伴う場合等に準じて，類推適用を認めるのが通説の立場である[1][2]。
　　　　これに対し，期日指定の申立てがなされ，和解で終了したことになっていた訴訟が復活して審理が続行された場合には，その訴訟の終局判決において和解無効の宣言がされないので，この判決の正本は民事執行法39条1項2号の文書には該当しない。これを理由に，和解無効を理由として期日指定の申立てをした場合には，法403条1項1号の類推適用による仮の処分の申立てはできないとして消極に解する説もある[3]。

2 管轄裁判所
　　再審裁判所が管轄裁判所である（法403 I）。

3 要 件
　(1) 確定判決に対し，適法に再審の訴えを提起したこと
　　　第6章第2の1(2)ア（436ページ）を参照。ただし，仮執行宣言による執行力を停止するものではない。
　(2) 執行停止の申立てが適法であること
　(3) 実質的要件
　　　次の2つの要件について，いずれも疎明が必要とされる。
　　ア　不服の理由として主張した事情が法律上理由があると見え，事実上の点につき疎明があること（取消要件）
　　　　第6章第4の2(3)ア（462ページ）を参照。
　　イ　執行により償うことのできない損害が生じることにつき疎明があること（損害要件）
　　　　第6章第3の2(3)イ（459ページ）を参照。

4 受付手続
　　申立ての方式及び申立ての受付については，第6章第2の1(3)（437ページ以下）を参照。

---

[1] 名古屋高決昭33.1.11高民11-1-1参照。
[2] 期日指定申立てに基づく手続が再審手続としての実質を有することを理由に，法403条1項1号の類推適用を積極的に解する説も多い（菊井・村松 I 1157。民事執行法制定前の裁判例として仙台高決昭31.2.23高民9-2-62がある。）。
[3] 注解(11)199参照。また，同書は，「執行停止の裁判を求めようとする当事者は，請求異議の訴えを提起することにより和解無効を主張するのが一般的であるから，その例は稀有であろう。」とする。

第5章 再　　審

5　裁判のための準備

第6章第2の1(4)（441ページ）を参照。

6　裁　判

(1)　裁判の内容

第6章第3の5(1)（459ページ）を参照。

(2)　裁判正本の送達，裁判後の事務及び裁判の効力

第6章第2の1(5)ウ，エ及びオ（452ページ）を参照。

(3)　不服申立て

第6章第2の1(6)（453ページ）を参照。

第4 家事事件手続における再審
1 再審の規律の明文化
　　家事事件手続法施行前，家事審判法7条が準用していた旧非訟事件手続法25条には，抗告に関する民事訴訟法の規定を準用する旨が定められていたものの，再審の規定を準用する旨の明文の規定がないことから，家事審判の手続においては再審が許容されていないとする見解もあった。しかし，重大な瑕疵のある裁判の効力をそのまま存続させることが相当でないことは家事審判の手続においても同様であると解されること等から，平成25年に施行された家事事件手続法では，再審の申立てをすることができる旨が明文化された[1]。

2 再審の申立てをすることができる裁判
　　再審の申立てをすることができるのは，確定した審判その他の裁判であって事件を完結するものである（家事103Ⅰ）。
　　「確定した」とは，当事者による通常の不服申立て手続（即時抗告または異議）が尽きたことを意味し，職権による取消しまたは変更の余地があったとしても「確定した」ということを妨げない（逐条家事336）。
　　「事件を完結するものに限る」こととしているのは，審判または審判に代わる裁判の前提となった裁判，すなわち，移送の決定（家事9Ⅰ，Ⅱ），除斥または忌避の申立てを却下する決定（家事12Ⅸ）などの裁判に対して独立して再審の申立てをすることを許容しない趣旨である。これは，このような裁判に再審事由がある場合には，そのことを審判または審判に代わる裁判に対する再審の理由とすることができるためである（逐条家事336）。

3 再審の具体的な手続
(1) 各審級の手続及び民事訴訟法の準用
　　　再審の手続には，その性質に反しない限り，各審級における家事審判の手続に関する規定が準用される（家事103Ⅱ）ほか，再審の申立て及びこれに関する手続については，民事訴訟法第4編の規定が準用される（家事103Ⅲ）。
　　　なお，再審についての具体的な書記官事務については，別表一の研究142ページ以下を参照されたい。

(2) 不利益変更禁止の原則が妥当しないこと
　　　家事事件手続においては，民事訴訟法におけるのと同様の意味での不利益変更禁止の原則がそのまま妥当するものとは考えられないことから，民事訴訟法第4編の準用に当たり，「不服申立ての限度で，本案の審理及び裁判をする」とあるのは「本案の審理及び裁判をする」と読み替えるものとされている[2]（家事103Ⅲ）。

(3) 執行停止
　　　民事訴訟法の準用により，裁判所は，再審事由がある場合には再審開始の決定をし（法346Ⅰ），この決定は即時抗告の対象となる（法347）。この再審開始の決定は，家事事件手続においては審判以外の裁判であるから，即時抗告がされても当然には執行停止の効

---

[1] 詳しくは，一問一答家事166，逐条家事335を参照。
[2] 逐条家事337参照。

力を有しないのが原則である（家事 101Ⅱ参照）が，再審開始の決定についての判断が覆される可能性があるにもかかわらず，再審の手続を進行させるのは妥当でないことから（一問一答家事167），再審開始の決定に対する即時抗告については執行停止の効力が認められている（家事103Ⅳ）。

第6章 上訴に伴う強制執行停止

第1 概要

　債務名義成立手続と強制執行手続が峻別されている現行法の下においては，いったん債務名義が成立すると，当事者が上訴等の不服申立てによってその取消しを求めていても，債務名義の執行力は当然には停止されず，強制執行は適法に実施される。

　そこで，執行力が生じた裁判に対する不服申立てがなされた場合に，その不服申立ての審理中に強制執行が完了してしまうことにより不服申立てが無意味になることを防止するために，一定の要件の下に執行停止等の仮の処分が認められている[1]。これら不服申立てに伴う執行停止等の裁判の制度の中で，本稿で取り上げる上訴に伴うものの類型は以下のとおりである。

1 控訴提起に伴う執行停止等
(1) 仮執行宣言付判決の場合（法 403 I ③）
(2) 手形小切手訴訟によることができる請求についての仮執行宣言付判決の場合（法 403 I ④）
(3) 執行関係訴訟の判決の場合（民執 36 I, 38 IV）

2 上告提起及び上告受理の申立てに伴う執行停止等（法 403 I ②）

3 特別上告[2]の提起に伴う執行停止等（法 403 I ①）

4 抗告提起に伴う執行停止等
(1) 民事通常抗告・即時抗告の場合（法 334 II）
(2) 保全抗告の場合
　ア　保全執行の停止等（民保 41 IV, 27）
　イ　取消決定の効力停止等（民保 42）
(3) 執行抗告の場合（民執 10 VI）
(4) 家事事件手続における抗告の場合（家事 101 II ただし書）

---

[1] 民事訴訟法及び民事執行法の規定に基づく仮の処分は，確定判決の効果の実現の保全に奉仕すべき事前の措置であるという点で民事保全法上の仮処分と同一の機能を営む。後者が本案の訴えと別個独立の手続であるため本案判決により直接影響を受けないのに対し，前者は本案の手続に付随するものであって受訴裁判所が終局判決をするまでの暫定的措置であることから終局判決の言渡しにより当然消滅する性質のものである。また，後者が未だ債務名義のない場合，将来獲得されるべき債務名義又は確定判決の効力を保全するための一般的な仮の措置であるのに対し，前者は既に存在する債務名義の執行力又は具体的執行処分に対する上訴等の場合にのみ，しかも，一定の要件の疎明があったときに許される特別な措置である点において異なる。したがって，前者によって個別的救済が認められている場合は，後者による救済は許されないと解される。法の規定するところと別異の方途によって同様の目的を達することは，法の理念に矛盾するからである（注解(11)197）。

[2] 異議後の少額訴訟判決に対する特別上告（法 380 II, 327）を含む（法 403 I ①括弧書）。

第6章　上訴に伴う強制執行停止

第2　控訴の提起に伴う執行停止
1　仮執行宣言付判決に対する控訴の場合（法403Ⅰ③）

執行関係訴訟判決に対する原告からの控訴については，後記3（455ページ）で述べる。

旧民事訴訟法では，控訴に伴う執行停止については特段の要件が規定されていなかったため，執行停止の申立てがあれば，それが不適法である場合等を除いて，担保の額に配慮はするものの，これを認容しなければならないと解されており，濫控訴による訴訟の引き延ばしに利用されるなどの問題が生じていた。そこで，現行民事訴訟法においては，このような濫控訴による訴訟の引き延ばしを防止し，仮執行宣言制度の機能が発揮されるように，選択的ではあるが要件が追加された[1]。

(1)　管轄裁判所

当該控訴事件を審理する控訴裁判所[2]である。控訴は原裁判所に控訴状を提出して提起しなければならない（法286）ため，訴訟記録が原裁判所に存するときは，原裁判所が管轄することが認められている（法404Ⅰ）[3]。

(2)　要　件

ア　仮執行宣言付判決に対し，敗訴者が適法に控訴[4]を提起したこと

すなわち，申立人は控訴人に限られ，被申立人は被控訴人となる。

◇　仮執行免脱宣言（法259Ⅲ）との関係[5]

仮執行宣言付判決に仮執行免脱宣言が付されている場合には，敗訴当事者は仮執行免脱宣言に従った担保を提供すれば，勝訴当事者から仮執行を受けることはないのであるから，特段の事情のない限り，敗訴当事者には申立ての利益はないとの見方もあるが，仮執行の免脱は担保を供することにかかっているから，敗訴者が仮執行免脱宣言を得たことは，当然に執行停止等の申立てを妨げるものではないと解され[6]，実務もこれを認めている。

◇　仮執行宣言を付すことができない判決に誤ってこれが付されている場合[7]

このような事例はほとんどないと思われるが，現実に当該判決により強制執行をすることができない以上，申立てがあってもこれを許すべきではないと解される[8]。

---

[1] 一問一答468参照。

[2] 第一審裁判所が簡易裁判所であるときは当該簡易裁判所を管轄する地方裁判所が，第一審裁判所が地方裁判所又は家庭裁判所であるときは当該地方裁判所又は家庭裁判所を管轄する高等裁判所が，それぞれ控訴裁判所となる。

[3] 控訴が原裁判所に提起すべきものとされたので，控訴の提起とともに，原裁判所に対して執行停止の申立てをすることができる方が当事者にとって便利であり，原判決の取消し・変更の原因となるべき事情がないとはいえないことにつき疎明があったことの判断につき，訴訟記録を参照する必要があるので，控訴記録が原裁判所にあるときは，原裁判所が執行停止の裁判をするのが適切であると考えられたためである（一問一答474参照）。

[4] 附帯控訴を提起した場合も含まれると解される。

[5] 一時的な強制執行停止等の処分は当該審級における終局判決の言渡しまで効力を維持するにとどまるものと解すべきであるから，控訴審の終局判決（棄却判決）があればその効力を失うのに対して，仮執行の免脱宣言は，仮執行宣言の条件付解除であって，仮執行を全く免れさせるものであるから（民執39Ⅰ⑤），控訴審の終局判決があってもなお効力を維持するものである。

[6] 注解(11)213を参照。

[7] 例えば，意思表示ないし登記手続を命ずる判決に仮執行宣言が付されているような場合である。

[8] 旧法512条の適用があることを前提とする判例があるが（大決昭10.9.27民集14-1650），この適用を肯定す

◇ 控訴期間が徒過し，形式的に確定した判決に対する控訴提起の場合[9]
控訴が追完されても，不変期間の徒過により既に確定したと取り扱われている裁判は，仮執行宣言が付されていなくても執行力を有している。この場合には，再審の訴えに伴う法403条1項1号を類推適用して執行停止決定を求め得ると解される[10]。
イ 執行停止の申立てが適法であること
ウ 実質的要件
次のいずれかについて，疎明[11]があることが必要とされる。
(ｱ) 原判決の取消し又は変更の原因となるべき事情がないとはいえないこと（取消要件）
法律審に対する不服である上告の場合や確定判決に対する不服である特別上告の場合に比べ緩やかな要件であり，取消し・変更の見込みがないと認めるべき事情は何ら存しないという消極的な認定で足りる[12][13]。原判決の法律解釈の誤りを主張するときは，それを具体的に指摘すれば足りる。原判決の結論を覆す新たな事情を主張するときは，その立証方法についても具体的に明らかにする必要があり，原審で提出されなかった新たな証拠の存在を理由とするときは，それを明示すべきである。
(ｲ) 執行により著しい損害[14]を生ずるおそれがあること（損害要件）
取消要件とは別個の選択的要件であり，取消要件が認められないとしてもこの要件を充たせば執行停止等は認容される。

(3) 受付手続
ア 申立ての方式
法403条1項に規定する執行停止等の裁判の申立て，すなわち，上訴（執行異議判決に対するものを除く。）に伴い，判決に基づく強制執行の一時停止，強制執行の開始・続行，既にした執行処分の取消しを命ずる裁判を求める申立ては，書面でしなければ

ることには疑問の余地がある（注解強制執行法(1)63，佐藤裕義「控訴に伴う強制執行停止申立事件の手続と問題点について」書協会報119-24）。
[9] 控訴の追完（訴訟行為の追完・法97）の申立てとともに控訴が提起された場合，強制執行停止の申立てが認められるかという問題であり，原判決に仮執行宣言が付されている場合には，控訴期間経過後の控訴であっても，強制執行停止決定を発する妨げとはならない。
[10] 旧法500条につき，東京高決昭37.11.10下民13-11-2289。菊井・村松Ⅰ915を参照。
[11] 事実の存在が一応確からしいといった，確信よりも低い心証で足りる場合，あるいはそれを得させるために証拠を提出する当事者の行為をいい，迅速性が要求される事項，派生的な手続事項を主たる対象として明文で定められている場合に限定される。証拠調べを簡易迅速に行うことを目的とするものであるから，その証拠方法は即時に取り調べることができるものでなければならない（法188）。
[12] 欠席判決に対する控訴については，請求原因に対する認否の概要を明らかにし，これを争っていればこの要件の疎明があるとするほかない。請求原因を認めて抗弁を主張するものについては，原判決の結論を覆す新たな事情を主張するときと同様に解される。
[13] 注釈民訴(5)851によれば，法律解釈が問題となっている場合には，控訴人の主張する法律解釈もあり得ないものではなく，これによれば原判決等の取消し・変更があり得ることの疎明であり，事実認定が問題となっている場合には，控訴人の主張するような証拠評価もあり得ないものではなく，異なった事実認定がされる可能性がないとはいえないことであるとされる。
[14] 「著しい損害」が「償うことができない損害」よりも緩やかであることは，立法の経緯及び文言上明らかである。しかし，単に，仮執行によって信用を害されるという事情のみでは「著しい損害」とはいえないであろう。

第6章　上訴に伴う強制執行停止

ならない（規 238）[15] [16] [17]。

よって，判決に対する上訴に伴う執行停止等の裁判の場合には，書面によらない申立ては，その理由の有無について判断するまでもなく，不適法として却下されることになる。

イ　申立書の受付
(ｱ)　管轄の確認

前記 1 (1)管轄裁判所（436 ページ）を参照。

控訴提起後，控訴裁判所への記録送付前であれば第一審裁判所であり，控訴裁判所が記録を受領した後は控訴裁判所である。実際には，訴訟記録が当該裁判所に存することを事件簿で確認する[18]。

◇　第一審裁判所に訴訟記録があるのに控訴裁判所に，あるいは控訴裁判所に訴訟記録を送付した後第一審裁判所に，申立書が提出された場合の取扱いとしては，迅速に処理すべき裁判であること，申立期間の制限はなく，却下されても改めて管轄裁判所に申立てができることからすれば，不適法な申立てとして却下することも考えられるが，訴訟記録の所在を当事者が正確に知るのは困難であるから，申立てを受けた裁判所は速やかにこれを訴訟記録の存する管轄裁判所へ移送すべきものと解する。もっとも，この場合には，申立人は一旦申立てを取り下げて，管轄裁判所に提出し直す方が，迅速に執行停止等の裁判を得られると思われるので，申立人に連絡すべきであろう。

(ｲ)　要件の確認

前記 1 (2)要件（436 ページ）を参照。

仮執行宣言の付されている第一審判決に対する控訴が提起されていることが必要である。控訴提起前の申立てや執行開始前の執行処分取消し申立ては不適法である[19]。

(ｳ)　申立書の記載事項

---

[15] 民事訴訟手続では，申立てその他の申述は，特別の定めがある場合を除き，書面によるほか口頭ですることができるところ（規 1 Ⅰ），現行民事訴訟法により，これら執行停止等の裁判の要件が細分化し，その類型も増えたことから，従前以上に書面によって申立ての種類・内容，疎明しようとする要件を明確にさせる必要性が高まったことによる。裁判の実質は同じである民事保全命令（民保規 1）や証拠保全の裁判（規 153 Ⅰ）についても，申立ての書面性が定められている（条解 493）。

[16] この申立書は，民事訴訟費用等に関する法律の規定により手数料を納付しなければならない申立てに係る書面（規 3 Ⅰ①）に該当するので，ファクシミリを利用して提出することはできない。申立書がファクシミリにより送信された場合には，基本的に申立書が提出されたものと取り扱うことはできないので，送信者に対してその旨を伝え，郵便等ファクシミリ以外の方法での提出を促す。ファクシミリで受信した書面は，ファクシミリ以外の方法による提出を促した旨を付記して，担当部に処理をゆだねることになろう。

[17] 申立ての時期は，上訴提起のあることを要件とするが，同時にしなければならないものではなく，上訴提起後事件の終局までは申立てをすることができる。強制執行開始前であっても差し支えないが，強制執行の取消しは，その開始前には申立てをすることができない。強制執行が完結した後においては，もはやこれを停止し，取り消す余地はないから，申立てはその利益を欠くことになる。

[18] 民事裁判事務支援システムを利用する場合は，民事裁判事務支援システムで検索して確認する。

[19] 強制執行の一時停止を求める場合は，具体的な執行開始前でも申し立てることができる。控訴提起期間経過後の控訴提起であっても強制執行停止決定発令の妨げとなるものではない。また，控訴提起と同時になされる必要はなく，控訴提起後であれば控訴審の終局判決に至るまでいつでも申し立てることができる。

特に定められていないが、緊急性があり、迅速に判断することを要する仮の裁判としての共通性を有する保全命令手続における申立書の記載事項（民保規13）に準じた記載をするよう実務上の運用がされることが望ましい。

- ◇ 当事者[20]の氏名又は名称及び住所，代理人の氏名及び住所
- ◇ 申立ての趣旨（求める処分）及び理由（具体的要件）
- ◇ 申立ての理由についての具体的な記載とその疎明方法
  申立書の記載については，控訴状及び第一審判決と照合しながら確認する。
- ◇ 第一審裁判所の判決の表示及びこれに対して控訴をした旨（当該事件の表示）
- ◇ 事件の表示
- ◇ 附属書類の表示
- ◇ 作成年月日
- ◇ 裁判所の表示[21]
- ◇ 当事者又は代理人の記名・押印
- ◇ 書類の連続性の確認[22]

---

[20] 雑事件における当事者の呼称は基本事件の呼称に従い，「申立人」「被申立人」（あるいは相手方）の呼称を用いる場合でも基本事件の呼称を括弧内に付記する場合が多いが，上訴に伴う強制執行停止申立ての場合には申立人が明らかであるため，単に「申立人」「被申立人」とする例が多いと思われる。

[21] 控訴状同様，控訴裁判所が記載されるものと思われるが，第一審裁判所に訴訟記録がある間に同裁判所に提出する場合には，同裁判所に管轄があることから第一審裁判所宛てでよい。

[22] 契印の省略等について，平成11年2月3日付け最高裁総三第5号総務局長，民事局長，行政局長，家庭局長通知「民事事件，行政事件及び家事事件に関する文書の契印の取扱いについて」を参照。また，第2章第2の3(5)イ(ア)その他の記載事項脚注18（61ページ）を参照。

第6章 上訴に伴う強制執行停止

【参考例74】（強制執行停止決定申立書）

強制執行停止決定申立書

○○簡易裁判所　御中

　　　　　平成○○年○○月○○日
　　　　　　申 立 人 代 理 人　　　　○　○　○　○　印
　　　　　　当 事 者 の 表 示　　別紙当事者目録記載のとおり

　　　　　　　　　申　立　て　の　趣　旨
　申立人と被申立人間の御庁平成○○年（ハ）第○○○号建物明渡請求事件の仮執行宣言を付した判決に基づく強制執行は，控訴審の判決あるまでこれを停止する。
との裁判を求める。
　　　　　　　　　申　立　て　の　理　由
1　御庁は，申立人と被申立人間の上記事件について，平成○○年○○月○○日申立人敗訴の判決を言い渡した。同判決には仮執行宣言が付されているので，被申立人はいつでも同判決に基づいて申立人所有の建物及び動産に対し強制執行をし得る状況にある。この強制執行により，申立人において著しい損害を生ずることは明らかである。
2　申立人は同判決に不服であるから，平成○○年○○月○○日御庁に対して控訴を提起し，同日平成○○年（ハレ）第○○○号控訴提起事件として受理された。同判決の取消し若しくは変更の原因となるべき事情については，控訴状記載の控訴の理由に述べたとおりである。
　よって，申立ての趣旨記載のとおりの執行停止の裁判を求めるため，本申立てをする。
　　　　　　　　　疎　明　方　法
　　　　　1　陳述書　　　　　　　　　　1通
　　　　　　　　　　　　　　　（当事者目録の添付省略）

(エ)　申立手数料

　　強制執行停止等の裁判を求める申立てをする際には，申立手数料を納付しなければならず，申立書に収入印紙を貼る方法で納めなければならない（民訴費8）。申立手数料は，申立人一人につき500円（民訴費3 I，別表第一の17項イ(イ)）である。
(オ)　附属書類等の添付
　　◇　委任状[23]

---

[23] 控訴提起と同じ訴訟代理人弁護士による申立ての場合，控訴状添付の訴訟委任状に控訴提起に伴う強制執行停止決定申立てについての授権の旨の記載があれば，別途提出を求める必要はない。

◇ 資格証明書[24]
◇ 疎明方法
◇ 郵便切手[25]
◇ 第三者担保の場合の許可申請書
◇ 支払保証委託契約による立担保の許可申請書
(カ) 立件手続
　申立書を閲読し，主に上記の点について確認した上で補正が必要な箇所があればこれを明らかにしなければならない。直接提出された場合には，提出者に任意の補正を促し，提出者に指示を伝えられないときは，その旨注記した付せんをつける等の方法により担当部へ連絡事項を引き継ぐことが必要である。
◇ 受付日付印の押捺
◇ 事件簿への登載[26]
　申立書が事件番号の付け方の基準となる[27]。民事雑事件簿（記録符号は簡易裁判所→サ，地方裁判所→モ，高等裁判所→ウ[28]）に登載する。
◇ 記録符号及び事件番号の記載と認印の押捺
◇ 収入印紙及び郵便切手等の添付の旨の記載と認印の押捺
◇ 収入印紙の消印
◇ 記録の編成
　強制執行停止等関係書類は第3分類の強制執行停止事件記録の箇所に編年体で編てつし[29]，事件記録表紙に事件番号を明記する。
◇ 担当部への配布
　第一審裁判所である場合は原裁判所，控訴裁判所である場合は当該控訴事件の配てんを受けた部へ配布する。

(4) 裁判のための準備
ア 審理
　控訴人の申立てにより決定手続で行われるため，任意的口頭弁論（法87Ⅰただし書）に服し，当事者の審尋（同Ⅱ）も可能である[30]。
　執行停止等の裁判は，条文上は，403条1項各号の要件があるときに裁判所が「命

---

[24] 控訴状に添付されていれば，別途提出を求める必要はない。
[25] 決定正本の送達費用は，予納を受けるべきであろう。
[26] 民事裁判事務支援システムを利用する場合は，事件簿への登載に代えて，民事裁判事務支援システムのサーバーの記憶装置に所要事項を記録することとなる（民裁支援システム通達記第1の1）。
[27] 受付分配通達別表1の59㉕を参照。
[28] 各事件簿は，帳簿諸票取扱通達別表第1，第2，第4による。様式はいずれも，非訟・民事雑・執行雑・行政雑等事件簿（同通達別紙様式第12）である。
[29] 第一審裁判所に，控訴に伴う強制執行停止の申立てがあった場合の強制執行停止事件記録をつづり込む箇所については，第2章第2の6(1)ウ(オ)(78ページ)を参照。
[30] 公開の法廷における口頭弁論を経ないで執行停止等の裁判をすることが憲法82条及び32条に違反しないことについて，最決昭59.2.10判時1109-91。実務では書面審理が中心であり，口頭弁論が開かれることはほとんどない。

ずることができる」と規定されているが，これは，裁判所の裁量を許す趣旨ではなく，裁判所は，要件がある限り，原則として常に執行停止等の裁判をしなければならないと解するのが通説であり，実務の大勢であるとされる（注釈民訴(5)857）。

審判の範囲は申立てに拘束されるから，具体的執行処分の停止のみを申し立てているときは，これを越えて判決の執行力を停止することはできなくなる[31]。

◇ 疎明の方法

証明と異なり，一応確からしいとの推測を得る程度の立証を言うが，その立証方法は即時に取り調べることができる証拠によることとされており（法188），具体的な方法としては，不服申立ての対象事項についての自らの主張を裏付ける書証のほか，当事者又は関係者の陳述書を利用することなどが考えられる。

イ 担保

審理の結果，要件を具備すると認めるときは，原則として，裁判所は後記(5)ア記載のいずれかの処分をすることとなるが，その際担保の提供を命ずることが多い。

(ｱ) 被担保債権

執行停止等の裁判において定められる担保は，執行停止等の仮の処分により生ずべき損害（当該仮の処分と相当因果関係のある損害）を担保するもので，執行の基本債権・利息債権の支払にあてられるものではないとされている。具体的には，満足の遅延による遅延損害金，決定存続期間中の執行対象物の価値の下落による満足の低下，申立人が目的物を処分ないし隠匿することにより執行不能となることによる損害等が考えられる。

管轄裁判所は，被担保債権たる損害賠償請求権の発生の可能性とその見込額を判断して担保の金額を決定する[32]。

(ｲ) 担保提供の方法

執行停止等の裁判について担保を立てる必要がある場合，担保提供の方法，担保物に対する担保権利者の権利，担保の取消し及び担保物の変換については，訴訟費用に関する規定（法76,77,79,80）が準用される（法405Ⅱ）。

担保の提供方法としては，次の3種類の方法がある。

a 金銭又は裁判所が相当と認める有価証券を供託する方法

一定額の金銭又は裁判所が相当と認める有価証券を供託所に提出して行う。有価証券による供託は，価格が安定しており，換価が容易なものでなければならず，その種類と数量を担保提供命令で特定するのが通常の取扱いである[33]。

担保提供義務者である申立人以外の第三者による供託も発令裁判所の許可を条

---

[31] 請求異議の訴えについて，東京高決昭33.9.29東高時9-9-171。注解強制執行法(1)65,55。
[32] 担保の金額については裁判所の裁量であり，控訴事件の係属が予想される期間や原判決の取消しの可能性，その疎明の程度などを考慮して総合的に判断されるものであるため，担保額の決定について一定の法則はない（注解強制執行法(1)55）。
[33] 有価証券による立担保を希望する場合，当該有価証券の担保としての相当性（法76）の認定のため，特定事項を記載した書面の提出を求め，併せて有価証券の提示を求めて照合する取扱いが多いと思われる。

件に認める取扱いがされている[34]。
　◇　供託をすべき供託所（法405Ⅰ）
　　①　担保提供を命じた裁判所の所在地を管轄する地方裁判所の管轄区域内の供託所
　　②　執行裁判所の所在地を管轄する地方裁判所の管轄区域内の供託所
b　最高裁判所規則で定める方法
　支払保証委託契約（ボンド）を締結する方法（法405Ⅱ，76，規29）による担保の提供が認められている[35]。第三者供託と同様に，あらかじめ裁判所の許可を受けることが必要で，裁判所の許可があったことを金融機関が確認した上でなされる[36]。
　◇　金融機関の種類[37]
　　銀行，（損害）保険会社，農林中央金庫，商工組合中央金庫，全国を地区とする信用金庫連合会（全国信用金庫連合会），信用金庫，労働金庫
c　当事者が特別な契約をする方法（法76ただし書）
　当事者間で担保について特別の契約をしたときは，その契約によることもできる[38]。

---

[34] 第三者供託の場合には，担保提供義務者，同人に代わる供託である旨を供託書にも明記しなければならない。
[35] 担保を立てるべきことを命じられた者と規定された金融機関との間において，将来相手方が損害を受けたことを理由とする損害賠償請求権が認められた場合に，当該金融機関が相手方に対して，裁判所が命じた担保額の限度内において金銭を支払うという内容の契約を締結することにより，金銭又は有価証券の供託と同様の効果を得ることができる制度である。
[36] 支払保証委託契約による立担保の許可があったときは，許可書（許可申請書の末尾余白に作成する場合が多い。）の謄本を作成し，これを申立人に交付して請書を徴する。この許可謄本を金融機関に提出することが契約締結に必要とされるからである。したがって，申立人に許可書謄本交付申請書を提出させる必要はなく，謄本交付の手数料の納付も必要としない。供託の場合と同様，第三者によるボンドの締結も裁判所の許可を条件として認める運用がなされている。
[37] 供託と異なり，店舗についての地理的な制限はなく，ボンド締結店舗以外の店舗においても，相手方の権利行使はできる。
[38] 例えば，担保提供を命じられた者が担保権を設定するとか保証人を立てることなどが考えられるが，実務上，このような契約がされる例はほとんどない。

【参考例 75】（支払保証委託契約許可書）

支払保証委託契約による立担保の許可申請書

　　　　○○高等裁判所民事第○部　御中

　　　　平成○○年○○月○○日
　　　　　　　　　申立人代理人　○　○　○　○　印

　　　　　　　　　申　立　人　　○　○　○　○
　　　　　　　　　被　申　立　人　○　○　○　○

　上記当事者間の御庁平成○○年（ウ）第○○○号強制執行停止決定申立事件について，申立人は金○○○円の担保を立てることを命じられた。
　よって民事訴訟法７６条，民事訴訟規則２９条の規定により，上記担保を下記銀行と支払保証委託契約を締結する方法によって立てることの許可を求める。
　　　　　　　　　　　　　記
　　　　　　株式会社○○銀行○○支店

　上記申請を許可する。
　　　　平成○○年○○月○○日
　　　　○○高等裁判所民事第○部
　　　　　　　　　裁判長裁判官　○　○　○　○　印
　　　　　　　　　裁判官　　　　○　○　○　○　印
　　　　　　　　　裁判官　　　　○　○　○　○　印

(ウ) 担保提供命令

　担保額を定め，申立人に対して担保提供を命ずる態様としては，独立した決定でされる場合（立担保が執行停止等の裁判発令の前提条件としてされる。）と，執行停止等の裁判の中で執行の条件としてされる場合とがある。

　前者の場合，裁判所によって決定された担保額及び立担保期間を，申立人に対し相当な方法により告知しなければならず[39]，命令どおりの担保提供が行われたことを裁判所が確認した上で，執行停止等の裁判がなされる。申立人が定められた期間内に担保を立てなければ，申立ては却下される。

　後者の場合，立担保は執行の条件であるから，通常立担保期間は定められない。申立人が担保を立てなければ裁判の効力が生じないだけであり，裁判の効力が生じ

---

[39] 迅速処理が求められているため，口頭あるいは電話による告知が多いと思われるが，申立人が遠隔地にある場合には，担保提供命令の謄本を作成し送達する方法によることになろう。この場合，供託期間の表示としては「本決定告知後○日以内」とする。

たかどうか（申立人が担保を提供したかどうか）を裁判所は必ずしも把握している
わけではない。

【参考例76】（担保提供命令・本人供託）

平成〇〇年（ウ）第〇〇〇号
　申立人は，担保として金〇〇〇円を7日以内に供託せよ。
　　　　平成〇〇年〇〇月〇〇日
　　　　　　〇〇高等裁判所〇〇民事部
　　　　　　　　裁判長裁判官　　〇　〇　〇　〇　印
　　　　　　　　裁判官　　　　　〇　〇　〇　〇　印
　　　　　　　　裁判官　　　　　〇　〇　〇　〇　印

　上記決定は同日同庁において申立人代理人〇〇〇〇に対して口頭により告知した。
　　　　裁判所書記官　印

　　　　◇　個別担保
　　　　　　申立人複数の場合「被申立人のために，申立人△△は金〇〇万円を，申立人□□は金〇〇万円を，それぞれ担保として〇日以内に供託せよ。」
　　　　　　被申立人複数の場合「申立人は，被申立人△△のために（被申立人△△に対し）金〇〇万円を，被申立人□□のために（被申立人□□に対し）金〇〇万円を，それぞれ担保として〇日以内に供託せよ。」
　　　　◇　共同担保
　　　　　　申立人複数の場合「申立人らは共同の担保として，金〇〇万円を担保として」
　　　　　　被申立人複数の場合「申立人は，担保として被申立人らのために全部で金〇〇万円を」
　　　　◇　第三者供託「申立人に代わり第三者〇〇は，」
　　　　◇　有価証券の供託「金〇〇円[40]又は△△株式会社□□株券〇枚一株の金額〇〇円合計額面金〇〇円」
　　　　◇　支払保証委託契約「申立人が平成〇〇年〇〇月〇〇日株式会社〇〇銀行〇〇支店との間で締結した金〇〇万円を限度とする支払保証委託契約による担保」
　　(エ)　担保提供の効果と証明
　　　　a　金銭又は裁判所が相当と認める有価証券を供託する方法
　　　　　　供託所への供託により担保提供の効果が発生する。担保提供を命じられた者は，供託書正本を裁判所（担保提供を命じた裁判所，執行機関）に提示しあるいは供

---
[40] 現金の金額も表示するのは，後日，担保物変換の申立てがあった場合の基準とするためである。

第6章　上訴に伴う強制執行停止

託証明書（供託規49）を提出して担保提供の効果が発生したことを証明する[41]。
　第三者供託や共同担保等の場合は，備考欄にその旨の記載も必要となるので注意する。

【参考例77】（供託書）

供託書	（裁判上の保証及び仮差押・仮処分解放金）						
申請年月日	平成〇〇年〇月〇〇日		法令条項	民事訴訟法403条1項3号		平成〇年度金第〇〇〇号	
供託所の表示	〇〇地方法務局		裁判所及び事件の名称等	〇〇高等裁判所〇〇支部　平成〇年(ネ)第〇〇号強制執行停止申立事件			
供託者の住所氏名印	〇〇県〇〇市〇〇町〇番〇号 　株式会社　〇〇〇〇 　代表者代表取締役　〇〇〇〇 　上記代理人弁護士　〇〇〇〇　㊞			当事者	原告 ㊙申請人㊙ 債権者 供託者	被告 ㊙被申請人㊙ 債権者 被供託者	
			供託の原因たる事実	1.訴訟費用の担保　2.仮執行の担保　3.仮執行を免れるための担保 ④強制執行停止の保証　5.強制執行取消の保証　6.強制執行続行の保証 7.仮差押の保証　8.仮差押取消の保証　9.仮処分の保証　10.仮処分取消の保証 11.仮差押解放金　12.仮処分解放金　13.			
被供託者の住所氏名	〇〇市〇〇区〇〇町〇-〇 　　　〇〇〇〇 同上 　　　〇〇〇〇		備考	被供託者両名のための共同保証			
供託金額	￥	百 十 万 千 百 十 円 　　5 0 0 0 0 0					

上記金額を受理する。
供託金の受領を証する。
　　平成〇〇年〇〇月〇〇日
　　〇〇地方　法務局
　　　　　　　供託官　〇　〇　〇　〇　㊞

---

[41] 担保提供命令に従った履行でなければ立担保の効果は生じないので，供託書の記載内容が正確であるかどうかを必ず確認し，供託者及び被供託者の氏名，金額，根拠法令条項，事件番号等の重要な記載事項に誤りがある場合には受理せず，供託書の訂正又は再度の供託をさせる必要がある。供託書正本と併せて写しを裁判所に提出してもらい，正本と写しを照合した上で正本を還付し，写しに正本を還付した旨及びその年月日を記載して取扱者が押印し，記録につづるという取扱いが多いと思われるが，供託書正本を裁判所が保管することはしていない。

【参考例 78】（供託不受理証明書）

```
            供 託 不 受 理 証 明 申 請 書
                申 立 人   ○ ○ ○ ○ ○
                被申立人   ○ ○ ○ ○ ○
  上記当事者間の○○地方裁判所平成○○年（モ）第○○○号強制執行停止決
定申立事件（基本事件・平成○○年（ワネ）第○○○号○○請求控訴事件）に
ついて，別紙供託書の根拠法令条項の記載及び供託の原因たる事実の選択を
誤ったため，別紙供託書が貴庁に受理されなかったことを証明してください。
     平成○○年○○月○○日
                申立人代理人   ○ ○ ○ ○

○○地方裁判所御中


  上記について証明する。
     平成○○年○○月○○日
              ○○地方裁判所民事第○部
                裁判所書記官 ○ ○ ○ ○  [印]
```

　　b　支払保証委託契約を締結する方法

　　　契約締結により担保提供の効果が発生する。担保提供を命じられた者は，裁判所に対してあらかじめ支払保証委託契約による立担保の許可申請書を提出し，裁判所の許可を得て，許可書を金融機関に提示して同契約を締結することになるから，契約を締結したことを証明する文書を裁判所に提出して担保提供の効果が発生したことを証明する。担保提供命令に従った履行であるかどうかの確認の必要があることはａと同様である。

　　c　当事者が特別な契約をする方法

　　　契約締結により担保提供の効果が発生する。その事実の証明方法は，ｂに準じる。

(5)　裁　判

　　執行停止等の裁判は，決定の形式によりなされる（法 403 I 本文）。

　ア　裁判の内容

　　申立人の申立てが前記 1 (2)の選択的要件のいずれかを具備していることを認めるときは[42]，裁判所は原則として常に次のような裁判をしなければならないとするのが通説であり，実務の大勢であるとされる[43]。

---

[42] 発令の条件として担保提供を命じている場合には，裁判所がその履行を確認した上でなされる。担保提供命令の告知の際に，担保提供の見込み時期を確認してあらかじめ準備しておくことが望ましい。

[43] 疎明不足あるいは担保提供命令に則した担保の提供がない場合には，申立ては却下される。担保提供期間経過前に，申立人から期間延長の上申書が提出された場合には，速やかに裁判所の指示を受ける。担保提供期間を経過しても却下決定がなされる前に担保の提供がされた場合には，執行停止等の裁判を発令する。

第6章 上訴に伴う強制執行停止

(ｱ) 強制執行の停止等

法が予定している態様は，次のとおりである。

a 強制執行の一時の停止

b 停止とともにする強制執行の開始又は続行[44] [45]

c 停止とともにする既にされた執行処分の取消し[46]

(ｲ) 担保の要否・程度

上記の裁判は，担保提供の要否に応じて，次のように分類される。

a 担保提供を要件とする（立担保を条件とする場合を含む。以下同じ。）強制執行停止

b 担保提供を要件としない強制執行停止

c 停止とともにする担保提供を要件とする強制執行の開始又は続行

d 停止とともにする担保提供を要件とする執行処分の取消し

イ 裁判の具体的な記載例

裁判書の作成に当たり，当事者目録，物件目録を別紙として引用する場合には，その添付の有無を確認する。

---

[44] 控訴人のために一応強制執行の停止を命ずるが，もし被控訴人において担保を立てれば強制執行の開始又は続行を許すというものである。反対申立てとして，執行債権者からの申立権を認めたものではない。

[45] 実質的要件のうち，執行により著しい損害を生ずるおそれがあることにつき疎明があることを要件とする場合には，強制執行の開始又は続行を命ずることは許されないと解される。その疎明があるにもかかわらず，強制執行の開始又は続行を命ずると，執行停止等の裁判に矛盾が生ずるからである。

[46] 強制執行の停止とともに，既に開始された具体的な執行処分を取り消す旨の決定である。取消決定には現になされている執行処分のみが掲記されるのが通常であり，金銭執行の場合には特定の財産に対して開始された執行処分の取消しが命じられることになる。

【参考例79】（強制執行停止決定…控訴提起・申立人複数共同担保供託の場合）

平成〇〇年（ウ）第〇〇〇号（本案・平成〇〇年（ネ）第〇〇〇号）

強 制 執 行 停 止 決 定

　　　　　　　　　　　当事者の表示　　別紙当事者目録記載のとおり

　上記当事者間の〇〇地方裁判所〇〇支部平成〇〇年（ワ）第〇〇〇号〇〇請求事件について，同裁判所が平成〇〇年〇〇月〇〇日言い渡した仮執行宣言付判決に対し，申立人らは控訴を提起し，かつ，同判決に基づく強制執行の停止を求める旨申し立てた。
　当裁判所は上記申立てを理由があるものと認め，申立人らに共同の担保として金〇〇〇円の担保（〇〇地方法務局平成〇〇年度金第〇〇〇号）を立てさせて，次のとおり決定する。
　　　　　　　　　　　　　主　　　　文
　　前記仮執行宣言付判決に基づく強制執行は，本案控訴事件の判決があるまで，これを停止する。
　　　　平成〇〇年〇〇月〇〇日
　　　　　　〇〇高等裁判所民事第〇〇部
　　　　　　　　　裁判長裁判官　　　〇　〇　〇　〇　　印
　　　　　　　　　　　裁判官　　　　〇　〇　〇　〇　　印
　　　　　　　　　　　裁判官　　　　〇　〇　〇　〇　　印

　　　　　　　　　　　　　　　　　　　　　　　（当事者目録の添付省略）

【参考例80】（強制執行停止決定…控訴提起・被申立人複数個別担保を条件とした場合）

平成〇〇年（モ）第〇〇〇号

強 制 執 行 停 止 決 定

　　　　　　　　　　　当事者の表示　　別紙当事者目録記載のとおり

　上記当事者間の当庁平成〇〇年（ワ）第〇〇〇号〇〇請求事件について，当裁判所が平成〇〇年〇〇月〇〇日言い渡した仮執行宣言付判決に対し，申立人は控訴を提起し（平成〇〇年（ワネ）第〇〇号），かつ，同判決に基づく強制執行の停止を求める旨申し立てた。
　よって，当裁判所は上記申立てを理由があるものと認め，次のとおり決定する。
　　　　　　　　　　　　　主　　　　文
　　申立人が担保として被申立人〇〇〇〇のために金〇〇〇円を，被申立人〇〇〇〇のために金〇〇〇円を，それぞれ供託することを条件として，前記仮執行宣言付判決に基づく強制執行は，本案控訴事件の判決があるまで，これを停止する。
　　　　平成〇〇年〇〇月〇〇日
　　　　　　〇〇地方裁判所民事第〇〇部
　　　　　　　　　裁判長裁判官　　　〇　〇　〇　〇　　印
　　　　　　　　　　　裁判官　　　　〇　〇　〇　〇　　印
　　　　　　　　　　　裁判官　　　　〇　〇　〇　〇　　印

　　　　　　　　　　　　　　　　　　　　　　　（当事者目録の添付省略）

第6章 上訴に伴う強制執行停止

【参考例81】(強制執行停止決定…控訴提起・支払保証委託契約の場合)

```
平成○○年(ウ)第○○○号

          強 制 執 行 停 止 決 定

          当事者の表示    別紙当事者目録記載のとおり

  上記当事者間の○○地方裁判所平成○○年(ワ)第○○○号○○請求事件について,同裁判所が平成○○年○○月○○日言い渡した仮執行宣言付判決に対し,申立人は控訴を提起し(平成○○年(ネ)第○○○号),かつ,同判決に基づく強制執行の停止を求める旨申し立てた。
  当裁判所は上記申立てを理由があるものと認め,申立人に平成○○年○○月○○日株式会社○○銀行○○支店との間で締結した金○○○円を限度とする支払保証委託契約による担保を立てさせて,次のとおり決定する。
                  主         文
  前記仮執行宣言付判決に基づく強制執行は,本案控訴事件の判決があるまで,これを停止する。
      平成○○年○○月○○日
        ○○高等裁判所民事第○○部
            裁判長裁判官    ○ ○ ○ ○  印
            裁判官        ○ ○ ○ ○  印
            裁判官        ○ ○ ○ ○  印

                              (当事者目録の添付省略)
```

【参考例82】(強制執行停止決定…控訴提起・第三者供託(有価証券)の場合)

```
平成○○年(ウ)第○○○号

          強 制 執 行 停 止 決 定

          当事者の表示    別紙当事者目録記載のとおり

  上記当事者間の○○地方裁判所平成○○年(ワ)第○○○号○○請求事件について,同裁判所が平成○○年○○月○○日言い渡した仮執行宣言付判決に対し,申立人らは控訴を提起し(平成○○年(ネ)第○○○号),かつ,同判決に基づく強制執行の停止を求める旨申し立てた。
  当裁判所は上記申立てを理由があるものと認め,申立人らに代わり第三者○○○○に金○○○円に相当する別紙供託有価証券目録記載の有価証券による担保(○○地方法務局平成○○年度証第○○○号)を立てさせて,次のとおり決定する。
                  主         文
  前記仮執行宣言付判決に基づく強制執行は,本案控訴事件の判決があるまで,これを停止する。
      平成○○年○○月○○日
        ○○高等裁判所民事第○○部
            裁判長裁判官    ○ ○ ○ ○  印
            裁判官        ○ ○ ○ ○  印
            裁判官        ○ ○ ○ ○  印

                  (当事者目録及び供託有価証券目録の添付省略)
```

【参考例83】（停止とともにする執行処分取消決定）

平成○○年（ウ）第○○○号（本案・平成○○年（ネ）第○○○号）

強制執行停止及び強制執行処分取消決定

　　　　　　　　当事者の表示　　　別紙当事者目録記載のとおり

　申立人は，被申立人の申立人に対する○○地方裁判所○○支部平成○○年（ワ）第○○○号○○請求事件について，同裁判所が平成○○年○○月○○日言い渡した仮執行宣言付判決に対し，平成○○年○○月○○日控訴を提起し，同判決の執行力ある正本に基づく，被申立人を債権者，申立人を債務者とする○○地方裁判所平成○○年（ル）第○○○号債権差押命令申立事件の執行停止及び強制執行処分の取消しを申し立てた。
　当裁判所は上記申立てを理由があるものと認め，申立人に金○○○円の担保（○○地方法務局平成○○年度金第○○○号）を立てさせて，次のとおり決定する。

主　　文

　前記仮執行宣言付判決に基づく上記強制執行のうち，別紙差押債権目録1ないし4記載の債権に対する強制執行は，本案控訴事件の判決があるまでこれを停止し，
　上記強制執行のうち，別紙差押債権目録5記載の債権に対する強制執行はこれを取り消す。

　　平成○○年○○月○○日
　　　　○○高等裁判所民事第○○部
　　　　　　裁判長裁判官　　○　○　○　○　印
　　　　　　裁判官　　　　　○　○　○　○　印
　　　　　　裁判官　　　　　○　○　○　○　印

（当事者目録及び差押債権目録の添付省略）

【参考例84】（停止決定後，執行処分取消決定をする場合）

平成○○年（ウ）第○○○号（本案・平成○○年（ネ）第○○○号）

執 行 処 分 取 消 決 定

　　　　　　　　当事者の表示　　　別紙当事者目録記載のとおり

　上記当事者間の○○地方裁判所平成○○年（ワ）第○○○号○○請求事件について，同裁判所が平成○○年○○月○○日言い渡した仮執行宣言付判決に基づく別紙物件目録記載の不動産に対する執行処分は，申立人に金○○○円の担保（○○地方法務局平成○○年度金第○○○号）を立てさせて，これを取り消す。

　　平成○○年○○月○○日
　　　　○○高等裁判所民事第○○部
　　　　　　裁判長裁判官　　○　○　○　○　印
　　　　　　裁判官　　　　　○　○　○　○　印
　　　　　　裁判官　　　　　○　○　○　○　印

（当事者目録及び物件目録の添付省略）

第6章　上訴に伴う強制執行停止

【参考例85】（申立却下決定）

```
平成○○年（ウ）第○○○号

                決　　　　　定

                当事者の表示　　　別紙当事者目録記載のとおり

　前記当事者間の強制執行停止決定申立事件につき，当裁判所は，平成○○年○○
月○○日申立人に被申立人らのための共同担保として全部で金○○○円を7日以
内に供託することを命じ，同決定は，同月○○日申立人に告知されたものであるが，
申立人が上記期間内に上記の担保を供託しないので，次のとおり決定する。
                主　　　　　文
　本件申立てを却下する。

　平成○○年○○月○○日
　　○○高等裁判所民事第○○部
　　　　裁判長裁判官　　○　○　○　○　印
　　　　　　裁判官　　　○　○　○　○　印
　　　　　　裁判官　　　○　○　○　○　印

                            （当事者目録の添付省略）
```

ウ　裁判正本の送達

　執行停止等の申立てに関する裁判がなされたときは，裁判原本は，記録に編てつする。必要な通数を確認した上裁判の正本[47]を作成し，当事者にこれを送達する。

(ｱ)　申立却下決定

　申立人に対して，決定正本を送達する。

(ｲ)　執行停止等の裁判

　当事者双方に対して，決定正本を送達する[48]。

エ　裁判後の事務

　担保を立てることを条件とする執行停止等の裁判をした場合，申立人が現実に担保を提供したときは，供託書の写し，支払保証委託契約締結証明書を提出させて記録につづる。

オ　裁判の効力

(ｱ)　発効

　執行停止等を命ずる裁判があっても，当然に強制執行が停止されるものではなく，申立人は，この裁判の正本を執行機関に提出することにより[49]，具体的な執行の停

---

[47] 執行停止等の裁判がなされたときは，後記のとおり裁判正本の提出によって効力が生ずることから，正本を送達する方法により告知する必要がある。
[48] 急を要する場合，申立人に対する送付は交付送達の場合が多いであろう。原裁判所が執行停止等の裁判を行った場合，被申立人である被控訴人に対する送達を当然に原審における訴訟代理人に対して行うことは相当でない。審級が変わった時点で，同一の訴訟代理人に引き続き訴訟追行をゆだねるかどうか，改めて当事者の意思確認の機会を与えるべきであり，裁判時までに訴訟委任状が提出されていなければ本人にあてて送達すべきである。
[49] 立担保を条件とする裁判の場合には，担保を立てたことを証する書面として供託書正本や支払保証委託契約締結証明書等をも提出する。

止・取消しを求めることになる（民執39,40）[50]。
- a 執行停止決定（民執39Ⅰ⑦の文書）[51]
  既に執行が開始されている場合には，申立人が執行機関に執行停止決定正本を提出するまでの間は執行は適法に進行する。
- b 執行処分取消決定（民執39Ⅰ⑥の文書）

(イ) 存続期間・失効

執行停止等の裁判は，控訴審の終局判決の言渡しによって効力を失う[52][53]。

(6) 不服申立て

ア 不服申立ての禁止

執行停止等の裁判に対しては，不服を申し立てることはできない（法403Ⅱ）[54][55]。上訴についての裁判が下されるまでの仮の措置であり，その裁判の当否について上級審の再審査を許すのは適当ではないためである。

イ 再度の申立ての可否

執行停止等の裁判は既判力を生じないから，申立てを排斥された申立人が主張・疎明を補充して同一審級において再度申立てをすることは可能であると解される[56]。

---

[50] この裁判は，債務名義自体の執行力を排除するものではないから，債務名義に対する執行文の付与を妨げない（注解(11)205）。

[51] 債権執行において，差押命令発令後に執行裁判所に執行停止決定正本が提出されると，裁判所書記官により，取立禁止が債権者に，支払禁止が第三債務者に通知される（民執規136Ⅱ）。転付命令が発せられている場合には，執行停止決定正本を提出したことを理由に直ちに転付命令に対する執行抗告をすることが必要であり，これを理由とする執行抗告がなされると，執行抗告についての裁判が留保される（民執159Ⅵ）。

[52] 上告審で破棄差戻しの判決があると効力が復活するかという問題がある。控訴審における終局判決の言渡しまでの効力を有するにすぎないという考え方を貫けば，上告審で破棄差戻しの判決があって再度控訴審に移審したとしても，停止等の決定の効力が復活する余地はないことになる。

[53] 例えば，控訴提起に基づく執行停止決定の場合や執行異議訴訟の提起に伴う執行停止の場合と異なり，終局判決における執行停止の裁判の認可・取消等の制度が用意されてはおらず，また，その存続期間が明らかにされていないのは，仮執行宣言付判決が控訴審の終局判決により取り消されれば，仮執行の効力は当然に消滅するものとされているからである（法260Ⅰ）。また，控訴が棄却された場合には，執行債権の存在をあくまでも争う申立人のために，上告提起又は上告受理申立てに伴う執行停止の制度が用意されているからである。

[54] 不服申立てを許さないのは，実質的に申立ての当否を判断して裁判がなされた場合であり，申立てについて実質的な審査をしていない場合（不適法却下）や要件が具備していないのに申立てを認容した場合には，民事執行法制定前の旧法558条による即時抗告が許されると解されていたが，同条が削除されて適用となるべき即時抗告の規定がない現在では，法403条1項の裁判に対しては，いかなる場合であっても不服申立てができないものと解するべきである（注解(11)206）。即時抗告をなし得るとする説について，注釈(9)382を参照。

[55] 高等裁判所が管轄裁判所であっても許可抗告は認められないので，いずれの裁判所がした決定に対しても特別抗告の余地があるにすぎない。

[56] 注解(11)202，注釈(9)383。執行停止等の裁判を受けた後も，事情の変更を主張・疎明して，従前の裁判と異なる裁判を求めることができるかについては問題があるが，当初の裁判の後に事情の変更がある場合には，再度の申立ても許されるのではないかと解される。

2 手形金等の請求についての仮執行宣言付判決に対する控訴の場合（法403Ⅰ④）

法259条2項による仮執行宣言の対象となる請求[57]についてのみ適用がある[58]。同じ仮執行宣言付判決に対する控訴であるが，手形・小切手金による請求については，権利の迅速な実現を図る必要があることから，前記1に比べて取消要件が厳格になっている。

(1) 管轄裁判所

前記1(1)（436ページ）を参照。

(2) 要件

ア　仮執行宣言付判決に対し，敗訴者が適法に控訴を提起したこと

前記1(2)（436ページ）を参照。

対象となる第一審判決は，手形・小切手金支払請求の通常訴訟移行後の通常訴訟手続における判決のほか，手形・小切手訴訟の本案判決に対する異議申立て後の通常訴訟手続における原告勝訴の手形・小切手判決の認可判決，原告敗訴の手形・小切手判決を取り消してなされる原告勝訴の新判決を含む[59]。

イ　執行停止の申立てが適法であること

ウ　実質的要件

原判決の取消し又は変更の原因となるべき事情[60]につき疎明があること[61]が必要である（取消要件）。損害要件は規定されていない[62]。

(3) 受付手続

前記1(3)（437ページ）を参照。

(4) 裁判のための準備

前記1(4)（441ページ）を参照。

(5) 裁判

前記1(5)（447ページ）を参照。

---

[57] 手形又は小切手による金銭の支払の請求及びこれに附帯する法定利率による損害賠償の請求とは，手形・小切手訴訟によることができる請求と同じ意味である（法350Ⅰ，367Ⅰ）。これらの請求について，手形・小切手訴訟により審理裁判を求めるか否かは原告の選択に任されており，いったん手形・小切手訴訟として訴えを提起した後においても，弁論終結に至るまでは被告の承諾を要せずに通常の訴訟手続に移行させることもできる（法353Ⅰ，367Ⅱ）。なお，被告が原告の主張を争わず，その他何らの防御の方法をも提出しない場合には，ただちに弁論を終結し，通常の訴訟手続による判決がなされる（法354，367Ⅱ）。また，手形・小切手訴訟の判決に対して適法な異議の申立てがあると，訴訟は口頭弁論終結前の程度に復し，以後通常の手続により審理裁判がなされる（法361，367Ⅱ）。このようにして通常の手続により，手形・小切手訴訟の対象となり得る請求について原告勝訴の判決をする場合にも必ず仮執行宣言が付される（法259Ⅱ）。
[58] 法定利率を超える損害賠償請求についての仮執行の停止は，法403条1項3号の対象となる。
[59] 手形・小切手訴訟による請求に限らないことについて，上記脚注57を参照。原告勝訴の手形・小切手判決に対する異議を不適法として却下した判決に対し控訴を提起した場合を含む。
[60] ここにいう「事情」には，事実認定の誤り，法律判断の誤りのほか，判決の成立過程の法律違背その他原判決の維持を不当とする手続法令の違背を含み，これらの点についての事実上法律上の主張が前提となるから，この主張がそれ自体理由がない場合には，疎明を待つまでもなく申立ては却下されるべきである（注解(11)220参照）。
[61] 第一審判決が取り消される又は変更される蓋然性があることの疎明である。
[62] 無担保による強制執行停止決定を発令する場合でも，執行により償うことができない損害を生ずべきことの疎明は必要ない。

【参考例86】（強制執行停止決定…手形金の場合）

```
平成○○年（ウ）第○○○号

            強 制 執 行 停 止 決 定

        当事者の表示    別紙当事者目録記載のとおり

　申立人は，被申立人の申立人に対する○○地方裁判所平成○○年（手ワ）第○○
号約束手形金請求事件について，同裁判所が平成○○年○○月○○日言い渡した仮
執行宣言付判決に対し，控訴を提起し（当裁判所平成○○年（ネ）第○○○号），
かつ，同判決に基づく強制執行の停止を求める旨申し立てた。
　当裁判所は上記申立てを理由があるものと認め，申立人に金○○○円の担保（○
○地方法務局平成○○年度金第○○○号）を立てさせて，次のとおり決定する。
                    主         文
　前記仮執行宣言付判決に基づく強制執行は，本案控訴事件の判決があるま
で，これを停止する。


    平成○○年○○月○○日
        ○○高等裁判所民事第○○部
            裁判長裁判官    ○  ○  ○  ○    印
            裁判官          ○  ○  ○  ○    印
            裁判官          ○  ○  ○  ○    印

                                （当事者目録の添付省略）
```

(6) 不服申立て

　前記1(6)（453ページ）を参照。

3　執行関係訴訟の判決に対する控訴の場合

(1) 総　説

　第一審裁判所において，執行文付与に対する異議の訴え（民執34），請求異議の訴え（同35），第三者異議の訴え（同38）などの執行関係訴訟について判決を言い渡す場合には，これらの訴えの提起の際に発令された強制執行停止決定[63]の取消し又は認可の裁判をすることができ[64]，この裁判については，仮執行の宣言をしなければならない（民執37Ⅰ，38Ⅳ）。そこで，これらの執行異議訴訟の判決に対して控訴を提起した場合に法403条1項3号の適用があるか，すなわち民事執行法37条1項による仮執行宣言付判決

---

[63] これらの訴えを提起しても，当然には強制執行は停止されない。そのため，これらの訴えの提起と併せて，民事執行法36条（同法38条4項）により強制執行停止等の裁判を求めなければならない。
[64] すなわち，原告敗訴の場合には強制執行停止決定を取り消す旨の，被告敗訴の場合には強制執行停止決定を認可する旨の裁判をすることができる。

が，法403条1項3号の「仮執行の宣言を付した判決」に該当するか否かという問題がある。

　ア　原告（債務者）敗訴の場合

　　すなわち，強制執行停止等の裁判は取り消される。この場合の判決主文は，

　　「　原告の請求を棄却する。

　　　　訴訟費用は，原告の負担とする。

　　　　当裁判所が，平成○年○月○日，本件についてした強制執行停止決定は取り消す。

　　　　前項に限り，仮に執行することができる。」となる。

　　そこで，原告（債務者）が控訴して再び強制執行停止等の裁判を得るためには，新たに民事執行法36条（同法38条4項）により強制執行停止等の裁判を求めなければならず，法403条1項3号の適用はないとするのが通説であり，実務の取扱いである[65]。

　イ　被告（債権者）敗訴の場合

　　すなわち，強制執行停止等の裁判は認可される。この場合の判決主文は，

　　「　○○に基づく強制執行は，これを許さない。

　　　　訴訟費用は，被告の負担とする。

　　　　当裁判所が，平成○年○月○日，本件についてした強制執行停止決定を認可する。

　　　　前項に限り，仮に執行することができる。」となる。

　　この停止決定認可の裁判は民事執行法39条1項6号の裁判ではなく同7号の裁判であるから，直ちに強制執行そのものが取り消されることにはならない[66] [67]。

　　また，執行処分取消しの場合には必ず担保を立てさせているから，執行処分取消しを命ぜられた結果生じる被告（債権者）の不利益は，この担保によって補填されるべきものであり，法403条1項3号の適用を認めるべきではない。

(2) 敗訴した原告（債務者）が新たに執行停止等の裁判を求める場合の要件

　　執行異議訴訟において敗訴した原告（債務者）が，控訴し，控訴審において新たに民事執行法36条（同法38条4項）により執行停止等の裁判を求める場合（上記(1)アの場

---

[65] この場合，仮執行宣言が付されているのは本案判決ではなく，強制執行停止等の裁判を取り消す旨の裁判であり，この裁判には上訴による不服申立ては禁止されている（民執36Ⅴ）ため，主文に掲げられてはいるが，法403条1項3号規定の「仮執行の宣言を付した判決」には該当しないこと，民事執行法36条による停止は「異議のため主張した事情が法律上理由があると見え，かつ，事実上の点について疎明があったとき」に認められ，法403条1項3号の要件よりも厳格な疎明を要するため，控訴であれば要件が緩和するという矛盾を生じるからである（菊井・村松Ⅲ588，最決昭36.4.14民集15-4-756）。

[66] 執行停止の状態が本案判決確定の時まで保持されるから，被告としては，不服申立てを禁じている民事執行法37条2項の明文に反してまで，控訴による執行の停止を考慮する必要はない。

[67] 控訴審が第一審判決を全面的に取り消し，一審原告（債務者）の請求を棄却する場合は，第一審判決の強制執行停止決定等の仮の処分を取り消して，その取消しについて仮執行宣言を付さなければならない。また，第一審判決を変更（一部取消し）する場合には，その変更部分について同様に仮執行宣言を付さなければならない。

合）は，原告（債務者）の申立て[68]を要し，異議のため主張した事情[69]が法律上理由があるとみえ，かつ，事実上の点について疎明があったことが要件とされる（民執36，38Ⅳ）[70]。

(3) 管轄裁判所

受訴裁判所[71]であり，急迫の事情があるときは[72]，受訴裁判所の裁判長もこれらの処分を命ずることができる（民執36Ⅰ）[73]。

(4) 受付手続

ア　申立ての方式

書面によるほか口頭でもすることができる（民執規15の2，規1Ⅰ）。

イ　申立書の受付

前記1⑶イ（438ページ）を参照（ただし，(エ)(カ)を除く。）。

申立手数料は，申立人一人につき500円（民訴費3Ⅰ，別表第一の17項ロ）である。

◇　事件簿への登載

申立書が事件番号の付け方の基準となる[74]。

(5) 裁判のための準備

ア　審理

控訴人である原告の申立てにより決定手続で行われるため，任意的口頭弁論に服する（民執36Ⅱ，38Ⅳ）。疎明については，法188条が準用される（民執20）。

イ　担保

前記1⑷イ（442ページ）を参照[75]。

---

[68] 受訴裁判所に対する申立ては，控訴提起があることを要件とする（民執36Ⅰ）。請求異議の訴え（民執35），執行文付与に対する異議の訴え（同34）は，債務名義の執行力排除を目的とし，訴えの提起についていずれも執行開始を要件としないから，仮の処分の申立てについても執行開始を要件としない。第三者異議の訴え（民執38）は具体的な目的物について執行不許の宣言を求める訴えであるから，執行開始前に訴えを提起しないと執行終了の危険がある特定物の引渡し及び明渡しの執行の場合を除き，執行開始が要件となる。申立てをなし得るのは，本案についての終局判決が言い渡されるまでである。また，強制執行完結後は申立ての対象を欠く。

[69] 既に第一審で否定的に判断されているのであるから，控訴して執行停止を求めるためにはかなり強い疎明が必要とされよう（宇野俱房「控訴に伴う強制執行停止について」書研所報26-184）。

[70] 執行停止等の裁判の対象となる債務名義は原判決ではなく，執行関係訴訟の対象である債務名義であることに注意する。

[71] 移審の効果は控訴の申立てによって生ずるから，控訴状の提出により控訴裁判所が受訴裁判所すなわち管轄裁判所となる。第一審裁判所は，控訴状の提起があった後は訴訟記録が自庁にあっても，受訴裁判所としてはもちろん控訴裁判所の代行としてもこの裁判の管轄を有しないことに注意を要する。

[72] 合議体としての受訴裁判所の裁判を待つことによる裁判の遅延によって，申立権者に一層不利になる危険のある場合を指す。裁判長が裁量によって裁判所に代わってなす裁判であるから，これ以外の要件は受訴裁判所の場合と異ならず，裁判も命令ではなく決定の形式である。

[73] 民事執行法36条3項は，急迫の事情があるときは執行裁判所にもこの裁判の管轄を認めているが，執行裁判所のする仮の処分は，裁判長の場合と異なり受訴裁判所に代わってするのではなく，受訴裁判所の同条1項の裁判のあるまでのつなぎの意味で例外的・変則的になされる性質のものである。したがって，法文にあるとおり控訴の提起前あるいは提起と同時になされる場合が考えられるが，受訴裁判所の裁判を得る時間的余裕がない事情の存在についても疎明を要すると解される。

[74] 受付分配通達別表第1の59(25)を参照。

[75] 民事執行法15条1項で担保提供の方法について定めているが，これは民事訴訟法405条及び76条と同様の定めであり，担保物に対する被告の権利，担保の取消し，担保の変更については民事訴訟法の規定が準用されている（民執15Ⅱ，法77，79，80）。

第6章 上訴に伴う強制執行停止

(6) 裁 判

裁判の内容76，裁判正本の送達，裁判後の事務については，前記1⑸ア，ウ，エ（447，452ページ）を参照。

◇ 裁判の効力

前記1⑸オ（452ページ）を参照。

終局判決によって当然に失効するものではなく，民事執行法37条による裁判がなされるまではその効力を有する。終局判決の主文に仮の処分の取消し，認可，変更の裁判が掲げられなかった場合でも，裁判の脱漏（法258）であるにとどまると解される。

(7) 不服申立て

判決手続に付随してなされる一時的な仮の処置であることから，不服申立ては禁止されている（民執36Ⅴ）。

【参考例87】（強制執行停止決定…執行関係訴訟の場合）

```
平成○○年（モ）第○○○号
          強 制 執 行 停 止 決 定

                  当事者の表示    別紙当事者目録記載のとおり

  上記当事者間の当庁平成○○年（ワ）第○○○号請求異議事件について，当裁判
所が平成○○年○○月○○日言い渡した申立人敗訴の判決に対し，申立人は控訴を
提起し（平成○○年（ワネ）第○○○号），かつ，申立人と被申立人間における○○
地方法務局所属公証人○○○○作成平成○○年第○○号金銭消費貸借契約公正証書
の執行文の付された債務名義の正本に基づく強制執行の停止を求める旨申し立て
た。
  当裁判所は本申立てを理由があるものと認め，申立人に金○○○円の担保（○○
地方法務局平成○○年度金第○○○号）を立てさせて，次のとおり決定する。
                    主         文
    前記債務名義に基づく強制執行は，本案控訴事件の判決があるまで，これ
  を停止する。

    平成○○年○○月○○日
      ○○地方裁判所民事第○○部
          裁判長裁判官   ○ ○ ○ ○  印
          裁 判 官     ○ ○ ○ ○  印
          裁 判 官     ○ ○ ○ ○  印

                                    （当事者目録の添付省略）
```

---

76 民事執行法36条1項の法文は，強制執行停止とともに「担保を立てさせて強制執行の続行を命じ」ることができると定めており，ここに法403条1項のように「開始」の文言はないが，新たな着手も含むと解されている（注釈民事執行法2-456，注解民事執行法⑴643，基本法コンメ民事執行法106）。

第3 上告の提起または上告受理の申立てに伴う執行停止[1]（法403 I ②）

1 管轄裁判所

当該上告事件を審理する上告裁判所であり，訴訟記録が原裁判所に存する間は，原裁判所が管轄を有する（法404 I）。

2 要件

(1) 仮執行宣言付判決[2]に対し，敗訴者が適法に上告を提起し，又は上告受理の申立てをしたこと

前記第2の1⑵ア（436ページ）を参照。

(2) 執行停止の申立てが適法であること

(3) 実質的要件

次の2つの要件について，いずれも疎明が必要とされる[3]。

ア 原判決の破棄の原因となるべき事情があること（取消要件）

法312条又は318条1項所定の事由により原判決が破棄される蓋然性があることを具体的に疎明する必要がある。

イ 執行により償うことができない損害が生ずることのおそれがあること（損害要件）

「償うことができない損害」とは，単にその損害の回復が困難であるというにとどまらず，それが不可能であるか，それに近い場合をいうとされており，通常，①金銭をもっては損害の回復が得られない場合または②債権者の財産状態では償うことができない大きな損害を生ずる場合等が挙げられている（注釈民訴(5)849）。

3 受付手続

申立ての方式及び申立書の受付については，第2の1⑶（437ページ以下）を参照。

4 裁判のための準備

第2の1⑷（441ページ）を参照。

5 裁判

(1) 裁判の内容

申立人の申立てが前記2⑶の2つの要件をいずれも具備していることを認めるときは，

---

[1] 執行関係訴訟の判決に対し，敗訴した一審原告（債務者）が上告又は上告受理の申立てをして再び執行停止等の裁判を得るためには，新たに民事執行法36条（同法38条4項）により強制執行停止等の裁判を求めなければならず，法403条1項2号の適用はないことについては，控訴の場合と同様である（第2の3執行関係訴訟の判決に対する控訴の場合（455ページ）を参照）。ただし，管轄裁判所については，上告状等の提出後，訴訟記録が原裁判所にある間は，原裁判所が受訴裁判所としての管轄を有すると解される（移審の効果が生じないことを理由とする判例として，札幌高決昭29. 9.13下民5-9-1483，東京高決昭31. 7. 9東高時7-7-145）。上告の場合は控訴と異なり，原裁判所に上告裁判所の代理として上告の適否について特別な権限を与えた例外的な規定があり，その審査手続中は本案に付随する仮の処分の申立てについても審査権があると解するのが，上告裁判所の負担軽減というこれら規定の立法趣旨に合致すると解すべき点にその理由を求めるべきであろう（注解民事執行法(1)634）。

[2] 控訴審判決においてはじめて仮執行宣言が付された場合（一審判決を取り消し又は変更して新たに給付を命じて仮執行宣言を付する場合と，一審判決の給付命令には仮執行宣言が付されていない場合に控訴を棄却して一審判決の給付命令部分に仮執行宣言を付する場合とを含む。）はもちろん，仮執行宣言付一審判決に対する控訴を却下し，又は棄却した判決も含まれる。

[3] 既に仮執行の基礎となる判決の当否について，控訴審の判断を経ていることから，執行停止等の裁判を認める際の要件は強化されている。

裁判所は,原則として常に次のような裁判をしなければならないとするのが通説であり,実務の大勢であるとされる。
ア 強制執行の停止等
　「執行により償うことができない損害を生じるおそれがあること」の疎明を要件として求めているため,停止とともにする強制執行の開始又は続行を命ずることは背理となる。
　(ｱ) 強制執行の一時の停止
　(ｲ) 停止とともにする既にされた執行処分の取消し
イ 担保の要否・程度
　(ｱ) 担保提供を要件とする(立担保を条件とする場合を含む。以下同じ)強制執行停止
　(ｲ) 担保提供を要件としない強制執行停止
　(ｳ) 停止とともにする担保提供を要件とする執行処分の取消し

(2) 裁判の具体的な記載例
【参考例88】（強制執行停止決定…上告提起の場合）

平成○○年（ウ）第○○○号

　　　　　　　強 制 執 行 停 止 決 定

　　　　　　　　当事者の表示　　　別紙当事者目録記載のとおり

　上記当事者間の当庁平成○○年（ネ）第○○○号○○請求控訴事件について，当裁判所が平成○○年○○月○○日言い渡した仮執行の宣言を付した判決に対し，申立人は上告を提起し〔上告受理の申立てをし〕，同判決に基づく強制執行の停止を求める旨申し立てた。
　当裁判所は本申立てを理由があるものと認め，申立人に金○○○円の担保（○○地方法務局平成○○年度金第○○○号）を立てさせて，次のとおり決定する。
　　　　　　　　　　主　　　　　文
　　前記債務名義に基づく強制執行は，本案上告〔上告受理申立て〕事件の判決〔裁判〕があるまで，これを停止する。
　　　平成○○年○○月○○日
　　　　　○○高等裁判所民事第○○部
　　　　　　　裁判長裁判官　　○　○　○　○　印
　　　　　　　　　裁判官　　　○　○　○　○　印
　　　　　　　　　裁判官　　　○　○　○　○　印

　　　　　　　　　　　　　　　　　（当事者目録の添付省略）

　　＊〔　〕内は，上告受理申立てに伴う申立ての場合に読み替える。

---

(3) 裁判正本の送達，裁判後の事務及び裁判の効力
　　第2の1(5)ウ，エ及びオ（452ページ）を参照。
6　不服申立て
　　第2の1(6)（453ページ）を参照。

第4　特別上告に伴う執行停止（法403 I ①）

　特別上告の提起（法 327 I）は判決の確定を遮断しないから，債務名義に基づく強制執行の開始・進行を妨げる効力を有しない。したがって，特別上告を提起してもその終局判決までに強制執行が終了してしまうおそれがあり，執行債務者が勝訴判決を得てもその実質的意味が甚だ弱まることから認められた制度である。簡易裁判所における少額異議判決に対する特別上告の提起（法 380 II）の場合を含む。

1　管轄裁判所

　特別上告裁判所である最高裁判所であり，訴訟記録が原裁判所に存する間は，原裁判所が管轄を有する（法 404 I）[1]。

2　要件

(1) **上告審判決（少額異議判決）に対し，敗訴者が適法に特別上告を提起したこと**

　第2の1(2)ア（436ページ）を参照。ただし，仮執行宣言による執行力を停止するものではない。

(2) **執行停止の申立てが適法であること**

(3) **実質的要件**

　次の2つの要件について，いずれも疎明が必要とされる。

ア　不服の理由として主張した事情が法律上理由があるとみえ，事実上の点につき疎明があること（取消要件）

　不服の理由とされる主張が，法 327 条 1 項所定の事由を具体的に掲げたものでなければならず，かつ，その主張を構成する事実を疎明しなければならない。特別上告が認められることが確実であることまでは要求されないが，その蓋然性が疎明される必要がある。

イ　執行により償うことのできない損害が生ずることにつき疎明があること（損害要件）

　第3の2(3)イ（459ページ）を参照。

3　受付手続

　申立ての方式及び申立書の受付については，第2の1(3)（437ページ以下）を参照。

4　裁判のための準備

　第2の1(4)（441ページ）を参照。

5　裁判

(1) **裁判の内容**

　第3の5(1)（459ページ）を参照。

(2) **裁判正本の送達，裁判後の事務及び裁判の効力**

　第2の1(5)ウ，エ及びオ（452ページ以下）を参照。

6　不服申立て

　第2の1(6)（453ページ）を参照。

---

[1] 上告審判決に対する特別上告提起の場合は高等裁判所，少額異議判決に対する特別上告提起の場合は簡易裁判所である。

第5　保全抗告に伴う執行停止
1　総　説
　もともと暫定的な裁判でしかない保全手続において，保全抗告に伴い，当然に保全執行が停止されたり，保全命令取消決定の効力が停止されるのは妥当でない。同じ理由から保全執行や保全命令取消決定の効力を更に別の仮の裁判で一時停止することも，一般的にはあまり妥当とはいえない[1]。

　しかし，保全異議や保全取消しの申立てに伴う執行停止に際して想定されなかったような事情が保全抗告の提起に際して絶対に生じないとは限らない。そして，そのような場合に保全執行や保全命令取消決定の効力を一時停止しておくための制度がなければ，保全抗告は全く有名無実の制度になってしまうため，保全抗告があった場合にも，厳格な要件のもとに，保全執行や保全命令取消決定の効力を停止するための仮の裁判の制度が設けられた[2]。

2　保全抗告に伴う保全執行の停止等の裁判（民保41）の場合
　債務者が保全抗告を申し立てた場合の保全執行の一時停止については，保全異議の申立てに伴う執行停止の裁判に関する民事保全法27条が準用されている（民保41Ⅳ）。

(1)　申立人

　　抗告人である債務者が，申立人である[3]。

(2)　管轄裁判所

　　保全抗告裁判所であり（民保41Ⅳ, 27Ⅰ），記録が原裁判所にあるときは原裁判所も競合して管轄を有する旨が定められている（同41Ⅴ）。

(3)　要　件

　ア　保全異議又は保全取消しの申立てについての裁判に対し，債務者が適法に保全抗告を申し立てたこと

　　　保全抗告を申し立てることができない裁判（民保41Ⅰただし書）については，第4章第6の1(2)保全抗告（355ページ）を参照。

　イ　執行停止の申立てが適法であること

　ウ　実質的要件

　　　次の二つの要件について，いずれも疎明が必要とされる。

　　(ｱ)　保全命令の取消しの原因となることが明らかな事情[4]

---

[1] 特に，ある程度の対審的構造を持つ保全異議や保全取消しの手続を経た後の保全抗告にあっては，なおさらのことである。
[2] 本体の裁判も疎明であるから，保全命令又は原決定の取消しの原因となることが明らかな事情について疎明がある以上，執行停止等の裁判をするまでもなく，本体の申立てについて判断して保全命令又は原決定を取り消せば足りるのではないかが問題となるが，執行停止等の裁判は，迅速に審理されることを要するから，債権者又は債務者の反対疎明を経ずに判断されるのに対し，本体の裁判では，反対疎明を経ないで判断することはできない点について，同じ疎明といっても質的に異なる。
[3] 債務者が保全抗告を申し立てた場合，通常，保全異議や保全取消しの申立てが排斥されて保全命令が認可されているから，保全命令は執行できる状態にある（保全異議又は保全取消しの申立てに伴い，民事保全法27条（同40条1項）の執行停止の裁判を得ていても，これらの申立てが排斥されるときは，同法27条3項（同40条1項）により，同時に執行停止の裁判も取り消されるのが普通である。）。
[4] 「明らかな事情」とは，様々な事情を積み重ねた上で取消しの原因となることが初めて分かるというようなも

第6章 上訴に伴う強制執行停止

保全命令申立てに当たり債権者が主張・疎明すべき「保全すべき権利又は権利関係及び保全の必要性」の反対の事情を指す。
(イ) 保全執行により償うことができない損害を生じるおそれ
事後的に債務者が金銭賠償を受けることによって満足することができるか否かによって決し，債権者の賠償能力も考慮することになろう。
償うことができない損害を生じるおそれについては，上告提起等の場合及び特別上告提起の場合と同様に解される。第3の2(3)イ（459ページ）を参照。

(4) 受付手続
ア 申立ての方式
書面によるほか口頭でもすることができる（民保規6，規1 I）。
イ 申立書の受付
第2の1(3)イ（438ページ）を参照（ただし，(エ)を除く。）。
申立手数料は，申立人一人につき500円（民訴費3 I，別表第一の17項ハ）である。

(5) 裁判のための準備
ア 審理
債務者の申立てにより決定手続で行われるため，任意的口頭弁論（民保3）に服する。
イ 立担保
(ア) 被担保債権
第2の1(4)イ(ア)（442ページ）を参照。
(イ) 担保提供の方法（民保4）
他の執行停止等の裁判の場合には，「執行停止」について，担保を立てさせるか否かは裁判所の裁量であるが，民事保全法の定める執行停止等の裁判の場合には，執行停止の裁判についても必ず担保を立てさせなければならない[5]。
a 金銭又は裁判所が相当と認める有価証券を供託する方法
第2の1(4)イ(イ)a（442ページ）を参照。
◇ 供託をすべき供託所（民保4）
① 担保提供を命じた裁判所の所在地を管轄する地方裁判所の管轄区域内の供託所
② 保全執行裁判所の所在地を管轄する地方裁判所の管轄区域内の供託所
b 最高裁判所規則で定める方法

のでは足りず，そのような事情があれば取消しの原因となることが一見して明らかになるものでなければならないという意味である。例えば，法解釈を誤っている場合，提出された書証が偽造であることが一見して分かるような場合，交通事故による損害賠償金の仮払仮処分において，債権者が働き始めて生活に支障がないことが明らかな場合，認定を覆すような新たな重要な書証が発見された場合，重要証人が外国から帰ってきたり，病院から退院し，その陳述書によれば取消しの事情が明らかな場合等が考えられる（新民事保全法の解説200参照）。
[5] 保全命令及び保全執行が，被保全権利と保全の必要性が一応肯定された上で，通常債権者に担保を立てさせて行われていることや，強制執行の場合と異なり，保全執行の停止のみでは足りず保全執行の取消しにまで至る場合が多く，また，停止の場合でも，実質上取消しと同じ効力を持つことが大部分であると考えられるためである。

支払保証委託契約（ボンド）を締結する方法（民保規2）が認められている。
第2の1(4)イ(イ)b（443ページ）を参照。
c　当事者が特別な契約をする方法
第2の1(4)イ(イ)c（443ページ）を参照。
(ウ)　担保提供命令・担保提供の効果と証明
第2の1(4)イ(ウ)及び(エ)（444, 445ページ）を参照。

(6)　裁　判

執行停止等の裁判は，決定の形式によりなされる。
ア　裁判の内容
債務者からの申立てが前記(3)ウの二つの要件をいずれも具備していると認めるときは，裁判所[6]は次のような裁判をすることができる[7]。
(ア)　保全執行の停止[8]
a　執行手続への着手及び執行手続の続行の中止
b　執行という概念を含まない保全命令については，命令の効力の停止（実質的には取消し）
(イ)　保全処分の取消し
既にされた執行処分の除去であり，停止とともに執行処分の取消しを命ずる場合と，停止自体には意味がなく執行処分の取消しのみを命ずる場合（執行が完了してその結果だけが残っている場合）とがある。
イ　裁判正本の送達
第2の1(5)ウ（452ページ）を参照。
ウ　裁判の効力
(ア)　発効
第2の1(5)オ(ア)（452ページ）を参照（民保46, 民執39, 40）。
保全執行裁判所への提出により，保全執行は停止される。現実に執行という概念のない保全命令の効力の停止の場合は，裁判が債権者に告知されれば効力を生じることになる。
(イ)　存続期間・失効
この裁判の効力は，保全抗告についての裁判をするまでの間存続する。保全抗告は最終審で，これにより民事保全の裁判は確定するため，民事保全法27条3項は保全抗告に準用されていない。

(7)　**不服申立ての禁止（民保41Ⅳ, 27Ⅳ）**

付随的な仮の裁判であることから，独立して不服申立てをすることはできない[9]。申立

---

[6] 急迫の事情があるときに限り，裁判長も発することができる（民保41Ⅳ, 27Ⅴ, 15）。なお，執行停止等の申立てを却下することは急迫とはいえないので，裁判長が行うことはできないと解される（新民事保全法の解説 205）。
[7] 実質的要件として，保全執行により償うことができない損害を生じるおそれのあることを要求している以上，更に執行の続行を認めることは相当ではないと考えられるため，「停止」と「取消し」に限られる。
[8] 民事保全手続書式集24（保全異議手続における場合の仮処分執行停止決定の書式）を参照。
[9] 特別抗告の余地があるにすぎない。

てについて実質的な審査をしていない場合でも同様である。

3 保全抗告に伴う取消決定の効力を停止する裁判（民保42）の場合

債権者が保全抗告を申し立てた場合の保全命令取消決定の効力の停止については，民事保全法42条の規定による。保全異議や保全取消しの申立てに基づく保全命令を取り消す決定は，告知とともに効力が生じるので（民保7，法119），この決定により，債務者は直ちに保全執行の解放手続を行うことができる。これに対し，債権者は，この決定に対し，民事保全法41条による保全抗告を申し立ててこれを取り消し，保全命令の認可を求めることができるが，債務者により保全執行の解放手続が完了してしまえば保全抗告が認められてもその目的を達しえないことになってしまう場合も出てくる。そこで民事保全法42条は，このような事態を避けるために，債権者は，保全執行の申立てにあわせて，保全命令を取り消す決定の効力の停止を命ずる裁判をするよう申し立てることができるとした[10]。

なお，関連する制度として，民事保全法34条は，取消決定の中で，決定の送達から2週間を超えない範囲内で，一定の期間を経過しなければ取消決定の効力を生じない旨宣言できるとしており，民事保全法42条による取消決定の効力停止の裁判の申立てをする機会を保障している。

(1) 申立人
抗告人である債権者が，申立人である。

(2) 管轄裁判所
保全抗告裁判所であり（民保42Ⅰ），記録が原裁判所にあるときは，原裁判所（同42Ⅱ，41Ⅴ）も競合して管轄を有する旨が定められている。

(3) 要件
ア　保全異議又は保全取消しの申立てについての裁判に対し，債権者が適法に保全抗告を申し立てたこと

保全抗告を申し立てることができない裁判（民保41Ⅰただし書）については，第4章第6の1(2)保全抗告（355ページ）を参照。

イ　執行停止の申立てが適法であること

ウ　実質的要件
次の二つの要件について，いずれも疎明が必要とされる。この要件は，前記2の場合と同様である。前記2(3)ウ（463ページ）を参照。
(ｱ)　保全命令の取消しの原因となることが明らかな事情
(ｲ)　保全執行により償うことができない損害を生じるおそれ

(4) 受付手続
前記2(4)（464ページ）を参照。ただし，事件簿への登載は不要である。

◇　効力停止決定をすることが可能な時期は，現実に保全執行が解放されるまでである。具体的には，①抹消登記が必要なものについては，その嘱託書を書記官が発送するまでであり，②執行官が債務者その他目的物を受け取る権利を有する者に，執行取消し

---

[10] 山崎潮監修・瀬木比呂志編集代表「注釈民事保全法・上」（社団法人民事法情報センター）592参照。

を通知し，これを引き渡すことによって保全執行の取消しがされるものについては，通知又は引渡しの時まで，③保全執行裁判所が保全執行の取消決定をし，その旨の通知がされるものについては，裁判所書記官が第三債務者に通知を発送するまでである[11]。

(5) 裁判のための準備

前記2(5)（464ページ）を参照。

(6) 裁　判[12]

ア　裁判の内容

債務者に影響するところが大きいため，必ず担保を立てさせた上，決定により，保全命令取消決定の効力を停止する。

取消決定の中で原状回復の裁判（民保33）がされていた場合，取消決定の一部の効力の停止として，原状回復の裁判についてのみ効力の停止をすることができる。

イ　裁判正本の送達

第2の1(5)ウ（452ページ）を参照。

ウ　裁判の効力

(ア) 発効

第2の1(5)オ(ア)（452ページ）を参照（民保46，民執39,40）。

保全執行裁判所への提出により，保全執行の解放は停止される。

(イ) 存続期間・失効

前記2(6)ウ(イ)（465ページ）を参照。

保全抗告についての裁判をするまでの間存続する（民保42Ⅰ）。

(7) **不服申立ての禁止（民保42Ⅱ，27Ⅳ）**

前記2(7)（465ページ）を参照。

---

[11] 不作為を命じる仮処分については，保全命令の取消決定が債権者に送達されることによって取消しの効力が生じ，債務者は仮処分の拘束から解放されると解されるので，これ以降は停止することができないものと解される（新民事保全法の解説274参照）。

[12] 急迫の事情があるときに限り，裁判長（民保42Ⅱ，15）も発することができる。

第6章 上訴に伴う強制執行停止

第6 執行抗告に伴う執行停止
1 総説
　執行裁判所が執行処分としてする決定は，執行手続を進行させる役割を担っているから，これに対する不服申立てに執行停止の効力を自動的に認めることには，執行の迅速性の確保の要請から疑義を生じる。
　そこで，民事執行の手続に関する裁判に対しては，個別的に定めがある場合に限り，執行抗告をすることができる（民執10）こととし[1]，執行抗告に服する裁判のうち，一定の範囲のものは確定しなければ効力の生じない裁判として定める一方，執行抗告には即時抗告のような執行停止の効力はないものとして，抗告裁判所又は原裁判所は，執行抗告についての裁判が効力を生ずるまでの間，任意的に執行停止等の裁判をすることができる旨を定めている。

2 対象となる裁判
　民事執行法10条6項が定める「原裁判」とは，執行抗告に服する裁判のうち，確定前に効力が生ずる裁判である。執行抗告に服する裁判のうち，確定しなければ効力を生じない裁判[2]については，確定遮断の効力によって，結果的に裁判の効力発生を停止する効果があるからである。

3 管轄と申立て
　抗告裁判所が，この仮の処分を命ずることができ，事件記録が原裁判所に存する間は，原裁判所も競合して管轄を有する（民執10Ⅵ）。
　抗告人である当事者が申立権を有するものではなく[3]，あくまでも管轄裁判所の自由裁量による。執行抗告については，抗告状提出から1週間の間に執行抗告の理由書を提出することが義務づけられているので，執行抗告が理由ありと見えるか否か，執行によって債務者の受ける損害の種類・程度，執行が停止されることによって債権者の受ける不利益の種類・程度などを考慮し，合理的裁量によって定めることになる。

4 裁判
　執行停止等の裁判は，決定の形式によりなされる。
(1) 裁判の内容
ア 態様
　　裁判所は，その裁量により次のとおりの必要な処分をすることができるが，既になした執行処分の取消しを命じることはできない。抗告人が原裁判を違法としてその取消し・変更を求めることにより得ようとした目的から見て，単に原裁判の執行を停止

---

[1] 民事執行の手続に関するもので，その不服申立方法が例外的に民事訴訟法又は非訟事件手続法の即時抗告によるものとしては，民事執行法115条1項による船舶執行の申立て前の船舶国籍証書等の引渡命令（同115Ⅴ，民執規97（自動車に対する強制執行），同98（建設機械に対する強制執行）により準用される場合も含む），同法206条による過料の裁判（非訟120Ⅲ）がある。
[2] 例えば，民事執行の手続を取り消す旨の決定，民事執行の手続を取り消す執行官の処分に対する執行異議の申立てを却下する裁判及び執行官に民事執行の手続の取消しを命ずる決定（民執12Ⅱ），不動産引渡命令（同83Ⅴ），転付命令（同159Ⅴ）など。
[3] 抗告人からの申立ては職権の発動を促すにすぎない性質を有するものであるから，申立てによる場合でも民事雑事件としての立件は不要である。

しただけでは意味がなく，民事執行手続自体の停止を命じる必要がある場合には，必要最小限度においてのみ許されると解される。
- (ア) 原裁判の執行の停止
- (イ) 民事執行の手続の全部の停止
- (ウ) 民事執行の手続の一部の停止
- (エ) 原裁判の執行の続行
- (オ) 民事執行の手続の全部の続行
- (カ) 民事執行の手続の一部の続行

イ 担保の要否

上記のうち，停止についての立担保は裁量であるが，続行を命ずる場合には立担保が必要となる。担保提供の方法等については，第2の1(4)イ担保（442ページ以下）を参照。

ウ 裁判正本の送達

執行停止等を命ずる裁判がなされたときは，裁判書原本は記録に編てつする。必要な通数を確認した上裁判書の正本を作成し，抗告人及び利害関係人にこれを送達する[4]。

エ 裁判の効力

- (ア) 発効

 第2の1(5)オ(ア)（452ページ）を参照。

- (イ) 存続期間・失効

 執行抗告についての裁判が効力を生じるまでの間，効力は存続する（民執10Ⅵ）。

(2) 不服申立ての禁止（民執10Ⅸ）

付随的な仮の裁判であることから，独立して不服申立てをすることはできない。

---

[4] 抗告人から申立てがあった場合でも，執行停止等の裁判をしない場合には申立却下決定をすることはない。申立書に職権を発動しない旨を記載し，事実上申立人に通知すれば足りよう。

第6章　上訴に伴う強制執行停止

第7　家事事件手続における抗告の提起に伴う執行停止
1　即時抗告
(1)　総説

　　家事事件手続における審判以外の裁判は，一般的に特に簡易迅速な処理が要請されるものであることを考慮し，原則として当該裁判を受ける者に告知することにより効力が生ずるものとされている（家事81Ⅰ，74Ⅱ本文）[1]が，家事事件手続法101条2項本文は，この要請を考慮し，審判以外の裁判に対する即時抗告について，特別の定めがある場合を除き執行停止の効力を認めないこととした。そして，特別の定めがない場合であっても執行停止を認めるべき場合があり得ると考えられることから，同項ただし書は，申立てにより，担保を立てさせ，又は立てさせないで，執行停止その他必要な処分を命ずることができるものとしている[2]。

(2)　対象となる裁判

　　家事事件手続法101条2項における審判以外の裁判とは，家事審判事件についての終局的判断をする裁判（審判）以外の裁判を意味するものである（逐条家事262参照）。

　　なお，「特別の定め」としては，例えば，移送の裁判に対する即時抗告につき執行停止の効力を有する旨を定める規定（家事9Ⅳ）や再審開始の決定に対する即時抗告につき執行停止の効力を有する旨を定める規定（家事103Ⅳ）がある。

(3)　管轄裁判所と申立て

　　管轄裁判所は抗告裁判所であり，事件記録が原裁判所に存する間は原裁判所も競合して管轄を有する（家事101Ⅱただし書）。

　　申立書が事件番号の付け方の基準となり，抗告裁判所である高等裁判所であれば民事雑事件簿（記録符号は（ウ））[3]，原裁判所である家庭裁判所であれば家事雑事件簿（記録符号は（家ロ））[4]に登載[5]する。申立手数料は500円である（民訴費3，別表第一の17項イ(ハ)）。

　　なお，具体的な書記官事務については，別表一の研究140頁を参照されたい。

(4)　担保

　　担保提供のための供託をする供託所は，担保を立てるべきことを命じた裁判所の所在地を管轄する家庭裁判所の管轄区域内の供託所である（家事101Ⅲ，95Ⅱ）。

　　担保提供の方法としては，①金銭又は裁判所が相当と認める有価証券を供託する方法，②最高裁判所規則で定める方法[6]，③当事者間の契約で定められた方法のいずれかによら

---

[1]　即時抗告をすることができる審判は，確定しなければ効力を生じない（家事74Ⅱただし書）。
[2]　逐条家事331参照。
[3]　受付分配通達別表第1の59(30)。
[4]　受付分配通達別表第5の12(16)。
[5]　民事裁判事務支援システムを利用する場合は，事件簿への登載に代えて，民事裁判事務支援システムのサーバーの記憶装置に所要事項を記録することとなる（高等裁判所につき民裁支援システム通達記第1の1，家庭裁判所につき平成27年6月19日付け最高裁総三第133号総務局長通達「民事裁判事務支援システムを利用した家事事件等の事務処理の運用について」第1の1）。
[6]　最高裁判所規則で定める方法については，第2の1(4)bを参照。

なければならない（家事101Ⅲ,95Ⅲ,法76）。

(5) 裁　判

執行停止の裁判は，審判以外の裁判であり[7]，決定により行われ（家事102,93Ⅰ,81Ⅰ），即時抗告はできない（家事99）。

(6) 裁判の告知

執行停止の裁判は，当事者及び利害関係参加人並びにこれらの者以外の審判を受ける者に対し，相当と認める方法で告知しなければならない（家事102,93Ⅰ,81Ⅰ,74Ⅰ）。

前記(5)のとおり，この決定に対して即時抗告はできないが，当該執行停止の裁判を受ける者に対する告知によってその効力を生じることから（家事102,93Ⅰ,81Ⅰ,74Ⅱ本文），当該裁判を受ける者に対しては，決定書謄本を送達する方法によるのが相当である（別表一の研究138参照）。ただし，裁判の効力の発効（第2の1(5)オ(ｱ)（452ページ）参照）のために執行機関に決定正本を提出しなければならないような事案では，決定正本で告知することも考えられる。

2　特別抗告及び許可抗告

(1) 総　説

特別抗告は，特別の不服申立て手段であること，家事審判の手続における迅速処理の要請が強いことから，特別抗告に執行停止の効力を認めないこととしている（家事95Ⅰ本文）。もっとも，事案によっては，執行の停止等を認めるべき場合もあると考えられることから，当事者の申立てより原裁判の執行の停止その他必要な処分を命ずることができることとし，さらに，必要に応じて担保を立てさせることができることとしている（家事95Ⅰただし書）。

なお，許可抗告についても同じである（家事98Ⅰ,95Ⅰ）。

(2) 管轄と申立て

管轄裁判所は抗告裁判所であり，事件記録が原裁判所に存する間は原裁判所も競合して管轄を有する（特別抗告につき家事95Ⅰただし書，許可抗告については同98Ⅰで準用）。

この申立ては書面でしなければならない（特別抗告につき家事規67，許可抗告については同69Ⅰで準用）。申立書が事件番号の付け方の基準となり，抗告裁判所である高等裁判所であれば民事雑事件簿（記録符号は（ウ））[8]，原裁判所である家庭裁判所であれば家事雑事件簿（記録符号は（家ロ））[9]に登載[10]する。申立手数料は500円である（民訴費3，別表一の17項イ(ｸ)）。

---

[7] 一問一答家事131参照。
[8] 受付分配通達別表第1の59(30)。
[9] 受付分配通達別表第5の12(16)。
[10] 民事裁判事務支援システムを利用する場合は，事件簿への登載に代えて，民事裁判事務支援システムのサーバーの記憶装置に所要事項を記録することとなる（高等裁判所につき民裁支援システム通達記第1の1，家庭裁判所につき平成27年6月19日付け最高裁総三第133号総務局長通達「民事裁判事務支援システムを利用した家事事件等の事務処理の運用について」第1の1）。

(3) 担　保

担保提供のための供託をする供託所は，担保を立てるべきことを命じた裁判所の所在地を管轄する家庭裁判所の管轄区域内の供託所である（特別抗告につき家事95Ⅱ，許可抗告につき家事98Ⅰ，95Ⅱ）。

担保提供の方法としては，①金銭又は裁判所が相当と認める有価証券を供託する方法，②最高裁判所規則で定める方法[11]，③当事者間の契約で定められた方法のいずれかによらなければならない（特別抗告につき家事95Ⅲ，法76，許可抗告につき家事98Ⅰ，95Ⅲ，法76）。

(4) 裁　判

執行停止の裁判は，審判以外の裁判であり[12]，決定により行われ（特別抗告につき家事96Ⅰ，93Ⅰ，81Ⅰ，許可抗告につき家事98Ⅰ，93Ⅰ，81Ⅰ），即時抗告はできない（家事99）。

(5) 裁判の告知

執行停止の裁判は，当事者及び利害関係参加人並びにこれらの者以外の審判を受ける者に対し，相当と認める方法で告知しなければならない（特別抗告につき家事96Ⅰ，93Ⅰ，81Ⅰ，74Ⅰ，許可抗告につき家事98Ⅰ，93Ⅰ，81Ⅰ，74Ⅰ）。

前記(4)のとおり，この決定に対して即時抗告はできないが，当該執行停止の裁判を受ける者に対する告知によってその効力を生じることから（特別抗告につき家事96Ⅰ，93Ⅰ，81Ⅰ，74Ⅱ本文，許可抗告につき家事98Ⅰ，93Ⅰ，81Ⅰ，74Ⅱ本文），当該裁判を受ける者に対しては，決定書謄本を送達する方法によるのが相当である（別表一の研究138参照）。ただし，裁判の効力の発効（第2の1(5)オ(ｱ)（452ページ）参照）のために執行機関に決定正本を提出しなければならないような事案では，決定正本で告知することも考えられる。

---

[11] 最高裁判所規則で定める方法については，第2の1(4)bを参照。
[12] 一問一答家事131参照。

第8 抗告の提起と執行停止

1 総説

決定・命令は，判決と異なり，原則として告知により直ちにその本来的効力（執行力，形成力等）が生じるため，通常抗告が提起されただけでは当然には執行を停止する効力はないが[1]，即時抗告の場合は法334条1項により，その提起により自動的に執行が停止される[2]。

また，即時抗告に服する原裁判で執行停止の効力が生じないもの及び通常抗告に服する原裁判に対して抗告があったときは，抗告についての裁判があるまでの間に行われた執行の効果を原裁判取消し確定後に除去したのでは抗告の目的を達成できなくなるおそれがある場合に，裁判所の職権により，任意的に執行停止等の処分をすることができることを法334条2項が定めている[3][4]。

2 適用範囲

抗告の提起によって，執行停止の効力が生じない原裁判が対象となる（法334Ⅱ）。

(1) **通常抗告に服する原裁判**

(2) **即時抗告に服する原裁判のうち，即時抗告の提起によって執行停止の効力が生じないもの**

　ア　裁判の性質上執行停止の効力が生じないと解されている例
- ◇　破産手続開始決定に対する即時抗告（破30Ⅰ,33Ⅰ）[5]
- ◇　民事再生手続開始決定に対する即時抗告（民再33Ⅰ,36Ⅰ）
- ◇　会社更生手続開始決定に対する即時抗告（会更41Ⅰ,44Ⅰ）

　イ　執行停止の効力がない旨の定めがある例
- ◇　船舶執行の申立て前の船舶国籍証書等の引渡命令に対する即時抗告（民執115Ⅵ）
- ◇　破産手続開始決定前の保全処分に対する即時抗告（破28Ⅳ）
- ◇　民事再生手続開始決定前の保全処分に対する即時抗告（民再30Ⅳ）
- ◇　会社更生手続開始決定前の保全処分に対する即時抗告（会更28Ⅳ）
- ◇　行政処分の取消しの訴え提起に伴う執行停止決定に対する即時抗告（行訴25Ⅷ）

(3) **特別抗告（法336Ⅲ）**

(4) **許可抗告（法337Ⅵ,336Ⅲ）**[6]

---

[1] 通常抗告に服する原裁判は，不服申立期間の定めがないから，原裁判の取消し・変更を求める利益があるかぎり，原裁判の本案手続が終了するまでは抗告の提起によってその取消し・変更を求めることができ，独立に確定することがなく，抗告を提起しても確定遮断の効力は生じないし，抗告提起のみでは執行停止の効力もない。

[2] 即時抗告によって一律に執行停止の効果が発生するのは，一般に即時抗告に服する裁判は，当事者の利害に影響を及ぼす度合いが大きく，迅速に確定する必要が高いことが多いからである。即時抗告の提起だけでは執行停止の効力が生じない例外的な場合については，後記2(2)を参照。

[3] 非訟事件における即時抗告は，特別の定めがある場合を除き執行停止の効力を有しないものとされ（非訟72Ⅰ本文。ただし，同項ただし書は，法334Ⅱと同様の規律を設ける。），執行停止効がない旨を原則とする。非訟事件においては，手続の迅速性等に鑑み，訴訟事件に比べて原則と例外が逆転する形とされたものである（コンメ民訴Ⅵ448）。

[4] 家事事件においても，審判以外の裁判に対する即時抗告について，家事事件手続法101条2項が，特別の定めがある場合を除き執行停止の効力を認めないことを定める（前記第7参照）。

[5] 大判昭8.7.24民集12-2264。

[6] 家事事件手続法における許可抗告の提起に伴う執行停止等については，前記第7の2を参照。

第6章　上訴に伴う強制執行停止

　　◇　確定しなければ効力を生じない裁判（執行停止の効力は問題にならない。）としては，①移送の決定（法22Ⅰ，Ⅲ），②執行抗告ができる裁判で，確定しなければ効力を生じない旨の定めがあるもの（第6の2脚注2（468ページ）を参照），③担保取消決定などがある。

3　管轄と申立て

　当事者の申立て又は職権により，抗告裁判所又は原裁判をした裁判所若しくは裁判官が，この仮の処分を命ずることができる。抗告人である当事者が申立権を有するものではなく[7]，あくまでも管轄裁判所の自由裁量による。

4　裁　判

(1) 裁判の内容

　抗告裁判所又は原裁判をした裁判所若しくは裁判官は，原裁判の執行の停止その他必要な処分[8]を命ずることができる。この裁判の性質は，法403条の裁判に類するものと考えられるから，裁判をするに当たり申立人（抗告人）に担保の提供を命じることもできると解される[9]。

(2) 裁判正本の送達

　執行停止等の必要な処分を命ずる裁判がなされたときは，裁判原本は記録に編てつする。必要な通数を確認した上裁判の正本を作成し，職権により抗告人及び利害関係人にこれを送達しなければならない。

(3) 裁判の効力

　ア　発効

　　第2の1(5)オ(ア)（452ページ）を参照。

　イ　存続期間・失効

　　抗告について決定があるまで，仮の処分の効力は存続する（法334Ⅱ）。この裁判は，抗告裁判所の終局決定後は，当然に失効する。

5　不服申立て

　執行停止等の裁判は，当該抗告についての終局決定があるまでの処分を定めるものであるため，法403条における仮の処分と同じ性質のものである。したがって，事後の事情の変更を理由とするこの裁判の取消し・変更が可能であるが，この裁判に対する不服申立ては認められないと解されている[10]。

---

[7] 抗告人からの申立ては職権の発動を促すにすぎない性質を有するものであるから，申立てによる場合でも民事雑事件としての立件は不要である。

[8] 具体的にどのような処分をすることができるかについては説が分かれるが，抗告人に担保を立てさせた上で（あるいは担保を立てることを条件とする）執行を停止する場合，抗告人に担保を立てさせないで執行を停止する場合，相手方に担保を立てさせた上で執行の続行を命ずる場合，抗告人に担保を立てさせた上で既にした執行処分の取消しを命ずる場合などが考えられる。裁判例としては，破産宣告に対する即時抗告事件において「破産手続の執行を一時中止せしむる」（岡山地判昭4．3．8新聞2968-15）こと，担保取消決定に対する即時抗告事件において，即時抗告に対する決定がされるまで担保物の還付を保留させること（大決昭7．8．5評論21-諸法-666）などがある。

[9] 東京高決昭39．7．29下民15-7-1864。

[10] 菊井・村松Ⅲ353。

事項索引

【い】

違式の裁判 …………………………………… 182
移審の効力 ……………………………… 13, 179
一部破棄 ……………………………………… 205
一部破棄差戻し ……………………………… 209
一般証明 ………………………………… 95, 172
委任 …………………………………………… 160

【う】

訴えの取下げ … 93, 159, 248, 267, 279, 426, 430

【か】

確定遮断の効力 ……………………… 13, 178, 468
確定証明 ……………………………… 89, 95, 172
確定時期 …………………………… 96, 172, 208
家事審判事件一覧表（即時抗告の対象
　となる家事審判事件一覧表） ……………… 382
仮執行宣言 ………………………………… 24, 47
仮執行宣言の執行及び原状回復 ……………… 47
仮執行の原状回復及び損害賠償の申立て … 194
仮執行免脱宣言 ……………………………… 436

【き】

供託 …………………………………………… 442
　供託書 …………………………………… 446
　供託不受理証明書 ……………………… 447
　供託をすべき供託所 ……………… 443, 464
　第三者供託 ………………………… 443, 445, 450
許可決定 ………………… 306, 307, 410, 411
許可抗告 ……………… 290, 306, 380, 473
許可抗告事件 ………… 305, 308, 309, 403
許可抗告の手続 ……………………………… 307

許可抗告申立て事件 …………… 305, 308, 403
記録の送付 …… 89, 166, 254, 268, 280, 288, 323,
　　　　　　　　　　　　338, 350, 368, 401
記録の編成 …………… 70, 140, 165, 249, 330
　第1分類 …………………………… 70, 85, 140
　第2分類 …………………………… 75, 86, 141
　第3分類 …………………………… 77, 86, 141
　丁数 …………………………… 81, 165, 251, 268
　目録 ………………………… 81, 84, 165, 250, 268

【け】

形式的不服説 ………………………………… 13
決定による上告棄却 ………………………… 202
決定の告知 …… 335, 341, 343, 345, 346, 352, 363,
　　　　　　　　　　　　　　　　424, 430
原裁判所による却下決定 ………… 246, 265, 350
原裁判所の意見の添付 ……… 248, 267, 297, 322
原裁判の執行停止等の処分 …… 296, 318, 331
原裁判の取消決定 …………………………… 299
原裁判の取消しと差戻し …………………… 299
原審記録の点検 ……………………………… 85
原判決破棄 …………………………………… 205
憲法違反 …………… 184, 186, 205, 210, 286, 290
原本付記 ……………………………………… 171
権利上告 ……………………………………… 189

【こ】

攻撃防御方法の提出等の期間 ………… 2, 142
後見登記法に定める登記の嘱託 …………… 377
抗告 ……………………………………………… 3
　抗告の意義 …………………………… 289
　抗告の種類 …………………………… 289
　抗告をすることができない決定又は命令

事項索引

　　　　………………………………………293
　　抗告をすることができる裁判 …………291
抗告期間 ………………… 295, 310, 357, 394
　　再抗告期間 ……………………… 323, 339
　　即時抗告期間 ……………… 341, 362, 366
抗告期間の始期 ……………………………310
抗告棄却 ……………………………………299
抗告却下決定 ………………………………319
　　再抗告却下決定 …………… 326, 327, 339
　　特別抗告却下決定 ………………………399
抗告許可申立書 ……………… 396, 403, 405
抗告許可申立書の送達 ……………………408
抗告権の放棄 ………………………………300
抗告裁判所 …………………… 294, 328, 394
　　再抗告裁判所 ……………………………338
　　特別抗告裁判所 …………………………394
抗告裁判所への事件送付 ……………321, 327
　　最高裁判所への事件送付 …… 288, 401, 411
抗告事件 ………………………………308, 328
　　民事訴訟法上の抗告事件 ………………341
　　民事執行手続上の抗告事件 ……………349
　　民事保全手続上の抗告事件 ……………355
　　倒産関係手続上の抗告事件 ……………360
　　家事事件手続上の抗告事件 ……………365
抗告状 ………………………… 295, 302, 312
　　再抗告状 …………………… 307, 323, 324
　　特別抗告状 ………………304, 307, 394, 396
抗告状却下命令 ………………………299, 332
　　再抗告状却下命令 ………………………326
　　抗告許可申立書却下命令 ………………407
　　特別抗告状却下命令 ……………………398
抗告状の記載事項 …………… 313, 330, 331
　　抗告許可申立書の記載事項 ……………404
　　再抗告状の記載事項 ……………………323
　　特別抗告状の記載事項 …………………395
抗告状の審査 ………………… 319, 331, 369

抗告許可申立書の審査 ……………………407
再抗告状の審査 ……………………………325
特別抗告状の審査 …………………………398
抗告状の写しの送付 …… 333, 341, 343, 344, 345,
　　　　　　　　　　　346, 356, 363, 369, 373
抗告状を提出すべき裁判所 …………310, 350
　　抗告許可申立書を提出すべき裁判所 ……403
　　再抗告状を提出すべき裁判所 …………323
　　特別抗告状を提出すべき裁判所 …………394
抗告審の裁判 ………………………… 298, 334
　　特別抗告審の裁判 ………………… 304, 307
抗告審の審理 ………………………………297
抗告提起事件 ……… 307, 310, 312, 325, 394, 395
抗告提起の方式 …………… 295, 313, 323, 395
抗告提起手数料 …… 315, 330, 331, 341, 397, 398
　　再抗告提起手数料 …………… 324, 331, 339
抗告の提起と執行停止 ……………………473
抗告の提起と執行停止の効力 ……………299
抗告の適法性の審査 ………………………317
　　再抗告の適法性の審査 ……………326, 339
　　特別抗告の適法性の審査 ………………398
抗告の取下げ ………………… 300, 337, 375
抗告の理由 …………… 297, 315, 320, 350
　　抗告許可申立ての理由 …… 306, 307, 409
　　再抗告の理由 ……………… 290, 302, 327
　　特別抗告の理由 …………… 303, 396, 400
（抗告）許可決定 ………… 306, 307, 410, 411
抗告不許可決定 ……………………… 407, 409
抗告理由書 ……………………………320, 331
　　抗告許可申立て理由書 ……………307, 409
　　再抗告理由書 ………………………302, 327
　　特別抗告理由書 ……………… 304, 399, 400
抗告理由書の提出 …………………………320
　　抗告許可申立て理由書の提出期間 ………409
　　再抗告理由書の提出期間 ………………339
　　特別抗告理由書の提出期間 ……………400

事項索引

控訴 …………………………………… 1, 5
 控訴の意義 ………………………………… 5
 控訴の効力 ………………………………… 13
 控訴の要件 ………………………………… 9
 控訴の利益 ………………………………… 12
控訴期間 ……………………………………… 52
控訴棄却判決 …………………………… 29, 168
控訴却下決定 ………………………… 69, 123, 124
控訴却下判決 ………………………………… 28
控訴権の放棄 ………………………………… 11
控訴権の濫用 ………………………………… 29
控訴裁判所 …………………………………… 99
控訴裁判所の判断を受ける裁判 …………… 5
控訴事件 ……………………………………… 99
控訴状 ………………… 15, 52, 54, 57, 62, 63, 64, 109
 控訴状の記載事項 ………………………… 57
 控訴状の審査 …………………………… 109
 控訴状の提出 …………………………… 15
 控訴状の方式 …………………………… 15
控訴状却下命令 ………………………… 110, 111
控訴状を提出すべき裁判所 ………………… 52
控訴審手続の準用 ………………………… 195
控訴審の構造 ………………………………… 21
控訴審の裁判 ………………………………… 27
控訴審の審理 ………………………………… 21
控訴審の弁論 ………………………………… 27
控訴提起事件 ………………………………… 55
控訴提起に伴う執行停止 …………… 435, 436
 仮執行宣言付判決の場合 ………… 435, 436
 執行関係訴訟の判決の場合 ……… 435, 455
 手形小切手訴訟によることができる請求
 についての仮執行宣言付判決の場合
 ………………………………………… 435, 454
控訴提起の方式 …………………………… 15, 56
控訴提起手数料 …………………………… 106
控訴人 ………………………………………… 7

控訴認容判決 ………………………………… 30
控訴の棄却 …………………………………… 29
控訴の趣旨 …………………………………… 59
控訴の訴額 ……………………………… 59, 104
控訴の対象となる裁判 ……………………… 5
控訴の適法性の審査 …………………… 68, 111
控訴の当事者 ………………………………… 7
控訴の取下げ ……………………… 16, 91, 158
控訴の取下げ擬制 …………………………… 18
控訴の理由 …………………………………… 59
控訴不可分の原則 …………………………… 13
控訴理由書 ……………………………… 60, 116
控訴理由書の提出期間 …………………… 116
高等裁判所の決定又は命令 …… 294, 303, 306
口頭弁論に代わる審尋 …………………… 298
口頭弁論を経ない上告棄却の判決 ……… 203
戸籍通知 …………………………………… 378
戸籍の記載の嘱託 ………………………… 376
戸籍の届出 ………………………………… 379

【さ】

再抗告 ………………… 290, 296, 301, 323, 328, 338
 再抗告の種類 …………………………… 301
 再抗告が許される場合 ………………… 301
再抗告状の送達 …………………………… 327, 339
再抗告提起通知書 ……………………… 302, 326, 339
最高裁判所の決定又は命令 …………… 294, 303
最高裁判所への移送 …………………… 208, 276
最高裁判所への移送決定 ……………… 279, 340
最高裁判所への上告理由 ………………… 189
最初の抗告 ……………………… 290, 294, 310, 328
再審 ………………………………………… 413
 確定判決と再審 ………………………… 413
 決定又は命令に対する再審 …………… 427
 再審制度 ………………………………… 413
 再審の意義 ……………………………… 413

— 477 —

事項索引

再審の訴えの提起に伴う執行停止等の
　裁判 ………………………………………… 431
再審の訴えの補充性 ……………………… 416
再審の出訴期間 …………………………… 417
再審の当事者適格 ………………………… 417
再審開始許否の審理 ……………………… 423
再審開始決定 ………………………… 425, 430
再審期間 …………………………………… 428
再審却下決定 ……………………………… 424
再審原告 …………………………………… 417
再審抗告 …………………………………… 290
再審裁判所 …………………………… 419, 427
再審事由 …………………………………… 414
再審事由と上告理由 ……………………… 185
　口頭弁論公開の原則の違反 …………… 185
　裁判所の構成の違反 ……………… 184, 414
　専属管轄違反 …………………………… 184
　代理権欠缺 ………………………… 184, 414
　判決に関与できない裁判官の裁判関与 … 184
　理由の食違い …………………………… 185
　理由不備 ………………………………… 185
再審事由の審理 ……………………… 424, 429
再審事由の存否に関する審理 ……… 424, 429
再審訴状 ……………………………… 420, 423
　再審訴状の記載事項 …………………… 421
　再審訴状の審査 ………………………… 423
　再審訴状の提出 ………………………… 419
再審訴状却下命令 ………………………… 424
再審提起手数料 …………………………… 422
再審の訴え ………………………………… 419
　再審の訴えの要件 ……………………… 416
　再審の訴えの方式 ……………………… 421
再審の審理の段階的構造 ………………… 423
再審の対象 ………………………………… 416
再審の適法性の審理 ………………… 424, 429
再審被告 …………………………………… 417

再審申立棄却決定 ………………………… 429
再審申立書 ………………………………… 428
　再審申立書の記載事項 ………………… 428
　再審申立書の審査 ……………………… 429
　再審申立書却下命令 …………………… 429
再審申立ての手数料 ……………………… 428
再度の考案 ………… 296, 320, 321, 327, 355, 368
　再度の考案の禁止 ……………………… 357
裁判書の保存 ………………………… 166, 280, 338
裁判所調査官 ……………………………… 149
裁量上告 …………………………………… 191
差戻審 ………………………………………… 48, 49
差戻判決 ……………………………………… 38
　任意的差戻し ……………………………… 39
　必要的差戻し ……………………………… 38
参考事項の聴取 …………………………… 112

【し】

事件の終局 ………… 150, 248, 267, 279, 288, 334
事後審 ………………………………… 21, 176, 194
事後審制 ……………………………………… 21
事実審 ………………………………………… 21
自庁調停 …………………………………… 147
執行抗告 ……… 291, 295, 311, 319, 328, 333, 349,
　　　　　　　　　　　　　　　　　 435, 474
　執行抗告に伴う執行停止 ……………… 468
　執行抗告の対象となる裁判 ……… 349, 353
　執行抗告理由書の提出期間 ……… 320, 350
執行処分取消決定 …………………… 451, 453
執行停止決定 … 440, 449, 450, 453, 455, 458, 461
執行停止等の裁判 ……… 250, 431, 447, 456, 465
　執行停止等の裁判の効力 ……… 452, 458, 462,
　　　　　　　　　　　　　　　 465, 467, 469, 474
執行文の付与 ………………………… 94, 167
支払保証委託契約（ボンド） …………… 443
　支払保証委託契約許可書 ……………… 444

事項索引

自判 ……………… 33, 183, 195, 205, 207, 299, 335
司法行政処分に対する抗告 …………………… 291
準抗告 ……………………………………… 290, 293
準再審 ……………………………………………… 427
準備的口頭弁論 …………………………………… 143
上告 ……………………………………………… 2, 176
　上告における裁判の確定 ……………………… 208
　上告の意義 ……………………………………… 176
　上告の効力 ……………………………………… 178
　上告の対象となる裁判 …………………… 177, 180
　上告の要件 ……………………………………… 177
上告期間 ……………………… 212, 221, 239, 273, 282
上告棄却 …………………………………… 204, 279
　上告棄却決定 …………………………………… 209
　上告棄却判決 ………………………… 204, 209, 276
上告却下 …………………………………… 202, 204
上告却下決定 ……… 183, 209, 237, 239, 240, 246, 248, 275, 279
　上告受理申立て却下決定 ……… 262, 266, 267
　特別上告却下決定 ………………………… 286, 288
上告却下決定に対する不服申立て ………… 240
　特別上告却下決定に対する不服申立て … 286
上告結果通知 …………………………………… 281
上告権放棄 ………………………………… 209, 235
上告権留保の不控訴合意 …………………… 177
上告裁判所 ……………… 176, 204, 270, 282, 459
上告裁判所への事件送付 ………… 191, 248, 267
上告事件 ………………………… 188, 213, 270, 271
上告受理決定 …………………………………… 193
上告受理事件 ……………………………… 188, 213
上告受理手続 …………………………………… 189
上告受理申立て事件 ……………… 188, 213, 255
上告状 ……………………………… 221, 222, 224, 273
　上告受理申立書 ………………………… 256, 257
　上告状兼上告受理申立書 …………………… 228
　特別上告状 ……………………………………… 283

上告状却下命令 ……………………… 209, 234, 248
　上告受理申立書却下命令 ………………… 260, 267
　特別上告状却下命令 ………………………… 285
上告状却下命令に対する不服申立て ……… 235
　特別上告状却下命令に対する不服申立て
　………………………………………………… 285
上告状の審査 …………………………… 189, 231
　上告受理申立書の審査 ……………………… 259
　特別上告状の審査 …………………………… 285
上告状の送達 …………………………… 232, 242
　上告受理申立書の送達 ……………… 260, 262
　特別上告状の送達 ………………………… 285, 287
上告状の必要的記載事項 …………………… 223
　上告受理申立書の必要的記載事項 ……… 259
　特別上告状の必要的記載事項 …………… 285
上告状を提出すべき裁判所 ………………… 221
　上告受理申立書を提出すべき裁判所 …… 255
　特別上告状を提出すべき裁判所 ………… 282
上告審からの差戻し …………………………… 48, 128
上告審における新たな請求 ……………… 179, 194
上告審における訴訟資料 …………………… 199
上告審の構造 …………………………………… 194
上告審の裁判 …………………………………… 204
上告審の審理 …………………………………… 194
上告審の調査の範囲 …………………………… 200
上告提起及び上告受理の申立てに伴う執行
停止等 ………………………………………… 435
上告提起事件 ……………………… 188, 212, 221
上告提起通知書 ……………………… 190, 241, 242
　上告受理申立て通知書 ……………… 262, 263
　特別上告提起通知書 ………………………… 286
上告提起手続 …………………………………… 189
上告提起の方式 ………………………… 189, 223
　上告受理申立ての方式 ……………………… 256
上告提起手数料 ………………………… 232, 233, 273
　上告受理申立手数料 ………………………… 257

事項索引

特別上告提起手数料 …………………… 284	審尋 …………298, 333, 346, 352, 356, 363, 441
上告の趣旨 …………………………………… 225	審判に代わる裁判の告知 ………………… 374
上告受理申立ての趣旨 …………… 257	審問 ……………………………………… 298, 334
上告の提起または上告受理の申立てに伴う	審理の対象 …………………… 23, 179, 197
執行停止 ……………………………………… 459	
上告の適法性の審査 ……… 190, 235, 275	【せ】
上告受理申立ての適法性の審査 …… 260	絶対的上告理由 ……………………… 184, 186
特別上告の適法性の審査 ………… 285	専属管轄違背に基づく移送 ……………… 41
上告の取下げ …………… 196, 208, 248, 279	選定者にかかる請求の追加 ……………… 23
上告受理申立ての取下げ ………… 267	全部破棄と一部破棄 …………………… 48, 205
特別上告の取下げ ………………… 288	専門委員 …………………………………… 148
上告不可分の原則 ………………………… 179	専門的知見を必要とする手続 ……………… 147
上告不受理決定 …………………… 193, 209	
上告理由 ……………… 183, 225, 244, 275	【そ】
上告受理申立ての理由 ……… 192, 260	争点及び証拠の整理手続 ………………… 143
特別上告の理由 ………………… 210, 286	即時抗告 ……… 289, 295, 311, 341, 347, 349, 355,
上告理由書 ………… 185, 190, 195, 244, 277	360, 365, 382, 473
上告受理申立て理由書 ………… 264, 265	続審制 ………………………………………… 21
特別上告理由書 ………………… 211, 287	訴訟記録送付書 … 77, 89, 90, 165, 252, 253, 268,
上告理由書提出強制 ……………………… 195	271, 323
上告理由書の送達 …………………………… 277	訴訟記録の閲覧・謄写及び複製 ………… 98, 174
上告理由書の提出期間 ………… 185, 244, 274	訴訟記録の整理 …………………… 70, 163, 249
上告受理申立て理由書の提出期間 …… 265	訴訟記録の返還 …………………………… 254, 268
特別上告理由提出期間 …………… 286	訴訟記録の保存 ………………… 166, 254, 288
上告理由の記載方式 …………… 186, 236, 275	訴訟上の和解 …………………………………… 151
上告受理申立て理由の記載方法 ……… 261	訴訟費用の負担の裁判 …………………… 10
特別上告理由の記載方法 ………… 286	疎明 …………………………………………… 442
上訴 ……………………………………………… 1	
上訴の意義 ……………………………… 1	【た】
上訴の種類 ……………………………… 1	第1回口頭弁論期日の指定 …………… 118, 120
上訴関係書類 ………………………………… 82	第1回口頭弁論期日の呼出し ………… 118, 120
証明 ………………………………………… 95, 172	第一審の口頭弁論の結果陳述 …………… 126
嘱託・公告・通知等 ………… 336, 340, 430	第一審判決の取消し ………………………… 30
職権調査事項 …………………… 195, 199, 201	担保提供の効果と証明 …………………… 445
書面による準備手続 ……………………… 144	担保提供の方法 …………………… 442, 464, 469
進行協議期日における手続 ……………… 145	担保提供命令 ……………………………… 444

— 480 —

共同担保 …………………………… 445, 449
個別担保 …………………………… 445, 449

【ち】

調書 ………………………………………… 129
　第1号様式 …………………………… 129
　第2号様式 …………………………… 137
　第3号様式 …………………………… 137
　第4号様式 …………………………… 139
　第5号様式 …………………………… 140
　第6号様式 …………………………… 140

【つ】

通常抗告 ………………… 289, 295, 311, 348, 473
通常破棄 ……………………………………… 205

【と】

当事者の呼称 …………………………… 56, 101, 256
答弁書提出命令 ………………………… 197, 203, 277
特別抗告 ………………… 290, 296, 303, 394, 473
特別抗告事件 …………………………… 305, 308
特別抗告状の送達 ……………………………… 399
特別抗告提起事件 ……………………… 305, 308, 394
　特別抗告提起通知書 …………… 303, 399, 400
特別抗告理由書の記載方式 …………………… 399
特別上告 ……………………………… 210, 282
特別上告事件 ………………………………… 214
特別上告提起事件 ………………………… 214, 282
特別上告に伴う執行停止 ………………… 394, 462
特別破棄 ……………………………………… 205

【に】

任意的口頭弁論 ………………… 298, 358, 441, 464

【は】

破棄移送 ……………………………………… 272

破棄差戻し ………… 48, 272, 279, 304, 307, 340
破棄差戻し又は移送判決 ……………………… 50
破棄自判 …………… 197, 211, 279, 304, 307, 340
判決 …………………………………… 27, 150, 176
判決の更正 ……………………………… 159, 162, 182
反訴 ……………………………………… 22, 55, 100, 161
判例違反 ………………………………… 186, 192, 409
反論書 ………………………………………… 117

【ひ】

被控訴人 …………………………………………… 9
被担保債権 ………………………………………… 442
必要的記載事項 ……… 57, 109, 223, 231, 256, 314,
　　　　　　　323, 325, 331, 395, 398, 404, 421, 423
飛躍上告 …………… 177, 181, 193, 200, 222, 227
飛躍上告受理申立て事件 ………… 213, 255, 258
飛躍上告提起事件 …………………… 212, 221, 229

【ふ】

覆審制 ……………………………………………… 21
不抗告の合意 …………………………………… 300
不控訴の合意 …………………………………… 12
不上告の合意 …………………………………… 208
附帯抗告 ‥298, 300, 310, 312, 317, 328, 329, 365
附帯控訴 ……………… 18, 37, 55, 56, 67, 100, 101
　独立附帯控訴 ……………………………… 20
　附帯控訴状の受付手続 …………………… 67
　附帯控訴の意義 …………………………… 18
　附帯控訴の従属性 ………………………… 20
　附帯控訴の性質 …………………………… 19
　附帯控訴の方式 …………………………… 20
　附帯控訴の要件 …………………………… 19
附帯再審 ………………………………………… 416
附帯上告 ……… 196, 198, 222, 229, 236, 241, 248
附帯上告受理の申立て ……… 236, 255, 258, 262
不服申立て（控訴） ……………… 70, 111, 112

事項索引

不服申立てのない範囲 ……………… 24, 199
不服申立ての範囲 ………23, 197, 225, 297, 315
不服を申し立てることができない決定又は
命令 …………………………………… 303

【へ】

弁論準備手続 ……………………………… 143

【ほ】

法律審 ……176, 183, 194, 195, 196, 199, 202, 211,
　　　　　　　　　　224, 277, 290, 301
法令違反 ………………………………185, 186
法令解釈に関する重要事項 ……………… 192
保全抗告 ……… 291, 296, 297, 301, 306, 311, 316,
　　　　　　　　　318, 331, 334, 435, 463, 466
　保全抗告における再度の考案の禁止 …… 357
保全抗告に伴う執行停止 ………………… 463
　取消決定の効力停止 ………………… 466
　保全執行の停止 ……………………463, 465
本案の実体的審理 ………………………… 423
本案の審理 ………………… 424, 425, 429, 430
ボンド（支払保証委託契約）…………… 443

【も】

目録及び丁数等 …………………………81

【よ】

要通知事件 …………………… 103, 108, 163
要報告事件 …………………… 103, 108, 162

【り】

利益・不利益変更禁止の原則 ………31, 198
理由書提出強制 ……………………195, 350

【ろ】

録音テープ等 ……………………… 87, 149

【わ】

和解勧試の嘱託 …………………… 100, 155

民事上訴審の手続と書記官事務の研究〔補訂版〕

2019年6月　第1刷発行
2021年4月　第2刷発行

　　　　監　修　　裁判所職員総合研修所
　　　　発行人　　井　上　　　修
　　　　発行所　　一般財団法人　司　法　協　会
　　　　〒104-0045　東京都中央区築地1-4-5
　　　　　　　　　　第37興和ビル7階
　　　　　　　　　　出版事業部
　　　　　　　　　　電話　(03)5148-6529
　　　　　　　　　　FAX　(03)5148-6531
　　　　　　　　　　http://www.jaj.or.jp

落丁・乱丁はお取り替えいたします。　　　　印刷製本／中和印刷(株)
ISBN978-4-906929-78-8　C3032　￥5000E